suhrkamp taschenbuch
wissenschaft 277

Otto Ullrich, geb. 1938, unterrichtet an der Freien Universität Berlin.

Der Autor untersucht den »Anteil«, den die naturwissenschaftliche Technik an der Bildung und Verfestigung von Herrschaft hat, und somit den »Anteil« an der Strukturbildung moderner Industriegesellschaften. Das Buch zeigt ausführlich die logischen, historischen und anthropologischen Grundlagen der wissenschaftlichen Technik und expliziert in diesem Zusammenhang die Positionen von Autoren wie Gehlen, Freyer, Schelsky, Marcuse, Sohn-Rethel und Habermas, die sich mit dem Thema in unterschiedlicher und, wie gezeigt wird, widersprüchlicher Weise beschäftigt haben. Die Stärke der Arbeit liegt vor allem in ihrer imponierenden integratorischen Kraft, heterogen erscheinende Themen aufzugreifen und miteinander zu vermitteln: Themen wie den historischen Ursprung und die herrschaftsbegründende Bedeutung der Trennung von Hand- und Kopfarbeit, die Motivationsgrundlagen und Verselbständigungstendenzen technisch-wissenschaftlicher Arbeit, den Einfluß der Großtechnologie und die Rolle der »Scientific Community« in modernen Massengesellschaften.

Durch die umfassende Darstellung und Analyse von zusammengehörenden, bisher aber vorwiegend isoliert behandelten Charakteristika moderner Industriegesellschaften wird deutlich, daß zwischen der »Logik des Kapitals« und der Logik naturwissenschaftlicher Verfahrensweisen und Techniken eine strukturelle Affinität existiert, die sowohl herrschaftsbegründend wie herrschaftslegitimierend ist, freilich dem »naiven« Blick etwa auch vieler Marxisten verborgen bleibt. Ullrich kann zeigen, daß die Naturwissenschaft nicht erst auf der Ebene ihrer »Anwendung« zum gesellschaftlichen Problem wird, sondern bereits auf der ihrer internen Dynamik, so daß seine Kritik die Gesellschaften des »realen Sozialismus« ebenso betrifft wie den Kapitalismus. Mit jeglicher Naivität gegenüber den Naturwissenschaften und der von ihnen generierten »modernen Technik« räumt der Autor gründlich auf – und er kann dies nicht zuletzt deshalb mit einiger Kompetenz tun, weil er als Ingenieur (Rundfunk-, Fernseh-, Elektrotechnik) die spezifischen Borniertheiten der naturwissenschaftlich-technischen »Scientific Community« selber erfahren hat. Sozialwissenschaftlich belehrt, vermag sich eine solche Erfahrung zu theoretischer und politischer Sprengkraft zu verdichten.

Otto Ullrich

Technik und Herrschaft

Vom Hand-Werk zur verdinglichten Blockstruktur industrieller Produktion

Suhrkamp

CIP-Titelaufnahme der Deutschen Bibliothek
Ullrich, Otto:
Technik und Herrschaft: vom Hand-Werk
zur verdinglichten Blockstruktur
industrieller Produktion / Otto Ullrich. –
3. Aufl. – Frankfurt am Main: Suhrkamp, 1988
(Suhrkamp-Taschenbuch Wissenschaft; 277)
Zugl.: Berlin, Freie Univ., Diss., 1976
ISBN 3-518-27877-0
NE: GT

suhrkamp taschenbuch wissenschaft 277
Erste Auflage 1979

Druck: Nomos Verlagsgesellschaft, Baden-Baden
Printed in Germany
Umschlag nach Entwürfen von
Willy Fleckhaus und Rolf Staudt

3 4 5 6 7 8 – 93 92 91 90 89 88

Inhalt

Übersicht und Vorbemerkungen

Die »Basis« jeder Gesellschaft ist das System der materiellen Produktion. Der materielle »Reichtum« einer Gesellschaft wird erzeugt durch verausgabte menschliche Arbeitskraft in diesem System. Neben dem Stand der »Produktivkräfte« sind vor allem die organisatorischen »Verhältnisse« im System der materiellen Produktion kennzeichnend für eine Gesellschaft. Klassengesellschaften »organisieren« ihr System der materiellen Produktion typisch »asymmetrisch«: Wenige bestimmen über den Einsatz und die Nutzung der Arbeitskraft der Vielen. Mit dem Begriff der Herrschaft ist dieses asymmetrische Organisationsprinzip in vielfältiger Weise dargestellt worden. Die selbstverständlichen Verhältnisse im System der kapitalistischen Produktion verdoppelnd, sieht die bürgerliche Sozialwissenschaft »Herrschaft« als unabdingbares Organisationsprinzip der materiellen Produktionsweise an (Kapitel I).

Diese selbstverständlichen »Verhältnisse« sind deutbar nach gesellschaftsbestimmenden »Superstrukturen«, die in je spezifischer Weise Herrschaftsverhältnisse erzeugen, begünstigen und aufrechterhalten. Die am häufigsten dargestellte und kritisierte »Superstruktur« für die Produktionsverhältnisse in industrialisierten Ländern wird erzeugt durch die »Logik des Kapitals«. Aus dieser durch das Kapital erzeugten Superstruktur werden von manchen Analytikern alle »wesentlichen« Herrschaftsmechanismen »abgeleitet«. Andere Autoren dagegen schreiben der »Technik« eine superstrukturbildende Funktion zu. Hiernach sollen Technik und Wissenschaft ebenfalls oder sogar vorwiegend die Herrschaftsbeziehungen im System der materiellen Produktion bestimmen. Der politische Standort dieser Autoren ist weit gefächert und die Begründungen für den beschriebenen Zusammenhang von Technik und Herrschaft sowie die Folgerungen daraus ebenfalls (Kapitel II).

Gemeinsam ist diesen Ansätzen jedoch in der Regel eine unsoziologische, »pauschalierende« Argumentation, z. B. durch »kulturkritische Gesamtschauen«, durch philosophische Totalkategorien oder durch Ableitungen aus einem einzigen »Prinzip«, so daß entweder ihre ideologische Funktion oder ihre überzogene »Eindimensionalität« leicht erkennbar ist. Das erleichtert es den Theoretikern, die der Logik des Kapitals einen alles dominierenden Einfluß zuschreiben, diese Ansätze generell als verfehlt abzuweisen. Auch ist ein typischer Mangel dieser Ansätze die Negierung der superstrukturbildenden Bedeutung der Logik des Kapitals.

Um zu prüfen, ob und wie durch das für die heutige materielle Produktion so wichtige »gesellschaftliche Projekt Technik und Wissenschaft« Herrschaftsprozesse erzeugt, stabilisiert und legitimiert werden, ist darum vor allem eine differenzierte Charakterisierung von Technik und Wissenschaft notwendig und eine genauere Analyse der Strukturmerkmale, die ein herrschaftsbezogenes »Zusammenwirken« von wissenschaftlicher Technik und kapitalistischer Produktionslogik ermöglichen (Kapitel III).

Im Hauptteil der Arbeit wird dargestellt, in welcher Weise Herrschaftsformen, Herrschaftsmechanismen und Herrschaftslegitimierungen in der materiellen Produktion sich verändert und neu herausgebildet haben bei einer durch Wissenschaft »entwickelten« Technologie (Kapitel IV).

Superstrukturbildende Mechanismen, die asymmetrische Prozesse erzeugen und begünstigen, bedingen typisch auch eine blinde Verlaufslogik des Gesamtprozesses. Darum wird im IV. Kapitel ebenfalls analysiert, in welcher Weise der vergegenständlichte Prozeß Technik und Wissenschaft »von sich aus« eine blinde Verlaufslogik des Gesamtprozesses der materiellen Produktion erzeugt.

Die Darstellung und Argumentation in diesem Kapitel ist mehrgleisig und wird von verschiedenen »Ebenen« und von unterschiedlichen Perspektiven aus geführt. Makrologische und situationslogische, soziologische, politökonomische und sozialpsychologische Argumente werden gleichberechtigt, wechselseitig und ergänzend herangezogen. Da durch eine differenzierte Analyse sich ergibt, daß das Verhältnis von Technik und Herrschaft nicht aus einem »großen Bewegungsgesetz der Geschichte« »abgeleitet« werden kann, ist diese Art der Darstellung »angemessener« als eine aus einem »Prinzip« sich entwickelnde strenge »einheitslogische« Gliederung.

Das Verhältnis von Technik und Herrschaft wird also erzeugt und dargestellt durch eine Vielzahl von einzelnen Mechanismen, die auf unterschiedlichen »Ebenen« relativ autonom sich gegenseitig beeinflussen und »zuarbeiten«. Das vorläufige hier dargelegte Resultat dieses Verhältnisses ist also die strukturbildende Summe der einzelnen Mechanismen. Dieses Resultat, dargestellt in einer »einkreisenden« und »akkumulierenden« Argumentation, ist darum unverkürzt auch nachträglich nicht reduzierbar auf eine »Formel«, auf wenige »eingängige« Thesen.

Eine wesentliche Orientierung meiner Darstellung und Argumentation sind Arbeiten, die zum Themenbereich Technik und Herrschaft in den letzten Jahren erschienen sind. Soweit möglich, versuche ich den Umgebungszusammenhang der Argumentation dieser Arbeiten darzustellen, damit meine Schlußfolgerungen unmittelbarer überprüfbar sind.

Aufgrund meiner Analyse ergeben sich insgesamt kritische Einwände sowohl gegen die vorherrschende »bürgerliche« Position, die Wissenschaft und Technik nach einer interessenfreien Sachlogik determiniert sieht, als auch gegen die vorherrschende »marxistisch« orientierte Position, die das Verhältnis von Technik und Herrschaft nur über ein »Anwendungsverhältnis« deutet und eine »Unschuld der Produktivkräfte« postuliert.

Wenn nun eine Analyse ergibt, daß die uns heute bekannte wissenschaftliche Technik auch »von sich aus« in spezifischer Weise Herrschaftsprozesse erzeugt, stabilisiert und legitimiert und gleichzeitig auch eine blinde und das Gesamtsystem bedrohende Verlaufslogik erzeugt und begünstigt, und wenn andererseits eine Gesellschaft sich zum Ziel gesetzt hat, Asymmetrien in den Lebenschancen der Gesellschaftsmitglieder tendenziell zu reduzieren, dann steht auch das Thema einer »anderen Technik« zur Diskussion (Kapitel V).

Dieses letzte Kapitel jedoch ist noch mehr als die anderen Abschnitte nur als Vorbereitung für weitere Analysen zu betrachten, da eine gründlichere und umfangreichere Ausarbeitung notwendig wäre.

I Einführung: Herrschaft im Industriebetrieb. Die »industriesoziologische« Perspektive

»Herrschaft« scheint für eine Produktionsorganisation so notwendig zu sein wie Materialien, Maschinen und Menschen. Es gibt sehr viele Wege und Betrachtungsweisen, die versuchen, dies plausibel zu machen. Am einleuchtendsten erscheint eine rein formale Betrachtung der zeitlich-logischen Abfolge für die Entwicklung einer zeitlich stabilen Produktionsorganisation[1]. Am Anfang könnte bei einer Anzahl von Menschen das gemeinsame Interesse für ein bestimmtes Produkt bestehen. Sie könnten die zu bewältigende Aufgabe gemeinsam angehen, da schon auf einfachster Stufe der Organisation durch den Zusammenschluß Vorteile für jeden erkennbar sind. In vielen Fällen wird die Aufgabe für einen einzelnen Menschen gar nicht zu bewältigen sein. Als Organisationsform wird sich eine nur lose, aufgabenorientierte, kooperative Produktionsstruktur ohne feste Arbeitsteilung und ohne feste Befehlsstruktur ergeben, denn der Zusammenhalt wird durch das gemeinsame Interesse zur Befriedigung eines gemeinsamen Bedürfnisses gewährleistet. Diese »primitive Produktionsstruktur«[2] hat meistens keine hohe zeitliche Dauer, da die Stabilität ihrer Struktur abhängig ist von den Interessen der Organisationsmitglieder und diese Interessen einem kurzfristigen Wandel unterliegen können.

Vor allem wird nun in der Konstruktion dieser formalen Überlegungen angenommen, daß bei größer werdender Anzahl der Menschen in einer gemeinsamen Arbeitsformation die einzelnen Interessen und Bedürfnisse immer vielfältiger werden, so daß es nicht mehr möglich ist, hierauf eine stabile Organisation zu gründen[3]. Zur zeitlichen Stabilisierung einer »effektiven« Pro-

1 Vgl. hierzu: Daniel Katz und Robert L. Kahn: *The Social Psychology of Organizations*, New York, London 1966, p 77 f.

2 Vgl. (1), p 78.

3 ». . . the role requirements for stability and uniformity (in a produc-

duktionsorganisation müssen andere Mechanismen für eine zeitliche Konstanz von Rollenverhalten sorgen.
Z. B. kann dies geschehen durch Normen und Reglements, die unabhängig von den augenblicklichen Interessen ein bestimmtes Verhalten vorschreiben. So wird schon in einer sehr frühen Phase der kooperativen Tätigkeit die Notwendigkeit einer Autoritätsstruktur postuliert[4]. Obwohl sich bereits an dieser Stelle einige ungeklärte Fragen über die Schlüssigkeit des Konzepts ergeben[5], ist dies die Grundlogik, aus der heraus sich eigentlich alle industriesoziologischen Modelle entwickeln: Aus dem Widerspruch zwischen individuellen Bedürfnissen und Interessen und einem Organisationsziel, einem Betriebsinteresse, und zusammen mit dem zusätzlichen Postulat, daß ein übergeordnetes Interesse besteht, dieser Produktionsstätte dauerhafte, institutionelle Form zu geben, erwächst die Notwendigkeit einer normgeregelten, arbeitsteiligen Rollenstruktur, vor allem der Herausbildung einer Herrschaftsstruktur.
Die Autoritätsstruktur wird dann zur eigentlich strukturierenden Kraft, zum Strukturator einer Produktionsorganisation. Sie strukturiert nicht nur den eigentlichen Produktionsbereich, sie etabliert weitere wichtige Untersysteme, die eine Produktions-

tive process) are not consistent with the facts of human variability.« Vgl. (1), p 79.

4 »Around the first crude cooperative efforts will be built devices for formulating and enforcing rules – in other words an *authority structure.*« Vgl. (1), p 79.

5 Z. B. müßte die scheinbare Interessenpluralität genauer analysiert werden. Was sind die Gründe für den sich naturhaft gebenden Widerspruch zwischen Einzelinteressen und Gesamtinteresse in einer Produktionsorganisation? Das unterstellte Menschenbild eines steuerungsbedürftigen Wesens mit zufälligen Interessen, die organisationsfeindlich, bestenfalls organisationsindifferent sind, müßte zumindest als Postulat erkannt werden. Wo kann das Interesse festgemacht werden, daß die Produktionsorganisation zeitlich stabile Strukturen erhalten soll? Wenn es die Produzierenden nicht sind, wer hat Interesse an einer stabilen Produktionsstruktur? usw.

organisation erst lebensfähig machen[6]. Die Vielzahl der möglichen Untersysteme, die sich daraus ergebenden Probleme und Folgeprobleme, die begriffliche Differenzierung von Rollensystemen und die Ausarbeitung verfeinerter Modelle und Systematisierungen von Organisationssystemen gaben und geben ein reiches Betätigungsfeld für Industrie-Organisationssoziologen. Auf einer so weiter entwickelten abstrakten Ebene der Betrachtungsweise von Produktionsbetrieben durch die moderne Systemtheorie wird zwar das »Fundamentalproblem der Herrschaft« zu einem bloß formalen Steuerungs- und Strukturierungsproblem verdünnt[7], es bleibt jedoch zentral.

Auch von Autoren, die anders vorgehen, wird Herrschaft in Industriebetrieben als unabdingbar angesehen. In der historisch orientierten Studie von Reinhard Bendix über »Herrschaft und Industriearbeit«, in der z. B. vergleichende Analysen zwischen England und Rußland gemacht werden, heißt es: »Das Gemeinsame aller Wirtschaftsunternehmen besteht in der sozialen Beziehung zwischen den Unternehmern, die die Autorität ausüben, und den Arbeitern, die gehorchen müssen.«[8] Oder in einer mehr

6 Üblicherweise wird von Produktionsstätten als Organisation auch nur dann gesprochen, wenn eine deutliche Ausprägung von mindestens folgenden Untersystemen gegeben ist: Produktionssystem (reine Materialbearbeitungsrollen) – Umweltunterstützendes System (sorgt ganz allgemein für den Fluß von input und output) – Maintenance System (sorgt für das Funktionieren der Produzenten) – Adaptives System für Umweltanpassung und Autoritätssystem (Management) (vgl. hierzu Katz und Kahn, angegeben in (1)).

7 So erhält bei Parsons Macht den Charakter einer allgemeinen »Steuerungssprache« (vgl. z. B. Talcott Parsons: »Die jüngsten Entwicklungen in der strukturell-funktionalen Theorie«, in: *Köln. Ztschr. f. Soz. u. SoPsy.* 1964, p 38-39), und bei Luhmann ist Macht, neben Wahrheit, Liebe und Geld, ein »Medium« der »Selektivitätsverstärkung« (vgl. Niklas Luhmann: »Soziologie als Theorie sozialer Systeme«, in: *Köln. Ztschr. f. Soz. u. SoPsy.* 1967, p 633 f, oder auch N. Luhmann: *Macht*, Stuttgart 1975.

8 Reinhard Bendix: *Herrschaft und Industriearbeit*, Frankfurt/M. 1960, p 33.

systematisierenden Arbeit über Organisationen meint Renate Mayntz: »Selbst dann, wenn alle Mitglieder einer Organisation selbstlos an ihrem Ziel interessiert und bereit sind, ohne Aufsicht alles zu tun, was für seine Verwirklichung nötig ist, erfordert die Koordination der Tätigkeiten, daß einige anordnen und andere gehorchen.«[9, 10]

Zaghafte Andeutungen, daß vielleicht durch eine Änderung der Betriebsverfassung[11] oder durch technische Entwicklungen[12] die Autoritätsstruktur tendenziell verschwinden könnte, werden z. B. von Dahrendorf als bloßes »Spiel des Gedankens« zurückgewiesen: »Tatsächlich können weder Wandlungen der Betriebsverfassung (Neuloh), noch technische Entwicklungen (Bahrdt) die Notwendigkeit einer betrieblichen Autoritätshierarchie beseitigen. Verändern können sich nur die Formen der Ausübung betrieblicher Autorität ...«[13]

Man kann also zusammenfassend sagen, daß die überwiegende Mehrheit aller Industriesoziologen davon ausgeht – wenn auch mit z. T. unterschiedlichen Begründungen –, daß Herrschaft ein notwendiger und zentraler Bestandteil aller Produktionsorganisationen ist. Die bei manchen Autoren vorhandene kritische

9 Renate Mayntz: *Soziologie der Organisation*, Reinbek 1963, p 97.

10 Diese These von Mayntz ist also weitergehend als die Annahmen in dem zuerst vorgestellten systemtheoretischen Modell. Dort wurde für den freiwilligen Verband noch keine Autoritätsstruktur gefordert. Diese wurde erst notwendig bei divergierenden Interessen. Auch Max Weber läßt als herrschaftsfreie Ordnung die »durch persönliche freie Vereinbarung aller Beteiligten zustandegekommene Ordnung« zu. (Vgl. Max Weber: *Wirtschaft und Gesellschaft*, Tübingen 1956, p 36, § 13.) Die Verschiebung von »Koordination« nach »gehorchen«, bzw. von freiwilliger Koordination nach Herrschaft noch im gleichen Satz bei Mayntz ist logisch nicht zwingend und läßt sich begrifflich sinnvoller, wie bei Weber, auftrennen.

11 Vgl. Otto Neuloh: *Die deutsche Betriebsverfassung*, Tübingen 1956.

12 Vgl. Hans-Paul Bahrdt: *Industriebürokratie*, Stuttgart 1958, p 97 bis 102.

13 Ralf Dahrendorf: *Industrie- und Betriebssoziologie*, Berlin 1965, p 77.

Reflexion über die Autoritätsstruktur in Betrieben bezieht sich dann auch nicht auf die Frage, ob Herrschaft tendenziell aufhebbar ist, sondern auf die Erörterung verschiedener Herrschaftsformen und vor allem deren Begründung. Die Legitimation der Herrschaft in Produktionsstätten wurde für Theoretiker und Praktiker erst sehr spät zum Problem. Zu Beginn der Industrialisierung konnte überall zuverlässig aufgebaut werden auf ein traditionelles Herr- und Knecht-Verhältnis. So hatten auch in so unterschiedlichen Ländern wie England und Rußland anfangs die Unternehmerideologien sehr viele Ähnlichkeiten.[14] Erst mit der Entwicklung verschiedener politischer Systeme entstanden auch unterschiedliche Legitimationsversuche. Vor allem die allgemeine Tendenz zur »Rationalisierung« in allen Lebensbereichen forderte auch nicht-traditionale Herrschaftsbegründungen. Die bekannte Einteilung von Max Weber z. B. unterscheidet drei »reine Typen legitimer Herrschaft«: rationale, traditionale und charismatische[15].

Unterstellt man die Vollständigkeit dieser Einteilung, dann wären Industriebetriebe wohl ein Mischtyp rational-traditionaler Herrschaft. Zwar sind Betriebe weitgehend »regelgebunden« und der Verkauf der Arbeitskraft orientiert sich formal an dem bürgerlich-rechtlichen Vertragsmodell, doch hat die formal mitgekaufte Unterwerfung unter diese Regeln weitgehend einen traditionalen Charakter. Das sich mit der Industrialisierung entwickelnde demokratische Modell der freiwilligen Unterwerfung unter einen Mehrheitswillen in politischen und freiwilligen Or-

14 Vgl. hierzu R. Bendix: *Herrschaft* (8), p 23 f.

15 Vgl. Max Weber: *Wirtschaft und Gesellschaft,* Tübingen 1956, p 157-182; »der rationale Charakter beruht auf dem Glauben an die Legalität gesatzter Ordnungen und des Anweisungsrechts der durch sie zur Ausübung der Herrschaft Berufenen (legale Herrschaft)«, § 2, p 159. Die Grundkategorien der rationalen Herrschaft sind u. a.: »regelgebundener Betrieb ... innerhalb einer Kompetenz ...« Vgl. § 3, p 161: »Traditional soll eine Herrschaft heißen, wenn ihre Legitimität sich stützt und geglaubt wird auf Grund der Heiligkeit altüberkommener ... Ordnungen und Herrengewalten.« § 6, p 167.

ganisationen ist von Produktionsbetrieben bis jetzt sorgsam ferngehalten worden. In einer Studie von Smith und Tannenbaum[16], in der die Ergebnisse von fast 200 Organisationsuntersuchungen zusammengestellt werden, konnte für fast alle industriellen Organisationen die Form der oligarchischen Herrschaft nachgewiesen werden, d. h. eine hohe Korrelation zwischen formellem Status und Stärke des Einflusses[17]. Forderungen, auch Betriebe zu demokratisieren, gab und gibt es genug, auch z. B. aus rein funktionalen Gründen[18]. Jedoch sind diese Forderungen immer nur von außen gekommen. Eine »demokratische Bewegung« der Betroffenen in den Betrieben gibt es auch jetzt noch nicht, nachdem die Demokratisierungsbestrebungen fast alle anderen Institutionen bereits ergriffen haben[19].

Aus diesem Grunde wurde von den »strukturbildenden Kräften« die Legitimationsfrage der Herrschaft in Industriebetrieben erfolgreich auf eine andere, untere Ebene verlagert, von der Ebene der Entscheidungsprinzipien der Firmenpolitik und möglicherweise der Politik des Wirtschaftssystems auf die Ebene des Arbeitsplatzes und des eingeschränkten individuellen Erfahrungsbereiches. Vor allem wurde das Legitimationsproblem bis

16 C. G. Smith u. A. S. Tannenbaum: »Organizational Control: A Comparative Analysis«, in: *Human Relations,* Bd. 16 (1963), vgl. auch R. Mayntz (9), p 100 f.

17 In einem reinen demokratischen Modell wäre zwischen diesen beiden Dimensionen eine hohe negative Korrelation anzusetzen.

18 Für eine »kreative«, wandlungsfähige, »offene« Organisation in einer sich ändernden Umwelt ist nach Katz und Kahn eine »demokratische« Autoritätsstruktur funktionaler als die übliche »hierarchische«. Vgl. Katz und Kahn (1), p 213 f.

19 Vom Protest gegen autoritäre Entscheidungsstrukturen wurde bisher »nur *eine* Organisation ... verschont: das wirtschaftliche Großunternehmen. Obwohl von der oppositionellen Theorie und Agitation nachdrücklicher attackiert als jede andere Institution, sind die Unternehmungen Stätten der ›Ruhe und Ordnung‹ geblieben. Aggressive Kritik *aus den eigenen Reihen* gab es hier noch nicht«. Helge Pross/ Karl W. Boetticher: *Manager des Kapitalismus,* Ffm. 1971, p 7 (Hervorhebung von den Autoren).

zur Unkenntlichkeit vermengt mit der Erörterung anderer Strukturierungs- und Disziplinierungsmechanismen.
Mit dem »Fortschritt der Technik« mußten auch fortschrittlichere Methoden für die Bewältigung des Grundproblems der Herrschaft gefunden werden: für die Sicherung und Begründung, daß viele auch gegen ihren Willen wenigen gehorchen müssen.
Als sehr hilfreich erwies sich dabei »eine Grundtatsache sozialen Lebens, nämlich daß menschliches Verhalten sich sowohl von innen wie von außen steuern läßt«.[20] Äußerer Zwang durch Druck und Strafandrohungen kann ersetzt werden durch innere normative Steuerung, da »es sich hier um zwei in Grenzen austauschbare Mittel zum gleichen Zweck der Fügsamkeit handelt«.[20] Besonders im westlichen Bereich der Industrialisierung wurde zunehmend von dieser Möglichkeit der Innensteuerung[21] Gebrauch gemacht, vor allem wohl, weil diese Form der Steuerung zur Fügsamkeit sich widerspruchsfreier einordnen läßt in die politische Ideologie der freiheitlich-demokratischen Gesellschaftsordnung[21a]; der Innensteuerung kann man zumindest formal das Prinzip der Freiwilligkeit unterstellen.[22]
Eine ganze Palette von Mechanismen und historisch gewachsene Strukturierungen ermöglichen und stützen die Innensteuerung industrieller Verhaltensweisen. Zu ihnen gehört die Grundnormierung, die Grunddisziplinierung industriellen Verhaltens wie Pünktlichkeit, Sauberkeit, Gewissenhaftigkeit.

20 R. Mayntz: *Soziologie* (9), p 99.
21 Innensteuerung ist hier nicht gemeint im Sinne D. Riesmans als »innen-geleitete Lebensweise«, sondern zunächst nur als Gegensatz zum direkten, unvermittelten »äußeren« Druck genauer Überwachung. (Vgl. David Riesman: *Die einsame Masse*, Reinbek 1958, p 120ff.)
21a Vgl. hierzu wiederum auch Bendix: *Herrschaft* (8).
22 Dieser ganze Komplex muß natürlich im Zusammenhang gesehen werden mit dem historischen Übergang aus feudaler »persönlicher« Abhängigkeit zum »freien« Arbeiter des Bürgertums, den z. B. Marx und Engels an vielen Stellen genau analysieren. Ich diskutiere das Problem zunächst einmal in der mehr funktionalistischen, ahistorischen Terminologie »moderner« Industriesoziologie.

Verbunden mit einem »kapitalistischen Geist« der Berufsorientierung, der die Arbeit loslöst von Bedürfnisdispositionen und verselbständigt[23], verbunden mit der diffusen Unterwerfungsbereitschaft unter Autoritäten, sind diese Grundnormierungen bis heute wesentliche Voraussetzungen der industriellen Produktion[24]. Familie und Ausbildungssystem sorgen auch außerhalb der Produktionsstätten für die Verinnerlichung dieser Normen.

Ein weiterer sehr nützlicher Mechanismus für die Innensteuerung ist die Möglichkeit des Menschen, gleichbleibende, sich wiederholende Handlungen quasi automatisch auszuführen, sie von der kritischen Reflexion zu »entlasten«, zu habitualisieren. So gewohnheitsmäßig eingeschliffene Verhaltensweisen brauchen nicht mehr von außen kontrolliert zu werden, zumindest sehr viel seltener, vor allem ist diese Verhaltenssteuerung auch kostengünstig.

Die managementorientierte empirische Sozialwissenschaft hat unermüdlich nach weiteren kostengünstigen Faktoren und Mechanismen gesucht, um auf unaufdringliche, »freiheitliche« und »wissenschaftliche« Weise die Arbeitsdisziplin zu erhöhen[25]. Da-

23 Vgl. Max Weber: *Die protestantische Ethik (und der Geist des Kapitalismus)*, München, Hamburg 1965, p 39 f.

24 Daß diese fast für selbstverständlich angesehenen »Tugenden« an historische und kulturelle Besonderheiten gebunden sind, stellen z. B. immer wieder Firmen fest, die komplette Industriesysteme in »Entwicklungsländer« exportieren und dann über die mangelnde Disziplin und Arbeitswilligkeit der einheimischen Bevölkerung klagen. Für den Beginn der Industrialisierung in unseren Breiten vgl. das Kapitel »Teilung der Arbeit und Manufaktur« in: Karl Marx: *Kapital* Band I. »Durch die ganze Manufakturperiode läuft ... die Klage über den Disziplinmangel der Arbeiter.« (*MEW* 23, p 390.)

25 Als bedeutsamen Beginn dieser Forschung können die in den zwanziger Jahren in den Chicagoer Hawthornewerken begonnenen Experimente betrachtet werden. Man versuchte nach naturwissenschaftlichem Methodenmuster durch Variation von veränderbaren Größen (z. B. Beleuchtung, Temperatur, Pausen, Arbeitsrhythmus, Entlohnung) die optimale Arbeitssituation zu finden für eine maximale Produktivität.

bei konnten die Betriebsführer leider nicht vermeiden, daß ein Faktor zunehmend an Bedeutung gewann: die Entlohnung. Durch den Erfolg gewerkschaftlicher Kampfmaßnahmen konnte der Lohn nicht auf beliebig niedrigem Niveau gehalten werden.

Jedoch entwickelte sich gerade der Lohn als gutes Instrument, die Legitimationsfrage betrieblicher Herrschaft zu verdrängen und den Schein der Freiwilligkeit der Arbeit aufrechtzuerhalten und zu bekräftigen.

Karl Marx hatte für die Industrie des 19. Jahrhunderts noch einen unversöhnlichen Widerspruch zwischen hohen Profiten und hohen Löhnen analysiert. Ein höherer Lohn konnte nur auf Kosten geringerer Profite zustande kommen. Das Scientific Management des 20. Jahrhunderts, begründet durch Taylor, zeigte, daß höhere Löhne durchaus mit höheren Profiten einhergehen konnten, daß sie sich in den meisten Fällen sogar gegenseitig bedingen[26]. Der Lohn konnte also von der Betriebsführung als offensives Instrument eingesetzt werden zur geschickten Arbeitsmarktbeherrschung und zur Anheizung gegenseitiger Konkurrenz unter den Arbeitern, vor allem unter den qualifizierteren. Das Waren produzierende Wirtschaftssystem insgesamt brauchte auch zahlungsfähige Konsumenten, um den Kreislauf in Gang zu halten. Aber neben diesen systemimmanenten Bedingungen hat der Lohn noch eine weitere wichtige Funktion: Der abstrakte Charakter der Geldentlohnung vermag den Interessenschwerpunkt der Arbeiter von der Arbeit auf andere, außerbetriebliche Bereiche zu lenken.

Eines der wichtigsten Ergebnisse war wohl die Erkenntnis, daß menschliches Verhalten nicht eindeutig und direkt über diese physischen Parameter zu steuern war, sondern von komplizierteren psychischen Mechanismen abhängt (vgl. z. B. F. J. Roethlisberger u. W. J. Dickson: *Management and the Worker*, Cambridge/Mass. 1939).

26 »High wages and low labor cost are not only compatible, but are, in the majority of cases, mutually conditional«; F. W. Taylor: *Shop Management*, zitiert nach A. Sohn-Rethel: *Geistige und körperliche Arbeit*, Ffm. 1972, p 178.

Wenn ein Minimum an »Arbeitsplatzgestaltung« erfüllt ist, können die »vitalen Interessen« z. B. auf Familie und unpolitisches Gemeinschaftsleben konzentriert werden.[27] Die Geldentlohnung ermöglicht dann in diesen Bereichen die »Lebensgestaltung«. Der Betrieb bleibt, abgesehen von der Höhe der Entlohnung, aus dem Interessenhorizont ausgeblendet und mit ihm alle Fragen nach Herrschaftslegitimation, Produktionszweck und möglicher Selbstbestimmung.

Wieweit diese »instrumentelle Orientierung« bei den Arbeitenden verbreitet ist und wie stark sie zur Herrschaftsstabilisierung im Betrieb beiträgt, wird unterschiedlich sein[28] und noch von anderen Faktoren abhängen. Dies ist ja wiederum nur eine Möglichkeit, das Legitimationsproblem zu verdecken. Das Herrschaftssystem in Produktionsbetrieben ist ganz offensichtlich »überstabilisiert«. Wenn einzelne stabilisierende Faktoren ausfallen würden, genügten immer noch die verbleibenden. Dies mag mit ein Grund sein, warum bis heute Betriebe »Stätten der Ruhe und Ordnung« geblieben sind.[19]

Die Technisierung und Rationalisierung nun hat einen weiteren Komplex zur Herrschaftslegitimierung und Stabilisierung hervorgebracht. Die installierten und eingeübten Produktions- und Organisationsprozesse selbst sollen durch ihre Rationalität und Funktionalität die Notwendigkeit der Arbeit in diesem System begründen. Die Legitimation des Verfahrens Arbeitsprozeß wird also durch das Verfahren selbst gegeben[29]. Die technische Notwendigkeit der einzelnen Arbeitsvollzüge ist durch den gegliederten Prozeß der Produktion unmittelbar erkennbar und bedarf nicht mehr des befehlenden und anordnenden Eingriffs.

27 Vgl. für diese These die empirische Untersuchung von John H. Goldthorpe, D. Lockwood u. a.: *Der »wohlhabende« Arbeiter in England*, Band I, Industrielles Verhalten und Gesellschaft, München 1970.

28 Vor allem werden Unterschiede durch die verschieden hohe Qualifikation der Beschäftigten zu berücksichtigen sein. Vgl. dazu später.

29 Vgl. N. Luhmann: *Legitimation durch Verfahren.* Berlin/Neuwied 1970; Luhmann entwickelt dieses Konzept im wesentlichen für Gerichtsverfahren, schränkt es hierauf jedoch nicht ein.

»Das Befehls-Gehorsams-Verhältnis, das noch für den Herrschaftsbegriff Max Webers kennzeichnend war, ist dabei zum – relativ unwichtigen – Sonderfall der ›offenen‹ Herrschaft herabgesunken.«[30] Personale Herrschaft tritt in den Hintergrund, Herrschaft überhaupt wird unsichtbar, alle, auch die Chefs, müssen sich nur dem rationalen technischen Prozeß unterwerfen[31]. Das Konzept der unpersönlichen Ordnung, der sich alle fügen müssen, war schon früh, vor allem über Max Webers Bürokratisierungstheoreme, in die bürgerliche Industriesoziologie eingedrungen. Einen neuen und gewichtigeren Akzent, vor allem in Hinblick auf die Verdrängung der Legitimationsfrage, hat dieses Konzept jedoch durch die These des »technischen Sachzwangs« erhalten. Es ist also nicht mehr nur die rationale Organisationsstruktur, die durch ihren funktionalen Prozeß Arbeitsvollzüge legitimiert, sondern die »technische Apparatur«, mit der die Produzenten umstellt und verwoben sind. Die Entscheidungen in diesem technisierten Produktionsprozeß sind nicht mehr an eine Herrschaftsstruktur geknüpft, sondern erfolgen nach Richtigkeitskriterien einer universellen Technikwissenschaft. Das Legitimationsproblem hat hier keinen Gegenstand mehr, es ist »erledigt«[32].

Ist nun diese These hauptsächlich eine Ideologie[33] zum Nutzen

30 Karl Otto Hondrich: *Theorie der Herrschaft*, Ffm. 1973, p 15.

31 »Auch der Vorgesetzte gehorcht, indem er anordnet, dieser unpersönlichen Ordnung«; R. Mayntz: *Soziale Organisation des Industriebetriebes*, Stuttgart 1958, p 20.

32 Vgl. Helmut Schelsky: *Der Mensch in der wissenschaftlichen Zivilisation*, Köln/Opladen 1961, besonders p 21 f. Ausführlicheres hierzu im nächsten Abschnitt.

33 Ideologie ist hier, auch wegen des nachfolgenden Bendix-Zitats, in der simplifizierten Variante gemeint, als herrschaftskaschierendes Konstrukt, das durch Aufklärung entlarvt werden kann. Nachdem der theoretisch fruchtbare Marxsche Ideologiebegriff verschlissen worden ist, ist man fast gezwungen, immer die jeweilige Bedeutung anzugeben. Vgl. Max Horkheimer: »Ein neuer Ideologiebegriff?«, in: Kurt Lenk: *Ideologie*, Neuwied u. Berlin 1967, p 283 f, besonders p 292; auch K. Lenk in der Einleitung p 34 f und Karl Marx, *MEW* 23, p 85 ff.

einer unsichtbaren herrschenden Klasse oder sind mit ihr auch »wirklichere«, materiellere Prozesse angesprochen, die nicht bereits durch »Entlarvung« angegriffen werden können? Als Unternehmensideologie wäre sie eine besonders perfekte Variante der Herrschaftsleugnung, denn »augenscheinlich versuchen solche Ideologien, die Tatsachen von Autorität und Gehorsam in einer Weise auszulegen, die geeignet ist, den bestehenden Konflikt zwischen den Wenigen und den Vielen zu neutralisieren oder zu eliminieren, und zwar im Interesse einer wirksameren Ausübung der Autorität. Um dies zu können, muß man folglich entweder die Ausübung von Autorität völlig leugnen mit der Behauptung, daß die Wenigen nur anordnen, was die Vielen immer wollen, oder man muß diese Autoritätsausübung mit der Behauptung rechtfertigen, daß die Wenigen so ausgezeichnete Eigenschaften besitzen, daß sie die Interessen der Vielen erkennen und wahrnehmen können.«[34]

Besonders perfekt wäre die Ideologie der Sachdeterminierung vor allem auch deswegen, weil sie die von Bendix noch für notwendig gehaltene Interessenbezogenheit aufhebt. Es wird nicht, wie vorher meist üblich, auf verschiedenste Weise eine Interessenidentität zwischen den Vielen und den Wenigen konstruiert, der Interessenkomplex wird innerhalb des Betriebs nicht mehr zum Thema[35].

Aber wie gesagt, die Frage ist, ob mit der These von der Sachgesetzlichkeit neben der ideologischen Funktion auch noch komplexere Realprozesse mit gesehen worden sind, die jedoch in ihrer relativen Bedeutung für die Herrschaftsstabilisierung noch ungenügend begriffen wurden.

Die Herrschaftsstruktur eines industriellen Produktionsbetriebes ist selbstverständlich von sehr vielen Faktoren abhängig. Neben den politischen, ökonomischen und rechtlichen Parametern der Makrostruktur, in die ein Betrieb eingebettet ist, also für das

34 Bendix: *Herrschaft* (8), p 33.

35 Vergleiche hierzu auch die späteren Ausführungen zu Luhmanns Konzept der interessenfreien, motivlosen Verhaltensorientierung von idealen Organisationsmitgliedern.

kapitalistische System vor allem die Eigentumsverhältnisse und die rechtliche Struktur der Verfügungsgewalt über Produktionsmittel, spielen auch eine ganze Reihe von »Mikroprozessen« als herrschaftsstabilisierende Mechanismen eine nicht zu unterschlagende Rolle. Erwähnt habe ich bis hierhin bereits die Grundnormierung industrieller Verhaltensweisen, die Habitualisierung sowie die Funktion der instrumentellen Orientierung durch das Lohnverhältnis. Genauer untersucht werden soll in dieser Arbeit, welche Rolle »Technik« bei der Sicherung und Begründung von Herrschaft spielt, in welcher Weise »Technik« z. B. zur »Ideologie« geworden ist und vor allem, welche herrschaftsstabilisierenden Mechanismen die hochtechnisierte Produktionsweise erzeugt und erhält. Um diese Erörterung auf eine etwas breitere Basis zu stellen, werde ich im nächsten Abschnitt zunächst kurz die Positionen und Befunde einiger Autoren zu diesem Thema zusammenfassend vorstellen, die das Verhältnis von Technik und Herrschaft nicht im Begriffsrahmen der etablierten Industriesoziologie behandeln, sondern mehr in allgemein anthropologischer, philosophischer oder »gesamtgesellschaftlicher« Sicht. Die »grundsätzlichere« Erörterung des Themas durch die ausgewählten Autoren ersetzt noch keine soziologische Analyse, sondern macht diese erst notwendig. Die z. T. »ungenaue« Begrifflichkeit dieser Autoren könnte aber auf Problemfelder hinweisen, die bei einer »exakteren« Industriesoziologie schon gar nicht mehr im Blick sind. Es ist darum nicht zufällig, daß sich die Diskussion um das Verhältnis von Technik und Herrschaft u. a. auch an den Positionen dieser Autoren immer wieder entzündet, und auch dies ist ein Grund, warum ich nun darauf eingehe.[36]

36 Zur allgemeinen industriesoziologischen Diskussion neueren Datums über Herrschaft in Produktionsbetrieben vergleiche die kritische Arbeit von Ursula Schumm-Garling: *Herrschaft in der industriellen Arbeitsorganisation*, Ffm. 1972. Bereits die Einleitung gibt einen guten Überblick.

II Herrschaft durch Technik?
Varianten der Sachzwangthese

A. Gehlens anthropologische Deutung der Technik und die Herrschaft der Superstruktur

Arnold Gehlen sieht die Bedeutung und das Wesen der Technik im Begriffsfeld seiner philosophischen Anthropologie, von der er annimmt, daß sie *die* »moderne Anthropologie« sei[37].
Hiernach ist »der Mensch« ein Mängelwesen, »sinnesarm, waffenlos, nackt, in seinem gesamten Habitus embryonisch, in seinen Instinkten verunsichert . . .« /8/[38] Die »Notwendigkeit der Technik aus den Organmängeln des Menschen« erscheint unmittelbar einleuchtend, da der Mensch sonst, unangepaßt in einer unfreundlichen Umwelt, nicht überleben könnte. Neben dem Prinzip des Organersatzes als »Ergänzungstechniken, die uns organisch versagte Leistungen ersetzen«, tritt auch gleichzeitig das Prinzip der Organverstärkung auf, das mit Verstärkungstechniken die schwachen Organleistungen wie Muskelkraft und Sinnesleistungen verstärkt und potenziert. Als weitere Prinzipien kommen dann noch Organentlastung und Organausschaltung hinzu, die es dem Menschen ermöglichen, durch Entlastungstechniken die Natur für sich arbeiten zu lassen ohne eigenen Organeinsatz. Technik in diesem »allgemeinsten Sinne« verstanden als Organersatz, Organverstärkung und Organausschaltung, mit der »der Mensch sich die Natur dienstbar macht, indem er ihre Eigenschaften und Gesetze erkennt, ausnützt und gegeneinander

37 Arnold Gehlen: *Die Seele im technischen Zeitalter. Sozialpsychologische Probleme in der industriellen Gesellschaft*, Reinbek 1957, p 8. Für die ausführliche Erörterung seiner Anthropologie vgl. auch: A. Gehlen: *Der Mensch, seine Natur und seine Stellung in der Welt*, Bonn 1958.
38 Die Zahlen in den Schrägstrichen beziehen sich im folgenden auf die Seitenangaben von: Gehlen: *Seele* (37).

ausspielt«, gehört somit zum »Wesen des Menschen« und ist auch »so alt wie der Mensch«. /7-9/[39]

Der deutlich erkennbare Trend des »Organersatzes«, in dem die Entwicklung der Technik verläuft, hat weitreichende Folgen. Nach einer »zuletzt geistigen und ziemlich rätselhaften Gesetzlichkeit« erfolgt nämlich ein »Ersatz des Organischen überhaupt« /10/, da im Gegensatz zur organischen die anorganische Natur viel leichter erkennbar ist, sich viel eher in den für den Menschen vorstellbaren rationalen Abläufen zeigt. Der Erfolg der so erkennbaren und herstellbaren Naturprozesse prägt entscheidend unsere Weltanschauung, da immer die erfolgreichsten Wissenschaften und Fertigkeiten diese Ausstrahlungswirkung haben. Dennoch sei es erstaunlich, daß die »Vorstellbarkeit des Naturprozesses als eines toten, bloß materiellen, aber gesetzmä-

39 Hier schon ein kurzer Einwand: Es ist keineswegs zwingend, daß die Technik entstehen mußte, weil der Mensch ein Mängelwesen ist. Es könnte entgegengesetzt angenommen werden, daß der Mensch als gehirnspezialisiertes Wesen mit seiner universellen, eben nicht angepaßten Hand und nicht eingepaßten Triebenergien als »Überschußwesen« gerade die Möglichkeit hat für eine Organverstärkung und Organausschaltung, Technik also nicht als »Ersatz«, sondern als »Zusatz« betreiben kann. Vor allem ist auch bei Gehlen mit der Gehirnspezialisierung eine wichtige »Organleistung« des Menschen fast völlig unterschlagen worden: die große Kooperationsfähigkeit des Menschen mit *anderen* Menschen. Ohne diese Kooperationsfähigkeit wäre nicht nur heute »die Technik« ganz undenkbar, auch bei den ersten Schritten der instrumentellen Überlistung der Natur und somit bei der Entstehung der menschlichen Technik im weitesten Sinne muß Kooperation *mehrerer* Menschen eine ganz entscheidende Rolle gespielt haben. Das (bildungs-)bürgerliche Ideal der »einsamen Persönlichkeit«, das in Varianten bei sehr vielen konservativen Autoren zum Naturzustand erhoben wird, versperrt auch für Gehlen den Blick. – Für diesen Punkt der Gehlenschen Anthropologie der Technik kann man also sagen, daß sie in den Grundannahmen nicht zwingend und überzeugend ist und einen sehr wesentlichen Faktor unterschlägt. Für eine allgemeine Kritik der Anthropologie von Gehlen vgl. D. Claessens: *Instinkt* (41), p 27ff.

ßigen Verlaufes so außerordentlich jungen Datums ist«, die ja erst grob 300 Jahre alt ist, wo doch »die Menschheit seit einer halben Million Jahren technisch produziert«. /11/ Das wirft dann auch die Frage auf, worin die Technik der Neuzeit sich qualitativ von der Technik der Steinwerkzeuge unterscheidet. Die Maschine z. B. kann nicht das qualitativ Neue sein, da deren Bewegungsprinzipien schon lange vorher angewandt wurden. Durch einzelne Fakten wird man dieser Frage nicht näher kommen, vielmehr müssen »Strukturveränderungen ganzer Kulturzweige« beachtet werden. Eine wesentliche Strukturveränderung, die im 17. und 18. Jahrhundert beginnt, ist die Entstehung der analytisch-experimentellen Naturwissenschaft, die sich zunächst unabhängig von der handwerklichen Technik in praxisfernen Studierstuben entwickelt. Aber die verwandten Strukturen der Logik der Prozesse führen Technik und experimentelle Naturwissenschaft zusammen. Einen Naturvorgang, den man in der experimentellen Situation mit wechselnden Bedingungen erforscht, hat man »eo ipso in der Hand, das Experiment ist der erste Schritt zu seiner technischen Verwendung. Zwei Kulturzweige, die bisher nur auf wenigen Gebieten kooperiert hatten, aber im wesentlichen unabhängig voneinander betrieben wurden, traten nun in die engste methodische Verbindung. Die Technik übernahm von den neuen Naturwissenschaften das atemberaubende Tempo des Fortschritts, diese wieder von jener den praktischen, konstruktiven, unspekulativen Zug.« /12/ Ohne einen »dritten Faktor« jedoch wäre es zu den »staunenswerten Ergebnissen der Neuzeit« nicht gekommen: ohne die »kapitalistische Produktionsweise«[40]. Die moderne Technik ist also nicht angewandte Naturwissenschaft, sondern Industrie, Technik und Naturwissenschaft setzen sich gegenseitig voraus. /13/

40 Worin diese »kapitalistische Produktionsweise« genauer besteht, erörtert Gehlen, auch an anderer Stelle seines Buches, nicht. Er meint hier wohl auch mehr die idealistische Variante des Wirkens eines kapitalistischen Geistes. (Vgl. (23)). Vorsichtshalber setzt er kapitalistisch auch in Anführungsstriche und spricht gleich darauf nur noch von »Industrie«.

Das Konzept des Mängelwesens und des Organersatzes hat noch keinen Ansatz für Erklärungsweisen des »Antriebs« der technischen Entwicklung gezeigt. Es gab nur die Erklärung für die formalen Konturen des möglichen Prozesses. Deswegen versucht Gehlen die Frage des Antriebs mit einem weiteren Postulat seiner Anthropologie zu klären. Seiner Ansicht nach bewundert der unfertige, instinktarme Mensch die »göttliche« Vollkommenheit der Verhaltenssicherheit des Tieres, und in einer tiefliegenden Ursehnsucht strebt auch der Mensch diese Sicherheit und Gleichförmigkeit an.[41]

»Die ›Gleichförmigkeit des Naturverlaufs‹ sicherzustellen und den Rhythmus der Welt zu ›stabilisieren‹«, seien ein »instinktähnliches« Bedürfnis. /15/ Dieses Bedürfnis ist auch der Antrieb für die »magischen« Techniken der Naturbeschwörungen. Magie und Technik haben so die gleiche Wurzel, beides sind Unternehmungen, unregelmäßige Naturprozesse von ihren eigenen Wegen umzulenken auf die geordneten Bahnen für menschliche Dienste[42]. »Die Faszination durch den Automatismus bildet den vorrationalen und überpraktischen Antrieb in der Technik, der sich zuerst viele Jahrtausende lang in der Magie, der Technik des Übersinnlichen, auswirkte, bis er erst in jüngster Zeit seine vollkommene Erfüllung in Uhren, Motoren und rotierenden Maschinen jeder Art fand.« /15/ Dieses Phänomen beruht auf einer »Resonanz«. Der Mensch sucht seine Selbstdeutung in den rhythmischen, unbeirrbaren Vorgängen in der äußeren Natur, denn er ist in »ganz zentralen Bereichen seiner Natur (auch) Automatismus, er *ist* Herzschlag und Atmung, er lebt geradezu in und von sinnvoll funktionierenden, rhythmischen Automatismen ... So faszinieren ihn die analogen Vorgänge der Außenwelt kraft einer ›Resonanz‹, die sozusagen eine Art des inneren Sinnes für

41 Zur Kritik dieses Konzepts, das mit seinen weiteren Implikationen u. a. auch zu inneren Widersprüchen der Gehlenschen Anthropologie führt, vgl. wiederum Dieter Claessens: *Instinkt Psyche Geltung, Bestimmungsfaktoren menschlichen Verhaltens. Eine soziologische Anthropologie,* Köln und Opladen 1968, vor allem p 37ff.

42 Vgl. A. Gehlen: *Urmensch und Spätkultur,* Ffm. 1956, Kap. 43–45.

das Eigenkonstitutionelle im Menschen darstellt, der auf das anspricht, was dieser Eigenkonstitution in der Außenwelt ähnelt«. /16/ Diese »Tiefenbindung« an rhythmische und selbstläufige Außenweltprozesse sei die »Triebkomponente« der Technik, die durch ein verbreitetes akademisches Vorurteil übersehen würde, das in der Technik nur das rationale Instrument sehe. /17/
Wie schon die »übernatürliche Technik«, die Magie, einen prägenden Einfluß auf die Menschen hatte, so verändert und beeinflußt auch die neue Technik, vor allem in der Kombination mit Naturwissenschaft und »Industrie«, die Seelenstruktur des Menschen und seine kulturellen Erscheinungen. Das »Lebensgesetz« (z. B. des Organersatzes) zwingt den Menschen, »seine Macht über die Natur zu erweitern« /23/, und die Tendenz zur Ersetzung des Organischen führt durch die Naturwissenschaft zu einer allgemeinen Tendenz der »Verbegrifflichung und Entsinnlichung« /25/.
Diese Tendenz, besonders ausgeprägt in der analytisch-experimentellen Orientierung, breitet sich wegen des ungeheuren Erfolgs in der Technik und Naturwissenschaft mit der »Unwiderstehlichkeit eines Verhängnisses« /30/ auch auf alle anderen Bereiche aus, so z. B. der Kunst. Die Entsinnlichung geht so weit, daß in einer Art Methodenfetischismus selbst z. T. in der Technik eine Umkehrung der Problemstellung erfolgt: nicht bestimmte Zwecke stehen im Vordergrund, für die passende technische Mittel gesucht werden, sondern vorhandene Methoden und Verfahrensweisen werden um ihrer selbst willen bis zur »Erschöpfung aller Möglichkeiten« durchgespielt. /28-32/
Die Tendenz der Entsinnlichung hat u. a. zwei negative Folgen. Wissenschaft und Kunst werden esoterisch, denn nur wenige haben Zugang zu den immer komplizierter werdenden und abstrakten Modellen und nur wenige können an dieser Frontlinie der kulturellen Entwicklung aktiv mitgestalten. Die große Mehrheit ist zur Passivität verurteilt, angepaßt durch »Automatismen« an vorgegebene Arbeitsrhythmen, erfährt sie, unterstützt durch die Massenmedien, eine »Primitivisierung« ihrer sinnlichen und geistigen Potenzen. /33-35/

Die zweite Folge des unaufhaltsamen Vordringens der naturwissenschaftlich technischen Prinzipien ist eine »unangemessene« Übertragung dieser Prinzipien auf soziale und zwischenmenschliche Bereiche, die den Menschen in seinen Möglichkeiten versklavt und verkümmern läßt. Zu diesen Prinzipien gehören das »Prinzip der vollen Beanspruchung«, der Ausschaltung allen Leerlaufs und ungenutzter Energien; das »Prinzip der vorbereiteten Vollzüge«, das das Verhalten der Arbeiter in vorgeplante Gleise preßt; das Prinzip der »Normgrößen« und »auswechselbaren Teile« und das Prinzip der »Konzentration auf den Effekt«. /36-37/
Die Nachteile und Zwangsmechanismen dieser industriell-technisierten Epoche treten mit fortschreitender Entwicklung immer deutlicher hervor. Kulturtragende Institutionen, die auch den »anspruchsvollsten und edelsten Motivationen noch Daseinsrecht und Daseinschancen« geben sollten, werden in der modernen Gesellschaft auf das bloß Zweckmäßige, oder was man dafür hält, reduziert. Institutionen werden ersetzt durch Organisationen /116/, und in diesen Organisationen wird der Mensch durch die technisch-industrielle »Superstruktur« einem angepaßten, bloß funktionellen Dasein unterworfen.[43] Das »Charakteristische einer Persönlichkeit« verschwindet in diesen Organisationen /106/, und der Gehalt des Lebens wird außerhalb der Arbeit gesucht in dem unpolitischen und ungesellschaftlichen Bereich der Freizeit. /110/ Trotz großer Rationalität der Organisationen und fast perfekter Naturbeherrschung ist man vor einem »Rückfall in die Barbarei« keineswegs sicher. /113/ »Eine durchgreifende Änderung ist fast nur so vorstellbar, daß sie an den extremsten Enden angreift: beim Wissenwollen, dem Anfangspunkt, oder beim Konsumierenwollen, dem Endpunkt des Pro-

43 »Die großen Superstrukturen der neuen Zivilisation verselbständigen und ›entfremden‹ (Hegel, Marx) sich, sie zwingen das innere und das äußere Verhalten der Menschen in die Form der Anpassung ...« /39/ vgl. auch /54/.

zesses. In beiden Fällen wäre die Askese, wenn sie irgendwo aufträte, das Signal einer neuen Epoche.« /54/[44]

B. Freyers phänomenologische Analyse des Zwangscharakters immanenter Perfektionstendenzen technischen Denkens

Wenngleich in den Ansichten und Analysen über die Technik und »Industriekultur« bei Arnold Gehlen und Hans Freyer sehr viele Übereinstimmungen zu finden sind und eine getrennte Erörterung Freyers als eine andere »Grundposition« kaum lohnt, möchte ich hier doch eine These Freyers aufgreifen, da sie einen »Zwangscharakter der Technik« in anderer und »totalerer« Weise betont.

Wie erwähnt, schildert Gehlen, daß auf ihrem Gebiet erfolgreiche kulturelle Erscheinungen auch auf andere Gebiete »ausstrahlen« und ihr erfolgreiches Muster fremden Bereichen aufprägen. Die Ausstrahlung technischer Denkweisen auf nichttechnische Gebiete, die Gehlen »unangemessen« nennt, sieht Freyer in einer noch umfassenderen und bereits beherrschenden Weise, daß sich die Frage nach der Angemessenheit schon nicht mehr stellt. Die Tatsache, *daß* sich technisches Denken auf alle Lebensbereiche ausbreitet und ausgebreitet hat, ist nicht mehr zu verändern oder rückgängig zu machen. Als Rest für eine kritische Reflexion und für einen Handlungsspielraum des Menschen bleibt nur noch das Wie, wieweit die Perfektionierungstendenz der technischen Denkweise in jeweiligen Bereichen ohne Widerstand geduldet werden kann.

Die »tiefgreifende« Veränderung durch die Technik wird, nach Freyer, am deutlichsten durch die Wandlung der Bedeutungsin-

44 Wenngleich Gehlen betont, »die Kultur kann nicht neben der Apparatur konserviert« werden, etwa in ästhetisierender Privatheit (vgl. /33/), sondern »nur in sie (die Apparatur) hinein gerettet werden« /117/, so bleibt seine Rettungsperspektive auch hier auf den »Einzelkämpfer« der »Persönlichkeit« beschränkt, die noch »Institution in einem Fall« ist. /118/; vgl. auch Anmerkung (39).

halte zentraler Kategorien in der Sprache. Schon an einzelnen Worten wie belasten, beanspruchen, schalten oder ankommen, um nur ganz wenige Beispiele zu nennen, ist das Eindringen technischer Bezüge in die Bedeutungsfelder unübersehbar, und schon hier »steckt das ganze zwingende Ethos der Technik«[45]. Bedeutungsvoller ist jedoch die Wandlung in »großen, übergreifenden Denkformen«. Freyer nennt als Beispiel die Kategorie Fortschritt. Noch im 18. Jahrhundert, in dem diese Kategorie eine große Bedeutung hatte, wurde nicht zuerst an die Vervollkommnung eines technischen Apparats gedacht, sondern an die »fortschreitende Aufklärung der Geister, an die Veredlung der Sitten ... und an den Siegeszug der Idee der Freiheit und der Gleichheit« (45, p 133). Diese Ideen sind nach und nach fadenscheinig und brüchig geworden, und auf Fortschritt reimt sich heute nur noch Technik. Die Technik sei nun in der Tat wesentlich Fortschreitendes, weil »Irrwege sich hier an der Sache selbst ausweisen, Findigkeit sich unmittelbar belohnt und nirgends so schlagend wie hier das Bessere der Feind des Guten ist« (45, p 134). Aber diese »Tendenz zur Perfektion«, die der Technik »innewohnt«, wird erst beherrschend und nimmt im Tempo zu mit dem steigenden Anteil der Naturwissenschaft. Der Begriff des Fortschritts, auch wenn er schon im technischen Sinn verstanden wird, bekommt noch einen zusätzlichen einseitigen Akzent. Die Spannung im Fortschrittsbegriff, zwischen einem »sachgesetzlich fortschreitenden Prozeß« und einer aktiven, zielgerichteten menschlichen Tätigkeit, wird im industriellen Lebenssystem verlagert; der Akzent rückt »eindeutig auf das Denkmotiv der sachgesetzlichen Entwicklung«. »Linien des technischen Fortschritts ... schieben sich sozusagen von selbst in die Zukunft« (45, p 136). Menschliche Willenskräfte sind dabei auch noch im

45 Hans Freyer: *Über das Dominantwerden technischer Kategorien in der Lebenswelt der industriellen Gesellschaft*, zuerst Mainz 1960 (Verlag der Akademie der Wissenschaften und der Literatur), wieder abgedruckt in: Hans Freyer: *Gedanken zur Industriegesellschaft*, Mainz 1970 (besorgt von Arnold Gehlen), p 132.

Spiel, aber diese fortschreitenden Prozesse werden nicht mehr durch sie in Gang gesetzt und »nicht durch sie allein in Gang gehalten. Sie sind übermächtig im Gang und spannen die Willenskräfte für sich ein.« (45, p 137) Dieser Fortschrittsbegriff habe sich tief in das Bewußtsein eingesenkt, und zwar bei Gegnern und »Aposteln des technischen Fortschritts« gleichermaßen. Er ist zu einer beherrschenden Denkform geworden.

Eng im Zusammenhang hiermit steht, nach Freyer, eine zweite Denkform, die durch die technische Entwicklung ihre Bestimmung erhalten hat: die Denkfigur der Potenzen für freibleibende Zwecke. Freyer kritisiert die ältere Kulturphilosophie, die in der Technik nur ein wertneutrales Mittelsystem sah. Auch die Diskussion, die daran anschloß, über die »Dialektik des Mittels«, wie z. B. bei Georg Simmel, habe noch nicht die »Achsendrehung« in der industriellen Technik richtig begriffen. In dieser Diskussion wurde angenommen, daß mit einer gewissen Notwendigkeit bei größer werdendem Mittelapparat auch ein immer größer werdender Anteil »seelischer Kräfte« von diesem Apparat absorbiert würde, bis schließlich keine Kräfte und Gedanken mehr frei sind für die Zwecksetzung und der Mensch vollständig »beschäftigt« ist mit der Inganghaltung der großen und komplizierten Mittelapparatur. Doch auch diese Auffassung der Technik geht noch von einer instrumentellen Orientierung personaler Systeme aus, bei der die Mittel-Zweck-Relation zwar gewollt, jedoch durch andere Prozesse vereitelt worden sei. »Die in der industriellen Revolution geborene Technik schafft nicht mehr bloß spezifische Mittel für vorgegebene Zwecke.« (45, p 139) Die Struktur der Technik hat sich grundlegend gewandelt, von einer geschlossenen Zweck-Mittel-Relation zu einer offenen, freibleibenden Mittel-Relation: Schon die Dampfmaschine war in diesem Sinne kein Werkzeug mehr, sondern eine offene Antriebspotenz. »Potenzen bereitzustellen für freibleibende Zwecke wird seither zur zentralen Intention der Technik.« »Der Sinn der Technik ist nicht mehr der Nutzen (der immer ein Nutzen für oder zu etwas ist), sondern ist die Macht, die nach Max Webers Wort wesentlich amorph ist. Der technische Geist wird damit gleichsam absolut gesetzt, er wird aus der Führung vorgegebener Zielsetzungen entlassen.« (45, p 139)

Hierin allein sieht Freyer jedoch noch keine »Gefährdung des Menschen durch die Technik«. Der »geschichtliche Realismus« gebietet es, diese Grundstruktur der neuen Technik, an der »nur um den Preis schwerer Katastrophen« etwas geändert werden könnte, anzuerkennen, zur Kenntnis zu nehmen[46]. Die Gefährdung setzt jedoch ein, wenn der immanenten Perfektionstendenz der Technik so weit nachgegeben wird, daß die »Personalität« des Menschen »unter Sachzwängen verschüttet« wird. Hier hätte dann »Widerstand« einzusetzen, um dieses »Unterpfand der menschlichen Existenz« durch alle Wandlungen der Geschichte zu retten: die Persönlichkeit, »die sich in Freiheit selbst bestimmt und ihr Tun auf ihr Gewissen nimmt«.[47]

Man könnte nun noch sehr viele einflußreiche Autoren nennen, die in der industriellen Technik eine eigenständige, vom Menschen nicht mehr beherrschbare Macht sehen, die nach eigenen Gesetzen sich entwickelt und ausbreitet. Besonders die Kulturkritik deutscher Provenienz ist reich an Thesen dieser Art[48]. Die meist nur sekundär erlebte industrielle Technik gab »Denkern« im bildungsbürgerlichen Milieu genug Stoff für Untergangsprognosen bürgerlicher Freiheiten. Aber nicht nur konservative

46 H. Freyer: *Die Technik als Lebensmacht, Denkform und Wissenschaft*, Mainz 1970 (abgedruckt in dem Band (45), p 155 ff).

47 W. o., p 160. Also auch hier trotz Beschwörung eines geschichtlichen Realismus die anachronistische Bestimmung der Dimensionen bürgerlicher Persönlichkeit: einsames »Gewissen« und »Freiheit« für das *eigene* Tun.

48 Selbst der Herrenmensch Spenglers, das gewaltige Raubtier mit der denkenden Hand, sieht sich im 20. Jahrhundert einer selbstgeschaffenen unbezwingbaren Macht der Technik gegenüber: »Der Herr der Welt wird zum Sklaven der Maschine. Sie zwingt ihn, uns, und zwar alle ohne Ausnahme, ob wir es wissen wollen oder nicht, in die Richtung ihrer Bahn. Der gestürzte Sieger wird von dem rasenden Gespann zu Tode geschleift.« Oswald Spengler: *Der Mensch und die Technik*, München 1931, p 75.

»Feinde der Technik«, auch viele fortschrittsgläubige Befürworter sehen in der Technik einen blinden Zwangscharakter. So z. B. auch Friedrich Dessauer, Naturwissenschaftler und einer der bekanntesten »Technik-Philosophen«, der in seiner Philosophie besonders das Schöpferische technischen Tuns betont und in ihm die säkularisierte Form der christlichen Menschwerdung sieht, als horizontale Transzendenz, kann nicht umhin, eine für seine Philosophie eigentlich »unstimmige« Sachgesetzlichkeit der technischen Entwicklung zu beschreiben: »Die technischen Objekte tragen Macht, sie selbst, nicht ihre Erfinder, Hersteller, Nutznießer. ... Die technischen Gebilde und Verfahren werden aus Ideen, erscheinen historisch, sind, einmal erschienen, beharrend und tragen, ein jegliches die seine, ihm eingesenkte spezifische Macht. Endlich, die Macht des technischen Gebildes ist geeignet, sich mit der von anderen zu verbinden. So gibt es eine Gesamtmacht des Technischen, so verschieden die Gebilde und ihr ›Können‹ auch sind. Diese Gesamtmacht ist schicksalhaft groß. Sie wandelt das Antlitz der Erde.«[49]

Ob die postulierte Eigenmacht der Technik als Bedrohung für den Menschen angesehen wird oder nicht, über welche »Mechanismen« diese Eigengesetzlichkeit entsteht und wirkt und wie die möglichen »Rettungsperspektiven« aussehen, ob z. B. mit »menschlicher Politik« die Richtung beeinflußt werden kann, die Beantwortung und Gewichtung dieser Fragen hängt ganz wesentlich von den philosophisch-anthropologischen Grundannahmen der jeweiligen Autoren ab, oder ganz allgemein, von den Denk- und Wahrnehmungsmöglichkeiten des gewählten Bezugsrahmens.[50]

49 Friedrich Dessauer: *Streit um die Technik*, Ffm. 1956, p 149.

50 Ein interessantes weiteres Beispiel ist Heidegger, interessant hier insofern, weil die Beantwortung der aufgeführten Fragen alle in spezifisch-typischer Weise durch die Philosophie des Seins Heideggers determiniert sind. Zusätzliche, eigenständige »Informationen« über den Erscheinungsbereich Technik werden, da sie doch höchstens nur »richtig« und nicht »wahr« sind, durch die Philosophie immanent »begründet«, ausgeblendet. Die Art und Weise der industriellen Technik als

C. Schelsky: *Die Aufhebung der Herrschaft durch die Technik*

Anfang der sechziger Jahre wurde die Diskussion um Herrschaft und Sachzwang der Technik durch Schelsky in der Bundesrepublik neu belebt[32]. Vor allem, weil Schelsky für viele überspitzt erscheinende Thesen formulierte, konnte sich die Diskussion an ihm leicht entzünden. Wichtig für eine breitere Resonanz war auch, daß Schelsky sich nicht auf eine anthropologisch-sozialpsychologische Erörterung der Sachzwang-Phänomene beschränkte und auch nicht nur auf die Ebene des Denkens und der Sprache, sondern, diese Aspekte von Freyer, Gehlen u. a. zwar aufgreifend, seine Thesen mehr im gesellschaftlich-politischen Bereich formulierte. Hier wiederum griff Schelsky hauptsächlich auf Thesen von Jacques Ellul zurück[51]. Die äußerst kritisch gemeinten Analysen von Ellul kehrt Schelsky gleichsam positiv um zu einem »allgemein anthropologischen Tatbestand« /439/[52]. Vorsichtshalber sichert Schelsky sich jedoch ab und erklärt seine Ausführungen zu einem »Modell«, das die heutige Wirklichkeit

»herausfordernde Entbergung« ist durch die Einseitigkeit und Dominanz zur »höchsten Gefahr« des Menschen geworden. Diese Gefahr ist zwar eine »Schickung« des Seins, aber kein blindes Schicksal für die Menschen. Für die rettende »Kehre« wird der Mensch zwar gebraucht, aber sie hängt nicht von ihm ab. Die Logik des Heideggerschen Denkens hält all diese Antworten in typischer Schwebe. Auch die Hoffnung auf »Rettung« ist ungewiß-sicher. Zwar birgt die Gefahr das Rettende in sich, aber wann es kommt, »weiß niemand«. »Es ist auch nicht nötig, solches zu wissen, ... (denn) sein Wesen (des Menschen) ist, der Wartende zu sein, der des Wesens des Seins wartet, indem er es denkend hütet.« So weit sehr verkürzt einige Stichpunkte zu Heideggers »Sachzwang-Variante«. Vgl. Martin Heidegger: *Die Technik und die Kehre*, Pfullingen 1962.

51 Jacques Ellul: *La Technique ou l'enjeu du siècle*, Paris 1954.

52 Helmut Schelsky: *Der Mensch in der wissenschaftlichen Zivilisation*, Köln/Opladen 1961, wieder abgedruckt in: Helmut Schelsky: *Auf der Suche nach der Wirklichkeit*, Düsseldorf–Köln 1965. Die folgenden Zahlen zwischen den Schrägstrichen beziehen sich auf die Seiten dieses Bandes.

nicht voll trifft, aber »Strukturgesetzlichkeiten« ans Licht bringt und »Entwicklungstendenzen« aufzeigt /455/, »Strukturen eines kommenden Zeitalters« /443/.

Die neue Kulturschwelle kündigte sich jedem durch viele »Tatbestände« an, die erst in den letzten 40 bis 50 Jahren besonders in Erscheinung traten. Schelsky zählt einige von ihnen auf, »Tatbestände«, die auch z. B. bei Freyer und Gehlen erwähnt wurden, wie der tendenzielle Ersatz von Naturprodukten durch Kunstprodukte, von natürlicher Umwelt durch künstlich geschaffene Umwelt und der Ersatz von direkten, erfahrenen Informationen durch vermittelte, produzierte usw. Es sind die »Tatbestände«, die in den meisten kulturkritischen Arbeiten als Beispiele für die beklagenswerte Unnatur aufgeführt werden. Schelsky betont jedoch, daß ihm nichts ferner liegt als eine kulturkritische Fragestellung.

Diesen und vielen anderen beobachtbaren Tatbeständen, die in Einzelanalysen der Soziologie schon genauer erforscht seien, liege ein gemeinsames Kennzeichen zugrunde: eine »universal gewordene Technik« dehnt sich auf immer weitere, ursprünglich nichttechnische Gebiete aus und erzeugt und produziert immer mehr bisher nur natürlich Gegebenes oder »historisch-persönlich« Gewachsenes. Die Technik überschreitet also ihren ursprünglichen Gegenstand. Neben die Technik der Güterproduktion, der eigentlichen Maschinentechnik, tritt so die »Technik der Organisation«, die »Methode der Beherrschung und Erzeugung der sozialen Beziehungen« (Arbeitsfeld der Wirtschafts- und Sozialwissenschaften und der Rechtswissenschaft), und die Psychotechnik, die Technik der »Veränderung, Beherrschung und Erzeugung des seelischen und geistigen Innenlebens des Menschen« (Arbeitsfeld der Psychologie, Psychiatrie, Pädagogik, Publizistik) /444/[53].

Technik und auch Sozialtechniken gibt es schon sehr lange. Was ist nun das Neue, das die Technik unserer Epoche bestimmt? Es sind nach Schelsky wesentlich zwei Kennzeichnungen: 1. Die

53 Diese Einteilung übernimmt Schelsky von Ellul, vgl. (51).

moderne Technik ist gekennzeichnet durch die »analytische Zerlegung« des Gegenstandes im weitesten Sinn in letzte, »natürlich« nicht vorfindbare Elemente.
2. Die so gewonnenen Elemente werden nach dem »Prinzip der höchsten Wirksamkeit« synthetisiert. Die technische efficiency, ein im Denken »selbstverständlich gewordener Imperativ«, bestimmt die Synthese alles Produzierten und steuert so den technischen Fortschritt. Aus diesen beiden Kennzeichnungen folgt eine weitere, die einen Wandel in der anthropologischen Bestimmung der Technik anzeigt. Prinzipien der Organentlastung und Organüberbietung[54] sind auch in der modernen Technik noch erkennbar, aber nicht mehr wesentlich. Die Organorientierung, auch wenn sie noch so lostgelöst gedacht ist von natürlichen Organen, bleibt befangen in einem werkzeughaften Mensch-Welt-Verhältnis, das ausgeht von einer vorgegebenen Natur, zu der der Mensch sich instrumental, in einer Zweck-Mittel-Relation stehend, verhält. »Der entscheidende Umweg des Menschen ... über das die Welt analysierende und sie neu synthetisierende Bewußtsein ist dabei unterschlagen.« /446/ Die Welt wird ihrem Wesen nach Konstruktion, »künstlicher Mensch«, Schöpfung einer »zweiten Realität«, zu der der Mensch auch ein neues Verhältnis bekommt. Den »Kern« dieser neuen »Produktionsrealität« unserer Welt bildet nicht irgendeine Technik, sondern »eine bestimmte Art der Wissenschaft als Technik«, der menschliche Geist der Neuzeit selbst, der analysierend, synthetisierend erkennend und konstruierend sich eine neue Welt schafft[55], von der er gleichzeitig auch immer abhängiger wird. »Dieser Kreislauf der sich selbst bedingenden Produktion macht das innere Gesetz der wissenschaftlichen Zivilisation aus, wobei von einer Frage nach einem Sinn des Ganzen offensichtlich zunächst abgesehen wird.« /449/ Das Absehen von der Zweck-Mittel-Relation war ja ein Kennzeichen der wissenschaftlichen Technik, die »Unvor-

54 Vgl. den Abschnitt über Gehlen.
55 Schelsky verweist hier auf Kant, den »ursprünglichen Philosophen der modernen Technik«, der die »entscheidende Wahrheit der Moderne durchgesetzt« habe, »daß wir erkennen, weil wir konstruieren« /448/.

denklichkeit als Plan« für das Ganze. Da der Prozeß von den synthetisierbaren Mitteln bestimmt wird, ist er als Ganzes auch nicht von Menschen manipulierbar und als Ganzes auch nicht zu überdenken. Dennoch sei die gängige Phrase, daß die Technik uns beherrscht, falsch, da die Technik nichts Fremdes sei, sondern der »Mensch als Wissenschaft und als Arbeit selbst. ... Der Mensch ist den Zwängen unterworfen, die er selbst als seine Welt und sein Wesen produziert...« /450/ In dieser wissenschaftlich-technischen Zivilisation wird auch ein »neues Grundverhältnis von Mensch zu Mensch geschaffen..., in welchem das Herrschaftsverhältnis seine alte persönliche Beziehung der Macht von Personen über Personen verliert, an die Stelle der politischen Normen und Gesetze (treten) Sachgesetzlichkeiten..., die nicht als politische Entscheidungen setzbar ... und ... verstehbar sind. Damit verliert auch die Idee der Demokratie sozusagen ihre klassische Substanz: an die Stelle eines politischen Volkswillens tritt die Sachgesetzlichkeit, die der Mensch als Wissenschaft und Arbeit selbst produziert.« /453/ Die Fundamente der Legitimität haben sich so grundlegend gewandelt, da die moderne Technik keiner Legitimität bedarf[56]. Mit der Technik »herrscht« man, »weil sie funktioniert und solange sie optimal funktioniert« /456/. Politische Entscheidungen werden nur noch da gebraucht, wo das technische Wissen noch unvollständig entwickelt ist.
Dieser Wandel sei schon länger und deutlicher beschrieben worden in Bereichen, in denen technische Gesetzlichkeiten ein besonderes Gewicht haben: in Industriebetrieben. Schelsky verweist z. B. auf eine Analyse von James Burnham[57], in der die Trennung von alter Legitimität und faktischer Verfügungsmacht in Industriebetrieben zwischen Aktionären und Managern festge-

56 Schelsky entwickelt dann sein Modell des »technischen Staates«, auf das ich jetzt nicht eingehen werde. Auf die staatspolitischen Aspekte seiner Thesen, und nicht auf die betriebliche Herrschaft konzentrierte sich hauptsächlich die spätere Auseinandersetzung mit Schelsky. (Vgl. die zahlreichen Aufsätze verschiedener Autoren zu diesem Thema in *Atomzeitalter* ab 1961.)

57 James Burnham: *The Managerial Revolution*, New York 1941.

stellt wird. Wenn nun jedoch von Burnham die Manager als neue und eigentlich »herrschende Klasse« bezeichnet werden, so ist dies für Schelsky eine falsche Interpretation dieses Wandels, denn »hier ›herrscht‹ gar niemand mehr, sondern hier läuft eine Apparatur, die sachgemäß bedient sein will. Gerade weil es keine ›Herrschaft der Techniker‹ gibt, können die alten ›Herrschenden‹ ruhig bleiben, wo sie sind, und werden durch keine neue herrschende Klasse ersetzt.« /457/ Das traditionelle Verhältnis der Herrschaft selber wird beseitigt[58]. In der Industriesoziologie sei »einwandfrei nachgewiesen«, daß die Herrschaftsdisziplin durch eine Sachdisziplin abgelöst wird, die Form der Kontrolle und des Befehls tritt zurück, da »die Ratio der Apparate und Maschinen dem Arbeiter immer einsehbarer wird und als technischer Leistungsanspruch unmittelbar sozial von ihm gedeutet werden kann.«[59]

D. Marcuse: Kapitalistische Herrschaft als Technologie

Trotz unterschiedlicher Ausgangspunkte und Begründungsweisen im Themenkomplex Technik und Herrschaft stimmen die bisher

58 Interessanterweise »interpretiert« Schelsky selbst diesen Sachverhalt in einer früheren, aber im gleichen Band wieder aufgenommenen Arbeit noch völlig anders. Die Manager sind widerrechtlich in »Leerstellen der Herrschaft« eingerückt, und dies nicht wegen komplizierter gewordener Produktionsbedingungen, also aus technisch-sachlichen Gründen, sondern weil die alten legitim Herrschenden sich risikoscheu zurückzogen. Die illegitime und risikolose Managerherrschaft müsse nach Schelskys damaliger Meinung beseitigt werden und durch legitime Herrschaftsverhältnisse ersetzt werden. Vgl. Helmut Schelsky: »Berechtigung und Anmaßung in der Managerherrschaft«, zuerst in: *Gewerkschaftliche Monatshefte*, 3, 1950.

59 Schelsky weist hier auf Untersuchungen in der Hüttenindustrie hin (z. B. »gefügeartige Kooperation« an der Walzstraße) von Popitz, Bahrdt u. a.: *Technik und Industriearbeit*, Tübingen 1957, und auf die bereits erwähnte Arbeit von Bahrdt vgl. (12). Heute ließen sich noch sehr viele andere Untersuchungen nennen, die diese isolierte These von

erwähnten Autoren Gehlen, Freyer und Schelsky in einem wichtigen Punkt überein: ob und in welcher Weise hinter der »Herrschaft der Technik«, der »übermächtigen Superstrukturen«, dem »Zwang des technischen Ethos« und dem sachlichen Bedienungszwang einer installierten Apparatur eine personale, Gruppen- oder Klassenherrschaft »versteckt« ist, wird nicht erörtert oder, wie bei Schelsky, ausdrücklich verneint. In der umfangreichen Kritik an den Thesen dieser Autoren wird dieser Punkt dann auch besonders betont und mit der Gegenthese bestritten: hinter der scheinbar sachlichen Abhängigkeit steht die personale Herrschaft profitorientierter Klassen, die nur nicht mehr allen deutlich in Erscheinung tritt. Die Behauptung von einer »Herrschaft der Technik« ist eine Schutzbehauptung für die wirklich Herrschenden, damit diese nicht entdeckt werden. Gehlen, Freyer und Schelsky sind Ideologen, die die wahren Herrschaftsverhältnisse der bürgerlich-kapitalistischen Produktionsweise verschleiern[60]. Gleichzeitig mit dieser Gegenthese wird eine »Unschuld« oder »Neutralität« der Technik mitgedacht oder auch explizit formuliert. Technik ist ein Mittel in der Hand des Menschen, einsetzbar für beliebige Ziele. Der Zusammenhang von Technik und Herrschaft besteht dann in dieser Mittel-Relation. Herrschaft durch Technik ist möglich, Herrschaft als Technik nicht, es sei denn als Ideologie.

Für Herbert Marcuses Analysen trifft dieser Dualismus der sich ausschließenden Thesen nicht zu. Marcuse kann man nicht den Vorwurf machen, er vernachlässige oder leugne gar die Notwendigkeit der Klassenanalyse personaler Herrschaft. Gleichzeitig vertritt er aber die These einer »Herrschaft des technischen Apparats«, der Technologie.

Für Marcuse hat der Prozeß, in dem die Technologie zur Logik der Herrschaft wird, bereits seine Wurzeln in der formalen Lo-

der Ablösung der Befehlsstruktur der betrieblichen Herrschaft durch eine »sachgebundene« »bestätigen«.

60 Vgl. für diese Gegenthese u. a. Schumm-Garling: *Herrschaft* (36), p 40f, 110f, 116; Leo Kofler: *Technologische Rationalität im Spätkapitalismus,* Ffm. 1971, p 74ff oder auch Klaus Tuchel (82), p 130f.

gik. Die Struktur der formalen Logik ist schon reduzierte Logik, eindimensional, und enthält bereits wichtige Elemente einer Herrschaftsstruktur, wie die Indifferenz des Denkens gegenüber seinen Gegenständen und die Aufgabe eines Konflikts zwischen Wesen und Erscheinung /152f/[61]. Die Spannung zwischen Wesen und Erscheinung, zwischen »ist« und »sollte sein« hat in der Kategorienbildung umfassender Philosophien immer Beachtung gefunden. »Dieser widerspruchsvolle, zweidimensionale Denkstil ist die innere Form ... aller Philosophie, die die Wirklichkeit in den Griff (bekommen will). Die Sätze, welche die Wirklichkeit bestimmen, behaupten etwas als wahr, das *nicht* (unmittelbar) der Fall ist; damit widersprechen sie dem, was der Fall ist und leugnen dessen Wahrheit.« /148/ Die formale Logik macht mit diesem widerspruchsvollen Denken Schluß, denn »unter der Herrschaft der formalen Logik ist der Begriff des Konflikts von Wesen und Erscheinung entbehrlich, wo nicht sinnlos; ›der materiale Inhalt ist neutralisiert‹; das Prinzip der Identität wird vom Prinzip des Widerspruchs getrennt (Widersprüche sind unrichtigem Denken zuzuschreiben); Endursachen werden aus der logischen Ordnung entfernt. Wohldefiniert in ihrer Reichweite und Funktion, werden die Begriffe zu Instrumenten der Voraussage und Kontrolle. Die formale Logik ist so der erste Schritt auf dem langen Weg zum wissenschaftlichen Denken – nur der erste Schritt; denn es ist ein noch viel höherer Grad von Abstraktion und Mathematisierung erforderlich, um die Denkweisen der technologischen Rationalität anzupassen.« /153/ Abstraktion, Eingrenzung der Fragestellung auf einen engen Bereich, Quantifizierung, Mathematisierung waren nun wesentliche Triebfedern in der Wissenschaft von der Natur, die in ihren technischen Anwendungen einen ungeahnten »Lebensstandard« ermöglichten. »Gleichzeitig und aus demselben Grunde produzierte dieses rationale Unternehmen ein Denk- und Verhaltensschema, das die zerstörerischsten und grausamsten Züge dieses Unternehmens

61 Herbert Marcuse: *Der eindimensionale Mensch,* Neuwied und Berlin 1967, die folgenden Seitenangaben in den Schrägstrichen beziehen sich auf dieses Buch.

rechtfertigte und sogar freisprach. Wissenschaftlich-technische Rationalität und Manipulationen werden zu neuen Formen sozialer Kontrolle zusammengeschweißt.« /161/

Marcuse stellt nun mehrfach die Frage, ob diese »nichtwissenschaftliche Folge« nur das Ergebnis einer »spezifischen gesellschaftlichen *Anwendung* der Wissenschaft ist?« /161/ Sind – trotz des augenscheinlich engen Zusammenhangs – Naturwissenschaft und Technik einerseits und die gesellschaftliche Anwendung auf der anderen Seite letztlich zwei »getrennte Bereiche«, die sich nicht gegenseitig bestimmen? /169/ »In Anbetracht des zuinnerst instrumentalistischen Charakters der naturwissenschaftlichen Methode« /169/ verneint Marcuse diese Frage. »Ich bin der Ansicht, daß die allgemeine Richtung, in der (die Wissenschaft) angewandt wurde, der reinen Wissenschaft bereits innewohnte, als noch keine praktischen Zwecke beabsichtigt waren...« /161/ »Die Wissenschaft von der Natur entwickelt sich unter dem technologischen Apriori, das die Natur als potentielles Mittel, als Stoff für Kontrolle und Organisation entwirft« /168/. »Die wissenschaftliche Methode, die zur stets wirksamer werdenden Naturbeherrschung führte, lieferte dann auch die reinen Begriffe wie die Instrumente zur stets wirksamer werdenden Herrschaft des Menschen über den Menschen vermittels der Naturbeherrschung. Theoretische Vernunft trat in den Dienst praktischer Vernunft und blieb dabei stets rein und neutral. Die Verschmelzung erwies sich als vorteilhaft für beide. Heute verewigt und erweitert sich die Herrschaft nicht nur vermittels der Technologie, sondern *als* Technologie, und diese liefert der expansiven politischen Macht, die alle Kulturbereiche in sich aufnimmt, die große Legitimation.« /173/ »Nicht erst ihre Verwendung, sondern schon die Technik ist Herrschaft (über die Natur und über den Menschen), methodische, wissenschaftliche, berechnete und berechnende Herrschaft. Bestimmte Zwecke und Interessen der Herrschaft sind nicht erst ›nachträglich‹ und von außen der Technik oktroyiert – sie gehen schon in die Konstruktion des technischen Apparats selbst ein.«[62]

62 Herbert Marcuse: »Industrialisierung und Kapitalismus«, in: *Max*

Liest man diese Textstellen isoliert, so kann man den Eindruck gewinnen, Marcuse würde die Herrschaftsverhältnisse kapitalistischer Produktionsweisen ebenfalls nicht gebunden sehen an Interessen bestimmter Klassen und Schichten und an die Logik des Kapitals, sondern vornehmlich determiniert sehen durch die Logik von Technik und Wissenschaft. So sieht dann Claus Offe z. B. auch »erstaunliche und beunruhigende Verwandtschaft zu konservativ-institutionalistischen Analysen von Autoren wie Hans Freyer, Helmut Schelsky und Arnold Gehlen ...«[63] trotz der »konträren praktischen Intentionen«. Eine »wohlmeinende« Interpretation müßte zu diesem Schluß nicht kommen. Selbst Kofler attestiert Marcuse, daß er »im Hauptteil seines Werkes der dialektischen Gesellschaftskritik treu bleibt«[64]. Besonders eine Gleichsetzung von technologischer und bürgerlich-kapitalistischer Vernunft kann man Marcuse nicht vorwerfen, denn genau diesen Punkt wendet er kritisch gegen Max Weber, der in seiner Analyse der »abendländischen Rationalisierung« diese Differenz nicht gesehen habe. Die Gleichsetzung lasse Max Weber »nicht sehen, daß nicht die ›reine‹, formale, technische Vernunft der Herrschaft das ›Gehäuse der Hörigkeit‹ herstellt, und daß die *Vollendung* der technischen Vernunft sehr wohl Instrument der *Befreiung* des Menschen werden kann.«[65] »Die Technik ist jeweils ein geschichtlich-gesellschaftliches Projekt: in ihr ist projektiert, was eine Gesellschaft und die sie *beherrschenden Interessen* mit dem Menschen und mit den Dingen zu machen gedenken«[66]. Ich muß jedoch zugestehen, daß viele Formulierungen Marcuses zumindest mehrdeutig sind und für verschiedene Inter-

Weber und die Soziologie heute, Verhandlungen des 15. deutschen Soziologentages, Tübingen 1965, p 179.

63 Claus Offe: »Technik und Eindimensionalität. Eine Version der Technokratiethese?«, in: *Antworten auf Herbert Marcuse,* ed. von J. Habermas, Ffm. 1968, p 81.

64 Leo Kofler: *Technologische Rationalität im Spätkapitalismus,* Ffm. 1971, p 30.

65 Marcuse: »Industrialisierung« (62), p 178.

66 W. o., p 179, Hervorhebung von mir.

pretationen sich bei Marcuse auch immer »Belege« finden lassen. So spricht Marcuse auch davon, wie im vorletzten Zitat, daß die Technik ein Instrument der Befreiung sein kann und daß »man darauf bestehen (kann), daß die Maschinerie des technologischen Universums ›als solche‹ politischen Zwecken gegenüber indifferent ist – sie kann eine Gesellschaft nur beschleunigen oder hemmen. Eine elektronische Rechenmaschine kann einem kapitalistischen wie einem sozialistischen Regime dienen ...« /168/[61] (Was man sich jedoch unter einer Maschinerie »als solcher« vorstellen soll, wird von Marcuse nicht geklärt.)

Der von Marcuse widerspruchsvoll formulierte Sachverhalt der Beziehung von Technik und Herrschaft ist ein widerspruchsvoller Sachverhalt, der von Marcuse jedoch nicht unmißverständlich genug analysiert und formuliert wird. Das liegt wohl hauptsächlich an der von Marcuse verwendeten philosophischen Sprache und Denkweise, die gerne mit Totalbegriffen, Paradoxien und Metaphern arbeitet, die komplizierte soziologische Mechanismen nicht analysiert, »die den fertig erscheinenden Komplex nicht zerlegt, sondern irgendwie ganzheitlich beschreibt. Sie spricht die Sprache der Erscheinungen, will aber das Wesen aussagen«[67]. Die Kritiker Marcuses verfahren nun meist so, daß sie sich aus den widersprüchlichen Befunden Marcuses das Passende heraussuchen und das für ihren Ansatz Divergente Marcuse als Fehler anlasten. Marcuse erfährt so sehr unterschiedliche Bewertungen. Ist man, wie z. B. Joachim Bergmann, der Meinung, daß »einzig der kapitalistischen Produktionsweise ... in Gestalt des Profitmechanismus eine Eigendynamik konstitutiv (ist), die produzierten Reichtum zum Mittel der Kapitalakkumulation werden läßt« und nicht der Wissenschaft und Technik[68], und übersieht man, was Marcuse selbst kritisch gegen die Identität technologischer und politischer Rationalität sagt, dann kann man Mar-

67 Wolfgang Fritz Haug: »Das Ganze und das ganz Andere. Zur Kritik der reinen revolutionären Transzendenz«, in: *Antworten auf Herbert Marcuse* (63), p 54.

68 Joachim Bergmann: »Technologische Rationalität und spätkapitalistische Ökonomie«, im gleichen Band wie (63), p 95.

cuse nur in die Reihe konservativer Denker wie Gehlen und Schelsky einordnen. Fast nirgends wird der Versuch unternommen, die widersprüchlichen Befunde Marcuses, die durch ihn noch unzureichend formuliert sind, theoretisch in einer differenzierteren Analyse aufzufangen[69]. Einige objektive Schwierigkeiten für eine solche theoretische Analyse lassen sich erkennen. Im 19. Jahrhundert war die Ausbeutung der Arbeiter noch nicht durch einen sich verbessernden Lebensstandard mit einer technologischen Rationalität so fast unentwirrbar verknüpft, daß zur Analyse der Herrschaftsverhältnisse unbedingt *auch* differenzierte sozialpsychologische Analysen notwendig gewesen wären und eine Analyse der Herrschaftslogik von Wissenschaft und Technik. Die Marxsche Analyse kapitalistischer Produktionsweisen konzentrierte sich, historisch völlig berechtigt, auf die Kritik der politischen Ökonomie. Wenngleich Marx das Verhältnis von Produktivkräften und Produktionsverhältnissen in sich gegenseitig vermittelnder Abhängigkeit analysierte, so schematisierten doch viele seiner Anhänger dieses Verhältnis. Bei vielen marxistischen Theoretikern wurde davon ausgegangen, daß man im kapitalistischen System den politisch-ökonomischen Apparat zerschlagen müsse, daß man aber den technischen Apparat übernehmen könne. »Wenn im Prozeß der Revolution die alten Produktionsverhältnisse gesprengt werden, bleibt die Technik erhalten und entwickelt sich – den ökonomischen Gesetzen der neuen ökonomischen Formation unterworfen – weiter, und zwar mit erhöhtem Tempo.«[70] Mißstände im »technischen Apparat« würden von selbst verschwinden, wenn erst einmal der politische verändert worden ist. Kritik der politischen Ökonomie, durch eine historische Konstellation von Marx als vordringlich herausgestellt, gilt seitdem im »marxistischen Lager« als einzig zu-

69 Eine Ausnahme ist z. B. Hans-Dieter Bahr: *Kritik der »Politischen Technologie«*, Ffm. 1970. Jedoch bleibt auch Bahr bei einer bloß philosophischen Erörterung dieses Problems stehen.

70 A. Zworïkine: »The History of Technology as a Science and as a Branch of Learning; a Soviet View«, in: *Technology and Culture*, Detroit 1961, zitiert nach Marcuse (61), p 42.

lässiger Analysenschwerpunkt. Nicht nur »Abweichungen« davon, auch Versuche eines erweiterten Bezugsrahmens, der die Kritik der politischen Ökonomie zumindest nicht ausschließt, werden argwöhnisch, in fast dogmatischer Verkrampftheit als Täuschungsversuche im Interesse der herrschenden Klasse diffamiert[71]. (Als ein Beispiel möchte ich hier nur Leo Kofler erwähnen, der Gehlen, Schelsky, Habermas, Adorno und Marcuse, zwar mit einigen Differenzierungen, im Endergebnis aber allen eine Verfallenheit an das verdinglichte Bewußtsein bescheinigt und sie alle für Ideologen der »bürgerlichen Dekadenzepoche« hält[72].) Der überragenden und genialen Analyse von Marx könnte man in den Sozialwissenschaften so m. E. auch einen hemmenden Einfluß nachweisen; vielleicht ähnlich wie die Hemmnisse durch Newton in der Physik und Mathematik bis zur Mitte des 19. Jahrhunderts. In beiden Fällen liegt die »Schuld« nicht bei den Lehrern, sondern bei den dogmatisierenden und verabsolutierenden Schülern.

Eine zweite objektive Schwierigkeit, die marxistische Analyse zu erweitern, besteht bis heute darin, daß nun in der Tat von Anfang an von bürgerlich-konservativen Denkern versucht wurde, durch »wissenschaftliche« Begründung »überholte Marxsche Positionen« zu »überwinden«, um damit den kritischen Impuls zu ersticken. Jeder »Revisionismus« muß daher zunächst einmal »verdächtig« erscheinen.

71 Um Mißverständnissen vorzubeugen: auch ich halte die »Kritik der politischen Ökonomie« für den zentralen Bereich der Kritik und Analyse kapitalistischer Herrschaft. Jedoch halte ich eine »Ergänzung« für möglich und notwendig, für möglich im Rahmen marxistischer Analyse und für notwendig, weil die Entwicklungsdynamik und die Herrschaftsverhältnisse von modernen Industriegesellschaften nicht nur von der Logik des Kapitals bestimmt werden.

72 Vgl. Kofler: *Technologische Rationalität* (64).

III Strukturelle Affinität zwischen Technik, Wissenschaft und Kapital

Marcuses Analyse könnte folgende Fragen anregen: Welche Strukturelemente bringt die kapitalistische Logik in die Technik ein, die nicht primär technisch sind und mit dem Verschwinden des Kapitalismus auch aus der Technik verschwinden würden? Welche Strukturelemente einer technologischen Rationalität wirken kapitalhomolog, werden aber nicht erkannt und mit der Technik in eine nichtkapitalistische Gesellschaft übernommen? Könnte so eine nichterkannte kapitalhomologe Struktur durch die »neutrale« Technik in nichtkapitalistische Gesellschaften eindringen?

Um mögliche Antworten auf diese Fragen zu finden, vor allem im Hinblick auf das Verhältnis von Technik und Herrschaft, müssen die zentralen Begriffe Technik, Wissenschaft und Kapital genauer analysiert werden.

In unserer heutigen spätkapitalistischen, hochindustrialisierten Gesellschaft finden wir die Bereiche, die mit diesen Begriffen benannt sind, fast unzertrennbar verfilzt. Um die Struktur dieser Verfilzung aufzuzeigen, verwenden viele Kritiker des Kapitalismus eine philosophische, vor allem an Hegel orientierte Sprache, die diese komplizierten und widerspruchsvollen Sachverhalte »auf den Begriff bringt«. Die Marxsche Analyse verdankt viel dieser philosophischen Sprache, und Denkmodelle für die Analyse der sozialen Wirklichkeit werden bis heute in dem unausschöpfbaren Vorrat Hegels gefunden[73].

Der Nachteil dieser philosophischen Sprache hängt mit ihrem Vorteil zusammen: Komplexe, zusammenhängende Phänomene werden durch die Sprache der Analyse zwar nicht zusammenhanglos zerrissen, aber gleichzeitig können notwendige analytische Differenzierungen durch Totalkategorien unbegriffen blei-

73 Habermas z. B. entdeckt sein Modell von »Interaktion und Arbeit« in der »Jenenser Philosophie des Geistes«, und bei Bahr (69) liest sich so manches Hegelzitat wie eine unangreifbare Beweisführung.

ben[74]. Die Analysen Marcuses zeigen diese Grenze der philosophischen Sprache besonders deutlich.

Eine andere Möglichkeit, Zusammenhängendes der sozialen Wirklichkeit theoretisch aufzuschließen, besteht in der Bildung analytischer Kategorien. Die analytischen Begriffe bezeichnen dann eine »Komponente« eines »in Wirklichkeit« nicht isolierbaren Phänomens. Der Hauptnachteil dieses Verfahrens besteht darin, daß in der Forschungspraxis der meisten Autoren die analytischen Kategorien mit Namen benannt werden, die schon im Sprachraum philosophisch-sozialwissenschaftlichen Denkens »belegt« sind. Dies ist generell auch nicht von Nachteil. Eine Neuinterpretation belegter Begriffe hängt mit der Entwicklung neuen Denkens eng zusammen. Nur ist der Spielraum der Neuinterpretation in der Sozialwissenschaft nicht so groß wie in den analytischen Naturwissenschaften. Will die Sozialwissenschaft nicht Gefahr laufen, Zusammenhänge, die sie erst analysieren will, schon mit falsch gewählten Begriffen zu verstellen, dann darf sie nicht analytische Kategorien mit Namen belegen, die bereits den zu analysierenden Gesamtzusammenhang benennen[75]. Zumindest zentrale Kategorien menschlicher Gesellschaften wie Arbeit oder Herrschaft kann man ohne nachteilige Wirkung auf die praktisch-emanzipatorische Relevanz der Theorie nicht beliebig analytisch verstümmeln[75]. Zu diesen zentralen Kategorien gehören auch Technik, Wissenschaft und Kapital. Diese drei Begriffe haben einen sehr großen Bedeutungsumfang. Sie benennen je einen komplizierten und langen historischen Prozeß menschlicher Lebenspraxis. Eine bestimmte Begriffsbestimmung wird also immer nur bestimmte Momente aus diesem Prozeß hervorheben können. Welche Momente dies jeweils sind, wird abhän-

74 Kofler spricht in diesem Zusammenhang von einer »die soziologischen Probleme verphilosophierende(n) Methode«, die er dann aber undifferenziert der »Frankfurter Schule insgesamt« unterstellt. Vgl. Kofler (64), p 14; vgl. hierzu auch Haug (67).

75 Als Beispiel kann man auch hier die Habermasschen Begriffe von »Arbeit und Interaktion« nennen. Obwohl aus einem »philosophiegeschichtlichen Kontext« gewonnen, werden sie analytisch verkürzt.

gen von der jeweiligen Fragestellung, dem jeweiligen Erkenntnisinteresse. In meinem Fall wird die Begriffsbestimmung gelenkt durch das Interesse an dem Phänomen der Herrschaft in diesen Prozessen. Dabei sollen die Begriffe jedoch möglichst nicht »analytisch verkürzt« werden. Eine Verkürzung würde z. B. darin bestehen, wenn man aus diesen geschichtlichen Prozessen nur einen Zeitpunkt, z. B. den gegenwärtigen, herausgreifen würde; die Entwicklungslogik dieser Bereiche könnte dabei aus dem Blick kommen.

Zur Darstellung der Begriffsbestimmung muß nun auch noch daran erinnert werden, daß die Darstellung das Ergebnis der Analyse schon »kennt«. Die Darstellung der Analyse ist nicht die Darstellung des Erkenntnisprozesses des Autors. Die Darstellung der Analyse wird also immer schon Dinge voraussetzen und unterstellen, deren Sinn und Berechtigung erst im Laufe der Darstellung einsehbar wird, wenn überhaupt. Die Gliederung der Darstellung muß also notwendig zunächst so »aussehen, als habe man es mit einer Konstruktion a priori zu tun«[76].

Die Schwierigkeiten der Begriffsbildung und der Darstellung bedenkend, möchte ich nun zum besseren Verständnis vorwegnehmend das Ergebnis dieses Kapitels in der dargestellten Argumentationsstruktur vorstellen.

Das II. Kapitel machte deutlich, daß zur Analyse des Verhältnisses von Herrschaft und Technik die Bereiche Technik, Wissenschaft und Kapital eine zentrale Stelle haben. Um diese Bereiche zwar selegiert, aber nicht »verkürzt« begrifflich darzustellen, muß man den Entwicklungsprozeß der Bereiche beachten. Bei der hierfür notwendig historisch orientierten Analyse ergibt sich, daß die heute eng verflochtenen Bereiche von Technik, Wissenschaft und Kapital ursprünglich relativ getrennte »Lebensbereiche« waren, die je eine eigene Entwicklungslogik hatten. Das gilt zunächst für die sehr alten Bereiche Wissenschaft und Technik. Da die Wissenschaft mit der Klassengesellschaft entsteht und mit dieser eine »Arbeitsteilung« auf gesellschaftlicher Ebene, gehörte »Technik« zum Bereich der materiellen Reproduktion und »Wis-

76 Vgl. hierzu Karl Marx: *Das Kapital* I, *MEW* 23, p 27.

senschaft« zum Bereich geistiger Reproduktion. Diese Bereiche, aufgeteilt auf verschiedene Klassen, die räumlich, soziokulturell und durch ein allgemein niedriges »technisches« Kommunikationsniveau voneinander getrennt waren, entwickelten als teilautonome Prozesse eine je eigene »Logik«. Die sehr viel später hinzutretende Logik des Kapitals verschmolz alle drei Bereiche. Bei diesem Verschmelzungsprozeß ist wichtig zu beachten, daß zwischen der »Logik des Kapitals« und der »Logik der Wissenschaft« eine Ähnlichkeit »noch vor aller aktiv verstandenen Anpassung« vorhanden war und daß außerdem von einer »Anziehung« zwischen beiden Bereichen in der Weise gesprochen werden kann, daß beide Bereiche zur vollen Entfaltung ihrer eigenen Logik den jeweils anderen Bereich benötigen und suchen. Für diese »Ähnlichkeit« und »Anziehung« wähle ich den Begriff der strukturellen Affinität[77]. Um diese abstrakte und reifizierungsanfällige Benennung genauer zu bestimmen, werde ich vor allem die Herrschaftslogik der Wissenschaft ausführlicher analysieren müssen. Über die Herrschaftslogik des Kapitals liegen genügend Darstellungen vor, auf die ich mich dann verweisend beziehen kann.

Durch Wissenschaft und Kapital wird auch der Bereich der Technik verändert. Es ist darum sinnvoll, zwischen vorindustrieller Technik und wissenschaftlicher Technik zu unterscheiden. Zunächst werde ich einige typische Merkmale der vorindustriellen, handwerklichen Technik darstellen, damit die spätere Veränderung durch die Wissenschaft erkennbar wird und damit zusammenhängend die Bedeutung für die Herrschaftsausübung durch diese Veränderung.

77 Affinität wird üblicherweise mehr für einen physikalisch-chemischen oder physiologischen Zusammenhang gebraucht, aber in den »soziologischeren« Begriffen Homophilie oder Homotrophie schien mir das Moment der gegenseitigen »Anziehung« zu schwach betont zu sein. Mit dem Zusatz »strukturell« will ich ausdrücken, daß es hier um das Zusammenspiel vieler Komponenten geht, die eine Struktur bilden, und nicht um ein einziges Merkmal oder um eine Eigenschaft. Vgl. zum Begriff Affinität z. B. auch D. Claessens (41), p 159.

A. Charakteristika der vorindustriellen Technik

Technik ist so alt wie der Mensch (vgl. Gehlen), und die vorindustrielle Technik ist noch unbeeinflußt von Wissenschaft und kapitalistischer Produktionslogik. Diese vorindustrielle Technik fügt sich dem Interpretationsmuster des Funktionskreises instrumentalen Handelns[78] und ist in der handwerklichen Tätigkeit am besten repräsentiert. Der Funktionskreis ist geschlossen und eng an die Sinne des Tätigen gebunden. Eine Zweckstruktur der Handlung ist deutlich vorhanden. Das angestrebte Ziel, die Herstellung eines Produkts oder die Herstellung und Verbesserung der Instrumente und Werkzeuge zur Herstellung des Produkts, ist allen Beteiligten einsichtig und bekannt. Das angestrebte Ziel wird nicht direkt in einem Guß und Gang erreicht, da auf dem Wege unvoraussehbare Hindernisse auftreten. Um das Ziel zu erreichen, müssen ständig »geschickte« Handlungen erfolgen. Die geschickten Hände, genau registrierende Sinne und ein erfahrenes, koordinierendes Gehirn sind die wichtigsten Teile des handwerklichen Funktionskreises. Entsprechend ist die Wissensform dieses Gehirns nicht abstrakt an Symbole gebunden, nicht sprachlich in den einzelnen Schritten aufbereitet, sondern unmittelbarer an den Prozeß gebunden, gespeichert als »Fertigkeit« und »Erfahrung«. Das Lernen dieser Fertigkeiten kann so auch primär nicht durch eine sprachliche, symbolische Übermittlung erfolgen, sondern durch langes Üben im handwerklichen Prozeß selbst. Diese Tätigkeit ist aber nicht weniger ein Kopf-Werk als ein Hand-Werk. Nur durch die »Sprachlosigkeit« entsteht der Eindruck eines reinen Hand-Werks, der Eindruck einer »denkenden Hand«.

Auch mit der Struktur der Übermittlung handwerklichen Könnens – natürlich auch mit anderen kulturellen Faktoren – hängt ein heute überraschendes, aber für die vorindustrielle Technik typisches Kennzeichen zusammen: der konservative Charakter.

78 Vgl. Jürgen Habermas: *Technik und Wissenschaft als »Ideologie«*, Ffm. 1968, p 56; vgl. auch Gehlen (37), p 17.

»Was hier und da Wechsel hervorruft, ist außer neuem Arbeitsstoff, den der Handel liefert, die allmähliche Änderung des Arbeitsinstruments. Die erfahrungsmäßig entsprechende Form einmal gewonnen, verknöchert auch es, wie sein oft jahrtausendlanger Übergang aus der Hand einer Generation in die der anderen beweist. Es ist charakteristisch, daß bis ins 18. Jahrhundert hinein die besondren Gewerke mysteries (mystères) hießen, in deren Dunkel nur der empirisch und professionell Eingeweihte eindringen konnte«[79]. Der vorindustriellen, vorwissenschaftlichen Technik wohnte noch nicht »eine Tendenz zur Perfektion inne«, für sie war noch nicht »das Bessere der Feind des Guten«[80].

Da die Fertigkeiten und Erfahrungen, vor allem in den kleineren Schritten, vorwiegend nicht symbolisch fixiert in Büchern festgehalten werden, sondern im Gehirn, erfolgt auch die Veränderung und Erneuerung bestimmter Fertigkeiten in dem »symbollosen« Prozeß des Gehirns. Wenn das Neue nach außen tritt, für andere erkennbar, ist es meist fertig. Es entsteht so der Eindruck eines Sprungs, einer spontanen Innovation.

Die Struktur dieser handwerklichen Technik ist verwandt mit einer kybernetischen Tätigkeit und mit der eines bildenden Künstlers[81]. Der Operationsbereich, in dem das Ziel durch die Tätigkeit angestrebt wird, ist nicht analytisch erschlossen und in eine symbolische Gesetzesstruktur gebracht. Eine erfolgreiche Tätigkeit ist nicht von analytisch-symbolischem Wissen abhängig, sondern von Erfahrung, Kunstfertigkeit und schöpferischer Spontaneität. »Dieser ursprüngliche Sinn (des Begriffs der Kunstfertigkeit) zeigt sich auch darin, daß man von der ›Kunst

79 K. Marx: *Kapital, MEW* 23, p 510.

80 Vgl. H. Freyer in (45), p 134. Bei Freyer ist nicht immer ganz klar, von welcher Technik die Rede ist.

81 »Die Kybernetik ist eine ›Kunst‹ – Da die Kybernetik weder reine Wissenschaft ist, ... noch angewandte Wissenschaft, fällt sie in die Kategorie der geistigen Tätigkeiten, die das Wort ›Kunstfertigkeit‹ umgreift ...« So einer der »Väter« der Kybernetik, Louis Couffignal: *Kybernetische Grundbegriffe*, Stuttgart 1962, p 46.

des Ingenieurs‹ spricht, von seiner ›Sachkenntnis‹, nicht von seiner Wissenschaft.« (81, p 47) Interessanterweise wird dieses Moment des technischen Tuns von vielen auch für den heutigen Ingenieur als das Kennzeichnende und Charakteristische angesehen. Wenn behauptet wird, das »Berechenbare, das Quantitative (sei) das Hauptkriterium alles Technischen ..., (dann) ... ziehen es die ... Ingenieure selbst vor, das Konstruieren oder das Konstruktive im erfindenden oder entwickelnden Einfall als Hauptcharakteristikum ihrer Tätigkeit anzusehen. Das gilt nicht nur für den im Konstruktionsbüro tätigen Ingenieur, denn ich fasse hier den Begriff des Konstruktiven als eine ganz allgemeine Kennzeichnung ingenieurmäßigen, schöpferischen ... Denkens.« »Der erfinderische Einfall, der entwickelnde Einfall, das, was weiterführt – ... Imagination und Kreativität –, die historisch zum Ursprung der modernen technischen Kultur gehören, sind prinzipiell auch heute noch in der engeren technischen Entwicklung am Werk.«[82]

Besonders auf Treffen und Tagungen von Ingenieuren wird in »Festvorträgen« dieses Moment der Technik sehr herausgestrichen. Auch »Geisteswissenschaftler« springen ein und helfen mit, der »Denunziation der Technik« entgegenzuwirken mit Lobliedern auf die »Urform des technischen Triebes« und auf den Techniker als »unersetzlichen Träger« der »Hominisation«[83]. Damit das Selbstbewußtsein der Ingenieure auf diesen Tagungen gestärkt wird und Zweifel an ihrer Tätigkeit erst gar nicht aufkommen, wird »die Technik« in diesem von mir skizzierten vorindustriellen Sinn verstanden und ausgemalt. Technik so definiert, kann alle heute sichtbaren negativen Erscheinungen des technischen Produzierens technikfremden und technikfeindlichen

82 Klaus Tuchel: »Technik und Herrschaft – Zwang und Freiheit der technischen Entwicklung«, in: *Mensch und Technik*, Berlin 1971, p 127 bis 128. Vgl. auch F. Dessauer (49), p 227 f.

83 So z. B. der Wiener Historiker Friedrich Heer: »Die Technik als Ausdruck des schöpferischen Geistes«, in: *Technik und Gesellschaft, Vorträge des Deutschen Ingenieurtages 1967*, Freiburg, Basel, Wien 1968, p 48 ff, zitiert von p 52.

Mächten zuordnen[84]. Die »wirkliche echte Technik« ist dann »Caritas« und hat einen hohen »Bildungswert«[85].

Konservative Denker, die oft in einer »kulturkritischen« Neigung der modernen Technik nicht diese Caritas zugestehen und gleichzeitig auch nicht technikfeindlich sind, sehnen sich nach der vorindustriellen Technik zurück. Sie greifen dann weit zurück zur griechischen Vorstellung von Technik, wo die »techne« noch ein künstlerisches, »poietisches« Hervorbringen war von »Wahrheiten«, die der Kosmos bereit hielt und die der Mensch durch »Erkennen« entbergen konnte und so das poietische Hervorbringen der Natur ergänzte. Jedes eigenmächtige, verzerrende und nur auf den »Nutzen« bedachte Tun war undenkbar; die Welt der Technik war noch in Ordnung, noch im Einklang mit dem Kosmos[86].

Auch in den nicht wenigen religiös orientierten Arbeiten über Technik, in denen versucht wird, Technik und »Menschwerdung« in »Einklang« zu bringen, und bedingt durch den meist personenbezogenen Ansatz, wird die vorindustrielle, am Handlungskreis orientierte, schöpferisch intuitive Technik auch für das heutige technische Tun als wesentlich angesehen oder zumindest als erstrebenswert[87].

84 So z. B. Paul Koeßler in seiner Definition für Technik: Technik ist »das Werden und das Funktionieren von Gegenständen, die der Mensch vorausschauend zweckdienlich erstellte; dagegen sollen bewußt diejenigen Bereiche des ›Künstlichen‹ ausgeklammert bleiben, durch die der Mensch zu seinem Nutzen oder Schaden, mit oder gegen seinen Willen vom Menschen, von seiner Wirtschaft, seiner Politik beeinflußt oder ›genutzt‹ wird«. P. Koeßler: »Bildungswerte der Technik, Vortrag am Deutschen Ingenieurtag 1967«, aufgeführt in (83), p 66 (Koeßler war Ordinarius für Fahrzeugtechnik).

85 W. o., p 73 und 72.

86 Vgl. z. B. Heidegger: *Die Technik und die Kehre* (50), p 12 f. Heidegger hegt die Hoffnung, daß durch eine »Schickung des Seins« aus der »herausfordernden« gefahrbringenden modernen Technik wieder etwas Ähnliches wie die techne werde. (Vgl. auch Anmerkung (50).)

87 Nur als *ein* Beispiel vgl. die Dissertation von Walter van Benthem: *Das Ethos der technischen Arbeit und der Technik*, Essen 1966: »Um

Aber auch Habermas hat letztlich das Konzept einer vorindustriellen Technik vor Augen, wenn er von »unserer Technik« spricht. Technik sei an die »menschliche Natur« gebunden und füge sich dem Interpretationsmuster person- und organbezogener zweckrationaler Handlung[88].

Wie man sieht, gibt es recht unterschiedliche Gründe und Interessen, in der vorindustriellen Technik »die Technik« zu sehen oder in ihr, im Gegensatz zur heutigen Technik, das »Wesen« »der Technik« zu suchen.

Ich möchte nun die Momente der vorindustriellen Technik erwähnen, die noch nicht bestimmend waren für sie, noch nicht hervorstechend sind, aber doch schon angelegt und erkennbar. Erst der spätere Einfluß der analytischen Wissenschaft wird diese Momente hervortreten lassen, sie zum Teil zu beherrschenden Momenten machen, um damit »Technik« neu zu bestimmen.

a. Technik als vergegenständlichte Arbeit

Jede zweckorientierte hand-werkliche Tätigkeit überträgt im Handlungsprozeß lebendige menschliche Arbeit, ausdrückbar in Arbeitszeit, in den außermenschlichen Gegenstand der Tätigkeit. »Was auf seiten des Arbeiters in der Form der Unruhe erschien, erscheint nun als ruhende Eigenschaft ... auf seiten des Pro-

die Einheit mit dem Ganzen ... herzustellen, muß es jetzt unbedingt die Aufgabe der technischen Fachleute und der Geisteswissenschaftler sein, in gegenseitigem Dialog das ursprüngliche Band der ›techne‹ (insofern die quantitative Prägung das zuläßt) wieder zu beleben.« ... »Das ist möglich, denn die Technik entstammt einem schöpferischen Prinzip im Menschen; die schöpferische Intuition des Erfinders ..., entstammt dem unbewußten Zusammenspiel der Phantasie und der Zusammenhänge blitzartig erschauender Einbildungskraft.« (p 56) (Vgl. zum letzten meine Bemerkung zum Innovationsprozeß handwerklich-technischen Tuns.)

88 Vgl. Habermas: *Technik* (78), besonders p 55–58. Ich komme später darauf zurück.

dukts.« »Die Arbeit hat sich mit ihrem Gegenstand verbunden. Sie ist vergegenständlicht ...«[89] Durch die vergegenständlichte Arbeit im Produkt kann der Mensch seine Arbeit, und somit sich selbst, anschaulich wiederfinden. Die Vergegenständlichung ist also kein Verlieren an den Gegenstand, sondern eine Möglichkeit der Selbsterkennung und Selbstgestaltung[90].

Nach Beendigung des Prozesses ist die Arbeit im Produkt aufgehoben, gespeichert. Ist das Produkt ein Werkzeug, kann die gespeicherte Arbeit beim Gebrauch des Werkzeugs wieder genutzt werden. Die augenblickliche Arbeitsmöglichkeit wird also durch vergegenständlichte vergangene Arbeit erhöht, verstärkt. Der Werkzeuggebrauch und die Werkzeugherstellung scheinen für den Menschen als »toolmaking animal« definierend zu sein, denn bereits »in den ältesten Menschenhöhlen finden wir Steinwerkzeuge und Steinwaffen«[91]. Den Werkzeuggebrauch haben auch Autoren hauptsächlich im Blick, wenn sie davon sprechen, daß die Technik so alt wie der Mensch sei.

Der für das technische Tun wesentliche Prozeß der Vergegenständlichung gibt nun von Anbeginn auch die Möglichkeit der Trennung des Produkts vom Produzenten. Schon einfache Werkzeuge können gestohlen werden, und die gespeicherte Arbeit wird dann für fremde Zwecke genutzt. Für die vorindustrielle handwerkliche Produktionsweise ist Diebstahl der geronnenen Arbeit noch nicht typisch. Die Werkzeuge und Produkte werden selbst genutzt oder mit Produkten äquivalenter Arbeitszeit getauscht. Die Möglichkeit des Diebstahls der geronnenen Arbeit, gleichsam die moderne Variante der Sklavenhaltung, ist aber durch die Grundstruktur des technischen Tuns im Prozeß der Vergegenständlichung gegeben. Durch das Hinzutreten weiterer gesellschaftlicher Faktoren kann diese Möglichkeit dann später »voll genutzt« werden.

89 Karl Marx: *Das Kapital, MEW* 23, p 195.
90 Hierauf komme ich noch später, im Zusammenhang mit der Analyse des Prozesses der Vergegenständlichung und Verdinglichung durch Technik und Wissenschaft, ausführlicher zurück.
91 Vgl. *MEW* 23, p 194.

Noch weitere »Möglichkeiten« der Trennung im Funktionskreis instrumentellen Handelns deuten sich bereits in der Grundstruktur vorindustrieller Technik an:

b. Die Arbeitsteilung von Kopf und Hand

Die Vielfalt der menschlichen Bedürfnisse, und somit der möglichen Produkte, erfordert eine Vielzahl von handwerklichen Tätigkeiten zur Herstellung dieser Produkte. Durch zahlreiche Einflüsse (wie unterschiedlich lange Erfahrung, größere Geschicklichkeit, günstigere Produktionsstätten, Tabus und Normen usw.) stellt sich eine Arbeitsteilung ein, bezogen auf die Art des Produkts. *Diese* Arbeitsteilung meine ich hier nicht. Wenn die einzelnen Produzenten auch unterschiedliche Produkte herstellen, die oben beschriebene Struktur des Funktionskreises handwerklichen Tuns bleibt trotz dieser Arbeitsteilung ungeteilt. Plan, Ausführung, Kontrolle und Verwertung bleiben in einer »Hand«, in einem Kopf.
»Die Teilung der Arbeit wird erst wirklich Teilung von dem Augenblick an, wo eine Teilung der materiellen und geistigen Arbeit eintritt«[92], wenn der Funktionskreis aufgeteilt wird auf verschiedene Menschen, auf Planer, Ausführende, Kontrolleure und Verwerter. Die Wissensstruktur der vorindustriellen Technik begünstigt die Aufteilung in den ersten drei Formen nicht. Wie erwähnt, ist der Plan, die Arbeitsanweisung, nicht vollständig genug darstellbar in symbolisierter Form, um ihn von einem planenden Kopf auf eine ausführende Hand eines anderen Menschen zu übertragen. Insbesondere für die Herstellung von transportierbaren »Lebensmiteln«, wie Kleidung und Nahrung, war in der handwerklichen Produktionsweise eine Trennung von Kopf- und Handarbeit auch nicht typisch, sieht man von der Ausbildungsphase ab.

92 Karl Marx, Friedrich Engels: *Die Deutsche Ideologie*, Berlin 1960, p 28.

Natürlich gab es »Großprojekte«, vornehmlich im Bauwesen, in denen diese Trennung schon deutlicher hervortrat. Zur Errichtung eines Walls, einer Burgmauer brauchte man einen Baumeister, Aufseher und viele »Hand«-langer. Die Möglichkeit dieser Arbeitsteilung hing vor allem zusammen mit der relativ einfachen Struktur der Arbeit, in der handwerkliche Erfahrung kaum gebraucht wurde. Sobald die Großprojekte komplizierter wurden, z. B. beim Bau einer Kathedrale, gab es auch wenige Gesamtplaner und Nur-Kopfarbeiter, aber der größte Teil der Arbeit wurde von Handwerkern gemacht, die ja eben auch noch Kopfarbeiter waren. Voraussetzungen für eine Arbeitsteilung von Kopf und Hand sind also sehr einfache Arbeitsstrukturen und möglichst vollständige Symbolisierbarkeit des Arbeitsprozesses. Beides ist für die vorindustrielle handwerkliche Produktionsweise von »Lebensmitteln« noch nicht typisch.

c. Distanzierung durch Technik

Dadurch, daß der werkzeugfabrizierende und werkzeuganwendende Mensch zwischen sich und den zu bearbeitenden Gegenstand das Werkzeug setzt, distanziert er sich von dem Gegenstand und schaltet in der Tendenz seinen Körper aus[93]. Diese Tendenz ist schon beim frühen Werkzeug- und Waffengebrauch deutlich vorhanden. Sie ermöglicht einen sehr gesteigerten Einsatz des Körpers, ohne ihn wirklich gefahrvoll einzusetzen. Ein verallgemeinertes Prinzip der Distanzierung spielt bei der »Produktion« menschlicher Lebensräume eine zentrale Rolle[94].

Für den engeren Bereich der materiellen Produktion, auf den ich mich hier nur beziehe, war die Distanzierung, die Körperausschaltung, niemals vollständig. Bezieht man die Sinne in den

93 Zum Alsbergschen Theorem des »Prinzips der Körperausschaltung« vgl. D. Claessens (41), p 81 ff.

94 »Wie die Menschheitsgeschichte (auch) eine Geschichte der Distanzierung ist«, dazu vgl. Dieter Claessens: *Nova Natura. Anthropologische Grundlagen modernen Denkens*, Düsseldorf, Köln 1970.

Körperbegriff ein, dann wurden vor allem die schmerzempfindenden Sinne mit kurzer Reichweite durch Distanzierung »ausgeschaltet«. Die Organe für die akustische und optische Wahrnehmung des Körpers aber bleiben auch bei großer Distanz mit dem distanzierten Geschehen »verbunden«, und das Gehirn kann den Prozeß, der durch körperausschaltende Techniken in Gang gesetzt wurde, kontrollieren und bewerten.
Die vorindustrielle handwerkliche Technik war also, trotz notwendiger Körperausschaltung durch Werkzeuge, »körperzentriert« »überschaubar«. Auch die zusammengesetzten, maschinenähnlichen Werkzeuge wie Treträder, Pumpenwerke, Hammerschmieden, Mühlen, Schiffe usw. waren von ihren Produzenten und Benutzern überschaubar in ihrer Funktionsweise und in ihren Auswirkungen.
Der Funktions*kreis* instrumentalen Handelns wurde durch die »befreiende« Möglichkeit der Distanzierung von der vorindustriellen Technik typisch noch nicht aufgebrochen. Erst die industrielle, wissenschaftliche Technik ermöglicht diesen »Durchbruch« zu einer neuen gefährdenden Dimension der Distanzierung.

B. Die Herrschaftslogik der Wissenschaft

Wann man den Beginn der Wissenschaft ansetzt, ist abhängig von der Definition der Wissenschaft. Sieht man bereits im Werkzeuggebrauch Keime der Wissenschaft, muß ihr Beginn schon sehr früh gesehen werden[95]. Für eine Betrachtung der »Wissenschaft in der Geschichte« vom Altertum bis zur Gegenwart ist es auch nicht sinnvoll, einengende Definitionen zu verwenden, wenn das Spezifische jeder Epoche herausgearbeitet werden soll. (Vgl. 95, p 36) Da ich jedoch in dem hier diskutierten Zusam-

95 »Das Werkzeug benutzende und Feuer verwendende Lebewesen befindet sich schon auf dem Wege zum Wissenschaft treibenden Menschen. Genau wie das Werkzeug die Grundlage für Physik und Mechanik bildet, ist das Feuer die Grundlage für die Chemie.« John Desmond Bernal: *Wissenschaft. Science in History*, Reinbek 1970, 4 Bände, p 71.

menhang vor allem an dem Einfluß der Wissenschaft in unserer heutigen Gesellschaft interessiert bin, konzentriere ich mich auf die empirische, exakte Naturwissenschaft, die im 16. und 17. Jahrhundert ihren Anfang hatte. Die Prinzipien, Methoden und Strukturen der Wissenschaft, die damals langsam Gestalt annahmen, sind bis heute gültig und prägen entscheidend die Produktionsweise der heutigen Wissenschaft[96]. Für meinen Zusammenhang wird es also darauf ankommen, diese »Prinzipien« der empirischen Naturwissenschaft herauszuarbeiten. Zuvor muß ich jedoch auf ein wesentliches Charakteristikum eingehen, das auch für »Wissenschaft« im Altertum schon kennzeichnend war.

a. Der Klassencharakter der Wissenschaft, Trennung von Kopf- und Handarbeit

Es erscheint sinnvoll, den Beginn einer allgemeinen wissenschaftlichen Tätigkeit für den Zeitpunkt anzusetzen, an dem diese Tätigkeit einen relativ selbständigen Charakter erhält und arbeitsteilig an besondere Personen fällt[97]. Diese besondere Tätigkeit, relativ abgesondert von der unmittelbaren Produktion, kann sich eine Gesellschaft erst »leisten«, wenn sie über ein gesondertes Mehrprodukt verfügt für den Lebensunterhalt und die Ausrüstung dieser Personen. »Aller geistigen Produktion gemeinsam ist (also) zunächst, daß sie ihrer ökonomischen Grundlage nach auf Surplusarbeitszeit beruht«[98]. Die wissenschaftliche Tätigkeit

96 »Im Verlauf der nächsten dreihundert Jahre folgte die Wissenschaft eigentlich nur jenen ursprünglichen Prinzipien, die im siebzehnten Jahrhundert geboren worden waren.« G. N. Wolkow: *Soziologie der Wissenschaft. Studien zur Erforschung von Wissenschaft und Technik*, Berlin (DDR) 1970, p 160.

97 Vgl. Wolkow (96), p 148, 149.

98 Autorenkollektiv am Institut für Soziologie der FU Berlin (N. Beckenbach, H.-J. Braczyk, S. Herkommer, T. Malsch, R. Seltz, H. Stück): *Klassenlage und Bewußtseinsformen technisch-wissenschaftlicher Lohnarbeiter. Zur Diskussion über die »Technische Intelligenz«*, Ffm. 1973, p 179.

ist weiter gebunden an den Umgang mit Symbolen in schriftlicher Form. »Sie wird im Gegensatz zur Kenntnisübermittlung in den Handwerksberufen, die durch das praktische Vorbild geschieht, in Büchern und Zeitschriften aufgezeichnet und überliefert. So bildet sie von Anfang an eine Beschäftigung, die auf die höheren Gesellschaftsklassen beschränkt blieb oder auf einige wenige begabte Individuen, die es verstanden, als Gegenleistung für treue Dienste in diese aufgenommen zu werden«[99]. Das Entstehen wissenschaftlicher Tätigkeit ist also mindestens durch zwei Bedingungen an Privilegierte der Gesellschaft gebunden: an den geschulten Umgang mit geschriebener Sprache und Symbolen und an den Zugang zum Surplusprodukt. Bernal und Wolkow z. B. stimmen denn auch darin überein, daß die Wissenschaft von Anbeginn einen Klassencharakter hat[100]. »Von der Entstehung der Wissenschaft und dem Aufkommen der eigentlich wissenschaftlichen Tätigkeit kann man erst dann sprechen, wenn die verstreuten Elemente des Wissens zu einem System vereinigt und wenn ihre Sammlung und Produktion zu einer speziellen Beschäftigung bestimmter Personen werden«[101]. »Die wirkliche Verselbständigung des Wissens beginnt aber erst mit der Trennung von geistiger und körperlicher Arbeit, beginnt mit der Herausbildung der sozialen Spaltung der Gesellschaft in Klassen«[102]. Wolkow schlägt dementsprechend eine Einteilung der Perioden der Wissenschaft vor: in eine Vorgeschichte der Wissenschaft, die »die Periode der klassenlosen Gesellschaft« umfaßt und in zwei Perioden der eigentlichen Geschichte der Wissenschaft: eine »Periode der Herausbildung wissenschaftlicher Kenntnisse« bis Galilei und eine »dann folgende Periode der Herausbildung der Wissenschaft als Produktivkraft«[103, 104].

99 Bernal: *Wissenschaft* (95), p 52, 53.
100 Für Bernal vgl. (95), z. B. p 38, 39, 52–55.
101 Wolkow (96), p 149, 150.
102 W. o., p 148.
103 W. o., p 150.
104 Vgl. zu diesem Komplex (zum »Beginn« der Wissenschaft) auch: F. Tomberg: *Bürgerliche Wissenschaft*, Ffm. 1973, p 37 ff.

Interessant für mein Thema ist nun, daß die Erkenntnis des Klassencharakters der Wissenschaft bei den beiden so bedeutsamen Autoren Bernal und Wolkow – die beide in Arbeiten über Wissenschaft und Gesellschaft mit Recht häufig und zustimmend zitiert werden – systematisch nicht genutzt wird. Begrifflich vermittelt mit anderen Merkmalen der Wissenschaft wird das Klassenmerkmal nicht. Es bleibt aufgezählt, unvermittelt stehen; es wird nichts oder zu wenig daraus gefolgert und als Folge erkannt. Dies ist nicht zufällig und hat bei beiden Autoren seine Gründe. Sie hängen zusammen mit einer meiner Ansicht nach zu engen und zu »ängstlichen« materialistischen Interpretation der Wissenschaft. Man möchte nicht in die Nähe bürgerlicher, idealistischer Interpretationen geraten, die die Geschichte der Wissenschaft als bloße »Geistesgeschichte« sehen, als die Wahrheitssuche großer Männer und als immanente Entwicklung einer Entfaltung des Geistes. Durch die Vernachlässigung ökonomischer und gesellschaftlicher Einflüsse und Bedingungen werden solche Deutungen zum »höheren Blödsinn«[105]. Nur, eine Verengung sehe ich darin, daß die materialistische Basis unhistorisch immer vor allem in der unmittelbaren materiellen Produktion gesehen wird und nicht auch, variierend mit historischen Schwerpunkten, in anderen gesellschaftlichen Bereichen wie z. B. Zirkulation, Verkehr, Herrschaftsverhältnissen, die ja alle nicht weniger »materiell« sind[106]. Natürlich hängen diese »Bereiche« alle eng zusammen[107], und ich will hier auch nicht der Frage nachgehen, welcher Bereich in »letzter Instanz« für bestimmte Gesellschaften determinierend war[108]. Ich möchte hier nur hervorheben, daß die the-

105 Vgl. Bernal (95), p 54 und Wolkow (96), p 9 f.

106 Vgl. zur Problematisierung dieses Themas auch: Jürgen Habermas: *Zur Rekonstruktion des Historischen Materialismus*, Ffm. 1976, p 144 ff.

107 Zum Wechselverhältnis von Produktionsbedingungen, Distribution und Herrschaftsverhältnis vgl. K. Marx: *Zur Kritik der politischen Ökonomie*, Berlin (DDR) 1971, p 233 ff und *MEW* 25, p 795, 800 (*Kapital* Band III).

108 Zum Begriff der Determination in letzter Instanz vgl. E. Balibar

matische Akzentuierung, Wissenschaft vorwiegend als Faktor der materiellen Produktion zu sehen, bestimmte wesentliche Elemente der Wissenschaft nicht in die theoretische Erörterung eingehen läßt. Diese thematische Akzentuierung ist bei beiden Autoren explizit gegeben, bei Wolkow deutlicher als bei Bernal. Wolkow schreibt: »Die Idee, von der dieses Buch ausgeht, ist der Marxsche Gedanke, daß die Wissenschaft in der modernen Gesellschaft eine unmittelbare Produktivkraft ist.« »Sowohl Wissenschaft als auch Technik treten stets als Momente eines einheitlichen Ganzen – der wissenschaftlich-technischen Tätigkeit in einer bestimmten Gesellschaftsordnung – auf.« »Die unmittelbare Verbindung der modernen Wissenschaft mit der Technik, der materiellen Produktion und der gesellschaftlichen Praxis ist ganz offensichtlich«[109]. Und Bernal: »Die Wissenschaft ist (ein Denken) ..., das beständig in die Praxis hineingetragen und beständig durch die Praxis erneuert wird. Aus diesem Grunde kann die Wissenschaft nicht losgelöst von der Technik untersucht werden«[110]. Nun kann nicht gesagt werden, diese Sätze seien falsch, zumal Wolkow sich ausdrücklich auf die moderne Gesellschaft bezieht. Auch wird von beiden Autoren Gegenteiliges nicht dogmatisch unterschlagen. »Daß die Wissenschaft Sache der herrschenden und ausbeutenden Klassen war, hat seit den ersten Anfängen der Klassenspaltung, die vor rund 5000 Jahren mit der Entstehung der ersten Städte begann, in den Köpfen der Bauern und Arbeiter ... tiefen Argwohn gegen die Wissenschaft und allgemein gegen Buchwissen erzeugt.« »Statt eines freien und aktiven Austausches der praktischen und theoretischen Erkenntnisse ... gab es nur eine widerwillige Zusammenarbeit.« »Wo die Wissenschaft ein Geheimnis im Besitz weniger Auserwählter ist, ist sie unweigerlich den Interessen der herrschenden Klasse verhaftet ...«[111] Aber die Wissenschaft ist bis heute

in: L. Althusser, E. Balibar: *Das Kapital lesen*, Reinbek 1972, p 289 ff, 299.

109 Wolkow (96), p 12–14.

110 Bernal (95), p 46.

111 Bernal (95), p 55 und 39, vgl. auch p 1180 f.

im Besitz weniger, und zwar in allen Gesellschaften, und es wäre da schon sehr eigenartig, wenn das 5000jährige Klassenklima, in dem die Wissenschaft gedieh und sich entwickelte, nicht eben dieser Wissenschaft ein tiefsitzendes Klassenmerkmal beigebracht hätte. Bernal und Wolkow und mit ihnen die Mehrheit der Autoren, die das Verhältnis von Wissenschaft und Gesellschaft erörtert haben, vermuten in der Wissenschaft und in der wissenschaftlichen Technik kein strukturelles Klassenmerkmal. Sie sehen Wissenschaft und Technik eher als neutrales Instrument. Die negativen Erscheinungen, die »Kulturphilosophen« der Technik und Wissenschaft ankreiden, sehen sie als Folge der kapitalistischen Anwendung[112]. »Keiner von diesen Philosophen der ›Kulturbarbarei durch Wissenschaft und Technik‹ begreift, daß, soweit sie richtig sehen – und gewisse Seiten dieses Prozesses sehen sie sehr klar und deutlich –, sie nur die Folgen der ›Anwendung‹ von Wissenschaft und Technik unter den Bedingungen des staatsmonopolistischen Kapitalismus erkennen«[113]. Neben dieser unkritischen Haltung gegenüber Naturwissenschaft und Technik im Sozialismus verführt die instrumentalistische Produktionsorientierung außerdem noch zu einer Betrachtungsweise, die vorwiegend bei weniger soziologisch argumentierenden, konservativen Autoren anzutreffen ist, die für marxistisch orientierte Analysen zumindest suspekt erscheinen müßte: die Diskussion der Entwicklung von Wissenschaft und Technik am Modell einer Organentfaltung, Organergänzung und Kompensation. »Die Notwendigkeit der Entstehung der Technik war ... durch die Schwäche, die Unvollkommenheit der natürlichen Arbeitsorgane des Menschen gegeben.« »Die ... Grundlage, auf der sich die Einheit und die Wechselwirkung der persönlichen und der gegenständlichen Elemente des Arbeitsprozesses gründet, ist das Prinzip der *Ergänzung oder der Kompensation.*« »Diese Ergänzung besteht in der Kompensation der Unvollkommenheit

112 Vgl. Bernal (95), p 612 ff u. p 1151 f, Wolkow (96), p 17, 27 f.

113 So faßt z. B. J. Kuczynski in: *Wissenschaft Heute und Morgen*, Köln 1973, p 121 seinen Eindruck über Freyer, Schelsky und auch Marcuse zusammen.

der menschlichen Arbeitsorgane als Arbeitsmittel, sie gleicht die Unfähigkeit der natürlichen Organe des Menschen ... aus.« Diese Sätze sind nicht von Gehlen, sondern von Wolkow, der wohl nichts von Gehlen weiß[114]. Auch die Wissenschaft wird im Modell der Organerweiterung diskutiert. »In diesem Sinne ist die Wissenschaft ein künstlich erzeugtes Organ des menschlichen Gehirns (...), ein künstliches Erkenntnisorgan also, während die Technik ein künstliches Organ der praktischen Tätigkeit des Menschen darstellt«[115]. Unzureichend ist diese Interpretation in mehrfacher Hinsicht. Abgesehen von der bereits diskutierten Problematik, den Menschen anthropologisch als Mängelwesen zu deuten, ist die verkürzte, unsoziologische Betrachtungsweise des Organ-Werkzeugkomplexes der Hauptmangel. »Nicht Teile des leiblichen Organismus werden ... ›verstärkt‹, sondern ihre als unzureichend gewordenen interpretierten Werkzeugfunktionen, die sich zuvor in der Arbeitsteilung herausgebildet haben und sich nun, im Produkt der Arbeit aufgehoben, in Form der Befriedigung zugleich als Bedürftigkeit erfahren«[116]. Bereits sehr frühe Erfindungen, wie das Rad und das Feuer, haben keinen Organbezug und sind in ihrer Entstehung nur zu deuten mit komplexen, gesellschaftlich interpretierten Tätigkeiten und Funktionen. Außerdem wirken bereits vorhandene Werkzeuge bei der Entwicklung der neuen Werkzeuge mit und beeinflussen mit ihren Eigenschaften die neuen. In der langen Kette der Werkzeug- und Maschinenentwicklung wäre so die Spur einer möglichen ersten Organfunktion kaum erkennbar.

Noch fragwürdiger muß das Organmodell für die Entwicklung der Wissenschaft sein. Aber die einseitige Orientierung, die Entwicklung der Wissenschaft vorwiegend im Zusammenhang mit der Produktion zu sehen, verführt zum vordergründig plausibel erscheinenden Organmodell. Übersehen wird dabei, daß Wissen-

114 Wolkow (96), p 75 und 61.

115 W. o., p 170; bei Bernal ist dies weniger deutlich, aber vgl. Bernal (95), p 45!

116 Hans-Dieter Bahr: *Kritik der »Politischen Technologie«*, Ffm. 1970, p 31, vgl. zum Folgenden auch p 34 und p 18.

schaft und wissenschaftliche Technik nicht nur ein »Instrument« sind, das »*der* Mensch« zwischen sich und die Natur stellt, um seine materielle Produktion zu erleichtern, sondern daß *einige* Menschen, die herrschende Klasse, die Wissenschaft als gesellschaftliches Medium der Herrschaftsstabilisierung brauchten und sie deswegen förderten und entwickelten. *Einige* Menschen setzten also zwischen sich und andere Menschen die Wissenschaft, um sich ihre Privilegien zu erhalten und sie auszubauen. Wissenschaft hat von Anbeginn einen Doppelcharakter: sie ist zweckmäßig zur Beherrschung der Natur und zur Beherrschung des Menschen. Bevor die Wissenschaft zur exakten Naturwissenschaft wurde und ihr Name noch Philosophie und Theologie war, bestand ihre »Anwendung« hauptsächlich darin, die Menschen besser zu beherrschen und nicht die Natur[117]. Ich will für diesen Zeitraum jedoch nicht auf Einzelheiten eingehen und mich nun der empirischen Naturwissenschaft zuwenden. Erst sie ermöglichte die Beherrschung der Natur durch Wissenschaft. Vorher war dies nur der handwerklichen Technik möglich. Aber die potentiell anwendbare Wissenschaft brauchte noch einen langen Weg, ehe sie in der industriellen, naturwissenschaftlichen Technik eine Produktivkraft der materiellen Produktion wurde[118]. Betrachtet man von vornherein die Entwicklung der Wissenschaft als Produktivkraft, so bleibt ihre verzögerte »Anwen-

117 Beim Entstehen von Klassengesellschaften mußte »die Erfahrung von gesellschaftlicher Repression und Willkür ... durch Herrschaftslegitimationen wettgemacht werden. Das gelingt im Rahmen rationalisierter Weltbilder« (Habermas (106), p 181), und viel mehr als eine rationalisierte Interpretation der Welt war »Wissenschaft« in der ersten Periode nicht.

118 »Bis zum Ende des 17. Jahrhunderts hatte die Wissenschaft viel mehr aus ihrer erneuten Berührung mit der Praxis zu *gewinnen*, als sie in Form grundsätzlicher Verbesserungen der Technik zu *bieten* hatte.« Bernal (95), p 352. Bernal ist sich nicht ganz einig über den Zeitraum, denn auf p 461 setzt er ihn auf das »Ende des 18. Jahrhunderts« an. Ich werde hierauf erst im übernächsten Abschnitt ausführlicher eingehen.

dung« ungenügend geklärt und auch eine Reihe wesentlicher Unterschiede zur (handwerklichen) Technik.
Ich werde nun einige spezifische Charakteristika der empirischen Naturwissenschaft genauer betrachten, um später die strukturelle Affinität zur Logik des Kapitals, die Herrschaftskonformität der Wissenschaft und die Tendenz der Verdinglichung durch wissenschaftliche Technik deutlicher darstellen zu können.

b. Der nichteidetische Charakter der Wissenschaft

Die Wissenschaft entstand mit der Klassengesellschaft, als die geistige Arbeit zu einer besonderen Tätigkeit wurde. Diese besondere Tätigkeit war ganz überwiegend auf die oberen Klassen beschränkt, die sich um die materielle Produktion der »Lebensmittel« nicht zu kümmern brauchten. Die unmittelbare Auseinandersetzung mit der Natur, der sinnlich-konkrete Kontakt mit ihr in der Auseinandersetzung waren nicht Erfahrungsbereich und Gegenstand der geistigen Tätigkeit. Ihre Produkte waren abgetrennt von der sinnlichen, wahrnehmenden Erfahrung. Das Interesse galt den ersten Ursachen und Prinzipien, der Suche nach dem »verborgenen Prozeß« hinter den Erscheinungen und losgelöst von den Erscheinungen. Der Kopf war die Quelle der geistigen Produktion, genauer: das Gehirn. Die Sinne konnten nur stören. Idealistische Philosophie, Mathematik und Theologie waren die Ergebnisse dieser geistigen Produktion. Es ist klar, daß diese Wissenschaft der materiellen Produktion nicht als »Produktivkraft« dienen konnte, und den materiellen Produzenten war sie – wenn sie zufällig mit ihr Kontakt bekamen – fremd und unheimlich[119]. Aber diese erste »Periode der Heraus-

119 Es ist klar, daß solche generalisierenden Aussagen, wie sie auch schon im vorigen Abschnitt gemacht wurden, einen Historiker das Gruseln lehren. Es gibt zu viele widersprechende Fakten und Strömungen, unterschiedliche Ausprägungen in verschiedenen Zeiten und Ländern usw. Aber mir kommt es hier nicht auf eine historische Analyse an (die immer dicke Bände füllen wird), auch ist nicht ein Gesetz

bildung wissenschaftlicher Kenntnisse«[103] war konstitutiv für die zweite Periode, als die Wissenschaft empirisch wurde und potentielle Produktivkraft. Der nichteidetische Charakter bleibt auch für die empirische Naturwissenschaft typisch, obgleich sie empirisch wird und »nachträglich« über die experimentelle Verknüpfung Kontakt mit den Sinnen bekommt. Die sinnliche Natur wird nun zum Gegenstand der Wissenschaft, aber die Anschauung ist nicht die Basis der Abstraktionen. Weil der verborgene Prozeß »ein von seiner Erscheinung in der Wahrnehmung radikal Geschiedenes ist, bleibt er dem eidetischen Zugriff grundsätzlich entzogen; er ist nur aus Prinzipien zu konstruieren«[120]. Idealistische Prinzipien, z. B. in der Form mathematischer Figuren, spielten eine zentrale Rolle bei der »Entdeckung« der »Gesetze« der Natur. Für Kopernikus z. B. waren in seiner Theorie der Planetenbewegung Kreise und harmonische Beziehungen der Ausgangspunkt. Die »Gründe für die revolutionäre Veränderung (des Weltbildes durch Kopernikus) waren dem Wesen nach philosophischer und ästhetischer Natur«[121]. Die Prinzipien, nach denen sich die Planeten bewegen sollten, waren von der Erscheinung radikal geschieden[122]. Die beobachtbare Bewegung stimmte

formuliert worden, das bereits bei einem widersprechenden Ereignis fallengelassen werden müßte. Ich wollte nur den *vorwiegend* idealistischen Charakter der Wissenschaft in dieser »ersten Periode« (Wolkow) herausstellen, um seine Bedeutung für die »zweite Periode« besser einschätzen zu können. Auch liegt kein Anlaß vor, die Produktion der idealistischen Wissenschaft als idealistische Produktion zu deuten, als »reine Kopfarbeit« ohne materiellen Bezug. Wenn auch nicht die unmittelbare Produktion die materielle Basis war für diese Wissenschaft, so waren die Produktionsverhältnisse insgesamt sehr wohl die materielle Bedingung, in der eine solche Wissenschaft nur entstehen konnte. Vgl. Wolkow (96), p 144 f, vgl. auch die späteren Ausführungen zu Sohn-Rethel.

120 Peter Bulthaup: *Zur gesellschaftlichen Funktion der Naturwissenschaft*, Ffm. 1973, p 34–35.

121 Bernal (95), p 383, vgl. auch p 381 f.

122 Vgl. Bulthaup (120), p 31. Vergleiche überhaupt für eine ausführlichere und genauere Darstellung dieses Komplexes und auch des näch-

mit dem alten ptolemäischen System besser überein. Dennoch erweist sich die Struktur des verborgenen Prozesses, konstruiert aus idealistischen Prinzipien, als »materieller«, der »Wirklichkeit« eher entsprechend. Dies festzustellen und zu begründen, überhaupt: die »Ankopplung« der nichteidetischen Wissenschaft an die sinnliche, materielle Welt, ist noch ein langsamer und mühsamer Prozeß. Noch später lebende »Wissenschaftstheoretiker«, wie Descartes und auch F. Bacon, die zu einer Zeit lebten, als die experimentelle Naturwissenschaft durch Galilei schon Gestalt annahm, waren in ihrem Bewußtsein über die Bedeutung des Experiments noch zwiespältig und zum Teil noch dem Wissenschaftsbegriff der ersten Periode verhaftet. Der Wandel ist für Zeitgenossen auch nicht leicht zu erkennen; es entsteht ja nicht eine *völlig* neue Wissenschaft. Die Prinzipien bleiben zunächst dominierend, und eine Art Gleichgewicht zwischen Prinzipien und Experiment stellt sich erst langsam ein. Der nichteidetische Ausgangspunkt der Naturerkenntnis bleibt jedoch bis heute erhalten und bleibt eine wesentliche Voraussetzung für »Wissenschaft«[123]. Die Wissenschaft von der Natur wird

sten über das Experiment die Arbeit von Bulthaup. Wer dieses Thema jedoch wirklich gründlich und ohne Implikationen einer rationalen Rekonstruktion von Rückwärts im Kontext der Entwicklung abendländischer Philosophie und Weltdeutung dargestellt finden will, sei verwiesen auf: Hans Blumenberg: *Die Genesis der kopernikanischen Welt*, Ffm. 1975.

123 Vgl. für die weit komplizierteren Verhältnisse einer »Gesellschaftswissenschaft« z. B. das Wissenschaftskonzept von Marx. Im Zusammenhang mit seiner Abgrenzung zur Vulgärökonomie kann man an verschiedenen Stellen die Aussage finden: »alle Wissenschaft wäre überflüssig, wenn die Erscheinungsform und das Wesen der Dinge unmittelbar zusammenfielen« (hier *MEW* 25, p 825). Es gibt wenig Explizites von Marx über sein Wissenschaftskonzept, vgl. aber zu dem widersprüchlich erscheinenden Verhältnis von Realem und Konkretem zum Abstrakten und zur Frage, ob die Wissenschaft der Ökonomie vom »Konkreten« ausgehen kann: Marx: *Kritik* (107), p 247 f. (Die Methode der politischen Ökonomie) Die Sekundär-Literatur hierüber ist sehr umfangreich.

mathematische Naturwissenschaft[124]. In der mathematischen Grundlage ist eine »ideelle« Komponente, die Frucht der ersten Periode, unauslöschbar in der modernen Naturwissenschaft aufgehoben. Durch sie wird eine »entsinnlichte« Technik möglich[125], und durch sie wird eine relative Autonomie der Wissenschaft von der materiellen Produktion möglich und notwendig, auch als sie schon Produktivkraft werden konnte. Der Fortschritt der Wissenschaft erforderte neue und komplexere ideelle Produkte, kompliziertere mathematische Kalküle, die in der materiellen Produktion nicht zu finden waren. »Man muß hier unbedingt auch die innere Dialektik der Wissenschaftsentwicklung im Auge haben, die nicht auf sozial-ökonomische Faktoren zu reduzieren ist und eine relative Selbständigkeit besitzt«[126]. Die Mathematik machte in dieser Zeit auch große Fortschritte[127], und als dann Newton und Leibniz den Kalkül der Infinitesimalrechnung entwickelten, wurde ein »mathematischer Schlüssel (geliefert), der zur Lösung der physikalischen Probleme der nächsten zweihundert Jahre völlig ausreichen sollte«[128]. Schon Newton konnte mit diesem Kalkül Bewegungsgesetze der Natur »finden«, die über ihre Anschauung nicht zu gewinnen wären, ja ihr widersprechen. Das Trägheitsgesetz z. B. besagt, daß jeder sich bewegende Körper in geradliniger, gleichförmiger Bewegung mit konstanter Geschwindigkeit bleibt, solange *keine* Kraft auf ihn einwirkt. »Mit der Aufstellung seiner Bewegungsgesetze, die die Kraft nicht mit der Bewegung selbst, sondern mit der Änderung der Bewegung in Beziehung setzten, brach er endgültig mit der alten, dem gesunden Menschenverstand entsprechenden Anschauung, daß zur Aufrechterhaltung der Bewegung Kraft erforderlich

124 »Die Natur ist nicht subjektiv geistig; sie denkt nicht mathematisch. Aber sie ist objektiv geistig; sie kann mathematisch gedacht werden. Dies ist vielleicht das Tiefste, was wir über sie wissen.« C. F. v. Weizsäcker: *Die Geschichte der Natur*, Göttingen 1958, p 17, 18.

125 Vgl. den Abschnitt über Freyer, Gehlen und Schelsky.

126 Wolkow (96), p 185.

127 Vgl. z. B. Bernal (95), p 403 (Die Renaissance der Mathematik).

sei ...«[128] Daß im Wissenschaftsprozeß der Naturerkenntnis (mathematische) Theorien der Beobachtung vorausgehen und die Wahrnehmung dann strukturieren[129], hat erst relativ spät eine systematische wissenschaftstheoretische Darstellung gefunden. Vor allem im Zusammenhang mit einem Abgrenzungskriterium zwischen empirischer Naturwissenschaft und Mathematik sind die wissenschaftstheoretischen Arbeiten von Karl Popper zu erwähnen[130]. Wenngleich immer wieder aufwendige Versuche unternommen wurden, eine »induktive Logik« der Forschung plausibel zu machen und wenngleich Poppers Wissenschaftskonzept für die Sozialwissenschaften unkorrigierbare Mängel aufweist[131], ist für die Naturwissenschaft durch Popper gerade in der Frage der »Logik« zwischen Theorie und Empirie ein »Stand« erreicht, unter den man bei vorurteilsloser Prüfung nicht zurückfallen kann. Vor allem ein zu enger materialistischer Standpunkt kann die Rolle der mathematischen Phantasie in den Naturwissenschaften nicht angemessen beurteilen. Es bereitet offensichtlich Schwierigkeiten, bei einem allgemein materialistischen Standpunkt den relativ »idealistischen« Charakter der Mathematik zu akzeptieren. Die unglückliche Formel von der »Widerspiegelung« erschwert zusätzlich den Zugang. So schreibt z. B. der

128 Bernal (95), p 457.

129 Trotz besserer Einsicht in seinen Darstellungen, wie allein die Beispiele von Kopernikus und Newton schon zeigen, unterläuft Bernal im Abschnitt über die »Methoden der Wissenschaft« der »Lapsus«: »Man fängt mit Beobachtungen an und kommt dann zum Experiment« (Bernal (95), p 41). Auch dieses wissenschaftstheoretisch »unscharfe« Bewußtsein, das sich allein schon durch solch einen Satz verrät, hängt wohl mit dem bereits erörterten Komplex eines zu »ängstlichen« und zu »engen« materialistischen Standpunktes zusammen.

130 Vgl. vor allem: Karl Popper: *Logik der Forschung*, Tübingen 1966 (zuerst erschienen bereits 1935), und für den hier diskutierten geschichtlichen Zusammenhang vgl.: »Three Views Concerning Human Knowledge«, in: K. Popper: *Conjectures and Refutations. The Growth of Scientific Knowledge*, London 1965, p 97 ff.

131 Vgl. z. B. den Sammelband: Adorno, et al.: *Der Positivismusstreit in der deutschen Soziologie*, Neuwied 1971.

nicht nur in der DDR zu Recht einflußreiche »Wissenschaftstheoretiker« Georg Klaus: »Der Marxismus-Leninismus lehrt uns, daß das menschliche Denken nichts anderes ist als eine Widerspiegelung der Realität«[132]. »Auch die mathematischen Aussagen beziehen sich daher, wenn auch indirekt, auf die objektive Realität« (132, p 33); indirekt, weil die mathematischen Aussagen sich zunächst auf mathematische Objekte bezögen, wie auf Zahlen oder geometrische Gebilde. »Aber diese Zahlen und diese geometrischen Gebilde sind durch Abstraktionen aus der Wirklichkeit gewonnen worden« (132, p 32). Die richtige materialistische Einsicht, daß die Ideen, Philosophien und auch mathematischen Konstrukte nicht in einsamen, isolierten Gehirnen spontan und zufällig entstehen, sondern abhängig sind und geprägt werden von der jeweiligen materiellen Basis der Gesellschaft – von den Produktionsverhältnissen, den Herrschaftsverhältnissen, den allgemeinen Produktionsweisen – wird verkürzt zu der Annahme, daß diese Ideen auch der Wirklichkeit entsprechen müssen. Es können »falsche« Ideen entstehen, »notwendig falsche« Ideen, und die Eigendynamik, die relative Autonomie philosophischen und mathematischen Denkens, kann sehr bald Konstrukte entstehen lassen, deren Faden zur Realität abgerissen ist, ohne daß damit gleichzeitig der Zusammenhang mit der materiellen Basis der gesellschaftlichen Verhältnisse geleugnet werden könnte. Der »Realitätsbezug« ist durch diesen Zusammenhang aber nicht hinreichend gesichert. Nur idealistisches Denken erträgt diese Spannung nicht und postuliert die Identität von Denken und Sein, gleichgültig ob dies nun idealistisch oder »materialistisch« begründet wird. Das Neue und Revolutionäre an der Wissenschaft der zweiten Periode war ja gerade die Tatsache, daß ein »Verfahren« entwickelt wurde, aus dem großen Angebot geistiger Produktion *die* mathematischen Strukturen herauszusondern, die der Struktur des verborgenen Prozesses der Natur entsprachen: das Verfahren der experimentellen Überprüfung. So ist das Experiment das zweite Bein der mathematisch empirischen Naturwissenschaft.

132 Georg Klaus: *Moderne Logik*, Berlin (DDR) 1964, p 29.

c. Der experimentelle Charakter der Naturwissenschaft

Die herrschenden Klassen in der ersten Periode der Wissenschaft sahen keine Notwendigkeit, die Wissenschaft empirisch auszurichten, sie in Richtung einer Produktivkraft zu entwickeln. Der Nährstand versorgte sie reichlich mit Lebensmitteln und anderen Diensten und hatte hiermit genug zu tun. Zeit für die Verbesserung der Produktivität blieb nicht. »Schon Bemühungen, die Produktivkraft über das übliche Maß hinaus zu steigern, konnten dem System gefährlich werden. Denn ihr Erfolg mußte das Selbstbewußtsein der bäuerlichen Produzenten heben, ihre Begier nach weiterer Lebensbesserung anstacheln und sie schließlich auf den Gedanken bringen, daß sie es selbst seien, die durch ihre Arbeit auch die adeligen Herren am Leben erhielten, und daß sie wohl auch in der Lage sein könnten, eine Welt zu schaffen, die eine solche Fülle von Gütern hervorbrachte, daß Schutz und Vorsorge durch die Grundherrschaft entbehrlich wurden. Unabdingbare und zugleich initiierende Grundlage für ein solches Bemühen waren intensivere Kenntnisse der Natur und der Kräfte, die in ihr verborgen schlummerten. Deshalb konnten solche Kenntnisse, ja schon die bloße Neugier nach derlei Dingen nicht im Sinne der bestehenden Herrschaft sein. Empirie war systemgefährdend«[133]. Erst für eine aufsteigende Klasse, für das Handwerk und Handel treibende Bürgertum, das zunehmend wirtschaftliche Macht im noch politisch feudalen System errang, wurde Empirie zum lebenswichtigen Faktor. Diese aufsteigende Klasse war durch ihre Tätigkeit, in der Auseinandersetzung mit den Materialien der Natur, angewiesen auf eine bessere empirische Kenntnis der Gesetze der Natur, um die Ausdehnung ihrer Produktion und damit ihrer Macht zu sichern. Die Zentren dieser neuen Machtentfaltung sind die großen Handelsstädte, und für den Beginn dieser neuen Epoche im 15. bis 17. Jahrhundert spielt vor allem das »Klima«, die gesellschaftliche Situation in den ober- und mittelitalienischen Stadtstaaten eine nicht zu

133 Friedrich Tomberg: *Bürgerliche Wissenschaft. Begriff, Geschichte, Kritik*, Ffm. 1973, p 45–46.

überschätzende Rolle. Florenz z. B. war eine äußerst fruchtbare Brutstätte für die neue, im Diesseits und an Empirie orientierte Lebensweise und Weltzuwendung. In »Florenz gab es zu jener Zeit bereits einen namhaften industriellen Kapitalismus – zentriert in der Tuchmanufaktur –, der in Verbindung mit dem Geldkapital ganz Europa unter seinen Einfluß gebracht hatte« (133, p 60). Florenz bot die Bedingungen, einen Galilei hervorzubringen, dessen Arbeiten von Wolkow und vielen anderen mit Recht als das erste deutliche und unübersehbare Anzeichen für die neue Epoche der Wissenschaft angesehen werden: für den Beginn der experimentellen Naturwissenschaft. Jeder Versuch, für dieses weltgeschichtliche Phänomen einzelne Faktoren verantwortlich zu machen, muß scheitern. Die bisher aufgezählten Bedingungen sind keineswegs hinreichend. Die komplizierten Zusammenhänge, die dazu führten, einigen Menschen eine neue sinnliche Dimension der Welt zu erschließen, die sich ausprägte in der Kunst, vor allem der Malerei, in der Literatur des Humanismus und eben in der Wissenschaft, erforderten eine genaue Analyse, für die hier kein Ort ist und auch keine Notwendigkeit besteht[134]. Eines nur sollten diese kurzen Hinweise andeuten: der empirische Charakter der Naturwissenschaft – im Gegensatz zum mathematischen – wurde wesentlich durch den materiellen Produktionshorizont der aufsteigenden bürgerlichen Klasse ermöglicht, wenn er auch nicht hinreichend aus ihm erklärt werden kann. Eine entscheidende Rückwirkung auf die materielle Produktion als unmittelbare Produktivkraft ist auch von dieser neuen empirischen Wissenschaft noch eine Weile nicht zu erwarten; warum, wird noch zu klären sein. Zunächst muß der experimentelle Charakter noch genauer bestimmt werden.

Die Suche nach dem verborgenen Prozeß in den Naturerscheinungen war, wie erwähnt, die Suche nach Prinzipien, nach ästhetisch einfachen, harmonischen Strukturen. Die irdischen Naturvorgänge nun boten einen schlechten Ausgangspunkt zum Aufspüren solcher Prinzipien; sie waren viel zu komplex in

134 Für eine knappe Analyse der Zusammenhänge vgl. z. B. Tomberg (133), p 45–93.

ihrer gegenseitigen Beeinflussung und viel zu »verunreinigt« und gestört z. B. durch Reibungs- und Luftwiderstände. Jedoch die am Himmel zu beobachtenden Vorgänge ließen sich erstaunlich gut und mit wachsendem Fortschritt durch einfache Prinzipien in ihrem Ablauf erklären. Das ist dem zunächst zufälligen Umstand zu danken, daß unser Sonnensystem in der Tat ein einfaches Bewegungssystem ist. Die Planeten sind so weit voneinander und von der Sonne entfernt, daß man sie im Sonnensystem mit guter Näherung als Punktmassen betrachten kann, die sich gegenseitig nicht beeinflussen. Äußere Störungen wie »Reibungen« oder sonstige Energieverluste gibt es nicht, die Bahnen behalten ihre prinzipielle Gleichmäßigkeit. Wäre unser Sonnensystem anders aufgebaut, wäre unsere Sonne z. B. ein Doppelgestirn, die Planetenbahnen enger und die Gravitationsfelder wesentlich stärker oder gäbe es auch nur keine anderen Planeten und keine Monde, die Entwicklung der Naturwissenschaft hätte vermutlich einen anderen Weg genommen[135]. So aber wurde »die Astronomie zum Modell von Naturwissenschaft überhaupt ...; das ist aber auch der Grund davon, daß die Begriffe Naturgesetzlichkeit und rationaler Naturzusammenhang synonym gebraucht wurden, und daß für die weitaus verwickelteren Verhältnisse in der sublunaren Sphäre ein ähnlich durchsichtig aus Prinzipien zu konstruierender Prozeß angenommen wurde, wie er in der Himmelsmechanik vorlag«[136]. Diese Annahme wurde nicht ursächlich durch die Himmelsmechanik bestimmt, sondern durch das Erbe der ersten Periode der Wissenschaftsgeschichte,

135 Daß der Merkur z. B. keine geschlossene Ellipse durchläuft, wurde zum Glück erst sehr viel später entdeckt und eigentlich durch eine neue Theorie erst wahrnehmbar, denn die elliptischen Zyklen der Merkurbahn haben eine Sonnenumlaufzeit von drei Millionen Jahren. Wäre durch ein noch stärkeres Feld die Abweichung deutlicher erkennbar, die Newtonsche Gravitationstheorie hätte nie zum prägenden Inbegriff naturwissenschaftlicher Wahrheit werden können. (Vgl. für die Merkurzyklen: A. Einstein, L. Infeld: *Die Evolution der Physik*, Hamburg 1956, p 159 f.)

136 Bulthaup (120), p 41, vgl. für das Vorhergehende auch p 39 f.

aber durch den Zufall unserer einfachen Himmelsmechanik wurde diese Annahme in der empirischen Phase der Wissenschaft ganz ungewöhnlich bekräftigt. Auch ist es nicht so, daß bloß in den Himmel geschaut wurde, um von den irdischen Problemen wegzusehen[137]. Zwar waren die Vorgänge am Himmel immer eine Quelle für Mythologien und Weltdeutungen, die sich als Legitimation für Herrschaft über Menschen gut eigneten. Doch die wissenschaftliche Beschäftigung mit den Sternen hatte schon damals auch einen Herrschaftszuwachs des Menschen über die irdische Natur ermöglicht. Die Schiffahrt erlebte im 17. Jahrhundert einen Boom, der für damalige Wirtschaftsentwicklungen ungewöhnlich groß war[138]. Die ökonomische und politische Bedeutung der Schiffahrt für Handel und Kriegsführung war sehr beachtlich, und eine verbesserte Navigation durch genauere Kenntnis der Himmelsmechanik hatte unmittelbaren materiellen Vorteil. Zur Rechtfertigung seiner Himmelsforschungen läßt Brecht den wirtschaftlichen Nützlichkeiten keineswegs abgeneigten Galilei dann auch sagen: »Die Seewege sind immer noch lang, unsicher und teuer. Es fehlt uns eine Art zuverlässiger Uhr am Himmel. Ein Wegweiser für die Navigation ... Neue Sternkarten könnten da der Schiffahrt Millionen von Skudi ersparen ...«[139] Wenn man also in der frühen Phase der neuen Wissenschaft überhaupt eine Produktivkraft – im weitesten Sinne – zugestehen will, so hätte nicht zuletzt gerade der »Blick zum Himmel« eine unmittelbare Bedeutung gehabt.

Der Einfluß der Kosmologie als Paradigma für die Naturwissenschaft dagegen ist gewichtiger. Um auf der Erde auch analoge Prinzipien zu entdecken wie im Kosmos, mußten auf der Erde ähnliche Bedingungen hergestellt werden wie im Kosmos: der zu untersuchende Vorgang mußte von allen störenden Einflüssen

137 Wie z. B. R. Vahrenkamp meint, vgl. Vahrenkamp (198), p 217, und die späteren Ausführungen hierzu.

138 Vgl. für England z. B.: Robert K. Merton: »Science and Economy of 17th Century England«, in: *Social Theory and Social Structure*, Glencoe, Illinois 1957, p 611, vgl. auch Bernal (95), p 446 f.

139 B. Brecht: *Leben des Galilei*, Ffm. 1962, p 35.

abgeschirmt werden und auch von anderen »Vorgängen«, denen ein Prinzip zugrunde lag. »Nur wenn aus dem universalen Zusammenhang ein partikularer isoliert wird, können aus dem allgemeinen Naturgesetz realisierbare Modelle konstruiert werden, nur unter der Voraussetzung der Isolierung von dem universalen Zusammenhang läßt die universale Gesetzmäßigkeit sich bestimmen. Damit wird unter irdischen Bedingungen, unter denen Naturerscheinungen durch Wechselwirkungen eng zusammenhängen, die menschliche Tätigkeit, die systematisch in den Naturzusammenhang eingreift, mit bestimmend für die Gesetzmäßigkeit der aus ihm isolierten Naturerscheinungen«[140]. Naturerkenntnis nach Prinzipien war also nur möglich, wenn der »reine Fall« schon vorhanden war, wie am Himmel, oder wenn er in der experimentellen Situation konstruiert wurde[141]. Die Schaffung konsistenter Randbedingungen für das Experiment war Voraussetzung für den Nachweis des Prinzips und für die Reproduzierbarkeit des Ergebnisses. Durch die genaue Fixierung der Versuchsbedingungen war gleichzeitig eine Überprüfung des

140 Bulthaup (120), p 40.

141 Auch für Marx hat dieses naturwissenschaftliche Paradigma eine gewisse Anziehungskraft. Wenn er im Vorwort zum *Kapital* begründet, warum sich seine Analyse hauptsächlich auf England bezieht, so auch mit dem Hinweis des relativ reinsten Falls. Und der Hinweis auf ein analoges Vorgehen der Physiker ist explizit gegeben: »Der Physiker beobachtet Naturprozesse entweder dort, wo sie in der prägnantesten Form und von störenden Einflüssen mindest getrübt erscheinen, oder, wo möglich, macht er Experimente unter Bedingungen, welche den reinen Vorgang des Prozesses sichern« (*MEW* 23, p 12). Zur Frage, ob die Ausstrahlungskraft dieses naturwissenschaftlichen Paradigmas bei Marx auch weitergehende Folgen hatte, vgl. z. B. Oskar Negt in: *Kritik der politischen Ökonomie heute. 100 Jahre ›Kapital‹*, Ffm. 1967, p 43 ff. Negt meint: »Meine These wäre, daß Marx unkritisch den an den Naturwissenschaften gewonnenen Erkenntnisbegriff übernommen hat und dadurch ... gerade als Hegelianer einem undurchschauten Objektivismus verfällt, der – ob praktisch, politisch, ob theoretisch – fatale Folgen hatte.« (p 44) Vgl. auch J. Habermas: *Erkenntnis und Interesse*, Ffm. 1968, p 36-87.

Gesetzes möglich durch jeden, der sich an die Bedingungen hielt. Die »Wahrheit der Natur« zu erkennen, bedurfte keiner Offenbarung und fremder Hilfe, die Befolgung der Vorschriften und der Gebrauch der eigenen Sinne genügten. Die Sinne waren ja die neue Kontrollinstanz, die den verborgenen Prozeß in der konstruierten Umgebung beobachten und ihn als wirklichen, empirischen Prozeß der Natur ausweisen konnten. Eine gewisse Analogie zum Funktionskreis instrumentalen Handelns des handwerklichen Tuns kann somit in der experimentellen Tätigkeit des Wissenschaftlers vermutet werden. Aber diese Analogie bezieht sich eigentlich nur auf den vorbereitenden Prozeß für die Schaffung der Randbedingungen, der Isolierung des Phänomens. Der experimentierende Naturwissenschaftler war bis vor gar nicht langer Zeit meist auch ein guter Handwerker, denn für die vorbereitenden Arbeiten, für das eigentliche Experiment, waren oft mühselige und zeitraubende Arbeiten nötig, die handwerkliche Geschicklichkeit und gute Materialkenntnis erforderten. Von einer Trennung von Hand und Kopf konnte bei der geistigen Produktion in den Naturwissenschaften lange nicht die Rede sein[142]. Dennoch ist selbst schon in der Vorbereitungsphase die Tätigkeit des Experimentators sehr verschieden vom handwerklichen Arbeiten. Die Sinneswahrnehmungen sind vorstrukturiert durch das zu untersuchende Prinzip und werden im erfolgreichen Fortschreiten des vorbereitenden Prozesses zunehmend partikularer. Die einzelnen Schritte und somit auch alle fehlschlagenden Versuche werden schriftlich festgehalten. Die begleitende und vorbereitende parallele symbolische Repräsentation der Tätigkeit ist notwendig im Prozeß, um in der Vielzahl der möglichen Varianten den Überblick zu behalten, und notwendig für das Ergebnis zur genauen Darstellung der zum Gesetz gehörenden Randbedingungen. Das Ziel der Tätigkeit ist nicht ein materielles Produkt, ein bearbeiteter Gegenstand zum Gebrauch, sondern ein geistiges Produkt, die symbolische Repräsentation, das

142 Gegenteiliges behauptet auch nicht Sohn-Rethel (152), wie Bulthaup (120), p 51, irrtümlich meint, schon gar nicht wäre dies Sohn-Rethels »Generalthese«.

»Wie« eines verborgenen Prozesses. Die materielle Gestalt des Versuchsaufbaus eines ersten gelungenen Versuches ist dann nur noch interessant für Museen. Vergleicht man die Reproduzierung des fertigen Produkts experimenteller Tätigkeit, also das, was man gemeinhin verkürzt das Experiment nennt[143], mit der handwerklichen Tätigkeit, so werden die Unterschiede noch deutlicher. Im Produkt wissenschaftlich experimenteller Tätigkeit ist der Prozeß der Entstehung, die mühsame Auseinandersetzung mit dem widerstrebenden Gegenstand der Natur nicht mehr sichtbar, wie dies die meisten Produkte handwerklicher Tätigkeit zumindest noch ahnen lassen. Und, damit zusammenhängend: die Reproduktion des geistigen Produkts ist im Gegensatz zum handwerklichen Produkt mit erheblich geringerem Aufwand möglich, als er für die Originalproduktion nötig war, da der mühselige vorbereitende Prozeß entfällt. Das Subjekt kann sich aus dem experimentell konstruierten Naturprozeß nun heraushalten. Der Prozeß läuft berechenbar »selbsttätig« ab, er ist von außen manipulierbar durch Verändern der in ihrem Einfluß bekannten Parameter. »Natur« wird nun erst eigentlich beherrschbar, wenn auch zunächst nur in partikularer Weise. Um den gewünschten Prozeß zu erzeugen, bedarf es nicht mehr, wie in der vorindustriellen Technik, der sinnlich konkreten Einschaltung der menschlichen Tätigkeit in den Prozeß mit den ständig korrigierenden Eingriffen[144]. Der reproduzierbare experimentell konstruierte Naturprozeß ist so der Prototyp der industriellen vollautomatischen Produktion, wenngleich dazwischen auch ein sehr weiter Weg liegt. »In der experimentellen Naturwissenschaft wird dadurch – wie erst nachträglich sich erweist – ... ein

143 In der Schule bis hin zur Universität ist dies der Inbegriff des Experiments, und es dauert oft lange, bis der angehende Naturwissenschaftler merkt, daß Experimentieren etwas anderes ist als die Reproduktion fertiger Endprodukte experimenteller Tätigkeit anderer.

144 Vgl. hierzu Bahr (69), p 36, und Bulthaup (120), p 46, und meine Ausführungen zur vorindustriellen Technik. Habermas verwendet für diesen Zusammenhang den Begriff des Funktionskreises instrumentalen Handelns undifferenziert für »die Technik« überhaupt.

Objekt-Objekt-Verhältnis ermöglicht, das bereits die Industrie antizipiert ...«[145] Es ist darum genaugenommen auch wenig sinnvoll, von einer »Anwendung« der Naturwissenschaft in der Technik zu sprechen. Der reproduzierbare Prozeß naturwissenschaftlicher Erkenntnis wird später in industrieller Umgebung *wiederholt.* Die »technische Rationalität« und die »Anwendbarkeit« sind bereits durch die, die experimentelle Situation konstituierende, Reproduzierbarkeit bestimmt[146].

In der soziologischen Literatur wird die Anwendbarkeit der Naturwissenschaft mit sehr unterschiedlichen Begründungen und Begriffen diskutiert. In einer mehr philosophisch orientierten Sprache heißt es z. B. bei Habermas: »Die moderne Wissenschaft übernimmt ... eine eigentümliche Funktion. Im Unterschied zu den philosophischen Wissenschaften älteren Typs entfalten sich die modernen Erfahrungswissenschaften seit den Tagen Galileis in einem methodologischen Bezugssystem, das den transzendentalen Gesichtspunkt möglicher technischer Verfügung spiegelt. Die modernen Wissenschaften erzeugen deshalb ein Wissen, das seiner *Form* (nicht der subjektiven Absicht) nach technisch verwertbares Wissen ist, obwohl sich die Anwendungschancen erst nachträglich ergaben«[147]. Wie und wodurch der »transzendentale Gesichtspunkt« gespiegelt wird, klärt Habermas nicht, auch nicht, ob dies die adäquaten Begriffe sind. Weiter könnte z. B. auch angezweifelt werden, ob »Form« und »subjektive Absicht« die zutreffenden analytischen Begriffe sind, um die »prinzipielle Anwendbarkeit« zu klären. Aber wenn man bereits weiß, worum es geht, und den Zusammenhang kennt, kann man diese Sätze richtig interpretieren und sie auch noch als elegante Formulierungen würdigen.

Völlig unbegriffen und unerklärt bleibt dagegen – zumindest in der Darstellung – der hier diskutierte Zusammenhang in der

145 Bahr (69), p 36. Fast gleichlautende Einschätzungen findet man z. B. auch bei Freyer und Heidegger.

146 Vgl. Bahr (69), p 35.

147 J. Habermas: *Technik und Wissenschaft als »Ideologie«*, Ffm. 1968, p 72–73.

bereits erwähnten Arbeit des Berliner Autorenkollektivs über die wissenschaftliche Lohnarbeit[98]. Die »Anwendbarkeit« der Naturwissenschaft wird erörtert mit Begriffen wie: einer »allgemeinen Gebrauchsnatur«, eines »allgemeinen Charakters« oder der Unterscheidung von »theoretischer Fixierung« und »theoretischer Erklärung«. »Der Punkt, an dem das akkumulierte Wissen der Gesellschaft nicht nur als Resultat, sondern auch als Bedingung des materiellen Produktionsprozesses auftritt, ist zunächst dort zu verankern, wo die theoretische Fixierung des gesellschaftlich akkumulierten Wissens umschlägt in eine systematische Erklärung von Naturgesetzen, die ihrerseits vielfältige besondere Anwendungen auf den unmittelbaren Produktionsprozeß erlauben.« »Der besondere stoffliche Charakter von Wissenschaft ergibt sich aus ihrer allgemeinen Gebrauchsnatur, denn Theoreme und Gesetze sind prinzipiell sowohl ideell reproduzierbar als auch auf besondere Weise technologisch anwendbar« (98, p 186). »Auch wenn im einzelnen historisch nachzuweisen wäre, daß dem theoretischen Problem, das zu einer neuen Formulierung eines Naturgesetzes führte, ein praktisches Bedürfnis der materiellen Produktion zugrunde lag, so ist doch daran festzuhalten, daß die neugewonnene theoretische Erklärung . . nicht nur zurückwirkt auf das zu lösende praktische Problem, sondern aufgrund ihres allgemeinen Charakters darüber hinaus zusätzliche, neue Anwendungen auf die materielle Praxis erlaubt« (98, p 185). Man könnte nun durch »wohlwollende Interpretation« auch an diesen Sätzen einiges »retten«, doch die Unzulänglichkeiten überwiegen. Die ungenaue Analyse des Wissenschaftsprozesses bedingt wohl mit, daß die Autoren unkritisch der Formel aufsitzen, die Wissenschaft sei »Resultat der materiellen Produktion« und entspringe »praktischen Bedürfnissen«[148]. Die historische Analyse kann dies eben nicht bestätigen,

148 Vgl. hierzu z. B. auch den Versuch von Boris Hessen von 1931, die Newtonsche Physik aus den ökonomischen Grundlagen und Notwendigkeiten der damaligen Gesellschaft zu erklären: B. Hessen: »Die sozialen und ökonomischen Wurzeln von Newtons ›Principia‹«, und vgl. die diesen Ansatz sehr fragwürdig machende Entgegnung von

weder Bernal noch Wolkow vertreten »insgesamt« diese These, und die bisherigen Ausführungen nennen bereits Gründe genug, die das Gegenteil wahrscheinlicher machen. Die Unterscheidung zwischen »theoretischer Fixierung« und »theoretischer Erklärung« und der Ausdruck: »Erklärung von Naturgesetzen« sind besonders deutliche Indikatoren des Mißverständnisses. Wie nach den Ausführungen dieses Abschnitts leicht einzusehen ist, werden »vorhandene« Naturgesetze nicht erklärt, sondern das Naturgesetz erscheint erst durch das erklärende Prinzip. Man könnte fast sagen, das Naturgesetz ist die Erklärung. Erklärung und Theorie haben in der Naturwissenschaft synonyme Bedeutung. Eine »theoretische Fixierung« ist nur als »theoretische Erklärung« möglich. Eine Unterscheidung zwischen diesen beiden Ausdrücken ist in den Naturwissenschaften ohne Sinn, und man kann deswegen auch nichts Sinnvolles aus ihr ableiten[149]. Der Begriff der »allgemeinen Gebrauchsnatur« wird nicht aufgeschlossen, und der »allgemeine Charakter« entpuppt sich einige Seiten weiter als »Verallgemeinerung« des Wissens in der Ausbildung[150]. Ich werde später noch darauf eingehen, wie die ungenügende Analyse des Charakters der Naturwissenschaft mit einigen Mängeln der Arbeit des Autorenkollektivs zusammenhängt[151].

d. Die Quelle naturwissenschaftlicher Erkenntnis. Zu Alfred Sohn-Rethels Versuch einer geschichtsmaterialistischen Deutung naturwissenschaftlicher Kategorien

Den Komplex der Entstehungsbedingungen naturwissenschaftlicher Erkenntnis möchte ich noch einmal von einem etwas ande-

George Clark: »Soziale und ökonomische Aspekte der Wissenschaft.« Beides in Peter Weingart (ed): *Wissenschaftssoziologie 2, Determinanten wissenschaftlicher Entwicklung*, Ffm. 1974.

149 Vgl. dazu K. Popper: »Naturgesetze und theoretische Systeme«, in: H. Albert (ed): *Theorie und Realität*, Tübingen 1964, p 93 f.

150 Vgl. (98), p 186 und p 192, 193!

151 Vgl. in diesem Zusammenhang auch meine Kritik an R. Vahrenkamp (198) im Kapitel: Zum Topos einer »anderen« Technik.

ren Gesichtspunkt aus betrachten und dabei einige Thesen der für diese Frage wichtigen Arbeit von Sohn-Rethel diskutieren[152]. Die heutige Verschränkung von Wissenschaft und materieller Produktion bedingt bei einigen Autoren einen schon diskutierten Produktions-bias für die Entstehungsbedingungen der Wissenschaft. Die Frage nach der »Quelle« wissenschaftlichen Denkens wirft dann meist auch keine Probleme auf, die Antwort ist eindeutig: »Sowohl die Technik als auch die Wissenschaft entspringen einer gemeinsamen Quelle, es ist die Arbeit in ihrer historisch einfachsten, primitiven Form.« »Das Wissen ist historisch im Arbeitsprozeß entstanden als Bestandteil und als Elementarform der Wissenschaft«[153]. Wolkow ist jedoch ambivalent in seinen weiteren Ausführungen, er gebraucht z. B. seinen Wissenschaftsbegriff nicht konsistent, und in den zitierten Sätzen müßte es auch nach *seinem* Verständnis »Vorwissenschaft« heißen[154]. Völlig unproblematisch ist die Frage bei vielen anderen Autoren, so z. B. auch in der eben erwähnten Arbeit des Autorenkollektivs: »Wissenschaft bildet sich zunächst als Resultat der materiellen Produktion heraus, spaltet sich von der unmittelbaren Arbeit als Wissenschaft ab«[155]. Man könnte nun versuchen, diesen Ansatz zu stützen, indem man sich auf »elementare« Denkformen beschränkt, und Wolkows Sätze weisen ja in diese Richtung, wenngleich er schon von »Wissenschaft« spricht. So meint z. B. auch Alfred Schmidt: »Es unterliegt kaum einem Zweifel, daß die elementarsten Abstraktionen der Menschen im Zusammenhang mit Arbeitsprozessen, namentlich mit der Herstellung von Werkzeugen, entstanden sind«[156]. Für das Übergangsfeld Tier–Mensch, also für eine weit zurückliegende Phase der

152 Alfred Sohn-Rethel: *Geistige und körperliche Arbeit. Zur Theorie der gesellschaftlichen Synthesis*, Ffm. 1972.

153 Wolkow: *Soziologie der Wissenschaft* (96), p 35 und 138.

154 Vgl. besonders w. o., p 138.

155 Autorenkollektiv: *Klassenlage* (98), p 197. Die »Abspaltung« wird dabei erst angenommen für die industrielle Produktion.

156 Alfred Schmidt: *Der Begriff der Natur in der Lehre von Marx*, Ffm. 1962, p 86.

Menschwerdung, der Entstehung der menschlichen Sprache, ist dies vermutlich richtig, zumindest plausibel, wenn auch schwer zu beweisen. Auch wird es sinnvoll sein, hier schon von »elementaren Abstraktionen« zu sprechen. Nur, geht man von »fertigen« Abstraktionen aus, wie sie Menschen benutzten, als sie sehr viel später Wissenschaft trieben, geht man von mathematischen oder physikalischen Kategorien wie Äquivalenz und Kausalität aus, so bereitet es sehr große Schwierigkeiten, begrifflich streng diese Abstraktionen aus einem Arbeitsprozeß oder überhaupt aus einem Erfahrungsbereich abzuleiten. Der bisher systematischste und umfangreichste Versuch, dieses Problem zu klären, ist wohl von Kant unternommen worden. Zwar ist für Kant klar, »daß alle unsere Erkenntnis mit der Erfahrung anfange, daran ist gar kein Zweifel«; aber »wenn ... gleich alle unsere Erkenntnis mit der Erfahrung anhebt, so entspringt sie darum doch nicht eben alle aus der Erfahrung.« »Notwendigkeit und strenge Allgemeinheit sind ... sichere Kennzeichen einer Erkenntnis a priori« und »was noch weit mehr sagen will ist dieses, daß gewisse Erkenntnisse sogar das Feld aller möglichen Erfahrungen verlassen, und durch Begriffe, denen überall kein entsprechender Gegenstand in der Erfahrung gegeben werden kann, den Umfang unserer Urteile über alle Grenzen derselben zu erweitern den Anschein haben«[157]. Kant löst dieses Problem der a priori Kategorien bekanntlich durch die Konstruktion der Apperzeption des transzendentalen Subjekts. Wenn die Kantsche Lösung auch nicht idealistisch zu nennen ist, materialistisch ist sie jedenfalls nicht. Die traditionelle Erkenntnistheorie hat sich mit diesem Problem lange und ausführlich beschäftigt und versuchte, die Lösung von Kant zu verbessern. In positivistisch orientierten Erkenntnismodellen wird die Dualität von a priori Kategorien und Erfahrung unproblematisch als gegeben angesehen. Das Gehirn kann eben solche Kategorien produzieren[158],

157 Immanuel Kant: *Kritik der reinen Vernunft*, Leipzig 1930, p 38, 40 und 42.

158 Vgl. z. B. H. Stachowiak: *Denken und Erkennen im kybernetischen Modell*, Wien–New York 1965. Im »Wissensspeicher« des Ge-

ihre Nützlichkeit steht außer Frage, und eine Problematisierung durch die Frage nach ihrer Genese erscheint überflüssig. Wirklich materialistische Lösungsversuche für das Problem der Genese der a priori Kategorien gibt es kaum, zumindest wenige geschichtsmaterialistische. Das Problem wird oft verlagert in die Phylogenese des Menschen, also in eine »vorgeschichtliche« Zeit. Für Georg Klaus z.B. ist dies die Richtung, in der die Antwort gefunden werden könnte. »Pawlows Lehre macht uns ... verständlich, wie auch die Denkformen, die logischen Formen, Gesetze und Figuren als Widerspiegelung allgemeiner Beziehungen der objektiven Realität im Verlaufe der Entwicklung des menschlichen Denkens entstanden sind, wie die milliardenfach gehäufte Erfahrung ihren funktionellen Niederschlag in der Fixierung entsprechender dynamischer Stereotype in der Großhirnrinde fand, wie diese Stereotype allmählich die Beständigkeit und Festigkeit erblicher Anlagen erhielten und damit die Denkformen den Anschein von dem Verstand a priori gegebenen Formen gewinnen konnten. In den logischen Formen, Gesetzen und Figuren handelt es sich um die Widerspiegelung sehr allgemeiner, konstanter Beziehungen aller Gegenstände und Erscheinungen der objektiven Realität im Denken des Menschen.« Infolge ständiger Wiederholung äußerer Stereotype »bilden sich in der Großhirnrinde die entsprechenden dynamischen Stereotype, und folglich verlaufen alle Denkprozesse in den dadurch bestimmten Formen«[159]. Das Widerspiegelungskonzept verführt auch diesen Autor zu vorschnellen Schlüssen[160]. Um diesen Ansatz fruchtbringend zu verfolgen, müßten elementarere Prozesse von »Quasi-Abstraktionen« untersucht werden, mit deren Hilfe

hirns gibt es einen Unterspeicher, der »rein imaginäre Welten« generieren kann.

159 A. Kosing: »Zur philosophischen Bedeutung der Lehre Pawlows von den höheren Nervenfunktionen«, in: *Deutsche Zeitschrift für Philosophie*, Heft 2/1956, p 159, zitiert nach: G. Klaus (132), p 12–13.

160 Vgl. hierzu auch die Diskussion über das Widerspiegelungs-Konzept in der Zeitschrift *Das Argument* Nr. 81 (Oktober 73), Nr. 85 (Juni 74) und Nr. 92 (Oktober 75).

das Verhältnis von phylogenetischen Vorgaben und gesellschaftlich geprägten Kategorien angemessener entwickelt werden könnte. Die Psychologie hält hierfür schon länger Begriffe und Ergebnisse bereit, wie z. B. in den Untersuchungen der »Gestaltwahrnehmung« bzw. der »Konstanzleistungen« der Wahrnehmung[161]. Auch wäre vermutlich über die von Claessens vorgeschlagene Konzeption der »formalen Prinzipien« in dieser Frage eine differenziertere und zutreffendere Antwort zu entwikkeln[162]. Soweit der Hintergrund.

Sohn-Rethel nun versucht eine geschichtsmaterialistische Deutung der Genese der reinen Verstandesbegriffe. Er kritisiert zunächst m. E. zu Recht die unkritische Haltung der meisten Marxisten gegenüber naturwissenschaftlichen »Wahrheiten«. »Diese geschichtsmaterialistische Auslassung der naturwissenschaftlichen Erkenntnisfrage hat zu einer höchst fragwürdigen Zweigleisigkeit des Denkens im marxistischen Lager geführt. Auf der einen Seite wird nichts von dem, was die Bewußtseinswelt an Phänomenen bietet, geboten hat oder noch bieten wird, anders denn in seiner Geschichtlichkeit verstanden und dialektisch als zeitgebunden gewertet. Auf der anderen Seite hingegen sind wir in den Fragen der Logik, der Mathematik und der Objektwahrheit auf den Boden zeitloser Normen versetzt. Ist ein Marxist also Materialist für die Geschichtswahrheiten, aber Idealist für die Naturwahrheiten? Ist sein Denken gespalten zwischen einem dialektischen Wahrheitsbegriff, an dem die Zeit wesentlich teilhat, und einem undialektischen Wahrheitsbegriff von zeitloser Observanz?« /15-16/[163]. Die Klärung der geschichtlichen Formung

161 Einen guten Überblick hierüber gibt z. B. Klaus Holzkamp: *Sinnliche Erkenntnis – Historischer Ursprung und gesellschaftliche Funktion der Wahrnehmung*, Ffm. 1973, Kapitel 4: Naturgeschichtliche Gewordenheit biologisch-organismischer Grundcharakteristika der Wahrnehmung, p 63–104. Oder vgl. auch Konrad Lorenz: *Über tierisches und menschliches Verhalten*, München 1965, Band II, p 272–300.

162 Vgl. D. Claessens: *Instinkt Psyche Geltung* (41), p 120–147.

163 Die Seitenangaben in den nun folgenden Schrägstrichen beziehen sich auf Sohn-Rethel: *Geistige und körperliche Arbeit* (152). Vgl. zum

naturwissenschaftlichen Denkens ist für Sohn-Rethel – und wie mir scheint mit vollem Recht – äußerst wichtig. Denn: »Wer heute von einer Revolutionierung der Gesellschaft, von der Umwandlung des Kapitalismus in den Sozialismus und gar von der Möglichkeit einer kommunistischen Ordnung redet, ohne zu wissen, wie sich die Wissenschaft und wissenschaftliche Technik in die Geschichte einfügt, woher sie stammt, welcher Natur und Herkunft ihre Begriffsform ist, wie also die Gesellschaft die Entwicklung der Wissenschaft meistern soll, statt von ihr bemeistert und überwältigt zu werden, setzt sich dem Vorwurf der Absurdität aus« /37/.

Sohn-Rethel meint nun, daß die Vorformung des Bewußtseins, die (natur)wissenschaftliches Denken erst ermöglicht, die bei Kant in das »Bewußtsein« verlegt ist, geschichtlicher Natur ist und an ein ganz bestimmtes »gesellschaftliches Sein« geknüpft ist. Die Bestimmung von Engels im *Anti-Dühring* z. B., daß die Gegenstände der »reinen Mathematik« nicht bloße »Imaginationen« sind, sondern »das Ergebnis einer langen geschichtlichen, erfahrungsmäßigen Entwicklung«, sei zwar richtig, aber viel zu allgemein, eigentlich nur Aufforderung für genauere Analysen /102/. Die konkretere Bestimmung des gesellschaftlichen Seins ist für Sohn-Rethel die Warengesellschaft. »Die Vorformung der ›reinen Verstandesbegriffe‹ ergibt sich in der Beantwortung der Frage: Wie ist Vergesellschaftung durch Warentausch möglich?« /90/. Nun ist die These, *daß* mit dem Beginn des Warentausches und speziell der Geldwirtschaft auch eine neue »Geistesentwicklung« beginnt, nicht neu[164]. Sohn-Rethel selbst erwähnt George Thomson, »den einzigen anderen Mann, von dem ich weiß, daß er gleichfalls den formgenetischen Zusammenhang von Philosophie und Geldwirtschaft erkannt

Folgenden auch A. Sohn-Rethel: »Das Geld, die bare Münze des Apriori«, in: P. Mattick, A. Sohn-Rethel, H. G. Haasis: *Beiträge zur Kritik des Geldes*, Ffm. 1976, p 35–117.

164 Vgl. für einen kurzen Überblick: Tomberg: *Bürgerliche Wissenschaft* (133), p 101–104.

hat...« /12-13/[165]. Doch das Wie, der genauere Zusammenhang, ist das schwierige Problem, das Sohn-Rethel zu klären sucht. Er geht von der Marxschen Warenanalyse aus, von der »Realabstraktion« in der Warenabstraktion, die ihren Ursprung nicht im Denken, sondern im Tun hat (vgl. *MEW* 23, p 88). »Während die Begriffe der Naturerkenntnis Denkabstraktionen sind, ist der ökonomische Wertbegriff eine Realabstraktion. Er existiert zwar nirgends anders als im menschlichen Denken, er entspringt aber nicht aus dem Denken. Er ist unmittelbar gesellschaftlicher Natur, hat seinen Ursprung in der raumzeitlichen Sphäre zwischenmenschlichen Verkehrs. Nicht die Personen erzeugen diese Abstraktionen, sondern ihre Handlungen tun das, ihre Handlungen miteinander. ›Sie wissen das nicht, aber sie tun es‹« /42/. Die Abstraktionen hätten so auch ihren Ursprung in einer menschlichen Tätigkeit, aber nicht in einer Produktionstätigkeit, nicht in der Auseinandersetzung mit der Natur, sondern im Verkehr der Menschen untereinander. In der Tauschhandlung werden eine Reihe von Abstraktionen vorgenommen, die durch die sinnliche Gestalt der Tauschobjekte keine Stütze finden. Da ist zunächst und vor allem die Gleichsetzung von sinnlich völlig unterschiedlichen Waren, die in der »Tauschgleichung« nach erfolgreichem Tausch vollzogen wird. »Die Waren sind nicht gleich, der Tausch setzt sie gleich« /74/. Genauer: durch das gesellschaftlich entstandene Postulat der Tauschgleichung, entstanden durch das Tun der Menschen im Warenverkehr, wird nicht die Gleichheit zweier Waren produziert, sondern ihre Gleichwertigkeit, ihre Äquivalenz. In der durch die Tauschhandlung erzeugten Äquivalenz sieht Sohn-Rethel die Grundlage für den mathematischen Äquivalenzbegriff. »Demnach stünde das Auftauchen von rein mathematischem Denken in seiner eigen-

165 George Thomson: *Die ersten Philosophen*, Berlin (DDR) 1961, »... die Forschungen George Thomsons (haben es) mehr als wahrscheinlich gemacht, daß die Anfänge der griechischen Philosophie, auf die die europäische Wissenschaftstradition immer noch ausdrücklich zurückgeht, ohne die gleichzeitigen ökonomischen Umwälzungen nicht zu denken sind«, schreibt z. B. Tomberg (133), p 103.

tümlichen Logik geschichtlich in dem bestimmten Entwicklungsstadium zu erwarten, in dem der Warentausch zur tragenden Form der Vergesellschaftung wird, zu einem Zeitpunkt, der durch die Einführung und Ausbreitung gemünzten Geldes kenntlich ist« /75/. Und die Untersuchungen von Thomson bestätigen, wie erwähnt, diese Vermutung.

Dem Einwand, daß in der Marxschen Analyse die Wertäquivalenz der Waren durch das gleiche Quantum der in den Waren investierten »abstrakten« menschlichen Arbeit gegeben ist, begegnet Sohn-Rethel damit, daß er den Abstraktionsvorgang in den Tauschvorgang legt. »Die Arbeit abstraktifiziert sich nicht selber. Der Sitz der Abstraktion liegt außerhalb der Arbeit in der bestimmten gesellschaftlichen Verkehrsform des Austauschverhältnisses.« /46/

Um die »dem Warenaustausch innewohnende abstraktive Kraft« /46/ in ihrer Grundlegung für weitere Prinzipien zu erläutern, beschränkt er sich nicht nur auf die Äquivalenzabstraktion. Wichtig sind weiter der Ausschluß der Gebrauchshandlung während der Tauschhandlung und die »Fiktion vollständiger materieller Unveränderlichkeit« der Waren auf dem Markt. Sohn-Rethel versucht dies in Verbindung zu bringen auch mit den abstrakten Begriffen von Raum und Zeit /82 f, 100/. Schwierigkeiten bestehen für ihn eigentlich nur für den Kausalitätsbegriff. Er muß zugestehen: »Die Tauschabstraktion ist nicht der Quell des Kausalbegriffs, der auf viel ältere Schichten zurückgeht« /86/[166]. Dennoch sei der Begriff der »strikten Kausalität« durch die Tauschabstraktion entstanden /86 f/. So fehlt schließlich nichts für die Folgerung, daß die abstrakten Prinzipien, die später konstituierend sein werden für die mathe-

166 Vgl. hierzu z. B. den Versuch von Kelsen, den Ausgangspunkt für den Kausalitätsbegriff im Vergeltungsprinzip »primitiver« Gesellschaftsformationen zu sehen: Hans Kelsen: *Vergeltung und Kausalität*, Den Haag 1941. Nach dieser Deutung wäre auch für den Begriff der Kausalität die Entstehungsbasis nicht die materielle Reproduktion, nicht die »Erfahrung«, die in der unmittelbaren Abarbeitung an der Natur gemacht werden könnte!

matische Naturwissenschaft, nicht der Sphäre der Arbeit, der Produktion, sondern der Distribution entstammten. »Was aus unserer Analyse hervorgeht, ist die Einsicht, daß die Begriffsformen des exakten naturwissenschaftlichen Denkens überhaupt nicht dort entspringen, wo sie ihre vorzügliche Anwendung haben, nicht also in den Produktionsprozessen der großen Industrie, sondern daß sie im Gegenteil der Zirkulationssphäre entstammen, wo die Menschen in ein Verhältnis zueinander, aber nicht zur Natur treten. Dies ist das Paradoxe des Sachverhalts« /105/. Der Autor versucht in über hundert Seiten diese These zu begründen, auch warum es so schwierig ist, den Sachverhalt zu erkennen, warum notwendig »die vermittelnde Bewegung verschwindet in ihrem eigenen Resultat und ... keine Spur zurück(läßt)« /54/. Ob dies dem Autor gelingt, ist umstritten. Im allgemeinen jedoch machen es sich bis jetzt die meisten Kritiker mit Sohn-Rethel noch zu leicht: Sie kritisieren hauptsächlich einige einzelne Aspekte und gehen nicht insgesamt auf das Vorhaben ein: auf den Versuch einer geschichtsmaterialistischen Begründung der Entstehung der Kategorien des »reinen Verstandes«. Für die Arbeit von Bulthaup[120] wäre meiner Einschätzung nach eine gründliche Abarbeitung an Sohn-Rethel sehr fruchtbar gewesen. Aber Bulthaup verweist nur zweimal auf ein und dieselbe, vergleichsweise belanglose Seite und kritisiert einen von ihm noch mißverstandenen Nebenaspekt[167]. Für die globale Abwehr des Versuchs von Sohn-Rethel ist die Kritik von Frigga Haug typisch[168]. Ihr geht es eigentlich nur darum, die Reinheit und Abgeschlossenheit der marxistischen Lehre zu betonen und jeden Versuch der »Revision« lächerlich zu machen. »Fehlt nach Sohn-Rethel bei Marx die Basis für das Überbauphänomen des quantifizierenden Denkens, des ›reinen Verstandes‹, zaubert er sie selbst, damit materialistisch argumentiert werden kann, durch Urzeugung herbei. Wie Pallas Athene aus dem Kopf von Zeus, entspringt die Äquivalenzgleichung aus der Gesellschaft als

167 Vgl. Bulthaup (120), p 51 und 56.

168 Frigga Haug: »Alfred Sohn-Rethels Revision des Marxismus und ihre Konsequenzen«, in: *Argument* 65, 1971, p 313–322.

Postulat. Sie ist gesetzt und fortan da« (168, p 317). Wer so formuliert und Thesen entstellend verkürzt, will nicht mehr argumentieren, sondern nur noch diffamieren[169]. Nun will ich nicht sagen, daß mir die Arbeit von Sohn-Rethel ohne Mängel erscheint. Einige Argumentationsketten können mich gar nicht überzeugen, auch manchem Punkt der Kritik von Frigga Haug muß ich zustimmen. Zutreffend erscheint mir auch die Kritik von Tomberg, der vor allem die »Starre« der Determination bemängelt, die Sohn-Rethel annimmt zwischen gesellschaftlichem Sein und Denken[170]. Diese Starre ist, neben einer vermutlich zu engen Auffassung des Widerspiegelungskonzepts, auch m. E. bedingt durch eine zu einseitige Fixierung auf den Tauschvorgang. Um die These, daß die Wissenschaft nicht der Produktionssphäre entstammt, in der sie später angewandt wird, mit der Sohn-Rethel dann weiter arbeitet und aus der er weitere Schlußfolgerungen zieht, um diese These zu begründen, wäre diese einseitige Fixierung nicht notwendig gewesen. Der geistigen Produktion hätte dann eine relative Selbständigkeit in der weiteren Entwicklung zugestanden werden können, die dann die vielen fehlenden Glieder zwischen der einfachen Tauschabstraktion und den komplizierten Prinzipien der Wissenschaft selbst hervorgebracht hätte. Die Fixierung auf den Tauschvorgang als alleinige[171] und erste Quelle der Abstraktionsprozesse verhindert auch die Hinzuziehung anderer Faktoren, die bei diesem Prozeß eine Rolle gespielt haben könnten. So wird z. B. von Sohn-Rethel mit keinem Wort die Möglichkeit phylogenetischer Vorgaben diskutiert. Durch diese Vorgaben und vielleicht auch noch durch weitere Vorformungen im Arbeitsprozeß könnte dann die spezifische Prägung der Abstraktionsweise durch die Tauschhandlung sogar eher möglich sein. Auf diese spezifische Prägung

169 Vgl. auch die nur polemischen Schlußfolgerungen, die angeblich aus der Arbeit Sohn-Rethels folgen sollen: (168), p 320 f.

170 Vgl. Tomberg (133), p 104, Fußnote 10.

171 »Ich stehe nicht an, die Warenabstraktion in ihrer ganzen Komplexität als den gordischen Knoten der gesamten Form- und Entfremdungsphänomene der menschlichen Geschichte zu bezeichnen ...« /109/.

durch einen sozialen Prozeß käme es ja an und nicht auf die voraussetzungslose Entstehung aller Abstraktionsleistungen aus einer Quelle. Das »Entspringen« der spezifischen Abstraktionen aus der Tauschhandlung müßte dann weniger »mechanisch« konstruiert werden, und die Kritiker könnten weniger leicht versuchen, an diesem Punkt gleich die ganze Konzeption aus den Angeln zu heben[172].

Auch der für die weitere Argumentation von Sohn-Rethel so wichtige Punkt der Trennung von geistiger und körperlicher Arbeit wird zu einseitig an die Tauschhandlung festgemacht. Durch die Tauschabstraktionen entstehen die Kategorien der Wissenschaft. Dadurch wird eine Naturerkenntnis möglich, die unabhängig und getrennt von der körperlichen, handwerklichen Arbeit ist. Diese abgetrennte geistige Arbeit ist aber »unentbehrliches Hilfsmittel für die Herrschaft der geld- und kapitalbesitzenden Klassen auf allen Stufen der Warenproduktion« /109/, denn »die ökonomische Herrschaft könnte nicht vom Kapital ausgeübt werden, wenn die technologische eine Sache der Arbeiter wäre« /36-37/. Die Entstehung der Trennung zwischen Kopf und Hand wird von Sohn-Rethel auch noch unmittelbarer mit der Tauschbeziehung in Verbindung gebracht, da bereits »Tun und Denken im Austauschprozeß auf seiten der Tauschenden auseinanderfallen« /57/. Die Tauschbeziehung ist die unmittelbare Quelle der »rein geistigen« Abstraktionen und somit auch Quelle der Spaltung zwischen Kopf und Hand. Nachdem diese Spaltung einmal da ist, wird ihre Bedeutung für die Herr-

172 So könne z. B. auch dem Einwand von Bahr begegnet werden: »Einerseits ›entspringen‹ die Denkformen nach Sohn-Rethel aus den Tauschhandlungen, worin nur ein Rätsel benannt wird, andererseits schaltet er zwischen Warenform und Denkform einen – ungenannten – Akt der Widerspiegelung; Widerspiegelung einer Form in einem anderen Medium setzt jedoch genau den Verstand voraus, der die reellen und die widergespiegelten Formen miteinander *vergleicht*, um zum Urteil ihrer Formadäquanz zu kommen.« Hans-Dieter Bahr: »Die Klassenstruktur der Maschinerie – Anmerkungen zur Wertform«, in: R. Vahrenkamp (ed): *Technologie und Kapital*, Ffm. 1973, p 64–65.

schaftsausübung zwar immer wieder betont, aber es werden von Sohn-Rethel nicht einzelne Mechanismen untersucht, wie diese geistigen Produkte als Herrschaftsmedium funktionieren; ob und wie z. B. einzelne durch die Warenabstraktion entstandene Prinzipien nun ihrerseits in spezifischer Weise die Trennung von Kopf und Hand verstärken, über die bloße Möglichkeit ihrer Trennung hinaus. Sohn-Rethel argumentiert hier mehr mit dem globalen Zusammenhang: die Wissenschaft entsteht in der Zirkulationssphäre, also in einem Aneignungszusammenhang, das genügt fast schon als hinreichender Grund für die Fremdheit und Feindlichkeit dieser Wissenschaft der Produktion, der »Arbeit« gegenüber. Der Autor hat dann auch Schwierigkeiten, die spätere Produktivkraft eben dieser Wissenschaft richtig einzuordnen. Um die Effektivität der industriellen Produktion zu erklären, muß er eine »neue Logik« der »Zeitökonomie« einführen, die aus dem Arbeitsprozeß selbst stammt /180 f/. Der experimentelle Charakter der Naturwissenschaft mit seiner wenn auch partikularen Realitätsbezogenheit scheint mir von Sohn-Rethel nicht richtig erkannt zu sein. Die Überbetonung der »ideellen«, klassenbedingten Komponente in der Wissenschaft muß so zu einem einseitigen Bild führen[173].

Man könnte zusammenfassend, selegiert durch meine Themenstellung, den von Sohn-Rethel diskutierten Komplex durch folgende Fragen abstecken:

1. Wie kann die Genese von Begriffen des »reinen Verstandes« und somit der Elemente der Wissenschaft materialistisch gedeutet werden?
   a. geschichtsmaterialistisch, durch welche Gesellschaftsformationen?
   b. Welche Rolle spielt dabei der Warenverkehr?

173 Vgl. dazu auch Tomberg (133), p 104, Fußnote 10: »Vor allem aber vermag Sohn-Rethel, im Gegensatz zu Thomson, durch seine Überbetonung der gesellschaftlichen Bestimmtheit des Denkens sich den Blick auf den objektiven Wahrheitsgehalt der Wissenschaft in der bürgerlichen Gesellschaft kaum noch freizuhalten.«

c. Welche anderen, z. B. phylogenetischen, Faktoren kommen hinzu?

2. Angenommen, die historische Analyse ergibt, die Wissenschaft entstand nicht in der Sphäre der materiellen Produktion:

a. Welche Bedeutung hat dies für die materielle Produktion?

b. Ist diese Wissenschaft notwendig produktionsfeindlich? Wenn ja, in welchem Ausmaß und in welchen Aspekten?

c. Welche Charakteristika machen diese produktionsferne Wissenschaft zu einem Herrschaftsmedium?

d. Drückt sich der Klassencharakter der Wissenschaft nur dadurch aus, daß sie in einem Aneignungszusammenhang entstanden ist und die prinzipielle Trennung von Kopf- und Handarbeit ermöglicht?

e. Oder gibt es noch zusätzliche strukturelle Merkmale, die in die Wissenschaft selbst eingegangen sind, die durch ihre Anwendung die Trennung von Kopf und Hand nun gleichsam »sachgerecht« befestigen?

3. Wie integrierte der Kapitalismus die produktionsferne Wissenschaft in seine Produktionsweise?

4. Welche Merkmale der kapitalistisch-wissenschaftlichen Produktion entstammen der Wissenschaft, welche der kapitalistischen Logik?

5. Ist eine Aufhebung der Trennung von Kopf- und Handarbeit möglich unter Beibehaltung der wissenschaftlichen Technik?

a. Oder ist dafür – neben der Veränderung der Produktionsverhältnisse – auch eine »neue Technik«, eine »andere Logik« notwendig?

b. Falls nein, verändert die Technik durch eine »andere Anwendung« ihre »Logik«?

Diese Fragen sind noch ungenau und vieldeutig, auch decken sie den Themenkomplex nicht vollständig ab. Wie man aber sieht, beziehen sich die Antworten von Sohn-Rethel nur auf einige Punkte. Vor allem für den Komplex der Genese der Wissenschaftskategorien und für die Funktion der Trennung von Kopf und Hand für die kapitalistische Produktion gibt die Arbeit viele Anregungen. Welche spezielle Bedeutung für das Abstrak-

tionsvermögen der Warenverkehr hat, wird erst besser zu sehen sein, wenn noch eine große Anzahl von weiteren Arbeiten diesen Aspekt erforscht haben. Im Ansatz von Sohn-Rethel in dieser Frage scheint sich ein spezifisches Merkmal der untersuchten Wissenschaft – komplexe Phänomene auf Prinzipien zu reduzieren – noch gegen die Analyse dieser Wissenschaft selbst auszuwirken: die Reduktion allein auf das Tauschprinzip erscheint dem komplexen Phänomen der Entstehung und Entwicklung der Abstraktionsprozesse nicht angemessen.[174]
In den beiden letzten Abschnitten des Kapitels »Wissenschaft« möchte ich nun noch einige Strukturmerkmale der Naturwissenschaft diskutieren, die zwar implizit durch die bereits erwähnten Merkmale gegeben sind, die zum Teil auch schon genannt wurden, deren explizite Hervorhebung aber die strukturelle Affinität zur »Logik des Kapitals« noch deutlicher machen. Diese Abschnitte haben somit auch zusammenfassenden Charakter.

e. Der analytisch-synthetische Charakter der Naturwissenschaft

Analyse und Synthese, diese beiden Begriffe werden sehr häufig zur Charakterisierung von Wissenschaft angeführt, und für Schelsky z. B. waren es ja *die* wesentlichsten Merkmale. Je nach der Weite des Wissenschaftsbegriffs werden die Begriffe jedoch unterschiedlich genau bestimmt. So sieht Wolkow sie schon im Zusammenhang mit den Fähigkeiten der »Urmenschen«[175], aber es ist wohl sinnvoller, für den von Wolkow gemeinten Komplex der mehr »natürlichen«, »gewachsenen« Fähigkeiten die Begriffe Selektion und Integration zu verwenden, um deutlich von dem »Künstlichen« und »Konstruierten« durch Analyse und Synthese

174 Die Kritik der »gesellschaftlichen Synthesis durch den Arbeitsprozeß« erfolgt in einem späteren Zusammenhang.
175 »Der Intellekt des Urmenschen ist also keineswegs ohne jede Voraussetzung. Schon die Empfindungen und Wahrnehmungen enthalten die Keime so vollkommener geistiger Operationen wie der Abstraktion, der Synthese und der Analyse.« Wolkow (96), p 141.

abzuheben. Naturerkenntnis nach Prinzipien war nur möglich durch Zerlegen, durch Auftrennung und Isolierung des natürlichen Prozesses. Um dann aber komplexere Vorgänge mit den so gefundenen Gesetzen erklären zu können, müssen mehrere Prinzipien mit ihren Randparametern zusammengesetzt werden. Schon eine einfache Erscheinung wie eine Wurfbahn erfordert die Synthese mehrerer Prinzipien, um zu einer vollständigen »Theorie« der Bahn zu kommen. Was für die Theorien gilt, gilt auch für die spätere »Anwendung« in der Technik: komplexe industrielle Prozesse müssen und können aus einer großen Anzahl analytisch gefundener partikularer Prozesse synthetisiert werden.

Aber zunächst noch zur Synthese der Theorien, zur Akkumulation des wissenschaftlichen Fortschritts: Die anerkannten Spielregeln der experimentierenden Wissenschaftler, die genaue schriftliche Fixierung und Publizierung, die intersubjektive Überprüfbarkeit der Ergebnisse, die operationale Definition der Begriffe und das einheitliche Maßsystem, kurz: die objektivierte Eindeutigkeit der experimentellen Ergebnisse ermöglicht eine Akkumulation des Wissens in der Naturwissenschaft, das z. B. in der philosophischen Wissenschaft undenkbar ist. Die Akkumulation dieses Wissens ist jedoch nicht ein bewußt gesteuerter Prozeß. Die rationalen, bewußt konstruierten Einzelprozesse sind akkumulierbar als »einheitliches« Wissen aus eben genannten Gründen, der Gesamtprozeß der Wissenschaftsentwicklung hat jedoch naturwüchsigen, blinden Charakter. Er ist abhängig von den unterschiedlichsten privaten Interessen der Forscher, von den Zufälligkeiten der vorhandenen Produktionsmittel. Die einmal vorhandenen Ergebnisse strukturieren zwar in gewisser Weise den weiteren Prozeß, da oft das Umfeld dieser Ergebnisse genauer untersucht wird, jedoch die »blinde Strukturierung« durch private Interessen, durch »Schulen« und Geldgeber ist typischer[176]. Die Synthese, der Wissenschaftsprozeß insgesamt, hat so

176 Auch dies sind nur sehr grobe Zusammenfassungen eines komplizierten Prozesses. Eine historisch-soziologische Analyse, die nicht nur interessiert wäre an der Herausbildung der charakteristischen Merk-

einen marktanalogen Irrationalismus. Im Wissenschaftsprozeß wie im Marktgeschehen erfolgt die Synthese der rationalen partikularen Prozesse über einen blinden Mechanismus. Eine »unsichtbare Hand« oder ein »unsichtbares Band« sind die Deutungsmuster für die Rationalität des Ganzen. Hierin ist unter anderem ein typisch bürgerliches Moment der Wissenschaftsentwicklung zu sehen. Die Intention der neuen Wissenschaft, der Horizont, war zunächst nicht auf den partikularen Prozeß beschränkt. Der Humanismus war zunächst die vereinende geistige Bewegung des Bürgertums gegen den Feudalismus, und die neue Wissenschaft hatte eine universale, humanistische Intention, die Blindheit und die »Mühseligkeit der menschlichen Existenz zu erleichtern« (Brecht). Es gibt viele Gründe, warum diese Intention verlorenging[177]. Ein wesentlicher Grund war wohl, daß der universale Humanismus der aufsteigenden Klasse zum »partikularen« wurde, als das Bürgertum selbst zur herrschenden Klasse wurde[178]. Der Lohnarbeiter, das Proletariat, wurde ausgeblen-

male der neuen Wissenschaft im Hinblick auf ihre Verzahnungsmöglichkeiten mit der Logik des Kapitals, sondern die wissen will, wie sich dieses »new learning« aus unsicheren Anfängen langsam durchsetzt und ausbreitet, müßte viele Momente genauer betrachten, z. B. differenzierend die Rolle verschiedener »sozialer Träger« dieses Prozesses, wie Klöster, Künstleringenieure, humanistische Gelehrte und Gelehrte der scholastischen Universität, die Bedeutung des absolutistischen Staates und der Gründung von Akademien. Für einen Überblick vgl. z. B. Wolfgang Krohn: »Zur soziologischen Interpretation der neuzeitlichen Wissenschaft«, Einführung zu Edgar Zilsel: *Die sozialen Ursprünge der neuzeitlichen Wissenschaft*, Ffm. 1976. Vgl. auch die dort aufgeführte Bibliographie!

177 Als die neue Wissenschaft gegen Ende des 17. Jahrhunderts sich durch Institutsgründungen auch sozial stabilisieren konnte, geschah dies »um den Preis, daß ihre eigene Sicherung zugleich eine Zusicherung zu sein hat, keinen Anlaß zur Gefährdung der Öffentlichen Ordnung, der religiösen Orientierung und der Legitimation von Herrschaft zu geben.« Krohn (176), p 20.

178 Vgl. für diesen Komplex: F. Tomberg: *Bürgerliche Wissenschaft* (133), p 56 und p 105–122.

det aus dem bürgerlichen Horizont der Humanisierung. Das anfänglich universale Wissenschaftsvorhaben wurde zur beschränkten bürgerlichen Wissenschaft, der Akzent verlagerte sich wieder von Arbeitserleichterung auf Herrschaftserleichterung. Es war nicht schwer, diesen Wechsel einzuleiten, lange bevor die neue Wissenschaft unter Beweis stellen konnte, wie gut sie in der Lage war, zum erstenmal als Wissenschaft, die Arbeit zu erleichtern. Die bloße Potenz der Arbeitserleichterung war kein Garant, diese auch zu verwirklichen, und die weitere Entwicklung zeigte deutlich, daß die humanistische Intention dieser neuen Wissenschaft ihr eigentlich äußerlich war. Aus sich heraus konnte sie diese Intention nicht aufrechterhalten, und als die universalhumanistische Geisteshaltung für die Bourgeoisie nicht mehr opportun war, zeigte sich der partikulare Charakter dieser Wissenschaft auch in ihrer Gesamtentwicklung. Der partikulare, eingegrenzte Horizont der Wissenschaft paßte gut in die bürgerliche Welt, und aus dieser Wissenschaft konnte kein nennenswerter Protest mehr erwachsen, als sie angekoppelt wurde an die partikularen Interessen privatwirtschaftlicher Machtentfaltung. Wie man sieht, konstituiert sich der Herrschaftscharakter der Wissenschaft oder die Affinität der Wissenschaft zur Herrschaft über Menschen aus mehreren sich stützenden Momenten. Die Wissenschaft der ersten Periode war, wie angeführt, ganz eindeutig vor allem geeignet zur Stabilisierung der Herrschaft von Menschen über Menschen. Das Haupterbe dieser Periode für die zweite, empirische Periode – die Natur durch Prinzipien zu erklären – ist unverkennbar von einem Herrschaftsmotiv geprägt. Es ist die schon rationalere Gestalt der »Ursehnsucht« der Magie, die Naturgewalten durch eine »Formel« zu beherrschen, durch das richtige Symbol die fremden Mächte in die eigenen Dienste zu zwingen. Die Entwicklung des Wissens durch Symbole war gebunden an die Fähigkeiten und Möglichkeiten der herrschenden Klasse und an deren Interessen, sie war losgelöst von den Interessen der Menschen in der unmittelbaren materiellen Produktion. Damit zusammenhängend wurde die eindeutige Zuordnung der Wissenschaft zu den oberen Klassen noch unterstützt und befestigt durch eine vieltausendjährige tiefsitzende Verachtung und Geringschätzung der körperlichen Arbeit durch die Geistesarbeiter und durch den Argwohn der Handarbeiter gegen symbolisches Wissen.

Die Herrschaftssehnsucht der Magier erhält durch die experimentelle Naturwissenschaft bezogen auf die Natur erstmals eine reale Potenz. Die Beherrschung der Natur, auch eines komplexen zusammengesetzten Prozesses, durch symbolisches Wissen aus der Distanz, ohne Einschaltung des eigenen Körpers, ist nun prinzipiell möglich. Der Verwirklichung jedoch stehen große Hindernisse entgegen. Das Herrschaftswissen über die Natur geht aus von »bereinigten«, isolierten Prozessen. Um einen komplexen Prozeß, einen zusammengesetzten »Arbeitsprozeß« der Natur für den Menschen, in gleicher Weise zu beherrschen, bedarf es einmal einer großen Zahl partikularer Gesetze, und zum anderen muß das Naturmaterial auch genügend »begradigt« sein, damit der synthetisierte Prozeß auch »wirklich« berechenbar abläuft. Das theoretische Wissen und die Fähigkeiten der Materialbearbeitung waren noch lange zu gering, um selbst einen einfachen Produktionsprozeß »selbsttätig« ablaufen zu lassen. Aber dennoch wird der selbsttätige, von außen zu steuernde und kontrollierbare, gleichmäßig ablaufende Prozeß zum Modell industrieller Produktion. Und da der partikulare Humanismus des Bürgertums das Proletariat dem beherrschungsbedürftigen Naturbereich zuordnet, steht einer »Verwirklichung« des Modells nun nichts mehr im Wege. In die Synthese mit den einzelnen beherrschbaren Naturprozessen wird der Arbeiter mit einbezogen, damit ein großer »selbsttätiger« Produktionsprozeß entstehen kann. »Es ist also nicht Wissenschaft, sondern ›Ideologie‹ im Sinne von einseitigem Klassenstandpunkt des Bewußtseins, wenn im 17. Jahrhundert das Weltganze und seine Teile, die lebenden nicht minder als die unbelebten Wesen nach der Logik von selbsttätigen Mechanismen konzipiert werden«[179]. Um die Arbeiter als »Ergänzungen« in den selbsttätigen Produktionsprozeß störungsfrei eingliedern zu können, mußte auch ihr Ver-

179 A. Sohn-Rethel (152), p 154.

halten berechenbar gemacht werden und frei sein von spontanen und »eigenwilligen« Momenten. Dies machte anfänglich Schwierigkeiten; auch der Naturprozeß ließ sich nicht unwiderstrebend in einen kontrollierten Vorgang zwingen. Zunächst mit brutaler Gewalt und später mit sich immer mehr verfeinernden Methoden und Organisationsprinzipien gelang aber die Eingliederung. Der selbsttätige, von außen steuerbare Arbeitsprozeß wurde Wirklichkeit, und er ist bis heute *das* Organisationsmodell für die effektive materielle Produktion. Der »demand for control« ist das strukturierende Herrschaftsmotiv aller Produktionsorganisationen, aus dem sich fast alle anderen Organisationsmerkmale, wie vor allem die Hierarchisierung, dann von selbst ergeben[180]. Dieses Organisationsmodell hat sich alternativlos so in unsere Gehirne eingebrannt, daß es fast als »Naturgesetz« angesehen wird. So werden die einzelnen Momente dieses Modells von den unterschiedlichsten Autoren mit unterschiedlichster Terminologie doch gleich beurteilt: unaufhebbar, unveränderlich, unbedingt notwendig. Für die soziologische Diskussion wurde im I. Kapitel das hiermit zusammenhängende Postulat der unbedingten Notwendigkeit der Herrschaft als Steuerungsmedium für kontinuierliche Produktionsprozesse bereits erörtert. Aber auch Informationstheoretiker bemühen sich mit »Beweisen«. So z. B. K. Steinbuch u. a. für den Aspekt der Hierarchisierung: »Gegenwärtig kann man ohne intellektuelle Anstrengung seine Progressivität dadurch beweisen, daß man ... (die) hierarchischen Strukturen in Grund und Boden verdammt. Dieses modernistische Getue verkennt nur das eine: Es gibt auch zur hierarchischen Struktur keine ernstzunehmende Alternative. Nicht zufällig hat die interne Organisation der Organismen in Versuch und Irrtum während Jahrmilliarden diese Organisationsstruktur als die optimale gefunden. Die Post hat – ohne klassenkämpferische Absichten – ihr Fernsprechnetz hierarchisch aufge-

180 Vgl. z. B. March and Simon: *Organizations*, New York 1958, p 34–47. Die Autoren diskutieren einige der gängigsten Organisationsmodelle, die als typische »Maschinen-Modelle« alle ausgehen vom »demand for control«.

baut ...«[181] Die von Steinbuch angeführten Beispiele verraten ja deutlich genug den Hintergrund dieses Organisationsmodells. Dabei gibt es gar keinen Zweifel über die vielen Vorteile, die dieses Organisationsprinzip hat, wie schnelle Reaktionsfähigkeit, Effektivität, zentral kontrollierbarer Ablauf usw. Für einen Organismus, für einen Benutzer, einen »Herrn«, sind dies große Vorteile, ob es auch Vorteile für den »Eingegliederten« in dieser Organisation sind, interessiert dabei den »Herrn« nicht. Zusammenfassend kann man also sagen: daß die Logik der Naturwissenschaft eine Logik der Herrschaft ist, ist zunächst nicht verwunderlich und zunächst auch kein Nachteil. Das Motiv ist ja die Beherrschung der Natur[182]. Daß die gleiche Logik jedoch einen Herrschaftsverband der materiellen Produktion ermöglicht, suggeriert und ideologisch vorbereitet, noch ehe die spezifische Logik des Kapitals eine prägende Rolle spielt, wird nicht genügend beachtet. Zwar sind Naturwissenschaft und Kapital beides bürgerliche Produkte und eine »reine« Trennung nicht möglich, nur muß dann auch die bürgerliche Prägung der Naturwissenschaft erkannt werden, die sie zu einem Herrschaftsmedium über Natur *und* Menschen macht, ohne dazu vom Kapital erst »gezwungen« werden zu müssen.

f. Gleichgültigkeit und offene Zweckstruktur der Naturwissenschaft

Wie bisher schon deutlich geworden ist, erklärt sich die Affinität der Naturwissenschaft zur Logik des Kapitals nicht aus einem einzigen »Prinzip«, nicht aus einem unmittelbar durchschlagen-

181 Karl Steinbuch: *Kurskorrektur*, Stuttgart 1973, p 48.

182 Diese Feststellung wird noch zu problematisieren sein: Der *totale* Herrschaftsanspruch des Menschen über die Natur, wie er durch die jüdisch-christliche Tradition heute für fast alle selbstverständlich geworden ist, kennzeichnet schon einen Geburtsfehler dieser neuen Wissenschaft mit folgenschweren Nachteilen für die Natur und damit auch für den Menschen. Ich werde erst im letzten Kapitel ausführlicher auf diese Problematik eingehen.

den Moment. Sie erklärt sich mehr nach der Art eines Syndroms. Mehrere zusammenhängende, aber doch unterschiedliche Merkmale fügen sich zu einem Bild, das die Affinität zum Kapital erst wirksam macht. Ein Merkmal allein wäre sicher zu schwach und könnte kompensiert werden. Naturwissenschaft könnte für diesen Fall leichter neutral oder gar antipodisch dem Kapital gegenübertreten. Die Merkmale aber, die eine Strukturverwandtschaft zur Logik des Kapitals haben, sind so zahlreich, daß sie den Charakter der Wissenschaft deutlich prägen. Ich habe versucht, einige zu nennen. Meine Darstellung ist sicher nicht vollständig, auch ließe sie sich nach anderen Gesichtspunkten ordnen. Ich möchte nun noch kurz auf zwei Merkmale eingehen, die sogar mit gleichem Namen bei Charakterisierungen des Kapitals genannt werden: Gleichgültigkeit und offene Zweckstruktur. Häufig wird angenommen, daß diese beiden Merkmale der Logik des Kapitals entstammen. Aber es sind auch Momente der Naturwissenschaft noch vor ihrer industriell-kapitalistischen »Anwendung«.

Das Interesse der Wissenschafttreibenden richtet sich auf den verborgenen Prozeß, auf das »innere« Prinzip, auf das »Wie« des Ablaufs; nicht auf die äußere Nutzanwendung dieses Prozesses für einen bestimmten Zweck, nicht auf die Möglichkeiten des »Einspannens« dieses Prozesses in eine Zweckstruktur. »Bacon hat, bei allen Unklarheiten seiner Wissenschaftstheorie, die Intention der neuen Wissenschaft von vornherein richtig gekennzeichnet, indem er sagte: Sie fragt nicht nach den Zweckursachen (das sei nutzlos und für die Wissenschaft geradezu schädlich), sie frage aber auch nicht nach der causa efficiens, nach den im Naturgeschehen wirksamen Kräften – das führe über das mit Sicherheit Wißbare hinaus in die Metaphysik. Sie gehe vielmehr allein darauf aus, in den Erscheinungsbereichen, die der exakten Beobachtung zugänglich sind, die regelmäßigen Kovarianzen der Variablen empirisch festzustellen. Sie frage also nicht nach dem Wozu des Naturgeschehens, nicht einmal nach seinem Warum, sondern ausschließlich nach dem Wie seines Ablaufs«[183]. Die

183 H. Freyer (46), p 147–148.

Zweckstruktur steht für einen so Gesetze Suchenden nicht im Vordergrund des Interesses, und bis heute ist das Selbstverständnis eines »richtigen« Wissenschaftlers sehr stark geprägt von der Zweckfreiheit seines Tuns. Wie geschildert, werden die einzelnen Elemente des nomothetischen Wissens synthetisiert durch einen blinden Mechanismus. Ganz sicher folgt die Synthese nicht einem *bestimmten* Zweck. Die partikulare Entstehung der Elemente löst sie heraus aus jedem komplexeren Zusammenhang, und da selbst einfache geschlossene Zweckstrukturen komplex sind gegenüber dem analytischen Prozeß, sind die Elemente des Wissens herausgelöst aus jedem konkreten Zweck der materiellen Produktion. Für einen konkreten Produktionszweck müssen viele Elemente synthetisiert werden, aber diese Zweckstruktur ist auf Grund der Entstehungsbedingungen der Elemente diesen Elementen gegenüber äußerlich. Sie lassen sich synthetisieren für einen *beliebigen* Zweck. Die Zweckstruktur der Naturwissenschaft ist also offen für beliebige Zwecke. Dies ist nun ein Merkmal der Naturwissenschaft, das die neue naturwissenschaftlich-industrielle Technik in besonders auffälliger Weise prägt. Als die Voraussetzungen erfüllt waren, daß die Wissenschaft sich langsam der Verbesserung der materiellen Produktion zuwenden konnte, konzentrierte sich dies auch notwendig auf einen Detailprozeß, der mit der wissenschaftlichen Methode analysiert wurde, um ihn dann in der Synthese in seinem Ablauf zu perfektionieren. Die »Elementar-Maschine« war so der Prototyp der wissenschaftlichen Technik, wenngleich keineswegs jede Maschine ein wissenschaftliches Produkt war und es auch nicht ausschließlich sein mußte. Aber für die wissenschaftlich beeinflußten »Elementar-Maschinen« ist in besonderer Weise typisch, daß sie nicht an eine bestimmte Zweckstruktur gebunden sind. Das wissenschaftlich-technische Interesse richtet sich nun auch auf den möglichst idealen Ablauf des technischen Einzelprozesses. Der Interessenschwerpunkt der neuen Technik liegt so beim »Mittel«, bei der Bereitstellung »offener Potenzen« für beliebige Zwecke. Sowohl das analytische Vorgehen als auch die offene Zweckstruktur, die Gleichgültigkeit gegenüber bestimmten Zwecken, sind Merkmale, die der vorindustriellen handwerklichen Technik völlig fremd waren. Diese Veränderung der Technik ist von vielen Autoren in unterschiedlicher Terminologie beschrieben worden[184] und meist als Verlust gedeutet worden[185]. Für meinen Zusammenhang wird vor allem wichtig sein, herauszustellen, wie u. a. auch dieses Merkmal der neuen Technik eine Produktionsstruktur ermöglicht, die wie geschaffen für die kapitalistische Produktionsweise erscheinen muß[186].

Beschreibt man Beliebigkeit und Gleichgültigkeit als Bestandteil der naturwissenschaftlichen Rationalität, so darf man nicht vergessen, daß dies ein Ingredienz der modernen Rationalität überhaupt ist[187]. Die entwickelte Geldwirtschaft ist der Boden, auf dem sich dieses neue Moment der Rationalität entwickelt, als der Geldbegriff sich völlig löst von einer festen Äquivalenzbeziehung und zu einer mehrstelligen fungiblen Relation wird[188]. Der

184 Vgl. meine Ausführungen zu Heidegger, Freyer, Gehlen und Schelsky im II. Kapitel.

185 Bei »Fortschrittsgläubigen« wird in dieser »Offenheit« nur die Dynamik des technischen Fortschritts gesehen. Vgl. auch H.-D. Bahr: *Kritik der »politischen Technologie«*, Ffm. 1970, p 15: »Was Hegel begriff – nämlich die seltsame Ignoranz der technischen Rationalität gegen das eigene Produkt, das sie äußerlich gesetzt hat, und die ›Gleichgültigkeit‹ arbeitender Mittel-Zweck-Ketten gegen die auftraggebende Zweckbestimmung – ist inzwischen zum emphatischen Element der Ideologie vom ›technischen Fortschritt‹ geworden.«

186 Vgl. Kapitel IV.

187 Vgl. D. Claessens: »Rationalität revidiert«, in: *Köln. ZtSchr. f. Soz. u. SoPsy.* 1965, p 465–475. Wichtig ist natürlich auch, daß es sich bei dieser auf alle Lebensbereiche sich ausdehnenden Rationalität der Moderne »um einen spezifisch gearteten ›Rationalismus‹ der okzidentalen Kultur« (M. Weber (192), p 20) handelt. Vor allem auch im Hinblick auf notwendig werdende Alternativen zu dieser Rationalität wäre es sinnvoll, diesen Hintergrund auch im kulturellen Vergleich genauer herauszuarbeiten. Zum Rationalitätsbegriff vgl. z. B. Günter Hartfiel: *Wirtschaftliche und soziale Rationalität*, Stuttgart 1968, und das Literaturverzeichnis dort.

188 In der Arbeit von Sohn-Rethel (152) fehlt übrigens die Analyse

abstrakte Geldbegriff ermöglicht und suggeriert eine Weltbetrachtung, in der alle Werte und Beziehungen auflösbar, ersetzbar sind durch beliebige andere. Dieser Charakter der modernen Rationalität hat in vielen Bereichen seine prägende Wirkung gehabt und seine besonderen Formen gefunden, so auch in der Logik des Kapitals und in der naturwissenschaftlichen Technik. In der neuen Technik konnte dieses Moment der Rationalität, unterstützt durch die erwähnte immanente Logik der Wissenschaft selbst, eine besonders ausgeprägte materielle Gestalt finden. »Es ist daher wohl nicht von ungefähr, daß mit dem Steigen der technischen Verfügbarkeit auch der im Hintergrund stehende *Beliebigkeitscharakter des Rationalismus* immer stärker nach vorne drängt.« (187, p 475) Gekoppelt mit der Logik des Kapitals nimmt der Beliebigkeitscharakter erdrückende Dimensionen an, aber er wird auch für eine naturwissenschaftliche Technik kennzeichnend sein, die von der Logik des Kapitals abgetrennt worden ist.

C. Die Logik des Kapitals

Da mein Themenschwerpunkt zur Analyse der Herrschaft auf Technik und Naturwissenschaft liegt, also nur einen Teilaspekt allein der Herrschaftsanalyse behandelt, ist es nicht sinnvoll und auch unmöglich, »den Gesamtzusammenhang des Systems der Kritik der politischen Ökonomie zu reproduzieren«[189]. Ich werde also nur *einige* Momente der Logik des Kapitals erwähnen, soweit sie für meinen Zusammenhang unbedingt notwendig sind. Die Darstellung bleibt so relativ »abstrakt« und bekommt durch die Kürze fast einen »funktionalistischen« Charakter. Ich

des »doppelt« abstrakten Geldbegriffs der entwickelten Geldwirtschaft des Bürgertums und die Analyse seiner Auswirkungen auf den Funktionsbegriff der neuen Mathematik.

189 Vgl. Autorenkollektiv FU: *Klassenlage* (98), p 59. Die Arbeit des Autorenkollektivs versucht jedoch, hauptsächlich Aspekte der Marxschen Analyse zu »reproduzieren«, und bleibt dabei stehen.

lege bewußt keinen Wert auf eine strenge »Ableitung« der Momente der Logik des Kapitals aus einem »Begriff« des Kapitals. Solch ein Begriff könnte allenfalls am Schluß einer Analyse vorgestellt werden. Die nun vorzustellende »Grund-Logik« des Kapitals, die Logik der Grundprozesse und Mechanismen der kapitalistischen Produktionsweise, wurde zum erstenmal systematisch von Marx analysiert, und sie ist bis heute trotz aller Verdeckung und »Abmilderung« die Grundlogik unserer Produktionsweise geblieben.

a. Die offene Zweckstruktur des Kapitals und die Gleichgültigkeit gegenüber Arbeitsinhalt und Arbeitsprodukt

In einer komplexeren Gesellschaft bildet sich aus vielen Gründen eine gesellschaftliche Teilung der Arbeit heraus. Die (handwerklichen) Produzenten spezialisieren sich auf einen bestimmten Produktbereich, z. B. Schuhe oder Brot, und stellen nur diese Produkte her. Um auch die zum Leben notwendigen, aber nicht selbst erzeugten Produkte zu erhalten, werden sie mit anderen getauscht. In einer entwickelten Tauschgesellschaft verläuft dieser Vorgang über das dazwischengeschaltete universale Tauschmittel Geld. Dieses System hat bis zu einer bestimmten Stufe der Produktivkraftentfaltung für die Produzenten Vorteile, die ja auch wohl mit die Ursache waren, warum dieses System sich verbreitete. Die Produzenten konnten spezialisiert in der gleichen Zeit mehr herstellen und durch Tausch für sie günstiger das Fehlende ergänzen. Die Arbeitsteilung war produktorientiert und keine Aufspaltung des Funktionskreises instrumentellen Handelns, also keine Trennung zwischen Kopf- und Handarbeit. Und da die jeweils notwendigen Fertigkeiten relativ komplex sind und eine lange Einübung erfordern, kann man insgesamt sagen, daß diese Arbeit einen relativ »humanen« Charakter hatte, human in dem Sinne, daß sie den menschlichen Bedürfnissen und den geistigen und körperlichen Fähigkeiten der Menschen in der gesellschaftlichen Entwicklungsstufe relativ angemessen war. Dennoch zeigt auch diese Arbeit erste Anzeichen der »Entfremdung«. Der größte Teil der Produkte wird nicht zum eigenen Gebrauch hergestellt, sondern zum Tausch. So erscheint der größte Teil der Produkte dem Produzenten nicht als Gebrauchswert, sondern als Tauschwert. Von hier aus entwickelt sich die ganze irrationale Gestalt der Synthese der Gesellschaft durch das Tauschverhältnis. War schon »die Teilung der Arbeit ein naturwüchsiger Produktionsorganismus, dessen Fäden hinter dem Rücken der Warenproduzenten gewebt wurden...«[190], so verstellte die Synthese durch den Tausch den gesellschaftlichen Zusammenhang vollends: er erscheint den Produzenten unter dem Vorzeichen der Sachen, der Tauschwerte und nicht auf der Basis ihrer geteilten Arbeit. »Das Geheimnisvolle der Warenform besteht also einfach darin, daß sie den Menschen die gesellschaftlichen Charaktere ihrer eigenen Arbeit als gegenständliche Charaktere der Arbeitsprodukte selbst, als gesellschaftliche Natureigenschaften dieser Dinge zurückspiegelt, daher auch das gesellschaftliche Verhältnis der Produzenten zur Gesamtarbeit als ein außer ihnen existierendes gesellschaftliches Verhältnis von Gegenständen« /86/. Die Tauschbeziehungen und die Tauschhandlungen der Menschen, deren innere Logik sich »hinter ihrem Rücken« entfaltet, haben, wie schon in anderem Zusammenhang erwähnt, eine große »bewußtseinsformende« Kraft. Das Charakteristische dieser Bewußtseinsformen ist, daß das Bewußtsein selbst blind ist gegenüber der Genese dieser Formen. Die Verdinglichung des Bewußtseins und die Fetischisierung der Arbeitsprodukte in einer Tauschgesellschaft werden von Marx eingehend analysiert[191]. Dennoch ist die einfache Warenzirkulation und die dazugehörige Produktionsweise relativ »vernünftig« gemessen an der späteren kapitalistischen. Zwischen die verkaufte und gekaufte Ware tritt zwar das das Bewußtsein verzaubernde

190 K. Marx: *Das Kapital,* Band I, *MEW* 23, p 121. Die folgenden Zahlen in Schrägstrichen beziehen sich auf diesen Band.

191 Vgl. »Der Fetischcharakter der Ware und sein Geheimnis«, *MEW* 23, p 85–98, vgl. auch die Ausführungen zur Verdinglichung in Kapitel IV.

Geld, die Waren verwandeln sich in Tauschwerte, aber der Endzweck der Zirkulation ist ein neuer Gebrauchswert für den Produzenten. Man kann die einfache Warenzirkulation darstellen in der Kurzform W – G – W (Ware – Geld – Ware) /vgl. 120/. Der Prozeß geht aus von einem zur Ware gewordenen Produkt eines Produzenten und endet in einer zum Gebrauchswert gewordenen Ware für diesen Produzenten. Es wird verkauft, um zu kaufen, der Endzweck liegt außerhalb des Prozesses im Gebrauchswert. Ganz anders wird die Logik des Prozesses, wenn das Geld zum Kapital wird. Das Zwischenglied Geld als universellste »Ware« verselbständigt sich, und die Vermehrung dieser Ware wird zum einzigen Zweck des kapitalistischen Prozesses. G – W – G ist die Struktur dieses Prozesses, er beginnt mit Geld und endet mit Geld. Waren werden gekauft, um sie zu verkaufen, der Wert des Produkts ist nur von Interesse, soweit er Tauschwert ist. »Die einfache Warenzirkulation – der Verkauf für den Kauf – dient zum Mittel für einen außerhalb der Zirkulation liegenden Endzweck, die Aneignung von Gebrauchswerten, die Befriedigung von Bedürfnissen. Die Zirkulation des Geldes als Kapital ist dagegen Selbstzweck, denn die Verwertung des Werts existiert nur innerhalb dieser stets erneuerten Bewegung. Die Bewegung des Kapitals ist daher maßlos« /167/. Das Interesse der Menschen, die diesen Prozeß in Gang halten[192],

192 Auch hier wäre es notwendig – wie im Fall der Rationalität (187) – auf den kulturspezifischen Hintergrund dieses »Interesses« einzugehen, auf die historischen Bedingungen der Entstehung einer Handlungsdisposition, die diesen »ruhelosen« und »zwecklosen« Prozeß ermöglicht oder zumindest unterstützt. Einzugehen wäre also auf die Entstehung von vielen für uns heute selbstverständlichen, aber anderen Zeiten und Kulturen äußerst fremden Grundvoraussetzungen der industriellen Kultur: auf die spezifische Prägung des »Berufs« als Selbstzweck, die hohe Schätzung der Pflichterfüllung in der Arbeit, die letztlich zwecklose »Wirtschaftsgesinnung« und Leistungsethik usw. Vgl. hierzu die religionssoziologischen Arbeiten von Max Weber, z. B.: *Die protestantische Ethik und der Geist des Kapitalismus,* München 1965. Für einen materialistischen Standpunkt scheinen sich solche Fragestellungen zu verbieten, aber sie sind für den »Marxismus« über-

richtet sich auf den Prozeß selbst und nicht auf einen außerhalb dieses Prozesses liegenden Zweck. Ein äußerer Zweck ist diesem Interesse und diesem Prozeß gleichgültig, solange er nur gleichwertig ist für den optimalen Ablauf des Prozesses selbst. Dieser Prozeß ist nicht nur maßlos in seiner Bewegung, er ist auch ohne inneres Orientierungsmaß für konkrete menschliche Bedürfnisse und Zwecke. Hiermit ist nicht gesagt, daß die so produzierten Waren nicht irgendeinen Gebrauchswert hätten, um sie an irgend jemand, nach Möglichkeit aber nicht an die Produzenten, verkaufen zu können, damit der Prozeß in Gang bleibt. Nur: die konkrete Gebrauchsnatur ist diesem Prozeß gegenüber äußerlich und beliebig, erst zusätzliche Mechanismen bestimmen die konkrete Gestalt der jeweiligen Produkte. Ich will hier jedoch nicht auf die – besonders für den entwickelten Kapitalismus – komplexen »Realisierungsbedingungen« eingehen, sondern nur die Analogie zur offenen Zweckstruktur der Naturwissenschaft hervorheben.

b. Der von »außen« beherrschte Prozeß der kapitalistischen Produktion

Da in der Bewegung G – W – G Anfang und Ende die gleiche ökonomische Form haben, bekommt diese Bewegung nur einen Sinn, wenn am Ende eines Zyklus das G größer ist als am Anfang. »Die vollständige Form dieses Prozesses ist daher G – W – G′, wo $G' = G + \Delta G$, d. h. gleich der ursprünglich vorgeschossenen Geldsumme plus einem Inkrement. Dieses Inkrement oder den Überschuß über den ursprünglichen Wert nenne ich – Mehrwert (surplus value). Der ursprünglich vorgeschoßne Wert erhält sich daher nicht nur in der Zirkulation, sondern in ihr verändert er seine Wertgröße, setzt einen Mehrwert zu oder ver-

fällig, denn die »Leistungsethik puritanischer Herkunft (ist) so weit in den Massen verinnerlicht, daß sich das Anti-Faulenzer-Ressentiment, die blinde Anbetung der Werkelei in der UdSSR nicht minder feststellen läßt als bei uns« (Amery: *Das Ende der Vorsehung*, Reinbek 1974, p 224).

wertet sich. Und diese Bewegung verwandelt ihn in Kapital« /165/. Die nächste Frage ist: Wie entsteht dieser Mehrwert? Die klassischen bürgerlichen Ökonomen haben die unterschiedlichsten Erklärungsversuche angeboten, aber ihr bürgerlicher Horizont hat sie die wahre Quelle nicht erkennen lassen. Marx setzt sich mit diesen Theorien auseinander, vor allem mit der falschen Annahme, daß der Mehrwert durch den Handel entstehen könnte. In einem freien stationären Marktsystem tauschen sich die Waren zu ihrem äquivalenten Wert, und dieser bestimmt sich aus der zur Herstellung des Produktes durchschnittlichen gesellschaftlich notwendigen Arbeitszeit. Durch ein die Arbeitszeit verkürzendes neues Verfahren kann auch in einem Konkurrenzsystem kurzfristig ein Produzent einen zusätzlichen Gewinn erzielen, aber nur so lange, bis auch die anderen Produzenten das neue Verfahren übernommen haben. Auf die Dauer läßt sich ein Mehrwert durch diese Methode nicht sichern.

Das auf Mehrwertproduktion angelegte kapitalistische System benötigt eine Ware, die marktkonform im Äquivalententausch eingekauft werden kann und dennoch einen Mehrwert für den Käufer abwirft. Diese eigenartige Ware existiert in der Form der menschlichen Arbeitskraft. Der Kapitalist kauft diese Ware auf dem Markt ganz reell zum Wert ihrer Herstellungskosten, d. h. zum Wert der zur Produktion notwendigen Arbeitszeit. Die Kosten der Produktion und Reproduktion der menschlichen Arbeitskraft sind gegeben durch die Kosten der Lebensmittel, die dieser Mensch zur Erhaltung seines Lebens braucht. »Die zur Produktion der Arbeitskraft notwendige Arbeitszeit löst sich also auf in die zur Produktion dieser Lebensmittel notwendige Arbeitszeit, oder der Wert der Arbeitskraft ist der Wert der zur Erhaltung ihres Besitzers notwendigen Lebensmittel« /185/. Der Kapitalist kauft die Arbeitskraft zu ihrem so bestimmten Tauschwert, erhält dafür aber ihren Gebrauchswert, der vor allem darin besteht, Produkte herstellen zu können. Würde der Kapitalist die gekaufte Arbeitskraft nur in der zur Herstellung der Lebensmittel für die Arbeitskraft notwendigen Arbeitszeit wirken lassen, so ginge die Rechnung für ihn noch nicht auf. Er läßt darum den Arbeiter weit über die Zeit hinaus arbeiten, die notwendig wäre zur Reproduktion der Lebensbedingungen für den Arbeiter.

Was in dieser zusätzlichen Arbeitszeit produziert wird, sind kostenlose Produkte für den Kapitalisten. Der Mehrwert entsteht also durch Mehrarbeit des Arbeiters. Für die kapitalistische Produktionsweise ist es also nicht nur notwendig, daß eine, meist durch Wucher entstandene ursprüngliche Geldakkumulation gegeben ist, die genügend Arbeitskraft kaufen kann, es muß diese Ware auch vorhanden sein. Die historischen Existenzbedingungen für das Kapital sind gebunden an die Entstehung eines von allen feudalistischen Bindungen gelösten »freien« Arbeiters. »Zur Verwandlung von Geld in Kapital muß der Geldbesitzer also den freien Arbeiter auf dem Warenmarkt vorfinden, frei in dem Doppelsinn, daß er als freie Person über seine Arbeitskraft als seine Ware verfügt, daß er andererseits andere Waren nicht zu verkaufen hat, los und ledig, frei ist von allen zur Verwirklichung seiner Arbeitskraft nötigen Sachen« /183/.

Die Freiheit, über seine Arbeitskraft verfügen zu können, erlischt jedoch vollständig, sobald der Arbeiter seine Arbeitskraft verkauft hat. Der Kapitalist kauft nämlich nicht nur ein bestimmtes Arbeitsvermögen, sondern für die Dauer der Arbeitszeit auch die vollkommene Unterwerfung der Arbeitskraft unter seinen Willen. Da die Arbeitskraft den begehrten Mehrwert erzeugt und die Logik des Kapitals einen möglichst hohen, absoluten und relativen Mehrwert aus dem Kapitalprozeß verlangt, kommt alles darauf an, diese Arbeitskraft so in den Produktionsprozeß einzubauen, daß sie optimal diesem für sie fremden Gesetz unterworfen wird. Es gibt viele Methoden, den Mehrwert zu steigern, und ich werde noch darauf eingehen, die Grundlogik ist die gleiche: der kapitalistische Produktionsprozeß muß so organisiert werden, daß er von außen beherrscht werden kann. Jede »eigene«, vom Kapital unkontrollierte Bewegung des Arbeiters gefährdet die Verwertungsinteressen des Kapitals, denn jede eigene Bewegung könnte eine »eigennützige« des Arbeiters sein. Der Ablauf des Produktionsprozesses muß also durch äußere Bedingungen genau festgelegt sein. Komplexe Verhaltensmöglichkeiten der Arbeiter werden auch hier erst »berechenbar«, wenn sie durch Randbedingungen auf partikulare Prozesse reduziert werden. Die Arbeitsteilung in viele extreme Detailarbeiten und die Synthese dieser Detailarbeiten zu einer großen »Produktionsmaschine« gewährleisten eine gesetzmäßige gleichförmige Bewegung, die von außen beherrscht werden kann. Jede Eigenständigkeit des Arbeiters wird aufgefangen durch die Abhängigkeit von der Spezialisierung seines Arbeitsmittels und die Abhängigkeit seiner Detailarbeit von der Detailarbeit anderer. »Es ist klar, daß diese unmittelbare Abhängigkeit der Arbeiten und daher der Arbeiter voneinander jeden einzelnen zwingt, nur die notwendige Zeit zu seiner Funktion zu verwenden, und so eine ganz andere Kontinuität, Gleichförmigkeit, Regelmäßigkeit, Ordnung und namentlich auch Intensität der Arbeit erzeugt wird als im unabhängigen Handwerk oder selbst der einfachen Kooperation« /365-366/.

c. Die Trennung von Kopf- und Handarbeit in der kapitalistischen Produktion

Die Produzenten der materiellen Produktion in der vorkapitalistischen handwerklichen Produktionsweise waren, wie bereits mehrfach erwähnt, keine bloßen Handarbeiter und auch die Produzenten geistiger Produkte nicht nur Kopfarbeiter. Zwar gab es eine produktbezogene gesellschaftliche Teilung der Arbeit, aber diese Arbeit hatte, bezogen auf das Produkt und auf den Produzenten, eine relativ »geschlossene«, selbständige und in Entwurf, Ausführung und Nutzen »ungeteilte« Form. Für die materielle Produktion konnte dies dargestellt werden am Modell des Funktionskreises instrumentellen Handelns. In der kapitalistischen Produktionsweise wird dieser Funktionskreis gründlich zerrissen durch eine neue und nun erst verkrüppelnde Arbeitsteilung. Vom Funktionskreis der handwerklichen Arbeit werden Zwecksetzung, Zwecknutzung und Entwurf abgetrennt und dem

Arbeiter nur noch ein Teilstück der Ausführung überlassen. Ohne planende Kopfarbeit ist menschliche Arbeit zwar nicht möglich, aber der Plan existiert nicht mehr in den Köpfen der Arbeiter. Der von außen beherrschte Prozeß der Mehrwertproduktion konzentriert notwendig die Kopfarbeit in das Kapital. Die Trennung von Hand- und Kopfarbeit ist also eine wesentliche Bedingung für die kontinuierliche optimale kapitalistische Produktion. Um einzelne Arbeitsvorgänge durch einen fremden Willen synthetisieren zu können, müssen diese Vorgänge zunächst analytisch zerlegt werden und von allen störenden, vor allem eigenständigen Kopfbestandteilen gereinigt sein. Dies ist also nochmals – nun in Zusammenhang gebracht mit den Begriffen Hand- und Kopfarbeit – das gleiche Ergebnis wie im vorigen Abschnitt: Die kapitalistische Logik verlangt eine Produktionsorganisation, die auffallende Ähnlichkeit hat mit der Herrschaftslogik der experimentellen Naturwissenschaft.
Das spätere Zusammengehen beider Bereiche verdeckt diese gegenseitige Entsprechung und Anziehung, die schon vor ihrer gegenseitigen Anpassung vorhanden ist. Ich möchte dieses III. Kapitel nun nicht in notwendig verkürzenden Thesen zusammenfassen, sondern im nächsten Abschnitt anhand der Entwicklung der kapitalistischen Produktionsweise konkretisieren. Nur eines möchte ich nochmals herausstellen: Die Trennung von Hand- und Kopfarbeit, vor allem in der Asymmetrie, daß viele befolgen müssen, was wenige wollen, hat durch die vielen, überdeterminierenden Prägungen im Bereich der materiellen Produktion den Charakter der Selbstverständlichkeit und Unaufhebbarkeit bekommen. Selbst in vielen kritischen und marxistisch orientierten Analysen findet sich dieses Zugeständnis an die Unaufhebbarkeit, wenn gar zu umstandslos mit der Formel von der »Notwendigkeit der Leitungsfunktionen« hantiert wird[193]. Trotz wesentlicher Verbesserung der »Arbeitsbedingungen« für viele in heutigen Betrieben – verglichen mit der Anfangsphase kapitalistischer Produktion –, die Synthese und Bestimmung der Arbeit

193 Vgl. für viele z. B.: Autorenkollektiv (98), p 199 ff!

durch einen fremden Willen über die Köpfe der unmittelbaren Produzenten hinweg ist ein quasi natürliches Strukturmerkmal moderner materieller Produktion, und für die Stabilisierung und Befestigung dieses Strukturmerkmals spielt die naturwissenschaftliche Technik eine wesentliche Rolle.

D. Naturwissenschaftliche Technik im kapitalistischen Produktionsbetrieb. Zur vollen Realisierung ihrer jeweils eigenen Entwicklungslogik setzen sich Kapital und naturwissenschaftliche Technik wechselseitig voraus

Die prinzipiell »anwendbare« Naturwissenschaft muß, wie erwähnt, einen bestimmten Reifegrad bzw. eine ausreichende Akkumulation in dem Anwendungsgebiet erreicht haben, und gleichzeitig muß die dazugehörige handwerkliche Materialbeherrschung korrespondieren, ehe sie als wissenschaftliche Technik potentiell eine Produktivkraft werden kann. Bevor Wissenschaft auch real eine Produktivkraft wird, d. h. unmittelbar der Produktion dient, muß nochmals eine Entwicklungsphase durchlaufen werden, die den unter Laborbedingungen materiell und prinzipiell beherrschbaren Prozeß in die »unsaubere« und größere Sphäre der industriellen Produktion transformiert[194]. Diese Entwicklungsphase wird mit komplexer werdenden Prozessen zunehmend schwieriger und langwieriger und somit auch kostspieliger. Die eigentliche wissenschaftliche Entdeckung oder auch Erfindung erscheint, hiermit verglichen, fast kostenlos, zumal, wenn für den privaten Kapitalisten hinzukommt, daß er diese Entdeckungen von einer fiskalisch finanzierten Institution bekommt. Nur so kann die an Marx orientierte Formel vom »Gra-

194 Mandel z. B. hält deswegen auch nichts von der verkürzenden Formel von der »Wissenschaft als unmittelbarer Produktivkraft«, wie sie u. a. bei Bernal häufig zu finden ist. Wenn das Kapital Verwertungsschwierigkeiten hat, bleibt die Wissenschaft »potentielle, nicht reelle Produktivkraft«. Vgl. Ernest Mandel: *Der Spätkapitalismus*, Ffm. 1972, p 239–240.

tisprodukt Wissenschaft« heute noch einen Sinn behalten. Die Formulierung: »Im gesellschaftlichen Ausmaß stellt sich daher die technologische Anwendung der Naturwissenschaft durch das Einzelkapital der Tendenz nach als Gratisproduktivkraft dar, ...«[195] ist z. B. nicht haltbar. Sie übersieht die wesentliche Differenz der Kosten zwischen der Produzierung eines wissenschaftlichen Prinzips und der »technologischen Anwendung«[196]. Mit komplexer werdenden Prozessen werden die Kosten der Entwicklung der Technologie immer größer, und der Entwicklungsprozeß dieser technologischen Anwendung wird zunehmend selbst wissenschaftlicher. Bei manchen Projekten ist eine Trennung zwischen technologischer Entwicklungsarbeit und »eigentlicher« wissenschaftlicher Tätigkeit kaum mehr möglich. Wann begann aber dieser Prozeß, in dem die Wissenschaft sich immer gewichtiger zur Produktivkraft entwickelte? Die Antworten auf diese Frage fallen sehr unterschiedlich aus. »Eine Interdependenz von Wissenschaft und Technik bestand bis ins späte 19. Jahrhundert nicht«, meint z. B. Habermas[197], und R. Vahrenkamp spricht der bürgerlichen Wissenschaft fast jede potentielle Produktivkraft ab, da sie nur eine »versponnene Form bürgerlicher Ideologie« sei in praxisferner Kontemplation[198]. Erst aus dem Kapital heraus entwickle sich Technologie

195 Autorenkollektiv (98), p 187–188.

196 Marx beachtet diesen Unterschied (vgl. *MEW* 23, p 407–408). Das Autorenkollektiv zitiert zwar diese Stelle, schlägt aber die Kosten der Anwendung der Wissenschaft kurzschlüssig der »kostspieligen Ausbeutung durch das Kapital« zu (vgl. p 188 u. 189). Die »Kosten« sind unabhängig von der kapitalistischen Anwendung zunächst immer hoch. Aber auch der Satz von Marx: »Die Wissenschaft kostet dem Kapitalisten ›nichts‹« (*MEW* 23, p 407, Fußnote 108) ist wohl nur noch sehr beschränkt gültig. Die Produktion von bloßen wissenschaftlichen Prinzipien oder »Effekten« wird auch für das Kapital zunehmend kostspieliger. Vgl. auch Bahr (230), p 42.

197 J. Habermas: *Technik* (147), p 73.

198 Vgl. Richard Vahrenkamp: »Entwicklungsmöglichkeiten der Technologie als Produktionsverhältnis«, in: R. Vahrenkamp (ed): *Technologie und Kapital*, Ffm. 1973, p 222 und 212.

als Produktivkraft: »Parallel zur Entwicklung des industriellen Kapitals und als dessen Teil und Form entwickelten sich Technologie und angewandte Forschung, die verschiedene Ebenen theoretischen Denkens bilden, das auf Probleme der Produktion gerichtet ist, nicht aber auf die Konstruktion abstrakter Belehrung über die Natur«[199]. Die Beantwortung der oben gestellten Frage wird also abhängen vom Wissenschaftsverständnis, vom betrachteten Industriezweig und von der Setzung eines Schwellenwerts, bei dessen Überschreitung man eine Beeinflussung durch Wissenschaft als gegeben ansieht. Ohne diese näheren Bestimmungen ist eine Antwort wie z. B. die von Habermas ohne Information. Die vorsichtigere, aber auch vagere Bestimmung von Bernal (in der Abschätzung von Geben und Nehmen zwischen Wissenschaft und Technik)[118], setzt den Beginn des Prozesses, wie erwähnt, zwischen das 17. und 18. Jahrhundert. Mir kommt es jedoch nicht auf eine genaue Zeitbestimmung an, sondern auf den Prozeß der Verschmelzung zwischen Wissenschaft und Kapital. Beide Probleme hängen jedoch zusammen, und wenn der Zeitpunkt völlig falsch eingeschätzt wird, kann man vermuten, daß der Verschmelzungsprozeß auch nicht richtig gedeutet wird.

Zunächst ist richtig, daß die Entwicklungen der Naturwissenschaft und der kapitalistischen Produktionsweise nebeneinander verlaufen. Die Wissenschaft hat aus angeführten Gründen keinen Einfluß auf die materielle Produktion, und »das Kapital ... ist zunächst gleichgültig gegen den technischen Charakter des Arbeitsprozesses, dessen es sich bemächtigt. Es nimmt ihn zu-

199 Vahrenkamp (198), p 220. Ein ähnliches Unverständnis gegenüber der Funktion und der Logik der experimentellen Naturwissenschaft zeigt sich leider auch bei einigen anderen »linken« Autoren, deren berechtigtes Unbehagen gegenüber der Naturwissenschaft sich dann aber nur in Polemik ausdrückt oder in unklaren und mehrdeutigen Sätzen. Was heißt hier z. B. »Teil« und »Form« des Kapitals und was bedeutet »Ebene«? Es wird nicht geklärt. Die bürgerliche Wissenschaft ist wesentlich nicht kontemplativ, ist nie nur Ideologie gewesen oder abstrakte Belehrung. Eine solche Fehleinschätzung der Wissenschaft kann dann ihren Einfluß auch nicht angemessen analysieren.

nächst, wie es ihn vorfindet«[200]. Aber um in dem übernommenen Produktionsprozeß einen höheren Mehrwert herauszuholen, verändert das Kapital zunächst die Organisation des Arbeitsprozesses. Die potentiell »eigennützigen« Bewegungsmöglichkeiten der Arbeiter mußten besser kontrolliert werden, um sie besser ausnutzen zu können. Darauf hatte ich schon hingewiesen. Die Kasernierung der Handwerker in Manufakturen, die zusätzliche Arbeitsteilung und die Hierarchisierung der Aufsicht waren zunächst weder technologisch notwendig, noch veränderten sie die technische Basis der Produktion. Diese organisatorischen Veränderungen dienten zunächst vorwiegend der besseren Beherrschung und Disziplinierung der Arbeiter[201]. Man kann also sagen, daß das Modell der Naturbeherrschung (das Ideal des von außen zu steuernden, kontinuierlich ablaufenden Prozesses), das für die experimentelle Naturwissenschaft konstituierend ist, auf den kapitalistischen Produktionsprozeß zunächst nur über die Organisationsform einwirkt, also ohne »technische Hilfestellungen«. Natürlich liegt hier keine einseitige und vollständige »Beeinflussung« durch die Wissenschaft vor. Die Logik des Kapitals produziert aus sich heraus diese Tendenz der Organisierung des Produktionsprozesses. Aber durch die strukturelle Affinität zwischen der Herrschaftslogik des Kapitals und der Naturwissenschaft unterstützt und konkretisiert das Modell der Naturbeherrschung schon auf dieser Stufe die Organisationsform der kapitalistischen Produktion.

Die Vorteile für den Kapitalisten durch diese Organisationsweise der Arbeit sind schon klar erkennbar: durch die zusätzliche Arbeitsteilung, die kontinuierlichere Arbeitsweise und die gegen-

200 K. Marx, *MEW* 23, p 263, vgl. auch p 328.

201 Vgl. Stephen Marglin: »What do bosses do? The origins and functions of hierarchy in capitalistic production«, discussion paper 222, November 1971, Harvard Institute of Economic Research, zitiert nach Vahrenkamp (198), p 221. »... so hat Marglin gezeigt, daß keine ›technologischen‹ Gründe für eine ... Hierarchisierung vorlagen, sondern einzig Herrschaftsinteressen des Kapitals.« (Vahrenkamp (198), p 222.)

seitige Zuarbeitung erbringt der so »kombinierte Arbeitstag« eine größere Produktmenge als die Summe der vereinzelten Arbeitstage[202]. Aber die Veränderung der Organisationsform allein ist für das Kapital noch keineswegs optimal, denn die Arbeit organisiert sich letztlich immer noch um integrierte Handwerksberufe[203]: »... die Verrichtung bleibt handwerksmäßig und daher abhängig von Kraft, Geschick, Schnelle, Sicherheit des Einzelarbeiters in Handhabung seines Instruments. Diese enge technische Basis schließt wirklich wissenschaftliche Analyse des Produktionsprozesses aus, da jeder Teilprozeß, den das Produkt durchmacht, als handwerksmäßige Teilarbeit ausführbar sein muß« (*MEW* 23, p 358). Diese technische Basis ermöglicht noch keine vollständige Beherrschung und Ausbeutung des Produktionsprozesses von außen. Die »eigenwillige« Geschicklichkeit des Arbeiters muß erst von diesem abgelöst und auf eine Maschine übertragen werden. Die Maschine vollführt dann die eigentliche Werkzeugbewegung, und die dazugehörige Kopfarbeit ist ebenfalls vom Arbeiter abgetrennt, sie hat der Konstrukteur für ihn erledigt. Nun kann die Arbeit durch einen fremden Kopf um die Maschinen herum organisiert werden, die notwendige Geschicklichkeit des Arbeiters schrumpft auf ein Minimum, auf ein »natürlich vorhandenes« Maß[204], und der ganze Prozeß

202 Vgl. K. Marx, *MEW* 23, p 348 ff.

203 Marx beschreibt dies am Beispiel der Kutschenmanufaktur, vgl. *MEW* 23, p 356 f.

204 Besondere Fertigkeiten des Arbeiters werden nicht mehr verlangt; somit ist jeder einsetzbar, und das Reservoir der ungelernten Landarbeiter kann nun genutzt werden. Für diese Arbeiter ist die Tätigkeit dann auch keine Dequalifizierung. Darauf macht u. a. A. Touraine aufmerksam: »Es ist bezeichnend, daß man, wenn man vom Heranwachsen der großen mechanischen Industrie spricht, in erster Linie an die Facharbeiter und Handwerker denkt, deren Beruf durch die Serienproduktion zu Schanden wurde, und weniger an alle die ungelernten ländlichen und städtischen Arbeiter, für die diese Maschinenarbeit eine ›Spezialisierung‹ darstellte.« Alain Touraine: *Die postindustrielle Gesellschaft*, Ffm. 1972, p 35–36. Vergessen werden

ist nun ohne Widerspruch von außen zu steuern. »Die Maschinerie erscheint also als die adäquateste Form des capital fixe und das capital fixe ... als die adäquateste Form des Kapitals überhaupt«[205]. Es läßt sich schon jetzt vereinfachend sagen: die Logik des Kapitals verwirklicht sich erst durch die Maschinerie, und die Maschinerie kann sich nur durch die Wissenschaft voll entwikkeln, das Kapital braucht also für die Entwicklung seiner Logik die Wissenschaft.

Durch die Einführung der Maschinerie verändert sich nun auch die technische Basis der Produktion, und auf dieser Ebene der Produktionsweise wird neben weiteren technisch und »organisationstechnisch« bedingten Steigerungen der Produktivität auch eine größere Beherrschung des Prozesses möglich, die jetzt schon deutlich von der neuen technischen Basis »mitgetragen« wird. Durch die Veränderung der technischen Basis verändert sich nun auch die Art der Herrschaftsausübung. Der Herrschaftswille des Herrn wird durch die Maschinerie in der Tendenz entpersonalisiert, »versachlicht«. Zwischen Herr und Knecht tritt mediatisierend die Maschine, und im Horizont des Arbeiters erscheinen nur noch *ihre* Zwänge, die in ihrem Rhythmus zwingender werden als die personale Herrschaft, die in ihrer Berechtigung jedoch in der Tendenz als unangreifbarer angesehen werden. Diese Tendenz setzt sich erst langsam durch, und auch personal vermittelte Herrschaft spielt im Produktionsbetrieb noch lange eine wichtige Rolle. Aber die Herrschaftsmediation durch die Maschinerie, durch Wissenschaft und Maschine, wird schon früh erkannt und z. B. von A. Ure auch deutlich und zynisch ausgesprochen. Anläßlich der Einführung von neuen Maschinen und der damit verbundenen weiteren Arbeitsteilung und »Vereinfachung« der Ar-

darf dabei jedoch nicht, daß diese »Spezialisierung« eine brutale Verstümmelung der potentiellen menschlichen Fähigkeiten und eine wesentliche Voraussetzung zur Beherrschung des Menschen ist.

205 K. Marx: *Grundrisse der Kritik der politischen Ökonomie*, Ffm. o. J. (Fotomechanischer Nachdruck der Moskauer Ausgabe von 1939), p 586 (capital fixe ist das Kapital, das sich in Produktionsmittel umsetzt, seine Wertgröße nicht ändert, vgl. *MEW* 23, p 223).

beit sagt er z. B.: »Die Horde der Unzufriedenen, die sich hinter den alten Linien der Teilung der Arbeit unbesiegbar verschanzt wähnte, sah sich so in die Flanke genommen und ihre Verteidigungsmittel vernichtet durch die moderne mechanische Taktik. Sie mußten sich auf Gnade und Ungnade ergeben.« »Endlich suchten sich die Kapitalisten von dieser unerträglichen Sklaverei (der Abhängigkeit von den Fertigkeiten der Arbeiter, O. U.) zu befreien, indem sie die Hilfsquellen der Wissenschaft anriefen, und bald waren sie reintegriert in ihre legitimen Rechte, die des Kopfes über die anderen Körperteile«[206]. Man mag nun einwenden, daß hier etwas ungenau von »Wissenschaft« die Rede ist. Auch bei Marx wird nicht im einzelnen hervorgehoben, worin nun der Einfluß der Wissenschaft, z. B. beim Bau der Maschinen, besteht. Von heute aus gesehen ist man leicht geneigt, den Einfluß der Wissenschaft zu verneinen, solange man nicht eindeutig eines der »großen Gesetze« angewendet findet, das man aus seinen Schulbüchern kennt[207]. Wichtiger ist, daß von den Zeitgenossen des Industrialisierungsbeginns der Einfluß der Wissenschaft deutlich gesehen wurde, ein Einfluß, der sich ja nicht zuletzt in der typisch wissenschaftlichen Vorgehensweise zeigt: Zerlegen des nicht beherrschbaren Gesamtprozesses in isolierte, partikular bestimmbare Einzelprozesse und dann Synthese durch einen dem Prozeß fremden Kopf.

Die mediatisierte Herrschaft im Fabriksystem stützt sich hauptsächlich auf zwei »Komponenten«: auf die Maschine und auf die abgespaltenen geistigen Potenzen. Beides definiert die Abhängigkeit des Arbeiters, die Maschine direkter, unmittelbarer, erkennbarer, die abgespaltene Kopfarbeit für den Arbeiter weniger

206 A. Ure: *The philosophy of manufactures,* London 1835, zitiert nach K. Marx, *MEW* 23, p 460.

207 Vahrenkamp (198) z. B. konzentriert sich zu sehr z. B. auf das Trägheitsgesetz, als ob daraus die ganze damalige Wissenschaft bestanden hätte. Dies ist zwar ein typisches »großes Gesetz«, aber selbst die Newtonsche Mechanik besteht noch aus vielen anderen Elementen, von den vielen »kleinen Gesetzen« anderer Wissenschaftler, die z. T. später in anderen Gesetzen aufgingen, ganz zu schweigen.

erkennbar, aber nicht weniger wirkungsvoll. Beide Momente gehören natürlich zusammen, und Marx z. B. trennt sie analytisch auch nicht auf, erwähnt sie meistens nebeneinander. »Aller kapitalistischen Produktion ... ist es gemeinsam, daß nicht der Arbeiter die Arbeitsbedingung, sondern umgekehrt die Arbeitsbedingung den Arbeiter anwendet, aber erst mit der Maschinerie erhält diese Verkehrung technisch handgreifliche Wirklichkeit. Durch seine Verwandlung in einen Automaten tritt das Arbeitsmittel während des Arbeitsprozesses selbst dem Arbeiter als Kapital gegenüber, als tote Arbeit, welche die lebendige Arbeitskraft beherrscht und aussaugt. Die Scheidung der geistigen Potenzen des Produktionsprozesses von der Handarbeit und die Verwandlung derselben in Mächte des Kapitals über die Arbeit vollendet sich ... in der auf Grundlage der Maschinerie aufgebauten großen Industrie. Das Detailgeschick des individuellen, entleerten Maschinenarbeiters verschwindet als ein winziges Nebending vor der Wissenschaft, den ungeheuren Naturkräften und der gesellschaftlichen Massenarbeit, die im Maschinensystem verkörpert sind ...« (*MEW* 23, p 446).

Ich möchte nun zunächst noch etwas auf das Moment der Maschine in der »Maschinerie« eingehen und auf den Einfluß der Wissenschaft zur Entwicklung der Maschine. Man könnte versucht sein, schon in der Maschine, d. h. in dem Prinzip einfacher Mechanismen selbst, die Zweckmäßigkeit zur Herrschaftsausübung für das Kapital zu sehen. H.-D. Bahr z. B. neigt zu dieser Annahme: »Schon einfache Mechanismen besitzen als Arbeitsmittel eine Struktur, die die Maschinerie, als zweckmäßige Grundlage des kapitalistischen Arbeitsprozesses, nur deutlicher zur Erscheinung bringt: nämlich die beiden Extreme ›Antrieb‹ (Kraft) und ›Werkzeugfunktion‹ ...«[208] Diese strukturelle Polarisierung der Maschine wird dann nach Bahr vom Kapital genutzt zur Polarisierung von Antriebs-Arbeitern und Werkzeugfunktions-Intelligenz. Für die Analyse der Herrschaft durch Maschinerie halte ich diese Begriffe nicht für sehr sinnvoll. Der

208 H.-D. Bahr: *Klassenstruktur der Maschinerie* (172), p 41.

»Antrieb« ist die erste Maschinenkomponente, die fast vollständig von Antriebsmaschinen übernommen wird. Wozu der Arbeiter bestimmt wird, ist eine *reduzierte* Werkzeugfunktion. Das Neue der Maschinerie ist, daß ein komplizierter Arbeitsprozeß durch reduzierte Werkzeugfunktionen funktionieren kann, weil durch abspaltbare geistige Potenzen dieser Prozeß vorbereitet (Maschinen) und synthetisiert (Organisation) werden kann. Die Begriffe Kopf- und Handarbeit sind hier fundamentaler als Antrieb und Werkzeugfunktion. Im Begriff der »Maschinerie« wird dieser Sachverhalt von Marx ja immer mitgedacht. Am Beginn der Industrialisierung ist die Abspaltung der geistigen Potenzen des Arbeitsprozesses möglich mit relativ einfachen, auf handwerklicher Basis entstandenen Maschinen. Dieses System ist solange stabil, solange die Arbeiter durch physisches Elend und durch den Druck einer arbeitslosen Reservearmee »froh« sind, überhaupt arbeiten zu dürfen, solange die Konkurrenz untereinander groß ist und die organisierte Solidarität klein, solange durch Kinderarbeit und fehlende Schulen noch nicht einmal ein Minimum an fachlicher Ausbildung gesichert ist. Verändern sich diese Bedingungen, so wird dieses Produktionssystem anfällig, von den Arbeitern selbst »in Regie« genommen zu werden, denn die einfachen Maschinen sind noch nicht zu weit entfernt von der Logik des Funktionskreises instrumentalen Handelns. Durch eine relativ geringe Anhebung der Ausbildung bei einem großen Teil der Arbeiter, die durch gemeinsame Kampfmaßnahmen hätte erreicht werden können, wäre von den Arbeitern nicht nur die Funktion der Maschinen durchschaubar, sondern auch die Herstellung der Maschinen von ihnen selbst durchzuführen gewesen. Die Organisation dieser Produzenten durch einen fremden Willen wäre wieder schwer und eine autonome Produktionsorganisation wäre in Sicht gewesen. Die Hoffnungen von Marx gingen zum Teil in diese Richtung. Der Einfluß der Wissenschaft zerstörte diese Hoffnung jedoch gründlich. Da durch Fabrikgesetzgebungen und Gewerkschaftsbewegung einige der obigen Bedingungen in der Tendenz nicht mehr erfüllt wurden, kam es für das Kapital nicht nur darauf an, durch neue, leistungsfähigere Maschinen die allgemeine Produktivität und damit den Mehrwert zu steigern, sondern auch und in gleichem Maße die Herrschaft zu sichern, indem durch wissenschaftlich konstruierte Maschinen der Abstand zwischen der geistigen Potenz der Entstehungsbedingungen dieser Maschinen und dem durchschnittlich erreichbaren Ausbildungsniveau der Arbeiter an diesen Maschinen vergrößert wurde. Nur mit Hilfe der Wissenschaft kann auf jeweils neuem Niveau die Herrschaft des Kapitals gesichert werden. Dazu muß die Ingenieurwissenschaft nicht gezwungen werden, sie ist von sich aus daran interessiert, die Perfektion der Maschinen zu erhöhen und neu entdeckte Prozesse in Industrieapparaturen zu vergegenständlichen. Auch ist die Entwicklung von neuen, die Dimension der handwerklichen Maschinen deutlich überschreitenden Apparaturen aus der Sicht der Wissenschaftler und Ingenieure als objektives Bedürfnis und als Notwendigkeit zu deuten. Die industrielle Produktionsweise bringt Probleme in neuen und größeren Dimensionen, die auf der Basis der handwerklichen Technik nicht zu bewältigen sind. Besonders deutlich wird dies z. B. am Problem des Antriebs. Begann die Industrialisierung zunächst mit der Werkzeugmaschine, die im wesentlichen handwerklichen Ursprungs war – und von ihr war bisher auch hauptsächlich die Rede –, so setzte die Wissenschaft deutlich zuerst bei der Antriebsmaschine an. Durch größer werdende Werkzeugmaschinen und vor allem durch die Häufung dieser Maschinen in einer Fabrik entstand ein zunehmender Kraftbedarf, der durch Addition vorhandener Energiequellen, wie Pferde, nicht gedeckt werden konnte. Windkräfte waren für den geforderten kontinuierlichen Prozeß viel zu unzuverlässig, und die Wasserkraft stand nicht überall zur Verfügung. Eine leistungsfähige, wirtschaftliche und mobile Kraftquelle, eingesetzt in den Zentren der beginnenden Industrialisierung, den Kohlegebieten – wo schon allein für die Grundwasserpumpen immer mehr Energie gebraucht wurde –, mußte einen ungeheuren dynamischen Impuls für die materielle Produktion bedeuten, und wenn diese Antriebsmaschine noch in das Organisationsprinzip der zentralgesteuerten Kasernierung paßte, mußte sie endgültig mit »noch einigen anderen Faktoren den Kapitalismus in den Sattel« heben[209].

Diese Kraftquelle wurde gegen Ende des 18. Jahrhunderts von James Watt entwickelt. Ich möchte kurz bei dieser »philosophischen Maschine« (Bernal) verweilen, da sie die erste große Maschine ist, die den Einfluß der Wissenschaft deutlich macht und die gleichzeitig exemplarisch das notwendige Zusammenspiel von Wissenschaft, Technik und Kapital zeigt. Vor allem »ist die Dampfmaschine in erster Linie eine ganz bewußte Anwendung wissenschaftlichen Denkens, und insofern spielt die Wissenschaft eine wesentliche Rolle in der industriellen Revolution«[210]. Dies wird oft bestritten[211], vor allem, wenn man von zu oberflächlichen Kriterien ausgeht, wie z. B. von der Berufsbezeichnung »Instrumentenmacher« für Watt[212].

Watt begann zwar als »Mathematischer Instrumentenmacher der Universität« in Glasgow und hatte keine »bescheinigte« akademische Ausbildung, aber durch sein frühes Interesse an Mathematik, durch seine grüblerische Neugier und durch die guten Verbindungen zur Glasgower Universität gab es bald niemanden, der mehr über Wasser, Wärme und Dampf wußte, theoretisch und praktisch, als er. »Die ›Royal Societies‹ von London und Edinburgh wählten ihn zum ›Fellow‹, und die Akademie der Wissenschaften Frankreichs zählte ihn zu ihren nur acht ausländischen Mitgliedern«[213], dies zwar erst, als seine Dampfmaschine schon lief, aber einem geschickten und einfallsreichen Handwerker allein wäre dies nie zuteil geworden.

209 Vgl. D. Claessens: *Kapitalismus als Kultur*, Düsseldorf–Köln 1973, p 126 f.

210 Bernal: *Wissenschaft* (95), p 491.

211 So z. B. Bahr (172), p 40: »Weder die Spinnmaschine und der mechanische Webstuhl noch die Dampfmaschine waren in unmittelbarer Verbindung zu Erkenntnissen oder Geräten der theoretischen Physik entstanden.«

212 Vgl. G. Güntheroth (ed): *Die technisch-wissenschaftliche Intelligenz*, Reinbek 1972, p 10.

213 Vgl. H. W. Dickinson: »Watt«, in: *Die berühmten Erfinder, Physiker und Ingenieure*, Köln o. J., p 71.

Wichtiger sind jedoch andere Aspekte. Die Dampfmaschine ist die erste wirkliche, vollständige Beherrschung der unbelebten Natur in einem partikularen Prozeß. In ihr erfüllt sich der Wunsch, die geheimen, unsichtbaren Kräfte der Natur so in abgesteckte Bahnen zu lenken, daß diese Kräfte in den Dienst des herrschenden Menschen gestellt werden können, in ihr erfüllt sich das Ideal des von außen zu steuernden, kontinuierlich ablaufenden mächtigen Prozesses. Als partikular beherrschter Prozeß zeigt er gleichzeitig die Merkmale der offenen Zweckstruktur, hier die offene Antriebspotenz für »freibleibende Zwecke« (Freyer), die für wissenschaftlich-technische Produkte ja typisch war.
Auch die Entstehungsbedingungen und Entwicklungsweise sind untypisch für ein handwerkliches Produkt. Auffallend ist das analytisch-synthetische Vorgehen von Watt. Er synthetisiert eine ganze Reihe von Prinzipien und Mechanismen, die zum Teil schon bekannt waren, zum Teil aber auch von ihm erst genau analysiert werden mußten. Das ist einer der Gründe, warum diese Maschine ein qualitativer Sprung war gegenüber der Newcomen-Maschine, die im wesentlichen nur an einem Prinzip orientiert war. Vor allem die Entwicklung des Kondensators, in dem außerhalb des warmen Zylinders der Dampf energiesparend kondensieren konnte, war ohne theoretische Erkenntnisse, wie z. B. die von seinem Freund J. B. Black entdeckte »latente Wärme«, nicht zu denken. Aber auch die Nutzung des schon in Mühlen verwendeten Fliehkraftreglers, zu dessen genauer Konstruktion die Newtonsche Mechanik wertvolle Hilfen leistete, war ein weiteres wichtiges Element, das Watt zu Erreichung des kontinuierlichen Prozesses in seine Maschine integrierte.
Am Beispiel der Wattschen Dampfmaschine zeigen sich auch die spezifischen Anstrengungen der »Entwicklungsarbeit«, die nötig sind, ein aus Prinzipien konstruiertes funktionierendes Labormodell in die industrielle Praxis zu übertragen. Für diese Arbeit sind handwerkliche Fertigkeiten unter wissenschaftlicher Anleitung notwendig[214]. Watt vereinigte noch beides in einer Person.

214 Vgl. Bernal: *Wissenschaft* (95), p 541.

Er war schon der Typ des Wissenschafts-Handwerkers, der noch bis zum Beginn des 20. Jahrhunderts eine wichtige Rolle spielte. Da für die vielen Probleme, die bei der Entwicklung entstehen, noch kein genügend großes Wissen vorhanden war, mußten viele Wege erst mühsam erkundet und ausprobiert werden[215]. Später lenkt das akkumulierte Wissen dieses Probieren, der Spielraum wird enger, und viele Sackgassen müssen erst gar nicht betreten werden. Aber die gelenkte Improvisation ist bis heute eine wichtige Fähigkeit des Entwicklungsingenieurs und »in mancher Hinsicht sind die Werkstätten von Boulton & Watt im Soho des späten 18. Jahrhunderts deutlich Vorläufer der industriellen Forschungs- und Entwicklungslaboratorien des 20. Jahrhunderts«[216]. Am Beispiel der Wattschen Arbeiten wird auch deutlich, wie stark die technischen Realisierungschancen wissenschaftlicher Prozesse abhängig sind vom Stand der Fertigkeiten in der Materialbearbeitung, vom Stand also, wieweit Naturmaterialien »begradigt« werden können, damit die »berechneten« Prozesse auch »ungestört« ablaufen können. Für Watt z. B. spielte die Begradigung im wörtlichen Sinne eine wichtige Rolle, und die von J. Wilkinson entwickelte Zylinderbohrmaschine war ein wichtiges Hilfsmittel für ihn[217].

Und, nicht zuletzt, auch die wechselseitige Abhängigkeit zwischen technischer Entwicklung und Kapital läßt sich am Beispiel der Dampfmaschine von Watt deutlich erkennen. In der Wirtschafts-Geschichte wird dieser Zusammenhang unter dem Stich-

215 Z. B.: um den Kolben gegen den Zylinder abzudichten, »experimentierte (Watt) mit Kolbenscheiben und Ringen aus Leder, Pappe, Stoff, Kork, Werg, Hanf, Asbest, einer Blei-Zinn- und einer Kupfer-Blei-Legierung. Um den Kolben besser abzudichten, probierte er Quecksilber, Öl, Graphit, Talg, Pferdedung, Pflanzenöl und eine Vielzahl anderer Materialien.« F. M. Scherer: »Erfindung und Innovation bei der Entdeckung der Dampfmaschine durch Watt-Boulton«, in: R. Braun, F. Fischer u. a. (ed): *Industrielle Revolution*, Köln 1972, p 148.

216 Scherer (215), p 150.

217 Vgl. Scherer (215), p 148 f, und Bernal (95), p 544.

wort Innovation ausführlich behandelt (Schumpeter, A. P. Usher), und für einzelne Projekte wird versucht, abzuschätzen, was wichtiger war, das Kapital oder die »Erfindung«, wobei wegen der komplexen Zusammenhänge die Auffassungen sehr streuen[218]. War für das Betreiben von Wissenschaft schon die freie Disposition über ein Mehrprodukt notwendig, so beschränkte sich dies im Umfang im wesentlichen auf die Reproduktionskosten der Wissenschaftler. Für die ganz erheblich höheren Kosten der »Entwicklung« waren freie Dispositionen über ein Mehrprodukt notwendig, wie sie nur ein kapitalistisches System hervorbringen konnte, und notwendig war auch, daß das Kapital für ein bestimmtes technisches Projekt sein Profit-Interesse zeigte und dieses Mehrprodukt auch zur Verfügung stellte. Vorhandenes Wissen und bloße technische Möglichkeiten genügen keineswegs zur industriellen Realisierung, wie das Beispiel China, wo »das hochentwickelte Wissen auf dem Gebiet der wissenschaftlichen Mechanik ... das allgemeine Niveau der industriellen Technik«[219] nicht beeinflußte, und das Beispiel der vielen »liegengelassenen« Erfindungen zeigt. Ohne einen Kapitalisten M. Boulton wäre z. B. die Dampfmaschine nicht entwickelt worden[220].

So trugen also viele »Bedingungen« dazu bei, wie das Vorhandensein eines industriellen Kapitalismus, die objektive Notwendigkeit für eine neue Antriebspotenz, der Stand der Materialbeherrschung, das akkumulierte Wissen einer experimentellen Naturwissenschaft über Wärmeprozesse und der Wissenschafts-Handwerker Watt, daß unter dieser Konstellation diese Ma-

218 Vgl. für einen Überblick: P. Mathias: »Wer entfesselte Prometheus? Naturwissenschaft und technischer Wandel von 1600 bis 1800«, in: *Industrielle Revolution* (215), p 121 ff, und vgl. auch Scherer (215), p 139 ff.

219 Mathias (218), p 128. Für eine genauere Darstellung dieses wichtigen kulturellen Unterschieds vgl. die Arbeiten von Joseph Needham, z. B. das mehrbändige Werk: *Science and Civilisation in China*, Cambridge (England) 1954.

220 Vgl. Scherer (215), p 146, und Bernal (95), p 495.

schine entstehen »mußte«[221]. Spaltet man die Zusammenhänge schon in diesem Entwicklungsstadium auf, so scheinen dennoch die jeweiligen Entwicklungslinien sich nach ihrer immanenten Logik zu entwickeln, und eine gewisse Berechtigung kann bestehen, die Geschichte der Technologie[222] und die Geschichte des Kapitalismus im Bewußtsein der Einseitigkeit getrennt zu schreiben. Ein falsches Bewußtsein über die Entwicklung der kapitalistischen Industrie jedoch zeichnet sicher die beiden extremen Positionen aus, die entweder naiv technizistisch einen »technischen Fortschritt« beschreiben[223] oder monomanisch alles aus einer Logik des Kapitals »ableiten«[224].

Die Fixierung auf das Beispiel der Dampfmaschine gibt sicher ein schiefes Bild über den Einfluß der Wissenschaft zum Beginn

221 Vgl. Claessens: *Kapitalismus* (209), p 126.

222 Z. B. A. Timm: *Kleine Geschichte der Technologie*, Stuttgart 1964.

223 Als Beispiel für viele: K. Steinbuch: *Mensch Technik Zukunft*, Reinbek 1973.

224 Vgl. hierzu auch die lange Kontroverse zwischen Externalisten, die externe gesellschaftliche Einflüsse für die Wissenschaftsentwicklung als bestimmend ansehen (wie z. B. Hessen (148)), und Internalisten, die Inhalt und Richtung dieser Entwicklung nur auf der kognitiven Ebene deuten und hierfür externe Bestimmungsmerkmale für nicht relevant halten. Vgl. für einen Überblick G. Basalla (ed): *The Rise of Modern Science. External or Internal Factors?* Lexington, Mass. 1968. Für einen Überblick über die analoge fragwürdige Arbeitsteilung zwischen Wissenschaftstheorie und Wissenschaftssoziologie vgl. die beiden Reader von Peter Weingart: (148) und Weingart (ed): *Wissenschaftssoziologie 1, Wissenschaftliche Entwicklung als sozialer Prozeß*, Ffm. 1972. Über den Zusammenhang zwischen sozialen und kognitiven Momenten in der Wissenschaftsentwicklung wurde durch Thomas S. Kuhn: *Die Struktur wissenschaftlicher Revolutionen* 1962 (deutsch Ffm. 1967) eine neue Diskussion eingeleitet. Ein neuerer Beitrag hierzu ist z. B. die Arbeit von Weingart: *Wissensproduktion und soziale Struktur*, Ffm. 1976. Ich werde auf diese innersoziologische Diskussion explizit nicht eingehen, da sie das Thema »Herrschaft« so gut wie gar nicht interessiert, andererseits aber auch insgesamt keine widersprüchlichen Befunde zu meiner Darstellung liefert.

der Industrialisierung. Vor allem für den Bau der vielen Werkzeugmaschinen, die Marx z. B. für den wichtigsten Maschinenkomplex dieser Zeit ansieht, war keine »Wissenschaft« erforderlich, zumindest, wenn man das von heutiger Sicht aus sieht und wenn man unter Wissenschaft akademisch produzierte »große Gesetze« versteht. Die Einschätzung sieht schon etwas anders aus, wenn man den Einfluß des »allgemeinen mechanistisch-wissenschaftlichen Geistes« auf die Konstruktion der Werkzeugmaschinen betrachtet, wie, für das traditionelle Handwerk ungewöhnlich, einzelne Elemente in ihrer Funktion untersucht und optimiert wurden und wie aus einer Vielzahl »erforschter« Elemente komplexere Apparate synthetisiert wurden. Eine genauere historische Analyse der Entstehungsbedingungen, so vermute ich, würde bei mancher Werkzeugmaschine der Frühzeit der Industrialisierung mehr »Wissenschaft« zum Vorschein bringen als heute üblich angenommen wird. Aber, den Begriff der Wissenschaft strenger gefaßt, ist es wohl richtig, daß wissenschaftliche Technik zuerst nur punktuell, wenn z. T. auch an strategisch wichtigen Punkten, in die industrielle Produktion eingreift. Erst später wird zunehmend auch die Werkzeugmaschine durch wissenschaftliche Methoden und Erkenntnisse verbessert und leistungsfähiger gemacht. Durch die neuen Bedingungen des Antriebs, der größeren einwirkenden Kräfte, der schnelleren Bewegungen wurde es notwendig, statische und dynamische Kräfte an diesen Maschinen zu berechnen, Gesetze für die Belastbarkeit von Materialien zu finden und die Reibungskräfte wissenschaftlich zu erforschen. Sehr wichtig für eine Verwissenschaftlichung der Produktion war die Verbesserung der genaueren Materialbearbeitungsverfahren, wie sie z. B. mit der Erfindung und Weiterentwicklung der Drehbank gegeben wurde. Die Übertragung wissenschaftlicher Prinzipien, die auf dem Papier »funktionierten«, scheiterte ja an den wenig »begradigten« Materialien der Industrie, und da die Herstellung der notwendigen Randbedingungen abhängig war von Zufälligkeiten und Geschick eines materialbeherrschenden Handwerks, waren auch die Ergebnisse oft zufällig und Glücksache. »Mit der Präzision in der Metallverarbeitung änderte sich das jedoch, und die Leistung mechanischer Vorrichtungen konnte jetzt mit einer gewissen Wahrscheinlichkeit bereits am Zeichenbrett berechnet werden. Jetzt wurde auch die Verwendung von auswechselbaren Einzelteilen möglich und damit der Weg frei für die Serienproduktion des 20. Jahrhunderts«[225]. Mit der präziseren Materialbearbeitung wurde erst die Grundlage gelegt, die Produktionsweise auf breiter Front zu verwissenschaftlichen, da man hierdurch erst vorausberechenbare Ergebnisse antreffen konnte, die man nach einheitlichen Maßen und Normen zu komplexen Gebilden synthetisieren konnte. Eine Trennung von Hand- und Kopfarbeit wurde auch auf der Ebene der Maschinenherstellung möglich, da nun durch Konstruktionszeichnungen die Kopfarbeit von einer ausführenden getrennt werden konnte. Durch die sich hierdurch ergebende Arbeitsteilung war eine Beherrschung von zentraler Stelle auch in diesem Bereich gesichert.

In den um die Mitte des 19. Jahrhunderts neu entstehenden Industrien im Bereich Elektro und Chemie war der Einfluß der Wissenschaft von Anfang an sehr groß und oft sogar der einzige Ausgangspunkt[226]. Das liegt vor allem auch daran, daß der wissenschaftlich beherrschte »verborgene Prozeß« zum größten Teil auch in der technischen Realisation im Verborgenen blieb, sich der unmittelbaren sinnlichen Kontrolle und Erfahrung entzog. Eine Möglichkeit zur Polarisierung in »Sehende« und blind »Folgende« war für diesen Produktionsbereich besonders stark gegeben, und in der heutigen Elektro- und Elektronikindustrie ist sie auch besonders stark »verwirklicht«[227].

Insgesamt kann man wohl sagen: die kapitalistische Produktionsweise war ein ungewöhnlich guter »Nährboden« für den Entwicklungsprozeß des wissenschaftlich-technischen Fortschritts.

225 Bernal: *Wissenschaft* (95), p 555; erste Vorboten bereits um 1800, kennzeichnenderweise in der Rüstungsindustrie (vgl. p 555).

226 Vgl. Bernal (95), p 559ff.

227 Ich komme noch darauf zurück. Wegen »gefährlicher Prozesse« war die Chemie von Anfang an gezwungen, stark zu automatisieren. Sie nimmt darum eine Sonderstellung ein in den Produktionszweigen.

Der technische Fortschritt paßte sich blind in den Kapitalismus ein, ohne daß die wissenschaftlich-technische Logik sich verraten mußte. Ich möchte dies auf einer anderen Ebene nochmals verdeutlichen.

Die abkürzende Redeweise von der »Logik des Kapitals« oder der »Logik der Wissenschaft« darf nicht als Reifizierung mißverstanden werden. Auch »objektiv« sich durchsetzende gesellschaftliche Strukturen sind nur sinnvoll und angemessen darstellbar auf dem Hintergrund gesellschaftlicher Kräfte, als strukturierte Konstellation menschlichen Handelns. Für die Logik der Wissenschaft ist dieser gesellschaftliche Hintergrund die »scientific community« mit ihren spezifischen gesellschaftlichen Reproduktionsbedingungen, ihren Spielregeln, Normen und Interessen[228]. Die Abhängigkeit von und die Orientierung an der herrschenden Klasse war und ist für die scientific community der Wissenschaftler und der Wissenschafts-Techniker, der Ingenieure, aus vielen Gründen gegeben. Das Herrschaftsmotiv ist notwendiges Strukturmerkmal der Wissenschaft, und die gesamtgesellschaftliche »humanistische« Orientierung der Naturwissenschaft war nur von kurzer Dauer und blieb ein »äußerliches« Merkmal. Dies habe ich im Kapitel III B versucht darzustellen. Für die Wissenschafts-Techniker kommen Momente hinzu, die das Herrschaftsmotiv und das partikulare Interesse verstärken. Die Verwirklichung der erst nur auf dem Papier möglichen Prozesse gibt der Ingenieurtätigkeit eine neue Dimension des Herrschaftsvermögens über die Natur, zumal, wenn diese Prozesse im großen Maßstab beherrschbar werden. Wie diese Tätigkeit eine bestimmte Persönlichkeitsstruktur prägt, ist vorwiegend, aber vielfältig in literarischer Form beschrieben worden[229] und bis jetzt wenig wissenschaftlich-systematisch. In einer psychologischen

228 Vgl. zum Begriff scientific community Kuhn (351) und Weingart (351).

229 Der *Homo faber* von Max Frisch ist hierfür nur ein modernes und reflektiertes Beispiel. »Heldenromane« über »besessene« Ingenieure und ihre »Feldherrenrolle« gab es vor allem vor dem 2. Weltkrieg in großer Zahl.

Analyse dieser Persönlichkeitsstruktur müßte sicher auch der von Gehlen vermuteten »Tiefenbindung« der technischen Rationalität nachgegangen werden. Ganz sicher hängt diese Tiefenbindung nicht z. B. mit dem Herzrhythmus zusammen, wie Gehlen in einem vorwissenschaftlichen Analogiedenken u. a. vermutet. Diese Hypothese wird auch nicht wahrscheinlicher, wenn man berücksichtigt, daß der menschliche Organismus in der Tat eine große Zahl komplizierter und sich überlagernder Oszillatoren enthält. Ein Resonanzphänomen zu Rhythmen technischer Apparate ist auf unmittelbarer physiologischer Basis nicht sinnvoll zu postulieren. Schon allein die Tatsache, daß nicht »der Mensch« dieses wie immer bestimmte Resonanzphänomen zeigt, sondern nur einige Menschen, spricht dagegen. Andererseits glaube ich nicht, daß eine »Tiefenbindung an Außenweltprozesse« durch die Technik nur in der Möglichkeit einer größeren Aggressionsentlastung liegt[230]. Daß die Formeln von einem »Resonanzphänomen«, einem »prometheischen Trieb«, einer »besessenen Hingabe« einen Wirklichkeitsgehalt haben, würde wohl am wenigsten von den Betroffenen bestritten werden. Ich vermute, daß eine psychologische und sozialpsychologische Forschung auf der Ebene kognitiver Prozesse den rationalen Kern dieser Phänomene erkennen und vielleicht auf weitere interessante Phänomene stoßen könnte. Für die Analyse der scientific community könnte dies ein wichtiges Element sein, dessen relative Bedeutung jedoch durch eine Gesamtanalyse richtig eingeschätzt werden muß.

Betrachtet man ein sozialpsychologisch definierbares Interesse der scientific community in Zusammenhang mit den Spielregeln des Wissenschaftsprozesses, so zeigt sich aus gleichen Gründen wie bei den Wissenschaftlern auch bei den Ingenieuren eine Konzentration auf den partikularen Prozeß. Die Faszination und Konzentration auf den technisch zu realisierenden partikularen Prozeß blendet den Horizont auf eine größere Zweckstruktur aus. Wo immer nur ein Mäzen oder ein Kapitalist die Möglich-

230 Wie z. B. Bahr vermutet. Vgl. Hans-Dieter Bahr: *Kritik der »Politischen Technologie«*, Ffm. 1970, p 60, vgl. auch p 13–14.

keit bietet, eine »Erfindung« zu realisieren, wird diese genutzt, und das Kapital bietet reichlich Möglichkeiten. Dadurch erscheint die Tätigkeit im Rahmen der größeren Zweckstruktur als »dienende«, die dann bei kritikloser Akzeptierung dieser Struktur als »Caritas« verklärt werden kann. Diese »dienende«, nur auf die partikulare Aufgabe fixierte Haltung ist von Anbeginn für Ingenieure typisch, und bereits im Verhalten Leonardos ist dies erkennbar. Interessant ist, daß gerade Leonardo da Vinci immer wieder als Musterbeispiel des »verantwortlichen« Ingenieurs herangezogen wird, so z. B. auch von K. Steinbuch. Er führt das Bilderbuch-Beispiel von der Vernichtung der U-Bootpläne durch Leonardo an, weil Leonardo die Natur des Menschen als zu »böse« für diese Mittel ansah[231]. Sicher wurde Leonardo noch von Zweifeln über die Verantwortbarkeit der Folgen technischer Geräte geplagt. Aber aus seinen Aufzeichnungen geht auch klar hervor, daß er dieses Boot für einen beliebigen Fürsten gebaut hätte, wenn nur die Realisierungschancen größer gewesen wären. Da aber die technischen Schwierigkeiten zu groß waren, konnte er leichter seiner mahnenden Stimme nachgeben und das Projekt begraben. Für anderes realisierbares Kriegsgerät stellte er seine Dienste beliebigen Fürsten willig zur Verfügung.
Das weitere Beispiel, das Steinbuch nennt, ist der Physiker Rumford. Auch er ist ein schlechtes Beispiel, da allein seine »Leistung«, Surrogat-Nahrungen für die Arbeiter zu entwickeln, um deren Reproduktionskosten zu senken, den dienstbaren Geist für die herrschende Klasse bekundet. Das Verantwortungsgefühl von Rumford lag hier ganz im Sinne der Fabrikanten, die sich Sorgen machten, wie die eigentlich überflüssigen Lohnkosten der Arbeiter auf Null zu drücken waren[232].

231 Vgl. K. Steinbuch: *Kurskorrektur* (181), p 115.
232 Vgl. die Empörung von Marx über diesen »verantwortlichen« Physiker: um 1790 »verfolgte ein amerikanischer Humbug, der baronisierte Yankee Benjamin Thompson (alias Graf Rumford) dieselbe Philanthropielinie (wie die Fabrikanten, O. U.) mit großem Wohlgefallen vor Gott und den Menschen. Seine ›Essays‹ sind ein Kochbuch mit Rezepten aller Art, um Surrogate an die Stelle der teuren Normal-

Bleiben die beiden letzten von Steinbuch genannten »verantwortungsvollen« Naturwissenschaftler: die Physiker J. R. Oppenheimer und A. D. Sacharow. Oppenheimer war »verantwortlicher« Leiter des bisher verantwortungslosesten Projekts von Wissenschaft und Technik. Erst zehn Jahre später, nachdem mehr auf Drängen der Wissenschaftler als der Militärs zwei Atombomben abgeworfen und viele neue produziert waren, wurde der »Fall Oppenheimer« zu einer eher bühnenwirksamen Protestfigur. Und Sacharows Protest hat keine Verbindung zu seiner naturwissenschaftlichen Tätigkeit. Aber selbst wenn man noch mit Mühe eine Handvoll »protestierender« Physiker aufzählen könnte, von einem organisierten Protest der Ingenieure z. B. auch nur irgendein Kriegsgerät nicht zu bauen, habe ich noch nie etwas gehört oder gelesen. Aus den Konstitutionsbedingungen der scientific community und aus den speziellen Berufssozialisierungsprozessen der Ingenieure heraus wäre dieser Protest auch untypisch und gar nicht zu erklären. Typisch und erklärbar dagegen erscheint mir die von Marcuse erwähnte Interview-Antwort eines Forschungsingenieurs: »Einer ›der Hunderte von Ingenieuren‹, die vom Autor interviewt wurden, wird folgendermaßen zitiert: ›Es gibt eine riesige Menge von Verkaufsaufträgen bei diesem Job ... Meine wahre Liebe gehört Kleinmeßstrukturen ..., aber ich bin ebenso bereit, an Kleinkostenstrukturen zu arbeiten, oder daran, wie man die Russen besser tötet; denn die Organisation überlebt, indem sie Forschung betreibt, die sich verkaufen läßt.‹ An sich unbezahlbar und ein Schatz für Sprachanalyse (man beachte die glatte Verschmelzung von Liebe, Töten, Forschung und Verkauf), offenbart dieses Zitat das Bewußtsein (und das Unbewußte) von zumindest einem dieser ›Technokraten‹. Sind das potentielle Revolutionäre?«[233]

Die Integrierung des Verkaufsinteresses in diesem Beispiel ist schon eine Überanpassung an den kapitalistischen Auftraggeber,

speisen des Arbeiters zu setzen.« *MEW* 23, p 628, vgl. auch p 626 f und Rezeptbeispiel auf p 628!

233 Vgl. H. Marcuse: *Versuch über die Befreiung*, Ffm. 1969, p 85.

sie ist nur notwendig für den Ingenieur-Unternehmer des 19. Jahrhunderts oder heute für den Ingenieur-Manager. Blickt der Ingenieur über seinen partikularen technischen Horizont hinaus und interessiert sich für eine größere Zweckstruktur, dann ist dies aus vielen Gründen der Horizont und das Interesse des Unternehmers. Der nicht im Management beschäftigte Ingenieur gibt sich in der Regel, soweit er die Möglichkeit dazu hat, ganz dem »Eros« einer zu vervollkommnenden Technik hin[234]. Die kapitalistische Industrie bietet diesem Eros, bietet jedem einfallsreichen und strebsamen Ingenieur fast beliebige Möglichkeiten, kostspieligste Apparaturen zu entwickeln. Der technische Fortschritt kann sich durch dieses Zusammenspiel »hemmungslos« wie das Kapital entfalten, und die Ingenieure sehen mit Recht in der kapitalistischen Industrie keinen Gegenspieler, sondern das ureigene Entwicklungsfeld für »ihre« Technik. Es ist deswegen auch nicht erstaunlich, wenn Hortleder bei der Analyse des VDI feststellt: »Ingenieuren war und ist in der Regel nicht möglich, die Ambivalenz des Begriffs ›Industrie‹ zu erkennen, geschweige denn kritisch aufzuhellen. Industrie wird interpretiert als ein Komplex technischer Sachvollzüge; in dieser Perspektive ist die immer wieder zu beobachtende synonyme Verwendung der Begriffe Technik und Industrie nur folgerichtig«[235]. Es trifft deswegen auch nicht den Sachverhalt der strukturellen Affinität zwischen Kapital und naturwissenschaftlicher Technik, wenn z. B. J. Ritsert meint: »Die kapitalistisch motivierte Aneignung der Natur strukturiert die Wissenschaft vor; sie selegiert Problemstellungen und generiert Fragestellungen, die nur in diesem gesellschaftlichen Projekt eigentümlich sind«[236]. Einmal wäre zu

234 Vgl. Gerd Hortleder: *Das Gesellschaftsbild des Ingenieurs. Zum politischen Verhalten der Technischen Intelligenz in Deutschland*, Ffm. 1970, p 31. Am Beispiel des Vereins Deutscher Ingenieure (VDI) analysiert Hortleder den nur auf die Technik bezogenen Horizont der Ingenieure und die sich hieraus ergebenden politischen Folgen. Dies ist eine der wenigen und wichtigen Untersuchungen dieser Art.

235 G. Hortleder (234), p 61.

236 Jürgen Ritsert: *Der Konservativismus der kritischen Theorie*, Ffm. 1971, p 74 (zusammen mit C. Rolshausen).

unterscheiden zwischen einer Vorstrukturierung und einer Selegierung. Beides wird hier als gleichbedeutend angenommen. Das erste betrifft jedoch den Strukturcharakter der Wissenschaft, und der ist ganz sicher nicht durch den Kapitalismus primär geprägt, das zweite betrifft die »Anwendung«, und darüber kann man reden. Aber aus Gründen der von mir beschriebenen strukturellen Merkmale wird in der Tendenz die naturwissenschaftliche Technik nicht vom Kapital in eine ungewollte Entwicklungsrichtung gedrängt. Ihre Bahnen lassen sich auch nach einer immanenten Entwicklungslogik deuten. Die wissenschaftlich motivierte Beherrschung der Natur und die kapitalistisch motivierte Beherrschung des Produktionsprozesses haben eine hohe strukturelle Ähnlichkeit. Die von der Wissenschaft generierten Fragestellungen, und vor allem die organisatorisch-technischen Lösungen dieser Fragestellungen, sind nicht so eindeutig von diesem gesellschaftlichen Projekt des Kapitalismus bestimmt, wie allgemein gern angenommen wird. Eine Veränderung der Makrostruktur des Kapitalismus, also z. B. die Aufhebung der privaten Verfügung über Produktionsmittel, ist zwar eine notwendige, aber nicht hinreichende Bedingung der Veränderung der typischen Herrschaftsstrukturen in Produktionsbetrieben und der Veränderung der technischen Fragestellungen.

Die Verbesserung der Maschinen, die rasante Entwicklung des technischen »Fortschritts« kann auch einseitig aus der Perspektive des Kapitals gesehen und gedeutet werden. Die kapitalistische Produktionsweise begann auf der vorgefundenen technischen Basis, und die Erhöhung des Mehrwerts wurde durch die Erhöhung der Arbeitszeit erreicht. In dieser Phase der Produktion von vorwiegend absolutem Mehrwert[237] zeigte sich der Kapitalismus von seiner brutalsten Seite. Heute, im Zeitalter der

237 Marx unterschied »absoluten Mehrwert«, entstanden durch die Verlängerung des Arbeitstages, und »relativen Mehrwert«, entstanden durch die Verkürzung der notwendigen Arbeitszeit (notwendig für die Kosten der Reproduktion des Arbeiters). Die Erhöhung des relativen Mehrwerts erfolgt im wesentlichen also durch die Erhöhung der Produktivität. Vgl. *MEW* 23, p 331, 334.

»Sozialpartnerschaft«, sind die Arbeitsbedingungen jener Zeit selbst mit größter Phantasie und böswilligsten Unterstellungen an die Unternehmer wahrscheinlich von den meisten noch nicht einmal vorstellbar[238]. Zur Stabilisierung des kapitalistischen Produktionssystems war es notwendig, die Arbeitszeit durch Staatsgesetze für alle zu begrenzen. Daß nur so das System eine Zukunft haben konnte, wurde schon früh auch von »weitsichtigen« Unternehmern gesehen. Dennoch war es ein langer Weg, ehe trotz vorhandener und für die Arbeiter günstiger werdender Gesetze sich so etwas wie ein »Normalarbeitstag« entwickelte. Bedenkt man, wie lange schon, trotz enormer Produktivitätssteigerungen, die Arbeitszeit sich um die 8-Stunden-Marke eingependelt hat, dann erscheint dieser Wert wie eine »natürliche« Grenze der optimalen Ausnutzung: die Arbeitszeit ist kurz genug, um die Arbeit noch erträglich zu finden und um genug Zeit zu haben, sich zu regenerieren und zu zerstreuen, und die Arbeitszeit ist lang genug, um keine Zeit zu finden, über größere Zusammenhänge systematisch nachzudenken und sich auszubilden für eine Übernahme der Produktion in eigene Regie[239].

Das Kapital ist also schon über längere Zeit gezwungen, hauptsächlich relativen Mehrwert zu produzieren, also die Produktivität zu steigern, und für diese Steigerung sind Wissenschaft und Technik unersetzbare Voraussetzungen und Hilfen, »der Begriff des relativen Mehrwerts schließt daher die Verwissenschaftlichung der Produktion ein«[240]. Das Autorenkollektiv z. B. zieht hieraus aber den falschen Schluß, daß die Naturwissenschaft ein »Resultat« der kapitalistischen materiellen Produktion sei[241].

238 Vgl. Friedrich Engels: *Die Lage der arbeitenden Klasse in England*, in *MEW* 2 und K. Marx: Der Arbeitstag, 8. Kapitel im *Kapital* I, *MEW* 23, p 245 ff.

239 Für die »Veränderung« der Arbeitszeit der letzten 20 Jahre in der BRD vergleiche: Martin Osterland, W. Deppe u. a.: *Materialien zur Lebens- und Arbeitssituation der Industriearbeiter in der BRD*, Ffm. 1973, p 61 ff.

240 Autorenkollektiv FU: *Klassenlage* (98), p 179.

241 W. o., p 177 f und 197.

Das Kapital erscheint in dieser Perspektive als einzige dynamische Potenz, aus der alles andere »abgeleitet« werden kann. Die eigene Dynamik, Gesetzmäßigkeit und Struktur der naturwissenschaftlichen Technik verblaßt dann in der Formel vom Doppelcharakter der Arbeit, der eine nicht mehr hinterfragte »unschuldige« materielle Produktion und Maschinerie »an sich« durchscheinen läßt[242].

Die Wissenschaft entstand mit der Warengesellschaft und die Naturwissenschaft mit der bürgerlichen Gesellschaft. Sie entwickelte sich zwar nicht unabhängig, aber getrennt von der materiellen Produktion, und sie hatte ihre charakteristischen Merkmale »fertig« entwickelt, bevor sie als potentielle Produktivkraft wirkliche Produktivkraft werden konnte. Die kapitalistisch-industrielle Produktion begann zunächst ohne naturwissenschaftlich entwickelte Technik, wenngleich das Modell der Naturbeherrschung der Wissenschaft von Anfang an prägend für die Produktionsorganisation war. Gezwungen, relativen Mehrwert zu produzieren, förderte das Kapital Wissenschaft und Technik im großen Umfang, und große technische »Entwicklungen« waren durch die konzentrierte Verfügung über Mehrprodukte jetzt erst möglich. Aber Wissenschaft und Technik müssen auf Grund ihrer strukturellen Affinität zur Logik des Kapitals nicht »gezwungen« und »gepreßt« werden, sondern sie finden in der kapitalistischen Produktion ihren idealen Nährboden. Die kapitalistische Logik findet ihre Erfüllung erst in der Maschinerie der wissenschaftlichen Technik, und die wissenschaftliche Technik kann sich erst auf dem Boden der kapitalistischen Produktionsweise ungehemmt entfalten. Zwei gesellschaftliche Mechanismen haben sich hier zur Produktivkraftentfaltung, zur gegenseitigen Entwicklung und zur Beherrschung des Menschen im Produktionsprozeß »ungewöhnlich passend zugearbeitet«[243], und für eine Analyse der Herrschaft kommt es auch darauf an, den nichtkapitalistisch geformten Mechanismus genau zu erkennen.

242 Vgl. w. o., p 233.

243 D. Claessens: *Kapitalismus* (209), p 132, für einen ähnlichen Zusammenhang.

Ehe ich den Faden an dieser Stelle im nächsten Kapitel wieder aufnehme, möchte ich zum Schluß dieses Abschnitts noch einige Bemerkungen zur »positiven« Seite der kapitalistisch-technischen Produktivkraftentfaltung machen und noch einige unsystematische Gedanken zur »Begriffsbildung« anhängen.

Durch die kapitalistische Produktionsweise wurde ein Produktionsvermögen entfaltet, das verglichen mit früheren Epochen gewaltig war. Marx betont dies oft, und im Kommunistischen Manifest heißt es z. B.: »Die Bourgeoisie hat in ihrer kaum hundertjährigen Klassenherrschaft massenhaftere und kolossalere Produktivkräfte geschaffen als alle vergangenen Generationen zusammen.« Trotz der schweren Plackerei der Arbeiter in den Fabriken, trotz der ungleichen Verteilung des produzierten Reichtums und trotz der vielen Systemkrisen fiel durch diese Produktivkraftsteigerung »insgesamt« auch positiv etwas für die Gesamtbevölkerung »ab«. Durch die Industrialisierung erfolgte keine allgemeine Senkung des Lebensstandards, und zumindest die großen Hungerkrisen konnten mit der Industrialisierung überwunden werden[244]. Eine nicht genauer spezifizierte »Verelendungstheorie« war also schon zu Beginn der Industrialisierung nicht widerspruchslos zu halten, und die Feststellung der dem Kapitalismus gegenüber durchaus kritischen Ökonomin Joan Robinson hat ihre relative Berechtigung: »To have ... ›exploitation‹ and ›unpaid labour‹ is somewhat embarrassing. As we see nowadays in South-East Asia or the Caribbean, the misery of being exploited by capitalists is nothing compared to the misery of not being exploited at all. Here the law of value develops a kind of squint that leaves one deeply confused«[245]. Das System, das die Menschen zu mehr Arbeit zwingt als für sie

244 Vgl. Wilhelm Abel: *Massenarmut und Hungerkrisen im vorindustriellen Deutschland*, Göttingen 1972. Vgl. auch Touraine (204), p 36.

245 Joan Robinson: *Economic Philosophy*, London 1962. Vgl. hierzu aber ausführlicher und differenzierender Kapitel V! Z. B. müßte in diesem Zusammenhang das Problem einer ökologisch sinnvollen Bevölkerungsdichte diskutiert werden, was dann auch die Bewertung der »Technik« in einem neuen Licht erscheinen ließ!

selbst notwendig wäre, ist zweifellos »humaner« als überhaupt kein »System« der Produktivkraftentfaltung oder ein reines Agrarsystem für eine große Bevölkerung auf kleinem Raum. Damit eng zusammenhängend muß dann gleichzeitig festgestellt werden, daß ohne Technik eine große Bevölkerung auf kleinem Raum heute nicht lebensfähig ist. Die Technik ist heute ein unverzichtbarer »Kulturbestandteil« und eine unverzichtbare »Lebensbasis« zumindest für einen großen Teil der Weltbevölkerung, und nur mit ihrer Hilfe wird auch in der Zukunft eine humanere Welt zu gestalten sein. Darum wird auch die Arbeit des Technikers genauso wichtig sein und bleiben wie viele andere Arbeiten in einer entwickelten Gesellschaft. So allgemein formuliert wird dies heute sicher niemand bestreiten, und der Standpunkt der völligen Ablehnung der Technik, belegt mit dem Schlagwort »Kulturkritik«, wird kaum noch vertreten. Es ist deswegen ungenau, jede kritische Haltung gegenüber der Technik als »Kulturkritik« einzustufen. Die Analysen von Freyer z. B. sind nicht »kulturkritisch« im ursprünglichen Sinne, und auch Schelsky hat keine »kulturkritische Attitüde«, wie z. B. G. Ropohl meint, weil man bei Schelsky zu wenig »von den gewaltigen Leistungen der technisch-wissenschaftlichen Zivilisation für die Humanisierung der Daseinsbedingungen« lese und eine »negative Färbung in der Wahl der Formulierungen nicht (zu) verkennen« sei[246]. Die Schublade der Kulturkritik ist für viele »philosophierende Naturwissenschaftler« jedoch die einfachste Lösung, kritische Einwände gegen »die Technik« loszuwerden und das heroische Bild der »Technik als verwirklichte Freiheit des Menschen« (Tuchel) rein zu halten[247]. Es kann jedoch nicht darum gehen, die Technik zu verdammen oder sie zu verklären, sondern einzig darum, mit angemessenen Begriffen ihren Entwicklungsmechanismus zu analysieren, ihre gesellschaftlichen Entstehungsbedingungen und ihr Zusammenspiel mit anderen

246 Günther Ropohl: »Zur Technokratiediskussion in der Bundesrepublik Deutschland«, in: Hans Lenk (ed): *Technokratie als Ideologie*, Stuttgart usw. 1973, p 66.

247 Vgl. Klaus Tuchel: *Herausforderung der Technik*, Bremen 1967.

gesellschaftlichen Mechanismen aufzuhellen, um genauer abschätzen zu können, was sie wirklich »dem Menschen« an Freiheit bringt.

Auf dem »Umweg« dieser Analyse könnten dann auch einige kulturkritische Thesen einen rationalen Kern bekommen, so z. B. die These von F. G. Jünger bzw. J. Popper-Lynkeus[248], daß die Technik nicht zu einer Arbeitsersparnis führe. Betrachtet man als »Arbeit« die in abhängiger Arbeit verbrachte Zeit und bedenkt man, daß diese Zeit auf den 8-Stunden-»Normalarbeitstag« eingefroren oder sogar »während des letzten Vierteljahrhunderts ... leicht angestiegen« ist[249], dann ist für die meisten Menschen von einer »Arbeitsersparnis« durch die Technik wenig zu spüren. Dem Arbeiter »spart« die »kapitalistische Technik« also keine Arbeit. Das hat Marx vor Jünger und Popper-Lynkeus mit gesellschaftlichen Kategorien analysiert: »Es wird ... auch von der Maschinerie gesagt, daß sie Arbeit spart; das bloße Sparen der Arbeit ist indes ... nicht das Charakteristische; da mit Hilfe der Maschinerie die menschliche Arbeit Dinge tut und schafft, die sie absolut ohne sie nicht schaffen könnte. ... Das Sparen der notwendigen Arbeit und das Schaffen der Surplusarbeitszeit ist das Charakteristische«[250]. Die Analyse von Marx und vielen anderen konzentriert sich auf den Einfluß des Kapitals für dieses widersinnige Verhältnis von möglicher und wirklicher Arbeitsersparnis, und in einer kapitalistischen Gesellschaft ist dies sicher der wesentliche Einfluß. Mir kommt es darauf an, zu zeigen, wie in einer kapitalistischen Gesellschaft die wissenschaftliche Technik durch ihre eigene Entwicklungsgeschichte und Logik und durch die strukturelle Affinität zum Kapital ein widersinniges Produktions- und Herrschaftsverhältnis auch von sich aus ermöglicht, unterstützt und stabilisiert.

248 Zur Literaturangabe vgl. H. Popitz, H. P. Bahrdt u. a.: *Technik und Industriearbeit*, Tübingen 1964, p 3.

249 Vgl. J. K. Galbraith: *Die moderne Industriegesellschaft*, München/Zürich 1968, p 344.

250 K. Marx: *Grundrisse* (205), p 292, vgl. zum Begriff der notwendigen Arbeit Fußnote (237).

Nun zu den Bemerkungen zur »Begriffsbildung«: Der Einfluß des naturwissenschaftlichen Vorbilds auf die Sozialwissenschaften und die besondere Ausprägung der Sozialwissenschaften in einer kapitalistischen Gesellschaft ist ein nicht minder komplexes Thema als das Verhältnis von Technik und Herrschaft. Das Folgende ist also mehr als verkürzt und ist zudem noch hauptsächlich aus der Perspektive meiner bisherigen Argumentation gesehen. Dennoch ist es wohl nicht falsch, festzustellen, daß zwischen Naturwissenschaft und bürgerlicher empirischer Sozialwissenschaft auffallende Parallelen vorhanden sind. Diese Sozialwissenschaft ist wie die Naturwissenschaft auf den partikularen Prozeß konzentriert und oft mehr an der Anwendung einer neuen Methode interessiert als an der adäquaten Erfassung des Untersuchungsgegenstandes. Die präzise Formulierung von Begriffen im Einzelbereich erscheint ihr wichtiger als das Erkennen von größeren Zusammenhängen. Der eingeengte Horizont wird verteidigt mit dem Argument, daß nur so »Wissenschaft« zu betreiben sei, und mit dem Hinweis auf die vage Hoffnung, daß irgendwann, wenn es einmal den Einstein der Sozialwissenschaften gegeben hat, auch diese partikularen Ergebnisse zu einer universalen Sozialwissenschaft zusammenwachsen werden[251]. Dabei ist es nicht untypisch für eine bürgerliche Soziologie, daß aus partikularen Befunden voreilige Schlüsse auf das »Ganze« der Gesellschaft gezogen werden. Die Kennzeichnung der Gesellschaft als »nivellierte Mittelstandsgesellschaft« (Schelsky) wäre eines der vielen Beispiele hierfür. Die so gefundene Analyse erscheint aber dem betreffenden Forscher nicht als unvollständig oder gar falsch, weil er durch den eingeengten Horizont seiner auf den partikularen Prozeß konzentrierten Methode widersprechende Tatsachen gar nicht erst wahrnimmt[252]. Die scheinbare Stärke solcher Befunde ist meist die empirische Bestätigung. Aber

251 Vgl. R. K. Merton: *Social Theory* (138), p 7.

252 Vgl. zur Insuffizienz der Methode der bürgerlichen Sozialwissenschaft, dargestellt am Werk von Max Weber: Wolfgang Lefèvre: *Zum historischen Charakter und zur historischen Funktion der Methode bürgerlicher Soziologie*, Ffm. 1971.

»es finden sich immer Fakten«[253] zur Bestätigung partikularer Theorien, zumal, wenn das Datenmaterial über gesellschaftliche Prozesse immer vielgestaltiger wird. Die Unzulänglichkeit der bürgerlichen empirischen Sozialwissenschaft, ihr eingeengter Horizont, ist vor allem von philosophisch orientierten Sozialwissenschaftlern immer hervorgehoben worden. Aber auch eine »kritische« Soziologie, die sich den »Blick auf das Ganze« noch frei hält, ist oft gefangen in Denkkategorien, die vor allem in den Naturwissenschaften ihre besondere Ausprägung gefunden haben. Ich meine vor allem die »Sehnsucht«, möglichst alle Phänomene aus einem »Grundgesetz« oder einem »Hauptsatz«, einem »Begriff« *ableiten* und erklären zu wollen[254]. Die Naturwissenschaft selbst, vor allem in ihrer praktischen Orientierung als naturwissenschaftliche Technik, hat längst eingesehen, daß diese Sehnsucht ein Trugbild ist. Nur im Bereich von »Weltformeln« (Heisenberg) spielt in der Naturwissenschaft dieses Moment noch eine Rolle. Philosophische Denker werden diese Sehnsucht wohl noch lange behalten. Man kann dies sicher auch anthropologisch erklären, und für den individuellen Forscher hat ein deduktiv aufgebautes Theoriekonzept auch deutliche Vorteile: Für die Theorienbildung ergibt sich bei vorhandenen »Hauptsätzen« eine günstige Strategie zur Reduzierung kognitiver Dissonanz (Festinger) bei der Wahrnehmung disparaten Materials, da Nichtableitbares als Randphänomen erklärt werden kann, und außerdem ist diese Strategie »ökonomisch« bei der »Verarbeitung« fremder Theorieansätze. Eine ernst zu nehmende Sozialwissenschaft muß jedoch ständig die Angemessenheit ihrer Begriffe reflektieren und den Prozeß der Begriffsbildung wieder-

253 Vgl. Urs Jaeggi: *Macht und Herrschaft in der Bundesrepublik*, Ffm. 1969, p 13 f.

254 Besonders auffallend ist dieses Motiv z. B. für die Arbeit des Autorenkollektivs (98). Der Hinweis, daß etwas aus dem Begriff »abzuleiten« sei, taucht ständig auf. (Vgl. p 35, 36, 48, 49, 70, 71 usw.) Zur Kritik eines anderen Ansatzes genügt diesen Autoren dann auch meist der Nachweis, daß etwas nicht richtig aus einem Begriff »abgeleitet« worden ist.

holen, um den konkreten Inhalt ihrer abstrakten Begriffe zu überprüfen. Einmal gewonnene Begriffe und mit ihnen formulierte Zusammenhänge können nicht wie in den Naturwissenschaften als »fester Bestandteil« akkumuliert werden; sie werden hohl, wenn sich nicht die jeweils konkrete geschichtliche Situation in ihnen reflektiert. Vor allem die Darstellung der Analyse als Kritik muß sich der Konkretheit ihrer Begriffe versichern, wenn sie dem kritisierten Prozeß gegenüber nicht äußerlich bleiben will. Marx z. B. war sich über diese Zusammenhänge im klaren[255], auch darüber, daß zentrale Begriffe nicht explizit im voraus definiert werden können, sondern nur implizit durch den Prozeß der Analyse selbst. Deswegen besteht auch eine interessante Spannung zwischen einigen seiner griffigen Vor- und Nachworte und seiner konkreten Analyse. Hierauf macht z. B. immer wieder Alfred Schmidt aufmerksam[256], und Helmut Reichelt z. B. bemerkt zu Recht, daß Marx »im ersten Band des Kapitals sehr viel empirisches Material verarbeitet hat, welches im Grunde gar nicht in die Darstellung des allgemeinen Begriffs aufgenommen werden dürfte, da es sich nicht aus dem Begriff ableiten läßt«[257]. Das ist kein Zufall und auch nicht überflüssig, sondern zeigt die große Wahrheitsliebe von Marx und den Stellenwert, den er dem genauen Studium gesellschaftlicher »Fakten« beimaß. Bei einem »zweiten Durchgang« der Analyse wäre sicher vieles von dem empirischen Material in die dann veränderten Begriffe eingeflossen und nun auch »ableitbar«, und neues, die veränderte gesellschaftliche Lage kennzeichnendes Material wäre in die Darstellung aufgenommen worden. Diesen Prozeß

255 Vgl. z. B. Marx: *Zur Kritik der politischen Ökonomie* (107), p 247 f.

256 So z. B. in: *Kritik der Politischen Ökonomie heute. 100 Jahre »Kapital«*, herausgegeben von W. Euchner und A. Schmidt, Ffm. 1967, p 75; vgl. für den hier diskutierten Zusammenhang auch: A. Schmidt: »Zum Erkenntnisbegriff der Kritik der politischen Ökonomie«, im gleichen Band, p 30 ff.

257 Helmut Reichelt: *Zur logischen Struktur des Kapitalbegriffs bei Karl Marx*, Ffm. 1973, 4. Auflage, p 89, vgl. auch p 85.

der ständigen »Konkretisierung« der Begriffe kann man im Werk von Marx genau verfolgen. Wenn man heute »fertige« Begriffe von Marx übernehmen würde für die Analyse heutiger Gesellschaften, ohne den Prozeß der Entstehung der Begriffe erneut zu durchlaufen, um dabei auch Veränderungen mit zu reflektieren und aufzunehmen, dann wäre dies sicher ein »unmarxistisches« Verfahren. Aber die Sehnsucht der philosophisch-wissenschaftlichen Tradition, die Welt durch eine einmal gefundene Formel zu beherrschen, ihre Gesetzmäßigkeit aus wenigen Prinzipien ableiten und erklären zu können, hat ganz selbstverständlich auch auf Sozialwissenschaftler immer einen Einfluß gehabt. Marx z. B. kannte die Faszination der »Hegelianischen Choreographie«[258], und nur sein konsequenter Materialismus verhinderte, daß in seiner Analyse »dialektische Gesetze« ihren »eigengesetzlichen« Tanz aufführten. Versucht man jedoch alle relevanten gesellschaftlichen Mechanismen und die »allgemeinen Entwicklungstendenzen aus dem Kapitalverhältnis abzuleiten«[259], unterliegt man dieser Faszination und leitet wieder, wie Hegel, die Anzahl und die Bewegung der Planeten aus einem einmal für wahr gehaltenen Begriff ab. Dabei beobachtbare Abweichungen zwischen den Ableitungen und der »Realität« werden meist auch hegelianisch einer schlechten Wirklichkeit angelastet. Ich plädiere hier nicht für eine »Realitätsorientierung« im Sinne einer genau nachvollziehenden oder prognosefähigen Sozialwissenschaft, die der Traum aller Technokraten ist. Eine kritische Sozialwissenschaft ist weniger daran interessiert, Wissen bereitzuhalten, wie soziale Prozesse von Kommandostellen aus »besser« und reibungsloser beherrscht werden können, als daran, Möglichkeiten aufzuzeigen, wie mehr Menschen sich von undurchschauten und ungewollten Prozessen emanzipieren können. Sie wird also daran interessiert sein, Herrschaft von wenigen

258 Vgl. Martin Nicolaus: »Proletariat und Mittelklasse bei Marx: Hegelianische Choreographie und kapitalistische Dialektik«, in: Nicolaus: *Konkurrenz und Mehrwert, zur Klassentheorie bei Marx*, Berlin 1970, p 43 ff.

259 Autorenkollektiv (98), p 36.

über viele tendenziell so zu verringern, daß die vielen, bewußt und freiwillig, über sich selbst bestimmen und die gemeinsam durch ihre Arbeit getragenen sozialen Großprozesse in Richtung, Ablauf und Gewinn selbst bestimmen und nutzen. Für solch ein Vorhaben müssen die verwendeten Begriffe der Analyse einem doppelten Kriterium der Angemessenheit unterworfen werden: Die Begriffe müssen zum einen gebildet werden auf dem Hintergrund einer konkreten Utopie der Emanzipation, die das Vorhandene transzendiert in Richtung des jetzt schon Möglichen. Das politisch-philosophische Denken und speziell auch das bürgerliche in der Tradition des Humanismus und der Aufklärung ist stark geprägt von diesem utopischen Impuls, die Menschen aus ihrer selbstverschuldeten Unmündigkeit herauszuführen zu freien und gleichen Brüdern, die ihre Geschichte mit Wissen und Bewußtsein selbst gestalten. Einen formal-institutionellen Niederschlag findet diese Utopie zum Teil in den bürgerlich-liberalen Verfassungen. Eine kritische Sozialwissenschaft wird sich nicht mit einer partikularen Verwirklichung dieser Utopie abspeisen lassen und sich notfalls konservativ nennen lassen für das Festhalten daran, daß diese unerfüllte Utopie Realisierungschancen für *alle* Menschen hat.

Die Realisierungschancen sind gerade durch die technisch real möglichen Hilfen nie so groß gewesen wie heute; die Utopie einer mündigen Gesellschaft ist eine konkrete Utopie, eine Utopie in Reichweite unserer Möglichkeiten. Damit aber eine tendenziell herrschaftsfreie Gesellschaft möglich wird, muß sie zuerst gedacht werden können: die Begriffe einer emanzipatorischen Sozialwissenschaft müssen den Horizont dieser Utopie reflektieren.

Zum zweiten aber müssen die Mechanismen, die die Unmündigkeit aufrechterhalten, in ihren Wirkungen genau analysiert werden, damit sie den Betroffenen bewußt gemacht werden können, und so die Möglichkeit, diese Mechanismen »außer Wirkung« zu setzen, erst in den Blick kommt. Das Interesse an einer mündigen Gesellschaft wird dann als ein »objektives« Interesse der Betroffenen und von den Betroffenen erkennbar sein und nicht bloß als ein subjektiv-partikulares weniger »außenstehender« Sozialwissenschaftler. In »Theorie und Praxis« (in der wissenschaftlichen Zivilisation) formuliert Habermas diesen Zusammenhang wie folgt: »Einerseits läßt sich die Dogmatik der geronnenen Gesellschaft nur in dem Maße durchschauen, in dem sich Erkenntnis entschieden von der Antizipation einer emanzipierten Gesellschaft und der realisierten Mündigkeit aller Menschen leiten läßt; zugleich verlangt aber dieses Interesse umgekehrt auch schon die gelungene Einsicht in Prozesse der gesellschaftlichen Entwicklung, weil es sich in ihnen allein als ein objektives konstituiert«[260].

Um zu einer »gelungenen Einsicht« über Herrschaftsprozesse zu kommen, ist zunächst einmal die Einsicht erforderlich, daß heute, wohl mehr als früher, Herrschaft durch viele, zum Teil unabhängige Mechanismen gestützt, aufrechterhalten und stabilisiert wird. Um Herrschaft tendenziell aufheben zu können, müssen *alle* diese Einzelmechanismen analysiert und den Betroffenen bewußt gemacht werden. Da Herrschaft von Menschen über Menschen nicht von einem Punkt aus aus den Angeln zu heben ist, verfehlt eine Theorie, die einen solchen Punkt gefunden zu haben glaubt, in ähnlicher Weise die Wirklichkeit wie die bürgerliche Sozialwissenschaft mit ihrem eingeengten Interesse am partikularen Prozeß. Die Insuffizienz der Methoden politisch gegensätzlich orientierter Sozialwissenschaften (in den Extremen: begrifflose Empirie und nichtkonkrete Begrifflichkeit) blenden je auf ihre Weise relevante Wirklichkeitsbereiche aus. Es gibt so auch keine einfache Strategie in den Sozialwissenschaften zum »Aussortieren« von »richtigen« und »falschen« Erkenntnissen. Auch weil die bisher von Menschen verausgabte Zeit zur Erforschung von »Gesetzen« ihrer sozialen Prozesse verglichen mit den Anstrengungen in den Naturwissenschaften verschwindend gering ist, gilt es jede mögliche Quelle zu nutzen und auch die Erkenntnisse von Forschern mit abweichender politischer Ansicht

260 J. Habermas: *Theorie und Praxis*, Neuwied/Berlin 1963, p 239, vgl. auch: »Kritische und konservative Aufgaben der Soziologie«, p 215 ff.

ernsthaft zu prüfen. Für meinen Zusammenhang z. B. ergab sich, daß bei den konservativen Autoren Freyer und Schelsky zutreffendere Analysen über die »Logik der Technik« zu finden waren als z. B. in den in ihrer politischen Intention mir unvergleichlich sympathischeren Arbeiten von Vahrenkamp und dem Autorenkollektiv. Dies festzustellen sollte trivial sein, doch die Praxis der Auseinandersetzungen in den Sozialwissenschaften sieht leider anders aus: die pauschale Klassifizierung aller Gedanken eines Autors als konservativ, revisionistisch, positivistisch, neomarxistisch usw. hat zwar Vorteile bei der Bewältigung der Flut der Literatur, und sie mag auch die Geschlossenheit der eigenen Position stabilisieren und der jahrtausendelang eingeübten »Pflege des Feindes« dienen[261], mit »Wissenschaft« jedenfalls hat diese Haltung wenig zu tun, und sie trägt auch wenig dazu bei, die versteinerten gesellschaftlichen Verhältnisse bewußt werden zu lassen.

261 Vgl. D. Claessens: *Nova Natura* (94), p 88 f.

IV Technik und Herrschaft in der spätkapitalistischen Industriegesellschaft. Veränderungen der Herrschaft bei entwickelter Technologie

Eigentlich müßte nun in einer historischen Analyse weiter dargelegt werden, wie sich Technik und Herrschaft in den hundert Jahren nach Marx in den verschiedenen Industriezweigen und Ländern entwickelt haben. Allein ein oberflächlicher Bericht über die hierüber vorliegende Literatur müßte sehr umfangreich werden. In einem »abkürzenden« Verfahren werde ich deswegen von der heutigen Konstellation in »westlichen« Industriestaaten ausgehen und werde mich mit Thesen anderer Autoren auseinandersetzen, die sich ebenfalls auf die heutige Situation beziehen. Eine historische Verkürzung muß dies nicht bedeuten, da ich auf die Genese der Logik von Kapital und wissenschaftlicher Technik eingegangen bin. Bei der Analyse der gegenwärtigen Verhältnisse wird u. a. zu prüfen sein, welche Elemente der »Logik« sich »wesentlich« verändert haben und welche nur eine Formtransformation durchgemacht und dabei ein wesentliches invariantes Charakteristikum beibehalten haben. Die Diskussion, ob der Kapitalismus des 19. Jahrhunderts z. B. in Westeuropa sich zu einer »Industriegesellschaft« entwickelt hat oder nur zu einem »Spätkapitalismus«, will ich hier nicht aufnehmen[262]. Dennoch ist aus meinen bisherigen Ausführungen deutlich erkennbar, daß mir diese Alternative nicht sinnvoll erscheint. Die einseitige Charakterisierung und Analyse der Produktionsweise als »industriell« (im Sinne von »technologisch«) oder kapitalistisch war ja ein Punkt meiner Kritik. Darum impliziert die Kennzeichnung »spätkapitalistische Industriegesellschaft« auch nicht die Neutralisierung einer Kontroverse.

262 Vgl. *Spätkapitalismus oder Industriegesellschaft? Verhandlungen des 16. Deutschen Soziologentages,* herausgegeben von T. W. Adorno, Stuttgart 1969.

Für die Veränderungen von Technik und Herrschaft vom 19. zum 20. Jahrhundert können vorwegnehmend drei Punkte genannt werden: einmal haben der quantitative und qualitative Umfang von Wissenschaft und Technik in der Produktion sehr stark zugenommen, und damit könnte auch der »Einfluß« dieses Bereiches auf den Gesamtprozeß zugenommen haben. Zum zweiten kann für den Themenkomplex Herrschaft festgestellt werden, daß Einfluß und Kontrolle zunehmend von »außen« nach »innen« verlagert werden. Herrschaft wird entpersonalisiert, »versachlicht«, unsichtbarer. Lern- und Sozialisationsprozesse werden für eine zeitlich stabile Machtbeziehung wichtiger. Als dritter Punkt muß genannt werden die zunehmende Bedeutung der »Organisation« in der materiellen Produktion. Bei zunehmender Komplexität der entwickelten Technologie werden ehemals einfache und »übersichtliche« Teilfunktionen der kapitalistischen Produktion zum Organisationsproblem von Teilprozessen. Relative Autonomie und Eigendynamik der Teilprozesse komplizieren und stabilisieren die blinde Verlaufslogik des Gesamtprozesses.

Orientiert an Ergebnissen und in der Auseinandersetzung mit Ergebnissen der Sozialwissenschaft möchte ich in diesem Kapitel untersuchen, wie diese Veränderungen das Verhältnis von Technik und Herrschaft bestimmen. Da dieses Verhältnis sehr komplex ist und nicht auf eine unmittelbar einleuchtende »Formel« gebracht werden kann, erfolgt die Analyse durch viele einzelne Schritte aus unterschiedlichen Perspektiven in variierenden Zusammenhängen, um dadurch das angepeilte Problem wenigstens »einzukreisen«.

Dieses angepeilte Problem, das strukturierende und integrierende Leitthema der folgenden Abschnitte, ist die Frage: in welcher Weise und durch welche Mechanismen wird die blinde Verlaufslogik des Gesamtprozesses und die asymmetrische Verteilung der Lebenschancen nicht nur durch die Logik des Kapitals, sondern auch durch das menschliche Projekt Wissenschaft und Technik ermöglicht und bewerkstelligt? Neben einer näheren Bestimmung des Begriffs der Herrschaft wird für diese Analyse vor allem der Begriff der Verdinglichung von zentraler Bedeutung sein. Zunächst jedoch zur Bestimmung eines »kritischen« Begriffs der Herrschaft:

A. Zur Definition von Macht und Herrschaft: Die Asymmetrie als Invariante der Herrschaft

Herren-Macht ist formal gesehen und im einfachsten Fall ein asymmetrisches soziales Zwangsverhältnis zwischen H(err) und K(necht). Es ist asymmetrisch, weil der »Gewinn« dieses sozialen Verhältnisses ungleichmäßig verteilt ist: K setzt seine Arbeitskraft mehr im Interesse und zum Vorteil von H ein als H für K, die Relation H – K unterliegt vorwiegend dem Willen von H. Das Verhältnis ist ein Zwangsverhältnis, weil die Asymmetrie auch gegen den Willen von K aufrechterhalten wird. Weiter ist Macht ein *Verhältnis* zwischen H und K und keine Eigenschaft von H. H hat nicht Macht, sondern H hat Macht über K. Zur Macht gehört also auch, daß K aus irgendeinem Grunde »mitspielt«. Und zum letzten Begriff in obiger Definition: Macht ist ein *soziales* Verhältnis, weil die Definition sich auf eine Relation zwischen Menschen bezieht.

Man könnte nun die einzelnen Bestandteile dieser Macht-Bestimmung variieren und jeweils fragen, ob sich die Definition wesentlich verändert hat und für den beabsichtigten Analyse-Zusammenhang unbrauchbar wird. Um mit dem für mich wichtigsten zu beginnen: die Asymmetrie wird in den meisten Macht-Definitionen explizit nicht genannt. Joachim Israel z. B. betont sogar, daß seine Definition die Asymmetrie nicht voraussetze[263], obgleich seine Analyse sich nur mit der asymmetrischen Relation beschäftigt und auch seine Definition der Macht meiner Ansicht nach die Asymmetrie implizit fordert: »Macht wird im Produk-

263 Vgl. Joachim Israel: *Der Begriff Entfremdung. Makrosoziologische Untersuchung von Marx bis zur Soziologie der Gegenwart*, Reinbek 1972, p 353.

tionsprozeß als die Fähigkeit des Käufers definiert, den Tauschwert, d. h. die Kosten eines Objekts oder einer Tätigkeit für den Verkäufer in einer Tauschbeziehung, zu bestimmen« (263, p 352). Dieses »Bestimmen« kann in einer realen Situation ja nur heißen: zum Vorteil des Käufers. Israel verwendet in seiner Analyse »bestimmen« auch nur in diesem Sinn. Nun kann man sich natürlich Beziehungen zwischen Käufer und Verkäufer vorstellen, die symmetrisch sind. Der Tauschwert würde hier nicht vom Käufer allein oder vorwiegend, sondern von beiden zusammen ohne »Übervorteilung« »bestimmt«[264]. Eine solche Beziehung unter »Gleichen«, die »Abhängigkeiten« stiftet, würde ich lieber eine Vertrags-Relation nennen. Es ist ja für Macht-Relationen im Produktions- und Distributionsprozeß gerade typisch, daß sie als Vertrags-Relationen getarnt werden, denn die Lohnform verdeckt die Asymmetrie des Tausches. Wird nun in einer Macht-Definition der Vertrag als möglicher Fall eines Machtverhältnisses zugelassen, dann besteht zumindest die Gefahr, daß die Asymmetrie zu einem zwar möglichen, aber nicht besonders wichtigen Moment herabsinkt.

In dem von mir verwendeten Begriff der Macht wird also das »Suspekte« der Macht besonders betont[265]. Diese Betonung hat einen wichtigen Grund, den ich am Beispiel der »Spielmodelle« von Norbert Elias kurz erläutern möchte (265, p 75 ff). Um die Bedeutung der Macht als »eine Struktureigentümlichkeit ... *aller* menschlichen Beziehungen« (265, p 77) hervorzuheben, verwendet Elias zur »Übung der soziologischen Vorstellungskraft« (265, p 76) verschiedene Spielmodelle von Zwei- und

264 Daß Israel implizit die Asymmetrie voraussetzt, ist auch daran zu sehen, daß er für den Distributionsprozeß eine zweite Macht-Definition braucht, in der nun der Verkäufer »bestimmt«. Vgl. (263), p 352.

265 Vgl. Norbert Elias: *Was ist Soziologie*, München 1970, p 97: »Macht ist suspekt: Menschen gebrauchen ihre Macht, um andere für ihre eigenen Zwecke auszubeuten ... Und der Geruch von Furcht und Verdacht, der dem Begriff anhaftet, überträgt sich verständlicherweise auf seinen Gebrauch in einer wissenschaftlichen Theorie.« Elias plädiert dagegen, »Machtfragen ohne emotionales Engagement zu untersuchen«.

Mehrpersonenspielen unterschiedlicher Komplexität. Elias beginnt mit einem »Vor-Spiel«, einem »Modell einer unnormierten Verflechtung« (265, p 79f). Als Beispiel nennt er einen langen unorganisierten Ausrottungskampf zweier Stämme gegeneinander, die im Urwald auf die gleiche knappe Nahrungsquelle angewiesen sind. Zusätzliche Nahrung für sich und den eigenen Stamm wird gewonnen durch die Tötung eines Essers der Gegenpartei. Dieses Vor-Spiel nun strukturiert nicht nur alle weiteren Spielmodelle von Elias, dieses (natur-)geschichtliche Vorspiel der Menschen strukturiert bis heute einen sehr großen Teil unserer gesellschaftlichen Verflechtungen und eingeübten Verhaltensdispositionen. Der ursprünglich naturbedingte Kampf der Menschen *gegeneinander* um *knappe* Ressourcen hat sich in den Institutionen und Gehirnen der Menschen so sehr als »natürliche« Spielart menschlich sozialer Verflechtungen verfestigt, daß selbst in Übungen soziologischer Vorstellungskraft »Spiele« mit einer *grundsätzlich* anderen Struktur nur schwer vorstellbar sind. Dabei haben die Menschen selbst die Möglichkeit geschaffen, die die Voraussetzung und Basis des »alten Spiels« aufhebt. Durch Wissenschaft und Technik sind die Menschen in den Industriekulturen in der Lage, mehr »Lebensmittel« zu erzeugen, als sie sinnvoll verbrauchen können. Ein »Wettkampf« der Menschen gegeneinander um »Lebensmittel« wäre objektiv mit einer neuen Logik des Spiels nicht notwendig. Statt dessen wird das alte Spiel weitergespielt. Ressourcen werden vernichtet, Produktivkräfte an »Kampfmittel« vergeudet, der Mangel, die Basis des alten Spiels, künstlich erzeugt. Damit nun nicht an dieser Stelle wie üblich eingewandt wird, hier würde utopistisch die These vertreten, menschliches Zusammenleben sei konfliktfrei organisierbar, ist, auch nur in Stichpunkten, eine Differenzierung notwendig.

Im Laufe der kulturellen Entwicklung des Menschen sind neben den Grundbedürfnissen, vor allem nach Nahrung und Behausung, weitere Bedürfnisse hinzugekommen. Nun können nicht für jedes Bedürfnis die Mittel zur Befriedigung beliebig produziert werden. Ein Bedürfnis z. B. Führer zu spielen kann nicht allen Menschen in gleicher Weise erfüllt werden. Die Logik des alten Spiels hat die Menschen erfinderisch gemacht im Ersinnen von Spielen mit notwendig knappen Ressourcen.

Ich habe hier also nicht im Blick die wohl immer notwendige »Auseinandersetzung« um Anteile an der Befriedigung vielfältiger sekundärer Bedürfnisse, obwohl nach der Einübung neuer Spiele auch dieser Kampf an Interesse verlieren könnte. Gemeint ist das nicht notwendige Kampfspiel um »Lebensmittel«. Die Quellen und Mittel sind vorhanden, den Kampf *gegeneinander* um *diese* Lebensbasis endlich einzustellen. Eine befriedete Lebensbasis der materiellen Reproduktion könnte auch die Chance bieten, in anderen Bereichen neue »humanere« Spiele auf der Basis der Solidarität und Freundschaft zu entwickeln, die nicht mehr als strukturierenden Bezugspunkt den *Gegen*spieler und Feind benötigten[261].

Eine kritische Sozialwissenschaft hat also ein objektives Kriterium, die Logik des alten Spiels für die materielle Reproduktion zu kritisieren. Wichtig ist dabei die Beachtung der qualitativen Unterschiede im Spektrum der Abhängigkeiten. Abhängigkeiten, die die unmittelbare Lebensbasis betreffen, sind von qualitativ anderer Bedeutung für einen Menschen als Abhängigkeiten in einer *Spiel*situation. Ein allgemeines Machtkonzept, wie es z. B. von Elias vorgeschlagen wird, verdeckt diesen Unterschied: »Insofern als wir mehr von anderen abhängen als sie von uns, mehr auf andere angewiesen sind als sie auf uns, haben sie Macht über uns, ob wir nun durch nackte Gewalt von ihnen abhängig geworden sind oder durch unsere Liebe oder durch unser Bedürfnis, geliebt zu werden...« (265, p 97). Um die »Zivilisiertheit« einer Gesellschaft zu beurteilen, könnte u. a. auch eine Differenzierung der Abhängigkeiten sinnvoll sein. Eine Gesellschaft, in der die Abhängigkeiten durch Liebe zueinander gestiftet werden, ist wohl doch von qualitativ anderer Gestalt als eine Gesellschaft, in der die Abhängigkeiten durch nackte Gewalt gegeneinander gegeben sind. Wenn diese Differenz für Menschen wichtig ist, müßte sie sich auch in den zentralen Begriffen einer Sozialwissenschaft wiederfinden.

Die Reproduktion der unmittelbaren Lebensbasis ist für Menschen »naturbedingt« von zentraler Bedeutung, und somit auch die Abhängigkeiten in diesem Bereich. Es ist von fundamentalem Unterschied für die Betroffenen, ob diese Lebensbasis nur in Ungewißheit, Mühe, Furcht und im Kampf *gegen* andere gesichert werden kann oder in der befriedeten Sicherheit und Solidarität *mit* anderen Menschen. Die Abhängigkeiten, die sich dann zusätzlich *auf* dieser gesicherten Basis ermöglichen und ergeben, werden zwar immer noch für die Menschen von großer Wichtigkeit sein, aber sie könnten schon eher den Charakter eines Spiels bekommen, in dem es nicht mehr um »alles« geht.
Herren-Macht im Produktionsbereich nun versucht, die nicht notwendige Logik des »alten Spiels« für die Sicherung der Lebensbasis aufrechtzuerhalten. Trotz der allgemeinen »Verringerung der Machtdifferentiale« (265, p 70) sind die Machtchancen im Betrieb immer noch sehr ungleich verteilt. Dies ergibt eine ungleiche Verteilung der Lebenschancen von der Basis her. Die nicht notwendigen Abhängigkeiten an der Basis der Reproduktion auf Grund von Asymmetrien der Machtchancen sollten darum auch begrifflich getrennt werden von anderen Abhängigkeiten, denen Menschen sonst noch ausgesetzt sein können. Elias bedauert zwar, daß man gewöhnlich diese Trennung nicht vornimmt: »Es hat gewisse praktische wie theoretische Nachteile, daß man gegenwärtig gewöhnlich noch nicht zwischen den Zwängen, die *jede mögliche Interdependenz* von Menschen ... auf Menschen ausübt, und den Zwängen, die der *ungleichen Ausstattung* gesellschaftlicher Positionen mit Machtchancen entspringen, klar und deutlich unterscheidet« (265, p 98), aber auch Elias geht auf dieses Problem nicht weiter ein.
Wenn ich nun den Akzent in einer kritisch verwendeten Herrschaftsdefinition auf das suspekte Moment der Macht verlege, dann ist dieser Hintergrund immer mitzudenken: die notwendige Kritik an einer objektiv nicht notwendigen Asymmetrie der Lebenschancen an der Basis der Reproduktion oder: die Kritik an der angeblichen Selbstverständlichkeit der Logik des »alten Spiels« für alle Bereiche des menschlichen Zusammenlebens.

Ich halte darum den Punkt der Asymmetrie in der am Anfang gegebenen Definition der Herren-Macht für das wichtigste Kriterium zur Bestimmung einer Macht-Relation und auch für den wichtigsten Grund der Kritik, vor allem für den Fall, wenn die anderen genannten Momente »unsichtbarer« werden.
Vom »Ergebnis« her betrachtet ist für eine Herren-Macht-Relation typisch eine ungleiche Verteilung des gemeinsam produzierten Vorteils dieser sozialen Konstellation gegeben. Im folgenden ist also unter »Asymmetrie« einer Macht- oder Herrschaftsrelation immer ein ungleich verteilter Gewinn oder/und eine ungleiche Verteilung von Kosten in der sozialen Beziehung gemeint.
In einer Arbeitssituation ist der Gewinn ein einseitiger »kostenloser« Transfer von Arbeitskraft von K nach H, und die Kosten können z. B. geringere Möglichkeit der »Selbstverwirklichung« von K gegenüber H sein (vgl. 263, p 318, 379). Ob K in einer Macht-Relation steht, wird man dann z. B. dadurch feststellen können, daß man die Gewinn- und Kostenbilanz von K mit der Bilanz einer hypothetischen Vertrags-Relation vergleicht. So wäre eine Macht-Relation noch erkennbar, wenn der Vergleich mit einem »unsichtbar« gewordenen Herrn erschwert ist. In der Macht-Definition ist nicht der Fall ausgeschlossen, daß K in der Macht-Relation auch einen Gewinn haben kann verglichen mit einer möglichen anderen sozialen Situation, in der sich K befinden könnte. Auch möchte ich nicht ausschließen, daß für andere Analysen andere Macht-Definitionen sinnvoller sein können. So könnte z. B. für die Untersuchung der Einfluß-Relationen in einer Kleingruppe ein Machtkonzept brauchbar sein, das den Fall der Symmetrie einschließt, vor allem weil ein Vergleich zwischen unterschiedlichen Einflußbereichen notwendig wäre und weil eine eindeutige Bestimmung von »Herr« und »Knecht« oft nicht möglich ist oder auch kurzfristig z. B. durch den Bereichswechsel sich ändern kann.
Es wird oft behauptet, daß in einer »pluralistischen« Gesellschaft die Macht-Relationen auch im gesellschaftlichen Bereich diesen verschachtelten und wechselnden Charakter haben. Für

den größten Teil der Arbeitenden im Produktionsbereich ist diese Annahme sicher falsch. Weder ein Zeitwechsel noch ein Bereichswechsel ändert die Asymmetrie der Lebenschancen, und besonders dann, wenn behauptet wird, daß Herrschaft in der Arbeit nicht mehr vorkäme, muß man untersuchen, wie trotz Veränderung der Formen und bestimmter Bestandteile der Macht-Relation die Asymmetrie der alten Herrschaftsbeziehung sich als Invariante auch in der neuen Situation durchhält.

Betrachten wir nun noch kurz einen anderen Bestandteil der Macht-Definition: »Zwang« oder die erfolgreiche Übertragung eines fremden Willens auch gegen den eigenen Willen. Einige Autoren halten die Betonung der Willensübertragung, der Intention, für einen notwendigen Bestandteil der Macht-Definition[266], andere dagegen heben hervor, daß ihre Macht-Bestimmung unabhängig sei »vom Willen und den Intentionen der davon betroffenen Personen« und bezeichnen diese Definition als »objektive Macht« abgegrenzt von einer »subjektiven«[267]. Ich glaube, daß gerade dieses Kennzeichen einer Macht-Beziehung den größten Spielraum der Veränderung zuläßt, ohne daß der »materiale Kern« der Asymmetrie sich auch ändern müßte. Durch die Verlagerung der Kontrolle von außen nach innen wird der subjektiv empfundene Zwangscharakter geringer, und eine Willensübertragung kann durch entsprechende Vorbereitung der sozialen Situation und durch die Einübung von bestimmten Verhaltensprogrammen, durch (berufliche) Sozialisation, auch als Informationsübertragung getarnt werden. Ich werde auf diesen Punkt noch zurückkommen.

Deutlich dürfte schon jetzt sein, daß bei einer Fixierung auf diesen Punkt allein oft eine vorhandene Macht-Relation nicht mehr »erkennbar« sein kann. Damit möchte ich die Betrachtung der Elemente der Macht-Definition zunächst einmal abschließen.

Als »Herrschaft« wird ein Machtverhältnis meist dann bezeichnet, wenn es aus bestimmten Gründen zeitlich stabil ist. Es erge-

266 So z. B. Lehman (276), p 454, sogar ausdrücklich für ein Macro-Power-Konzept.

267 So z. B. Israel (263), p 353.

ben sich naturgemäß viele Klassifikations- und Definitionsmöglichkeiten für Herrschaft, allein schon wenn man nach den »Gründen« der zeitlichen Stabilität differenziert. Der Begriff Herrschaft kann dann auch für eine bestimmte Unterklasse zeitlich stabiler Machtverhältnisse reserviert werden, z. B. für »legitime« stabile Machtverhältnisse. Solche differenzierenden Definitionen sind für bestimmte Themenstellungen und Analysen unerläßlich[268]. In der Tendenz jedoch wird mit der Differenzierung auch die Asymmetrie aus dem Herrschaftsbegriff »herausdefiniert«, und in der Analyse ist die Asymmetrie dann kein Thema mehr. Ich benutzte und benutze den Begriff Herrschaft, ohne nähere Bestimmung, deshalb in der allgemeinsten Form: als zeitlich stabiles Machtverhältnis, gleichviel worauf die zeitliche Stabilität beruht.

Die oben genannten Elemente der Macht-Relation werden in der bekannten Definition von Max Weber wie folgt zusammengefaßt: »Macht bedeutet jede Chance, innerhalb einer sozialen Beziehung den eigenen Willen auch gegen Widerstreben durchzusetzen, gleichviel worauf diese Chance beruht«[269]. Auffällig ist, daß in dieser Definition die Asymmetrie zwar implizit gegeben ist, aber nicht ausdrücklich betont wird. Das gilt, wie erwähnt, auch für die sehr zahlreichen Definitionsvorschläge anderer Autoren. Die Relation Macht wird meist von den Vorteilen und der Sicht des Herrn aus bestimmt, als »Herrschaft« und nicht aus der Sicht des Knechts und dessen Nachteilen, als »Knechtschaft«. Eine an Weber orientierte Formulierung aus der Sicht des Knechts müßte z. B. wie folgt aussehen: »Macht bedeutet die Gefahr, daß in einer sozialen Beziehung die eigene mögliche Lebensentfaltung unterdrückt wird durch einen fremden Willen, gleichviel worauf diese Gefahr beruht.« Aber bürgerliche Sozio-

268 Für eine mögliche Klassifikation von »sozialem Einfluß« als Oberbegriff und Herrschaft, Autorität und Macht als genauer bestimmte Unterbegriffe vgl. z. B. Heinz Hartmann: *Funktionale Autorität*, Stuttgart 1964, p 8; vgl. auch (15).

269 Max Weber: *Wirtschaft und Gesellschaft*, Tübingen 1956, p 38 (§ 16).

logen waren beim Machtphänomen immer mehr an der Sicht des Herrn und seinen Vorteilen interessiert. Diese Vorteile werden dann absolut gesetzt und Herrschaft als unabdingbarer Bestandteil menschlicher Gesellschaften gesehen.
Dahrendorf z. B. ist für diese Position ein prominenter Vertreter. Herrschaft ist für ihn nicht nur im Industriebetrieb ein unverzichtbarer Produktionsfaktor, für »menschliche« Gesellschaften insgesamt sei Herrschaft die Bedingung der Dynamik und Geschichtlichkeit, und ohne sie sieht er nur die Alternativen des »Terrors« oder der »absoluten Langeweile«[270]. Die Asymmetrie der Macht-Relation wird von ihm »einseitig« interpretiert, und so gelingt es ihm auch, aus der »Ungleichheit unter den Menschen« eine Bedingung für »die Freiheit« zu konstruieren. Untersucht wird dann nicht mehr, für wen diese Freiheit da ist, wie die Asymmetrie entsteht und durch welche Prozesse sie aufrechterhalten wird.
Die beiden letzten Punkte sind vor allem von der Sozialphilosophie immer ausführlich behandelt worden, und man hat versucht, eine prinzipielle und erschöpfende Lösung oder Deutung für das Problem zu finden. So wurden meist einzelne wenige Prinzipien oder Faktoren genannt, die für die Asymmetrie verantwortlich sind, wie z. B. privater Grundbesitz (J. J. Rousseau) oder z. B. körperliche Stärke und »natürliche« Begabungsvorteile. Solche Annahmen sind nie ganz falsch, und körperliche Überlegenheit z. B. hat in vielen Machtbildungsprozessen ganz sicher eine wichtige Rolle gespielt. Aber die genauere Betrachtung schon einfacher und isolierter Prozesse der Machtbildung zeigt, daß es sich um ein komplexes Phänomen handelt mit vielen »Einflußfaktoren« in einer strukturierten Konstellation[271]. Untersucht man nichtisolierte Prozesse einer »gesellschaftlichen Stärke« (N. Elias), so zeigt sich noch deutlicher, daß die möglichen Quellen und Hilfsmittel der Machtbildung durch die je spe-

270 Vgl. z. B. Ralf Dahrendorf: *Über den Ursprung der Ungleichheit unter den Menschen*, Tübingen 1966.

271 Vgl. z. B. die Situationsmodelle von: Heinrich Popitz: *Prozesse der Machtbildung*, Tübingen 1968.

zifische gesellschaftliche Konstellation sehr unterschiedlich gewichtet werden und eine gesellschaftliche Stärke z. B. auch ganz ohne körperliche Stärke möglich ist.
In der sehr umfangreichen Literatur über Macht wird meist versucht, zunächst unabhängig von einer gesellschaftlichen Konstellation, die Hilfsmittel (resources) aufzuzählen, die H einsetzen kann, um die Relation H – K zu erzeugen und aufrechtzuerhalten. Eine sehr verbreitete Klassifikation der Hilfsmittel, von der zudem noch angenommen wird, daß sie vollständig ist, orientiert sich an Amitai Etzioni[272]. In ihr wird analytisch unterschieden zwischen physischen Zwangsmitteln (coercive), utilitaristischen Mitteln und normativen Mitteln. Mit diesen Kategorien werden dann z. B. auch Organisationstypen klassifiziert. Je nachdem welches Mittel vorwiegend benutzt wird, um die »Mitglieder« bei der Stange zu halten, kann man coercive organizations (z. B. Gefängnisse) und normative Organisationen (z. B. Kirchen) auseinanderhalten. Der hier interessierende Organisationstyp des Produktionsbetriebs wird als utilitaristische Organisation eingestuft, weil die materielle Entlohnung das vorherrschende Mittel sei, die Gefolgschaft zu sichern. Der Schein des gerechten Tausches läßt die Asymmetrie der untersuchten Beziehung natürlich schnell aus dem Blick geraten. Auch ist zweifelhaft, ob die Klassifikation vollständig ist. Übersehen bzw. nicht angemessen berücksichtigt werden sehr hilfreiche »Grundmechanismen«, die den Prozeß der Machtbildung und Machterhaltung unterlagern, die oft erst die Basis abgeben für den Grund des »Mitspielens« der Benachteiligten. Betrachtet man nochmals die Dyade H – K, so kommt es bei der Herren-Macht definierenden Konstitution der Asymmetrie darauf an, daß per Saldo K dem Willen von H sich fügt, oder konkreter für die Arbeitssituation: daß H zumindest über einen Teil der Arbeitskraft von K verfügen kann. Damit K für H arbeitet, kann H Hilfsmittel mobilisieren in den erwähnten Kategorien. K ist jedoch kein isolierter Automat,

272 Amitai Etzioni: *A Comparative Analysis of Complex Organizations*, New York 1961.

sondern ein sehr komplexes menschliches Wesen, eingebettet in eine bestimmte kulturelle Situation und ausgestattet mit bestimmten Lern- und Verhaltensmechanismen, die durch spezifische Sozialisationsprozesse geformt worden sind. Zur Reproduktionsbedingung einer Klassengesellschaft gehört es, daß auch diese kulturellen und subkulturellen Muster sowie die verschiedenen klassenspezifischen Sozialisationsprozesse erhalten bleiben. Da wir seit der Zeit, die wir geschichtlich überblicken, praktisch immer Klassengesellschaften haben, sind die Grundmechanismen zur Konstitution asymmetrischer Macht-Prozesse auch immer schon als kulturelle Selbstverständlichkeit vorhanden.

Zu den industriekulturellen Selbstverständlichkeiten gehören z. B.: den Maschinen angepaßte Verhaltensmuster wie Zuverlässigkeit, Pünktlichkeit, Fleiß oder ganz allgemein eine generalisierte Arbeitsethik. Ich habe dies im I. Kapitel erwähnt, und ich komme auch noch darauf zurück. Subkulturell für die Arbeiterklasse kommt hinzu, daß es »üblich« ist, seinen Lebensunterhalt durch *abhängige* Arbeit zu sichern, daß ein Arbeitgeber die Arbeit »gibt« und der Arbeiter sie so »nehmen« muß, wie er sie bekommt. Die verdrehte Zuordnung vom Arbeitgeben und Arbeitnehmen ist so in unsere Gehirne eingebrannt, daß es allein schon Schwierigkeiten bereitet, den wahren Sachverhalt nur zu denken, daß nämlich der Arbeiter die »Arbeit« gibt[273]. Durch den Sozialisationsprozeß wird den Arbeitern tendenziell eine diffuse Unterwerfungsbereitschaft eingeübt, sie lernen zu gehorchen, Anweisungen von »Autoritäten« werden auch unbegründet befolgt. Weiter wird schon früh gelernt, daß »eigentliche« Arbeit keinen Spaß macht und auch keinen Spaß machen darf, will es wirkliche Arbeit sein und kein Spiel. Eine gewisse Entfremdung und Monotonie gehöre eben zum Wesen der Arbeit und man müsse sich damit abfinden.

Die beiden letzten Momente werden noch verstärkt in einer geschlechtsspezifischen Sozialisation dem weiblichen Teil der Arbeiterklasse selbstverständlich gemacht. Das geschieht z. B. durch

273 Vgl. Friedrich Engels: »Vorwort zum Kapital«, *MEW* 23, p 34.

die frühe Einübung in die dienende Rolle der Hausfrau, die immer wieder ohne Murren die gleichen, oft stumpfsinnigen Arbeiten machen muß, und ganz allgemein in der Einübung der Rolle der »passiven Weiblichkeit«. Die Jahrtausende andauernde Vorherrschaft des Mannes differenziert so selbst noch die unterste Klasse der Beherrschten nach herrschaftsrelevanten Merkmalen. Jedenfalls können sich Arbeitsorganisatoren freuen über die typische »weibliche« Duldsamkeit und Einfügung in monotone, repetitive Teilarbeit, und eine Feststellung wie: »Das notwendige Sicheinschmiegen in einen vorgegebenen Ablauf von Verrichtungen ... gelingt offensichtlich Frauen sehr viel besser als Männern«[274], liest sich schon fast wie ein Naturgesetz.

Mit diesen wenigen Stichpunkten konnte und wollte ich das Problem der diffuseren »Grundmechanismen« von kulturellen Verfestigungen durch Sozialisationsprozesse für die Entwicklung und Erhaltung von Machtprozessen nur andeuten. Die genauere Erörterung würde meine Themenstellung sprengen. Aber bevor man die augenscheinlich »handfesteren« Hilfsmittel der Machterhaltung analysiert, muß dieser Hintergrund mit im Auge behalten werden. Oft wird hierdurch erst deutlich, warum ein bestimmtes Hilfsmittel überhaupt wirkt und »funktioniert«.

Durch die Beachtung dieses Hintergrunds wird auch nochmals deutlich, daß die Machtbeziehung ein gesellschaftliches Phänomen ist, und zwar genaugenommen nun in zweifacher Hinsicht: Relevante Macht- und Herrschaftsprozesse in komplexen Gesellschaften existieren nicht als isolierte Dyaden, sondern als komplexe Konstellationen, aus dem »Zusammenspiel« vieler Menschen und vieler »Faktoren«. Aber selbst, wenn man eine Macht-Dyade scheinbar isolieren kann, ist durch die (sub)kulturell bestimmten Sozialisierungsprozesse in den Köpfen der Betei-

274 Vgl. Hans Paul Bahrdt: *Industriebürokratie*, Stuttgart 1958, p 89. Einen gut lesbaren Überblick über die »Grundmechanismen« der Herrschaft durch Sozialisation und speziell auch über die doppelte Beherrschung der Frau geben Carol Hagemann-White, Reinhart Wolff: *Lebensumstände und Erziehung. Grundfragen der Sozialisationsforschung*, Ffm. 1975.

ligten »Gesellschaft« immer schon (mit)konstituierend für diese Beziehung vorhanden. Mit der Konzeption der »normative resources« wäre dieser Sachverhalt nur höchst unzureichend abgedeckt.

Daß dennoch fast alle Macht-Definitionen eigentlich sozialpsychologische, an der (Klein-)Gruppe orientierte Definitionen sind, hat hin und wieder zur Kritik und zu Versuchen einer »soziologischen Theorie der Macht« geführt[275]. Vor allem wird versucht, Macht in und durch Organisationen begrifflich besser zu fassen, indem man z. B. zwischen inter-member und systemic power, zwischen micro und macro power usw. unterscheidet und die unterschiedliche Bedeutung und Wirkung von resources in den verschiedenen Systemebenen analysiert[276]. Solche Ansätze sind wichtig und haben allgemein zu einem besseren Verständnis von Machtphänomenen beigetragen. Zwei zusammenhängende shortcomings sind für diese Ansätze bisher jedoch fast typisch: Durch die Betrachtung auf der Systemebene werden Machtprozesse zu neutralen »Spielen« zwischen Systemen, von denen je nach Strategie und einsetzbaren Mitteln mal das eine, mal das andere »gewinnt«. Bei M. Irle z. B. ist dann nur noch (orientiert an K. Lewin) die Rede von Interdependenzen zwischen »Regionen«, die sich gegenseitig »Änderungen« zufügen können, und Macht wird zum »Quotienten« von »maximalen Resultanten« von »Kräften« und Gegenkräften[277]. Hinter diesem Formalismus verschwindet völlig, daß es sich um asymmetrische Prozesse zwischen Menschen handelt.

Tragen dieser Ansatz und ähnliche andere der Macro-Power-Soziologie noch der Tatsache Rechnung, daß die Macht-Relation ein gesellschaftliches »Feldphänomen« ist, so wird gleichzeitig durch die Abstraktion von konkreten menschlichen Handlungen – die z. B. durch konkret-spezifische Sozialisierungsprozesse ge-

275 Vgl. z. B. Martin Irle: *Soziale Systeme*, Göttingen 1963, p 99 f.

276 Vgl. für einen Überblick: Edward W. Lehman: »Toward a Macrosociology of Power«, in: *American Sociological Review*, Volume 34, No. 4 (August 1969), p 453 ff.

277 Vgl. M. Irle (275), p 100 f.

prägt sind – »Gesellschaft« wieder ausgeblendet. Paradoxerweise geschieht dies meist durch eine betont »soziologische« Argumentation. Seit E. Durkheim wachen viele Soziologen fast ängstlich darüber, daß keine psychologischen oder sozialpsychologischen Elemente in eine soziologische Analyse mit einfließen. Die soziologische Argumentation mußte »rein« bleiben, damit die behauptete Eigenständigkeit der Soziologie als Wissenschaft dokumentiert wurde. Für die Anfangszeit der Soziologie als neue Wissenschaft mag diese Haltung noch verständlich sein, heute ist sie oft eine Fessel[278]. Übersehen wird vor allem, daß genuin gesellschaftliche Phänomene, wie z. B. die subkulturelle Sozialisation, nur durch psychologische und sozialpsychologische Methoden und Analysen – wenngleich geleitet durch ein kritisches soziologisches Verständnis – in ihrem Wirkungsmechanismus erkannt werden können; übersehen wird, daß durch das äußerst komplexe, lernfähige und anpassungsfähige System Mensch »Gesellschaft« auch immer »individualisiert« erscheint, befestigt in einem Kopf. Zur Analyse gesellschaftlicher Verhältnisse und speziell von Machtverhältnissen gehört also beides: die Analyse von Makro-Parametern, wie Kapitalmechanismen und Eigentumsverhältnissen, also der Logik des Spiels, und die Analyse von weniger auffälligen, aber gleich wirksamen sozialpsychologischen Mikromechanismen, die sich in den Köpfen verfestigt haben.

Eine Revolutionierung der Gesellschaft ist nur möglich, wenn beide Arten von Mechanismen in ihrer Wirkung erkannt werden, damit Anstrengungen unternommen werden können, beide »außer Wirkung« zu setzen.

Nicht nur in der bürgerlichen Soziologie, auch in marxistisch orientierten Analysen werden oft die durch Sozialisierungsprozesse in den Köpfen befestigten Mechanismen vernachlässigt. Daß Produktionsverhältnisse z. B. auch in den »Köpfen« der Arbeiter verankert werden können, wird bei einer reinen

278 Daß auch Sozialpsychologen von diesem Geburtsdogma der Soziologie nicht unbeeinflußt sind, kann man z. B. bei Irle (275) sehen.

Makroanalyse vielfach übersehen. Zum Teil mag hierdurch auch die manchmal zu beobachtende Naivität gegenüber den Chancen der Revolutionierbarkeit der »Verhältnisse« erklärbar sein, wie sie z. B. in der Konzeption einer spontanen und abrufbereiten »Massenbasis« für sozialistische Veränderungen zum Ausdruck kommt.

Ausgehend vom Einfluß kritischer Momente der Psychoanalyse wird jedoch dieser vernachlässigte Bereich auch zunehmend von Marxisten beachtet, und die Wichtigkeit der genauen Kenntnis von Sozialisierungsprozessen für die Analyse der Gesellschaft und vor allem von Machtprozessen wird bei anwachsendem Material sicher immer weniger geleugnet werden können[279].

Nach dieser grundsätzlicheren Erörterung der Macht-Relation kann ich mich wieder konkreter dem Herrschaftsprozeß in Produktionsorganisationen zuwenden. Der Zweck der Herrschaft in kapitalistischen Produktionsbetrieben ist eindeutig: es geht um die organisierte Verfügung über fremde Arbeitskraft auch gegen den Willen der betroffenen Arbeiter. Die Asymmetrie ist ebenfalls eindeutig: durch die Lohnform verdeckt, wird in diesem Herrschaftsverhältnis unbezahlte Arbeitskraft von den Arbeitern abverlangt. Für eine kapitalistische Produktionsweise ist somit Herrschaft unabdingbar. Die liberal-konservative Beharrung auf der Notwendigkeit von Herrschaft könnte also auch besagen, daß man sich Produktion nur als kapitalistische vorstellen kann.

Betrachtet man weiter die eingesetzten Hilfsmittel zur Aufrechterhaltung der Macht im Betrieb, so kann man sie heute praktisch alle auf abgeschöpfte Arbeitskraft zurückführen. Zwar ist nicht jedes denkbare »utilitaristische« Hilfsmittel ein Produkt der

279 Vgl. für den erwähnten Bereich der Arbeiter-Subkultur: z. B. Wolfgang Lempert: *Leistungsprinzip und Emanzipation*, Ffm. 1971 (das Kapitel 3 über berufliche Sozialisation, p 111ff), oder auch: Autorenkollektiv (G. Brandt u. a.): *Berufliche Sozialisation und gesellschaftliches Bewußtsein jugendlicher Erwerbstätiger*, Ffm. 1973, dort auch weitere Literaturangaben.

Arbeit[280], aber die heute verwendeten Mittel wie Lohn, Gehalt für »Herrenknechte«, Konsumgüter und Maschinen sind alle durch Arbeit entstanden. Sieht man von den »Grundmechanismen«, die Herrschaft ermöglichen, einmal ab und betrachtet den Zweck und die Hilfsmittel der Herrschaft im Produktionsbetrieb, so kann man sagen: Herrschaft bedeutet asymmetrische Verfügung über fremde Arbeitskraft durch abgeschöpfte fremde Arbeitskraft[281]. Diese Bestimmung scheint auf den ersten Blick abstrakt zu sein, sie ist aber wohl die »konkreteste«, die für Herrschaft in kapitalistischer Produktion gemacht werden kann. Durch die Wortwahl »Verfügung über fremde Arbeitskraft« ist diese Bestimmung schon nicht mehr »neutral« aus der Perspektive des Herrn gesehen, aber auch noch nicht deutlich genug für die Lage des Knechts. Schon im Hinblick auf noch genauer zu belegende Punkte könnte man sagen: Herrschaft im Produktionsbetrieb reproduziert und befestigt eine asymmetrische Verteilung der Lebenschancen der Betriebsangehörigen bzw. der Bevölkerung; durch Herrschaft im Produktionsbetrieb wird in Verbindung mit der modernen Technik eine Produktionsweise aufrechterhalten, die, gemessen am vorhandenen Vermögen der Produktivkraftentfaltung, für die Mehrheit der Betroffenen weit größere Nachteile mit sich bringt, als für eine industrielle Produktion unvermeidlich und »notwendig« wäre. Zur Kritik der Herrschaft im Produktionsbetrieb ist es, wie erwähnt, nicht notwendig, »äußere« oder z. B. »moralische« Kriterien heranzuziehen. Immanente Bezugspunkte, wie das erwähnte Mißverhältnis von »technischem« Vermögen und Nutzung des Vermögens, und z. B. Momente der Postulate von »Gleichheit« und »Menschenwürde« liberal-demokratischer Verfassungserrungen-

280 Vgl. K. Marx: *Kritik des Gothaer Programms*, Berlin (DDR) 1972, p 17: »Die Arbeit ist nicht die Quelle alles Reichtums. Die Natur ist ebensosehr die Quelle der Gebrauchswerte . . .«

281 Vgl. hierzu und zu dem Vorhergehenden: D. Claessens: *Kapitalismus als Kultur* (209), p 41–51, und z. B. auch: Wolfgang Littek: *Industriearbeit und Gesellschaftsstruktur. Zur Kritik der Industrie- und Betriebssoziologie*, Ffm. 1973, p 73.

schaften, die ja auch ein Teil des politisch verfaßten Rahmens der Produktionsverhältnisse sind, geben genügend Bezugspunkte zur Kritik.

Für die weitere Betrachtung wird es darauf ankommen, die systembedingte Asymmetrie aufzuzeigen, die für Herrschaft ja konstituierend ist, und die Mechanismen zu analysieren, die diese nach immanenten Kriterien nicht notwendige Asymmetrie aufrechterhalten. Dabei wird die Perspektive eingeschränkt durch die Themenstellung auf den Bereich der durch die »Technik« bedingten und ermöglichten Mechanismen. Eine politisch relevante Theorie zur bewußten Veränderung der Gesellschaft, zur Aufhebung der Logik des »alten Spiels« für die Lebensbasis, wird diese Analyse also nur im Zusammenhang mit anderen Analysen werden können, vor allem zusammen mit genauen Analysen der politischen Ökonomie, der Klassenlage und des (Klassen-)Bewußtseins und einer kritischen Theorie der Institutionen und (politischen) Organisationen. Da aber »die Frage der ›Technik‹ ... der Prüfstein für jede Theorie ist«[282], die sich mit industrieller Gesellschaft befaßt, ist das richtige Begreifen von »Technik« als Teilaspekt zugleich auch ein zentrales Moment.

B. Mediatisierung und Vergegenständlichung der Herrschaft durch Technik

Im Abschnitt »Vorindustrielle Technik« (III A) habe ich schon erwähnt, daß man den Arbeitsprozeß des Menschen gegen und mit der Natur als einen Prozeß der »Vergegenständlichung« bezeichnen kann. Durch die Arbeit kann der Mensch nach seinem Willen und seinen Bedürfnissen »Gegenstände« erzeugen, die ihm für die Befriedigung seiner Wünsche und Bedürfnisse dienen. Vergegenständlichung von Bedürfnissen durch Arbeit kann als ein wesentliches Differenzkriterium zwischen Tier und

282 Bernard Willms: *Kritik und Politik. Jürgen Habermas oder das politische Defizit der »Kritischen Theorie«*, Ffm. 1973, p 143.

Mensch angesehen werden. Durch Vergegenständlichung schafft sich der Mensch »seine« Umwelt und kann sich durch »seine« Gegenstände von einer fremden Umwelt abgrenzen[283]. Man kann so sicher sagen, daß Vergegenständlichung eine zentrale anthropologische Kategorie ist.

Marx, der diese Kategorie, ausgehend vor allem von Hegel und Feuerbach, für seinen Arbeitsbegriff »weiterentwickelt«, scheut sich in diesem Zusammenhang deswegen auch nicht, von einem Gattungsmerkmal des Menschen zu reden. »Der Gegenstand der Arbeit ist daher die Vergegenständlichung des Gattungslebens des Menschen: indem er sich nicht nur wie im Bewußtsein intellektuell, sondern werktätig, wirklich verdoppelt, und sich selbst daher in einer von ihm geschaffenen Welt anschaut«[284]. Anzumerken wäre noch, daß der Begriff des »Gegenstandes« im Prozeß der Vergegenständlichung einen großen Bedeutungsumfang haben kann, da auch der Arbeitsprozeß sich auf sehr unterschiedliche Gegenstände beziehen kann. Im einfachsten Fall könnte der »Gegenstand« ein Werkzeug sein; aber auch so komplexe Gebilde wie Institutionen können als Resultat der Vergegenständlichung betrachtet werden.

Ein Ergebnis der Vergegenständlichung ist die Möglichkeit der Distanzierung: einmal die Distanzierung von sich selbst, indem man den geschaffenen »eigenen« Gegenstand aus sich heraus stellt und sich selbst aus der Distanz erleben kann, dann auch die Distanzierung von anderen Menschen und Objekten, indem man den vergegenständlichten Prozeß zwischen sich und andere stellt. Der Gewinn dieser zweiten Distanzierung ist, daß eine gewünschte Wirkung erreicht werden kann bei gleichzeitiger Abschirmung möglicher unerwünschter Folgen[285].

Es ist nun naheliegend, daß dieser Mechanismus auch für Macht- und Herrschaftsprozesse ausgenutzt wird. Schon für relativ einfache Machtprozesse ist typisch, daß Macht über vermittelnde

283 Vgl. hierzu das Prinzip der »Insulation« in: Claessens (41), p 94 ff.

284 Marx: *Frühe Schriften*, ed.: H.-J. Lieber u. P. Furth, Stuttgart 1962, p 568.

285 Vgl. Kapitel III A. c.

Zwischenglieder, also nicht unmittelbar, sondern indirekt, mittelbar ausgeübt wird. Die sich zunächst anbietenden Zwischenglieder sind Menschen. Durch die Mediatisierung der Herrschaft auf diese Weise können sehr komplexe und »undurchsichtige« Konstellationen entstehen, vor allem, wenn die Zwischenglieder einen eigenen Machtspielraum haben und unterschiedlichste Mittel einsetzbar sind[286].

Die Mediatisierung der Macht hat für einen Herrn Vor- und Nachteile. Ein Gewinn ist, daß er auch für diese Tätigkeit den Vorteil der Distanzierung nutzen kann: möglichen Rückwirkungen ist er nicht unmittelbar ausgesetzt, mögliche negative Auswirkungen der Machtausübung müssen ihm nicht unmittelbar oder auch nur abgeschwächt angelastet werden. Außerdem ist eine »imperiale« Machtentfaltung nur durch Mediatisierung möglich.

Der Nachteil wäre, daß die Zwischenglieder Ressourcen verbrauchen und je nach Eigenständigkeit Gegenkräfte bilden können.

In einer Produktionsorganisation war die Herrschaftskonstellation immer relativ einfach und auch relativ eindeutig gegliedert. Wie erwähnt, war der berechenbare, von außen zu steuernde Prozeß das Organisationsideal für die Herrschaftsbeziehungen im Betrieb, und durch die Übernahme des hierarchischen Organisationsprinzips der modernen Staatsbürokratie wurde dieses Ideal auch wirkungsvoll im Bereich der Produktion installiert. Die noch überschaubaren Produktionsbetriebe zu Beginn der Industrialisierung hatten so in der Regel eine eindeutige Machtkonzentration in der Spitze, einen einzigen »Boß« oder höchstens eine kleine Gruppe, bestehend aus »Partnern« oder einer

286 Ein Beispiel hierfür wäre die »höfische Gesellschaft«. Zur Aufrechterhaltung und Ausbreitung der Macht und der Machtspielräume sind neben verfügbaren Mitteln in dieser Konstellation z. B. wichtig: Beherrschung der Spielregeln, hoher Informationsstand über die sich oft schnell ändernden »Zustände« und Beherrschung der Strategie der Intrige. Vgl. Norbert Elias: *Über den Prozeß der Zivilisation*, Bern/München 1969 und Ffm. 1976.

Familie. Die Mediatisierung der Herrschaft erfolgte hier zunächst vorwiegend durch Menschen. »Wie eine Armee militärischer, bedarf eine unter dem Kommando desselben Kapitals zuzusammenwirkende Arbeitermasse industrieller Oberoffiziere (Dirigenten, managers) und Unteroffiziere (Arbeitsaufseher, foremen, overlookers, contre-maîtres), die während des Arbeitsprozesses im Namen des Kapitals kommandieren«[287].
Für die Produktionsorganisation ist jedoch typisch, daß zusätzlich und zunehmend die Mediatisierung der Herrschaft durch »Technik« erfolgt, also vergegenständlicht wird. Ich habe hierauf im Abschnitt III D schon hingewiesen. Der Vorgang ist nicht überraschend, sondern bietet sich unmittelbar an. Aber der Vorgang kann sehr unterschiedlich beschrieben und sehr unterschiedlich gedeutet und interpretiert werden.
Grob könnte man drei Ebenen unterscheiden, auf denen man diesen Vorgang analysieren kann:
1. Die unmittelbare Umgebung des Arbeiters. Hier wird man die »handgreiflichste« Form der Mediatisierung der Herrschaft durch Vergegenständlichung, durch Technik finden. Die im Herrschaftsverhältnis gewünschte Abfolge der Arbeitskraftverausgabung durch einen fremden Willen kann in ihren Einzelheiten und in ihrem Rhythmus durch die Maschine, mit der oder an der der Arbeiter arbeitet, bestimmt werden. »Die Wissenschaft, die die unbelebten Glieder der Maschine zwingt, durch ihre Konstruktion zweckmäßig als Automat zu wirken, existiert nicht im Bewußtsein des Arbeiters, sondern wirkt durch die Maschine als fremde Macht auf ihn, als Macht der Maschine selbst«[288]. Durch zunehmende Mechanisierung und durch komplexer werdende Maschinen kann die Kontrolle und Disziplinierung der Arbeiter also zunehmend durch die Maschine erfolgen, und unmittelbare personale, auch mediatisierte personale Herrschaft tritt dann tendenziell zurück oder erscheint nur noch bei Störungen im normalen Ablauf. Diese Tendenz ist in unzähligen Analysen be-

287 Marx, *MEW* 23, p 351.
288 Marx: *Grundrisse* (205), p 584.

schrieben und bewertet worden. Ob die »Maschine ein strengerer Herr« ist als ein Mensch, ob so eine totale Versklavung des Menschen erfolgt oder ob nur eine bewußte Anpassung an einsehbarnotwendige technische Arbeitsvollzüge erfolgt und der Begriff der Herrschaft hier nicht mehr sinnvoll ist, wird sehr von den gewählten Beurteilungsbezugspunkten abhängen und sollte auch abhängen von einer genauen Arbeitsplatzanalyse[289].

2. Die zweite Ebene, von der aus die Mediatisierung der Herrschaft durch Technik analysiert werden kann, wäre die Systemebene des Betriebs, die Organisation. Im Begriff der Wissenschaft im letzten Zitat von Marx ist diese Ebene bereits genannt, auch im Begriff der Maschinerie. Um das Verhältnis von Herrschaft und Technik auf dieser Ebene darzustellen, wird es neben der Analyse der »Organisationstechnik«[290] notwendig sein, auf die Struktur und Logik der Wissenschaft und auf die Funktion der scientific community einzugehen.

3. Die letzte Ebene könnte auf die Industriegesellschaft insgesamt bezogen werden. Hier müßte untersucht werden, wie und durch welche (Makro-)Mechanismen »Technik« ein Herrschaftsverhältnis stabilisiert, also eine nicht notwendige Asymmetrie der Gesellschaft insgesamt. Auch auf dieser Ebene wird es bei der Einschätzung auf den Bezugspunkt und auf eine genaue Analyse ankommen, ob man z. B. von Technik als neuer, herrschaftsverschleiernder Ideologie reden kann oder z. B. nur von sachgerechter Verwaltung rationaler und notwendiger Prozesse.

Die Mediatisierung der Herrschaft hat allgemein für einen Herrn, wie erwähnt, den Vorteil der Distanzierung, eine Mediatisierung durch Technik den zusätzlichen Vorteil, daß das Verhältnis vergegenständlicht wird, »versachlicht«. Man könnte nun nach weiteren Bedingungen fragen, die ein Herrschaftverhältnis

289 Vgl. hierzu z. B. H. Popitz u. a.: *Technik und Industriearbeit* (248), p 25.

290 Vgl. z. B. Bahr: *Politische Technologie* (230), p 69. Die Unterscheidung der ersten beiden Ebenen war z. B. wichtig bei der Betrachtung des Einflusses des Modells der Naturerkenntnis auf die Produktion.

»verbessern«, ohne es in der wichtigen Dimension zu verändern oder aufzuheben. Die wichtige Dimension in einem Produktionsbetrieb ist die asymmetrische Verfügung über fremde Arbeitskraft durch einen fremden Willen. Der Zweck der Herrschaft ist also erfüllt, solange Arbeiter im Betrieb ein Mehrprodukt schaffen, über das sie nicht verfügen können, sondern die Firmenleitung, die Kapitalbesitzer oder sonst eine herrschende Klasse. Für einen »Herrn« oder eine herrschende Klasse wäre es zur Verbesserung und Stabilisierung dieser mehrproduktaneignenden Produktionsweise zunächst also hilfreich, wenn das Interesse der unmittelbaren Produzenten nicht auf die konkreten Produkte der Firma, die ja auch das Mehrprodukt enthalten, gerichtet ist und die Motivation zur Arbeit auch nicht an dieses Interesse gebunden wird. Der Verfügungsspielraum des Herrn oder der Firmenleitung ist erst gewährleistet oder wird beträchtlich vergrößert, wenn die konkreten Produkte, ihre Nutzung und ihr »Sinn« möglichst aus dem Interessenhorizont der Arbeitenden ausgeblendet werden. Für den »Herrn« ist es also sehr zweckmäßig, möglichst viele Mitglieder »seines« Betriebes »zweckindifferent zu motivieren«. Von dieser richtigen »Erkenntnis« und den Folgerungen daraus lebt z. B. ein großer Teil der »konkreteren« Organisationstheorie von Niklas Luhmann[291].

Andererseits wäre es wenig sinnvoll, ganz auf »Motivation« zu verzichten, und zwar hauptsächlich aus zwei Gründen: Die »Innensteuerung«[292] ist für die Beherrschung eines so komplexen und lernfähigen Systems »Mensch« ganz eindeutig die eleganteste Methode. Ohne Innensteuerung könnten zudem viele Prozesse von außen gar nicht gesteuert werden. Und zweitens paßt eine »freiwillige« Innensteuerung besser in die politische Landschaft eines formaldemokratischen Staates. Konstituierend für ein Macht- und Herrschaftsverhältnis bleibt ja eine asymmetri-

291 Vgl. vor allem Niklas Luhmann: *Zweckbegriff und Systemrationalität. Über die Funktion von Zwecken in sozialen Systemen*, Tübingen 1968.

292 Vgl. Kapitel I.

sche Willensübertragung. Diese Übertragung, deren erfolgreiches Resultat darin besteht, daß die Tätigkeit, das Verhalten der Beherrschten, dem fremden Willen der Herrschenden folgt, kann, wie erwähnt, mit unterschiedlichen Hilfsmitteln erfolgen. Eine besonders »gelungene« Übertragung des herrschenden Willens bestünde, wenn es den Herrschenden gelänge, die Motivation so zu steuern, daß der zu übertragende Wille zum »eigenen« Willen der Beherrschten würde, daß sie sich »freiwillig« so verhielten, wie man es von ihnen erwartet[293]. Auf der individualpsychologischen Ebene könnte Herrschaft in diesem Fall nur noch schlecht erkannt werden. Eine standardisierte Befragung z. B. wäre hier eine stumpfe Methode, um ein Herrschaftsverhältnis zu analysieren. Erst durch den Blick auf die Systemebene könnte eine vorhandene Asymmetrie wieder deutlich werden.

Mit diesen Bemerkungen ist das Problem zunächst nur angedeutet, denn dieser Abschnitt B sollte vorbereiten für die Erörterung folgender Probleme: Wann verwandelt sich ein vergegenständlichter Prozeß in einen verdinglichten? Welche Bedeutung haben dabei Technik und Wissenschaft? Ist verdinglichte Herrschaft auch auf einem hohen Informations- und Motivationsniveau der Betroffenen möglich? In welcher Weise bleibt eine verdinglichte Herrschaftsstruktur auch bei veränderter technischer Basis und veränderten Arbeitsformen erhalten und inwieweit wird diese Herrschaft von der veränderten technischen Basis »unsichtbar«, aber wirksam getragen?

Ich werde also zunächst auf den Begriff der Verdinglichung eingehen (a), um dann eine extreme Variante der Verdinglichung zu betrachten (b). Nach einer vorbereitenden allgemeineren Erörterung (c) sollen in (d), konzentriert auf den Industriebetrieb, unterschiedliche Formen der Verdinglichung, der Herrschaft und des Horizonts bei sich ändernden Arbeitsstrukturen behandelt werden.

293 Vgl. dazu das Konzept der Macht-Rolle von D. Claessens. (Das Vermögen, die Rollen-Erwartung anderer asymmetrisch zu definieren.) Vgl. Dieter Claessens: *Rolle und Macht*, München 1968.

C. *Die »technische Basis« für verdinglichte Prozesse*

a. Zum Begriff der Verdinglichung

Ein vergegenständlichter Prozeß soll »verdinglicht« genannt werden, wenn die von Menschen erzeugten Abläufe diesen Menschen unter der Form von Dingen erscheinen. Diese noch abstrakte Definition muß näher bestimmt werden: Für vergegenständlichte Prozesse war die Möglichkeit der Distanzierung beschrieben worden. Unter bestimmten Voraussetzungen kann die Distanzierung so weit getrieben werden, daß bestimmte Auswirkungen des von einem Menschen in Gang gesetzten Prozesses außerhalb seines Empfindungs-, Wahrnehmungs- und auch Bewußtseinshorizonts fallen. Dies ist schon die eine Seite eines verdinglichten Prozesses.

Man kann auch umgekehrt von einer bestimmten Auswirkung eines von Menschen in Gang gesetzten Prozesses ausgehen und diese in Zusammenhang mit dem Wahrnehmungshorizont eines anderen Menschen betrachten, der von dieser Auswirkung beeinflußt wird. Es ist möglich, daß der Wahrnehmungs- und Bewußtseinshorizont des Beeinflußten nicht an die Quelle der Auswirkung heranreicht. Die Ursache der Beeinflussung wird vorverlagert an den Rand des Horizonts, und in einem vergegenständlichten Prozeß erscheint nun die Quelle der Auswirkung in den dort wahrnehmbaren Gegenständen. Eine von Menschen verursachte Auswirkung wird als dinghafte wahrgenommen, das Bewußtsein erfaßt nicht den wahren Zusammenhang, es ist verdinglicht.

Im letzten Zitat von Marx, das zunächst nur einen vergegenständlichten Prozeß erläutern sollte, war also genaugenommen schon die Rede von einem verdinglichten Prozeß und von einem verdinglichten Bewußtsein: »... existiert nicht im Bewußtsein des Arbeiters, sondern wirkt durch die Maschine als fremde Macht auf ihn, als Macht der Maschine selbst«[288].

Vergegenständlichte Prozesse sind potentiell in Gefahr, verdinglichte zu werden. Konnte die Vergegenständlichung als eine nicht

»zu beklagende« Fähigkeit der Gattung Mensch angesehen werden, so wird dagegen die Verdinglichung als ein fehlgeleiteter Prozeß zu kritisieren sein.
Da vergegenständlichte Prozesse verdinglichte sein können und da vergegenständlichte Prozesse in großer Vielfalt vorkommen und sehr verbreitet sind, wird man auch eine große Zahl und eine Vielfalt verdinglichter Prozesse antreffen. Das Phänomen der Verdinglichung wird darum auch schon lange und in unterschiedlichster Terminologie von sehr vielen Autoren beschrieben und analysiert[294]. Da es außerdem noch ein komplexes Phänomen ist, können je nach Zusammenhang unterschiedliche Momente herausgestellt werden und vordringlich thematisiert werden.

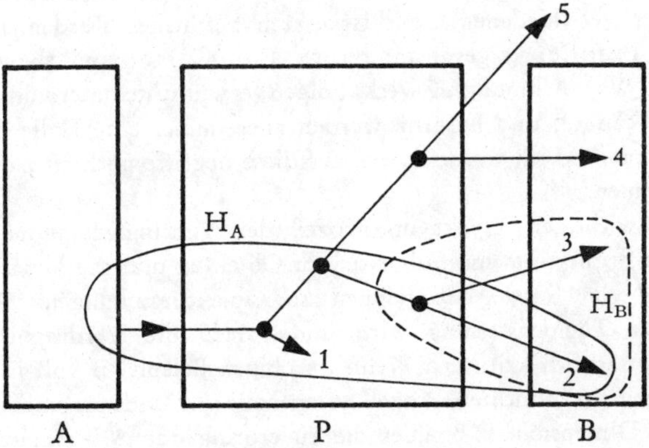

Abb. 1

Abbildung 1 soll, sehr schematisch, einige Möglichkeiten darstellen, die in einem verdinglichten Prozeß vorkommen und die auch einzeln als Problem thematisiert werden können. Dargestellt ist ein vergegenständlichter Prozeß P, auf den A eine Einwirkungsmöglichkeit hat und dessen Auswirkungen B empfängt.

294 Einen sehr guten Überblick hierzu findet man z. B. bei J. Israel: *Entfremdung* (263).

Der Horizont von A sei H_A, der von B H_B. Hier ist der Fall dargestellt, daß A (z. B. eine Betriebsleitung) nur die Auswirkungen 1 und 2 in seinem Kontroll-Horizont hat (z. B. Verschleiß der Maschinen und Produktionsleistung der Arbeiter B). Die Auswirkungen 3 und 4 auf B (z. B. hohe Ermüdung und Aggressionsneigung durch frustrierend passiv-monotone Tätigkeit) werden dagegen von A nicht gesehen, auch nicht die unkontrollierte Wirkung 5 außerhalb des Prozesses (z. B. Umweltschäden). Der Horizont von B reicht nicht an A heran, die Auswirkungen 2 und 3 werden dem vergegenständlichten Prozeß P zugeschrieben, und die Auswirkung 4 (Aggressionsneigung) wird in ihrer Ursache auch von B nicht wahrgenommen. Dieses einfache Beispiel zeigt schon, daß das Problem der Verdinglichung unter verschiedenen Gesichtspunkten betrachtet werden kann. Die Begriffe: vergegenständlichter Prozeß, Horizont (Bewußtsein, Wahrnehmung), Zweck, Folgen (erwünschte, unerwünschte, unerkannte) und Distanz werden aber immer eine Rolle dabei spielen, und ich werde darum auf diese Begriffe noch oft zurückkommen.

Ein wichtiger Aspekt im Prozeß der Verdinglichung ist die Transformation von Subjekten zu Objekten und die Verwandlung von Subjektbeziehungen zu Objektbeziehungen. Unter dieser Themenstellung wird und wurde die Verdinglichung hauptsächlich kritisiert. Wenn im obigen Beispiel B voll in den vergegenständlichten Prozeß »eingebaut« ist und nur noch über eine Dimension, z. B. über die zu erbringende Arbeitsleistung, »angesteuert« wird, dann ist die Transformation eines Subjekts zu einem Objekt vollzogen. Wenn B die durch soziale Interaktion zustandegekommenen Zieleingaben von A nicht mehr wahrnimmt und die Auswirkungen nur noch als sachlich notwendigen Prozeß erkennt, dann erscheinen Subjektbeziehungen als Objektbeziehungen, und das Bewußtsein von B ist verdinglicht.

Marx hat den Prozeß der Verdinglichung vorwiegend im Zusammenhang mit dem Warenverkehr analysiert[295]. Der Begriff

295 Vgl. Kapitel III C.

des Warenfetischismus ist dabei die zentrale Kategorie. Durch die Transformation von Gebrauchswerten in Tauschwerte schiebt sich zwischen die Produzenten und Konsumenten der vergegenständlichte Prozeß des Marktes. Die sozialen Beziehungen der Entstehungsbedingungen der Produkte werden durch den Markt hindurch nicht mehr wahrgenommen, und die Produkte bekommen ein Eigenleben als Tauschwerte. Dies ist aber nicht nur ein Wahrnehmungsproblem, denn gesellschaftlich relevant werden die sozialen Beziehungen in einer Warengesellschaft erst auf der Ebene des vergegenständlichten Prozesses des Marktes. »Da die Produzenten erst in gesellschaftlichen Kontakt treten durch den Austausch ihrer Arbeitsprodukte, erscheinen auch die spezifisch gesellschaftlichen Charaktere ihrer Privatarbeiten erst innerhalb dieses Austausches.« Den Produzenten »erscheinen daher die gesellschaftlichen Beziehungen ihrer Privatarbeiten als das, was sie sind, d. h. nicht als unmittelbar gesellschaftliche Verhältnisse der Personen in ihren Arbeiten selbst, sondern vielmehr als sachliche Verhältnisse der Personen und gesellschaftliche Verhältnisse der Sachen«[296]. Die Verdinglichung könnte hier also nicht aufgehoben werden durch eine bloße Horizonterweiterung, sondern erst durch die Aufhebung des zugrundeliegenden vergegenständlichten Prozesses, der verdinglichenden Marktbeziehungen. Das Bewußtsein der Betroffenen wäre hier ein notwendig falsches Bewußtsein, notwendig für diesen Prozeß, falsch für den auf gleicher Produktionsbasis möglichen »sinnvolleren« Prozeß.

Von marxistischen Theoretikern wird der Prozeß der Verdinglichung hauptsächlich in Zusammenhang gebracht mit dem Warenverkehr oder allgemein mit der Logik des Kapitals. Erscheinungen der Verdinglichung, die nicht unmittelbar auf den Warenverkehr zurückgeführt werden können, werden dann oft aus der Logik des Kapitals abgeleitet. Ein sehr großer Teil der Verdinglichung läßt sich auch hierauf zurückführen. Es besteht jedoch die Gefahr, daß durch eine zu einseitige Fixierung auf die

296 K. Marx: *Kapital* I, *MEW* 23, p 87.

Logik des Kapitals andere verdinglichte Prozesse zu wenig beachtet werden.

Die zentrale Bedingung für die Möglichkeit einer Verdinglichung ist ja der vergegenständlichte Prozeß, und das Ausmaß der Verdinglichung wird zunehmen mit der Komplexität des vergegenständlichten Prozesses. Ohne besondere Gegenmaßnahmen wird man Verdinglichung in allen komplexen vergegenständlichten Prozessen vermuten dürfen.

Ein komplexer vergegenständlichter Prozeß, der nicht vom Kapitalismus entwickelt, der aber von ihm übernommen wurde, ist die bürokratische Organisation. Es ist darum wohl kein Zufall, daß die »eigentliche« Theorie der Verdinglichung von einem Marxisten entwickelt wurde, der die Weberschen Bürokratie-Analysen genau kannte: von Georg Lukács[297]. Lukács sieht verdinglichte Prozesse nicht nur in der materiellen Produktion oder auf der Ebene des Warenverkehrs, sondern auch in den staatlichen und wirtschaftlichen Verwaltungen, den großen Bürokratien. »Die spezifische Art der bureaukratischen ›Gewissenhaftigkeit‹ und Sachlichkeit, die notwendige völlige Unterordnung unter das System der Sachbeziehungen, in der der einzelne Bureaukrat steht, die Vorstellung, daß eben seine ›Ehre‹, sein ›Verantwortlichkeitsgefühl‹ eine solche völlige Unterordnung erfordern[298], zeigen, daß Arbeitsteilung – wie bei der Taylorisierung ins ›Psychische‹ – hier ins ›Ethische‹ versenkt wurde. Dies ist aber keine Abschwächung, sondern eine Steigerung der verdinglichten Bewußtseinsstruktur als Grundkategorie für die ganze Gesellschaft«[299]. Lukács hält die Verdinglichung für eine »Grundkategorie«, weil alle Lebensbereiche und alle Menschen, auch die herrschende Klasse, von ihr betroffen sind, natürlich auch das Proletariat. »Die Verdinglichung aller Lebensäußerun-

297 Vgl. vor allem: Georg Lukács: *Geschichte und Klassenbewußtsein*, Berlin 1923.

298 Hier erfolgt von Lukács ein Hinweis auf M. Weber.

299 G. Lukács: *Geschichte und Klassenbewußtsein*, Ausgabe Neuwied und Berlin 1970, p 193.

gen teilt das Proletariat also mit der Bourgeoisie«[300]. Die Hoffnung auf das Proletariat als spontanes historisches Subjekt für die Veränderung der verdinglichten Prozesse ist somit wenig aussichtsreich. Ein verdinglichtes Bewußtsein kann nicht die Basis eines Klassenbewußtseins sein, und ein Klassenbewußtsein ist die Voraussetzung für ein historisches Subjekt.

Lukács beschreibt verdinglichte Prozesse in vielen Bereichen, so auch in großen Organisationen und Bürokratien, aber die Ursache der Verdinglichung sieht er letztlich doch in der Logik des Kapitals, in dem »kapitalistischen Naturboden« (299, p 186), auf dem die partikular-rationalen verdinglichten Prozesse wachsen konnten. So meint z. B. auch Israel: »In Lukács' Analyse kommt es viel deutlicher als in Marx' Theorien zum Ausdruck, daß die Theorie der Verdinglichung eine Kritik nicht nur der kapitalistischen Produktionsweise bedeutet, sondern auch der Industrialisierung, der Rationalisierung und der Bürokratisierung, obwohl Lukács das letztgenannte Phänomen als eine Konsequenz des Kapitalismus ansieht«[301]. Aber selbst wenn man zunächst davon ausgeht, daß Warenbeziehungen die Ursache für verdinglichte Prozesse sind, so stellt sich doch die Frage, »ob Waren und Warenbeziehungen eine Konsequenz der *kapitalistischen* Produktionsweise sind oder eine Konsequenz des *industrialisierten* Produktionsprozesses«[302]. Ein Kennzeichen kapitalistischer Produktionsweise ist ja der private Besitz und die private Verfügung über Produktionsmittel. Israel z. B. weist aber mit Recht darauf hin, daß man Eigentumsstruktur und Produktzirkulationsstruktur als getrennte und kontinuierlich veränderbare Variable ansehen kann. »Die eine wäre laissez-faire-Marktwirtschaft versus geplante und zentral kontrollierte Wirtschaft, die andere beträfe privates versus öffentliches Eigentum an den Produktionsmitteln«[303]. Schon ein oberflächlicher

300 W. o. p 268.
301 Israel: *Entfremdung* (263), p 340.
302 W. o. p 331.
303 W. o. p 332.

Blick auf heute existierende Gesellschaften in »West und Ost« zeigt, daß recht unterschiedliche Kombinationen dieser Variablen in unterschiedlicher Ausprägung möglich sind. Die Annahme kontinuierlicher Variablen ermöglicht außerdem eine adäquatere Beschreibung existierender Gesellschaften, als es mit dichotomischen möglich wäre.

Die Aufteilung der Gesellschaften in kapitalistische und nichtkapitalistische, festgemacht an einer dichotomisch angenommenen Variablen der Eigentumsstruktur, wäre so noch ohne großen Informationsgehalt über mögliche vorhandene verdinglichte Prozesse. In den meisten sich selbst sozialistisch nennenden Gesellschaften sind Warenbeziehungen und vor allem die Existenz von großen Bürokratien auffallende Phänomene. Verdinglichte Prozesse sind auch hier mit Sicherheit zu vermuten. Apologeten dieser Gesellschaften unterstellen jedoch oft, daß durch die Veränderung der einen Makro-Variable »Eigentum an Produktionsmitteln« diese Probleme verschwunden oder nur noch vernachlässigbare Reste hiervon übriggeblieben seien. So sucht man z. B. im *Marxistisch-Leninistischen Wörterbuch der Philosophie*[304] die wichtige analytische Kategorie der »Verdinglichung« vergebens, findet dafür aber kennzeichnenderweise z. B. sehr ausführlich die »technokratische« Kategorie der »black-box«.

Natürlich wird in diesem Wörterbuch der Begriff der »Entfremdung« behandelt. Entfremdung ist aber eine eher »subjektivistische« Kategorie, denn Entfremdung ist nur sinnvoll zu definieren über ein normatives Menschenbild und über ein Arbeitsideal[305]. Erst wenn man bestimmt hat, was schöpferische Arbeit ist und worin das Wesen menschlicher Tätigkeit besteht, wie es z. B. Marx in seinen Frühschriften oft getan hat, kann man im Vergleich mit einer konkreten Arbeitssituation feststellen, ob der betreffende Mensch gegenüber seinem »Wesen« und seinen Möglichkeiten entfremdet ist. Es ist deswegen kein Zufall,

304 *Marxistisch-Leninistisches Wörterbuch der Philosophie*, Herausgegeben von Georg Klaus und Manfred Buhr, Ausgabe Reinbek 1972.
305 Vgl. Israel (263), p 53 ff.

daß besonders Autoren, die in der ethisch-normativen, christlich-humanistischen Denktradition stehen und gesellschaftliche Probleme auf Persönlichkeitsprobleme reduzieren, über den Begriff der Entfremdung eine bürgerliche Marxinterpretation versuchten, wie z. B. Erich Thier.
Dabei sind mit zunehmenden ökonomischen Studien durch Marx von Marx selbst die Nachteile der subjektivistisch-normativen Kategorie der Entfremdung aufgehoben worden und durch die Kategorie der Verdinglichung bzw. des Warenfetischismus ersetzt worden[306]. Entfremdung ist mehr eine Kategorie auf der Ebene einer subjektiven Handlungstheorie, während Verdinglichung ein Systemkonzept ist, das selbst nicht verdinglicht ist, wie die meisten Konzepte einer Systemtheorie.
Im Begriff der Verdinglichung werden verselbständigte soziale Prozesse und ihre mögliche Aufhebung zugleich reflektiert. Ein Maßstab der Kritik ist die in den verdinglichten Prozessen vorhandene partikulare Rationalität und die Möglichkeit einer anderen Organisation, die durch die in diesen Prozessen vorhandenen Mittel gegeben ist. Für die in emanzipativer Absicht unternommene Analyse heutiger Gesellschaften, und der spätkapitalistischen Industriegesellschaft insbesondere, ist die Kategorie der Verdinglichung sicher von zentraler Bedeutung. Denn »unsere gegenwärtige geschichtliche Situation (macht) immer wieder deutlich, daß gesellschaftliche Institutionen – sowohl sozialökonomische Gegebenheiten, die der gesellschaftliche Arbeitsprozeß des Menschen erzeugt, als auch politische Organisationen ... – sich als verselbständigte Mächte über die Menschen erheben, die sie hervorgebracht haben. ... Solange diese Lage besteht, wird also die Aufgabe bestehen bleiben, den Menschen dadurch zum Herrn seiner eigenen Geschichte zu machen, daß er diese Entfremdungs- und Verdinglichungszusammenhänge erkennt und auflöst«[307].

306 Vgl. Israel (263), u. a. p 79.

307 Wolfgang Abendroth: *Antagonistische Gesellschaft und politische Demokratie*, Neuwied 1967, p 350f, zitiert nach Israel (263), p 325. Vgl. hierzu auch die Überlegungen zu den Spielmodellen durch Elias:

Für die Analyse des Zusammenhangs von Technik und Herrschaft halte ich das Konzept der Verdinglichung und der damit zusammenhängenden Fragen für außerordentlich wichtig. Einer der größten und kompliziertesten vergegenständlichten Prozesse ist die materielle Produktion auf der Basis von Wissenschaft und Technik. Die Wahrscheinlichkeit der Verdinglichung ist allein schon durch die Größe und Komplexität dieses menschlichen Projekts gegeben. Man könnte die im II. Kapitel in recht unterschiedlicher Terminologie dargestellten Analysen über »die Technik« dahingehend zusammenfassen, daß all diese Autoren die vom Menschen in Gang gesetzte Technik als verdinglichten Prozeß beschreiben[308].

Hat sich ein verdinglichter Prozeß auf der Basis von Wissenschaft und Technik stabilisiert, dann kann auch eine Asymmetrie auf höchst rationaler, wenn auch partikular-rationaler Basis erhalten bleiben. Nun wären Größe und Komplexität noch keine charakteristischen Kennzeichen für eine durch Technik ermöglichte Verdinglichung. Nichtkontrollierte oder -kontrollierbare Wirkungen, ein mit den Wirkungen gemessen reduzierter Horizont der Wahrnehmung und des Bewußtseins, wie z. B. schematisch in Abb. 1 dargestellt, waren wesentliche Kennzeichen eines verdinglichten Wirkungszusammenhangs. Die wissenschaftliche Technik nun »ermöglicht« aus vielen Gründen diese aufgerissene, zwischen Auswirkung des Tuns und Rückempfindung der Wirkung schizoide Struktur. Das möchte ich nun zunächst am Beispiel einer extremen Möglichkeit erläutern.

»Die Verflechtung von mehr und mehr Spielern funktioniert also in zunehmendem Maße – vom einzelnen Spieler her betrachtet –, als ob sie ein Eigenleben besäße.« »Der Spielverlauf seinerseits hat Macht über das Verhalten und Denken der einzelnen Spieler« (265, p 88 u. 100).

308 Dabei wird noch zu unterscheiden sein, welche Theorien selbst verdinglicht sind.

b. Schizotopie: zu einer extremen Variante der Verdinglichung auf »technischer Basis«

Vergegenständlichte Prozesse des Menschen ermöglichen Distanzierungen. Darauf habe ich in verschiedenen Zusammenhängen schon hingewiesen[309]. Die Formen der Distanzierungen können sehr verschieden sein, und sie können in sehr verschiedenen Bereichen auftreten. Man wird wohl sagen können, daß Distanzierung als zentrale anthropologische Kategorie angesehen werden kann[310]. Die Leistungen der Distanzierung haben aber von Anfang an auch ihren Preis. Für die Distanzierung des eigenen Körpers von einer unerwünschten Wirkung genügte oft nicht nur die Errichtung eines »Walls«, sondern es mußte die Quelle der Wirkung vernichtet werden. Der aktiven Distanzierung im Prozeß haftet also von Anfang an ein Moment der Feindlichkeit und Zerstörung an[311]. Dieses Zerstörungsmoment wird besonders problematisch, wenn die Distanzierungshilfen von Menschen gegen Menschen angewandt werden. Schon mit relativ einfachen »Werkzeugen« oder Waffen kann der Mensch sich von dem engen und wenig ausgeprägten angeborenen Wirkungskreis der Tötungshemmung gegenüber Artgenossen distanzieren. »Das Versagen der Tötungshemmungen in der durch die Erfindung der Waffen geschaffenen Lage beruht in erster Linie darauf, daß die angeborenen Mechanismen, die eine Hemmung auslösen, in der neuen Situation nicht ansprechen. Die tieferen, gefühlsmäßigen Schichten unseres Selbst ›verstehen‹ gewissermaßen die Konsequenzen des Waffengebrauchs nicht, und offensichtlich ist es nicht ganz ausreichend, daß die Vernunft erfaßt, was dem Gefühl nicht ganz zugänglich ist«[312]. Durch die kulturelle Sozialisation ist es dem Menschen jedoch möglich, auch in »tieferen Schichten« Mechanismen aufzubauen, die für »normale« Waffen und in

309 Vgl. z. B. Kapitel III A.

310 Vgl. hierzu Claessens: *Nova Natura* (94).

311 Vgl. Claessens (94), z. B. p 50, 75.

312 Konrad Lorenz: *Über tierisches und menschliches Verhalten*, Band II, München 1965, p 191.

»normalen« Situationen eine einigermaßen zuverlässige Tötungshemmung sichern. Ein »normaler« »zivilisierter« Mensch ist nicht mehr »fähig«, z. B. mit einem Messer oder selbst mit einer Handfeuerwaffe einen anderen Menschen zu töten. Eine Hilfe für die Aufrechterhaltung der Hemmung ist ganz sicher, daß das mögliche Geschehen im Wahrnehmungs- und Vorstellungshorizont liegt. Aber meine vorsichtigen Formulierungen verraten schon die Unsicherheit dieser Hemm-Mechanismen und die Möglichkeit, sie leicht außer Wirkung zu setzen.
Die eine Variable für den Hemm-Mechanismus ist die Situation. Durch eine veränderte Situation gegenüber der normalen, »zivilisierten«, z. B. wenn ein »Befehl« von einer anerkannten »Autorität« in »bedrohter« Situation gegen einen »Feind« ausgeführt werden soll, werden vorhandene Tötungshemmungen weitgehend außer Kraft gesetzt. Jede Komponente der von mir angeführten außergewöhnlichen Situation ist sozial interpretiert. Eine Aufhebung der Tötungshemmung durch die Variable »Situation« ist also ein komplexer sozialer Zusammenhang, auf den ich hier nicht weiter eingehen will.
Aber auch für Menschen, die durch langes Training in einem zivilisierten Klima einen stabilen Hemm-Mechanismus entwickelt haben, der durch eine veränderte Situation nicht so einfach erschüttert werden kann, besteht durch die Veränderung der zweiten Variable »Waffe« eine leichte Möglichkeit, die Tötungshemmung auszuschalten. Durch das Zwischenschalten eines größeren vergegenständlichten Prozesses zwischen Täter und Opfer kann der Wahrnehmungshorizont so eingeengt werden, daß Auswirkungen der Tat nicht mehr rückgemeldet und vorhandene Hemm-Mechanismen so gar nicht erst angesteuert werden.
Ein extremes Beispiel hierfür ist das bombenwerfende Flugzeug. Die erschreckende Möglichkeit der Aufhebung der durch einen langen Prozeß der Zivilisation mühsam erworbenen Tötungshemmungen durch ein technisches Gerät erkennt z. B. Max Frisch bei einem Flug über eine »friedliche« Landschaft: »Über einem Städtchen, das wie unsere architektonischen Modelle anzusehen ist, entdecke ich unwillkürlich, daß ich durchaus imstande wäre,

Bomben abzuwerfen. Es braucht nicht einmal eine vaterländische Wut, nicht einmal eine jahrelange Verhetzung; es genügt ein Bahnhöflein, eine Fabrik mit vielen Schloten, ein Dampferchen am Steg; es juckt einen, eine Reihe von schwarzen und braunen Fontänen hineinzustreuen, und schon ist man weg; ... man sieht kein Blut, hört kein Röcheln, alles ganz sauber, alles aus einem ganz unmenschlichen Abstand, fast lustig. Nicht ohne eigene Gefahr; das meine ich nicht, daß es harmlos sei; ... eine Staffel von Jägern, die hinter uns auftauchen könnte ... Das alles inbegriffen! Ich meine nur den Unterschied, der darin besteht, ob ich Bomben streue auf ein solches Modell, das da unter den jagenden Wolken liegt, ... oder ob ich ebenfalls dort unten stehe, mein Sackmesser öffne und auf einen Menschen zugehe, einen einzigen, dessen Gesicht ich sehen werde, beispielsweise auf einen Mann, der gerade Mist verzettelt, oder auf eine Frau, die strickt, oder auf ein Kind, das barfuß in einem Tümpel steht und heult, weil sein papiernes Schifflein nicht mehr schwimmt. Das letztere kann ich mir nicht zutrauen. Beim ersteren, das ist der Unterschied, bin ich durchaus nicht sicher«[313].

Der Rückfall in die Barbarei ist mit Hilfe der Technik auch für zivilisierte Menschen jederzeit möglich. Das letzte große Beispiel einer Menschenausrottung durch zivilisierte Menschen auf »saubere« Weise durch einen ungeheuer großen und komplizierten technischen Apparat und ohne bedrohende Situation ist Vietnam. Für die meisten der beteiligten Amerikaner war es nicht notwendig, im Spezialtraining durch »Abschleifen« erlernter Hemm-Mechanismen ein spezielles Kriegs-Handwerk zu erlernen. Mit der großen Distanzierungsmöglichkeit durch das technische Gerät bedeutete für viele die Einberufung zur Bedienung der Tötungsmaschinerie nicht viel mehr als ein üblicher Arbeitsplatzwechsel innerhalb industrieller Tätigkeiten. »Die gehorsamen Söhne amerikanischer Mütter und respektvollen Liebhaber gutgewachsener College-Girls, die ein Karrée aus 12 000 Meter Höhe mit Bomben belegen, und dabei möglicherweise Hunderte

313 Max Frisch: *Tagebuch 1946–1949*, Ffm. 1950, p 42.

von Zivilisten töten oder verstümmeln, können sich ... in der Illusion wiegen, dabei nur ihre patriotische Pflicht zu tun.« »Die ›Schmutzigkeit‹ und augenfällige Grausamkeit des individuell ausgeübten Mordhandwerks wird hier in einen scheinheiligen Gegensatz zu der ›ordentlich‹ geplanten und durch ein Kollektiv ›sauber‹ ausgeführten industriellen Extermination gebracht, bei der man angeblich ›persönlich anständig‹ bleiben kann«[314]. Durch die Distanzierungsmöglichkeiten mit moderner Maschinerie ist die Aufspaltung des Wirkungskreises von Tun und Rückempfindung der Wirkung so gesteigert worden, sind »Tatort« und »Leidensort« so weit auseinandergerückt, daß die kulturelle Einholung dieser »Schizotopie« kaum denkbar erscheint[315]. Grausamer Massenmord und irreparable Zerstörungen der Natur sind durch vergegenständlichte Prozesse als saubere, sachkundige und gar wissenschaftliche »Arbeit« tarnbar. »Diese Spielart der Tarnung ist erstmalig: Während Tarnungen früher darauf abgezielt hatten, das prospektive Opfer der Tat, also den Feind, daran zu hindern, die ihm drohende Gefahr zu erkennen (oder darauf, den Täter vor dem Feind zu schützen), zielt Tarnung nun darauf ab, den Täter selbst daran zu hindern, daß er erkenne, was er tut. Insofern ist nun auch der Täter ein Opfer; insofern gehört Eatherly zu jenen, die er umgebracht hat«[316]. Eatherly ist einer der Hiroshima-Piloten. Sein »Fall« zeigt, daß wenigstens nachträglich und langsam eine »Rückwirkung« möglich ist. Er ist der einzige, der mit seiner »Tat« als Rädchen in der Kriegsmaschinerie, die zum Abwurf der Atombomben in Japan führte, nicht »fertig« wurde[317]. Die »normale« Nachkriegsgesellschaft konnte ihn nur als »Verrückten« verdauen[318].

314 Georg W. Alsheimer: »Amerikaner in Vietnam«, in: *Das Argument*, Nr. 36, 1966, p 28 u. 30.

315 Vgl. hierzu Günther Anders: *Endzeit und Zeitenende*, München 1972, p 101.

316 W. o., p 101-102.

317 Vgl. *Off limits für das Gewissen. Der Briefwechsel Claude Eatherly/Günther Anders*, herausgegeben von Robert Jungk, Reinbek 1961.

318 Vgl. das Vorwort von R. Jungk in (317).

Günther Anders ist einer der wenigen, die die drohende Realität der jederzeit möglichen Vernichtung des Lebens auf der Erde durch Atombomben zu einem zentralen Moment ihres philosophischen und anthropologischen Denkens gemacht haben. Er versucht die Blindheit und die unangemessen geringe Angst der Menschheit vor der möglichen selbsterzeugten Apokalypse, wenn nicht ausschließlich, so doch hauptsächlich in anthropologischen Kategorien zu deuten. Eine zentrale Kategorie für Anders ist das »prometheische Gefälle«: Die verschiedenen »Vermögen« des Menschen, wie Machen, Denken, Vorstellen, Fühlen, Verantworten, haben sich unterschiedlich entwickelt, »die Griffweiten der Vermögen befinden sich nicht in Kongruenz. Ermorden ... können wir tausende; uns vorstellen vielleicht zehn Tote; beweinen oder bereuen aber höchstens Einen«[319]. »Was uns heute – im Unterschied zu Faust – aufregen müßte, ist jedenfalls nicht, daß wir nicht allmächtig sind oder allwissend; sondern umgekehrt, daß wir im Vergleich mit dem, was wir wissen und herstellen können, zu wenig vorstellen und zu wenig fühlen können. Daß wir fühlend kleiner sind als wir selbst« (319, p 269). Die unterschiedlichen Griffweiten der Vermögen sind aber selbst durch Anstrengungen nicht ohne weiteres aneinander anzugleichen. Es sieht so aus, ob »die Elastizitäts- bzw. Starre-Grade der Vermögen differieren«, ob »das Volumen des Machens und Denkens ad libitum ausdehnbar ist, während die Ausdehnbarkeit des Vorstellens ungleich geringer bleibt; und die des Fühlens im Vergleich damit geradezu starr zu bleiben scheint« (319, p 270-271). Sollte dies richtig sein, dann wäre eine von den Menschen gewollte Kongruenz der Vermögen nur denkbar in der Reduzierung der Dimension des Machens.

Ich will nun nicht weiter eingehen auf die Analyse von Anders und sie im einzelnen auch nicht genauer kritisieren, als ich es mit der pauschalen Bemerkung, daß sie im wesentlichen nur anthropologisch orientiert sei, bereits getan habe. Mir kam es in diesem

319 Günther Anders: *Die Antiquiertheit des Menschen. Über die Seele im Zeitalter der zweiten industriellen Revolution*, München 1956, p 267.

Abschnitt darauf an, eine extreme Seite des Verhältnisses von Technik und Herrschaft wenigstens anzudeuten. Herrschaft kann hier verstanden werden als die extremste Variante der totalen Unterwerfung unter einen fremden Willen: die gewaltsame Unterdrückung zum Tode. Auch diese Variante wird mit einer Perfektion, Leichtigkeit und in einem Ausmaß auf der Folie eines technisch-wissenschaftlichen Zusammenhangs ermöglicht, wie sie vor der industriellen Revolution nicht denkbar war.

Schizotopie, Inkongruenz der Griffweiten menschlicher Vermögen, Auftrennung des Funktionskreises instrumentalen Handelns umschreiben Phänomene, die eng mit technischem Vermögen und korrespondierendem Unvermögen zusammenhängen und die auch auf »unteren« alltäglicheren Ebenen eine strukturelle Bedeutung haben, nicht nur in der Dimension eines industriellen Krieges und der drohenden Apokalypse. Auch auf der Ebene »friedlicher« industrieller Produktion tritt unter anderem durch Schizotopie eine Naturwüchsigkeit vergegenständlichter Prozesse auf, die von den Betroffenen nicht gewollte und nicht kontrollierte, nicht rückgemeldete Wirkungen und Folgen zeigt. Das Phänomen der Schizotopie, der Inkongruenz der Griffweiten, werde ich nun in den nächsten Abschnitten auf der Ebene des Betriebs im Zusammenhang mit der Auftrennung des Funktionskreises instrumentalen Handelns und der Herausbildung unterschiedlicher »Horizonte« bei Veränderung der Arbeitsstruktur durch veränderte Technologie diskutieren.

c. Zu den Variablen einer Theorie der Verdinglichung

Verdinglichte Prozesse sind nicht, so viel kann nun zusammenfassend gesagt werden, eindeutig und vollständig erklärbar und »ableitbar« aus der Logik des Kapitals. Es gibt viele von Menschen in Gang gesetzte vergegenständlichte Prozesse, die relativ autonom sich entwickeln konnten, die zwar gegenseitig sich beeinflussen und zusammenwirken können, die aber doch ihre

eigene Entwicklungslogik behalten. Ich habe dies für die Bereiche Kapital und Technik/Wissenschaft darzustellen versucht.
Wenn komplexe vergegenständlichte Prozesse potentiell in Gefahr sind, verdinglichte zu werden, wird man die jeweils spezifischen Mechanismen der Verdinglichung untersuchen müssen. Für den Bereich der Logik des Kapitals ist dies sehr umfangreich geschehen. Die bisherige Dominanz des Kapitalverhältnisses berechtigte auch die vorwiegende Konzentration auf diese Quelle der Verdinglichung.
Die Dominanz ist jedoch nicht begrifflich vorauszusetzen, sondern das Ergebnis einer Analyse, das im Laufe der Zeit überprüft werden muß. Die bloße Behauptung der Dominanz des Kapitals kann jedoch verhindern, daß die Mechanismen der Verdinglichung in anderen vergegenständlichten Prozessen überhaupt erst ernsthaft untersucht werden. Ich möchte darum nun versuchen, das Feld möglicher Variablen einer verdinglichten Struktur etwas allgemeiner abzustecken.
Ein verdinglichter Prozeß war ja allgemein bestimmt worden als ein von Menschen in Gang gesetzter vergegenständlichter Prozeß, dessen Zusammenhänge und Folgen nicht mehr im Wahrnehmungs- und Bewußtseinshorizont der beteiligten Menschen sind. Der Prozeß hat sich also, bezogen auf den Horizont, »verselbständigt«, wenngleich er noch von Menschen gemacht wird. Die Menschen machen ihre Geschichte zwar selbst, aber nicht mit Bewußtsein (Marx).
Der »blinde« Prozeß kann Folgen haben, die schwerwiegende Nachteile für die Menschen bringen, die in einem »bewußten«, nicht verdinglichten Prozeß zu vermeiden wären.
Diese allgemeine Bestimmung drängt differenzierende Fragen auf, die die Voraussetzungen der Struktur, die Verteilung und die mögliche Dynamik betreffen. Obwohl sehr eng zusammenhängend, könnte man für eine bessere Übersicht die Fragenkomplexe grob in folgende Bereiche einteilen: Struktur, Menschen, Bewußtsein, Folgen und Entwicklungsdynamik.
1. Struktur: Welche strukturellen Voraussetzungen menschlichen Zusammenwirkens begünstigen eine verdinglichte Struktur?

Kann eine bestimmte Grundlogik des Zusammenwirkens bei unveränderter Komplexität der Verhältnisse die Wahrscheinlichkeit der Verdinglichung erhöhen? Wird z. B. – in der Sprache der Spielmodelle von Elias[265] formuliert – schon ein großer Teil der Undurchschaubarkeit des Spielverlaufs, unabhängig von der Struktur der Machtdifferentiale, allein durch die Grundlogik des Spiels »alle gegen alle« erzeugt? Kann durch einen Wechsel der »Grundlogik des Spiels« trotz einer hohen Komplexität des vergegenständlichten Prozesses die Gefahr der Verdinglichung reduziert werden? Gibt es mehrere Strukturen mit einer verdinglichenden Grundlogik oder im wesentlichen nur eine dominante? Wirken mehrere relativ unabhängige, aber strukturell affine Strukturen als Grundlage verdinglichter Prozesse zusammen? Wenn ja, haben sich in den letzten hundert Jahren Dominanzverschiebungen ergeben zwischen diesen Strukturen?

2. Menschen: Was veranlaßt die Menschen, einen verdinglichten Prozeß aufrechtzuerhalten? Wie werden die Menschen »motiviert«, in und an diesem Prozeß zu arbeiten? In welchem Mischungsverhältnis stehen dabei Zwang, Normen und »selbsttragende«, befriedigende Vergegenständlichungsprozesse? Hat sich an dieser Zusammensetzung etwas geändert, und welchen Einfluß hat dies auf die Stabilität der verdinglichten Struktur? Wie sehen die Differenzierungen zwischen den Menschen aus, die diesen Prozeß veranstalten, bezüglich des Anteils am Machen, des Umfangs des Bewußtseins, der Art der Motivation, der Verteilung der Vorteile und Nachteile? Hat sich in der Verteilung, in der Differenzierung dieser Dimensionen etwas verändert, wodurch, und hat dies Folgen für die Stabilität der verdinglichten Struktur?

3. Bewußtsein: Wie sehen die Mechanismen der Bewußtseinsbildung aus? Welchen Einfluß auf die Bewußtseinsbildung haben der konkrete Horizont des erlebbaren Handlungszusammenhangs, vergangene Sozialisierungen und undurchschaute Folgen des verdinglichten Prozesses? Hat sich der Horizont auf einer veränderten Grundstruktur erweitern können, ohne dabei die Schranken der Verdinglichung zu durchstoßen? Welchen Einfluß

haben veränderte Motivationsformen auf die Bewußtseinsstruktur? Haben sich durch veränderte Arbeitsplatzstrukturen die Bewußtseinsformen verändert, und welchen Einfluß hat dies auf die Stabilität des verdinglichten Zusammenhangs?

4. Folgen: Ob sich die Verteilung der Folgen geändert hat, wurde schon gefragt. Hat sich aber vielleicht auch die Art der negativen Folgen verändert, so daß trotz erweitertem Horizont die Zusammenhänge noch weniger erkennbar sind? Ist für einen zunehmenden Teil der Bevölkerung eine Insulation, eine Abschirmung von direkten negativen Folgen möglich, so daß sie mit einer privat positiven Bilanz in der verdinglichten Struktur sich »einnisten« können? Würden so für einen größer werdenden Teil der Produzenten die negativen Folgen ihrer Produkte z. B. nicht mehr an den Arbeitsplatz heranreichen und so für den Prozeß einer kritischen Bewußtseinsbildung weniger wirksam werden?

5. Entwicklungstendenzen: Bezogen auf den Gesamtprozeß ergeben sich die Fragen: Treten zunehmend negative Folgen zunehmend mehr Menschen ins Bewußtsein, so daß sie die verdinglichte Struktur und die Gründe der Verdinglichung und der Asymmetrie in einem revolutionären Akt zerreißen und zerstören werden; oder wird dadurch, daß für mehr Menschen die erfahrbaren negativen Auswirkungen geringer werden und die privat erfahrbaren Lebensumstände sich relativ verbessern, die Chance der kritischen Bewußtseinsbildung geringer und somit auch die Chance der Aufhebung des verdinglichten Prozesses? Ist die hier gestellte Alternative für eine mögliche Entwicklung noch zu grob, und ergeben sich in einem differenzierteren Prozeß noch Zwischenlösungen, vor allem auch bezogen auf unterschiedliche Lebensbereiche, oder ist es auf Grund der Dominanz einer Logik ein »totaler« Zusammenhang, der nur in der Totalität gebrochen werden kann und muß?

Die aufgeführten Fragen umreißen noch keineswegs vollständig den Problemkomplex der Verdinglichung, und sie sind auch strukturiert durch die vorwiegende Orientierung auf den Produktionsbereich. Dennoch wird deutlich, daß schon durch diese wenigen aufgezählten Punkte mehr Fragen gestellt sind und gestellt werden müssen, als sie durch die meisten Theorien der Verdinglichung beantwortet werden. Eine *Theorie* der Verdinglichung, vor allem, wenn sie Aussagen machen will über die Entwicklungstendenz, muß das Spektrum der möglichen Veränderungen der Variablen in eine bestimmte Richtung einschränken und durch Annahmen über die Zusammenhänge der Variablen zu einer »geschlossenen« Theorie kommen. Nur so können über möglicherweise vollständige Bezugsrahmen Theorien entstehen. Zwar haben Konzepte, die »nichts ausschließen, den Vorteil, daß die Gefahr eines Irrtums gering wird«[320], aber sie sind gleichzeitig ohne jeden informativen Gehalt und für eine Wissenschaft völlig unbrauchbar.

Für die Produktionsweise des 19. Jahrhunderts hat Marx eine Theorie der Verdinglichung vorgelegt. Sie ist alles andere als vollständig, da Marx sie leider nicht vollenden konnte und sich notwendig auf bestimmte, damals dominante Probleme konzentrieren mußte. Vor allem war sie eine historische Analyse, die, würde Marx heute leben, nicht in einer nur »durchgesehenen« Auflage des *Kapital* von 1890 bestehen würde, sondern in einem völlig neu geschriebenen Werk, wenngleich auch vieles im Werk von 1890 heute größere Relevanz hat als früher.

Aber: unverlierbar festzuhalten aus dem Marxschen Werk wären nicht bestimmte »Ergebnisse«, sondern die Fragen und die »Methode« seiner Analyse, die die Zusammenhänge von Kapital und Arbeit, von Ausbeutung und Herrschaft, von Bewußtsein und Verdinglichung aus der Totalität der gesellschaftlich vermittelten Verhältnisse und Produktionsweisen sieht.

Eine geschlossene Analyse, wie die von Marx, liegt für die heu-

320 Niklas Luhmann: »Sinn als Grundbegriff der Soziologie«, in: Habermas/Luhmann: *Theorie der Gesellschaft oder Sozialtechnologie*, Ffm. 1971, p 101. Die Luhmannsche Kategorie der »Komplexität« wäre ein Beispiel für eine wissenschaftlich unbrauchbare Begriffsbildung, weil sie alles erklärt und somit gar nichts. Bei »dogmatischen Marxisten« kann der Begriff des »Kapitalverhältnisses« zu einem ähnlichen Status degenerieren.

tige, möglicherweise in einigen Bereichen grundsätzlich veränderte historische Situation nicht vor. Was vorliegt, kann grob in zwei Gruppen geteilt werden:
Einmal gibt es eine Vielzahl von Analysen und Theorien, die aus dem obigen Fragenkatalog nur bestimmte Komplexe herausgreifen. Das scheint durch die Notwendigkeit einer Arbeitsteilung in den Sozialwissenschaften erzwungen zu sein, da man schon in Einzelbereichen so viel Wissen zusammengetragen hat, daß dies allein von einem Menschen nicht mehr vollständig zu einer Theorie »verarbeitet« werden kann. Der Zusammenhang zu anderen Bereichen geht verloren, und da durch die objektive Struktur der Gesellschaft der Zusammenhang aber vorhanden ist, wird die Verdinglichung weder erkannt, noch besteht die Chance der Aufhebung. Es entstehen so notwendig verdinglichte Theorien. Auch ist nicht zu hoffen, daß sich aus den Einzelanalysen »irgendwann« und »von selbst« eine Synthese, eine umfassende Theorie ergibt, wie das z. B. in den Naturwissenschaften möglich ist. Dies hat – nur kurz erwähnt – u. a. den folgenden Grund: naturwissenschaftliche Begriffe sind explizit definierbar. Durch die konstruierte experimentelle Situation werden nur partikulare Zusammenhänge thematisiert und begrifflich festgehalten. Bei Verwendung gleicher explizit, operational definierter Begriffe können dann unterschiedliche Einzelergebnisse zu komplexen Theorien synthetisiert werden[321].

In den Sozialwissenschaften müssen die zentralen Begriffe implizit definiert werden, denn man kann weder die Vorgänge in einer experimentellen Situation isolieren, noch würde dies einen Sinn haben, da die isoliert gefundenen Gesetze nach der Synthese der Einzelvorgänge ihre Gestalt vollständig verändern können. Die Begriffe müssen jeweils den Gesamtzusammenhang des einzelnen Bereichs »reflektieren«. Ihr Sinn, ihre Bedeutung ergibt sich nur aus dem Zusammenhang des ganzen Bereichs. Eine Synthese mehrerer »Bereichs-Theorien« auf der Basis je implizit definierter Begriffe ist also nicht so ohne weiteres möglich.

321 Vgl. Kapitel III A. c.

Die Synthese könnte nur erfolgen durch eine *neue* implizite Begriffsbildung, entstanden aus der Kenntnis und der Reflexion der Zusammenhänge in und zwischen den Einzelbereichen[322].

Die Funktion einer bürgerlichen Wissenschaft besteht also auch darin, daß sie, indem sie sich auf die genaue Kenntnis eines partikularen Zusammenhangs versteift und hier Klassifikations- und Präzisierungsorgien feiert, den verdinglichten Gesamtzusammenhang nicht nur nicht durchschaut, sondern durch ihren »Wissenschaftsbetrieb« auch befestigt.

Die zweite Gruppe der Theorien, die vorliegt, vernachlässigt den Gesamtzusammenhang nicht. Autoren, die an einem »Begriff der Gesellschaft« festhalten, kritisieren deswegen auch mit aller Schärfe die Unzulänglichkeiten partikularer Theorien. Nur, da es eine geschlossene marxistische Theorie für heutige gesellschaftliche Zusammenhänge, wie gesagt, nicht gibt, greift man notgedrungen auf »Ergebnisse« von Marx zurück. Diese Ergebnisse beziehen sich auf die von Marx ausgewählten Variablen und auf die von ihm analysierten Verknüpfungen. Aus den oben gestellten möglichen Fragen werden darum von diesen Autoren nur bestimmte als relevant zugelassen, ohne daß hierfür *erneut* der Beweis angetreten wurde. Um diese Strategie durchzuhalten, müssen vor allem mögliche relevante Veränderungen oder mögliche neue Variablen bestritten werden. So werden partikular gefundene Ergebnisse von diesen Autoren nicht genutzt oder

322 Diese Bemerkungen konnten und sollten nur die Richtung der Zusammenhänge andeuten. Genaugenommen sind sie viel komplizierter: Die Mathematik benutzt schon lange implizite Definitionen, und folglich bietet es sich an, daß auch z. T. die theoretische Physik auf ihrer abstraktesten Ebene mit nicht direkt experimentell überprüfbaren, implizit definierten Begriffen arbeitet. Andererseits haben auch in den Sozialwissenschaften explizit, operational definierte Begriffe ihren Sinn und ihre Notwendigkeit. Es sollte hier nur kurz die Richtung einer möglichen Argumentationskette angedeutet werden, damit erkennbar wird, daß die oft vorgebrachte Behauptung: »partikulare Theorien können nicht zu einer Theorie der Gesellschaft zusammenwachsen« keine Leerformel ist.

nur, so weit sie »passen«; »abweichende«, nicht vom einmal vorausgesetzten Begriff der Gesellschaft »ableitbare« Ergebnisse werden als partikular irrelevant wegdefiniert oder auch gar nicht erst wahrgenommen. Dies steht in einem bezeichnenden Kontrast zur Vorgehensweise von Marx, der sehr sensibel für neue »facts« war und diese ständig in seine Begriffe einarbeitete, die sich dadurch veränderten, was insgesamt dazu führte, daß es zunehmend länger dauerte, bis eine Arbeit von ihm fertig wurde[323].

Nun wäre es unrichtig und unfair zu behaupten, daß alle heutigen theoretischen Versuche in diese beiden Gruppen fielen, auch ist dadurch nicht eine Situation gegeben, wie sie einmal von Merton gekennzeichnet worden ist[324].

Dennoch ist die Situation höchst unbefriedigend. Vor allem bei der Durchsicht der vorliegenden Literatur über die »Klassenlage der technischen Intelligenz« hatte ich den Eindruck, daß der größte Teil der Autoren diesen beiden Gruppen zuzuordnen ist. Die beiden »Lager« sind zur Kommunikation nicht fähig, nur

323 Man kann dies etwa verfolgen durch seine Briefe. Trotz vielen Drängens von Engels, z. B. den zweiten Teil vom *Kapital* endlich zu veröffentlichen, weil er »gut genug« sei, schreckt Marx durch neues Material immer wieder davor zurück. So heißt es z. B. in einem Brief von Marx an Domela-Nieuwenhuis von 1880: »Der zweite Teil des ›Kapital‹ kann unter den jetzigen Umständen in Deutschland nicht erscheinen, was mir insofern ganz willkommen ist, als grad in diesem Augenblick gewisse ökonomische Phänomene in ein neues Stadium der Entwicklung getreten sind, also neue Bearbeitung erheischen.« Marx/Engels: *Briefe über das Kapital,* Berlin (DDR) 1954, p 253 (oder *MEW* 34, p 447). Beim Lesen der Analysen vieler heutiger »Marxisten« ist man fast gezwungen anzunehmen, daß es verarbeitungswürdige Veränderungen bei gewissen ökonomischen oder auch technischen Phänomenen das letzte Mal um 1880 gegeben hat.

324 Vgl. Merton (138), p 85: »For the first group the identifying motto would at times seem to be: ›We do not know whether what we say is true, but it is at least significant.‹ And for the radical empiricist the motto may read: ›This is demonstrably so, but we cannot indicate its significance.‹«

noch zur Diffamierung der Gegenposition als »zynisch-arrogant« bzw. als »oberflächlich-positivistisch«[325].

Der Zustand ist unbefriedigend, weil beide Positionen für sich alleine ungenügend und ergänzungsbedürftig sind, beide aber unverzichtbare Informationen bzw. Methoden bereithalten. Worauf es m. E. ankommt, ist eine »marxistische Analyse«, deren Begriffsbildung den gesamtgesellschaftlichen Vermittlungszusammenhang reflektiert und gleichzeitig undogmatisch »offen« ist, in die Begriffsbildung auch vorher unbedeutendes empirisches Material aufzunehmen. Eine solche Analyse kann immer nur mit einem relativ vagen Begriff vom Zusammenhang der Gesamtgesellschaft beginnen und im mehrfachen Durchgang der Analyse jeweils neue Einzelerkenntnisse in sich aufnehmen, um zu einem relativ konkreteren »Begriff der Gesellschaft« zu kommen. Nur so kann m. E. eine verdinglichte Gesamtstruktur in den einzelnen Mechanismen ihrer Verdinglichung »begriffen« werden.

Obwohl die am Anfang gestellten Fragen schon selegiert waren für Probleme der Verdinglichung im Produktionsbereich, möchte und kann ich mich ausführlicher nur mit wenigen dieser Fragen befassen, Fragen, die bezogen sind auf meine Themenstellung des Zusammenhangs von Technik und Herrschaft: Wieweit durch eine »technologisch« bedingte Veränderung der Arbeitsstruktur sich Motivationen, Wahrnehmung negativer Folgen und Bewußtsein verändert haben und so möglicherweise durch eine »technische« Grundstruktur des vergegenständlichten Prozesses eine neue und »gut funktionierende« Basis für Verdinglichungsprozesse gegeben ist, *zusätzlich* zu der ökonomischen Basis, strukturiert durch die Logik des Kapitals.

Mit Basis oder Grundstruktur ist hier gemeint: die grundsätzliche *Art* und *Weise* des Zusammenhalts und des Zusammenwirkens der »Elemente« eines vergegenständlichten Prozesses. Für den einfachsten Fall der Vergegenständlichung durch handwerkliche Technik erfolgt der Zusammenhalt und das Zusammenwir-

325 Vgl. z. B. die für mein Thema unmittelbar relevante Auseinandersetzung zwischen Sebastian Herkommer und Gerd Hortleder in: *Futurum* 2/1971.

ken durch einfache Naturprozesse, gesteuert und gelenkt durch Eingriffe und den Willen des Handwerkers. Kompliziertere und umfangreichere von außen zu steuernde vergegenständlichte Naturprozesse waren nur auf der Basis naturwissenschaftlicher Technik möglich. Da das Vermögen von Wissenschaft und Technik, einen »reinen« technischen vergegenständlichten Prozeß herzustellen, hinter dem Herrschaftswillen des Kapitals und der Wissenschaft herhinkte, wurden in den technischen Produktionsprozeß auch Menschen integriert. Durch die strukturelle Affinität zwischen Kapital und naturwissenschaftlicher Technik gelang diese Integration zum Vorteil beider strukturbildenden Bereiche. Vergegenständlichte, von außen zu steuernde Prozesse mit Menschen als »Elemente« waren durch herrschaftsmediatisierende Mechanismen schon vorher möglich und gegeben (Beispiele: Militär und Staatsbürokratie). Neu für den Produktionsbereich war die Herrschaftsmediatisierung durch Technik und Wissenschaft.
Die einzelnen Schritte und die Bedeutung der Begriffe dieser groben und, für sich allein genommen, mißdeutbaren Zusammenfassung habe ich in den vorangegangenen Kapiteln ausführlich behandelt.
Nach zwei Gesichtspunkten könnte man die angekündigte eingegrenzte Fragestellung ordnen:
1. Einmal kann man fragen nach den Gründen der »Mitarbeit« der Menschen als »Elemente« in einem vergegenständlichten Prozeß. »Herrschaft« und »Motivation« sind z. B. Begriffe zur Ergründung der Mitarbeit. Sie deuten auch die Richtung einer möglichen Veränderung der Gründe der Mitarbeit an: eine Verschiebung von »außen« nach »innen«. Die Stationen der Gründe können sein: Gewalt, Zwang, *Not*wendigkeit, instrumentelle Orientierung, Normen. Ausführlicheres hierzu wurde gesagt im Abschnitt über die Hilfsmittel in Machtbeziehungen. Nicht erwähnt wurde ein möglicher weiterer Grund zur »Mitarbeit«, weil er gewöhnlich nicht in den Definitionsbereich eines Herrschaftsverhältnisses fällt: eine freiwillige Mitarbeit aus Interesse am unmittelbaren Arbeitsvollzug selbst, eine unmittelbare Moti-

vation zur Arbeit durch intrinsic rewards des technischen Prozesses. Im Begriff der Vergegenständlichung durch Arbeit in einer nichtentfremdeten Situation war diese enge Kopplung des Interesses am Prozeß der Arbeit bei Marx z. B. enthalten und als Bedürfnis des Menschen auf Arbeit gedeutet worden.
Ob eine Motivation durch intrinsic rewards erfolgt, wird – zunächst grob bestimmt – abhängen einmal von der Relation zwischen Anspruchsniveau (abhängig von Sozialisierungsprozessen, früheren Arbeitssituationen und Ausbildung) und der Struktur des technischen Prozesses in der Arbeitssituation (Komplexität, Realisierungschancen zur Vergegenständlichung eigener Produktivitätspotenzen), und zum anderen von einem Minimalniveau dieser beiden Variablen Anspruchsniveau und Arbeitssituation[326]. Es wird zu prüfen sein, ob diese Form der Motivation, z. B. durch veränderte technologische Bedingungen, zugenommen hat und wie durch sie eine Stabilisierung des durch Technik vergegenständlichten und verdinglichten asymmetrischen Prozesses erfolgt. Der Zusammenhang von Technik und Herrschaft würde über diese Beziehung zwar sehr vermittelt sein und nicht unmittelbar erkennbar – was ja für verdinglichte Beziehungen typisch ist –, aber dennoch sehr wirksam, und er würde keineswegs nur durch ein »Anwendungsverhältnis« gedeutet werden können.
2. Zum anderen wird man von der Systemebene her den Problemkreis der »Auftrennung« der Vermögen und Resultate betrachten müssen, wie z. B. durch die Verlagerung der Gründe zur Mitarbeit von außen nach innen und die Verschiebung der Motivation von Normen zu intrinsic rewards ein Herrschaftsverhältnis auf der Handlungsebene kaum mehr erkennbar sein könnte, obwohl die Asymmetrie des Gesamtprozesses erhalten bleibt. Und zu analysieren wäre, wie z. B. trotz erweitertem Horizont in einer befriedigenden Arbeitssituation auf höherem technologischen Niveau die Verdinglichung nicht nur nicht zurückgeht, sondern sich in neuer Dimension stabilisiert.

326 Auf diese Weise wäre erneut eine soziologische und sozialpsychologische Interpretation der Gehlenschen Formel vom Resonanzphänomen möglich.

Diese beiden Gesichtspunkte – Gründe der Mitarbeit und Auftrennung der Vermögen und Folgen – sollen den Leitfaden bilden für die nun folgende Erörterung der Veränderung der Arbeitsplatzstruktur. Im Blick sind zunächst hauptsächlich Aspekte der »Auftrennung« und der *Möglichkeit* der Motivation durch intrinsic rewards des technischen Prozesses auf einem *mittleren Niveau*.

d. Veränderungen in der Arbeitssituation. Relativ »nichtentfremdete« Arbeit in einem verdinglichten System: zur »technischen Sinnfälligkeit« der Arbeit auf mittlerem Niveau

Um die Veränderung verdinglichter Prozesse durch die Veränderung der Arbeitsstruktur zu beschreiben, erscheint es mir sinnvoll, noch einmal vom Funktionskreis instrumentalen Handelns handwerklicher Technik auszugehen. Ich habe die Struktur der handwerklichen Technik in Kapitel III A ausführlich behandelt, Abb. 2 soll die hauptsächlichen Funktionskreise dieser Handlungsstruktur schematisch darstellen. Ich greife diese Form der produktiven Tätigkeit nicht deswegen auf, weil ich hierin ein anzustrebendes Ideal industrieller Arbeit sehe und weil beobachtbare Industriearbeit an diesem Modell zu kritisieren sei. Diese Sehnsucht nach Rückwärts ist oft genug und schon von Marx kritisiert worden. Die Struktur dieser handwerklichen Arbeit wird mit zunehmender Industrialisierung eine immer geringer werdende Bedeutung haben. Ich greife auf dieses Modell aus anderen Gründen zurück: weil es eine wichtige Arbeitsform war beim historischen Übergang zur Industrialisierung, weil Veränderungen der Arbeitsform durch Maschinen und Wissenschaft im Vergleich mit diesem Modell gut erkennbar sind und weil der Begriff des zweckrationalen Handelns, des Funktionskreises instrumentalen Handelns, in der Diskussion um Technik und Herrschaft einen zentralen Platz hat.

Wie man gesehen hat, benutze ich den Begriff des Funktionskreises instrumentalen Handelns umfassender und auch enger als meist üblich: »Funktionskreis« weist auf die Geschlossenheit

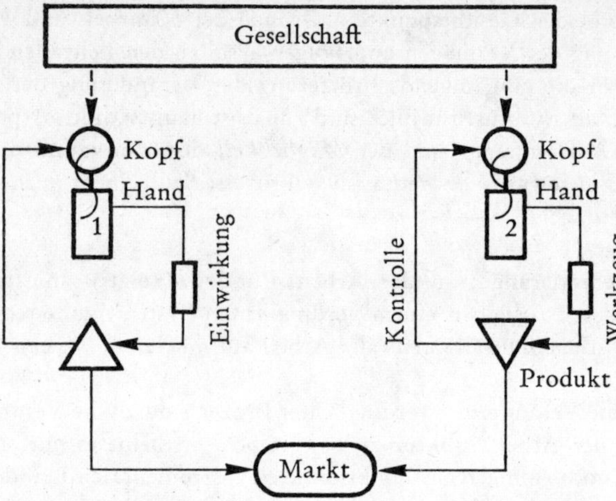

Abb. 2

eines Funktionszusammenhangs. Der Funktionszusammenhang ist die Herstellung oder Bearbeitung eines Gegenstandes, die Vergegenständlichung eines Subjekts in einem Produkt. Es ist ein Funktions*kreis*, weil die Auswirkung der Einwirkung auf den Arbeitsgegenstand zurückgemeldet wird zum Ausgangspunkt der Einwirkung[327]. Hand- und Kopfarbeit, die für die Erstellung des Produkts notwendig sind, sind nicht getrennt. Es ist ein *instrumentales* Handeln, weil die Arbeit mit Hilfsmitteln, Werkzeugen ausgeführt wird; und diese Arbeit ist ein *Handeln*, weil die Zielsetzung, der Plan für das Produkt im gleichen Kopf entsteht, als selbst vorgegebene Zwecksetzung der Tätigkeit. Das Produkt der Arbeit ist ein fertiges Endprodukt, das selbst genutzt wird oder über den Markt getauscht werden kann. Der Sinn des Produkts ist unmittelbar einsehbar, und die Frucht der Arbeit wird vom Produzenten voll selbst genutzt. Die Relation zwischen erforderlicher Leistung und dem Vermögen menschlicher Organismen ist gut, da es sich um einen relativ komplexen

327 Vgl. ausführlicher hierzu das Kapitel III A.

Arbeitsprozeß handelt, der auf einen fertigen Gebrauchswert zielt. Die vorhandene Arbeitsteilung ist inter- und nicht intraproduktorientiert. Die Synthese dieser Arbeitsteilung erfolgt über den Markt. Eine Asymmetrie ist in dieser Arbeitsstruktur nicht gegeben. Es ist also ein Modell hoher Kongruenz menschlicher Vermögen in mehreren Dimensionen.

Natürlich hat es diese Arbeitsform in abstrakter Reinheit nie gegeben. Die Zielsetzung der handwerklichen Tätigkeit wurde real immer auch von außen mitbestimmt durch Tradition und allgemeine gesellschaftliche Einflüsse, durch Kundenauftrag, durch den Markt, durch die Notwendigkeit leben zu müssen. Auch die Transformation der Gebrauchswerte in Tauschwerte verändert die Autonomie und Geschlossenheit der Struktur. Es wären noch viele andere Momente zu nennen, ich habe auch schon darauf hingewiesen.

Dennoch kann die Tätigkeit als Modell einer Produktionsweise angesehen werden, die durch die Industrialisierung augenfällig verändert wird. Der Funktionskreis instrumentalen Handelns wird durch das Kapital, durch neue Organisationsformen, durch Maschinen, Technik und Wissenschaft gründlich zerrissen. Im III. Kapitel habe ich dies ausführlicher behandelt, und in Abb. 3 soll schematisch die veränderte Arbeitsstruktur dargestellt sein.

Das arbeitende Subjekt S ist eingepaßt zwischen Maschinen M. Es empfängt die zur Arbeitsausführung notwendigen Informationen von Maschinen, die gleichzeitig den Rhythmus der Arbeit bestimmen und kontrollieren. Die Einwirkung der Arbeitskraft erfolgt nicht über Instrumente aufs Produkt, sondern auf die Maschine in Form einer stark reduzierten, standardisierten, sich wiederholenden Einzeltätigkeit. Die einwirkende Veränderung am Teilprodukt erfolgt durch die Maschine. Das Teilprodukt ist kein marktfähiger Gebrauchsgegenstand und wird durch weitere Arbeitsprozesse erst zu einem vorläufigen Endprodukt zusammengefügt. Die Arbeitsteilung erfolgt also innerhalb eines Gebrauchsgegenstandes, und die Synthese erfolgt durch die Planung der Leitung innerhalb des Betriebes. Die geistigen Potenzen sind abgetrennt in der Leitung, die den Produktplan und die Konstruktion der Maschinen bestimmt, die die Kontrolle der Zwischen- und Endprodukte vornimmt, die also den Prozeß von außen steuert. Damit der Arbeiter »auf seinem Platz« bleibt, und zur Disziplinierung von möglichen Unregelmäßigkeiten im Ablauf kann neben dem Produktionsfluß ein Aufseher A postiert werden.

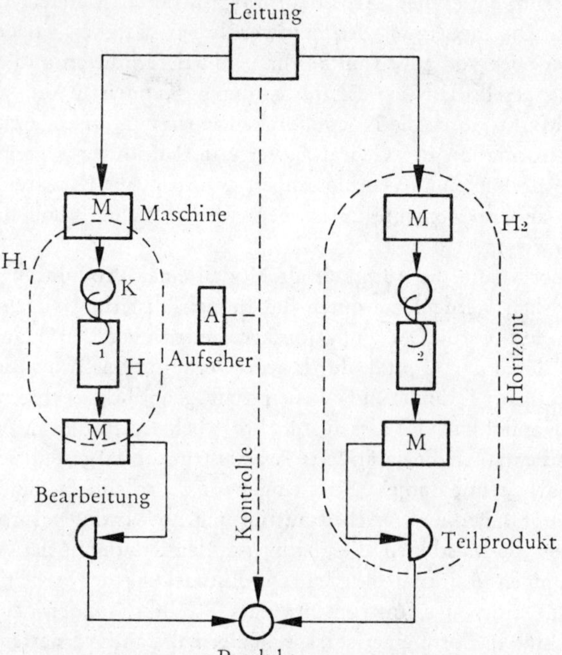

Abb. 3

Die Relation zwischen verlangter Tätigkeit und menschlichem Vermögen ist sehr schlecht. Eine Selbsterfüllung des Arbeiters in der so reduzierten Tätigkeit kann nicht gefunden werden, die Arbeit ist in hohem Maße »entfremdend«. Der Kopf wird nur noch als Durchfluß-Steuerungsorgan gebraucht. Eine kontrollierende Rückmeldung von der Produktgestaltung erfährt der Kopf von S nicht, und eigene Planungsgedanken haben keine Realisierungschancen. Der Wahrnehmungshorizont von S 1 über die Zusammenhänge der Arbeit reicht nur in die Maschinen hinein, in die er eingefügt ist. Das Teilprodukt und die Leitung sind außerhalb seines Horizonts. Das Bewußtsein von S 1 ist verdinglicht. Dies trifft auch noch für S 2 zu, wenngleich hier der Horizont schon größer ist. Die Struktur ist asymmetrisch, weil die Produkte nicht von den Produzenten verkauft werden, sondern von den Besitzern der Maschinen und Materialien, die meist identisch sind mit der Leitung. Die Arbeitskraft wird von der Leitung eingekauft zum Tauschwert, und der durch den Gebrauchswert der Arbeitskraft gewonnene Mehrwert fällt ausschließlich den Kapitaleigentümern zu.

Dieses Modell der Arbeitsstruktur ist von Marx und vielen anderen beschrieben und kritisiert worden, und Kulturkritikern diente es zur negativen Beurteilung von Industriearbeit überhaupt. Auch hier kann man fragen, wie weit dieses Modell Wirklichkeitscharakter hat. Im Bereich der Massenproduktion am Fließband kann man wohl gute Annäherungen auch heute noch finden. Aber selbst wenn zugestanden wird, daß industrielle Arbeit auch diese Form hat, wird schon lange und von vielen bestritten, daß sie vorherrschend sei und daß der Trend industrieller Arbeit in diese Richtung ginge. Wenngleich es noch viel zu viel menschenentwürdigende Fließbandarbeit gibt und wohl auch noch lange geben wird, ist der These zuzustimmen. Es ist auf der anderen Seite jedoch bis heute kein einheitlicher Trend in Richtung einer neuen Form industrieller Arbeit zu erkennen. Die vorliegenden Arbeitsplatzanalysen z. B. zeigen in ihren Ergebnissen starke Schwankungen zwischen und auch innerhalb verschiedener Branchen. Zusammenfassend könnte man die Ergebnisse vielleicht auf folgende Formel bringen: die industrielle Arbeit befindet sich in einem Differenzierungsprozeß bei gleichzeitiger Beibehaltung und Integration alter Formen der Arbeit. Der Differenzierungsprozeß scheint wesentliche Einflüsse durch die Logik der wissenschaftlichen Technik zu bekommen. Auf ihn werde ich nun eingehen. Die Beibehaltung alter Arbeitsformen in differenzierten Systemen auf hohem technologischem Niveau führt zur Tendenz der »Polarisierung« der Arbeitsstruktur, die vorwiegend durch den Einfluß der kapitalistischen Logik gedeutet werden könnte. Ich werde hierauf getrennt in einem anderen Abschnitt zurückkommen.

Den Prozeß der Differenzierung könnte man zunächst so beschreiben: Die einzelnen Funktionselemente des Funktionskreises instrumentalen Handelns oder auch die Funktionselemente des Maschinenmodells von Abb. 3, wie Planung, Leitung, Ausführung, Kontrolle, werden nicht nur aufgeteilt auf einzelne Rollen, sondern aufgeteilt auf strukturierte Untersysteme mit jeweils vielen Rollen. Man könnte jetzt untersuchen, wie z. B. die Leitungsfunktion differenziert und strukturiert ist, wie weit die Logik des Kapitals oder die Logik der Wissenschaft strukturbildend waren. Für den Differenzierungsprozeß insgesamt wird man annehmen dürfen, daß er durch den Fortschritt der wissenschaftlichen Technik notwendig geworden ist: Das Wissen über partikulare verborgene Prozesse, konstruiert in experimentellen Konstellationen, nimmt nach einer Lawinenfunktion zu, weil vorhandenes Wissen mehrfaches neues Wissen ermöglicht und provoziert. Die herstellbaren Produkte werden durch die zunehmend größeren Kombinationsmöglichkeiten beherrschbarer Naturprozesse in der Struktur zunehmend komplizierter und in der Anzahl der Elemente umfangreicher. Schon die Herstellung einzelner Elemente der möglichen Produkte erfordert komplizierte, wissenschaftlich kontrollierte Verfahrensweisen. Auf einem handwerklichen Niveau sind solche Produkte weder planbar noch machbar und immer weniger reparierbar. Die handwerkliche Produkterstellung muß ersetzt werden durch differenzierte und komplexe Organisationssysteme. In der Logik der Wissenschaft ist dieser Trend von Anfang an enthalten, und er wird sich immer weiter durchsetzen, solange man der technisch-wissenschaftlichen Intelligenz »ungehemmte« Entfaltungs- und Wirkungsmöglichkeiten läßt. Diesen Faden werde ich weiter unten wieder aufnehmen. Betrachten möchte ich nun eine Auswirkung der Differenzierung und des höheren technologischen Niveaus für einen bestimmten Typ von Industriearbeit. Ich habe versucht, in Abb. 4 schematisch einige Punkte des nun zu betrachtenden Modells einer Arbeitsstruktur darzustellen.

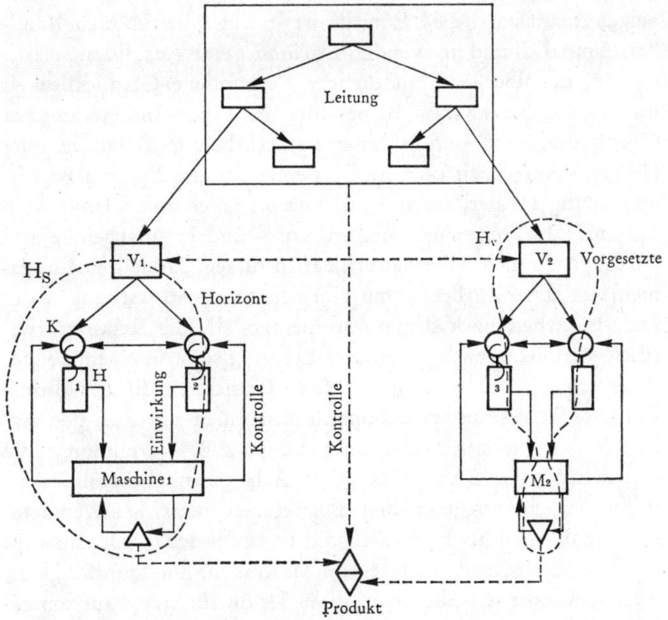

Abb. 4

Gegenüber dem Maschinenmodell in Abb. 3 ist nur geblieben die intraproduktorientierte Arbeitsteilung. Die Teilprodukte sind jedoch komplizierter geworden, müssen mit engeren Toleranzen hergestellt werden oder erfordern einen komplizierteren Herstellungsprozeß. Die Teilprodukterstellung erfolgt mit Maschinen in mechanisierter oder teilautomatisierter Weise. Die Menschen sind nicht mehr in die Maschine integriert als billige Lückenfüller fehlender Maschinenfunktionen, sondern sie arbeiten »mit« den Maschinen. Stumpfsinnige oder schwere Arbeit wird von den Maschinen übernommen, auch vorprogrammierbare Informationsprozesse. Der richtige Ablauf des gesamten Arbeitsprozesses ist jedoch auch abhängig von einem intelligenten Eingreifen der mit den Maschinen arbeitenden Menschen. Der »eigenverantwortliche« Eingriff ist in einer bestimmten Bandbreite möglich und notwendig. Darum ist eine Ausbildung erforderlich, die über eine »natürlich« vorhandene Geschicklichkeit hinausgeht. Sie kann z. B. bestehen in allgemeiner technischer Grundausbildung und in einer zusätzlichen mittellangen oder längeren Anlernzeit oder auch in einer standardisierten Berufsausbildung als Facharbeiter mit kurzer Anlernzeit. Damit wird die radikale Trennung zwischen Kopf- und Handarbeit relativ zurückgenommen. Überhaupt liegt in diesem Modell eine allgemeine relative Zurücknahme von negativen Auswirkungen der Industriearbeit nach dem Maschinenmodell: die Relation zwischen Vermögen und geforderter Leistung steht in einem befriedigenderen Verhältnis, eine relative Einsicht in die technischen Prozesse ist vorhanden, Kooperationsformen zwischen den Arbeitern sind möglich und notwendig (z. B. Verbindungslinie zwischen S 1 und S 2 in Abb. 4), die Arbeit ermöglicht eine Identifikation, sie erscheint den Betroffenen nicht »entfremdet«. Herrschaft wird als Herrschaft nicht empfunden, weder als personale noch als mediatisierte von Maschinen. Die Sinnfälligkeit, die Notwendigkeit, die Legitimität des durch Arbeit aufrechterhaltenen Prozesses ist durch die einsehbare technische Rationalität gegeben. Der Horizont Hs des Arbeiters reicht zwar in den Bereich des Vorgesetzten V herein, aber dessen Anweisungen beschränken sich auf einsehbare Zielvorgaben und Produktendkontrollen. Der Horizont Hv des Sachverstandes des Vorgesetzten reicht sowieso nicht in alle Einzelheiten des technischen Prozesses. Er kann für einzelne Schritte keine Anweisungen geben, sie liegen im Horizont des Sachverstandes des Arbeiters. Trotz eines höheren technologischen Niveaus oder genauer: wegen der komplexeren Struktur der technischen Prozesse, die immer mehrere Lösungsmöglichkeiten für bestimmte Probleme bereithält und so auch eine größere Störanfälligkeit besitzt, ist ein genau vorausberechenbarer Prozeß weniger möglich als auf niedrigerem technischen Niveau. Wo er dennoch vorausberechenbar ist, wo die Bandbreite und die Art der möglichen Störeinflüsse bekannt ist, wird der Prozeß automatisiert, also einem Maschinensystem übergeben. Für den Arbeitsprozeß aber insgesamt ist in diesem Modell die Mitwirkung eines »technisch sensiblen« Menschen notwendig, und in der Summe der »Gründe zur Mitarbeit« ist die Motivation durch den Arbeitsvollzug selbst kein untergeordneter Bestandteil.

Konfliktfälle in dieser Arbeitsstruktur sind denkbar, wenn bestimmte zusätzliche Randbedingungen nicht erfüllt werden. Dazu gehören Arbeitsbelastungen, die als nicht zuträglich empfunden werden, wie zu starke körperliche und nervliche Belastung, Lärm und Schmutzbelastungen usw. Dazu gehört die Entlohnung. Dieses sind jedoch relative Größen, die erst Proteste und Konfliktfälle auslösen, wenn in einer Summierung die Schwellenwerte des Anspruchsniveaus des betreffenden Arbeiters überschritten werden. In diesem Konfliktfall könnte die Abhängigkeit von fremden Mächten, die Tatsache eines Herrschaftsverhältnisses in den Horizont des Arbeiters fallen. Eine »kluge« Betriebsleitung wird also dafür sorgen, daß die jeweiligen Randbedingungen bezogen auf das Anspruchsniveau erfüllt sind.

Dieses Modell einer technisch-industriellen Arbeit auf mittlerem Niveau bei einem hohen Stand der Technologie ermöglicht also eine verdinglichte Arbeitsbeziehung bei einem niedrigen »Entfremdungsniveau«. Die Arbeitsbeziehung ist verdinglicht, weil weder die Quellen der Vorgaben dieser Beziehung noch die Auswirkungen und Nutzungen der Produkte im Horizont und im Einflußbereich der Produzenten liegen. Die Vorgaben, wie Art der Maschinen und Art der technischen Konstellation, wie Art und Umfang der Produkte und wie z. B. Dauer der Arbeitszeit, werden nicht als politisch bestimmte und politisch veränderbare erkannt. Die Verwendung der Produkte ob z. B. für Rüstungs-

und Kriegszwecke oder ob z. B. für die Befriedigung künstlich erzeugter »unnötiger« Bedürfnisse, Bedürfnisse, die nur für den Absatz dieses Produktes erzeugt wurden und deren »Notwendigkeit« nur oder fast nur in der Notwendigkeit des Umsatzes dieses Produktes liegen, die möglichen Auswirkungen für eine Umweltbelastung im weitesten Sinne oder die volkswirtschaftliche Unrentabilität der Produkte, all das liegt nicht im Wahrnehmungs-, Interessen- und Einflußhorizont der unmittelbaren Produzenten der Produkte. Auch die ökonomische Nutzung der Produkte, die Verteilung des geschaffenen Mehrwerts, wird durch die Lohnform aus dem Horizont der Produzenten ausgeblendet. Dennoch ermöglicht die Arbeit in diesem Modell eine Identifikation, sie wird als sinnvolle Arbeit anerkannt, ermöglicht einen aktiven Einfluß und eine »Mitbestimmung«. Gelingt es, ein Industriesystem mit »Bausteinen« dieser Arbeitsbeziehung aufzubauen, dann ist ein verdinglichtes und asymmetrisches Produktionssystem möglich, dessen Verdinglichung und Asymmetrie auf der subjektiven Ebene des Handlungssystems und des Horizonts der betroffenen Produzenten nicht erkennbar ist. Dieses verdinglichte und asymmetrische System kann dann noch zusätzlich durch einen weiteren Typ technischer Arbeit auf hohem Niveau, durch die Integration von Arbeitsbeziehungen der wissenschaftlich-technischen Intelligenz, der scientific community, stabilisiert und gefestigt werden.
Zunächst muß man jedoch auch hier fragen, wie weit das Modell einer technisch-industriellen Arbeit auf mittlerem Niveau in der Realität Entsprechungen hat. Es wäre nicht schwierig, für jeden Punkt dieses Modells Literatur zu nennen, z. B. mit Fallstudien, die diesen oder jenen Punkt bestätigen. Das wäre aber kein »Beweisverfahren«, da es genügend andere Studien gibt, die das Gegenteil beweisen, und es ja auch genügend andere Arbeitsbeziehungen gibt. Andererseits ist es auch schwierig, die interessantere Frage zu beantworten, wie verbreitet dieser Typ industrieller Arbeit ist im Verhältnis zu anderen Arbeitsformen, denn die sozialwissenschaftliche Beobachtung unserer Gesellschaften ist noch viel zu ungenau und zu lückenhaft. Aus statistischen An-

gaben über Berufe oder Angaben über »angelernte« und »gelernte« Berufe ist nur wenig Aufschluß zu gewinnen. Man ist auf Schätzungen angewiesen, aber man könnte vermuten, und es spricht einiges dafür, daß dieser industrielle Arbeitstyp in einem staatlich krisenregulierten organisierten Kapitalismus tendenziell zunimmt. Z. B. könnten die Vorstellungen über eine »humane Arbeit« und einen »humanen Arbeitsplatz«, die entwickelt werden von einem liberal-bürgerlichen Staat, von einem »aufgeklärten« Management und von einer reformistischen Gewerkschaft, sich treffen in diesem Modell der Arbeit.
Ich möchte nun wenigstens einige Argumente und Ergebnisse von anderen Autoren nennen bzw. in Erinnerung rufen, die im Zusammenhang mit diesem Modell der Arbeit stehen. Da wäre zunächst zu erinnern an »Technik und Industriearbeit« von Popitz, Bahrdt u. a. (248), eine Untersuchung über Arbeitsformen in der Hüttenindustrie. Die Autoren setzten sich ausführlich auseinander mit den Argumenten der Kulturkritiker gegen die industrielle Arbeit und kommen zu dem Schluß, daß diese Kritiker meist von einem idealisierten Handwerkertum ausgingen, oder genauer noch, vom Sozialstatus eines Handwerksmeisters, und mit diesem Bild Vergleiche anstellten zu heutiger Industriearbeit, von der diese Kritiker viel zu wenig wüßten, so daß sich ihre Ablehnung der Industriearbeit als Ablehnung der körperlichen Arbeit überhaupt entpuppte (vgl. 248, p 7).
Diese Feststellung betrifft m. E. ein Problem, mit dem nicht nur »Geisteswissenschaftler« allgemein, sondern auch Soziologen Schwierigkeiten haben und das sie zu Fehleinschätzungen verleitet. Da die meisten Soziologen keine »eigene« Erfahrung mit industrieller Arbeit haben und schon gar nicht mit industrieller körperlicher Arbeit und da sie als (Bildungs-)Bürgerkinder, als Gymnasiasten und Akademiker meist nur eine geringe oder überhaupt keine Sensibilität und Fähigkeit in »praktisch« technischen Dimensionen entwickeln konnten, fällt es ihnen schwer, in einer ihnen »fremden« technischen Arbeit, die unterhalb des akademischen Niveaus liegt, eine interessante, befriedigende und an hohes »Können« gebundene Arbeit zu sehen. Wenn dann

noch geringe Kenntnisse über die konkrete Arbeitssituation vorliegen oder die Beurteilung nur über einige »äußerliche« Kriterien erfolgt wie »Lohnabhängigkeit« und »Monotonie«, die bezogen wird auf das eigene ganz andersartige Anspruchsniveau, dann können eklatante Fehleinschätzungen über industrielle Arbeit die Folge sein, und für die dann zu beobachtende fehlende Revolutionsbereitschaft gegen diese Arbeit müssen dann andere Parameter in ihrer Wirkung überschätzt werden. Die Autoren von »Technik und Industriearbeit« sind bemüht, durch genaue Arbeitsplatzanalysen diesen Fehleinschätzungen entgegenzutreten, und versuchen vor allem, damit zusammenhängend, den Topos der »maschinenbeherrschten« Arbeit einer differenzierteren Analyse zu unterwerfen. Zwar weisen auch sie darauf hin, daß sehr widersprechende Beobachtungen möglich sind: »Die Vielfältigkeit der Phänomene ist so umfassend, daß wohl gar keine Theorie der Industriearbeit erfunden werden könnte, die *völlig* falsch wäre. Wahrscheinlich kann man alle, noch so einseitigen Urteile in einem Winkel irgendeiner Fabrik irgendwie gerechtfertigt finden« (248, p 27). In den von ihnen untersuchten Industriezweigen fanden sie jedoch deutliche und genügende Anhaltspunkte dafür, daß industrielle Arbeit auf dem mittleren Niveau auch vorhanden ist als »nichtentfremdete«, identifikationsfähige Arbeit, die an »Können« gebunden ist und die ein Interesse weckt, dieses Können »zwanglos« zu erhalten. »Es ist im allgemeinen anzunehmen, daß der heutige Facharbeiter und der qualifizierte Industriearbeiter auf keinem anderen Gebiet von ähnlichem Gewicht so viele Kenntnisse, soviel Können und solche Übung des Urteils besitzen wie in technischen Fragen. Schon deshalb ist es erklärlich, daß sich ihr Interesse auch außerhalb der beruflichen Anforderungen auf das ›Maschinenwesen‹ konzentriert und selbständig fortentwickelt. Das wäre also auch ohne die viel zitierte ›Faszination der Maschine‹ naheliegend. Denn ebenso wie sich aus dem Interesse ein Können entwickeln kann, wird in der Regel auch das Können ein Interesse nach sich ziehen« (248, p 206). Die Autoren unterscheiden in ihrer Analyse fünf Typen industrieller Arbeitsvollzüge: 1. Arbeiten, die nichts mit Maschinen zu tun haben, 2. Arbeiten, die nur in einer losen Kopplung an Maschinen gebunden sind und eine »teamartige Kooperation« der Arbeiter ermöglichen und erfordern, 3. Arbeiten, die eng an die Maschine gebunden sind, die »eine unmittelbare und dauernde physische Bindung des Arbeiters an die Maschine« (p 207) bedeuten, 4. den Typ des Maschinen-»Fahrens«, wo ein Zusammenwirken mit der Maschine erfolgt, »ein Wirkenlassen der Maschine, deren Bewegungen zu einem Moment des eigenen Handelns werden«. »Es entsteht ein äußerst komplexes psycho-physisches Verhaltensphänomen« (p 208), das die Autoren »technische Sensibilität« nennen (vgl. 248, p 191); 5. Arbeiten, die gegenüber Maschinen »vorbereitende, kontrollierende, regulierende und reparierende Funktionen haben«, die als »Verfügen über die Maschine« (p 208) gedeutet werden könnten. Der 3. Typ der Arbeit entspräche meinem Beispiel des Maschinen-Modells. Die Autoren lassen diesen Typ jedoch auch zu für die qualifizierte Arbeit z. B. des Umwalzers. Der Umwalzer wäre somit ein Beispiel, das ohne Rest in keines meiner Modelle paßte. Der 4. und auch der 5. Typ der Arbeit könnten Beispiele für mein Modell der technischen Arbeit auf mittlerem Niveau sein. Die Autoren nennen die Kooperation in den Arbeitsvollzügen 3 und 4 »gefügeartig« (vgl. p 54 ff) und vermuten, daß tendenziell eine »Ablösung der teamartigen durch die gefügeartige Kooperation« erfolgen wird (p 209).

Die gefügeartige Kooperation benennt eine »gelungene« Synthese von objektiven Zwängen der »Maschinerie« und subjektiv empfundener Sinnfälligkeit dieser Zwänge. Die durch die Maschinerie determinierten Vorgaben in der gefügeartigen Kooperation sind umfassend: »die Anlage ermöglicht die Kooperation, gibt die Arbeitsteilung vor und vermittelt die Kooperation«, sie verhindert weitgehend eine »freie Beweglichkeit des Einzelnen«. »Es besteht eine feste Unterteilung der Arbeitsaufgaben, die durch die technische Anlage so weitgehend vorgegeben ist, daß eine Dispositionschance über die Verteilung der zu leistenden Arbeit auf die einzelnen Arbeitskräfte ausgeschlossen ist« (vgl. p 66-67). Dennoch werden diese Vorgaben nicht als »fremder«

Zwang empfunden, da die Zusammenhänge und das Zusammenwirken des Gefüges von den Betroffenen als technisch »sinnfällig« akzeptiert werden können und sogar in diesem engen Spielraum der Tätigkeit durch die Notwendigkeit der technischen Sensibilität eine »eigene« Verantwortlichkeit objektiv und subjektiv gegeben ist. Weil dies m. E. ein wichtiger Punkt ist für den Zusammenhang von Technik und Herrschaft auf einem höheren technologischen Niveau, möchte ich zum Schluß nochmals eine etwas längere zusammenfassende Stelle aus »Technik und Industriearbeit« zitieren: »Wichtig scheint uns vor allem die Erkenntnis zu sein, daß mit zunehmender Bedeutung der gefügeartigen Kooperation die ›technischen‹ und die ›sozialen‹ Leistungen des einzelnen Arbeiters konvergieren. Nur durch die Vermittlung der technischen Anlage kann er die kooperativen Verpflichtungen seines Arbeitsvollzuges erfüllen. Ein Phänomen wie die ›technische Sensibilität‹ ist daher, als geleistetes Verhalten des einzelnen Arbeiters verstanden, zugleich eine Antwort auf den Leistungsanspruch der technischen Anlage wie der gefügeartigen Kooperation. Dieses Verhältnis der Vermittlung ist vor allem deshalb von hoher Bedeutung, weil die Ratio der technischen Anlage, der Maschine oder des Apparates für den einzelnen Arbeiter immer eindeutiger, einleuchtender, immer *sinnfälliger* geworden ist. Sie kann nicht mehr als willkürlich erscheinen wie etwa der Zwang, den Menschen unmittelbar auf Menschen ausüben. Einem Arbeiter, der eine moderne Maschine bedient, wird der Gedanke gar nicht kommen, der sinnfälligen Gesetzlichkeit dieser Maschine willkürlich zuwider zu handeln; die Vorstellung, daß er sich so gegen einen Zwang ›wehren‹ könne, liegt ihm allen Erfahrungen nach völlig fern. Mit anderen Worten: Ein Maschinenstürmertum ist in dieser Situation psychologisch nur denkbar, wenn es aus der Distanz sozialpolitischer Ideen entsteht; es ist aber undenkbar als unmittelbare Reaktion auf eine Belastung durch die Maschine, auf ihren ›Herrschaftsanspruch‹. Wenn man diese Tatsache als sachliche Konsequenz der Arbeitsbedingungen und einer bestimmten Art der Kooperation begreift – und nicht mit einem zufällig entstandenen Betriebsklima oder der Faszination durch die Maschine verwechselt –, so wird auch die Bedeutung der zunehmenden *Eigenverantwortlichkeit* des einzelnen Arbeiters verständlich. Die Korrektur durch die unmittelbaren Arbeitsvorgesetzten ist nur noch innerhalb sehr enger Grenzen möglich. Ihre Kontrolle bezieht sich immer weniger auf die *Person* des einzelnen Arbeiters. Denn die Befugnisse der Vorgesetzten, über Disziplin und Arbeitsmoral ihrer Untergebenen zu wachen, müssen sich in gleichem Maße reduzieren, in dem das Eigeninteresse der kooperierenden Arbeiter mit dem Leistungsanspruch der technischen Anlage übereinstimmt. Außerdem verlagert sich die Chance, durch eigene Initiative den Arbeitsablauf unmittelbar zu beeinflussen, immer stärker auf den ausübenden Fachmann selbst. So wird auch die Systematik der Arbeitsteilung, die Arbeitsorganisation und die jeweilige Abgrenzung der Arbeitsaufgabe, *als Ratio der technischen Anlage und nicht mehr als Ratio irgendeines Vorgesetzten evident.* Der Funktionsverlust der unmittelbaren Arbeitsvorgesetzten muß auf die Dauer zu einer Versachlichung des Vorgesetztenverhältnisses überhaupt führen – obwohl zahlreiche traditionsbedingte Hemmnisse noch zu überwinden bleiben. Diese Versachlichung bedeutet, daß die gesamte Mannschaft einer technischen Anlage sich nur noch der Disziplinierung verpflichtet fühlt, zu der die Maschine herausfordert« (p 211-212). So wäre die gefügeartige Kooperation ein Beispiel für eine Transformation der entfremdeten Arbeit des Maschinen-Modells in eine nichtentfremdete oder wenigstens in eine ohne deutliche Anzeichen der subjektiv empfundenen Entfremdung, ohne daß dabei gleichzeitig eine Transformation der Produktionsverhältnisse stattgefunden hätte, die die verdinglichte Struktur der Produktionsweise aufhebt. Auch wenn man Zweifel hat, ob das Bewußtsein der »Sinnfälligkeit« und der »Eigenverantwortung« in der relativ restriktiven Arbeitssituation der gefügeartigen Kooperation so stabil ist, wie in »Technik und Industriearbeit« angenommen wird – da dies in bestimmten Grenzen abhängig ist von einem veränderbaren Anspruchsniveau und Wahrnehmungshorizont –, muß man davon ausgehen, daß auf der Basis technischer Arbeitsvollzüge eine »nichtentfremdete« und gleichzeitig verdinglichte Arbeitsstruktur schon auf mittlerem Niveau möglich ist und auch schon verbreiteter ist, als meist aus der Perspektive der Kapitalismuskritik vermutet wird. In meinem Modell der technischen Arbeit auf mittlerem Niveau wurden absichtlich weniger restriktive Annahmen gemacht als im Konzept der gefügeartigen Kooperation, vor allem in der Dimension der Dispositionschancen, um es offen zu halten auch für mögliche »positive« Veränderungen in Richtung eines »humaneren Arbeitsplatzes«, die ein »Wehren« gegen die verdinglichte Struktur aus der Arbeits-Situation heraus noch unwahrscheinlicher machen.

Anknüpfend an Untersuchungsergebnisse aus »Technik und Industriearbeit« hat dann Bahrdt den Wandel der Kooperationsformen in der Industrie analysiert und im Zusammenhang mit der Analyse bürokratischer Herrschaft die These von der »Krise der Hierarchie« formuliert[328]. Das Kapital hatte zu Beginn der Industrialisierung beim Vorherrschen des Maschinenmodells in der Produktion zur wirkungsvollsten Lenkung des von außen zu steuernden Prozesses auf normativer Basis die Organisationsform der modernen Staatsbürokratie übernommen. Ein wesentliches Kennzeichen dieser Organisationsform ist die eindeutige Kompetenzregelung und die zu einer Spitze hin hierarchisierte Entscheidungsstruktur. Daß diese Struktur Vorteile für einen Herrn hat, habe ich schon mehrfach erwähnt. Solange die Arbeitsstruktur einfach ist und z. B. dem Maschinen-Modell folgt, ist »ein solches System ... ein Führungsinstrument, das mit seiner technischen Klarheit, Genauigkeit und Beweglichkeit die Spitze befähigt, auch sehr komplizierte Bewegungsvorgänge (des ganzen Systems, O. U.) zu steuern«[329]. Sobald jedoch durch einen technologisch bedingten Differenzierungsprozeß auch eine

328 Hans Paul Bahrdt: »Die Krise der Hierarchie im Wandel der Kooperationsformen«, in: *Soziologie und moderne Gesellschaft, Verhandlungen des 14. deutschen Soziologentages 1959*, Stuttgart 1966, p 113 ff; vgl. vor allem auch Bahrdt: *Industriebürokratie* (274).

329 Bahrdt: »Die Krise der Hierarchie« (328), p 114.

technisch vermittelte horizontale Kooperation notwendig wird und sobald durch komplizierter gewordene Technik der Fachhorizont des Vorgesetzten nicht mehr die notwendigen Fachhorizonte der Untergebenen abdeckt[330], muß die vertikale Herrschaftsstruktur mit der horizontalen Arbeitsstruktur in Konflikt geraten. Das Ausmaß der Krise hängt natürlich von vielen Faktoren ab[331], und man wird auch sehr vorsichtig sein müssen mit Spekulationen darüber, wie weit insgesamt durch technische Notwendigkeiten die alte hierarchische Herrschaftsform abgelöst wird[332], fest steht aber, daß die technologisch bedingte Veränderung der Herrschaftsstruktur aufgrund veränderter Kooperationsformen durch komplexer gewordene Technik ein wichtiger Befund ist, der das Verhältnis von Technik und Herrschaft auf eine neue Basis stellt und deswegen auch schon länger in Untersuchungen mit unterschiedlichsten Analyseschwerpunkten diskutiert und gedeutet wird[333]. Die »Deutungen« der veränderten Situation und die Folgerungen daraus erfolgen auch aus sehr unterschiedlicher Perspektive und scheinen durch das unterschiedliche Erkenntnisinteresse kaum zusammenzuhängen. Sie reichen von Versuchen managementorientierter Theoretiker, die möglichst unauffällig aber wirkungsvoll alte Herrschaftsformen mit neuen Arbeitsformen zusammenfügen wollen (die Stichworte wären hier human relation, job enlargement, Delegation von Verantwortung (Harzburger Modell), Humanisierung des Arbeitsplatzes), bis zu theoretischen Überlegungen, die durch die neue Arbeitsstruktur einen grundlegenden Mechanismus der Statuszuweisung in industrieller Arbeit außer Funktion gesetzt sehen: das »Leistungsprinzip« kann nur noch über a-funktionale

330 In Abb. 4 habe ich versucht, diese beiden Sachverhalte durch horizontale Verbindungslinien zwischen S 1 und S 2 und auch zwischen V 1 und V 2 und durch die unterschiedliche Ausdehnung der Horizontlinien darzustellen.

331 Vgl. Bahrdt (328), p 118 f.

332 Vgl. w. o., p 121.

333 Vor allem im Zusammenhang mit der »Herrschaft« der scientific community werde ich hierauf zurückkommen.

Momente, als »Ideologie« aufrechterhalten werden, da in komplexen technischen Kooperationsformen Leistung nicht mehr individuell zurechenbar ist[334]. Die beobachtbaren Phänomene einer veränderten Arbeitsstruktur werden in theoretischen Arbeiten meistens jedoch in ihren Auswirkungen überschätzt oder ganz vernachlässigt. Konservativ-liberale Theoretiker neigen zum »Überziehen« der Befunde, sie sehen hierin eine Entwicklungstendenz der Arbeitswelt zum »Besseren« bei gleichzeitiger Umgehungsmöglichkeit einer Revolution der Produktionsverhältnisse[335]. Dogmatische Marxisten dagegen »übersehen« stabilisierende Wirkungen der Arbeitsstruktur, weil sie ihnen nicht ins »Konzept« passen. Wieweit dieser Typ industrieller Arbeit wirklich Gewicht hat, wird, wie schon gesagt, nur durch viele und groß angelegte empirische Untersuchungen zu erfahren sein[336]. Wenngleich ich der These zuneige, daß dieser Typus der relativ nicht entfremdeten technischen Arbeit verbreiteter ist, als von »linken« Autoren allgemein angenommen wird, und daß er tendenziell zunimmt, so kommt es mir hier jedoch vorwiegend auf die Erörterung der prinzipiellen Voraussetzungen und Mechanismen an, die diesen Typ ermöglichen und wahrscheinlich machen, und auf die Bestimmung der Folgen für eine Stabilisierung verdinglichter, asymmetrischer Prozesse für den Fall, daß dieser Typ tatsächlich zunehmend Bedeutung gewinnen sollte.
Die technische Basis der industriellen Arbeit ermöglicht ein »Zusammenwirken« und einen »Zusammenhalt« der Menschen, der

334 Vgl. Claus Offe: *Leistungsprinzip und industrielle Arbeit. Mechanismen der Statusverteilung in Arbeitsorganisationen der industriellen »Leistungsgesellschaft«*, Ffm. 1970.

335 Vgl. hierzu Schelskys Visionen über herrschaftsfreie Sachbeziehungen in einem »technischen Staat« (vgl. Kapitel II C).

336 Eine neuere, aber letztlich doch auch nur »monographische« Arbeit, die hierüber viele interessante Informationen vorlegt, ist die Untersuchung von: Horst Kern und Michael Schumann: *Industriearbeit und Arbeiterbewußtsein. Eine empirische Untersuchung über den Einfluß der aktuellen technischen Entwicklung auf die industrielle Arbeit und das Arbeiterbewußtsein*, Ffm. 1970, zwei Bände.

verschieden ist von anderen »Kittungsmedien« für organisiertes Zusammenleben: die Ankopplung der Motivation an einen nicht-normativ vergegenständlichten Prozeß. Zu den Gründen der Mitarbeit und zur fortlaufenden Motivation der einzelnen Handlungen im Arbeitsprozeß trägt der technische »Außenweltprozeß« bei, wenn er in »Resonanz«[326] mit den »technischen Innenweltprozessen« steht. Die Bedingungen dafür waren genannt worden, und auch sie bedürfen der weiteren empirischen Überprüfung. Die Innenweltprozesse sind jedoch nicht als Normen deutbar, sie sind z. B. nicht das Produkt von Sozialisierungsprozessen im engeren Sinne, sie haben nicht die Form von menschlich gesetzten »Wahrheitsbeziehungen«, sondern es sind intersubjektiv überprüfbare Richtigkeitsbeziehungen naturwissenschaftlicher Gesetze. Sind die »Resonanzbedingungen« erfüllt – also ein angemessenes Entsprechungsverhältnis von Innen- und Außenprozeß und ein Minimalniveau der beiden Prozesse –, dann ist die über diesen Mechanismus erzeugte Handlungsstruktur stabiler als eine durch Normen erzeugte. Normen sind angreifbar z. B. durch eine vorhandene Diskrepanz zur »Wirklichkeit«, als unerfülltes Postulat, als Ideologie, die im Interesse von Herrschenden steht. Im extremen Fall können Norm-Gesetze durch einen Federstrich zur Makulatur werden, wenn sie vorher auch in den Köpfen erodiert waren. Die »Eindimensionalität« des funktionierenden technischen Prozesses dagegen ist immun gegen Kritik-Dimensionen dieser Art[337]. Maintenance Input-Probleme[338], wie sie für normengeregelte Systeme typisch sind, würden zurücktreten und Motivationskrisen weniger wahrscheinlich werden, da die Motivation weniger abhängig ist vom Output soziokultureller Systeme[339]. Ob und wie eine nicht-

337 Vgl. hierzu auch die Bemerkung von Habermas, die neue »Ideologie« Technik und Wissenschaft sei »durch Reflexion weniger angreifbar, weil es nicht mehr *nur* Ideologie ist.« Habermas: *Technik* (147), p 89.
338 Vgl. z. B. Katz und Kahn: *Social Psychology of Organizations* (1), u. a. p 32 ff, p 37 ff.
339 Vgl. hierzu Jürgen Habermas: *Legitimationsprobleme im Spätkapitalismus,* Ffm. 1973, u. a. p 106 ff.

normative Innensteuerung in industrieller Arbeit gegeben ist, wird also ein wichtiger Komplex sein bei der Analyse der Stabilität der verdinglichten Struktur in einer kapitalistischen Industriegesellschaft[340]. Die Bedeutung dieses Sachverhalts wird m. E. jedoch in der Diskussion, die in der Bundesrepublik hierüber geführt wird, nicht richtig eingeschätzt.

Ich meine hier die kritische Diskussion über die Qualifikationsmerkmale in industrieller kapitalistischer Arbeit. In den meisten Fällen wird davon ausgegangen, daß ausschließlich die Logik des Kapitals die vorhandenen und für die kapitalistische Produktion notwendigen Qualifikationen erzeugt[341]. Darum seien diese Qualifikationen dem Arbeiter auch normenähnlich aufgezwungen, ihm fremd und äußerlich, ohne Vermittlung zu seinen Interessen und Fähigkeiten. »Die Produktion von Waren, insbesondere aber die Produktion von Kapital, transzendiert konkrete Qualifikationen in bloße Mittel zur Leistung abstrakter Arbeit.« Die Prozeßqualifikation »wird damit im kapitalistischen Produktionsprozeß zur Qualifikation für den Kapitalisten, nicht für den Arbeiter«. Eine »Qualifikation für den Arbeiter« bleibt nur in dem vom Produktionsprozeß abgespaltenen Reservat einer »Bildung als Konsumgut für die Freizeit«. Die Arbeitsqualifikation ist »abstrakt-konkret«, abstrakt, weil »losgelöst vom Interesse ihres Trägers, aber konkret in bezug auf die Kenntnisse und Fertigkeiten«, die nun mal notwendig sind zur Produktion überhaupt[342].

Es ist offensichtlich, daß diese Einschätzung nur am Maschinenmodell der Arbeit orientiert ist und Veränderungen in der Ar-

340 Das Motivationsproblem in industrieller Arbeit habe ich ausführlicher dargestellt auf den Seiten 202 bis 249 im unveröffentlichten Manuskript der Dissertation *Technik und Herrschaft*, FU Berlin 1975. Das Folgende sind nur kurze Hinweise zu diesem Thema.

341 Vgl. z. B. Elmar Altvater: »Der historische Hintergrund des Qualifikationsbegriffs«, in: Elmar Altvater und Freerk Huisken (ed): *Materialien zur politischen Ökonomie des Ausbildungssektors*, Erlangen 1971, p 77 ff.

342 Vgl. Altvater (341), p 82, 83 und 84.

beitsstruktur nicht zur Kenntnis nimmt oder als unbedeutend vernachlässigt. Aber auch Untersuchungen, die den Wandel der Arbeitsformen ausdrücklich zum Thema haben, betrachten die Qualifikations- und Motivationsproblematik vorwiegend nur in den Kategorien einer durch das Kapital aufgeherrschten normgeregelten Verhaltenssteuerung. Die Problematik wird in diesen Untersuchungen ähnlich eingeschätzt: hauptsächlich durch die komplexer gewordene Technologie und durch die damit verbundene Arbeitsorganisation entstehen »kontrollverdünnte Zonen«, die Probleme bei der Beherrschung des Prozesses von außen aufwerfen. Am Beginn der Industrialisierung wurde das Problem der kontrollverdünnten Zonen, das gegeben war durch Abhängigkeit des Managements von der Geschicklichkeit der Handwerker in der Manufaktur, durch das Kapital dadurch gelöst, daß durch die Einführung der Maschinerie diese personbezogenen Fähigkeiten überflüssig wurden. Durch »Technik« konnte damals das Problem gelöst werden, nun wird durch »Technik« das Problem auf einer »höheren Ebene« wieder erzeugt, da nun Arbeitssituationen sich zunehmend ausbreiten, die den »qualifizierten« Arbeiter wieder notwendig machen, der jedoch nicht mehr durch Vorgesetzte[343], durch formalisierte Regeln oder durch die Entlohnung[344] »eindeutig« steuerbar ist. Die Frage ist nun, durch welche Mechanismen sichert sich das Kapital auch in dieser Situation die Herrschaft? Die Antwort, die am häufigsten gegeben wird, ist: durch zusätzlich erzeugte »prozeßunabhängige« oder »extrafunktionale« Qualifikationen[345], und bei der genaueren Analyse dieser notwendigen zusätzlichen »Qualifikationen« werden diese als Normen oder als normative Orientierung be-

343 Die Stichworte sind hier z. B.: Krise der Hierarchie, Bahrdt (328), oder Übergang von einer »aufgabenkontinuierlichen Status-Organisation« zu einer »aufgabendiskontinuierlichen«, Offe (334), z. B. p 23 ff.
344 Vgl. z. B. Dirk Axmacher: *Erwachsenenbildung im Kapitalismus. Ein Beitrag zur politischen Ökonomie des Ausbildungssektors in der BRD*, Ffm. 1974, p 112 oder p 80 f.
345 Vgl. für viele: Axmacher (344), z. B. p 75 f.

stimmt[346]. So z. B. auch bei Offe. Offe unterscheidet ausdrücklich zwischen normativen und nicht-normativen Orientierungen, und er betont die höhere Stabilität der letzteren: »Schließlich besteht ein Unterschied zwischen normativen Regeln und solchen der Leistungstüchtigkeit in der Tatsache, daß die Befolgung von Normen nicht in dem Maße stabil ist, wie das von der Handhabung technischer Regeln angenommen werden kann. Während Wissen und Können als vergleichsweise invariante Merkmale von Persönlichkeit anzusehen sind, ist die Befolgung von Normen und die Einhaltung von Loyalitäten zwar durch Sozialisationsprozesse grob determiniert, aber doch andererseits zum Teil der reflexiven Veränderung und Modifikation ausgesetzt«[347]. Diese sinnvolle Unterscheidung wird nun von Offe dadurch wieder aufgehoben, indem er den Bereich nicht-normative technische Orientierung äußerst restriktiv definiert – orientiert ausschließlich am Maschinenmodell der technischen Arbeit – und dem Bereich normative Orientierung »sämtliche Interessen und Motive« zuschlägt. Er fragt z. B. nicht, ob durch technisches Können und Wissen nicht auch normenäquivalente Orientierungen erzeugt werden, die über einen konkreten Arbeitsplatz hinausreichen und insgesamt eine Verhaltensdisposition liefern, die der gesuchten zusätzlichen Qualifikation in hohem Maße entgegenkommt. Wenn also nicht schon auf der Ebene der Begriffsbildung Fragen ausgeblendet würden, bekäme die Frage nach den Mechanismen der Herrschaftsstabilisierung auf hohem technologischem Niveau einen völlig neuen Akzent.

In der amerikanischen Organisationssoziologie und -psychologie wird dieses Thema realitätsorientierter behandelt. Man diskutiert hier schon länger das organisationssoziologische Problem,

346 Vgl. z. B. Autorenkollektiv (Brandt u. a.) (279), p 35 oder 52 f.

347 Offe: *Leistungsprinzip* (334), p 35. Man sollte vielleicht genauer sagen: normative Regeln sind durch eine »entlarvende« Kritik veränderbar oder aufhebbar, während technische Regeln durch Reflexion nur dahingehend eine Veränderung erfahren, daß sie sich systemimmanent aufgehoben »verbessern«.

wie in technologisch komplexen Arbeitsprozessen eine performance beyond role requirements gesichert werden kann, und bei vielen Autoren wird als motivationales pattern für diese »zusätzliche Qualifikation« die Möglichkeit der intrinsic job satisfaction hervorgehoben, der Motivation durch die Arbeit selbst[348]. Mit differenzierten Motivationsmodellen werden die Bedingungen untersucht, unter denen dieser Typ der Motivation sich voll entfalten kann und dennoch eingepaßt bleibt in die Landschaft einer kapitalistischen Produktionsweise[349]. Überhaupt haben managementorientierte Sozialwissenschaftler die Vorteile einer nicht-normativen Verhaltensorientierung und Motivation durch technische Arbeit in »humanisierter« Form für eine Herrschaftsstabilisierung längst erkannt und »aufgeklärte« Manager längst genutzt[350].

D. Die optimalen Konstitutionsbedingungen für ein »borniertes Bewußtsein« der naturwissenschaftlichen Intelligenz

Die im vorangegangenen Abschnitt dargestellte Motivation durch die Arbeit selbst, die bei Arbeiten in komplexeren technologischen Produktionsprozessen für Beschäftigte schon auf mittlerem Niveau nicht mehr zu vernachlässigen war, hat für die obere Schicht der technisch-wissenschaftlichen Intelligenz eine weit größere Bedeutung, da die Bedingungen für diese Motivationsquelle hier viel günstiger sind. Auf die spezifischen Folgen für die Bildung des Bewußtseins durch diese arbeitszentrierte Motivation für die naturwissenschaftliche Intelligenz und auf

348 Vgl. z. B. die schon erwähnte theoretische Arbeit von D. Katz, R. L. Kahn: *The Social Psychology of Organizations*, New York/London 1966, besonders Kapitel 12.

349 Vgl. Martin Patchen: *Participation, Achievement, and Involvement on the Job*, Englewood Cliffs, New Jersey 1970.

350 Für einen kurzen Überblick vgl. Ute Holzkamp-Osterkamp: *Grundlagen der psychologischen Motivationsforschung 1*, Ffm. 1975, p 31 ff.

die daraus sich ergebende Einpassung in ein verdinglichtes System der Produktion möchte ich nun eingehen.

Den ambivalenten und polemischen Ausdruck »borniert« verwende ich hier mit folgender Bedeutung: selbstgenügsam beschränkt auf die in den Auswirkungen nicht begrenzte partikulare (Forscher-)Situation, beschränkt im Wissen über das eigene Tun trotz eines hohen Wissensniveaus für dieses Tun, und: die Beschränkung ist objektiv erklärbar, aber damit nicht notwendig subjektiv »entschuldbar«. Impliziert ist mit dem letzten die wohl sinnvolle Annahme einer nicht vollständigen Determinierung der Situation durch diese Makrostruktur bzw. des Bewußtseins durch objektiv feststellbare Strukturen.

Um nun die Gründe für die Bildung und für die Stabilität des »bornierten Bewußtseins« der Mitglieder der scientific community richtig einzuschätzen[351], müssen sowohl die makrostrukturellen Bedingungen des Wissenschaftsprozesses als auch die sozialpsychologischen Mechanismen in der Situation beachtet werden. Die makrostrukturellen Bedingungen kann man aufteilen in wissenschaftslogische und in sozioökonomische.

Die wissenschaftslogische, historisch vorgegebene Struktur der Produktionsweise wissenschaftlicher Erkenntnisse und auch der Prozeß der Vergegenständlichung dieser Erkenntnisse in technische Produkte ermöglichen und erfordern die konzentrierte Beschränkung auf einen partikularen Prozeß[352]. Durch die Kon-

351 Im Folgenden werde ich für mathematisch-naturwissenschaftliche Intelligenz oder naturwissenschaftlich-technische Intelligenz abkürzend auch den Ausdruck »scientific community« verwenden, ohne auf die Problematik einzugehen, mit welcher Berechtigung und nach welchen Kriterien hier eine »Gemeinschaft der Wissenschaftler« aus der übrigen Gesellschaft herausgehoben wird. Zu diesem Problem vgl. z. B. Thomas S. Kuhn: *Die Struktur wissenschaftlicher Revolutionen*, Ffm. 1973, oder Peter Weingart: *Wissensproduktion und soziale Struktur*, Ffm. 1976.

352 Die transzendental-logischen und methodologischen Bedingungen der Naturwissenschaft für die Konzentration auf den partikularen Prozeß sind ausführlich dargestellt worden im Kapitel III B.

stitutionsbedingungen der »Wissenschaft«, wie schriftliche Fixierung, eindeutige standardisierte Symbole und Verwendungsregeln, intersubjektiv überprüfbare Wiederholbarkeit partikular konstruierter Prozesse, wurde die Aufteilung des Funktionskreises instrumentalen *Handelns* möglich in ein bewußtloses Nebeneinander von blind sich synthetisierenden Einzelprozessen. War technisches Handeln auf vorindustriellem Niveau in seinen Zusammenhängen und Auswirkungen notwendig integrierbar und überschaubar durch das Bewußtsein des Handelnden, ermöglichte Wissenschaft eine Parzellierung des Wissens und des Bewußtseins, ohne daß parallel auch eine Begrenzung der Wirkungszusammenhänge der durch dieses Wissen erzeugten Prozesse gegeben war. Aufgrund der strukturell begünstigten Expansionsbedingungen der Naturwissenschaft wuchsen die produzierten Erkenntnisse und die hierdurch produzierten Prozesse samt ihrer nichterforschten Folgen[353] in Dimensionen, die kein *einzelnes* Gehirn mehr verarbeiten konnte. Ein »verantwortliches Bewußtsein« in diesem Prozeß durch die Beteiligten zu entwickeln, schien fast unmöglich. Ein funktions- und wirkungsfähiges kollektives, institutionelles Bewußtsein zur Kontrolle, Lenkung und Bremsung des »blindwütigen« Wissenschaftsprozesses wurde bis heute nicht entwickelt.

Für die Wissenschaftler selbst ist in der zunehmenden Expansion der Wissenschaft eine »idiotisch enge« Konzentration auf ein Teilgebiet notwendig, um überhaupt noch als Wissenschaftler eine zusätzliche Erkenntnis zu produzieren. Durch die Divergenz zwischen dem endlichen Fassungsvermögen eines menschlichen Gehirns und der endlichen (Lebens-)Zeit zur Informationsauf-

353 Und nur das ist, um es zu wiederholen, der eigentlich beunruhigende Punkt in der Wissenschaftsexpansion. Ein nicht mehr überschaubares Feld produzierter Erkenntnisse mag für einen ambitionierten Wissenschaftler ein frustrierender Tatbestand sein. Dies ist jedoch in erster Linie ein internes Problem der scientific community. Ein »unüberschautes« Feld *technisch* vergegenständlichter Erkenntnisse im gesellschaftlichen Ausmaß müßte jedoch den Protest der betroffenen Gesellschaft hervorrufen.

nahme einerseits und dem praktisch unendlichen Umfang des produzierten und möglichen Wissens andererseits ergibt sich noch auf eng begrenztem Feld eine derartige Komplexität, daß auch ein in langer Ausbildung trainiertes Gehirn hier eine hohe Möglichkeit hat, sich schöpferisch und bestätigend zu vergegenständlichen. Damit ist nun schon der Bereich sozialpsychologischer Mechanismen angesprochen. Betrachtet man die Motivationsvariablen für die Job Motivation im Modell von Patchen[354], so kann man für naturwissenschaftliche und für technischwissenschaftliche Arbeit fast für alle Variablen ein hohes Niveau annehmen, was dann insgesamt in der kumulierenden Wirkung für eine sehr hohe Arbeitsmotivation sprechen würde. Previous Experience of Success in Similar Task und General Self-Confidence sind allein durch die Notwendigkeit eines erfolgreichen Ausbildungstrainings normalerweise schon auf einem hohen Niveau. Difficulty of Task und Involvement of Valued Abilities erreichen in wissenschaftlich-technischer Arbeit das höchste denkbare Niveau, ebenfalls auch Responsibility of Success (Control over Methods) und Feedback on Performance durch den Prozeß selbst.

Betrachtet man einige andere Variablen in diesem Modell, die nicht so sehr von der wissenschaftsimmanenten Logik bestimmt sind, sondern von sozio-ökonomischen Determinanten, wie z. B. Availability of Needed Resources to Do Job oder Social Importance of Task, so ergeben sich auch hier in einer kapitalistischwissenschaftlich-technischen Kultur für die scientific community insgesamt ungewöhnlich hohe Werte[355].

Für die Herausbildung eines bornierten, nur auf die Situation bezogenen Bewußtseins ist für die scientific community weiter die spezifische Funktion einer sonst zentralen Motivationsvariable zu betrachten: die pekuniäre Belohnung. Für einen durchschnittlichen Arbeiter im kapitalistischen System hat »Lohn« in der Regel auch die Funktion, das Bewußtsein über den Horizont der unmittelbaren Situation hinaus zu erweitern. Muß Lohn als

354 Vgl. Patchen (349), Zusammenfassung auf p 40 f.

355 Vgl. hierzu auch den Abschnitt über »Großtechnologie«.

knappe Ressource zur Reproduktion des Lebens ständig erkämpft werden, treten Mißverhältnisse der Verteilung des gesellschaftlich produzierten Reichtums ins Bewußtsein. Es wird der Leidensgenosse sichtbar und die konkrete Möglichkeit des gemeinsamen und organisierten Kampfes. Eine nicht gesicherte Lebensreproduktion erlaubt nicht die Konzentration der Interessen auf einen von den unmittelbaren Lebensbedürfnissen isolierten Bereich. Sind jedoch durch eine genügend hohe Bezahlung die Lebensbedürfnisse »gesättigt« erfüllt worden, wird ein »Spielraum« frei für die Konzentration der Interessen auf einen lebensferneren partikularen Bereich[356]. Durch die »selbstverständliche« Erfüllung der »normalen« Lebensbedürfnisse wird für diesen Bereich ein Wissen und Bewußtsein nicht mehr notwendig. Das Interesse, das Wissen und das Bewußtsein können sich einschnüren auf die »Spielsituation« wissenschaftlicher Arbeit.

In diesem Zusammenhang müßte vielleicht auch die Motivationstheorie von Frederick Herzberg auf ihren »rationalen Kern« hin untersucht werden. Herzberg unterscheidet zwei seiner Ansicht nach fundamental getrennte Bereiche von Motivationsvariablen: »satisfiers« und »dissatisfiers«[357, 358]. Satisfiers beziehen sich auf die unmittelbare Tätigkeit, sie sind task-zentriert. Die wichtigsten satisfiers sind achievement, recognition, work itself, responsibility und advancement. Eine hohe Rate in diesen Faktoren ist verantwortlich für eine hohe job satisfaction. Eine niedrige Rate in diesen Faktoren ist nicht verantwortlich für eine job dissatisfaction, sondern nur für das Nichtvorhandensein einer job satisfaction. Die relevanten Variablen für die job dissatisfaction sind die dissatisfiers. Sie beziehen sich auf die »Umgebung« der Arbeit. Die wichtigsten sind: »company

356 Für die Entwicklung der Wissenschaft allgemein und auch für die Entstehung anderer »kultureller« Produkte ist dieser Freiraum von unmittelbarer Lebensnot ja von zentraler Bedeutung gewesen.

357 Vgl. Frederick Herzberg et al.: *The Motivation to Work*, New York 1959.

358 F. Herzberg: *Work and the Nature of Man*, New York 1966, p 71 ff.

policy and administration, supervision, salary, interpersonal relations and working conditions« (vgl. 358, p 74). Durch relativ viele empirische Analysen, die sich von Arbeitssituationen weiblicher Fließbandarbeiter bis zu denen von Wissenschaftlern erstrecken, findet Herzberg seine Annahme von der gegenseitigen Unabhängigkeit dieser beiden Variablengruppen bestätigt (vgl. 358, p 92-167). Herzberg glaubt nun: »the two dimensions of job attitudes reflected a two-dimensional need structure: one need system for the avoidance of unpleasantness and a parallel need system for personal growth« (358, p 75). Er bringt dies in Zusammenhang mit unterschiedlichen Bedürfnisstrukturen, die entwickelt worden seien in der Naturgeschichte des Menschen einerseits und in der Kulturgeschichte andererseits (Animal-Adam-Nature und Human-Abraham-Nature) (358, p 12 f).

Falls Herzberg recht hat in seinen Annahmen, könnte seine Motivationstheorie auch genutzt werden zur Erklärung der Bewußtseinsbildung: Sind in einer Arbeitssituation die dissatisfiers gesättigt und stabil befriedigt, kann sich das Interesse auf den unmittelbaren Arbeitsprozeß konzentrieren. Der Spielraum des Interesses ist dann eingeengt bzw. »frei« nur für »die Arbeit selbst«. Die dissatisfiers, die ihre Dynamik aus der Naturgeschichte des Menschen haben sollen, beziehen sich ja paradoxerweise auf die kulturell-soziale Umgebung. Werden nun von einer Gesellschaft Arbeitssituationen bereitgehalten, die eine hohe Befriedigung der naturgeschichtlich bedingten Bedürfnisse erlauben, hat dies zur Folge, daß das Bewußtsein der in dieser Situation Arbeitenden die soziale Umgebung ausblendet. Verkürzt: aufgrund der Doppelstruktur der Bedürfnisse erzeugt eine hohe Entlohnung für wissenschaftlich-technische Arbeit ein borniertes Bewußtsein.

Unabhängig von den theoretischen Annahmen Herzbergs ist es wohl richtig anzunehmen, daß zumindest für jede Arbeit, die intrinsic rewards erzeugt, die pekuniäre Belohnung irgendwo eine Sättigungsgrenze als Motivator hat[359]. Sind die intrinsic rewards

359 Vgl. z. B. Galbraith: *Industriegesellschaft* (249), p 135: »Die pekuniäre Belohnung braucht für die Mitglieder der Technostruktur nicht

hoch und das Lebensanspruchsniveau mittel bis niedrig, kann diese Sättigungsgrenze relativ niedrig liegen. Die intrinsic rewards der Arbeit in der scientific community sind typisch hoch, aber gleichzeitig ist hier auch aus mehreren Gründen die pekuniäre Belohnung relativ hoch. Bei einem mittleren Anspruchsniveau für den Lebensstil wird sich also auch nach diesen Überlegungen eine volle Konzentration des Interesses auf den partikularen Prozeß der unmittelbaren wissenschaftlichen Tätigkeit als typisch ergeben.

All diese Gründe zusammen mit den früher dargestellten wissenschaftsimmanenten dürften klarmachen, daß für die scientific community eine situationsbezogene Motivationsbasis und eine Eingrenzung des Bewußtseins gegeben ist, wie sie in analoger Weise vielleicht nur noch zu finden ist in einer weltvergessenen infantilen Spielsituation, nur mit dem Unterschied, daß das weltvergessene Spiel infantil gebliebener Wissenschaftler ein zerstörerisches Spiel mit der Welt sein kann.

Diese noch sehr pauschalen Bestimmungen wären zu relativieren und zu konkretisieren für je spezifische Wissenschaftsbereiche in je spezifischen historischen und gesellschaftlichen Zusammenhängen. Das beschämendste und beklemmendste Kapitel in der Geschichte des bornierten Bewußtseins der scientific community ist bis jetzt wohl zu schreiben für den Wissenschaftsbereich, der für viele »Laien« synonym steht für Naturwissenschaft schlechthin: für die Atom- und Kernphysik. Die kritische und berichtende Literatur hierüber, vor allem über die verantwortungslose »Rolle« der Physiker beim Bau und Abwurf der Atombomben ist sehr umfangreich, wenn auch leider noch zu wenig analysierend und systematisch als Sozialwissenschaft. Einen sehr guten Überblick zu diesem Thema gibt die engagierte und materialreiche Studie von Friedrich Wagner[360].

der Hauptbeweggrund zu sein. Identifizierung und Adaption können als Antriebskräfte auftreten. Oberhalb eines gewissen Niveaus können sie unabhängig vom Einkommen wirken.«

360 Friedrich Wagner: *Die Wissenschaft und die gefährdete Welt. Eine Wissenschaftssoziologie der Atomphysik*, München 1964.

Da, auf den Lebensraum der Menschen bezogen, das »Pathologische« des bornierten Bewußtseins am Beispiel der scientific community für den Wissenschaftsbereich Kernphysik, für dieses höchste Niveau der Leistungen des wissenschaftlichen »Geistes«, besonders deutlich wird, möchte ich so kurz wie möglich hier einige Punkte aus der Arbeit von Wagner aufgreifen.

Obgleich man sehr vorsichtig sein muß, in einem komplexen Entscheidungsprozeß mit vielfältigen Determinanten einer bestimmten Gruppe einen ausschlaggebenden Einfluß zuzuschreiben, wird man nach dem vorliegenden Material doch sagen können: die Kette der in hohem Maße menschheitsbedrohenden »Projekte« der Kernphysik, wie Bau, Abwurf, Weiterentwicklung und Testreihen von atomarem »Sprengstoff«[361], als auch die nicht minder verantwortungslose sogenannte »friedliche« Nutzung der Kernenergie[362] sind im »wesentlichen« realisiert worden durch das bornierte, auf den partikularen Prozeß konzentrierte Interesse der scientific community der Kernphysiker. Trotz aller machtpolitischen, militärischen und wirtschaftlichen »Verstrikkung«: ohne das vorwärtstreibende Interesse der Physiker wären diese Projekte nicht entstanden und: bei einem weniger bornierten Bewußtsein der Kernwissenschaftler und -Techniker

361 Wie wenig die qualitativ und quantitativ neue Dimension dieser Projekte »begriffen« worden ist, zeigt das Fehlen adäquater Begriffe. So gibt es fast nur verharmlosende Bezeichnungen, die am Erfahrungshorizont vergangener Zeiten gewonnen wurden. Atom-»waffe« ist schon völlig unzutreffend, verharmlosend und verlogen, und Atomwaffen als bloße »Weiterentwicklung der Artillerie« (Adenauer) zu bezeichnen, offenbart z. B. die Unwissenheit oder zynische Arroganz eines »verantwortlichen Staatsmannes«. Die Diskrepanz zwischen Machen, Verfügung und Bewußtsein, Verantworten (vgl. Abschnitt C. b. in diesem Kapitel) ist für diesen Wirklichkeitsbereich der Wissenschaft und Technik wohl am größten.

362 Vgl. hierzu auch: Ewald Gaul: *Atomenergie oder: Ein Weg aus der Krise? Von der lebensbedrohenden Leichtfertigkeit der Energieplaner. Wissenschaftliche Warnungen gegen die »friedliche« Nutzung der Kernenergie*, Reinbek 1974.

wären diese Projekte durch sie selbst zuverlässig zu verhindern gewesen, auch, wenn das Interesse anderer Subsysteme der Gesellschaft dies erschwert hätte. Diese doppelte Einflußmöglichkeit der scientific community auf einen scheinbar zwangsläufig ablaufenden Prozeß – die faktische und blinde Beeinflussung durch das bornierte Interesse und die potentielle Beeinflussung, die gegeben wäre bei der Aufhebung des bornierten Bewußtseins – hebt die Bedeutung der »Macht«, der faktischen und der potentiellen, durch die scientific community hervor.

Zunächst jedoch zur Erinnerung einige »äußere Fakten« zu den Produkten und zu dem Verhalten der scientific community der Kernphysiker und Kerntechniker. Würde man eine detaillierte Bilanz aufstellen über »Kosten« und »Nutzen« der Kernwissenschaft und -technik, so wäre das Ergebnis »beschämend«. Verschlungen wurden für Kernforschung und Kerntechnik auf der ganzen Welt riesenhafte Milliardenbeträge für Material und Lohn. Keine andere Untergruppe der scientific community hat es fertiggebracht, einen derart großen Teil des gesellschaftlich produzierten Reichtums für sich abzuzweigen. Die Gegenleistungen dafür waren: »Waffen«, die alles Leben auf der Erde »mehrfach« zerstören können und »Energieerzeuger«, die einmal bis jetzt mehr Energie verbraucht haben, als sie erzeugen konnten, und die zweitens – weit schwerwiegender – weder nur »friedlich« zu nutzen sind noch praktisch, selbst mit volkswirtschaftlich idiotisch hohem Aufwand, langfristig »sicher« zu machen sind. Es spricht sehr vieles dafür, daß der Bau von »friedlichen« Kernkraftwerken noch unverantwortlicher ist als der Bau von Atombomben[363]. Was bleibt, neben diesen beiden Hauptprodukten, sind einige medizinische und technische »Anwendungen« als

363 Ein »Beweis« hierfür erforderte eine gründliche und zeitraubende Diskussion, die hier zu wiederholen unmöglich und unnötig ist. Vgl. hierzu die beiden oben genannten Arbeiten und die umfangreiche Literaturliste bei Wagner. Nur als Beispiel eines zusammenfassenden jüngeren statements sei hier die Aussage eines »der prominentesten amerikanischen Experten für Sicherheitsfragen in Atomreaktoren, Dr. Carl J. Hocevar« *(Der Spiegel)* erwähnt, ein aus Protest demissionierter

»Abfallprodukte«. Selbst die volkswirtschaftlich idiotische Weltraumforschung und -technik hat noch ein höheres Nutzen/Aufwandverhältnis als die Kernwissenschaft. Dann wäre noch das Erkenntnis-Produkt zu nennen: eine tiefere »Einsicht« in die Struktur der Materie. Dieses Erkenntnisprodukt befriedigt ausschließlich die Interessen einer kleinen Gruppe der scientific community. Versuche, diese Erkenntnisse auch einem Teil der Bevölkerung zu vermitteln, die diese Forschung bezahlt, werden erst gar nicht unternommen.

Nun zum zweiten Punkt der äußeren Fakten, zum Verhalten der scientific community beim Produzieren dieser großartigen Produkte. Die Physiker drängten zum Bau der Bombe, und die Physiker drängten, aus wissenschaftlichem Interesse, zum Abwurf der beiden Bomben auf Japan. Damit die »Versuchsbedingungen« unterschiedlich waren, wurde für Hiroshima Uran genommen und für Nagasaki Plutonium. Allein diese zunächst nur für den Wissenschaftler interessante Zweigleisigkeit des »Versuchs« dokumentiert deutlich die Federführung der Kernphysiker. Die, zumal im Krieg, auf Morden und Zerstörung programmierten Militärs lehnten den Abwurf zunächst ab, da er militärisch nicht notwendig gewesen sei und Japan zur Kapitulation bereit war, oder sie verlangten wenigstens, aus völkerrechtlichen und »humanitären« Gründen, eine Vorwarnung. Die Phy-

Fachmann der amerikanischen Atomenergiekommission (AEC): »Trotz der einlullenden Versicherungen, die die AEC einer uninformierten, irregeführten Öffentlichkeit gibt, sind die ungelösten Fragen über die Sicherheit in der Kernenergie so schwerwiegend, daß die Vereinigten Staaten erwägen sollten, den Bau von Atomkraftwerken ganz zu stoppen.« (*Der Spiegel*, 30. 9. 1974, p 134.) Vgl. z. B. auch R. Graeub: *Die sanften Mörder. Atomkraftwerke demaskiert*, Ffm. 1974; H. Strohm: *Friedlich in die Katastrophe. Eine Dokumentation über Kernkraftwerke*, Hamburg 1975; Autorengruppe an der Universität Bremen: *Zum richtigen Verständnis der Kernindustrie*, Berlin 1975; oder für die Diskussion in Frankreich vgl. z. B. J. M. Lévy-Leblond: *Das Elend der Physik. Über die Produktionsweisen der Naturwissenschaften*, Berlin 1975, p 81 f.

siker, die aus eigenem Zugeständnis nicht die geringste Ahnung hatten von der militärischen und politischen Lage, also über den möglichen militärischen und politischen »Sinn« des Unternehmens, waren nur begierig, »ihren Versuch« auch erfolgreich zu Ende zu führen.

Oppenheimer selbst war behilflich bei der Wahl des Bombenziels Hiroshima. Die hohe Bevölkerungsdichte dort war eine wissenschaftlich interessante Versuchsbedingung, die man im daheim zugestandenen Wüstengelände leider nicht hatte[364]. »Da dieses anfänglich zögernde, bald aber schnelle und hemmungslose Zusammenwirken der Wissenschaft mit den Regierungen von der Wissenschaft ausging, erhebt sich die Frage nach den Motiven und nach dem Selbstverständnis der Forschung, die dieses Weltverhängnis entfesselte. Denn das heute gängige Argument für die Weiterentwicklung der Kernwaffen: daß auch der Gegner Kernwaffen besitzt, die nun einmal existieren, galt ja nicht für jene, die sie als erste bauten. Sieht man von einzelnen Kernforschern ab, die, wie Max Born, jede Teilnahme an dem Atombombenbau ablehnten, so führt die Frage, soweit die Quellen nicht schweigen, zunächst auf den Boden der Ausflüchte und Illusionen, der bis zum heutigen Tage die Selbstauslegung der Kernforscher für diese Anfänge trägt. Hält schon die Äußerung des Entdeckers: die Kernspaltung publiziert zu haben, da ihm die ›möglichen Folgen‹ seiner Entdeckung ›nicht überschaubar‹ gewesen seien, kaum Stich vor der Tatsache solcher Voraussicht durch führende Geister des Fachs, so fällt dieser Grund vollends für die Erfinder und Hersteller einer Waffe fort, deren Planung ja auf der Voraussicht der Folgen beruhte. Da diese Forschung nach dem Wort C. F. von Weizsäckers nicht in der Lage war, ›die Verantwortung für den Weltkreis zu tragen‹, indem sie Entscheidungen weltgeschichtlichen Ausmaßes traf – was trieb diese Forschung dann, jene Verantwortung auf sich zu nehmen und diese Entscheidung zu treffen?« (360, p 144-145).

364 Die machtpolitischen Egoismen der Regierungen Stalin und vor allem Truman sind hier nicht zu vernachlässigen, aber die Rolle der Physiker bleibt dennoch eindeutig.

Wagner diskutiert die möglichen und auch vorgebrachten Entschuldigungen und Gründe für den Bau der Bombe, wie den Haß der emigrierten Kernforscher gegen Hitler und die Furcht vor der »deutschen Bombe«, die dann nicht notwendige Invasion in Japan, das Zurückdrängen von Stalin, die »unendliche« Macht für das demokratische Amerika, den ewigen Frieden für die Welt usw. Wagner kommt aber zu dem Schluß, daß dies alles für die Forscher nur Vorwände waren oder Gründe an der Oberfläche: »ihr Hauptantrieb war offensichtlich, auf diesem Wege ein *Forschungsziel zu verfolgen*, das ihnen ohne die ›opportunity‹ dieser Lage vielleicht für immer entzogen geblieben wäre« (360, p 147). »Wenn ... dies Werk solchen Forschern primär als ›wissenschaftliche Leistung‹ und als ›erregendes Abenteuer ihres Verstandes‹ erschien, ›in dem anscheinend unlösbare Fragen im Fluge gelöst werden mußten‹[365], dann führt das auf einen Trieb, der tiefer reicht als der verständlichste Haß. Nur dieser Trieb macht verständlich, daß nach den vorliegenden Quellen wenigstens in den ersten Baujahren keinen der Forscher die Frage nach dem Geschick einer Menschheit quälte ...« (360, p 146-147). Besessene, Magier, Verblendete, Forschertrieb sind sehr häufige Begriffe und Bezeichnungen, mit denen Wagner erklärend operiert. Diese »Besessenheit« und der fast pathologisch eingegrenzte Horizont werden auch von Physikern selbst erkannt: »Diese Männer versinken in ihre Probleme, triumphieren über ihre Lösungen, aber grübeln wenig über die Tragweite der Resultate«[366]. Typisch und kennzeichnend für den pathologischen »Trieb« und für das bornierte Bewußtsein ist Fermis »Antwort auf Einwände gegen den Einsatz der Bombe«: »Laßt mich in

365 Wagner zitiert hier E. Teller, den »Weiterentwickler« der Atombombe nach Oppenheimer.

366 Max Born, zitiert nach Wagner (360), p 420 Fußnote 7. Max Born war übrigens wohl einer der wenigen wirklich »großen« Physiker, die nicht automatisch durch die Sozialisation in die scientific community ein borniertes Bewußtsein bekamen. Von den meisten der anderen »großen« Namen kann man dies leider nicht sagen.

Ruhe mit euren Gewissensbissen, das ist doch so schöne Physik!«[367]

Es ist wohl überflüssig zu betonen, daß »Trieb« und »Besessenheit« unzulängliche Kategorien sind für eine Analyse der hier diskutierten Zusammenhänge. Ein großer Teil meiner Ausführungen war ja gerade der Versuch, auch noch sehr viel abgeschwächtere und weniger stabile Formen dieses »Triebes« auf die logischen, soziologischen und sozialpsychologischen Elemente zurückzuführen.

Versucht man jedoch zunächst auf der Ebene der Phänomene die Vorgänge zu ordnen, dann drängen sich bei der Beschreibung des Verhaltens der Mitglieder der scientific community die Begriffe »Trieb« und »Besessenheit« förmlich auf. Ich möchte darum, trotz aller Bedenken, in diesem Zusammenhang hier auf eine Analogie hinweisen zu einem pathologisch triebhaften Verhalten. Das Beispiel, das sich hier wiederum aufdrängt im Vergleich zum Verhalten der Kernphysiker, ist das »lustvolle« und »erregende Abenteuer« des Feuerlegens durch Pyromanen. Pyromanen sind in der Regel überdurchschnittlich intelligente Menschen, die *nach* ihrer Tat die Folgen der Brandlegung realistisch einschätzen und verdammen. Sie haben jedoch große Schwierigkeiten, diese Folgen als die Folgen *ihrer* Tat zu sehen. Ihr Tun erscheint ihnen nachher als »fremder« Zwang. Das sonst völlig normale Bewußtsein und Verhalten der Pyromanen verengt sich und wird »pathologisch«, sobald sie wieder die Möglichkeit sehen, ihrer lustvollen Beschäftigung nachzugehen. Dann wissen sie nicht mehr, was sie tun, und die Folgen, auch die mögliche Bestrafung, sind ausgeblendet aus ihrem Bewußtsein.

Die Analogie dieses Verlaufsschemas eines »pathologischen Verhaltens« zum Verhalten der Kernphysiker z. B. beim Bau der Bombe ist auffallend. Besonders deutlich wird dies u. a. auch durch das schwankende, pendelnde Verhalten der Physiker und durch den Typus ihrer Rechtfertigungsversuche. Das Pendeln zwischen *nachträglichem* Bedauern und Warnen und immer wie-

367 Vgl. Wagner (360), p 431 Fußnote 11.

der erneuter Gefangennahme und Besessenheit von einem neuen Forschungsprojekt in gleicher unheilvoller Richtung ist fast für jeden der »großen« Physiker, die am Bau der Kernwaffen beteiligt waren, deutlich zu beobachten. Ich greife nur ein Beispiel heraus. »Auch Tellers Mitarbeiter H. Bethe, der Miterfinder der Wasserstoffbombe, nimmt eine typische Haltung zu diesem Forscherdilemma ein. Mit dem ihm eigenen Freimut hat Bethe bekannt, daß er während des Weltkriegs nur an den Bombenbau dachte: ›Erst als unsere Arbeit schließlich vollendet war, als die Bombe auf Japan fiel, erst da, oder vielleicht etwas früher, dachten wir über deren moralische Konsequenzen nach.‹ Dann freilich teilte er die Überzeugung, ›daß wir da eine entsetzliche Waffe in die Welt gebracht hatten und daß wir für unsagbare Zerstörungen in der Zukunft verantwortlich werden könnten‹, und suchte eine Lösung dieses Problems durch internationale Kontrollverhandlungen, deren Scheitern ihn schließlich mit tiefster Resignation erfüllte. Der Wasserstoffbombenplan Tellers, der Bethe als Forschungsproblem faszinierte, obgleich sein Gewissen sich gegen das ›schreckliche Unternehmen‹ wehrte, eine noch fürchterlichere Waffe zu bauen, zog ihn nach Beginn des Koreakrieges in seinen Bann – zunächst mit dem Ziele, sich selbst zu bestätigen, daß er aus technischen Gründen unmöglich sei. Sobald Teller aber einleuchtende Wege zur Realisierung der Wasserstoffbombe zeigte, sah Bethes Forschungstrieb das neue Ziel, die Wasserstoffbombe ›zuerst und so schnell wie möglich‹ zu bauen, um Rußland zuvorzukommen – die Forscherverantwortung sah er nun in der Pflicht, an der Waffenentwicklung teilzunehmen, um ethische oder politische Stellungnahmen hinterher der Regierung vorbringen zu können.« (360, p 180) Bei weniger sensiblen Physikern als Bethe war dieses »Forscherdilemma«, dieses Pendeln zwischen der »Triebphase«, in der das bornierte Forschungsinteresse sich durchsetzte, und den Phasen, in denen das Bewußtsein der Forscher zumindest teilweise empfänglich war für Kritik von außen und für »Bedenken«, weniger groß. Diese Physiker fabrizierten auch in ihren »bewußteren« Phasen zumindest völlig unlogische Konstruktionen, um sich nicht der tatsächlichen Verantwortung bewußt zu werden. Zu den borniertesten dieser Gruppe zählt sicher Teller. »Nachdem er jahrelang Himmel und Hölle bewegt hatte, um den Bau einer Wasserstoffbombe durchzusetzen, versuchte er (nach Fertigstellung) die Forscher von ihrem Gewissenstrauma durch das Sophisma zu lösen, es sei nicht ›der job der Forscher, selbst zu entscheiden, ob eine Wasserstoffbombe gebaut, ob sie angewandt und wie sie angewandt werden sollte‹, da diese Verantwortung ›auf den Schultern des amerikanischen Volkes und seiner gewählten Vertreter‹ liege.« (360, p 179-180)

Zusammenfassend und abkürzend für eigentlich noch weiter darzustellende vorhandene Befunde und mit der im Moment benutzten verkürzenden Terminologie kann wohl gesagt werden: für die heutige Konstellation einer durch Wissenschaft möglichen Technik sollte die Gesellschaft im Interesse ihrer Lebens- und Überlebensfähigkeit den »Forschertrieb« der scientific community zunächst als »Krankheit« betrachten, die geheilt, eingedämmt oder zumindest auf ein »lebensfähiges« Maß reduziert werden muß. Was als »pathologisches Verhalten« zu gelten hat, bemißt sich in einer Gesellschaft immer nach deren Normen und dem erkennbaren Schaden, den dieses Verhalten gegen andere bewirkt, sieht man einmal vom Fall der Selbstschädigung ab. Ein pathologisches Verhalten gibt es also nicht an sich, sondern ist immer definiert auf den spezifischen Zusammenhang einer Gesellschaft. Der »Forschertrieb« war, vielleicht bis zum Ende des vergangenen Jahrhunderts, eine mit Recht hochgeschätzte Quelle des kulturellen und materiellen Reichtums. Bei einer sich ändernden Konstellation kann es jedoch notwendig werden, ein einmal geschätztes Verhalten als »pathologisches« zu erklären bzw. zunächst zu erkennen. Die gesellschaftlich gewährte »Freiheit« des wirtschaftlichen Unternehmens und das hierdurch ermöglichte Verhalten mag bis zum 19. Jahrhundert eine Bedingung gewesen sein, das wirtschaftliche Wachstum zu forcieren[368]. Von einem

368 Ob *diese* Freiheit eine Errungenschaft war, ist jedoch schon für das 19. Jahrhundert sehr fraglich: »Von Anbeginn war die Freiheit des Unternehmens keineswegs ein Segen. Als die Freiheit zu arbeiten oder

bestimmten Entwicklungsstadium der wirtschaftlichen Verflechtung und der Größe des Unternehmens an wird diese Freiheit der Wirtschaft nicht nur immer mehr zur Unfreiheit der Masse der Bevölkerung, sondern auch zur Bedrohung der wirtschaftlichen Lebensfähigkeit der Gesellschaft insgesamt.

Ähnliches gilt für die »Freiheit der Wissenschaft«, ebenfalls ein Erbe der bürgerlichen Gesellschaft und ebenfalls eine antiquierte, system- und lebensgefährdende Bastion, auf die sich bis heute Wissenschaftler aus ihrer Verantwortung stehlen[369], denn diese Freiheit bedeutet vor allem frei sein vom Zwang zur gesellschaftlichen Kommunikation und Konsensfindung über das Ziel und über die Produkte der je spezifischen Wissenschaft, frei sein von der Verantwortung für negative Folgen und frei sein von der Indienstnahme für die Befriedigung von »banaleren« und konkreteren Bedürfnissen der Masse der Bevölkerung. Nur bezogen auf die partikularen Interessen für einen ungehemmten technischen Fortschritt kann diese »freie Forschung« als ein »irreversibles Privileg wissenschaftlicher Praxis«[370] gedeutet werden.

Das Problem ist jedoch in beiden Fällen, durch ein »Gesellschaftsbewußtsein« die Gefährdung zu erkennen. Ein Bauer würde die Gefährdung seines Guts durch einen Pyromanen sofort erkennen. Er würde sich nicht durch die Erklärung des

zu verhungern bedeutete sie für die überwiegende Mehrheit der Bevölkerung Plackerei, Unsicherheit und Angst. Wäre das Individuum nicht mehr gezwungen, sich auf dem Markt als freies ökonomisches Subjekt zu bewähren, so wäre das Verschwinden dieser Art von Freiheit eine der größten Errungenschaften der Zivilisation.« H. Marcuse (61), p 22.

369 »Oppenheimer erblickte in dem Anspruch, der Menschheit die Forschungsergebnisse vorzuenthalten, wenn sie ihr Unheil und Untergang bringen, eine ›verhängnisvolle Naivität‹ und insistierte auf dem Credo, die Freiheit der Forschung dürfe nicht eingeschränkt werden.« Vgl. Wagner (360), p 178.

370 Vgl. H. J. Krysmanski: *Soziales System und Wissenschaft. Zur Frage wissenschaftlichen »Außenseitertums«*, 2. Auflage, Düsseldorf 1972, p 105.

Pyromanen beruhigen lassen, daß durch den Brand seiner Scheune doch nur sein frierendes Vieh auf der Weide gewärmt würde, um dann willig Steuern für weitere Brandstifterschulen zu zahlen. Die z. B. von den »Pyromanen der Kernenergie« geschaffene Situation ist um ein Vielfaches grotesker. Nur das erschwerte Problem der Erkenntnis verhindert hier die gesellschaftlich notwendige Reaktion.

Die Erkenntnis der Gefährdung durch die Logik des Kapitals ist zwar nicht schon gesellschaftliches Bewußtsein in den kapitalistischen Industriegesellschaften, aber die zunehmende Verbreitung dieser Erkenntnis gibt zumindest Anhaltspunkte für die Hoffnung, daß *diese* Gefährdung überwunden wird. Die Erkenntnis über die Gefährdung durch die Logik der Wissenschaft und der wissenschaftlichen Technik hat aus vielen Gründen weit größere Produktions- und Verbreitungsschwierigkeiten zu überwinden. Die Schwierigkeiten, die sich ergeben durch die Verzahnung mit der Logik des Kapitals, habe ich ausführlich diskutiert. Eine weitere Schwierigkeit möchte ich erneut hervorheben: Die kritische Sozialwissenschaft, vor allem die marxistisch orientierte, kümmert sich wenig um die Gefahren, die aus der Logik der Wissenschaft und Technik erwachsen. Alle negativen Erscheinungen werden umstandslos der Logik des Kapitals zugeschrieben. Wissenschaft und Technik werden als neutrale Medien gesehen, die nur richtig »angewendet« werden müßten. Damit wird in diesem Punkt unkritisch der Standpunkt übernommen, der den Naturwissenschaftlern selbst als Alibiformel dient.

Wenn im Kampf gegen die Logik des Kapitals die sich selbst sozialistisch nennenden Länder mit einigen Abstrichen als Verbündete anzusehen sind, so hat der Fetisch Wissenschaft und Technik in diesen Ländern fast noch eine größere verblendende magische Wirkung[371].

371 Ich kann aus diesem Grunde auch nicht die Meinung von Hortleder teilen, daß z. B. der *Richta-Report*, Prag 1968, zu den »wichtigsten Arbeiten zur gesellschaftlichen Bedeutung der Technik überhaupt« zählt (vgl. Hortleder (374), p 27), denn eine Kritik der politischen

Es spricht schon heute sehr vieles dafür, daß möglicherweise aus der Sicht späterer Generationen die blinde und maßlos Mehrwert heckende Kapitalistenklasse eine weit geringere Gefahr für das Lebenssystem der Menschen auf der Erde war als z. B. *allein* die blinde und maßlos nur mehr Wissen heckende Kaste der Kernphysiker, oder allgemeiner und zutreffender, da nicht personalisiert: daß die Gefährdung des Lebenssystems Erde durch die gesamtgesellschaftlich nicht gebändigte Eigendynamik des Subsystems Wirtschaft weniger gefährdet war als durch die Eigendynamik des Subsystems Naturwissenschaft und Technik. Wie auch immer, für diesen zentralen Bereich der Entwicklungsdynamik aller modernen Gesellschaften sind die Kategorien Kapital und Arbeit, Lohnabhängigkeit und Ausbeutung nicht mehr die einzigen Schlüsselkategorien.

Diesen Abschnitt über das bornierte Bewußtsein der scientific community möchte ich abschließen mit einigen vorläufigen Folgerungen und Thesen zur Überwindung der blinden Eigendynamik des Wissenschaftssystems.

Auf die blinde Entwicklungsdynamik der kapitalistischen Industriegesellschaft hat das Subsystem der scientific community zunehmend einen nicht zu unterschätzenden Einfluß vor allem bei zunehmendem Umfang der Verteilung des Mehrprodukts durch den Staat. Gegen die Hoffnung, dieses Subsystem zuverlässig »extern« zu steuern, sprechen mehrere Gründe[372]: Hauptsächlich aufgrund der Komplexität der zur Entscheidung stehenden Fragen über die Alternativen zu folgenreichen technologischen Projekten ist eine politische Entscheidungsinstanz, die über den Einsatz von Mitteln entscheiden kann, in hohem Maße abhängig

Ökonomie der Technik im übertragenen Sinne, also eine kritische Auseinandersetzung mit den herrschenden und blinden Mechanismen, die erzeugt und unterstützt werden von der scientific community, ist der *Richta-Report* leider nicht.

372 Vorwiegend diese Möglichkeit der besseren externen politischen Steuerung wird in der umfangreichen Literatur zur Wissenschaftspolitik diskutiert. Vgl. z. B. Joachim Hirsch/Stephan Leibfried: *Materialien zur Wissenschafts- und Bildungspolitik,* Ffm. 1971.

von der Expertenmeinung der Mitglieder der scientific community. Diese Verknüpfung ist ein wesentlicher Grund für die blinde Abhängigkeit der Gesamtgesellschaft von der scientific community, die ihrerseits blind ist durch ihr borniertes Bewußtsein und ihr borniertes Forschungsinteresse[373]. Darum sind externe »institutionelle Lösungen« allein wohl nicht ausreichend. Hortleder z. B. »schwebt eine institutionalisierte Zusammenarbeit zwischen Politikern und Experten vor«[374]. Ausgehend von der Erkenntnis, daß es nicht ausreiche, nur Experten zu haben, »die den technischen Fortschritt herstellen«, meint Hortleder: »notwendig sind heute zugleich Expertenstäbe, die die Auswirkungen des technischen Fortschritts berücksichtigen, soweit möglich, und kontrollieren, soweit nötig.« »Eine institutionelle Lösung dieser Problematik ist nicht zuletzt deshalb notwendig, weil Ingenieure, auf sich allein gestellt, häufig überfordert sind angesichts des berechtigten Postulats, die Folgen ihres Handelns vorauszusehen. Genau an diesem Punkt finden indes System- und Kulturkritiker zu einer merkwürdigen Allianz. In einer grandiosen Verkennung der Bedeutung und der Struktur technisch-wissenschaftlichen Fortschritts versuchen seine Kritiker, ihn von der Basis her zu steuern. Der einzelne Ingenieur soll zur Selbstzensur greifen, soll entscheiden, ob das, was er gerade tut, ›gesellschaftlich relevant‹ ist oder nicht« (374, p 22-23). Hortleders Feststellung erscheint zunächst begründet, »soziologisch«-rational und an den nichtveränderbaren »Realitäten« orientiert. Ich habe seine These hier aufgegriffen, weil ähnlich auch fast alle »bürgerlichen« Lösungsvorschläge für das hier diskutierte Problem aussehen und weil an ihr im Zusammenhang meiner bisherigen Erörterungen die »Verkennungen« und auch verkürzten

373 Ich komme auf dieses Problem im Abschnitt über die »Großtechnologie« noch differenzierend zurück.

374 Vgl. Gerd Hortleder: *Ingenieure in der Industriegesellschaft. Zur Soziologie der Technik und der naturwissenschaftlich-technischen Intelligenz im öffentlichen Dienst und in der Industrie*, Ffm. 1973, p 23.

Alternativen unmittelbar deutlich werden[375]. Ich möchte die Punkte hier nur aufzählen, da sie im einzelnen an anderer Stelle diskutiert werden.
Zunächst wäre zu nennen die erwähnte »Verkennung« der relativ blinden Abhängigkeit der politisch Entscheidenden von den Experten und die daraus folgende theoretische Notwendigkeit der »Expertenverdopplung«. Die *nachträgliche* Kontrolle und der Versuch der nachträglichen Reduzierung der unerwünschten Folgen durch gesonderte Institutionen passen zwar in das System, haben aber auch schwerwiegende systembedingte Nachteile: so wie im Bereich der staatlichen Negativ-Regelung für unerwünschte Folgen der kapitalistischen Logik käme auch hier diese externe institutionelle Regelung immer schon zu spät und könnte nur die gröbsten Fehler ausbügeln. Die in die Zukunft gerichtete Dynamik der technischen Entwicklung, durch die zum Teil irreversible Tatsachen geschaffen werden, bliebe gebunden, analog wie im ökonomischen Bereich des Kapitalismus, an den gesellschaftlich blinden Prozeß der bornierten Interessen der scientific community.
Weiter wird in der These von Hortleder implizit angenommen, daß »die Struktur des technisch-wissenschaftlichen Fortschritts«, so wie sie gegeben ist, eine nichtveränderbare Größe sei, von der man gefälligst auszugehen habe. Hier wird unkritisch das Selbstverständnis der Wissenschaftler übernommen, daß die strukturellen Bedingungen, wie Wissenschaft und technischer Fortschritt jetzt wuchern, nicht einschneidend beschränkt werden dürften. Was als technisch-wissenschaftlicher »Fortschritt« zu gelten hat, wird bis jetzt doch fast ausschließlich bestimmt von immanenten Vergleichskriterien der scientific community auf der Basis des Zentimeter-Gramm-Sekunden-Systems (schneller, leichter, dünner, dicker, höher, stärker usw.) oder von der Logik des Kapitals nach dem Kriterium einer größeren Mehrwertproduktivität. In beiden Fällen ist die Bestimmung des technischen Fortschritts

375 Wie man sehen wird, ist der »Lösungsvorschlag« Hortleders auch nicht konsistent mit seinen eigenen Ergebnissen und Thesen.

»abstrakt«, losgelöst von den qualitativen Dimensionen menschlicher Bedürfnisse und Gebrauchswerte. Ob »technischer Fortschritt« auch *Fortschritt* ist, wäre erst zu bestimmen über einen bewußten Konsens der Gesellschaft und nicht als Diktat bornierter Interessen.

Weiter ist zu fragen nach der konkreten Rolle der Mitglieder der scientific community. Hortleder meint, der technisch-wissenschaftliche Fortschritt sei nicht »von der Basis her zu steuern«. Das bedeutete doch auch, daß aufgegeben würde, die scientific community in den Bewußtwerdungsprozeß mit einzubeziehen, daß auch in Zukunft z. B. das Bewußtsein der Ingenieure nicht »ernst zu nehmen« sei. Eine bewußte Gesellschaft wird aber nur möglich sein, wenn das Gesellschaftsbewußtsein auch das Bewußtsein der scientific community ist.

Dieser Punkt läßt sich auch noch durch ein anderes Argument erhärten, das gerade Hortleder nachdrücklich diskutiert hat. Es ist nicht einzusehen, daß das Selbstverständnis der Naturwissenschaftler über die Verantwortlichkeit ihres Tuns, so wie es sich durch die »Struktur des technisch-wissenschaftlichen Fortschritts« herausgebildet hat, auch von der Gesellschaft als unabänderlich akzeptiert wird. Der Freiraum des bornierten und verantwortungslosen Tuns wird von der Gesellschaft als »natürliche« Grundlage für das Wachstum von Naturwissenschaft und Technik angesehen, der mit den anderen Vorgängen in der Gesellschaft angeblich in keiner Verbindung steht. Beim Zusammenbruch von Nazi-Deutschland konnte »der Ingenieur ... in seinem Beruf fast so weiterleben, als habe es den 8. Mai 1945 nie gegeben«[376]. Von den Inhabern anderer Berufe erwartet die Gesellschaft durchaus ein verantwortungsvolles Handeln. »Angehörige geisteswissenschaftlicher Berufe mußten (nach 1945) erst ›umerzogen‹ werden, sofern es für sie überhaupt noch eine Chance gab«[376]. Richter, die »verantwortungslos« und blind nur Gesetze anwendeten, oder Mediziner, die ihrem »Forschertrieb« einen ahumanen freien Lauf ließen, wurden wenigstens zum Teil

376 Hortleder: *Gesellschaftsbild des Ingenieurs* (234), p 140.

nachträglich zur Rechenschaft gezogen. Das kritische Bewußtsein Nachkriegsdeutschlands kennt Nazi-Juristen, Nazi-Mediziner oder Nazi-Lehrer, aber keine Nazi-Ingenieure. »Nützlich jedoch wäre die Erkenntnis, daß zwischen einem Lehrer, der seine Schüler Blut- und Bodenromantik lehrte, einem Juristen, der Gesetze befolgte, anstatt Recht zu sprechen, und einem Ingenieur, der auch Rüstungsaufgaben nur unter dem Gesichtspunkt des technischen Fortschritts betrachtete, nur ein gradueller Unterschied besteht«[377].

Die faktische Verantwortung der scientific community für zentrale Prozesse der Gesellschaft muß also zu einer bewußten Verantwortung werden, die von den Mitgliedern der scientific community bewußt getragen wird und die auch von der Gesellschaft bewußt gefordert wird.

Insgesamt gibt es also genügend Gründe dafür, daß das bornierte Bewußtsein der scientific community überwunden und der technisch-wissenschaftliche Fortschritt verantwortlich auch von »der Basis her« gesteuert werden muß. Um aber dieses bornierte Bewußtsein aufzuheben, müssen zunächst die Konstitutionsbedingungen für dieses Bewußtsein genau erforscht werden. Es sieht so aus, daß – genauso wie die Arbeiter ohne fremde Hilfe kein adäquates Gesellschaftsbewußtsein entwickeln können[378] – auch die scientific community nicht aus sich heraus das bornierte Bewußtsein überwinden kann. Die objektiven Bedingungen, wie Wirtschaftssystem, Struktur der Wissenschaft und sozialpsychologische Mechanismen, begünstigen die Bildung eines bornierten Bewußtseins bei den Naturwissenschaftlern optimal. Da es viele Parameter gibt, die zur Bildung dieses Bewußtseins führen, werden auch viele parallele Strategien zur Veränderung notwendig sein. *Eine* Strategie, die notwendig sein wird, wenn auch nicht hinreichend, ist eine gründliche Veränderung der Sozialisationsbedingungen der scientific community. Eine zentrale Rolle in dieser Strategie wird also das Ausbildungssystem spielen

377 W. o., p 137-138.

378 Vgl. hierzu Frank Deppe: *Das Bewußtsein der Arbeiter*, Köln 1971.

und dies in zweifacher Hinsicht: Einmal wird aus der Erkenntnis heraus, daß »Fachidioten« für die Gesellschaft zu gefährlich und auch zu teuer sind, für *jedes* Fachstudium ein begleitendes sozialwissenschaftliches Studium mit historisch-politisch-ökologischem Akzent notwendig sein. Dieses begleitende Studium wird nicht nur ein fachbezogenes, aber die Fachgrenze sprengendes »Wissen« vermitteln müssen, sondern vor allem die Fähigkeit, den eigenen sozialen Standort zu erkennen, in der Gesellschaft, in der Geschichte und im System der Natur, die Fähigkeit, eigene und fremde Interessen wahrzunehmen und die Mechanismen ihrer Entstehung zu begreifen, die Fähigkeit, eine Kommunikation mit fremden Fach- und Interessenbereichen führen zu können, die wechselseitig informierend und verändernd ist und einen Argwohn gegen jede unbegriffene Expertise erzeugt, und vor allem die Fähigkeit, den Zusammenhang des eigenen Tuns mit anderen gesellschaftlichen Prozessen zu erkennen, um die Folgen dieses Tuns nicht der Zuständigkeit eines anderen anzulasten, sondern selbst zu verantworten, kurz: ein solches begleitendes Studium müßte die Fähigkeit vermitteln, ein *politisches Bewußtsein* entwickeln zu können, das langfristig zu einem adäquaten Gesellschaftsbewußtsein werden könnte. Versuche in dieser Richtung sind ernsthaft kaum unternommen worden, weil sie ganz allgemein nicht im Interesse des herrschenden wirtschaftlichen und politischen Systems sind. Es ist darum nicht verwunderlich, daß auch die Mehrheit der Mitglieder des Ausbildungssystems die Notwendigkeit eines Trainings zu einem politischen Bewußtsein noch nicht erkannt hat[379].

Versuche, die bisher unternommen worden sind, um die »Einseitigkeit« der Fachausbildung zu »ergänzen«, standen voll in der bildungsbürgerlichen Tradition, wie z. B. das studium generale, das noch ein Programmpunkt der Hochschulreform nach 1945 war, oder das »Humanistische Studium« an der Technischen Uni-

379 Vgl. hierzu z. B. die Diskussion über die Entwürfe zu den Rahmenrichtlinien für den gesellschaftskundlichen Unterricht für allgemeinbildende Schulen in Hessen!

versität in Berlin[380]. Im letzten Fall z. B. gab es für Ingenieurstudenten ein buntes Fächerangebot, in dem auch klassische, romanische, englische und ältere deutsche Philologie oder deutsche Literatur, Kunst- und Musikgeschichte nicht fehlten[381]. Durch diese Art Ergänzungsstudium konnte das bornierte Bewußtsein nur verstärkt werden: das Gelernte und Eingeübte stand in keinem kritisch-reflektierenden Zusammenhang mit dem technisch-wirtschaftlichen Bereich der Ausbildung und der späteren Arbeit, es blieb darum in der Regel politisch folgenlos und konnte bestenfalls die »Seele« des Technik-Studenten schöngeistig »erbauen«, was wiederum zur Folge haben mußte, daß durch solch ein Ergänzungsstudium vorwiegend die Fähigkeiten zur Flucht in privat veranstaltete Entlastungs- und Ausgleichsübungen gefördert wurden, um beruflichen Streß privat kompensieren zu können.

Das lange Vorherrschen der bildungsbürgerlichen Ideologie im Bereich der »allgemeinen Bildung« bestimmt bis heute auch das Bewußtsein der Mehrzahl der Mitglieder des Ausbildungssystems, so daß außerberufliche »Bildung« immer noch für die meisten tendenziell die privatistische Abrundung zu einer »schönen Seele« bedeutet, die »Anteil« hat an möglichst vielen, aber letztlich beliebigen »Kulturgütern« und nicht: die Trainierung eines »politischen Verstandes«, der den Ausgebildeten in die Lage versetzt, kooperativ die eigenen Geschicke und die eigene Kultur selbst zu gestalten.

Zur Zeit ist jedoch an den Universitäten und Hochschulen nicht einmal Raum für Versuche bildungsbürgerlicher Ergänzungsstudien. Überfüllung und hoher Andrang dienen hochschul- und schulpolitischen Rahmenentwürfen als Alibi, sich ganz der Logik des Kapitals und der technischen Effizienz zu verschreiben, um in möglichst kurzer Zeit mit möglichst wenig Aufwand Fachidioten zu produzieren, die optimal und zuverlässig an »ihrem Ort« funktionieren. »Die angestrebten Ausbildungssysteme

380 Vgl. hierzu u. a. Hortleder (234), p 171 ff.

381 Vgl. w. o., p 172.

brauchen den systemkonformen Spezialisten. Dieser Spezialist soll die politisch zu denkenden Voraussetzungen, Bedingungen und Folgen seiner Arbeit nicht reflektieren; man wünscht sich diesen Fachmann kompetent, aber beschränkt; aktiv, aber folgsam; intelligent, aber unwissend in allem, was über die unmittelbare Funktion hinausgeht; unfähig, den Blick von der begrenzten Aufgabe abzuwenden. Der für die herrschende Klasse nützlichste Typ wäre die Kombination von höchstem Sachwissen mit geringen gesellschaftlichen Interessen und Kenntnissen. Erstrebt ist die unmittelbare ›Einpassung‹ in die Bedürfnisse des herrschenden Teils der Gesellschaft, wobei diese Bedürfnisse zu allgemeinen deklariert werden. In Reformplänen zeigen sich diese Intentionen deutlich.«[382]

Der zweite erwähnte Punkt, der die strategische Funktion des Ausbildungssystems für eine emanzipierte Gesellschaft betrifft, bezieht sich auf den Bereich der allgemeinen technisch-wissenschaftlichen Ausbildung. Um die blinde Funktion des bornierten Bewußtseins der scientific community aufzuheben, müßte vom Ausbildungssystem nicht nur angestrebt werden, selbst auf Kosten der Fachausbildung, keine Fachidioten mehr zu produzieren, sondern zweitens müßte ebenfalls vom Ausbildungssystem angestrebt werden, allgemein eine größere Kritikfähigkeit und eine geringere blinde Abhängigkeit vom Experten-Urteil zu erzeugen. Das hieße für den hier diskutierten Zusammenhang auch: in einer »wissenschaftlich-technischen Zivilisation« ist eine möglichst breite Streuung fundierter naturwissenschaftlicher und technischer Kenntnisse notwendig. Je weniger naturwissenschaftliche und technische Kenntnisse allgemein verbreitet sind, desto abhängiger wird die Gesellschaft von relativ wenigen Experten. Eine bloße Diffamierung technisch-wissenschaftlicher Qualifizierungen würde zur Aufhebung des blinden Prozesses des technischen Fortschritts nichts beitragen, sondern nur die ohnmächtige Position der Kulturkritik einnehmen.

382 Urs Jaeggi: *Kapital und Arbeit in der Bundesrepublik*, Ffm. 1973, p 270; vgl. hierzu auch André Gorz: *Zur Strategie der Arbeiterbewegung im Neokapitalismus*, Ffm. 1969, p 134.

Die Funktion des Ausbildungssystems für die Bildung eines bornierten Bewußtseins der scientific community und die Diskussion der notwendigen Veränderungen im Ausbildungssystem zur Aufhebung der verdinglichten Struktur der Gesellschaft erforderten eine gründliche getrennte Erörterung, die ich im Rahmen meiner Themenstellung nicht bringen kann. Vor allem wäre in diesem Zusammenhang auch darzustellen, wie das Ausbildungssystem z. B. in Westdeutschland bis heute die Trennung von Kopf- und Handarbeit, die Verknöcherung der Arbeitsteilung und die Privilegierung der Wenigen auf Kosten der Vielen perpetuiert und zementiert. Die hier dargestellten Thesen zu diesem Themenbereich sind also notwendig verkürzt und ergänzungsbedürftig.

E. »Blockstruktur« und abstrakt quantitative Flußgrößen als Charakteristikum einer verdinglichten Struktur

a. »Blockstruktur« als Schema kapitalistischer Verlaufslogik auf hohem technologischem Niveau

In diesem z. T. auch zusammenfassenden Abschnitt sollen die Prozesse der Verdinglichung durch Kapital und Technik wieder mehr von der Systemebene her betrachtet werden, bzw. soll die Relation zwischen System- und Handlungsebene stärker im Vordergrund stehen. Um nun für den angekündigten Komplex ein Orientierungsgerüst zu haben, soll der Begriff der »Blockstruktur« verwendet werden. Darum zunächst einige erläuternde Bemerkungen zum Begriff der Blockstruktur.

Vor allem und zuerst hat sich für komplexe *technische* Prozesse das Blockschema als eine sehr nützliche Strukturierungsmethode erwiesen. In sehr vielen Fällen sind technische Prozesse auf den unterschiedlichsten Ebenen nur planbar, herstellbar und verstehbar durch eine Blockstruktur. Aber auch in anderen Bereichen, z. B. in der Neurologie und in der Betriebswirtschaft, sind in den theoretischen Modellen Blockstrukturen häufig zu finden. In

einem Blockschema wird abstrahiert von den einzelnen Prozessen im Block. Es werden nur die interessierenden Input- und Output-Größen dieser Blöcke betrachtet und die strukturierende Verbindung dieser Größen zwischen den Blöcken.
Prinzipiell spricht nichts dagegen, wenn man zunächst versucht, jedes komplexe Geschehen durch ein Blockschema zu strukturieren, um einen Überblick über den Funktionszusammenhang zu bekommen und um den Fluß z. B. von Informationen, Energien, Geld oder Waren im großen Zusammenhang zu erkennen. Bei einem solchen Vorgehen stellt sich jedoch auch die Frage nach der Angemessenheit des strukturierenden Prinzips gegenüber dem Realbereich. Man wird zwar bei genügend hoher Abstraktion und genügend vage gehaltenen Flußgrößen in jedem Prozeß auch eine Blockstruktur erkennen können, aber angemessener wird sie als Struktur nur den Prozessen zugeordnet werden können, die auch durch eine Blockbildung entstanden sind oder die eine Blockabgrenzung einheitlich auch für mehrere Flußgrößen erkennen lassen.
Für komplexe umweltoffene Systeme ist ein sinnvolles Abgrenzungskriterium nicht so leicht und eindeutig anzugeben[383], da die Umweltoffenheit u. a. auch dadurch gekennzeichnet ist, daß das System viele und differenzierte »Grenzstellen« hat, die einen breiten, umfassenden Umweltkontakt ermöglichen. Ein »Block« dagegen ist typisch arm in seinen Umweltkontakten. Im einfachsten Fall hat ein Block in einem Prozeß nur zwei eng definierte Kontaktstellen zu anderen Blöcken. Die Funktion dieses Blockes in der Blockstruktur ist im Idealfall vollständig über seine Input- und Outputgrößen zu beschreiben, unabhängig von den möglicherweise sehr komplexen Prozessen im Block, durch die der Input verändernd durchgeschleust wird. Die Innenweltkomplexität eines Blocks ist also in der Regel sehr viel höher als seine relevante Außenweltkomplexität. Darum ist ja durch Blockbildung eine Komplexitätsreduzierung zu erreichen. Ein

383 Vgl. hierzu z. B. N. Luhmann: *Funktionen und Folgen formaler Organisation*, Berlin 1964, p 59f, 220f.

Block wäre kein sehr überlebensfähiges System in einer sich verändernden Umwelt, sondern ist in der Regel fest »eingebaut« in ein anderes System, das auch wiederum ein Block sein kann oder auch ein umweltoffenes System[384].

Die moderne Organisationstheorie betont nun, daß soziale Organisationen und somit auch Produktionsbetriebe als umweltoffene Systeme gesehen werden müssen und nicht als geschlossene Blöcke. Betrachtet man jedoch die bei einigen »modernen Organisationstheoretikern« geführte Diskussion z. B. über die Kontrollfunktionen in diesen offenen Systemen, dann hat man doch wieder den Eindruck, als handle es sich um »Blöcke«, die letztlich über einige wenige genau umrissene Input-Output-Relationen von außen »definiert« werden. So schreibt Luhmann z. B. im Zusammenhang der Krisenkontrolle eines komplexen umweltoffenen Systems: »Krisen sind heikle Situationen in System/Umwelt-Beziehungen, die den Fortbestand des Systems oder wichtiger Systemstrukturen unter Zeitdruck in Frage stellen«[385]. Man könnte nun zunächst meinen, eine Krisensituation für ein umweltoffenes komplexes System erfordere zur Erkennung und Abwendung der Krise die Mobilisierung eines großen Teils der Elemente des Systems und die Nutzung der Sensibilität, Erfahrung und Kenntnis dieser Elemente, um in einer organisierten Systemreaktion der Krise zu begegnen. Bei Luhmann heißt es jedoch unmittelbar anschließend an die eben zitierte Stelle: »Ihr Erkennen erfordert, obwohl es sich dabei um die höchste Kontrollfunktion handelt, keine langfristige Voraussicht und keinen Überblick über weit auslaufende, komplex verzweigte Kausalzusammenhänge. Sie ist eher angewiesen auf einen programmfreien Sinn für das Unmittelbare, auf Unbefangenheit gegenüber den vertrauten und bewährten Verhaltensmustern, und auf die Fähigkeit, Gefahren zu erkennen, die sich in unauffälligen, aber symptomatischen Ereignissen des Alltags oder in unmerk-

384 Primitive Lebewesen in einer stabilen Umwelt könnte man z. B. auch als »Blöcke« analysieren. Die meisten technischen kybernetischen Systeme sind übrigens eher Blöcke als umweltoffene Systeme.

385 N. Luhmann: *Zweckbegriff* (291), p 327, vgl. auch p 322 ff.

lich-kumulativen Entwicklungen ankündigen.« Bei festgestellten Krisenmerkmalen sei dann das möglicherweise »komplexitätsreduzierende« Verfahren »Abwarten und Sehen« sinnvoll, wobei dann »in der Situation spürbar werden (kann), woran es hapert. Unter dem Druck der Situation muß dann freilich rasch und aufgrund weitreichender Vollmachten gehandelt werden können«[386]. Aus der Textstelle wird mehreres deutlich: Läuft ein (z. B. Produktions-)System nicht so, wie es nach den »Empfindungen« eines personalen Handlungssystems (z. B. einer Betriebsleitung) »normal« ist, dann reduziert sich das komplexe umweltoffene System zu einem von außen zu steuernden Block. Betont sonst Luhmann immer, daß Systemprobleme nur von Systemen bewältigt werden können, erfordert nun auf einmal die »höchste Kontrollfunktion« des Systems keinen kenntnisreichen Überblick, keine Programme und langfristige Voraussicht durch organisierte Systemarbeit, sondern nur das »unbefangene« Gespür eines gewiegten, teetrinkenden und mächtigen Systemführers. Damit ein solcher Krisenwächter auch auf »unmerklich-kumulative« Gefahren aufmerksam werden kann, ohne dabei genaue Kenntnisse von den internen Prozessen zu haben, muß es einige wenige Input-Output Größen geben, die letztlich für die Systemleitung system- bzw. blockdefinierend sind, um derentwillen der »Bestand« des Systems erhalten werden soll. Der von Luhmann gemeinte »Sinn für das Unmittelbare« ist also im Klartext der Sinn für Umsatz, Profit und Fluktuation der Belegschaft. Selbst ein Autor also, der sonst die Welt voller komplexer umweltoffener Systeme sieht, beschreibt implizit wie selbstverständlich das Vorhandensein einer Blockstruktur im sozialen Bereich.

Es sieht nun in der Tat so aus, als ob eine Reihe der Probleme über Verdinglichung, Entfremdung, Bewußtsein, Herrschaft und Logik des Kapitals auch mit dem Begriff der Blockstruktur »angemessen« diskutiert werden können. Ich wähle diese begriffliche Orientierung hier jedoch auch deswegen, weil damit Beziehungen

386 W. o., p 328.

zwischen dem von mir behandelten Themenbereich und anderen Themenbereichen angedeutet werden können, die zwar in einem engen Zusammenhang mit meinen Fragestellungen stehen, die aber nicht von mir ausführlicher behandelt werden können.

Für eine Blockstruktur waren kennzeichnend hauptsächlich drei Merkmale:

1. komplexe Innenstruktur und Innenprozesse
2. relative Autonomie und Geschlossenheit der Innenprozesse, d. h. Abgrenzung gegen andere Blöcke
3. Äußere Funktionsdefinition und letzte Bestandsnotwendigkeit des Blocks sowie der »wesentliche« Kontakt zu anderen Blöcken sind gegeben durch wenige, von den Innenprozessen »abstrahierte« Flußgrößen.

Das kapitalistische Produktionssystem hat nun deutliche Merkmale dieser Blockstruktur. Die Grundlogik des Kapitals bestand ja aus dem abstrakten Prozeß der Flußgrößen G–W–G mit dem »Sinn« einer ständigen Zunahme dieser Größen. In einem »Produktionsblock« z. B. werden in komplexen Prozessen komplizierte Produkte hergestellt, deren »wesentlichstes« Merkmal beim Austritt aus diesem Prozeß die Flußgröße Ware bzw. Geld ist. Der wesentlichste, wichtigste Kontakt zu anderen Blöcken geht ebenfalls über die vom Innenprozeß abstrahierten Flußgrößen W und G.

Man könnte eine kapitalistische Produktionsweise auf der Makro-Ebene also daran erkennen, daß die gesellschaftlichen Großaggregate vorwiegend über abstrakte Flußgrößen in Beziehung treten, daß die Dynamik und das Ziel der Gesellschaft vorwiegend in der Zunahme dieser Größen besteht und daß hinreichend viele Mechanismen dafür sorgen, daß diese Blockstruktur erhalten bleibt, sich reproduziert. Die Irrationalität dieser Produktionsweise zeigt sich dann vor allem darin, daß die komplexere Natur der Gebrauchswerte der mit hoher partikularer Rationalität gefertigten Produkte für die gesellschaftliche Entwicklungsdynamik nur ein sekundäres Phänomen ist. Die Prozeßlogik auf der Makro-Ebene ist systemnotwendig blind gegenüber den differenzierteren Strukturen der Gebrauchswerte,

qualitative Bedürfnisse der Menschen erfahren nur eine Realisierung, wenn sie sich in die Prozeßlogik der abstrakten Flußgrößen fügen. Und so, wie positive qualitative Bedürfnisse nur ein »Abfallprodukt« dieser abstraktifizierenden Produktionsweise sind, werden auch negative Abfallprodukte so lange nicht ausgeregelt, solange sich diese nicht empfindlich auf die Input/Output-Relation der abstrakten Flußgrößen auswirkt.
Nun waren diese Momente der Prozeßlogik des Kapitals ja schon von Marx beschrieben worden. Die nicht zu übersehenden Veränderungen seit Marx vor allem im »Produktionsblock« könnten leicht vortäuschen, als habe sich auch diese Grundlogik verändert, weswegen es nun – wegen der Größe, Komplexheit und Dominanz der Blöcke – sinnvoller sei, von Industriegesellschaft zu reden als vom Kapitalismus. Ich bin auf diese Kontroverse in einem anderen Zusammenhang schon eingegangen. Für den augenblicklichen Zusammenhang könnte man sagen: solange eine Gesellschaft eine Blockstruktur hat, in der die Dynamik und der »Sinn« bestimmt werden durch die abstrakten Flußgrößen Ware und Geld, solange ist es auch angemessen, diese Gesellschaft »kapitalistisch« zu nennen.
Ich möchte nun zu einer Argumentation von Claus Offe kommen, die viele Berührungspunkte zur Darstellungsweise durch eine Blockstruktur hat und die überleitet zu Fragestellungen, wie sie vor allem im Bereich der Politik–Wissenschaft diskutiert werden. Offe geht in einem Aufsatz von der eben gestellten Frage aus, welche Tatbestände dafür sprechen, auch eine heutige Gesellschaft kapitalistisch zu nennen bzw. spätkapitalistisch[387]. Das wesentlichste Element einer kapitalistischen Struktur sei die Verlaufsform, die Verlaufslogik. Diese Logik sei zwar zunächst »mit der *Rechtsform* privaten *Kapitaleigentums* verknüpft gewesen, doch hat sich diese Verknüpfung zwischen Rechtsform und Verlaufslogik beträchtlich gelockert«. »Nicht Veränderungen der Einkommensverteilung (oder anderer deskriptiver Indi-

387 Claus Offe: »Spätkapitalismus – Versuch einer Begriffsbestimmung«, in: Offe: *Strukturprobleme des kapitalistischen Staates*, Ffm. 1972, p 7ff.

katoren), sondern allein die Überwindung der Logik kapitalistischer Entwicklung ist der Testfall dafür, ob eine Sozialstruktur als kapitalistisch begriffen werden kann oder nicht« (387, p 9). Diese Verlaufslogik dürfe nun nicht vorschnell verwechselt oder gleichgesetzt werden mit bestimmten historisch-soziologischen Erscheinungsformen dieser Logik, z. B. mit dem Klassenantagonismus. Beim überwiegenden Zurücktreten von Klassenkämpfen kann man darum nicht folgern, daß die kapitalistische Verlaufslogik auch zurückgetreten ist; genausowenig wie man unbesehen umgekehrt folgern kann, daß bei noch vorhandener Logik des Kapitals die Widersprüche sich notwendig in Klassenkämpfen aktualisieren müssen. »Sobald einmal der Grundwiderspruch und die aus ihm resultierende Entwicklungsdynamik als Problem sich verschärfender Inkompatibilität zwischen Teilstrukturen begriffen ist, erhalten alle diejenigen Positionen, die diesen Widerspruch als Interessengegensatz zwischen Lohnarbeit und Kapital, als Gegeneinander von Industriearbeitern und den Herrschaftsinstanzen des kapitalistischen Verwertungsprozesses fassen wollen, den Charakter voreiliger Soziologisierungen und Historisierungen« (387, p 12-13). Die Inkompatibilität zwischen Teilstrukturen der Gesellschaft war im Begriff der Blockstruktur beschrieben worden als Inkompatibilität zwischen komplexer Innenstruktur und abstraktifizierter Außenstruktur. Offe kennzeichnet den gleichen Sachverhalt als »funktionelle Unvereinbarkeit« zwischen »faktischer Vergesellschaftung der Produktivkräfte und institutionalisierter ›Privatheit‹ der Produktionsverhältnisse« (387, p 13). Die Produktivkräfte sind vergesellschaftet, weil die Arbeit in den Produktionsblöcken zunehmend weniger in isolierten, von außen gesteuerten Prozessen abläuft, sondern in einer »gemeinsamen« Entfaltung von Wissen und Können[388]. Sie sind jedoch bloß faktisch vergesell-

388 Dies wird zu relativieren sein. Auch möchte ich daran erinnern, daß »faktisch vergesellschaftet«, so gedeutet, sich auch nicht mit dem vorher diskutierten Konzept einer vorwiegend normativen Regelung des Verhaltens verträgt, sondern die Motivationsbasis »Wissen und Können« voraussetzt.

schaftete Lebensprozesse (p 16), weil sie sich auf den partikularen Blockprozeß beschränken. Die gesamtgesellschaftlich relevanten Prozesse zwischen den Aggregaten bestehen in abstrakter institutionalisierter »Privatheit«. Diese Privatheit ist abstrakt wie das ursprüngliche Klasseninteresse privater Kapitalbesitzer, das logelöst war von gesamtgesellschaftlichen Interessen. Es ist eine institutionalisierte Privatheit, weil der von den konkreten Bedürfnissen abstraktifizierende Mechanismus nicht notwendig mehr gebunden ist an intentionales, individuelles privates Interesse. »Die Kategorie der Privatheit meint vielmehr, weit jenseits aller legalen und psychologischen Verkürzungen, den sozialökonomischen Tatbestand der strukturellen Abstraktion von Bedürfnissen, Gruppen und Klassen, die vom Basismechanismus profitabler Kapitalverwertung nicht automatisch mitberücksichtigt werden. ›Privat‹ ist das Attribut einer ökonomischen Struktur, in der Gebrauchswerte nur als Begleiterscheinungen von Tauschwerten auftreten; in der gesellschaftlicher Reichtum auf der Erzeugung von Mangel beruht; in der Kapitalakkumulation von der periodischen oder permanenten Kapitalvernichtung begleitet ist, usf.« (387, p 15). Gemessen an diesem entwicklungslogischen Kapitalismusbegriff sind »die hochindustrialisierten Gesellschaftssysteme Westeuropas und des nordamerikanischen Kontinents« eindeutig kapitalistisch zu nennen, denn abstrakte Flußgrößen bestimmen die Dynamik des Gesellschaftssystems und machen es unfähig, die selbsterzeugten negativen Folgen angemessen zu regulieren. Offe: »Kein Zweifel kann nämlich daran bestehen, daß (a) die *Leitvariable des wirtschaftlichen Wachstums,* die nur einen Aggregatausdruck für die von kapitalistischen Produktionseinheiten jährlich erzielte Akkumulation darstellt, das Potential zur Verarbeitung ökonomischer, sozialer und politischer Probleme bestimmt und – unter dem Gesichtspunkt weiteren Wachstums – limitiert und daß (b) die nichtkontrollierten Begleitphänomene dieses Wachstumsprozesses, nämlich Herrschaft, Unterdrückung, Entfremdung und Mangel seine (nicht notwendig *klassen*-theoretisch lokalisierbare) *Folge* und eine ›selbstnegatorische Tendenz‹ jedenfalls in dem indirekten Sinne darstellen, daß sie das System zu einer permanenten Selbstadaption zwingen« (387, p 17).

Der »Wachstumsfetischismus« kapitalistischer Gesellschaften ist schon lange und vielseitig kritisiert worden, aber Wachstum abstrakter Flußgrößen oder Leitvariablen ist so wesentlich gesellschaftlich institutionalisierter Mechanismus unserer Produktionsweise, daß auch Produktionsbereiche, die nicht in »privatkapitalistischer« Hand sind, sich diesem Sog nicht entziehen können. Beispiele gibt es hierfür in kapitalistischen Gesellschaften genug. In der Bundesrepublik wäre als oft kritisiertes Beispiel die »arbeitereigene« Wohnungsproduktionsfirma »Neue Heimat« zu nennen, die ihre Produktion auch nur ausrichtet an Wachstumsraten von abstrakten Wohneinheiten, die weitgehend losgelöst sind von qualitativen, emanzipierten Wohninteressen. Dabei, so sollte man annehmen, bestünde doch gerade hier die Chance – da durch direkte Einflußnahme »privatkapitalistischer Interessen« nicht behindert –, die abstrakte Wachstumsvariable auch in qualitative Bedürfnisdimensionen auszuweiten. Dieses Beispiel erinnert jedoch daran, daß, wie erwähnt[389], »Besitz« oder Eigentum nur eine Variable unter anderen ist, die für die Beurteilung verdinglichter Prozesse auf hohem Komplexitätsniveau der Vergegenständlichung zunehmend eine geringere Bedeutung hat. Neben der Tatsache einer Einbettung in die gesellschaftlich institutionalisierte Grundlogik des Kapitals würde am Beispiel »Neue Heimat« bei genauerer Analyse auch deutlich werden, daß noch zusätzliche Mechanismen verantwortlich sind für die quantitativ-abstrakte Außenorientierung dieser »nicht-kapitalistischen« Produktionsorganisation: von der Logik des Kapitals unabhängige Verdinglichungstendenzen großer vergegenständlichter Prozesse, »selbstgenügsame« Gruppenprozesse in Unterabteilungen und nichtvorhandene, nichterprobte Demokratisierungsmodelle, die den Situationshorizont durchstoßen könnten. Für den Produktionsbereich ist die gesamtgesellschaftlich institutionalisierte Basis zur Aufrechterhaltung der Dynamik nach ab-

389 Vgl. Abschnitt C. a. in diesem Kapitel.

strakten Flußgrößen so perfekt, daß für *diesen* Punkt der Antagonismus von Kapital und Arbeit nicht mehr der einzig sinnvolle Schlüsselbegriff der Analyse ist[390]. Die organisierte Arbeiterbewegung ist so auf Kampfmaßnahmen *in* den Dimensionen der abstrakt-quantitativen Flußgrößen programmiert, daß ihr (Verteilungs-)Antagonismus zum Kapital letztlich innerhalb der Logik des Kapitals bleibt. Der Begriff des Arbeitsplatzes z. B. wird nur abstrakt bestimmt als Quelle von Lohneinkommen. Gekoppelt mit einer staatlichen Globalsteuerung der Beschäftigungssicherung ist diese abstrakte Arbeitsplatzpolitik ein hervorragendes Mittel, die Blockstruktur zu stützen: Durch Gewerkschaft und Staat wird zunächst versucht, *jeden* Arbeitsplatz zu halten und *jedes* zusätzlich geschaffene Arbeitsplatzangebot zu unterstützen, *gleichgültig*, ob es Arbeitsplätze z. B. in einer Tabakfabrik sind oder in einer Krebsforschungsstelle[391]. Dadurch halten sich Volks- und Arbeitervertretung aus einer qualitativen Bestimmung der produzierten Ergebnisse heraus und lassen der abstrakten Optimierungslogik für Mehrwert und Kapital freien Spielraum. Wenn Gewerkschaftspolitik nicht weiterhin die das Lebenssystem des Menschen bedrohende Produktionsweise des Kapitals unterstützen will, indem sie sich systemimmanent nur darauf konzentriert, ein abstraktes Konsumvolumen der Mitglieder zu erhöhen, käme es ganz entscheidend darauf an, eine fundamental neue Orientierung zum Problem »Arbeitsplatz« zu finden![392]

390 Ein Themenwechsel von »Herrschaft« nach »Kapital und Arbeit« muß wohl dann doch als »Verengung der Fragestellung« angesehen werden, vor allem, wenn Herrschaft nicht nur sozialpsychologisch gedeutet wird, sondern auch systemtheoretisch als »Asymmetrie« (vgl. hierzu jedoch: Urs Jaeggi: *Kapital und Arbeit in der Bundesrepublik* (382), p 20).

391 Die *gleichzeitige* Vergabe von Mitteln für die Lungenkrebsbekämpfung, für Anti-Raucherwerbung und für Tabakanbauprämien durch die Bundesregierung ist Konsequenz dieser Logik.

392 Die im Baden-Württembergischen Metallarbeiterstreik vom Herbst

In diesem Zusammenhang ist es vielleicht erwähnenswert, daß in dem am weitesten verbreiteten Standard-Werk der bürgerlichen Ökonomie erstmals in der Ausgabe 1973[393] der Versuch unternommen wird, qualitative Ergänzungen zu finden für die sonst üblichen abstrakt-quantitativen Meßgrößen des »nationalen Wohlstands«. Die bürgerliche »Volkswirtschaftslehre« erschöpft sich bekanntlich fast vollständig in Darstellungen von Blockstrukturen und Flußdiagrammen und in der formalen Bewältigung von Beziehungen zwischen abstrakt quantitativen Flußgrößen. Das Maß für den »nationalen Wohlstand«, das Bruttosozialprodukt, ist z. B. ausschließlich bezogen auf marktfähige Produkte und entspricht so voll der irrationalen Logik des Kapitals. Sehr zaghaft noch, und am Umfang der übrigen üblichen Darstellung gemessen kaum merkbar, greift Samuelson eine Anregung für ein vernünftigeres Maß des »Wohlstandes« auf. Er nennt es Net Economic Welfare (NEW)[394]. In dieses neue Wohlstandsmaß sollen eingeschlossen werden auch nicht-marktfähige Werte, wie z. B. eine längere Freizeit, und von den marktfähigen Werten sollen abgezogen werden z. B. ebenfalls marktmäßig nicht registrierte Umweltbelastungen und z. B. auch die Kosten für Rüstung und Verwaltung.

b. Der »Beitrag« von Technik und Wissenschaft zur »Blockbildung«

Wenn man nun – zunächst formal betrachtet – nach den Gründen fragt, die eine soziale Blockstruktur stabilisieren und repro-

1973 zum erstenmal zu beobachtende deutliche Kopplung der Tarifabschlüsse auch an qualitative Arbeitsplatzverbesserungen ist ein bedeutsamer Anfang, aus der abstrakten Flußgrößenorientierung der kapitalistischen Logik auszubrechen, aber bis zur qualitativen *Produktorientierung* ist es wohl noch ein weiter Weg.

393 Vgl. Paul A. Samuelson: *Economics, International Student Edition*, Tokyo usw. 1973 (9. Auflage).

394 Vgl. Samuelson (393), p 4 f und p 195 f.

duzieren, so ist der wichtigste zweifellos der Herrschaftsmechanismus auf der Makroebene, die Summe der Mechanismen also, die generell die Logik des Kapitals garantieren. Aber auch von der Ebene der Blöcke her kann die Gesamtstruktur stabilisiert werden. Dies wird der Fall sein, wenn die Blöcke eine Abgrenzungstendenz haben, wenn sie eine hohe innere Stabilität besitzen und wenn ihre Innenprozesse sich »gleichgültig« gegenüber den Außenprozessen verhalten. Sind nämlich soziale Mechanismen vorhanden, die das Interesse, Bewußtsein und Verhalten konzentrieren und beschränken auf einen eingegrenzten Bereich, und ist das Verhalten in diesen Bereichen, z. B. durch interne Motivationsquellen, stabil, dann wird hierdurch die Erzeugung und Aufrechterhaltung einer Blockstruktur stark begünstigt, wenn nicht sogar erst ermöglicht. Ebenso durch die Gleichgültigkeit. Eine Gleichgültigkeit der Innenprozesse gegenüber beliebigen Außenbeziehungen ermöglicht es selegierenden Makromechanismen, diese Außenbeziehungen zu reduzieren auf abstrakt-quantitative Flußgrößen, ohne daß innerer Protest in Form einer Funktionsstörung zu erwarten ist. Liegt also ein Mechanismus vor, der die Innenprozesse gleichgültig macht gegen Einfluß und Wirkung von und nach außen, so wird auch hierdurch eine Blockbildung ermöglicht und erhalten.

Wie diese drei blockstabilisierenden Mechanismen (Abgrenzungstendenz, innere Stabilität und Gleichgültigkeit) in besonderer Weise durch »technische Arbeit« erzeugt werden, soll nun noch etwas erläutert werden.

Für die wissenschaftlich-technische Arbeit war aus vielen Gründen die »Grenzziehung«, die Partikularisierung der Tätigkeit als besonderes Charakteristikum genannt worden. Für die experimentelle Wissenschaft war Abgrenzung konstitutiv. Wahrnehmungsrelevanz durfte notwendig nur das für die (Experimentier-)Situation Definierte haben.

Abgrenzung des Wahrnehmens und Denkens vom größeren (politischen) Zusammenhang, obwohl die Folgen dieses Denkens in diesen Raum hineinwirken, ist übrigens ein fester Bestandteil des bürgerlichen Wissenschaftsbegriffs *überhaupt*, seit bürgerliche Macht verteidigt und nicht erkämpft werden muß[395]. Prototypisch kommt dies z. B. zum Ausdruck in der Feststellung eines Wissenschafts*politikers,* der zufällig auch Naturwissenschaftler ist: »mein Wissenschaftsbegriff schließt . . . jede Form von Parteilichkeit aus. Für die Parteilichkeit hält unsere Gesellschaft andere Räume frei«[396]. Ist »politisch« mit »Parteilichkeit« hier schon vorsorglich sprachlich abgewertet, so stößt der Hinweis auf den faktischen Zusammenhang[397] auf ehrliches Unverständnis: »Ich verstehe nicht, wieso ein unabhängiges Suchen nach Wahrheit der Rechten zugute kommen sollte«[398].

Die offene Zweckstruktur wissenschaftlich-technischen Tuns[399] ist ein idealer Baustein für einen verdinglichten Prozeß: Die Sinne und Gedanken sind »gesättigt« gebunden innerhalb des Situationshorizonts der unmittelbaren Tätigkeit, und gleichzeitig geht die Wirkung dieser Tätigkeit weit über diesen Horizont hinaus. Das Interesse konzentriert sich auf den partikularen Prozeß in der Situation, die Verwendungszusammenhänge außerhalb der Situation sind ausgeblendet. Der komplexe Prozeß der Vergegenständlichung durch wissenschaftlich-technische Arbeit erzeugt durch den Prozeß selbst eine Motivationsbasis. Externe Motivationen und normative Steuerungen werden im günstigen Fall überflüssig. Obgleich diese Arbeit in einem kapitalistischen Produktionssystem stattfindet, kann von »Gleichgül-

395 Vgl. Abschnitt B. e. in Kapitel III.

396 So der ehemalige Wissenschaftssenator Stein (Berlin) in einem *Spiegel*gespräch mit Margherita von Brentano, in: *Der Spiegel,* Nr. 8/1972, p 36.

397 M. v. Brentano: »Die Trennung zwischen Wissenschaft und Politik hat bei Weber zum Dezisionismus geführt; de facto, historisch wie sachlich, kommt sein Wissenschaftsbegriff immer der Rechten zugute. Der Weg geht . . . von Max Weber zu Carl Schmitt und Gehlen und nicht zur Sozialdemokratie. Wenn die Sozialdemokratie besten Willens dieses Konzept übernimmt, dann muß sie wissen, was sie tut«, w. o., p 38.

398 Stein (396), p 38.

399 Vgl. Abschnitt B. f. in Kapitel III.

tigkeit« der Tätigen gegenüber der unmittelbaren Arbeit keine Rede sein. Die Gleichgültigkeit gegenüber der Arbeit hat hier eine völlig andere Gestalt: sie bezieht sich auf die Produktverwendung und Auswirkung außerhalb der Produktionssituation.

Das Interesse des Ingenieurs z. B. ist konzentriert auf den situationsbegrenzten technischen Prozeß, das Interesse des Kapitalverwerters auf die Verwertungsmöglichkeiten dieses Prozesses im Rahmen der Makrostruktur abstrakter Flußgrößen. Beide Interessen konzentrieren sich auf den gleichen Prozeß in unterschiedlicher Absicht, aber beide Interessen kollidieren in der Regel nicht, denn das Kapital verhält sich »gleichgültig« gegenüber einer bestimmten Form eines technischen Prozesses, solange sein Interesse an einer höheren Mehrwertproduktion erfüllt wird, und dem wissenschaftlich-technischen Arbeiter sind die äußeren Verwendungszusammenhänge »gleichgültig«, solange sein situationsbezogenes Interesse befriedigt wird. Dieser Punkt berührt m. E. eine der Hauptschwierigkeiten, die bei der Politisierung der wissenschaftlich-technischen Intelligenz gegeben sind. Besteht bei anderen Lohnabhängigen, vereinfacht gesagt, das Problem, verdeckte, »eigene« Interessen zu mobilisieren und vorhandene als fehlgeleitete, »fremde« zu entlarven, also einen Austausch oder eine Verlagerung der Interessen durch die politische Bewußtwerdung zu erzielen, so geht es bei der Politisierung der wissenschaftlich-technischen Intelligenz um eine *Erweiterung* der Interessenkapazität, was eine grundsätzlich schwierigere Ausgangsbedingung ist.

In den meisten »orthodox«-marxistisch orientierten Analysen über das Bewußtsein, die Abhängigkeit und das Interesse der wissenschaftlich-technischen Intelligenz findet das Vorhandensein und die Funktion des manifesten *eigenen* Interesses dieser Arbeiter aus dargelegten Gründen keine angemessene Darstellung, so z. B. auch nicht in der erwähnten Arbeit des Berliner Autorenkollektivs[400]. Es wird zwar erwähnt, daß der wissen-

400 Vgl. Autorenkollektiv: *Klassenlage und Bewußtseinsformen technisch-wissenschaftlicher Lohnarbeiter* (98), p 227 ff.

schaftlich-technische Arbeiter ein »Interesse am Inhalt der Arbeit« habe[401], aber da die Berliner Autoren den immanenten Charakter wissenschaftlich-technischer Arbeit nur oberflächlich »begriffen« haben[402], sehen sie den Entstehungsgrund für dieses Interesse letztlich doch wieder nur in den Zwängen einer fremden Logik des Kapitals: »Aus dem Zwang, sein Arbeitsvermögen variabel zu halten, folgt daher für den technisch-wissenschaftlichen Arbeiter die *Notwendigkeit*, Interesse am Inhalt seiner Arbeit zu entwickeln«[403].

So wird vom Autorenkollektiv auch nicht die Funktion der *doppelseitigen* Gleichgültigkeit gesehen, die für die Konstellation der wissenschaftlich-technischen Arbeit in kapitalistischer Produktionsweise bestimmend ist. Da für die Analyse der Logik des Kapitals die Kategorie der »Gleichgültigkeit« eine zentrale Bedeutung hat, wird in der erwähnten Arbeit folgerichtig diese Kategorie auch im Zusammenhang mit wissenschaftlich-technischer Arbeit diskutiert. Aber die Diskussion behandelt »einseitig« nur die »negativen« Auswirkungen für die Betroffenen und nur die Seite der kapitalerzeugten Gleichgültigkeit[404]. Bei nicht- oder niedrigqualifizierter Arbeit ist diese Betrachtung angemessen, denn die Gleichgültigkeit des Kapitals gegen den Inhalt der konkreten Arbeit manifestierte sich auf seiten des Arbeiters als kapitalerzeugte Gleichgültigkeit des Arbeiters gegen die »fremde« Arbeit. Dieselbe Gleichgültigkeit des Kapitals gewährleistet jedoch der scientific community einen Freiraum zur Realisierung *eigener* Interessen.

401 Vgl. w. o., p 234.

402 Vgl. Kapitel III, Schluß des Abschnitts B. c.

403 Vgl. Autorenkollektiv (400), p 235.

404 So heißt es auf Seite 235 z. B.: »Um im Prozeß der ökonomischen Bewegung Gleichgültigkeit bewähren zu können, ist für den technisch-wissenschaftlichen Arbeiter die Notwendigkeit beständiger Weiterqualifikation gegeben – soll die allgemeine Anwendbarkeit und damit Verkaufbarkeit seiner Arbeitskraft gewährleistet sein.« Diskutiert wird nicht, ob nicht auch aus anderen Gründen eine beständige Weiterqualifizierung »gegeben« ist oder auch notwendig wird.

Die andere Seite der Gleichgültigkeit, die für die Charakterisierung wissenschaftlich-technischer Arbeit ebenso wichtig ist, kommt den Berliner Autoren aus erwähnten Gründen überhaupt nicht in den Blick: die von der Logik des Wissenschaftsprozesses erzeugte Gleichgültigkeit. Diese Gleichgültigkeit der wissenschaftlich-technischen Arbeiter gegenüber dem Verwertungszusammenhang des Kapitals wird nicht von der Logik des Kapitals erzeugt, sie gewährleistet aber ihrerseits einen von der scientific community unangefochtenen Spielraum für die Verwertungsinteressen des Kapitals.

Die Funktion der Abgrenzungstendenz und Stabilität von Arbeitssituationen für die Stabilität einer Blockstruktur hat innerhalb der Industriesoziologie zu großen Kontroversen geführt. Die Stichworte hier wären Situationsanalyse als Gesellschaftsanalyse und »humanisierte Arbeitssituationen« als Bausteine kapitalistischer und sozialistischer Gesellschaften.

Zunächst kann man daran erinnern, daß es eine Reihe von Gründen gibt, die ein »normales« Handlungssystem aus sich heraus zur Abgrenzung drängen. Hierzu zählen: die endliche Verarbeitungskapazität des Menschen von Eindrücken, Informationen und Kontakten und die Notwendigkeit der Identitätsfindung. Beides verlangt eine selegierende Konstruktion relativ stabiler und sich wiederholender Handlungsstrukturen. Auf der untersten Ebene der Psyche wäre hier der Mechanismus der Habitualisierung zu nennen. Besonders in industrieller Arbeit »entlastet« dieser Mechanismus und hilft auch in objektiv ungünstigen Situationen eine Identitätsbasis zu finden. Endliche Verarbeitungskapazität und Identitätsmechanismen konstituieren einen relativ stabilen endlichen Erlebnishorizont. Die Stabilität dieses Horizonts und somit die in sich abgeschlossene Grenze des Handlungssystems wird zunehmen, wenn die Befriedigung der in der Situation vorhandenen Bedürfnisse zunimmt. Ergibt z. B. eine Motivationsanalyse eine hohe Handlungsmotivation in einer Situation, die vor allem auch entstanden ist durch die Situation, dann wird das Motiv, die Grenzen der Situation zu transzendieren, gering sein. Das sind nur sehr allgemeine Hinweise.

Es gibt nun Theoretiker, die dies zur Grundlage ihrer Gesellschaftsanalyse machen.

Die ausführlichste Analyse über industrielle Arbeit, die vom Begriff der Situation ausgeht, oder genauer, die die »Arbeits*situation* zum Ausgangs- und Endpunkt soziologischer Überlegungen« macht (406, p 1), ist wohl bisher von Konrad Thomas unternommen worden. Einer noch explizit am Betrieb orientierten Studie[405] folgte ein umfangreicher »fragmentarischer Versuch«, den Begriff der Situation zum theoretischen und praktischen Bezugspunkt der Analyse der Arbeit zu machen[406]. Thomas geht u. a. davon aus, daß Sozialwissenschaftler zu ihrem »Objekt« nicht in einem abstrakten Außenverhältnis stehen können, wie das z. B. Naturwissenschaftlern vergönnt sei. Da die »naturwissenschaftliche Methode historisch zum Herrschaftsverhalten in Parallele steht« (406, p 19), zerreißt und unterdrückt sie die Eigenartigkeit eines sozialen Verhältnisses. Um wirklich etwas über einen sozialen Bereich zu erfahren, müsse der Sozialwissenschaftler in ein »Innenverhältnis« zur Gesellschaft treten. »Irgendwelche gesellschaftlichen Verhältnisse zu untersuchen und darzustellen heißt dann für ihn, die Verhältnisse nicht in erster Linie so zu sehen, wie sie sich ihm darstellen – auf Wissenschaftlichkeit hätte ein solches Verfahren nur Anspruch, wenn man ein Außenverhältnis feststellen könnte –, sondern so zu sehen, wie sie sich anderen darstellen« (406, p 15). Aus diesem Grunde sei z. B. ein Meinungsforscher, der Meinungen erfragt, »ungleich mehr ›in der Gesellschaft‹ als der Sozialphilosoph, der über die Gesellschaft nachdenkt und sich dabei u. U. einseitig (von sich aus und für sich) distanzierend informiert« (406, p 17). Die kleinste Beobachtungseinheit des menschlichen Lebens sei die Situation. Diese Einheit dürfe nach Möglichkeiten nicht unterschritten werden, um die »vorgegebenen Zusammenhänge im

405 Konrad Thomas: *Die betriebliche Situation der Arbeit*, Stuttgart 1964.

406 Konrad Thomas: *Analyse der Arbeit, Möglichkeiten einer interdisziplinären Erforschung industrialisierter Arbeitsvollzüge*, Stuttgart 1969.

Betrachten und Analysieren« nicht zu verletzen (406, p 55). Da ich bisher bewußt eine Auseinandersetzung mit dem Rollenkonzept ausgeklammert habe[407], möchte ich hier wenigstens einen Hinweis von Thomas erwähnen. Für ihn ist die Rolle ein »Stabilisierungsfaktor von Situationen«. Die Rolle greift als »Kontinuum auf die verschiedensten Situationen« über (p 83) und bringt eine »institutionelle Erleichterung des Handelns«. Die relative Veränderbarkeit der Grenze im allgemeinen Konzept der Situation bekommt durch die Berufsrolle in der Arbeitssituation eine gewisse Starre[408]. Sich wiederholende Prozesse, ob durch äußere Vorschriften oder auch »inneren Antrieb« verursacht, und »Entlastungen« des Handelns werden also auch hier als eine zusätzliche Grenzstabilisierung gesehen.

Ich habe nicht versucht, auch nur das begriffliche Konzept der Situationsanalyse von Thomas vollständig wiederzugeben. Thomas bringt eine sehr ausgewogene und kenntnisreiche Darstellung der Situationsanalyse, die gerade durch eine kurze Zusammenfassung unkenntlich würde. Außerdem ist sein Methodenvorschlag m. E. eine berechtigte und notwendige Gegenposition zu reifizierenden Analysen der reinen und ausschließlichen Makroansätze. Ich habe auf die Notwendigkeit einer solchen Gegenposition mehrfach hingewiesen. Vor allem, um den verdinglichenden Mechanismen durch »technische Arbeit« auf die Spur zu kommen, ist m. E. ja eine situationsbezogene Analyse notwendig. Um so wichtiger ist es, die »Grenze« einer Situationsanalyse und speziell auch die »Begrenztheit« des Konzepts von Thomas zu erkennen.

Ein »Zusammenhang« wird in der Sicht von Thomas nur dann zerrissen und von einem Forscher unangemessen dargestellt,

407 Das Rollenkonzept wäre übrigens ein ergiebiges Thema, Abgrenzungsmechanismen der inneren Prozesse eines Blocks zu diskutieren.

408 Vgl. hierzu u. a. auch: Hans Peter Dreitzel: *Die gesellschaftlichen Leiden und das Leiden an der Gesellschaft*, Stuttgart 1972, Kapitel IV 1: Die »Definition der Situation« durch das Rollenspiel, und: Uta Gerhard: *Rollenanalyse als kritische Soziologie*, Neuwied und Berlin 1971, zum Begriff der Situations-Rolle p 229 f und p 232 f.

wenn er den Arbeitshorizont *unterschreitet*. Da angenommen wird, daß die Situation der relevante Zusammenhang ist, wird die mögliche Unangemessenheit der Situationsanalyse für einen »größeren« gesellschaftlichen Zusammenhang durch Thomas nicht problematisiert, denn wie sollte ein größerer Zusammenhang eine Realität haben, wenn nicht in und durch Situationen. Eine Makrotheorie der Gesellschaft ist durch eine Situationsanalyse also nicht möglich. Thomas ist sich dieser Grenze seines Konzepts bewußt, aber nicht im Sinne eines Mangels: »Es kann schon hier gesagt werden, daß eine auf Situationen aufgebaute Soziologie niemals zu geschlossenen Aussagen über die Gesellschaft kommen kann, so wie sich das Quasi-Außenverhältnis philosophischer Erörterungen es leisten kann. Alles, was die Gesellschaft ist, ist sie für Individuen als Subjekten in Situationen«[409].

Nun ist aber spätestens seit Marx soziologische Analyse typisch auch, und in ihrer kritischen Intention sogar vor allem, der Versuch, die Zusammenhänge herauszufinden, die »hinter dem Rükken« der Subjekte wirken. Das Konzept der Verdinglichung ging ja von dem »Tatbestand« aus, daß bestimmte Mechanismen einen verhängnisvollen Zusammenhang stifteten, der gerade nicht sich im Bewußtsein der betroffenen Akteure in objektiver Weise darstellte und der sich auch nicht als Zusammenhang aus dem Horizont, der Perspektive oder dem Erlebnisraum z. B. einer Arbeitssituation angemessen erkennen läßt. Ein Situationsbewußtsein muß notwendig zunächst solche über die Situation hinausgreifenden Zusammenhänge als »philosophische Erörterungen« ohne eigentlichen Realitätsgehalt klassifizieren. Die von Thomas ins Feld geführten Argumente gegen die zu beobachtende Arroganz und Ignoranz einer »philosophischen Erörterung« gegenüber einer konkreten Arbeitssituation sind ja auch berechtigt. Es gibt genug Makroanalysen, die über eine Situation Aussagen machen, ohne eigentlich genauer über diese Situation etwas zu wissen. Es werden Zusammenhänge von außen in die Situation hineinkonstruiert. Aber man wird zwei Bereiche der Unwissenheit unter-

409 Thomas (406), p 60, Fußnote 11.

scheiden müssen: die Unwissenheit des reinen Makroanalytikers über die Zusammenhänge in der Situation und die notwendige Unwissenheit des Situations-Akteurs von den Zusammenhängen hinter seinem Rücken. Die erste Unwissenheit ist durch Situationsanalyse zu beheben, die zweite nicht. Wenn man also davon ausgeht, daß gesellschaftliche Realität einen verdinglichten Zusammenhang annehmen kann – und wie ich versucht habe zu zeigen, spricht sehr vieles für das Vorhandensein eines verdinglichten Zusammenhangs –, dann wird ein Sozialwissenschaftler, der die Mechanismen der Verdinglichung erforschen will, nicht allein auf den Horizont der Betroffenen sich beziehen können, und dann wird dieser Sozialwissenschaftler einem Situationsbewußtsein gegenüber immer arrogant erscheinen müssen oder bestenfalls als »philosophisch«.

Es wäre nun jedoch zu einfach, eine Position wie die von Thomas nur als Produkt eines verdinglichten Bewußtseins zu bezeichnen. Tut man dies, wäre immerhin zu beachten, daß ein notwendig falsches Bewußtsein auch einen Realitätsbezug hat. Ich betrachte die mögliche und »abgesicherte« Position von Thomas als einen theoretischen Reflex über die objektiv gegebenen Gründe der Abgrenzungstendenz von Handlungssystemen und somit indirekt auch als einen Beweis für diese Tendenz. Es ist die Position eines »reflektierten Sich-Abfindens« mit einer verdinglichten Struktur, um das Beste aus ihr zu machen. Indem die konkrete Lebenssituation ernst genommen wird, versucht ein Methodenstandpunkt wie der von Thomas durch eine Situationsanalyse konkrete Folgen der Verdinglichung, die sich in der Situation als Entfremdung darstellen können, aufzuhellen, um situationsrelevante Wege zur humaneren Gestaltung der Arbeitssituation aufzuzeigen.

Analoge Probleme ergeben sich bei der Beurteilung »humanisierter« Arbeitsplätze. Es gibt eine Reihe gewerkschaftlich orientierter sozialwissenschaftlicher Ansätze, die theoretisch-politisch sich auf die Verbesserung der Arbeitssituation konzentrieren und auch beschränken[410].

410 Vgl. z. B. Günter Hillmann: *Die Befreiung der Arbeit*, Reinbek 1970; Fritz Vilmar (ed): *Menschenwürde im Betrieb*, Reinbek 1973.

Die jeweiligen Dimensionen einer möglichen Humanisierung wie Mitbestimmung und Verantwortung finden ihre »natürliche« Grenze am Horizont der Situation. Damit ein motivationaler Effekt z. B. durch die Mitbestimmung auch eintritt, ist nur noch zu beachten, daß die Möglichkeiten innerhalb dieser Grenze auch einigermaßen ausgefüllt werden. Ist der Verantwortlichkeits- und Mitbestimmungsbereich kleiner als der Horizont der Situation, wird die Grenze erkannt und auch die Abhängigkeit. Der Arbeiter muß also in der Situation mit Verantwortung »gesättigt« sein, er muß soviel Verantwortung übertragen bekommen, »daß er mit Verantwortung ›ausgelastet‹ ist... Jedem Betriebsangehörigen an dem Platz, an dem er steht, soviel Entscheidungsfreiheit und Gestaltungsmöglichkeit zu geben, wie nur möglich, ihn selbst bestimmen zu lassen, was immer nicht unbedingt von oben herab geregelt werden muß, das ist die *wesentliche* Mitbestimmung im Betrieb, und auf diese Mitbestimmung hat jeder Betriebsangehörige ein angeborenes, natürliches Recht«[411]. »Es geht also darum, dem Arbeitnehmer, seinem Willen und seiner Fähigkeit zur Verantwortungsübernahme entsprechend, oder, wie wir sagen wollen: seiner Verantwortungskapazität nach, die Möglichkeit zur Verantwortungsübernahme, zur Entscheidung, also letztlich zum auch in die Wirklichkeit hinausstrahlenden Denken zu geben«[412]. Damit dieses Denken aber nicht »hinausstrahlt« in die Wirklichkeit des verdinglichten Zusammenhangs, muß nur dafür gesorgt werden, daß die »Fähigkeit« und »Kapazität« sich nicht vergrößert und nur der Situation angemessen bleibt. Unter diesen Voraussetzungen kann also eine Strategie der Humanisierung durch teilautonome Arbeitsgruppen eine mitbestimmte, relativ nichtentfremdete Arbeitswelt »erkämpfen«, ohne dabei die verdinglichende Blockstruktur anzutasten.

Diese »Mitbestimmung« ist naturgemäß häufig und »vernich-

411 Oswald von Nell-Breuning: *Wirtschaft und Gesellschaft*, Band II, Zeitfragen, Freiburg 1957, zitiert nach (412), p 119.

412 Guy Kirsch: *Machtverteilung im Unternehmen*, Köln 1967, p 119.

tend« kritisiert worden[413]. Aber zwei Dinge dürfen bei der Kritik dieser »Mitbestimmung« nicht übersehen werden. Die Gründe für die »Eingrenzung der Humanisierung« sind nicht nur gegeben durch eine alles durchdringende Logik des Kapitals oder durch einen Herrschaftswillen einer bestimmten Klasse. Die Eingrenzung wird »unterstützt« von einer Vielzahl anderer gesellschaftlicher und sozialpsychologischer Mechanismen.

Außerdem aber hat der Komplex Humanisierung der Arbeit durch teilautonome Arbeitsgruppen einen objektiv ambivalenten Charakter. Die blockstrukturstabilisierende und d. h. die das kapitalistische System stabilisierende Wirkung der Verbesserungen der Arbeitssituation ist offensichtlich und wird auch von nicht-managementorientierten Befürwortern einer Humanisierung des Arbeitsplatzes nicht bestritten: »Noch der härteste Lohnkampf stabilisiert das System, indem er die Massenkaufkraft steigert und damit die Krisenanfälligkeit des Systems mindert, – jede Arbeitszeitverkürzung dient durch Zwang zur Rationalisierung der Modernisierung des Systems; und innerbetrieblich bedeutet das, gerade wenn man gegen den kurzsichtigen Profitstandpunkt des Kapitals bestimmte Verbesserungen und Erleichterungen für die Abhängigen durchsetzt, gleichzeitig, durch Verbesserung des ›Betriebsklimas‹, eine Verbesserung der Leistungsbereitschaft und damit letzten Endes eine Stabilisierung der unternehmerischen Funktionstüchtigkeit«[414]. »Alle Maßnahmen und Konzepte diffamieren zu wollen, die neben Verbesserungen für Selbstbewußtsein und materielle Position der Abhängigen gleichzeitig kurz- oder langfristig Profitchancen erhöhen, würde bedeuten, auf gewerkschaftliche, demokratische Betriebspolitik hier und jetzt überhaupt verzichten zu wollen«[415].

413 Vgl. z. B. *Kritik der Mitbestimmung* (F. Deppe u. a.), Ffm. 1969. Vgl. z. B. auch Jürgen H. Mendner: *Technologische Entwicklung und Arbeitsprozeß*, Ffm. 1975, Abschnitt: »Humanisierung der Arbeit« als Abwehrstrategie des Kapitals, p 169 ff.

414 Fritz Vilmar: *Mitbestimmung am Arbeitsplatz*, Ffm. 1971, p 48.

415 W. o., p 49. Vgl. auch H. Hoyer/M. Knuth: »Die teilautonome Gruppe. Strategie des Kapitals oder Chance für die Arbeiter?«, in:

Die hier angedeutete Kontroverse hat bekanntlich zu vielen unnötigen »Abgrenzungen« und falschen Frontstellungen innerhalb der »emanzipatorisch« orientierten Bewegung geführt. Man könnte diese unnötige Abgrenzung auch als eine »Wirkung« der Blockstruktur deuten. Da beide Positionen sich vorwiegend auf einen bestimmten Bereich der Blockstruktur konzentrieren, haben beide recht und unrecht zugleich, zumindest übersehen beide ein nicht zu unterschlagendes Argument der jeweiligen Gegenseite. Theoretiker, die vorwiegend beschäftigt sind mit der Analyse abstrakter Flußgrößen, mit der Irrationalität der Dynamik auf der Makroebene, versuchen auch Krisen- und Revolutionierungstendenzen von dieser Ebene her zu analysieren. Vor allem nehmen sie an, daß die Irrationalität der Makroebene in die »Situation« hineinwirkt und hineinwirken muß, damit die revolutionäre Transformation des Systems möglich wird. Durch die überall sichtbar werdende Irrationalität und Unerträglichkeit würden der Antrieb und die Notwendigkeit gegeben, das irrationale System umzustürzen. Aus diesem Grunde muß eine »befriedigende« und »einsehbare« Situationsrationalität die Dynamik des Umsturzes behindern, aus diesem Grunde muß die partielle Rationalität gestört werden, damit der »wahre Zusammenhang« sichtbar wird, und aus diesem Grunde wird einseitig selegierend das reichlich vorhandene Situationselend als systemtypisch ausgegeben. Die Situationsignoranz dieser Position verhindert jedoch die Einsicht, daß im Laufe der kapitalistischen Entwicklung, vor allem durch den Einfluß von Wissenschaft und Technik, sich in vielen Bereichen der Produktion und auch außerhalb der Produktion eine Situationsrationalität herausgebildet und stabilisiert hat, die ein »erträgliches« Leben in diesen Situationen ermöglicht und die keine Quelle des systemumstürzenden Protests mehr ist. »Die Unerträglichkeit des Systems ist nämlich nicht mehr *absolut*, sie ist nur noch *relativ*.« »In den hochentwickelten kapitalistischen

Kursbuch 43 (Arbeitsorganisation – Ende des Taylorismus?), Berlin 1976.

Ländern hat die Ablehnung der Gesellschaftsordnung ihre natürliche Grundlage verloren. Solange die große Mehrzahl der Bevölkerung im Elend lebte, d. h. solange ihr alles Lebensnotwendige vorenthalten wurde, mochte sich die Notwendigkeit eines revolutionären Umsturzes der Gesellschaft von selbst verstehen. Die Proletarier und armen Bauern mußten nicht wissen, wie die neue Gesellschaft aussehen sollte, um sich gegen die herrschende Ordnung aufzulehnen: das Schlimmste war die Gegenwart; sie hatten nichts zu verlieren. Aber heute ist in den reicheren Ländern nicht mehr so sicher, was das Schlimmste ist«[416]. Die Strategie der Arbeiterbewegung wird also über die Beibehaltung und sogar Ausweitung der Situationsrationalität gehen müssen, aus theoretischen und praktischen Konsequenzen. Es wird vor allem weniger darauf ankommen, die Irrationalität des Systems in den Situationshorizont hineinzutragen, als die »Fähigkeiten« und »Kapazitäten« und das Bewußtsein in den systemrelevanten Dimensionen über die Situationsgrenzen hinaus zu erweitern.

Führt die Situationsignoranz reiner Makrotheoretiker beim Vorliegen einer Blockstruktur auf der einen Seite zu falschen Einschätzungen der stabilisierenden Mechanismen auf der Situationsebene, so wird von vorwiegend die Situation analysierenden Theoretikern andererseits der Einfluß der Stabilisierung inhumaner Verhältnisse durch die Beibehaltung der Orientierung an abstrakten Flußgrößen unterschätzt. Vor allem aber wird m. E. von der letzten Position zu wenig beachtet und gesehen, daß eine mitbestimmte Situationsrationalität in den Subsystemen auch *von sich aus* eine Blockstruktur stabilisieren kann. Das Argument gegen die These der Systemstabilisierung durch partikulare Mitbestimmung lautet nämlich: »Vieles weist darauf hin, daß bei ständigem Kampf um Demokratisierung (= Herrschaftsabbau) in allen Subsystemen (Elternhaus, Schule, Betrieb, Verwaltung, Industrie, Hochschule, Verbände) die fortschreitende Stabilisierung des Industriesystems stärker in Richtung auf

416 André Gorz: *Zur Strategie der Arbeiterbewegung im Neokapitalismus* (382), p 9 und 7.

Stabilisierung des Selbstbewußtseins und der politischen Positionen und Ansprüche der Massen wirkt, als sie der kapitalistischen Machtstabilisierung dient. Genau darin liegt – auch betriebspolitisch – unsere Chance. Es gilt, eine ›Stabilisierungs‹- und Politisierungspolitik zu verfolgen, die zugleich destabilisierend für jede Art von Klassenherrschaft wirkt« (414, p 49). Dieser Mechanismus ist nun keineswegs sicher. Humanisierte und von den eigenen Interessen mitbestimmte Arbeitssituationen der einen können gerade ein wesentlicher Grund sein für die weitere oder neue Aufrechterhaltung inhumaner Situationen anderer. Eine verdinglichte Struktur ist stabil denkbar eben auch bei einer großen Zahl von relativ nicht entfremdeten Situationen.[417]

c. Ebenen der Herrschaft in einer Blockstruktur. Zum »Anteil der Herrschaft« der wissenschaftlich-technischen Intelligenz

Am Konzept der Blockstruktur kann ein weiterer Problembereich diskutiert werden. Die beiden grundsätzlich unterschiedlich strukturierten Prozesse von Innenbereich und Außenbereich der Blöcke legen es nahe, entlang dieser Dimension auch zwei unterschiedliche Typen und Bereiche der Herrschaft zu sehen: die Ebene der Verfügung über die abstrakten Flußgrößen und die Ebene der Verfügung über die komplexen und »konkreteren« Innenprozesse eines Blocks. Kann man mit dieser Unterscheidung die »Herrschaft der wissenschaftlich-technischen Intelligenz«, der Experten, genauer bestimmen?

417 Eine differenzierende Bemerkung zu Vilmar ist notwendig. Fritz Vilmars Arbeiten sind nicht umstandslos in den Topf einer Nur-Situationsanalyse zu werfen. Mit den angeführten Zitaten von Vilmar wollte ich eine mögliche Position kennzeichnen und nicht Vilmar »klassifizieren«. In Vilmars Arbeiten finden sich viele Ansätze, die den Zusammenhängen auf der Makroebene und der Logik des Kapitals Rechnung tragen (vgl. z. B. Vilmar: *Menschenwürde im Betrieb* (410), p 21!).

Die meisten empirischen Untersuchungen stimmen darin überein, daß auch in modernen kapitalistischen Industriegesellschaften die »höheren« Kommandostellen in der Regel nicht von »Experten« besetzt sind. »Selbst in modernen Gesellschaften, die Sachverständigkeit besonders prämiieren und den Wettbewerb um sozialen Status fast völlig öffentlich zugänglich machen, werden gerade die Spitzenpositionen weiterhin durch Bewerber besetzt, die sich weniger durch Expertise als durch Repräsentativität, Familie, Besitz oder ›Beziehungen‹ auszeichnen: Bei allem Lippenbekenntnis zum Leistungsprinzip bleibt das establishment den Experten übergeordnet. Das gleiche gilt für ausgewählte Sozialsysteme kleineren Formats. In industriellen Unternehmen etwa beobachten wir häufig eine Massierung speziellen Wissens und Könnens in den oberen bis mittleren Regionen, während die Spitzenpositionen vielfach durch Unternehmer bemannt sind, deren Einfluß letztlich auf andere Grundlagen zurückgeht als der der ihnen unterstellten Experten«[418]. Betrachtet man als »Herrschaft« in einem Sozialsystem vorwiegend den Einfluß, der von »Spitzenpositionen« ausgeht, dann gibt es bis jetzt keine Herrschaft der scientific community[419]. Neben der empirischen Widerlegung *dieser* Expertenherrschaft gibt es auch theoretische Überlegungen, die die Unmöglichkeit einer ideologiefreien Technokratie begründen[420].

Es spricht also vieles dafür, daß man die Frage nach einer vorhandenen und möglichen Herrschaft durch die scientific community auf mittlere und untere Ebenen des Produktionssystems konzentrieren sollte.

Im Modell der Blockstruktur wäre dies die Ebene der Innenprozesse des Blocks und die Ebene der Situation. Die Einschätzung der »Herrschaft« in diesen Bereichen wird aber abhängen von der Einschätzung der Struktur des Produktionsprozesses insgesamt. Ist man der Ansicht, daß die Logik des Kapitals

418 Heinz Hartmann: *Funktionale Autorität* (268), p 131–132.

419 Vgl. hierzu auch z. B. Touraine (204), p 49 ff.

420 Vgl. hierzu den Sammelband: *Texte zur Technokratiediskussion*, herausgegeben von Claus Koch und Dieter Senghaas, Ffm. 1970.

dominant ist und »weitgehend« die Einzelprozesse bestimmt, dann muß man die Herrschaft auf diesen Ebenen als »abgeleitete« betrachten, als mediatisierte Herrschaft der Logik des Kapitals. Arbeitsanweisungen an Untergebene sind dann geleitet durch das Interesse des Kapitals oder des Kapitalisten, und Sachkenntnisse werden nur loyal verwendet. In Modellen, die die Dominanz *eines* Herrn oder des Kapitals annehmen, wird dann typisch auch nicht von der Herrschaft, sondern von der »Autorität« der Zwischenglieder gesprochen.[421]

Nach diesem Konzept, das den Industriebetrieb nach dem Modell einer Bürokratie im Weberschen Sinne strukturiert sieht[422], wäre also der Anteil an der Herrschaft, den die scientific community hätte, auch auf den mittleren und unteren Ebenen gleich Null. Aber schon in einer Bürokratie sind die wirklichen Verhältnisse nicht so eindeutig und klar wie im Modell von Braun. Max Weber: »Stets ist die Frage: *wer beherrscht* den bestehenden bureaukratischen Apparat? Und stets ist seine Beherrschung dem *Nicht*-Fachmann nur begrenzt möglich: der Fach-Geheimrat ist dem Nichtfachmann als Minister auf die Dauer meist überlegen in der Durchsetzung seines Willens«[423].

Wenn in einem Sozialsystem, das offensichtlich durch eine Makrologik strukturiert ist, auch teilautonome eigeninteressierte Machtfreiräume existieren, dann kann eine Analyse, die ausschließlich fixiert ist auf die übergreifenden Zusammenhänge, einen wesentlichen Stabilitätsgrund für eben diese übergreifende Herrschaftsstruktur verfehlen. Unter bestimmten Voraussetzungen wird ja ein Herrschaftssystem an Stabilität gewinnen, wenn die Zahl der Menschen, die an der Herrschaft einen »Anteil« haben, zunimmt, und es wird seine Stabilität behalten, wenn

421 Ein Beispiel für viele wäre hier das »Modell des kapitalistischen Industriebetriebs« von Braun. Vgl. Siegfried Braun: *Zur Soziologie der Angestellten*, Ffm. 1964, p 110ff.

422 Vgl. M. Weber: *Wirtschaft und Gesellschaft* (269), p 164f.

423 W. o., p 165. Auf die Chance zur Durchsetzung des Willens von »Fach-Geheimräten« der scientific community auf der Ebene der Gesamtgesellschaft werde ich im Abschnitt »Großtechnologie« eingehen.

dieser Anteil möglichst vielen selbstverständlich, »legitimiert« erscheint, und ganz allgemein wird Herrschaft eine makrostrukturbildende Chance haben, solange es Situationen gibt, in denen Herrschaft, gleichgültig auf welcher Legitimationsbasis, als »selbstverständlich« akzeptiert wird. So gesehen wäre eine Analyse und Kritik der Situationsherrschaft auch eine notwendige Voraussetzung oder Ergänzung einer Analyse und Kritik der Makroherrschaft.

Bei der Beantwortung der Frage, ob ein Zwischenglied in einer mediatisierten hierarchischen Herrschaftsstruktur *eigene* Macht hat, und bei der Beschreibung einer Herrschaftsbeziehung überhaupt, ist das Kriterium des eigenen Interesses ein wichtiges Kennzeichen. Im Maschinenmodell der Arbeit wurde die totale Beherrschung des Arbeiters durch die Logik des Kapitals u. a. dadurch gekennzeichnet, daß selbst das konkrete Moment der Arbeit losgelöst war vom Interesse ihres Trägers.

Den Mitgliedern der scientific community nun ist typisch eine hohe Chance gegeben, *eigene* Interessen zu verfolgen, denn wie nach immanenten Bedingungen des wissenschaftlich-technischen Entwicklungsprozesses eine eigenmotivierte, eigeninteressierte Arbeit, auch und gerade unter kapitalistischen Bedingungen, möglich ist, habe ich ausführlich diskutiert.

Der »Anteil an der Herrschaft«, den die Mitglieder der scientific community im Produktionsbereich haben, läßt sich auch in einer weiteren herrschaftsdefinierenden Dimension bestimmen: in der Verteilung der Chance zur Durchsetzung des eigenen Willens. Eine asymmetrische Verteilung dieser Chance zum Vorteil der wissenschaftlich-technischen Intelligenz ist auf der Ebene des Betriebs und der Situation offensichtlich. Die Chance, daß sich der Wille der Wissenden durchsetzt, erscheint hier auch den Willensempfängern selbstverständlich und funktional legitimiert, und selbst im fortschreitenden Arbeitsprozeß ist die Chance, daß sich auch der Wille der weniger Qualifizierten als eigeninteressierter, eigeninitiierter und eigengeplanter Eingriff durchsetzen könnte, sehr gering.

Die hohe Selbstverständlichkeit, Stabilität und Asymmetrie

dieser sozialen Beziehung hat viele Gründe. Vor allem macht sich hier bemerkbar, daß das im Produktionsprozeß verwendete Wissen nicht aus diesem Produktionsprozeß stammt und daß es einen nichteidetischen Charakter hat. Das notwendige Wissen wird außerhalb der Produktion erzeugt, und selbst eine lange »Erfahrung« im Produktionsprozeß kann diese prinzipielle Wissensbarriere zu den »verborgenen Prozessen« nicht durchstoßen. Der Prozeß ist beherrschbar durch die formalisierte symbolische Sprache der Mitglieder der scientific community, und das prinzipielle Unvermögen, diese Sprache zu verstehen und die durch sie wahrnehmbare Information zu verarbeiten und einzusetzen, dokumentiert die sprachlose Ohnmacht der in diesem Prozeß nur eingebauten Funktionsglieder.

Nicht zuletzt ist bei der Beurteilung des »Anteils« an der Herrschaft auch die Verteilung der Chance, einen relativ größeren Anteil am gemeinsam erarbeiteten Produkt zu erhalten, ein wichtiges Kriterium.

Generell »belohnen« Industriegesellschaften eine »höhere« Ausbildung. Das durchschnittliche Lebenseinkommen eines Beschäftigten, der an einer Ingenieurschule oder Universität ausgebildet worden ist, liegt 1,6- bis 2mal höher als bei Arbeitern ohne Ausbildung[424]. Diese für uns selbstverständliche hohe Korrelation einer höheren materiellen Vergütung mit einer höheren Ausbildung wurde in bestimmten Bereichen in anderen Gesellschaftssystemen durchaus durchbrochen. Ist es z. B. in der Bundesrepublik fast selbstverständlich, daß die professionalisierten Experten der medizinischen Versorgung sich einen vergleichsweise horrenden Einkommensanteil sichern[425], so verdient in der Sowjetunion ein Arzt ungefähr auch nur das, was dort z. B. ein Facharbeiter verdient[426], ohne daß dadurch das Gesundheitssystem Schaden gelitten hätte, im Gegenteil[427]. Dagegen ist im Produktionsbe-

424 Vgl. z. B. Frank Grätz: *Berufe und Gehälter – heute und morgen*, München 1972, p 17.

425 Vgl. w. o., p 53 f.

426 Vgl. w. o., p 54.

427 Interessant, vor allem auch unter Herrschaftsaspekten, ist in die-

reich die Selbstverständlichkeit der erwähnten Korrelation fast universell. Auch in den sozialistischen Ländern (außer vielleicht in China) ist, trotz anfänglich anderer Programme, dieses Strukturelement kapitalistischer Produktionsweise, dieser »Schritt zurück«[428] in der sozialistischen Entwicklung, beibehalten worden[429].

Alles statistische Material über Einkommensverteilungen, vor allem wenn es sich z. B. auf einen Betrieb oder eine Branche konzentriert und so nicht durch zu grob gefaßte Durchschnittsbildungen verzerrt wird, spricht eindeutig dafür, daß die scientific community im Produktionsbereich zumindest in den kapitalistischen Ländern eine im Vergleich zu den anderen Arbeitern deutlich höhere Entlohnung bekommt, was ein »Anzeichen für vollkommen verschiedene Lebensstile« ist[430] und wodurch sie auch in diesem Punkt deutlich von den übrigen Arbeitern getrennt wird.

Die Begründungen für diese Differenzierungen entpuppen sich bei genauerer Betrachtung alle als ideologisch: sie haben ihren letzten Grund nur in der Aufrechterhaltung des Herrschaftssystems[431].

Betrachtet man zusammenfassend die drei diskutierten Bereiche der Verteilung der Chancen zur Durchsetzung der eigenen Interessen, des eigenen Willens und des eigenen materiellen Vorteils, dann gibt es m. E. keinen anderen Schluß als den, daß der »An-

sem Zusammenhang jedoch die Tatsache, daß ca. 80 % der sowjetischen Ärzte Frauen sind. Vgl. w. o., p 54.

428 Vgl. Lenin über die Notwendigkeit der *vorläufigen* Beibehaltung der höheren Entlohnung von Spezialisten in: W. I. Lenin: *Die nächsten Aufgaben der Sowjetmacht*, Lenin *Werke* 27, p 239.

429 In der DDR z. B. entspricht das Verhältnis der Einkünfte von »Sachbearbeitern« mit Studium zu denen ohne Studium ziemlich genau dem Zahlenverhältnis in der Bundesrepublik. Vgl. Grätz (424), p 133.

430 Vgl. Manuel Bridier: »›Neue Arbeiterklasse‹ oder ›neue Bourgeoisie‹?«, in (198), p 199.

431 Dies habe ich in (340), p 339–374 ausführlich begründet. Vgl. hierzu Offe: *Leistungsprinzip* (334).

teil an der Herrschaft«, den die Mitglieder der scientific community in modernen industriellen Produktionssystemen haben, weit größer und »materialer« ist, als in konservativen und in marxistisch orientierten Analysen allgemein angenommen wird. Dieser »Anteil« kann angemessen nicht dargestellt werden als ein aus einer übergeordneten »sachlichen« oder »ökonomischen« Superstruktur nur »abgeleitetes« Vermögen ohne »eigenen« Gewinn und ohne Realisierung »eigener« Interessen. In einer Theorie der Gesellschaft muß dieser mit eigenen Interessen besetzte Anteil der Situations-Herrschaft der scientific community als systemstabilisierendes, veränderungshemmendes Moment mit in Rechnung gestellt werden.

Aus diesem Grunde ist auch eine Klassenanalyse sehr fragwürdig, die auf der Grundlage eines dichotomischen Klassenmodells die technische Intelligenz pauschal zur ausgebeuteten, beherrschten und abhängigen Arbeiterklasse schlägt und eine Tendenz zur Proletarisierung der technischen Intelligenz annimmt.[432] Der zentrale Begriff, der diese Lösung einer Klassenanalyse ermöglicht, ist der des Gesamtarbeiters[433]. Mit diesem Begriff kann man die Mitglieder des gesamten materiellen Produktionssystems mit allen dazugehörigen vor- und nachgeschalteten Aggregaten als eine Einheit betrachten, die abgrenzbar gegen das Kapital ist. Kapital und Gesamtarbeiter stehen dann im gleichen Verhältnis zueinander wie Einzelkapital und Einzelarbeiter, und alle differenzierenden Merkmale innerhalb des Gesamtarbeiters werden gegenüber diesem Grundverhältnis als ableitbar und sekundär bezeichnet. Aber angesichts der gravierenden Differenzierungen bezüglich Privilegien, Interessen und Bewußtsein, die man bei den Beschäftigten in der Industrie finden kann, für

432 Vgl. für viele z. B. Frank Deppe, Hellmuth Lange und Lothar Peter: *Neue Arbeiterklasse?*, Einleitung von: Deppe, Lange, Peter (ed): *Die neue Arbeiterklasse. Technische Intelligenz und Gewerkschaften im organisierten Kapitalismus*, Ffm. 1970. Das Problem einer Klassenanalyse für die wissenschaftlich-technische Intelligenz habe ich ausführlich diskutiert in (340), p 375–408.

433 Vgl. K. Marx, *MEW* 23, p 531 f.

die sich auch tendenziell kaum grundlegende Aufhebungen andeuten, müßte auch der für die dichotomische Klassenanalyse grundlegende Begriff des Gesamtarbeiters kritischer auf seine Brauchbarkeit und Funktion hin überprüft werden. Im günstigsten Fall noch könnte man diesem Begriff »eine euphorische Verwischung nach wie vor bestehender Unterschiede«[434] nachsagen. Schwerwiegender ist wohl der prinzipielle Nachteil, den dieser Begriff für eine soziologische Analyse hat: da es sich um eine philosophische Totalkategorie handelt, sperrt sie sich gegen jede differenzierende, realitätsorientierende Analyse[435]. Der eigentlich zu analysierende und immer wieder neu zu analysierende Zusammenhang wird vorweg durch diese Kategorie schon bestimmt. Es erfolgt durch sie nur eine mystische Beschwörung der Realität. »In dem Bemühen, die spezifische Rolle der Arbeiterklasse zu definieren, wurden die Marxisten oftmals dazu verleitet, von dem philosophischen Konzept des Proletariats auf eine soziologische Einheit der Arbeiterklasse zu schließen, die es in der Realität niemals gegeben hat«[436]. Eine soziologische Analyse ist für den durch den Begriff des Gesamtarbeiters postulierten Zusammenhang überflüssig, und somit ist die Kategorie des Gesamtarbeiters für eine soziologische Analyse unbrauchbar[437].

Im ungünstigsten Fall könnte man unter den heutigen Bedingungen der Verwendung des Begriffs Gesamtarbeiter sogar die Funktion einer herrschaftsverschleiernden »Mittelstandsideologie« nachweisen: Der Mittelstand, wie z. B. das Bildungsbürgertum, hat seine faktisch ausgeübte Herrschaft nach unten immer als »unwesentlich« empfunden und dargestellt. Wenn nun die handfesten und für die Betroffenen lebenswichtigen Unter-

434 Vgl. Hortleder (374), p 31.

435 Vgl. hierzu die Kritik an Marcuse am Schluß von Kapitel II D und den Aufsatz von W. F. Haug (67).

436 Serge Mallet: *Die neue Arbeiterklasse*, Neuwied und Berlin 1972, p 28.

437 Ich gehe auf den Begriff des Gesamtarbeiters bzw. auf den Begriff der Vergesellschaftung im nächsten Abschnitt noch etwas ausführlicher ein.

schiede, die zwischen Hand- und Kopfarbeitern im Produktionsbereich bestehen, als »unwesentliche« Sekundärmerkmale hingestellt werden, dann muß das von unten her gesehen zumindest als zynisch erscheinen und den Verdacht erwecken, daß es sich hier nur um einen neuen Versuch handelt, durch eine Theorie, die von »oben her« konstruiert ist, die konkret erfahrene und erlittene Herrschaft zu verdecken.

Auch unter anderen Bedingungen, als sie heute in kapitalistischen Ländern gegeben sind, könnte der Begriff des Gesamtarbeiters eine herrschaftsverdeckende Funktion haben. Durch ihn ließen sich nach einer politischen Systemveränderung, wenn z. B. eine »Arbeiterpartei« die Macht übernommen hat und die Makrologik des Kapitals formell außer Kraft gesetzt worden ist, vorhandene Asymmetrien, die für die Betroffenen »wesentlich« sind, leichter kaschieren. Ein Konzept des Gesamtarbeiters erfüllte dann ähnliche ideologische Funktionen wie der Rollenbegriff[438] und wie holistische Begriffe funktionalistischer Provenienz.

F. Polarisierung: zur Klassenspaltung im »produktiven Gesamtarbeiter«

Jede Theorie über industrielle Arbeit versucht Aussagen zu machen über die zukünftige Entwicklung der Arbeitssituation. Abhängig von der Theorie und den ausgesuchten Fakten können dabei die Prognosen recht unterschiedlich ausfallen.

Eine kontrastierende Prognose zu der erwähnten These von der tendenziellen Angleichung der industriellen Arbeitssituation aufgrund der Logik des Kapitals wird z. B. in dem verbreiteten industriesoziologischen Drei-Phasen-Schema gemacht. In diesem Entwicklungsschema werden drei Arbeitssituationen charakterisiert, die für eine bestimmte geschichtliche Phase typisch seien

438 Vgl. z. B. Claessens: »Rollentheorie als bildungsbürgerliche Verschleierungsideologie«, in: *Spätkapitalismus oder Industriegesellschaft?* (262).

und die sich nacheinander ablösen sollen. Die erste, vorindustrielle Phase wird charakterisiert durch die handwerkliche Arbeit, ihr folgt als zweite Phase die industrielle in der Form der mechanisierten Massenproduktion. Ich habe diese beiden Typen von Arbeitssituationen mit ihren Implikationen im Modell der handwerklich-vorindustriellen Technik und im Maschinenmodell ausführlich dargestellt. Die dritte Entwicklungsstufe der Arbeit im Drei-Phasen-Modell ist die automatisierte Produktion. Die zentrale These ist nun, daß in dieser dritten Phase Vorteile der ersten Phase wiedergewonnen und Nachteile der zweiten Phase vermieden werden, daß also durch die Automation eine Arbeitssituation mit Merkmalen typisch wird, wie ich sie z. B. im Modell der relativ nichtentfremdeten Arbeit auf mittlerem Niveau dargestellt habe: eine Requalifizierung findet statt, die Arbeit liefert wieder intrinsic rewards, die Entfremdung geht zurück[439] und der Verantwortungsspielraum in der Arbeit nimmt zu[440]. Die Angleichung der Arbeitssituationen würde nach diesem Entwicklungsschema also nicht nach unten, zur proletarischen Situation hin erfolgen, wie im dichotomischen Klassenmodell, sondern nach oben, zur privilegierten Situation der technischen Intelligenz hin, und die Basis der Entwicklung ist nicht wie im ersten Fall eine kapital-logische, sondern eine techno-logische.
Es ist klar, daß dieses Entwicklungsschema für bürgerliche, antisozialistische Theoretiker eine hohe Attraktivität hat, verspricht es doch die Überwindung der negativen Auswirkungen der kapitalistischen Produktionsweise *ohne* Revolution und Veränderung der Produktionsverhältnisse unter Beibehaltung der alten Herrschaftsverhältnisse, wenn nur die Technik zu ihrem logischen Ende hin weiterentwickelt wird[441]. Da angenommen wird, daß

439 Unter diesem Stichwort diskutiert zusammenfassend z. B. Blauner das Drei-Phasen-Schema. Vgl. R. Blauner: *Alienation and Freedom*, Chicago u. London 1964.

440 Vgl. ausführlicher zum Drei-Phasen-Schema z. B. Kern/Schumann (336), p 27 f oder Deppe (378), p 41 ff.

441 Das Drei-Phasen-Schema wird darum oft auch als »technologischer Determinismus« bezeichnet und kritisiert.

sich die Automation als typische Produktionsweise durchsetzt, verschwinden damit auch die Klassenspaltung und das Klassenbewußtsein innerhalb der Arbeiterschaft.

Die Nähe dieses Schemas zu Verbürgerlichungsthesen der Arbeiter, zu Nivellierungs- und Mittelstandstheorien ist unverkennbar[442]. Aber der Topos, daß durch eine »automatische Fabrik« eine »befreite Arbeit« sich durch die technologische Basis gleichsam aufdrängt, hat auch für viele marxistisch orientierte Autoren eine gewisse Faszination. So schreibt z. B. Mauke: »Mit dem Wachstum der Produktionsmaschinerie nimmt auch ständig der Anteil des vermittelnd eingreifenden technischen Personals zu. Die Produktivkraft des ›unmittelbaren Produzenten‹ wird immer unbedeutender gegenüber den technologischen Produktionspotenzen und der Wissenschaft als Produktivkraft. Schließlich wird der ›unmittelbare Produzent‹ als vorherrschender Typ aus der Produktionssphäre verschwinden, und an seine Stelle tritt der Typ des ›Regulators‹, der Techniker, der nicht *an*, sondern *neben* den Maschinen steht und die Produktion als Ganzes reguliert. Mit der Automation ergibt sich die umwälzende Konsequenz, daß die Abschaffung der unmittelbaren Produktionsarbeit, also jener schweißtreibenden, zermürbenden und mühevollen Plackerei, die seit alttestamentarischen Zeiten immer Los und Fluch der großen Mehrheit sowie Herrschaftsbasis einer privilegierten und ausbeutenden Minderheit gewesen ist, als Abschluß der Industrialisierung möglich wird«[443].

(Vergleiche hierzu auch die interessante Stelle über die automatisierte Produktion in den *Grundrissen*[444]! Diese Passage hat nicht zufällig zu sehr unterschiedlichen Interpretationen geführt. Für Habermas z. B. ist sie ein Beleg dafür, daß Marx hier seine Arbeitswertlehre aufgibt[445]. Sie ist aber vor allem wohl ein Beleg

442 Vgl. z. B. auch Deppe (378), p 44.

443 Michael Mauke: *Die Klassentheorie von Marx und Engels*, Ffm. 1973, p 39–40.

444 Marx: *Grundrisse* (205), p 592 f.

445 Vgl. J. Habermas: *Erkenntnis und Interesse*, Ffm. 1968, p 66 ff oder auch Habermas: *Technik* (147), p 79 f.

dafür, daß selbst auf dieser höchsten Produktionsstufe die Irrationalität der kapitalistischen Logik nicht »automatisch« durch »Technik« verschwindet[446], sondern für den Makro-Analytiker sogar besonders augenfällig wird, wenn auch leider nicht für die »neuen« unmittelbaren Produzenten. Darum können auf dieser Produktionsstufe, wenn der Kapitalismus sie einmal erreicht hat, Zusammenbruchs-Theorien und Theorien über einen sich verschärfenden Widerspruch in den Situationen die weitere Entwicklungsdynamik nicht mehr angemessen darstellen[447].)

Die in der Realität zu beobachtenden Auswirkungen der Automation, oder allgemeiner: die Auswirkungen auf die industriellen Arbeitssituationen durch eine Produktionsweise auf hohem technologischem Niveau, stellen sich sehr viel disparater dar, als in idealisierten Vorstellungen über Automation und »Regulator«-Tätigkeit angenommen wird. Für die gegenwärtige Phase der Produktion auf hohem technologischem Niveau lassen sich in den kapitalistischen Ländern deskriptiv folgende Sachverhalte feststellen:

1. Entfremdete Arbeit ist auch in automatisierter oder hochmechanisierter Produktion »möglich« und vorhanden.

Den generalisierenden Theorien über die Folgen der hochtechnisierten Produktionsweise mangelt es fast typisch an einer genaueren Situationskenntnis der Arbeit. Zwar wird durch Automation generell die zermürbende Knochenarbeit reduziert oder beseitigt, aber es bleiben auch im automatisierten oder teilautomatisierten Betrieb noch Arbeitsplätze übrig, oder es entstehen neue, die nur ein niedriges Qualifikationsniveau erfordern, die nur einen geringen Handlungs- und Verantwortungsspielraum zulassen, die anstelle der körperlichen eine erhöhte psychische Belastung hervorrufen, die also insgesamt eine nicht weniger »entfremdete« Arbeit erzwingen als im Maschinenmodell der Arbeit auf einer sehr geringen Mechanisierungsstufe[448]. Ein Beispiel für diese Arbeit wäre die Automatenkon-

446 Vgl. auch Habermas: *Erkenntnis* (445), u. a. p 69.

447 Vgl. hierzu Nicolaus (258), p 32 ff!

448 Vgl. ausführlicher hierzu und auch für den 2. Punkt u. a.: *Wirt-*

trolle. »An diesem Arbeitstyp erweist sich, daß sich auch unter den Bedingungen automatischer Produktion Tätigkeiten finden, die den Arbeiter in Unselbständigkeit drängen, an der Ausbildung von Qualifikationen hindern, hohen Arbeitsbelastungen aussetzen und in sozialer Hinsicht isolieren. Mit diesen Merkmalen knüpft die Automatenkontrolle an die repetitiven Teilarbeiten der präautomatisierten Produktion an«[449].

2. Die automatisierte und hochmechanisierte Produktion schafft Bedingungen für eine relativ nichtentfremdete technische Arbeit auf mittlerem Niveau.

Bei Mechanisierungssprüngen generell und bei automatisierter oder halbautomatisierter Fertigungsweise fallen Arbeitsplätze in der unmittelbaren Produktion an, die objektiv und subjektiv eine wesentliche Verbesserung für die Arbeiter bringen: eine höhere Qualifizierung wird notwendig, und zusammen mit einer Erhöhung der relativen Autonomie und der Forderung durch den technischen Prozeß können durch die Arbeit intrinsic rewards erzeugt werden; auch wird die aktive und passive Arbeitsbelastung verringert und die soziale Isolierung am Arbeitsplatz aufgehoben. Als Beispiel wäre hier die Meßwartentätigkeit zu nennen[450]. »Diese Arbeitsart hebt sich scharf von den repetitiven Teilarbeiten ab und könnte isoliert betrachtet als Erhärtung des Blaunerschen Entwicklungsschemas gelten«[451]. Oder zu nennen wäre hier auch der Instandhaltungssektor in automatisierten oder hochmechanisierten Betrieben. Mit der Komplexität der Technologie steigt das erforderliche Qualifikationsniveau, und auch die typische diskontinuierliche Einsatzweise für ein »Projekt« sowie die Möglichkeit, ein »fertiges

schaftliche und soziale Aspekte des technischen Wandels in der Bundesrepublik Deutschland, Erster Band, Sieben Berichte, Kurzfassung der Ergebnisse, Ffm. 1973, p 306 ff; und: Kern/Schumann (336), p 70 ff und z. B. die Arbeiten von J. R. Bright, aufgeführt in (336) Fußnote 35 von p 28.

449 Kern/Schumann: *Industriearbeit* (336), p 135.

450 Vgl. w. o., p 122 ff.

451 W. o., p 137.

Endprodukt« zu erzeugen, sind Gründe für eine gute Job Motivation[452].

3. In der Produktionsweise auf hohem technologischem Niveau expandieren die Bereiche der Vorbereitung, Kontrolle und Nachbereitung der materiellen Produktion, und vor allem in diesen Bereichen fallen Arbeitsplätze an, die ein hohes Qualifikationsniveau erfordern und die eine hohe Job Motivation erzeugen.

In der automatisierten und hochmechanisierten Produktion wird die geistige Arbeit noch mehr außerhalb des eigentlichen Produktionsprozesses verlagert als in der Maschinerie, wie Marx sie beschrieben hat. Vor allem ist diese geistige Vorarbeit sehr viel komplexer und quantitativ umfangreicher geworden, da es in dieser zweiten Mechanisierungsstufe darum geht, die im Prozeß der materiellen Produktion notwendige *geistige* Arbeit zu »mechanisieren«. Steuerungs- und Regeltechnik, Meßtechnik, Prozeßrechensteuerung, allgemeine Datenverarbeitung, Nachrichtenübermittlungstechnik und Elektronik sind darum die expandierenden Zukunftstechnologien, die einen großen Anteil an den stürmischen Zuwachsraten der technischen Intelligenz haben. In diesen Bereichen finden Mitglieder der scientific community Arbeitsbedingungen, die eine sehr hohe Job Motivation erzeugen und in denen von einer Restriktion durch die kapitalistische Produktionsweise kaum etwas zu merken ist. Im Gegenteil, die strukturelle Affinität zwischen wissenschaftlicher Technik und Kapital ist in diesen Bereichen besonders ausgeprägt, was u. a. auch daran zu sehen ist, daß vor allem in diesen Technologien, trotz großer Anstrengungen der nichtkapitalistischen Industrieländer gerade auch für diesen Bereich, der deutliche

452 Dies gilt nicht für den Instandhaltungssektor im Konsumbereich. Eine automatisierte oder hochrationalisierte Produktionsweise für Bauelemente hat zur Folge, daß hier Geräte für den Endverbraucher nicht mehr »repariert«, sondern, wenn überhaupt, nur noch defekte Bau- und Funktionsgruppen »ausgetauscht« werden. Tendenziell wird dieses »kostengünstigere« Verfahren eine Senkung des Qualifikationsniveaus im Instandhaltungssektor des Konsumbereichs zur Folge haben.

»Vorsprung« der kapitalistischen Länder nun schon über lange Zeit erhalten bleibt.

4. In fast allen Branchen bleibt eine sehr große Zahl von »traditionellen« Arbeitsplätzen bestehen, wie sie im Maschinen-Modell der Arbeit charakterisiert wurden. Gerade auch im Bereich der »Zukunftstechnologien« mit Massenproduktion ist das Fließband ein fester Bestandteil der Produktionsform. Typisch ist hier: automatisierte oder halbautomatisierte Produktion von Bauelementen einerseits und Gerätemontage am Fließband durch niedrigqualifizierte, angelernte, meist weibliche Arbeiter andererseits.

5. Auch im Bereich der Vor- und Nachbereitungsphasen für die unmittelbare materielle Produktion gibt es Arbeitsplätze, die auf einem mittleren bis hohen Qualifikationsniveau eine monotone und unbefriedigende Arbeit verlangen. Dies betrifft vor allem den Bereich der normierten Ausarbeitung eines geistigen Produkts der scientific community für die materielle Produktion. Als Beispiel wäre zu nennen die Umsetzung eines entwikkelten Prototyps in normierte und kostenkalkulierte Produktionsverfahren. Diese Arbeit ist zwar immer noch »geistige« Arbeit, aber die Abhängigkeit dieser Arbeit von Vorgaben und die für eine rationelle Produktion notwendige Normierung erlauben es, auch in diesem Bereich kostensparende Rationalisierungsverfahren anzuwenden, wie z. B. Parzellierung und Repetition in kurzen Zeitphasen, die durch die Logik des Kapitals ursprünglich nur der körperlichen Arbeit aufgezwungen wurden. Da überdurchschnittliche Qualifikationen für diese Arbeiten notwendig sind, schützt bei ungünstiger Arbeitsmarktlage selbst eine höhere Qualifizierung nicht vor einem »Absinken« in diesen Bereich der geistigen Fließbandproduktion. Soweit Ingenieure auf diesen Arbeitsplätzen beschäftigt sind, kann von einer »schöpferischen Ingenieurtätigkeit«, wie sie gerne von Verbandssprechern herausgestellt wird, natürlich keine Rede mehr sein.

Mit dem Anwachsen hochmechanisierter Produktionsweisen wächst notwendig auch dieser Bereich technischer Arbeit, soweit er nicht z. T. von Maschinen übernommen wird. (Die erwähnten Thesen über die tendenzielle Proletarisierung der geistigen Arbeit in der Produktion stützen sich fast ausschließlich auf diesen Typ der Arbeit, und vernachlässigt werden dabei vollkommen die Arbeitstypen, die in Punkt zwei und drei genannt wurden!)

Die hier nur grob skizzierten nebeneinander vorhandenen Arbeitstypen in der Industrie machen deutlich, daß eine Prognose über die Entwicklung der Industriearbeit nicht durch eine einfache Formel zu leisten sein wird. Aber ehe man die Tendenz einer Entwicklung angeben kann, wäre es notwendig, den Istzustand genauer zu kennen. Wie schon an anderer Stelle erwähnt, ist jedoch die sozialwissenschaftliche Beobachtung der Industriearbeit nach relevanten Kriterien höchst lückenhaft, so daß z. B. über die Verteilung der oben aufgeführten Arbeitstypen wenig Zuverlässiges zu sagen ist. Aussagen über die Entwicklung der einzelnen Arbeitstypen erfordern einen noch differenzierteren und höheren Informationsstand. Erliegt man jedoch z. B. dem Zauber der Hegelschen Choreographie, wird man sich mit Schwierigkeiten dieser Art wenig belasten.

Eine Tendenz jedoch ist aus dem vorhandenen Material und den eben aufgeführten Arbeitstypen relativ eindeutig erkennbar: mit zunehmendem technologischem Niveau ist nicht nur eine zunehmende funktionale Differenzierung im »produktiven Gesamtarbeiter« gegeben, sondern es ist auch eine Tendenz zur »Polarisierung« nach klassendefinierenden Merkmalen zu beobachten. Diese Tendenz zur Polarisierung wird von einem relativ großen Teil der Sozialwissenschaftler gesehen, und auch das empirische Material, das explizit hierüber vorliegt, ist beachtlich[453].

Wie erwähnt, ist die Polarisierung besonders ausgeprägt in der elektrotechnischen und elektronischen Industrie. »Hier ist die Beschäftigtenstruktur durch die Konzentration von Planungs- und Verwaltungsspezialisten, Ingenieuren, Wartungs- und In-

453 Vgl. hier vor allem die RKW-Studie (448), p 318 ff (dies ist wohl das wichtigste Ergebnis der umfangreichen Studie) und vgl. Kern/Schumann (336), u. a. p 139 f u. 218 f.

standsetzungsarbeitern im Bereich der Vorbereitung und Kontrolle der Produktion auf der einen und der Konzentration von unqualifizierten – vorwiegend von Frauen getragenen – Tätigkeiten im Kernbereich der Produktion auf der anderen Seite charakterisiert. Jean Auger hat in einem Bericht über die elektronische und elektrotechnische Industrie in Frankreich diese Strukturmerkmale weitgehend bestätigt: Ihre spezifischen Merkmale sind einmal die außerordentlich hohe nationale wie internationale Konzentration der Produktion und der Marktbeherrschung; zum anderen die Polarisierung der Qualifikationen in überwiegend unqualifizierte Frauenarbeit und hochqualifizierte Facharbeiter-, Techniker- und Ingenieurtätigkeiten«[454].

In einem Produktionsbereich also, in den die wissenschaftliche Technik besonders tief und bestimmend eingedrungen ist, kann man eine besonders ausgeprägte Klassentrennung innerhalb des »Gesamtarbeiters« beobachten. Sollte dieses Zusammentreffen auch in einem kausalen Nexus stehen, wäre dies ein weiterer Hinweis für den Zusammenhang zwischen Technik und Herrschaft.

Ehe ich auf die Frage nach den Ursachen für die hier diskutierte Polarisierung eingehe, möchte ich noch einmal kurz herausstellen, in welchem Sinne diese Trennung etwas mit Herrschaft zu tun hat, denn daß die »Polarisierung« auch eine Klassendifferenzierung ist, wird in der Regel nicht herausgestellt, eher, wie erwähnt, sogar ausdrücklich verneint.

Bei der Definition von Klassen gehe ich von dem gleichen Kriterium aus wie bei der Definition von Herrschaft: von der Asymmetrie in der Arbeitssituation bezüglich der Verfügung und Nutzung der Arbeitskraft. Das *Resultat* der Asymmetrie in dieser »lebenswichtigen« Dimension ist der »wesentliche« Sachverhalt eines Prozesses der Herrschafts- und Klassenbildung. Eine kritisch gemeinte Klassen- und Herrschaftsanalyse muß diesen »wesentlichen« Sachverhalt »kritisierend« im Auge behalten, gleichgültig, in welcher gesellschaftlichen Form er sich auch

454 Vgl. Deppe: *Bewußtsein* (378), p 149.

darstellt. Geht man von diesem Kriterium aus, besteht heute innerhalb des »Gesamtarbeiters« der materiellen Produktion ohne Zweifel eine Klassendifferenzierung, die sich in der »Polarisierung« sogar besonders deutlich zeigt.

In einer der zunächst noch allgemeineren Bestimmungen für Klasse schreibt z. B. Lenin: »Als Klassen bezeichnet man große Menschengruppen, die sich voneinander unterscheiden nach ihrem Platz in einem geschichtlich bestimmten System der gesellschaftlichen Produktion, nach ihrem (größtenteils in Gesetzen fixierten und formulierten) Verhältnis zu den Produktionsmitteln, nach ihrer Rolle in der gesellschaftlichen Organisation der Arbeit und folglich nach der Art der Erlangung und der Größe des Anteils am gesellschaftlichen Reichtum, über den sie verfügen«[455].

Ich habe versucht darzustellen, daß der *Anteil* am gesellschaftlich erzeugten »Reichtum«, der den Mitgliedern der scientific community gegeben ist, »wesentlich« größer ist als der Anteil, den andere Mitglieder des »Gesamtarbeiters« bekommen. Dabei war es wichtig, unter Anteil am »Reichtum« nicht nur den oberflächlich materiellen Reichtum zu fassen, sondern allgemeiner auch die für menschliches Dasein »wesentliche« Dimension der Entfaltung eigener Interessen, die auf einer je gesellschaftlich erzeugten Basis möglich wird, mit einzubeziehen. Das »Verhältnis zu den Produktionsmitteln« ist sicher eine der wichtigsten gesellschaftlich festgelegten Relationen, die die asymmetrische Verteilung des »Reichtums« bestimmen, aber dieses »Verhältnis« in seiner konkreten Form muß historisch jeweils neu bestimmt werden und erschöpft sich nicht in der ökonomischen Dimension von Besitz und Nichtbesitz von Produktionsmitteln und der damit verbundenen *normativ* begründeten Verfügungsmacht. Die Macht und Ohnmacht der lebendigen Arbeit gegenüber der geronnenen in den Produktionsmitteln bestimmt sich auch – und dies sogar zunehmend – durch das »Wissen« und »Nichtwissen«, das Menschen im System über diese vergegenständlichten Pro-

455 W. I. Lenin, *Werke* 29, p 410.

zesse haben. »Wenn das Prinzip der Zugehörigkeit zu den alten herrschenden Klassen das Eigentum war, so definiert sich die neue herrschende Klasse in erster Linie durch das Wissen, d. h. durch ein bestimmtes Bildungsniveau«[456]. Und »ob man es nun wahrhaben mag oder nicht«, Techniker und Ingenieure sorgen dafür, »daß der mechanische Prozeß die lebendige Arbeit beherrscht ... Sie verkörpern die Dichotomie zwischen manueller und intellektueller Arbeit, Gedanken und Ausführung. Sie besitzen bedeutende finanzielle, gesellschaftliche und kulturelle Privilegien. Sie sind der unmittelbare Gegner der Arbeiter: sie repräsentieren die Fähigkeiten, das Wissen und die Macht, deren die Arbeiter beraubt sind«[457].

Für eine Klassenspaltung im »Gesamtarbeiter« spricht auch ein weiteres Kennzeichen, das für eine Klassenbildung definierend ist: die dauerhafte, abgeschottete Einteilung, denn, wie ausführlich dargestellt, das notwendige Wissen über den Produktionsprozeß wird außerhalb des unmittelbaren Produktionsprozesses erzeugt, und auch eine lange »Erfahrung« in der Produktion allein vermag diese »prinzipielle« Barriere nicht zu durchstoßen.

Schließlich sind für die hier anvisierte Klassenspaltung auch typisch die für eine Klassenbildung wichtigen Mechanismen der Reproduktion der Verhältnisse durch die Verhältnisse selbst. Die asymmetrische Verteilung der gesellschaftlich erzeugten Produkte und Lebensmöglichkeiten, die Polarisierung im »Gesamtarbeiter«, reproduziert aus vielen Gründen diese Polarisierung immer wieder neu, und diese Reproduktion der Verhältnisse durch die Verhältnisse selbst »erscheint in fact als ein noch wichtigeres Resultat des Prozesses als seine materiellen Resultate«[458].

456 Touraine (204), p 57.

457 Vgl. André Gorz: »Technische Intelligenz und kapitalistische Arbeitsteilung«, in: (198), p 105.

458 Vgl. hierzu Marx zu der Reproduktion des Kapitalverhältnisses durch das Kapitalverhältnis, *Grundrisse* (205), p 362.

Es gibt also genügend Gründe, die Klassenspaltung innerhalb des »Gesamtarbeiters«, die sich vor allem durch die Polarisierung manifestiert, als eine »wesentliche« Klassenspaltung anzusehen, die durch keinen theoretischen Bezugspunkt »verdeckt« oder »überdeutet« werden darf, will diese theoretische Analyse als Herrschafts*kritik* auch von den Beherrschten ernst genommen werden.
Versucht man nun im einzelnen herauszufinden, wodurch die Polarisierung erzeugt und reproduziert wird, müßte man zunächst an die vielen Mechanismen erinnern, die generell das Herrschaftssystem in der materiellen Produktion begründen, erzeugen und stützen. Generell ist ja ein »Heer« Unselbständiger, vom Wissen und Wohlwollen anderer Abhängiger, funktional für eine profitable Herrschaft, und das kapitalistische Produktionssystem wird freiwillig diese Basis der Herrschaft nicht aufheben, sondern solange es möglich ist, aus herrschaftsbezogenen Vorteilen die alten Arbeitsformen der erniedrigenden Knechtschaft beibehalten.
Neben den ökonomischen Verhältnissen spielt für die Reproduktion der unselbständigen und unmündigen Arbeitssituationen das Schulsystem der kapitalistischen Gesellschaft eine zentrale Rolle. Nur diesen Aspekt möchte ich hier von den allgemeineren Gründen für die Polarisierung kurz mit einigen Stichworten herausgreifen, um dann auf mögliche Gründe der Polarisierung durch Technik und Wissenschaft einzugehen.
Über das Schulsystem hat sich die Polarisierung in wenige gut bis sehr gut Ausgebildete und in viele nur mühsam an primitive Arbeitsbedingungen Angepaßte in der bürgerlich kapitalistischen Gesellschaft zur kulturellen Selbstverständlichkeit verfestigt. Ausgangspunkt ist hier sicher wieder der »halbierte Humanismus«, der von den universal humanistischen Intentionen der unterdrückten bürgerlichen Klasse übrigblieb, als diese die Herrschaft errang[459]. Emanzipation von fremder Herrschaft (damals

459 Vgl. die Ausführungen zum partikularen Humanismus des Bürgertums im Kapitel III B. e.

von der Bevormundung des Adels), Entfaltung und Trainierung der den »Menschen« möglichen Fähigkeiten sowie Verfolgung der eigenen Interessen waren »allgemeine« bürgerliche Forderungen, die später dann nur der eigenen Klasse zugestanden wurden und den Arbeitern, der Basis ihres Reichtums und ihrer Emanzipation, systematisch verweigert wurden. Die systematischste Verweigerung erfolgte durch das Schulsystem. In der höheren Schule und in der Universität wurden die Mitglieder der herrschenden Klasse »gebildet«, um die eigene »Persönlichkeit« zu entfalten, und durch Wissenschaft »ausgebildet«, um das System der Produktion samt der darin befindlichen Arbeiter beherrschen zu können. In den Arbeits-, Berufs- und Volksschulen bestand für die Arbeiter die »Bildung« in einer tiefgreifenden Disziplinierung und Einübung der Unterwürfigkeit sowie in der Indoktrination einer generalisierten Arbeitsethik, und die »Ausbildung« wurde nur so weit getrieben, wie es gerade notwendig war zur Anpassung an vorgefundene, den Arbeitern zugedachte Arbeitssituationen. »Der deutliche kapitalistische Wirtschaftspragmatismus ... demonstriert, daß die aufklärerisch-antifeudalen Prinzipien der bürgerlichen Pädagogik, politische Emanzipation der Gesellschaft und Mündigkeit der Subjekte, nur Geltung besitzen für die besitzbürgerliche Klasse. Erziehung der unteren sozialen Schichten bedeutet für das Bürgertum weitgehend: Disziplinierung und Zucht, Ausbildung eines autoritätsgehorsamen Arbeitsbürgers«[460]. Diese fundamentale Verletzung des »humanen« Gleichheitsprinzips, dieser halbierte Humanismus ist bis heute »Erbgut« konservativ und auch liberal bürgerlichen Denkens. In diesem Denken haben sich aus historisch einsehbaren Gründen zwei gesellschaftlich erzeugte Phänomene zu Naturkategorien verfestigt: es wird davon ausgegangen, daß die vorgefundene Produktionsweise mit ihrem

460 Werner Markert: »Polytechnische Bildung und Erziehung«, in: *Polytechnik in der Bundesrepublik Deutschland? Beiträge zur Kritik der »Arbeitslehre«*, Ffm. 1972, p 141. Die Literatur zu diesem Thema ist sehr umfangreich, vgl. für einen Überblick auch die anderen Beiträge dieses Bandes.

hohen Anteil an unselbständiger »ahumaner« Arbeit unabänderlich ist, und zweitens wird als selbstverständlich vorausgesetzt, daß eine bestimmte Gruppe von Menschen aus »natürlicher Begabung« und »natürlicher psychischer Kondition« dieser Arbeit ohne Verlust der »menschlichen Würde« zugeordnet und angepaßt werden kann. Ein Phänomen der Polarisierung muß diesem bürgerlichen Denken also als etwas ganz »Natürliches« erscheinen, das im Prinzip zu ändern weder möglich noch notwendig ist. Die Humanisierung der Arbeit besteht unter diesen Denkvoraussetzungen dann bestenfalls darin, daß versucht wird, »unnötige Härten« zu vermeiden und durch psychologische Tests die Zuordnung »optimal« zu gestalten. »Diejenigen Arbeiter, die kein Bedürfnis haben, mit ihrer ganzen Persönlichkeit (und besonders mit ihrer Überlegung und den höheren Formen der Aufmerksamkeit) in ihrer Arbeit aufzugehen und andererseits diejenigen, die sich während ihrer Arbeit ablenken und zerstreuen lassen können, ohne daß die dabei entstehende psychologische Abfolge von Gedanken oder Vorstellungen in ihrem Bewußtsein die körperliche Abfolge ihrer Arbeitsbewegungen stört, sind besonders für unterteilte und ständig wiederholte Arbeitsaufgaben geeignet und leiden weder unter ›Monotonie‹ noch unter ›Langeweile‹. Anders ausgedrückt: sie sind fähig, diese Arbeiten zu verrichten, weil dabei nur die niederen Nervenzentren reflexartig beteiligt sind. Aus den Vertretern dieses psychologischen Typs müssen die Arbeiter für die ständig wiederholten Aufgaben ausgewählt werden, die sich aus den immer feineren Unterteilungen der Arbeit ergeben; es gibt sie zu Millionen und Abermillionen in allen Industrienationen. Daraus ergibt sich die ... Zielsetzung vieler Psychotechniker, die sich bewußt sind, daß sie die Entwicklung der modernen Industrie im ganzen nicht ändern, sondern nur einige ihrer Auswirkungen menschlicher gestalten können ...«[461]. Da auch für bürgerliche Industriesoziologen es selbstverständlich ist, daß die »moderne

461 Georges Friedmann: *Die Zukunft der Arbeit. Perspektiven der industriellen Gesellschaft,* Köln 1953, p 281.

Industrie im ganzen« nicht verändert werden kann und darf, ist für sie »Humanisierung der Arbeit« über diese »betreuende« Anpassung hinaus nur eine »akademische Vokabel«, die »die vitalen Interessen handarbeitender Gruppen« gar nicht erfaßt[462]. Diese Kopfarbeiter wissen nämlich, daß die »vitalen Interessen« der Handarbeiter u. a. auch in monotoner Arbeit befriedigt werden können, denn gemeinhin wird übersehen, »daß es einen Teil der Bevölkerung gibt, die diese monotone Arbeit als entlastend bejaht, wie z. B. jüngere Frauen, die nur eine Zeitlang in der Arbeit tätig sein wollen. Oder sehr viele Hilfsschüler, die in diesen Formen produktiv sind und ihr Selbstbewußtsein daraus ziehen. Und schließlich drittens darf man nicht übersehen, daß die Monotonie der Industriearbeit ein typisches Intellektuellen-Horrorschema ist. Anders ausgedrückt, der Schrecken von Hochindividualisten ist die Vorstellung, sie müßten so arbeiten«[462]. Solange also bürgerliche Kopfarbeiter nicht gezwungen werden zur »Verrichtung niedriger Hilfsarbeiten« und solange das Sozialsystem über Wirtschaft und Schule ein genügend großes Reservoir von »Hilfskräften« produziert – und wenn es das Sozialsystem von »Gastarbeiterländern« ist –, solange muß der wissenschaftliche Fortschritt eines anderen Wissenschaftszweiges erst gar nicht angewendet werden: in der Sklavenhaltermentalität eines Herrenmenschen mit wissenschaftlicher Verbrämung schreibt z. B. Kurt W. Marek zu diesem Thema: »Da es seit der gezielten Mutation möglich ist, Menschen jedes Schlages zu züchten, wird man von dieser Möglichkeit Gebrauch machen. Es bietet sich dabei besonders die Züchtung eines Typus an, der in der Verrichtung niedriger Hilfsarbeiten Befriedigung findet, und den man wohl am besten einen ›fröhlichen Schwachsinnigen‹ nennen kann. Wiederum hat man hier dem schillernden Begriff der ›Humanität‹ jene Drehung zu geben, die erlaubt, die Welt unter neuem Brechungswinkel zu sehen«[463].

462 So z. B. der »altliberale« Industriesoziologe Helmut Schelsky auf dem CSU-Parteitag 1973 in München, vgl. die abgedruckte Rede in der *Frankfurter Rundschau* vom 4. 10. 1973, p 12.

463 Kurt W. Marek: *Provokatorische Notizen,* Reinbek 1962, p 32.

Vorläufig jedenfalls muß am Begriff der Humanität nicht erneut »gedreht« werden, um durch eine neue Herrschaftsideologie zu rechtfertigen, daß aus der Gattung der Menschen ein Teil auf Dauer dazu verdammt ist, »niedrige Hilfsarbeiten« zu verrichten. Vorläufig noch »züchten« ausreichend die gesellschaftlichen Verhältnisse, und die beobachtbare Polarisierung im »Gesamtarbeiter« läßt sich mit der bewährten Ideologie der halbierten Humanität bürgerlichen Denkens voll rechtfertigen, und ein Fortbestehen dieser Ideologie als quasi kultureller Selbstverständlichkeit trägt nicht unwesentlich dazu bei, diese Polarisierung zu reproduzieren.
Nach diesen sehr verkürzenden Stichworten zu den allgemeinen Gründen für die Entstehung und Aufrechterhaltung der Polarisierung in der industriellen Produktion möchte ich nun auf einige Gründe hinweisen, die mit dem Einsatz der wissenschaftlichen Technik in der materiellen Produktion zusammenhängen. Die Frage war ja, in welcher Weise tragen Technik und Wissenschaft zu dieser Polarisierung bei oder genauer: wird durch das zunehmende Eindringen von Technik und Wissenschaft in die materielle Produktion die Polarisierung sogar verstärkt, so daß u. a. auch hierdurch eine Erklärung für eine zunehmende »Tendenz der Polarisierung« gefunden werden kann?
Zunächst muß man in Rechnung stellen, daß summarisch gesehen eine Polarisierung allein dadurch entstehen kann, wenn – unter Beibehaltung alter Arbeitsformen mit einer niedrigen Qualifikation – die Zahl der höherqualifizierten Arbeiter steigt. Durch den Einsatz komplexer Technologien ist die Zahl der mittel- und hochqualifizierten technischen »Angestellten« ja deutlich gestiegen, was Anlaß bot, von einer »neuen Arbeiterklasse« zu reden oder, wie im Dreiphasenmodell, von einer Ablösung der alten Arbeitsformen. Wenn jedoch gleichzeitig die »Masse« der alten Arbeitsformen erhalten bleibt, ist das Ergebnis eine Polarisierung im »Gesamt*arbeiter*«.
So gesehen könnte man schon jetzt sagen, daß der Einsatz von wissenschaftlicher Technik in der materiellen Produktion zur Polarisierung beiträgt. Aber dieses »Beitragen« wäre noch zu

oberflächlich statistisch gesehen. Man müßte vor allem genauer nach den Gründen des Qualifizierungs*sprungs* fragen, der innerhalb der Gesamtheit der materiellen Produzenten zu beobachten ist, warum also durch komplexere Technologien eine Polarisierung eintritt und nicht etwa eine kontinuierliche Auffächerung der Qualifikationen, in der es zwar auch Pole gäbe, gleichzeitig aber auch ein breites Mittelfeld.

Dies wirft natürlich auch die Frage nach dem Maßstab auf. Gehört nicht die von mir beschriebene technische Arbeit auf mittlerem Niveau zum Mittelfeld? Die vorliegenden empirischen Arbeiten betrachten als einen Pol vorwiegend diese technische Arbeit auf mittlerem Niveau, weil sie zum »Arbeitersektor« gehört, der der sozialwissenschaftlichen Beobachtung einigermaßen zugänglich ist. Höher- und hochqualifizierte Arbeit von Wissenschaftlern, Ingenieuren und Management-Ingenieuren im Bereich der materiellen Produktion konnte bis jetzt dieser Beobachtung noch relativ zuverlässig entzogen werden. Ich habe jedoch in meinen Überlegungen diese Arbeit immer auch oder sogar vorwiegend als den einen Pol betrachtet.

Dies muß aber im Zusammenhang mit den Thesen, die zur Polarisierung genannt wurden, nicht zu schwerwiegenden Widersprüchen führen. Der Unterschied in der Qualifikation und in den damit zusammenhängenden »Lebenschancen« zwischen den Hochqualifizierten und den »Mittelqualifizierten« ist zwar groß, aber er ist klein im Vergleich zu dem Unterschied diesbezüglich zwischen den »Mittelqualifizierten« und den »Hilfskräften für niedrige Arbeit«, den nur Angelernten für repetitive Teilarbeit. Die oben gestellte Frage lautet also nun etwas genauer: in welcher Weise tragen Technik und Wissenschaft dazu bei, im »produktiven Gesamtarbeiter« eine Polarisierung zu erzeugen in wie immer »Qualifizierte« auf der einen und fast völlig »Unqualifizierte« auf der anderen Seite?

Will man auf einem vorgegebenen technologischen Produktionsniveau die Arbeitsproduktivität erhöhen[464], so bieten sich nach

464 Die Erhöhung der Arbeitsproduktivität wird zwar von der Logik des Kapitals induziert, aber sie ist in gewissen Grenzen auch ein »sinn-

der immanenten Logik des Prozesses an: Erhöhung der Stückzahl, also Massenproduktion, und Normierung[465]. Beides impliziert häufige Wiederholung gleicher Arbeit, und da nach engen Kriterien der Arbeitsökonomie Wiederholungen »ökonomischer« werden, wenn die Intervalle möglichst kurz sind, impliziert dies tendenziell auch eine Zerstücklung der Arbeit und, wenn diese Arbeit auf Dauer von Qualifizierten gemacht werden muß, eine Dequalifizierung[466].

Diese Logik der Arbeits-Ökonomie ergibt eine günstige Basis zur schrittweisen Übernahme der Produktion durch die »Maschinerie«. Zunächst werden nur einfache Produktionsvorgänge der normierten, repetitiven Teilarbeit von Maschinen übernommen, bei entwickelterer Technik jedoch auch kompliziertere, oder einfache Maschinenarbeit wird durch Maschinen zu komplexeren Produktionsvorgängen integriert. Das logische Ende wäre die »automatische« Produktion. Aber dieser logische Prozeß zur vollautomatischen Produktion ist in der Realisierung kein linearer Prozeß. Bei der Annäherung an die vollautomatische Produktion nehmen der technische Aufwand und die technischen Schwierigkeiten und damit auch die Kosten überproportional zu. In dem Zwischenstadium zwischen einfach-mechanisierter und wirklich vollautomatisierter Produktion[467] fallen im Arbeitsprozeß »technologisch bedingte Lücken« an, die technisch-apparativ zu überbrücken einen relativ sehr hohen Aufwand erforderte, die aber andererseits leicht zu schließen sind durch menschliche Arbeitskraft mit nur geringer bis gar keiner spezifischen Qualifikation. Bezogen auf den technisch zu realisierenden Aufwand

volles« Ziel in anderen Produktionsverhältnissen. Somit sind die hier genannten Folgeprobleme von allgemeinerer Bedeutung.

465 Vgl. hierzu Abschnitt III D.

466 Vgl. hierzu das 12. Kapitel im Band I des *Kapitals* von Marx.

467 Wirklich vollautomatisierte Betriebe gibt es bis jetzt so gut wie gar nicht. Wenn man genauer hinschaut, existieren in den meisten sogenannten automatisierten Produktionsstätten noch immer eine große Zahl von »Lückenfüllern«.

sind diese »Lückenfunktionen« also aufwendig und kompliziert, bezogen auf menschliche Fähigkeiten sind sie primitiv.

Mit höher werdendem technologischem Niveau in der materiellen Produktion werden also zunehmend kompliziertere manuelle und geistige Arbeitsvollzüge in Maschinen vergegenständlicht, für die menschliche Arbeitskraft bleiben dann übrig einmal hoch- bis mittelqualifizierte Arbeit für die Planung, Vorbereitung und Instandhaltung dieser Aggregate und zum anderen aus technologisch bedingten Kostengründen primitive unqualifizierte Arbeit als »Lückenfüller«.

Dies ist auch der Grund, warum mit zunehmendem »technischem Fortschritt« traditionelle Facharbeiterausbildungen kein sicherer Schirm mehr sind gegen das Absinken zum unteren Pol der industriellen Arbeit[468]. Viele der traditionellen Facharbeitertätigkeiten werden zum großen Teil von Maschinen übernommen; was übrig bleibt vom alten Arbeitsfeld der Facharbeiter ist dann auch mit »Lückenfüllern« besetzbar. »Da die früher ausschließlich den Fachkräften vorbehaltenen Tätigkeiten nunmehr auch von branchenfremden Arbeitskräften in verhältnismäßig kurzer Zeit beherrscht werden können, ist – als weitere Folge des technischen Fortschritts – eine weitgehende Nivellierung zwischen Lehr- und Anlernberufen eingetreten«[469].

So gesehen kann man also zusammenfassend wiederum sagen, daß der Einsatz von Technik und Wissenschaft in der materiellen Produktion zur Polarisierung im »produktiven Gesamtarbeiter« beiträgt. Nur, die oben verwendete Formulierung »aus technologisch bedingten *Kosten*« verweist auf die Verzahnung mit dem gesellschaftlichen System der Produktionsverhältnisse und relativiert so auch dieses »Beitragen«.

Die Logik des technologischen Systems produziert zwar diese Lücken, die rein technologisch zu schließen »teuer« wäre, aber wie diese Lücken geschlossen werden – ob z. B. mit hierfür er-

468 Vgl. hierzu z. B. C. Oppelt, G. Schrick, A. Brenner: *Gelernte Maschinenschlosser im industriellen Produktionsprozeß*, Berlin 1972, p 138.

469 *Soziale Auswirkungen des technischen Fortschritts. Untersuchung des Ifo-Instituts für Wirtschaftsforschung*, Berlin–München 1962, p 52.

zeugtem »billigem Menschenmaterial« –, hängt vom Gesellschaftssystem insgesamt ab. »Teuer« bezieht sich ja zunächst relativ auf die Kosten anderer Funktionselemente des Prozesses. Ob dieses relativ teurere Funktionselement nun durch technisches Gerät realisiert wird oder durch menschliche Arbeitskraft, hängt vor allem von den Kosten der verfügbaren Ware Arbeitskraft ab. Gibt es »billige« Arbeitskräfte, wird die ökonomische Logik diese in die Lücken hineindrängen. Ein »polarisiertes« Arbeitskräfteangebot ist also systemfunktional für eine Gesellschaft mit halbiertem Humanismus und einer Produktionsweise auf hohem technologischen Niveau.

Wird durch Lohnkampf auch die billigere Arbeitskraft teurer, so kann es ökonomischer sein, einige Lücken technisch zu schließen, was dann im ungünstigsten Fall zur »technologischen Freisetzung« der Arbeitskraft führt und Rückwirkungen auf den Lohnkampf hat.

Aber selbst bei einem kollektiv gesicherten Beschäftigungsverhältnis und bei »teurer« Arbeitskraft bleibt im Bereich der Massenproduktion prinzipiell das Problem der »Lücken«, d. h. das Problem der relativen Kostenabwägung, und somit das Problem der »menschenunwürdigen« Arbeitsplätze[470]. Insgesamt muß man dieses Problem wohl als einen Aspekt der Tatsache betrachten, daß der »Vollbegriff der Arbeit«[471] notwendig auch Mühsal einschließt. Selbst wenn die zur Reproduktion der Menschen notwendige Arbeit »rationell« und arbeitsteilig in symmetrischer Kooperation mit vollem Konsensus der Betroffenen bewältigt wird, »bleibt dies immer ein Reich der Notwendigkeit. Jenseits desselben beginnt die menschliche Kraftentwicklung, die sich als Selbstzweck gilt, das wahre Reich der Freiheit, das aber nur auf jenem Reich der Notwendigkeit als seiner Basis aufblühen kann«[472].

470 Auch in »nichtkapitalistischen« Industrieländern ist dies offenkundig ein Problem geblieben.

471 Vgl. Klages: *Technischer Humanismus* (485), p 107.

472 K. Marx: *Kapital*, Dritter Band, *MEW* 25, p 828.

Klassengesellschaften versuchen typisch die ambivalente Bedeutung von »Arbeit« – notwendige Abarbeitung an der Natur und schöpferische Entfaltung menschlicher Interessen und Fähigkeiten – dadurch zu »überwinden«, daß sie den »vollen Inhalt« asymmetrisch auf verschiedene Menschen aufteilen.

Eine Gesellschaft ohne geteilten Humanismus, die Menschenwürde nicht funktional definiert nach den Erfordernissen eines bestehenden Herrschaftssystems, sondern nach den jeweils historisch erreichbaren Entfaltungsmöglichkeiten »des Menschen«, wird so auch das Problem der Lücken völlig neu lösen müssen. Vor allem wird der enge Bezugsrahmen der Kostenkalkulation für die Arbeitskraft gesprengt werden müssen, z. B. müssen auch die Kosten für langfristigen Gesundheitsverschleiß und die Kosten für verlorengegangene Chancen zur Realisierung eigener Interessen veranschlagt werden[473].

Da in vielen Bereichen der Produktion vermutlich noch lange Zeit »Lücken« anfallen werden, wird zum anderen eine humanere Gesellschaft durch eine andere Arbeitsorganisation diese Lücken qualitativ verändern müssen. Diese Veränderung wird sich auf beide Seiten beziehen müssen: auf den Arbeitsplatz und auf das System der Zuordnung der Menschen zu einem Arbeitsplatz.

Durch eine veränderte Arbeitsorganisation, die nicht ausschließlich strukturiert wird durch den betrieblichen Kostenhorizont, müssen verschiedene »Lücken« so zu einem Arbeitsplatz integriert werden, daß der Stumpfsinn der repetitiven Teilarbeiten wenigstens teilweise gemindert wird. Die erwähnten zaghaften Versuche des jobenlargement und jobrotation sind Ansätze hierzu.

Das Zuordnungsprinzip wird eine humanere Gesellschaft gründlich verändern müssen. Vor allem wird hier die quasi lebenslängliche oder zumindest auf Dauer gedachte Zuordnung eines Men-

473 Kostenersatz für verschuldete Behinderung der Chance zur Realisierung eigener »interests« ist im bürgerlichen Recht für die Kapital-Seite durchaus üblich.

schen zu einem Funktionselement einer »notwendigen« Arbeitsteilung aufgegeben werden müssen. Eine »Lücken-Arbeit«, die nur »vorübergehend« geleistet werden muß und dann durch eine menschenwürdigere Arbeit abgelöst wird, gewinnt allein hierdurch eine neue Qualität. Hiermit zusammenhängend wird man auch die industriekulturelle Selbstverständlichkeit erschüttern müssen, daß niemand »unter seiner Qualifikation« beschäftigt werden darf. Diese Selbstverständlichkeit trägt bislang hauptsächlich dazu bei, daß die Verknöcherung der Arbeitsteilung sich durchhält, daß die starre Statusverteilung durch das Schulsystem funktioniert und daß mögliche Veränderungen der Arbeitssituationen durch die Betroffenen selbst kaum stattfinden. Eine organisatorisch aufgefangene Frustration durch Überqualifizierung wäre ein wichtiges Ferment zur Umgestaltung der industriellen Arbeit.

Nicht zuletzt aus diesem Grunde ist das herrschende System der Ausbildung, Arbeitsvermittlung und Arbeitsnachfrage an »Überqualifizierung« nicht interessiert. Von der »Begabung« und von dem gesellschaftlich erzeugten Mehrprodukt her gesehen wäre es für die Bundesrepublik Deutschland z. B. »möglich«, allen Arbeitskräften in der materiellen Produktion eine Ausbildung zu ermöglichen, die zumindest auf dem Niveau der Ingenieurschulen liegt. Mit einem so ausgebildeten Arbeitskräftepotential würde sich das Problem der Polarisierung und der Lücken völlig neu stellen, und die Struktur der Arbeitssituationen würde sich mit Sicherheit radikal ändern.

Aber ich hatte mir nicht zur Aufgabe gestellt, »mögliche« Entwicklungslinien der industriellen Arbeit aufzuzeigen. Es sollten nur skizzenhaft einige Folgerungen erwähnt werden, die sich ergeben, wenn eine Gesellschaft ihre notwendige Arbeit organisieren würde nach dem Prinzip der »unantastbaren Würde« *jedes* Menschen[474] und nicht nach einem Herrschaftsprinzip, das zusammen mit anderen Mechanismen die Gesamtheit der Arbeitenden »polarisiert« in Menschen, die ihre Interessen und ihre

474 Vgl. Grundgesetz der BRD, Artikel 1!

Fähigkeiten entfalten können, und in Menschen, die in der Arbeitswelt hierzu nicht die geringste Chance haben.

Für die Rolle der wissenschaftlichen Technik in diesem Polarisierungsprozeß kann nach den bisherigen Ausführungen in diesem Abschnitt zusammenfassend gesagt werden: ihre Struktur begünstigt die Polarisierung, sie paßt sich zumindest »widerstandslos« in eine vorgegebene Polarisierung der Arbeitskräfte auf der Basis eines bürgerlich halbierten Humanismus ein.

Die Argumente für diese These waren bis jetzt immer verknüpft mit der Rationalität einer partikularen Arbeits-Ökonomie. Zu klären bleibt also noch, ob die wissenschaftliche Technik »aus sich heraus« diese Polarisierung begünstigt und trägt. Als Antwort auf diese Frage wird man sagen können: die wissenschaftliche Technik begünstigt aus sich heraus den Prozeß der Polarisierung durch »aktive Duldung«, denn sie hat aktiven Anteil an der Entwicklung des Produktionsprozesses, so wie er ist, und sie ist keine aktive Quelle zur Humanisierung der Arbeit, sie ist bestenfalls gleichgültig gegenüber dem Phänomen der Polarisierung.

Die Begründung hierfür ist implizit in der Darstellung der wissenschaftlichen Technik schon mehrfach gegeben worden. Zu erinnern ist vor allem an das tiefsitzende Klassenmerkmal der Wissenschaft, an ihr Herreninteresse, einen Prozeß von außen zu steuern, gleichgültig ob in diesen Prozeß Menschen »eingebaut« sind oder nicht. Die Struktur der wissenschaftlichen Technik lenkt notwendig das Interesse der scientific community auf den partikularen Prozeß ihrer Tätigkeit. Durch die dargestellten Abgrenzungstendenzen dieser Tätigkeit wird der technischen Intelligenz alles gleichgültig, was außerhalb ihrer Situation passiert. Die menschenunwürdige »Lücken-Arbeit«, die innerhalb der von der technischen Intelligenz entworfenen Maschinerie notwendig wird, wird von ihr in humanrelevanten Dimensionen nicht wahrgenommen.

Zu diesen Abgrenzungsmechanismen des Interesses kommen Distanzierungshilfen hinzu. Einmal die Distanz zwischen Herrschenden und Beherrschten, die durch die betriebliche Organisation von Großbetrieben gegeben ist. Die Transparenz der Machtausübung ist gering, die Wirkung des Tuns auf den »entfernt« Betroffenen wird auch für den »Herrschenden« verschwommen und unsichtbar[475].

Zum anderen gibt es rein technische Distanzierungshilfen: Arbeitsplätze für die technische Intelligenz werden getrennt von den Stätten der unmittelbaren Produktion errichtet, damit der Lärm, der Gestank und die Hitze der von ihnen entworfenen Maschinensysteme nicht auf ihre Arbeitsplätze zurückwirken. Wo diese weite räumliche Trennung nicht möglich ist, wird wenigstens durch schallisolierte und klimatisierte Abtrennungen die Distanz gesichert.

Die Polarisierung wird weiterhin unterstützt durch das erwähnte Wachstumsgesetz des Lernens und durch den nicht-eidetischen Charakter der Wissenschaft: die Arbeiter auf der einen Seite des Pols können trotz ständigen Kontakts mit dem sie beherrschenden Prozeß hieraus keinen akkumulierenden Gewinn ziehen, sondern sie bleiben am Nullpunkt.

Ich möchte mich hier in der Aufzählung der Gründe für die Polarisierung durch die wissenschaftliche Technik nicht zu sehr wiederholen, da die einzelnen Mechanismen, die hier von Bedeutung sind, an anderer Stelle und in anderen Zusammenhängen schon ausführlich beschrieben wurden. Zu erwähnen ist hier vielleicht noch die Funktion, die der spezifische Sozialisierungsprozeß der technisch-wissenschaftlichen Intelligenz für die Bildung einer Ideologie hat, die, zusätzlich zu den wissenschaftsinternen Mechanismen der Partikularisierung, den Prozeß der Polarisierung und allgemein auch den bürgerlich halbierten Humanismus unterstützt.

In einer Arbeit über die »politische Ökonomie des Mathematikunterrichts« werden auf der »Ebene der Ideologienbildung« z. B.

475 Vgl. hierzu die Diskussion über das Problem der Distanz und Transparenz in der Organisationssoziologie. Vgl. z. B. auch Israel (263), p 368 f. Vgl. auch die Ausführungen zum Prozeß der Verdinglichung.

für den Mathematikunterricht folgende Punkte genannt: »Gewöhnung an fremdbestimmtes Arbeiten, Verinnerlichung des ›Leistungsprinzips‹, Verabsolutierung mathematischer Strukturen und deren Übertragung in den gesellschaftlichen Bereich hinein, Rechtfertigung von Begabungs- und Aufstiegsideologien, Absehen von fachübergreifenden und gesellschaftlichen Zusammenhängen und Verzicht auf Reflexion über diese, Erziehung zur ›Objektivität‹ und ›Rationalität‹ im Sinne einer Einschränkung des Denkens und Handelns auf technische Funktionalität«[476]. Diese Aufzählung ist sicher in vielen Punkten noch zu ungenau und undifferenziert, auch könnte das meiste z. B. für einen »bürgerlichen« Deutschunterricht gelten. Dennoch ist die hier gemeinte Ideologienbildung für den naturwissenschaftlich-mathematischen Unterricht typischer und wahrscheinlicher, da ohne wesentliche zusätzliche Anstrengung auf seiten der Lehrer und Schüler aufgrund der Struktur der Wissenschaft und der vorhandenen Schulsituation diese Ideologisierung schon als »Minimalergebnis« des Unterrichts anfällt.

Zum Schluß dieses Abschnitts möchte ich noch kurz auf zwei Begriffsbildungen eingehen, die für den Zusammenhang meines Themenkomplexes für die jeweiligen Autoren von zentraler Bedeutung sind, die aber m. E. vor allem die Bedeutung der Klassentrennung *innerhalb* des »Gesamtarbeiters« ungenau reflektieren. Ich meine die Begriffe »Vergesellschaftung der Arbeit« und »Arbeit und Interaktion«.

Der von Marx verwendete Begriff der »vergesellschafteten Arbeit« soll zum Ausdruck bringen, daß die notwendigen Funktionen der Arbeit von der »Gesellschaft«, d. h. von den Arbeitern selbst erbracht werden. In einer vergesellschafteten Arbeit sind also die für die konkrete Arbeit notwendigen Kopffunktionen von außen, von der Kapitalseite, nach innen, in die Arbeiterschaft »hineingewachsen«. Selbst Leitungsfunktionen für die Kapitalverwertung werden von »Arbeitern« übernommen, und

476 Vgl. Joachim Neander: *Mathematik und Ideologie*, Starnberg 1974, p 90.

man spricht dann ja auch von einer »Vergesellschaftung der Leitung«.

Die These von Marx in diesem Zusammenhang ist nun, daß das Kapital diese Vergesellschaftung der Arbeit durch den Konzentrationsprozeß selbst erzeugt. »Hand in Hand mit (der) Zentralisation oder der Expropriation vieler Kapitalisten durch wenige entwickelt sich die kooperative Form des Arbeitsprozesses auf stets wachsender Stufenleiter, die bewußte technische Anwendung der Wissenschaft, die planmäßige Ausbeutung der Erde, die Verwandlung der Arbeitsmittel in nur gemeinsam verwendbare Arbeitsmittel, die Ökonomisierung aller Produktionsmittel durch ihren Gebrauch als Produktionsmittel kombinierter, gesellschaftlicher Arbeit ...« »Das Kapitalmonopol wird zur Fessel der Produktionsweise, die mit und unter ihm aufgeblüht ist. Die Zentralisation der Produktionsmittel und die Vergesellschaftung der Arbeit erreichen einen Punkt, wo sie unverträglich werden mit ihrer kapitalistischen Hülle. Sie wird gesprengt. Die Stunde des kapitalistischen Privateigentums schlägt. Die Expropriateurs werden expropriiert«[477].

Der Begriff der Vergesellschaftung der Arbeit steht also in einem ganz bestimmten Theorienkontext mit mehreren Annahmen, die überprüft werden müssen, wenn dieser Begriff heute in einer historisch anderen Situation »marxistisch« verwendet werden soll.

Da ist vor allem die Annahme, die letztlich die »Unschuld der Produktivkräfte« impliziert: das Kapitalverhältnis wird in der Entwicklung als »Außenverhältnis« angenommen, das, bei genügend fortgeschrittener Konzentration, wie eine »Hülle« abgestreift werden kann. Die Produktivkräfte können dann praktisch unverändert als »Block« von der neuen Gesellschaft übernommen werden, die nun nur die Produkte dieses Blocks nach ihren neuen Gesetzen verteilt.

Die These, daß das Kapitalverhältnis wie eine »Hülle« abgestreift werden kann, setzt die vergesellschaftete Arbeit voraus.

477 K. Marx: *Kapital*, Erster Band, *MEW* 23, p 790, 791.

Soll diese These empirischen Gehalt haben, muß nun gefragt werden, was Vergesellschaftung der Arbeit empirisch bedeutet und wie weit empirisch eine vergesellschaftete Arbeit zu beobachten ist. Was bedeutet also im obigen Zitat von Marx »gemeinsam« verwendete Arbeitsmittel und »kooperative« Form des Arbeitsprozesses?

Sollen die Begriffe gemeinsam und kooperativ ihren »Sinn« behalten, muß vergesellschaftete Arbeit doch *zumindest* bedeuten: Aufhebung der prinzipiellen Trennung von Kopf und Hand in der Arbeits*situation,* also eine gemeinsame, kollektive Beherrschung und Verwendung der Produktionsmittel zumindest in der »Situation« der unmittelbaren Produktion. Aber »was heißt schon ›kollektiv‹, wenn nach wie vor die einen denken und die anderen Hand anlegen müssen? Die Kluft zwischen planender und ausführender Arbeit wird immer breiter und unüberwindlicher«[478].

Ich brauche mich hier nicht zu wiederholen: von einer »vergesellschafteten Arbeit« im »eigentlichen« Sinne ist empirisch – auch »tendenziell« – nichts auszumachen. Was man empirisch feststellen kann ist, daß bestimmte Funktionselemente eines Produktionsprozesses »kooperativ« und »teilautonom« von bestimmten Berufs*gruppen* übernommen worden sind.

In diesen beobachtbaren teilautonomen Produktionsprozessen bezieht sich das »Gemeinsam« und »Kooperativ« immer nur auf ein Funktionselement der Arbeit im Produktionsprozeß und nicht auf »die Arbeit«. Als »vergesellschaftet« könnte man diese Arbeit also nur dann bezeichnen, wenn man diese Teilprozesse schon gleichsetzt mit Gesellschaft. Dann hieße aber Vergesellschaftung der Arbeit nichts weiter, als daß eine bestimmte Arbeit, die früher einer allein bewältigen konnte, nun von *mehreren* arbeitsteilig und kooperativ erledigt wird[479].

478 M. Bridier: »›Neue Arbeiterklasse‹ oder ›neue Bourgeoisie‹?«, in (432), p 121-122, im Zusammenhang einer Kritik an der These Mallets vom »vielseitig ausgebildeten kollektiven Arbeiter«.

479 Mehr kann z. B. auch nicht die oft verwendete Formel von einer

Wenn man nun dennoch im allgemeineren Sinne von einer vorhandenen und tendenziell zunehmenden Vergesellschaftung der Arbeit spricht, wie dies bei sehr vielen marxistisch orientierten Autoren der Fall ist, dann ist dies m. E. nur durch folgende »Einschränkungen« möglich:

1. Man verzichtet auf einen empirisch kontrollierten Gehalt des Begriffs »vergesellschaftete Arbeit«. Der Vorteil wäre: man kann »ungebrochener« revolutionsträchtige makrotheoretische Thesen vortragen über den Widerspruch zwischen der Logik des Kapitals und dem fortschrittlichen Niveau der Produktivkräfte sowie über den Hüllencharakter des Kapitalverhältnisses. Der Nachteil aber ist, daß hierdurch übersehen wird, daß das »Kapitalverhältnis« und analoge Herrschaftsmechanismen tief in die Poren der Produktivkräfte eingedrungen sind und z. B. die Arbeitenden selbst klassenmäßig aufspalten, was u. a. eine Überwindung dieses Zustandes wesentlich erschwert.

2. Oder man verkürzt den Begriff der »vergesellschafteten Arbeit« um seine sinnlich konkrete Dimension, um seinen emanzipativen Inhalt, und betrachtet ihn als bloß theoretisches Konstruktum im Zusammenhang des ebenfalls bloß formalen Konzepts eines »Gesamtarbeiters«[480]. »Vergesellschaftete Arbeit« hieße dann nur noch, daß jedes Funktionselement der Arbeit eines vorgegebenen arbeitsteiligen Produktionsprozesses von Arbeitern erledigt wird, deren »Gemeinsames« darin besteht, daß sie alle lohnabhängig sind. Ob dieser Produktionsprozeß »gemeinsam« und »kooperativ« von *allen* Arbeitern getragen würde oder ob einige Kopfarbeiter die Masse der Handarbeiter in diesem Produktionsprozeß faktisch beherrschen, wäre einem so verkürzten Begriff gegenüber gleichgültig[481].

vorhandenen Tendenz der Vergesellschaftung der Wissenschaft empirisch bedeuten: der Einzelforscher wird abgelöst von Teams.

480 Vgl. hierzu die Kritik am Begriff des Gesamtarbeiters im vorangegangenen Abschnitt.

481 Auch die manchmal gemachte Unterscheidung zwischen »faktisch« und »wirklich« vergesellschafteter Arbeit bringt hier noch ungenügende Differenzierungen.

Beiden »einschränkenden« Bedeutungen des Begriffs der vergesellschafteten Arbeit ist gemeinsam, daß der mögliche kritische Sinn dieses Begriffs verlorenging und daß nun diesem Begriff der analytische Standpunkt des Kapitals aufgeprägt wurde. Der kritische Sinn geht verloren, weil die Realität nicht mehr verglichen wird mit dem konkret utopischen Inhalt des Begriffs einer vergesellschafteten Arbeit. Der verkürzte Begriff der vergesellschafteten Arbeit kann sogar, ähnlich wie der Begriff des Gesamtarbeiters, zur herrschaftsunkritischen Ideologie werden, nämlich dann, wenn die verkürzte Bestimmung von »kooperativ« und »gemeinsam« für den überhaupt möglichen Zustand ausgegeben wird.

Die Perspektive des Kapitals wird andererseits insofern eingenommen, daß ebenfalls die Gesamtheit der Produktivkräfte nur als »Block« angesehen wird, der nur aufgrund einiger »äußerer« Funktionskriterien beurteilt wird. Die Produktivkräfte sind in der Logik des Kapitals nur als »Instrument« gesetzt für die Erzeugung von Mehrwert. Ein großer Teil der theoretischen Anstrengungen, die dieses »abstrakte« Verhältnis, diesen »abstrakten Sinn« der Produktivkräfte, kritisch durchbrechen wollen, läßt sich zum Nachteil ihrer möglichen Wirkung einen korrespondierenden abstrakten Charakter aufdrängen. Dadurch verfestigt sich der kritisierte Sachverhalt noch in der Gestalt der Kritik selbst. Dies gilt z. B. leider auch für das in diesem Zusammenhang wichtige von Habermas geprägte Begriffspaar »Arbeit und Interaktion«[482].

Dieses Begriffspaar ist aus unterschiedlichen Gründen schon sehr häufig kritisiert worden[483]. Zunächst wird vor allem die von

482 Vgl. z. B. Habermas: *Technik und Wissenschaft* (147), p 62.

483 Für eine grundsätzliche Kritik an der implizierten »Anthropologie« dieses Begriffspaars vgl. z. B. Wolf Lepenies: »Anthropologie und Gesellschaftskritik. Zur Kontroverse Gehlen–Habermas«, in: Wolf Lepenies und Helmut Nolte: *Kritik der Anthropologie,* München 1971, p 86 ff, und für eine häufig vorgebrachte »marxistisch« orientierte Kritik vgl. z. B. Hans-Dieter Bahr: *Kritik der »Politischen Technologie«* (230), p 76 ff.

Habermas vorgeschlagene Definition des Arbeitsbegriffs kritisiert. Ich möchte mit meiner kurzen Kritik hier ebenfalls ansetzen.
»Arbeit« wird für Habermas synonym mit zweckrationalem Handeln, instrumentalem Handeln und rationaler Wahl[482]. Das Kriterium der Rationalität sind »technische Regeln«, »empirisches Wissen«. »Symbolisch vermittelte Interaktionen«, die sich nach »geltenden Normen« richten, finden in der »Arbeit« nicht statt.
Ehe man auf Einzelheiten eingeht, muß man an dieser Stelle schon fragen, ob ein so eingegrenzter Bereich des zweckrationalen Handelns sinnvoll mit dem Begriff der »Arbeit« belegt werden kann.
Der Begriff der Arbeit steht in einem so reichen philosophischen und kulturgeschichtlichen Kontext, daß nur ein »bedenkenloser« Begriffsformalismus à la Luhmann ihn ungestraft auf eine mögliche Randbedeutung hin analytisch verkürzen könnte[484]. Allein der Marxsche Kontext, dem Habermas doch in seiner emanzipatorischen Absicht verpflichtet ist, verbietet diese Verkürzung[485].
»Arbeit« ist eine zentrale anthropologische Kategorie, die für den Prozeß der Menschwerdung, der Sozialisation, der Reproduktion und Vergegenständlichung des Menschen konstitutiv ist. Jeweils historisch konkrete Herrschaftsverhältnisse reduzieren diesen zentralen Bereich des Menschen für bestimmte Menschen auf eine Tätigkeit, die unterhalb des historisch definierbaren menschlichen Vermögens liegt. So reduziert die Logik des Kapitals »Arbeit« für die meisten Menschen zu einer fremdbestimmten, eigeninteressenfreien Plackerei, zu einer scheinbar »rationalen« Tätigkeit, die abgeschnitten ist von einer möglichen interaktiven Konsensbildung der Betroffenen.

484 Vgl. hierzu den Anfang von Kapitel III.

485 Vgl. für einen Überblick: Helmut Klages: *Technischer Humanismus. Philosophie und Soziologie der Arbeit bei Karl Marx*, Stuttgart 1964.

Eine Theorie, die diese »Reduzierung« kritisieren will – was die Theorie von Habermas ja ausdrücklich will –, darf die historisch bedingte erstarrte Dichotomie nicht noch auf der Ebene der Begriffsbildung wiederholen[486]. Durch diese Begriffsbildung wird noch auf theoretischer Ebene die Überwindung der reduzierten Arbeit erschwert bis unmöglich gemacht, denn das »praktisch« zu bewältigende Problem ist nicht, wie eine herrschaftsfreie Interaktion zu ermöglichen ist, sondern wie eine herrschaftsfreie Arbeit realisiert werden kann. Um eine »praktische« Strategie zu entwickeln, wie alle oder auch nur mehr Menschen in ihrer Arbeit zu selbstbewußten und nach eigenen Interessen und Normen handelnden Subjekten werden können, ist es notwendig, die normenbestimmten Herrschaftsmechanismen auch in den Poren der Arbeitssituationen auszumachen, um mit differenzierenden Kriterien auch eine schrittweise Emanzipation von fremder Herrschaft *in* der Arbeit angeben zu können[487].

Wenn »Arbeit« dagegen, wie in der mechanistischen Ideologie bürgerlicher Ökonomen, instrumental als »Block« definiert wird, der durch wissenschaftliche Gesetze und technische Regeln eindeutig bestimmt ist, dessen innere Prozesse durch Zielvorgaben von außen zu steuern sind und vorherbestimmbar ablaufen, dann wird die Möglichkeit selbstbestimmter Arbeit schon im theoretischen Ansatz aufgegeben.

Die Dichotomie von Arbeit und Interaktion muß so trotz ihrer kritischen Intention als Produkt bürgerlichen Denkens angesehen werden, das seine Kategorien auf der Grundlage der für »anthropologisch« ausgegebenen Dichotomie von Kopf- und Handarbeit entwickelt.

486 Vgl. hierzu auch die Kritik von Marx am reduzierten Arbeitsbegriff von Adam Smith, *Grundrisse* (205), p 504 f!

487 Autoren, die ihr emanzipatorisches Interesse auf konkrete Gruppen in der industriellen Arbeit konzentrieren, können aus diesem Grunde mit dem Habermasschen Formalismus von Arbeit und Interaktion wenig anfangen. Er ist für sie im günstigsten Falle unbrauchbar. Vgl. z. B. Wolfgang Lempert: *Berufliche Bildung als Beitrag zur gesellschaftlichen Demokratisierung*, Ffm. 1974, p 48 ff.

Diese kurzen Bemerkungen zum Begriff der vergesellschafteten Arbeit und zum Begriffspaar Arbeit und Interaktion machen m. E. erneut deutlich, daß bestimmte Kategorien, die »wesentlich« zusammenhängen mit der Grundvoraussetzung bürgerlichen Denkens, dem halbierten Humanismus, sich selbst noch in der Kritik an der bürgerlichen Gesellschaft als Denkvoraussetzungen festsetzen konnten. Da dieses kritische Denken und z. B. auch der »Marxismus« in einer bürgerlichen Gesellschaft entstanden sind, ist diese Tatsache keineswegs erstaunlich. Erstaunlich vielleicht ist, daß das marxistische Denken sich selbst gegenüber in diesem Punkt so unkritisch ist. Daß eine immer wieder neu anzusetzende Kritik an bürgerlichen Implikationen auch kritischen Denkens notwendig ist, sollte insgesamt mit der Darstellung der durch zeitgenössische Marxisten vernachlässigten Klassenspaltung innerhalb des »produktiven Gesamtarbeiters« belegt werden.

G. Großtechnologie: Zur Herrschaft der scientific community auf der Ebene des Gesellschaftssystems

In diesem letzten Abschnitt des Kapitels über Technik und Herrschaft in der spätkapitalistischen Industriegesellschaft, in dem Veränderungen der Herrschaft bei »entwickelter Technologie« behandelt wurden, möchte ich für die Analyse der Herrschaft auf der Ebene des Gesellschaftssystems ein spezifisches Phänomen moderner Industriegesellschaften herausgreifen: die »großtechnologischen Projekte«. Eine Analyse der Determinanten und der Funktion großtechnologischer Projekte im Zusammenspiel mit relevanten Großaggregaten des Gesellschaftssystems könnte klären, in welcher Weise großtechnologische Projekte beitragen zur Erzeugung gesellschaftlicher Asymmetrien und zur Aufrechterhaltung einer blinden Verlaufslogik der Gesamtgesellschaft und welche spezifische Rolle dabei das Wissenschaftssystem spielt.

Um die reale Komplexität dieses Problembereichs für die Darstellung zunächst einmal zu reduzieren, beginne ich mit einem

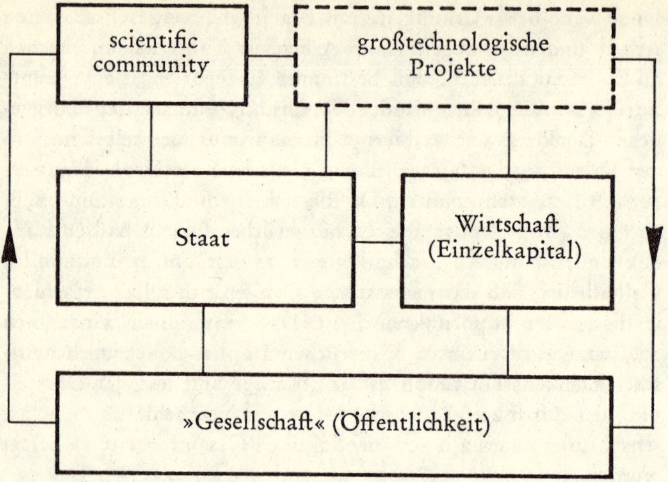

Abb. 5

Blockdiagramm[488]. Die Verbindungslinien zwischen diesen abgrenzbaren Blöcken sollen Input- und Outputbeziehungen darstellen, die für die Blöcke bestimmend sind, z. B. in den Dimensionen »Geld« und »Einfluß«, und soweit sie für das großtechnologische Projekt relevant sind.

Eine asymmetrische Entwicklung der Ressourcen der Gesellschaft und eine asymmetrische Verteilung der Kosten und der Gewinne würde sich ergeben, wenn die großtechnologischen Projekte zwar finanziert würden durch die Gesellschaft, d. h von der Masse der Bevölkerung, aber der Einfluß der Bevölkerung auf die konkrete Gestalt dieser Projekte praktisch nicht vorhanden wäre, wenn

488 Um Mißverständnissen vorzubeugen, möchte ich ausdrücklich darauf hinweisen, daß mit den nun verwendeten Begriffen System und Subsystem keine Theorieelemente einer funktionalistischen Soziologie mit übernommen werden. Schon gar nicht lehne ich mich hierdurch an die lange Zeit vorherrschende normativ-funktionalistische Deutung der Wissenschaft durch Merton an. Für einen Überblick über diese funktionalistische Deutung und ihre Kritik vgl. die beiden Reader zur Wissenschaftssoziologie von Weingart (224) und (148).

der Gebrauchswert dieser Projekte für die Masse der Bevölkerung sehr gering wäre oder diese Projekte sogar zu ihrer Existenzbedrohung beitrügen und wenn durch eine bestimmte Logik der Verkettung dieser Blöcke Wissenschaft sich in »lebenswichtige« Projekte nur selten und »zufällig« vergegenständlichte.
Das Gesamtsystem würde zudem noch einer blinden Verlaufslogik folgen, wenn trotz umfangreicher Planung die großtechnologischen Projekte das Resultat bornierter Interessen der Subsysteme wären, die sich nur über abstrakte Flußgrößen[489] synthetisieren. Für den Zusammenhang von Technik und Herrschaft würden sich Anzeichen ergeben, wenn durch bestimmte großtechnologische Projekte die Asymmetrie und Verdinglichung der Gesellschaft deutlich verstärkt würden und wenn diese Projekte wesentlich vom Subsystem der scientific community induziert würden.
Wieweit diese Möglichkeiten real gegeben sind oder sich Tendenzen zeigen und wodurch sie begründet sind, soll nun, ausgehend vom obigen Blockschema, z. B. durch folgende Fragen erörtert werden: Welchen Charakter haben typische großtechnologische Projekte? Was sind die Gründe für die Entstehung großtechnologischer Projekte, welcher Logik folgen sie? Wer hat ein Interesse an großtechnologischen Projekten? Wer finanziert sie, die »Wirtschaft« oder der Staat? Wer bestimmt die konkrete Gestalt großtechnologischer Projekte, die »Wirtschaft«, der Staat, die scientific community oder die »Gesellschaft«? Welchen »Sinn« haben großtechnologische Projekte, welchen »Gewinn« bringen sie der Gesamtgesellschaft?
Diese Fragen müßten oft gleichzeitig behandelt werden, da sie zusammenhängen. Die Darstellung verlangt jedoch ein Nacheinander. Auch werden im Laufe der Darstellung die Fragen genauer und differenzierter gestellt oder auch umformuliert werden müssen. Konzentrieren werde ich mich auf die Frage nach dem Einfluß des Wissenschaftssystems auf die Erzeugung großtechnologischer Projekte.

489 Vgl. hierzu Abschnitt IV E.

Die Erwähnung und Verweisung auf die Determinierung großtechnologischer Projekte durch andere Subsysteme der Gesellschaft soll den relativen Stellenwert meiner Argumentation verdeutlichen. Ohne diese Andeutungen bestünde vielleicht die Gefahr, daß meine Ausführungen als Variante der These vom »technologischen Determinismus« mißverstanden würden.

Insgesamt hat auch dieser Abschnitt nur skizzenhaften Charakter, da die vorhandene Literatur über die angesprochenen Themenbereiche, wie z. B. über Wissenschaftspolitik, militärisch-industriellen Komplex, Funktion der Grundlagenforschung usw., sehr umfangreich ist und somit eine weit ausführlichere Darstellung erforderlich wäre, wenn auch nur eine grobe Zusammenfassung angestrebt würde.

a. Der typische Charakter großtechnologischer Projekte

Großtechnologische Projekte können als Synthese dreier »Errungenschaften« der Moderne betrachtet werden. Diese drei Errungenschaften sind: wissenschaftliche Beherrschung von Naturprozessen und Technologien im industriellen Maßstab, bürokratische Organisationstechniken und eine intraproduktbezogene Arbeitsteilung und Spezialisierung. Mit diesen modernen Hilfsmitteln können »die Menschen« heute Projekte in die »Welt setzen«, die selbst in der Phantasie der science fiction Autoren vergangener Generationen nicht produziert werden konnten.

Großtechnologische Projekte zeichnen sich also dadurch aus, daß eine große Zahl von Menschen sich arbeitsteilig auf ein bestimmtes Einzelprojekt mit einer spezifischen Funktion konzentriert, daß für dieses Projekt ein großer Teil des Wissens und Könnens der Gesellschaft mobilisiert oder eigens für dieses Projekt erzeugt wird, so daß mit zunehmendem technologischem Niveau der Produktivkräfte Technik und Wissenschaft sich vor allem in Großprojekten konzentrieren, und daß zur Durchführung des Projekts, dessen Resultat am Anfang oft weder sicher ist noch klar erkennbar, die Vielzahl der zu lösenden Einzelprobleme

nur durch eine angemessene Organisationstechnik integriert werden kann.
In der Art und in der Funktion großtechnologischer Projekte kann man den jeweiligen Stand der Produktivkräfte und auch das politische Bewußtsein und das Herrschaftssystem der Gesellschaft erkennen. Man könnte so z. B. Epochen nach der Art ihrer großtechnologischen Projekte einteilen.
Andererseits wirken vorhandene großtechnologische Projekte auch auf die jeweilige Gesellschaft zurück und bestimmen ihre nähere Zukunft, da vor allem das Wissen und Können, das bei der Realisierung dieser Projekte gewonnen wird, im wesentlichen nur verbesserte Projekte gleicher Art erzeugt und so andere gesellschaftlich mögliche Projekte ausblendet und vernachlässigt. Die Analyse über Art, Funktion und Entstehungszusammenhang von großtechnologischen Projekten ist so ein nicht unwesentlicher Teil der Gesellschaftsanalyse.
Die typischen großtechnologischen Projekte der vergangenen Epochen waren im Bereich der stationären Großbauten Festungsmauern, Burgen, Schlösser und Kathedralen, und im Bereich der beweglichen Objekte waren es Schiffe. In der Industrialisierungsphase kam zunächst vor allem das Projekt Eisenbahn hinzu, das einige andere großtechnologische Projekte wie Brükken, Tunnelbau und Nachrichtenwesen induzierte.
Als typische großtechnologische Projekte der heutigen Zeit muß man vor allem den Bereich der Fluggeräte nennen, jenen Bereich also, der Menschen seit Urzeiten faszinierte, der technisch aber erst sehr spät beherrschbar wurde. In und durch den Bau von Flugzeugen, Raketen, Satelliten und von dazugehörigen Steuerungs- und Nachrichtenzentralen sowie Start- und Landemaschinen wird heute ein großer Teil des technisch-wissenschaftlichen Wissens eingesetzt und erzeugt.
Die Form großtechnologischer Projekte haben heute auch manche Produktionsstätten. Vor allem sind hier die Produktionsstätten zu nennen, die die Produkte erzeugen, die als Indikator für den industriellen Fortschritt einer Nation dienen, z. B. Energie, Stahl oder auch Automobile. Produktionsstätten für diese Pro-

dukte als komplette technische Systeme werden von Industrieländern als großtechnologische Waren gehandelt wie Flugzeuge oder Schiffe. Als Besonderheit sind hier noch die Produktionsstätten für kernphysikalisches Wissen zu nennen: es sieht so aus, als ob kernphysikalisches Wissen heute nur noch über großtechnologische Projekte zu erzeugen ist, z. B. in Teilchenbeschleunigungsanlagen mit riesigem technischem, organisatorischem und finanziellem Aufwand[490].

Diese Aufzählung sollte nur einige Schwerpunkte kennzeichnen, in welcher äußeren Form und für welche Funktionsbereiche großtechnologische Projekte realisiert werden. Für die Kennzeichnung des typischen Charakters großtechnologischer Projekte ist nun m. E. vor allem die Bestimmung der »wesentlichen« Funktion wichtig, d. h. nicht die formale Funktion wie Transport von Personen, Material und Informationen oder Produktion von Energie und Stahl, sondern die inhaltliche gesellschaftliche Funktion, unterschieden danach, ob die Projekte einem »allgemeinen« oder einem partikularen Interesse dienen, ob sie »konkrete« Bedürfnisse erfüllen oder »abstrakte Systemanforderungen«[491].

Unterteilt man in diesem Sinne großtechnologische Projekte grob in Projekte, die zum Ziel haben, die »Lebensbedürfnisse« der Bevölkerung nach Nahrung, Kleidung, Wohnung, Gesundheit

490 Vgl. z. B. Robert Jungk: *Die große Maschine. Auf dem Weg in eine andere Welt*, Bern und München 1966. Ich werde auf diesen »Sonderfall« noch ausführlicher eingehen, da er Typisches der Situation erhellt.

491 Anzumerken wäre noch, daß die Gegenüberstellung von »konkreten« und »abstrakten« Bedürfnissen eine grundsätzlichere Erörterung notwendig machte. Konkrete Bedürfnisse lassen sich heute nicht von einem »natürlichen« oder auch nur eindeutigen Bezugspunkt aus bestimmen. Sie werden gesellschaftlich definiert und laufen so Gefahr, wie die abstrakten »maßlos« zu werden. Vgl. hierzu z. B. Amery (605), p 173 f! Ich verlasse mich hier jedoch auf ein Vorverständnis dieser Begriffe und auf die Evidenz der Unterschiede im von mir diskutierten Bereich.

und Freizeit, ohne Benachteiligung anderer, mit weniger Mühsal zu befriedigen, und in Projekte, die eine Befriedigung dieser Bedürfnisse nicht zum Ziel haben, die diesen Interessen nur zufällig dienen, z. B. durch »Abfallprodukte« oder die ihnen gegenüber gleichgültig sind oder sogar entgegenwirken, dann ist seit langem und in besonderem Maße heute der weitaus größte Teil der großtechnologischen Projekte der letzten Gruppe zuzuordnen.

Der größte Teil der letzten Gruppe wiederum ist sogar in ganz spezifischer Weise »lebensfeindlich«, denn die typischen großtechnologischen Projekte waren und sind in ihrer aufwendigsten und perfektesten Form immer Kriegsgeräte. Dies gilt für Schiffe, Flugzeuge und Landfahrzeuge, für Bauten, Nachrichtensysteme und Forschungsanlagen.

Wenn nun richtig ist, daß naturwissenschaftlich-technisches Wissen am meisten genutzt und produziert wird in großtechnologischen Projekten und wenn andererseits großtechnologische Projekte überwiegend militärische Projekte sind, dann bedeutet dies, daß das produzierte naturwissenschaftlich-technische Wissen vorwiegend Vernichtungswissen ist, daß also die scientific community mehr Wissen produziert über die Möglichkeiten, Menschen umzubringen, als darüber, wie ihnen ein besseres Leben zu ermöglichen ist.

Leider sprechen viele empirische Daten für die Richtigkeit dieser These. Besonders durch zwei Indikatoren kann man den empirischen Gehalt dieser These überprüfen: am Anteil der Mittel, die für Rüstungsentwicklung und -forschung ausgegeben werden, und am Anteil der Wissenschaftler und Ingenieure, die für die Rüstung arbeiten.

Beide Anteile sind, verglichen mit dem zivilen Sektor, in den meisten Industrieländern, vor allem in den großen und in den kapitalistischen, erschreckend hoch. Die Arbeiten z. B. von Fritz Vilmar[492], Helmut Krauch[493, 494] oder Rainer Rilling[495], um nur

492 Fritz Vilmar: *Rüstung und Abrüstung im Spätkapitalismus. Eine sozioökonomische Analyse des Militarismus in unserer Gesellschaft*, Ffm. 1969.

einige deutschsprachige zu nennen, geben hierüber einen guten Überblick. Nur zur Illustration oder Erinnerung seien hier einige Zahlen genannt: »Die USA geben zwischen 50 und 60 % ihres Bundeshaushalts für Verteidigungszwecke aus. Das sind annähernd 10 % des Bruttosozialprodukts«[496]. Ein großer Anteil hiervon fließt direkt in die Entwicklung und Forschung für großtechnologische Projekte. »So sind z. B. manche Firmen, die Flugzeuge, Raketen und Steuerungssysteme herstellen, auch einige Firmen im Schiffsbau und in der Elektronik, fast vollständig von Verteidigungsaufträgen abhängig. Rund 50 % der Lieferungen der elektronischen Industrie und 61 % der Lieferungen des Schiffsbaus sind für die Rüstung bestimmt. 95 % aller Aufträge der Flugzeugindustrie und 97 % aller Aufträge der Raumfahrtindustrie sind Rüstungsaufträge«[497]. »Von den nahezu 350 000 Ingenieuren und Wissenschaftlern, die in der amerikanischen Industrie Forschung und Entwicklung betreiben, sind rund 52 % in der Luft- und Raumfahrt und in der elektronischen Industrie beschäftigt, also den Industriezweigen, die hauptsächlich Rüstungs- und Raumfahrtprojekte bearbeiten«[498]. Zusammengenommen sind »zwei Drittel bis drei Viertel der amerikanischen Wissenschaftler und Ingenieure ... in militärisch wichtigen Berufen tätig«[499]. Jürgen Kuczynski faßt die traurige Bilanz der »wissenschaftlichen Zivilisation« wie folgt zusammen:

493 Helmut Krauch: *Die organisierte Forschung*, Neuwied und Berlin 1970.

494 Helmut Krauch: *Prioritäten für die Forschungspolitik*, München 1970.

495 Rainer Rilling: *Kriegsforschung und Vernichtungswissenschaft in der BRD*, Köln 1970.

496 Vgl. Krauch (493), p 154.

497 W. o., p 155, vgl. auch Vilmar (492), p 77.

498 W. o., p 159, Zahlen aus dem Jahr 1963.

499 Vgl. Vilmar (492), p 77. Der Krieg selbst ist heute im wesentlichen als großtechnologisches Projekt anzusehen, und »die Tage sind nicht mehr fern, da Ingenieure fast ausschließlich den Wehrstand bilden werden, in dem die Kriegsführung ein Spezialzweig der Technik wird«. Vgl. Hortleder (234), p 43.

»1. Die Rüstung verschlingt heute im Weltmaßstab etwa 7 Prozent des Bruttosozialprodukts – aber die Arbeitskraft von rund 50 Prozent aller naturwissenschaftlich und technologisch Tätigen.
2. Auf jedes Produkt im Wert von 100 Dollar entfallen, wenn es sich um ein militärisches Produkt handelt, über 50 Dollar Ausgaben für Forschung und Entwicklung; wenn es sich aber um ein Produkt für den zivilen Gebrauch handelt, so werden noch nicht 5 Dollar für Forschung und Entwicklung ausgegeben.
3. Daraus ergibt sich: Die Rüstungsproduktion ist heute mindestens zehnmal so (natur)wissenschafts- und technologie-intensiv wie die zivile Produktion. ... Kein Wunder, daß unter diesen Umständen die militärische Destruktivkraft sich in den letzten Jahrzehnten weit, weit mehr entwickelt hat als die zivile Produktivkraft«[500].

Auch für die Bundesrepublik Deutschland liegen, nach kriegsbedingten anfänglichen Unterschieden zu den USA, die Dinge nun nicht wesentlich anders. »Die Forschungsetats derjenigen Ministerien (in der Bundesrepublik), die allgemeine, nicht unmittelbar durch den Marktmechanismus erfüllbare gesellschaftliche Interessen vertreten, also beispielsweise der Ministerien für Gesundheit, Verkehr, Post, Wohnungsbau, Justiz, sind minimal, verglichen mit den Forschungsmitteln, die dem Verteidigungsministerium zur Verfügung stehen«[501].

500 Vgl. Jürgen Kuczynski: *Wissenschaft* (113), p 14.
501 Krauch (493), p 246-248, für einen Überblick vgl. z. B. in Claessens, Klönne, Tschoepe: *Sozialkunde der Bundesrepublik Deutschland*, Düsseldorf und Köln 1973, den Abschnitt: Militärisch-industrieller Komplex, p 148-152, vgl. hierzu aber vor allem die gründliche Arbeit von Rilling (495).

b. Determinanten großtechnologischer Projekte

1. Allgemeine Gründe für die Entstehung großtechnologischer Projekte

Wissenschaft konzentriert sich in großtechnologischen Projekten, und großtechnologische Projekte sind vorwiegend Rüstungsprojekte. Diese großtechnologischen Projekte bestimmen einen großen Teil der gesellschaftlichen Dynamik, sie binden wichtige Ressourcen und verhindern, daß die materielle Basis für die Erfüllung der Lebensbedürfnisse der Bevölkerung erweitert wird, und sie stabilisieren bestehende Asymmetrien und Herrschaftsverhältnisse und fügen diesen neue hinzu.

Wenn man daran interessiert ist, daß Wissenschaft und Technik in der Zukunft mehr zu einer Produktivkraft für »Lebensmittel« werden und weniger zu einer »Destruktivkraft«, dann ergibt sich notwendig die Frage, wie die Wissenschaft in eine andere Richtung »gesteuert« werden kann. Die Antwort auf diese Frage wird um so einfacher und klarer ausfallen, je einfacher und weniger komplex das Determinantensystem z. B. für die Entstehung großtechnologischer Projekte angenommen wird.

Ist man z. B. davon überzeugt, daß die einseitige Ausrichtung der Naturwissenschaft auf Rüstung hauptsächlich zusammenhängt mit makrostrukturellen Bedingungen polit-ökonomischer Natur, also begründet liegt z. B. im Imperialismus und in der Profitsucht der kapitalistischen Länder, dann ist die Antwort relativ einfach und eingängig, und analoge Probleme der Fehlsteuerung von Wissenschaft und Produktivkräften durch einen militärisch-industriell-wissenschaftlichen Komplex in »sozialistischen Ländern« z. B. der Sowjetunion und der DDR wird man dann kaum wahrnehmen oder wahrhaben wollen.

Erkennt man dagegen, daß das Determinantensystem für die Entstehung großtechnologischer Projekte komplexer ist, dann werden auch die Antworten und Lösungsvorschläge für eine »Steuerung der Wissenschaft« komplexer ausfallen und weniger »eingängig« sein. Die Antworten werden dann nicht mehr versprechen können, daß alles »auf einen Schlag« zu verändern sei, wenn nur der Hebel an die eine richtige Stelle angesetzt würde.

Ehe man sich also Gedanken machen kann, wie ein fehlgelaufener Prozeß in eine andere Richtung zu lenken ist, muß man zuerst möglichst vollständig wissen, welche Kräfte ihn auf die jetzige Bahn gelenkt haben.

Großtechnologische Projekte sind, wie erwähnt, das Resultat eines organisierten und konzentrierten Zusammenspiels mehrerer Subsysteme der Gesellschaft. Um die Determinanten aufzudecken, die den beschriebenen Charakter der heutigen großtechnologischen Projekte bestimmen, also vor allem die für den einzelnen »unüberschaubare« Dimension, den hohen Anteil der naturwissenschaftlichen Technik und die »unproduktive« Funktion der Projekte, ist es darum wohl sinnvoll, zunächst die beteiligten Subsysteme einzeln vorzunehmen, um zu klären, in welcher Weise die spezifische Logik dieser Systeme das Resultat bestimmt.

So wäre es möglich, daß die großtechnologischen Projekte als Kompromiß betrachtet werden müßten, der sich aus den z. T. widersprechenden Interessen und einer unterschiedlichen Logik der beteiligten Subsysteme ergibt. Es könnte aber auch sein, daß durch eine strukturelle Affinität der Systeme sich das Resultat über eine abstrakte Integrationslogik optimiert.

Die wichtigsten Subsysteme für die Erzeugung großtechnologischer Projekte sind, wie angedeutet, der Staat, das System der industriellen Wirtschaftsunternehmen und die scientific community. Ich beginne mit dem Staat. Aus vielen Gründen sind großtechnologische Projekte eng mit dem Subsystem Staat einer Gesellschaft verbunden. Großtechnologische Projekte erfordern einen hohen Aufwand an Mitteln, die von »privaten« Organisationen, heute selbst von Großkonzernen, in der Regel nicht aufgebracht werden können. Seit der Staat zunehmend in allen Industrieländern der größte Akkumulator des abgeschöpften Mehrprodukts ist, ist er auch der vorwiegende »Auftraggeber« großtechnologischer Projekte. Die Art der in Auftrag gegebenen Projekte wird sich also auch nach den Interessen und den zugedachten Funktionen des Staates bestimmen.

Aus historischen Gründen ist bis heute eine der selbstverständlichsten Funktionen des Staates, eine möglichst große »überlegene« Kriegsmaschinerie zu unterhalten[502]. Die Begründungen für die Unterhaltung der Kriegsmaschinerie passen sich heute der jeweiligen politischen Herrschaftsstruktur an, das Resultat ist jedoch immer das gleiche. So ist es fast »natürlich«, daß allein aus diesem Grunde ein großer Teil der großtechnologischen Projekte Kriegsgerät und Kriegsprojekt ist.
Hiermit zusammenhängend muß man weitere historisch bedingte Mechanismen des staatlichen »Imponiergehabes« in Rechnung stellen. Solange es zu den selbstverständlichen Funktionen eines Staates gehört, nach außen zu »repräsentieren« und, nicht nur über Kriegsgerät, zu »imponieren«, sowie seine wie immer bestimmte Macht zu »demonstrieren«, solange werden in einer Art staatlichen »demonstrativen Konsums« großtechnologische Projekte entstehen, die letztlich ohne »produktiven« Wert für die Masse der Bevölkerung sind. Solche großtechnologischen Imponier- und Prestige-Projekte sind, unabhängig von der politischen und ökonomischen Struktur, in fast allen Staaten zu finden, die ihre Macht, ihre Größe, ihre »Realität« und »Souveränität« oder auch nur ihr »fortschrittliches System« international demonstrieren wollen. Abgesehen vom Kriegsgerät, das selbstverständlich hier an erster Stelle steht, können diese Rolle auch »friedliche« Projekte spielen, wie z. B. früher riesige Luxusschiffe oder heute gewaltige Überschallflugzeuge, wie z. B. »große Maschinen« für die Kernforschung und nationale Atomprogramme, wie z. B. überdimensionale Gebäude-Maschinen für internationale Sportkämpfe und natürlich Weltraumprojekte. In Ländern mit unterentwickelter Infrastruktur haben diese Funk-

502 Diese historischen Gründe hängen auch damit zusammen, daß durch die Zentralisierung der physischen Gewalt im »Leviathan« die Logik des »alten Spiels« (vgl. Abschnitt IV A) um so ungehemmter und in größeren Dimensionen nach »außen«, zwischen Staaten, sich entfalten konnte und mußte. Vgl. hierzu auch die Darstellung von Carl Amery: »Die Dialektik der Zentralmacht«, in: Amery: *Natur als Politik. Die ökologische Chance des Menschen*, Reinbek 1976, p 87 ff.

tion komplett importierte Systeme z. B. für die Stahl- oder Energieerzeugung oder z. B. importierte Color-TV-Systeme. All diesen Fällen ist gemeinsam: sie sind überwiegend »Prestigeobjekte« des Staates und werden von ihm fast vollständig finanziert, in diesen Projekten ist ein überproportionaler Anteil naturwissenschaftlicher Technik vergegenständlicht, und diese Projekte dienen nicht den unmittelbaren Lebensbedürfnissen der Bevölkerung, im besten Fall nur relativ wenigen Privilegierten.

Insgesamt müßte dieser Punkt noch genauer ausgeführt werden. Es sollte hier jedoch nur darauf hingewiesen werden, daß allein durch die historisch gewachsene Logik eines zentralisierten Staatssystems, das über einen großen Teil des akkumulierten Mehrprodukts auch »machtpolitisch« verfügen kann, Mechanismen zur Erzeugung »unproduktiver« Großprojekte entstehen, die, zusammen mit soziologischen und sozialpsychologischen Mechanismen der Herrschaftserhaltung von wie immer legitimierten faktischen Eliten dieses Staatssystems, zuerst untersucht und in Rechnung gestellt werden müßten, ehe man z. B. die spezifische Logik des Kapitals zur Erklärung heranzieht. Die Logik des Kapitals müßte dann nicht, wie heute üblich, in ihrem Erklärungspotential überzogen werden, und es würden gleichzeitig nicht wichtige andere Determinanten, die den typischen Charakter heutiger großtechnologischer Projekte prägen, für die kritische Analyse verdeckt werden.

Nun ist aber andererseits gerade durch die Logik des Kapitals die Staatsfunktion in den kapitalistischen Ländern wesentlich bestimmt, was unmittelbare Auswirkungen auch auf die Determinierung wissenschaftsintensiver großtechnologischer Projekte hat.

Theoretisch ist dieser Punkt am weitesten ausgearbeitet worden. Die Arbeiten z. B. von Helmut Krauch[493], Ulrich Rödel[503] oder

503 Ulrich Rödel: *Forschungsprioritäten und technologische Entwicklung. Studie über Determinanten der Forschung und Schwerpunkte der Technologiepolitik in den USA*, Ffm. 1972.

Joachim Hirsch[504] geben hierüber einen guten Überblick. Meine Bemerkungen sind nur Stichworte zu diesem Themenkomplex, zumal ich nur den Aspekt herausgreife, wie durch das Subsystem Staat in der kapitalistischen Gesellschaft großtechnologische Projekte determiniert werden[505].

Seit der Staat im »organisierten Kapitalismus« aktiv die Rolle übernommen hat, die Stabilität des kapitalistischen Wirtschaftssystems als »Gesamtkapitalist« zu sichern, unterliegen seine interventionistischen Eingriffe auch kapitallogischen Einschränkungen und Bedingungen. Die Stabilität der kapitalistischen Produktionsweise ist ja u. a. dadurch gefährdet, daß die Logik der auf unendliche Expansion drängenden Produktion auf endliche Märkte trifft. Die Profitrealisierungschancen nehmen zwangsläufig mit zunehmender Sättigung der Märkte ab, so daß der Lebensnerv des Gesamtsystems getroffen wird. Periodisch auftretende Überkapazitäten und Arbeitslosigkeit gehören somit zum »Naturgesetz« kapitalistischer Produktionsweise. Es ist naheliegend, daß das kapitalistische System seit Anbeginn versucht hat, mit zusätzlich installierten Mechanismen diesen Widerspruch zwischen unendlicher Expansion und Profitakkumulierung einerseits und den sich immer wieder als endlich herausstellenden Märkten andererseits zu kompensieren. Es wurde hier ein ganzes Arsenal von kompensatorischen Mechanismen entwickelt, die zur Verblüffung mancher Untergangs- und Krisenpropheten das kapitalistische System erstaunlich lebensfähig hielten. So kann man zunächst versuchen, den endlichen Markt praktisch unendlich zu machen, z. B. durch eine permanente Erzeugung neuer Bedürfnisse, durch die Erzeugung neuer Produkte für bereits durch andere Produkte befriedigte Bedürfnisse, durch Verkürzung der Lebensdauer der Produkte und durch die Schaf-

504 Joachim Hirsch: *Wissenschaftlich-technischer Fortschritt und politisches System. Organisation und Grundlagen administrativer Wissenschaftsförderung in der BRD*, Ffm. 1971.

505 Für eine allgemeine Darstellung der Problematik Staat im Kapitalismus vgl. z. B. Ralph Miliband: *Der Staat in der kapitalistischen Gesellschaft. Eine Analyse des westlichen Machtsystems*, Ffm. 1972.

fung oder Eroberung von Märkten in anderen Ländern. Diese Strategie zeigt große Erfolge, sie stößt aber letztlich doch auf endliche Grenzen.

Der kapitalistischen Logik am besten entsprechen würde ein System, das direkt nach der Realisierung des Profits das Produkt vernichtete und so sofort wieder Platz für ein neues, größeres und teureres Produkt schaffte. Es ist darum nicht erstaunlich, daß eine staatlich gelenkte und finanzierte Kriegswirtschaft stagnierende kapitalistische Systeme z. B. vor und im Zweiten Weltkrieg zu ungeahntem Leben entfachte. In der Kriegswirtschaft dieser Zeit wurden auch die grundlegenden Erfahrungen gesammelt, wie durch staatliche Intervention eine kapitalistische Produktionsweise stabilisiert werden kann.

Der Staat muß zur Stabilisierung des Systems einen quasi unendlichen Markt schaffen, also zur profitablen Produktion von Produkten anregen, die auf dem privaten Konsummarkt niemand braucht. Eine Rüstungsproduktion des kapitalistischen Staates bietet sich unmittelbar an, da zudem die Notwendigkeit dieser Produktion durch die oben erwähnte »Staats-Logik« auch ideologisch gedeckt wird[506].

Eine in staatlicher Regie geführte Produktion von marktfähigen Waren verbietet sich. »Jede durch staatliche Maßnahmen ausgelöste Produktion von Gütern und Diensten, die mit dem Angebot von privaten Unternehmen konkurrieren, steht im Widerspruch zur krisenüberwindenden Funktion des öffentlichen Sektors. Neben die privaten Kapitalien träten auf denselben Märkten konkurrierende Kapitalien und ein konkurrierendes Angebot; die Krise würde nur noch verschärft. Aus demselben Grunde verbietet sich eine Einkommensumverteilung zugunsten der abhängig Arbeitenden, um so die Konsumnachfrage zu erhöhen. Dadurch würden die Profite und infolgedessen der Anreiz

506 Dagegen glaubte noch 1936 der theoretische Begründer des staatlich stabilisierten Kapitalismus, »that the new system might be more favourable to peace than the old has been«. Vgl. John Maynard Keynes: *The general theory of employment, interest and money*, London 1961, p 381.

für private Investitionen gemindert. Im öffentlichen Sektor dürfen also nur nicht-marktgängige Verschwendungsprodukte oder Infrastrukturanlagen produziert werden, die die Rentabilität privater Investitionen steigern. ›Um den Absatz privat produzierender Waren nicht noch weiter zu verringern, muß die von der Regierung induzierte Produktion in marktunabhängige Bereiche gelenkt werden: öffentliche Arbeiten, Rüstung, Verschwendungs- und Überflußproduktion‹«[507]. »Das gleiche Prinzip, das in der Kriegswirtschaft die Vollbeschäftigung herbeiführte, stimuliert auch in der mixed economy die Wirtschaft, oder besser gesagt: die alte Unterscheidung zwischen Kriegs- und Friedensproduktion ist weitgehend hinfällig geworden, die mixed economy funktioniert, wenn auch in geringerem Ausmaß, wie eine permanente Kriegswirtschaft«[508].

Dies ist nur die grobe Struktur des Prozesses, die den »stabilitätsbewußten« Staat im kapitalistischen System zwingt, so viele Projekte zu finanzieren, die keinen Gebrauchswert für die zahlende Bevölkerung haben.

Neben dem Charakteristikum der Gebrauchswertlosigkeit[508a] wird ebenfalls ein weiteres Merkmal der typischen großtechnologischen Projekte auch von der Logik des Kapitals determiniert: die Größe.

Die Logik des Kapitals verlangt eine möglichst störungsfreie Profitakkumulation, und sie versucht darum Störquellen zu eliminieren. Markt und Konkurrenz sind solche Störquellen und eine kleine Kapitalbasis ebenfalls. Die Konzentration der Kapitalien zu Oligopolen und Monopolen ist eine Konsequenz dieser Logik, und sie findet in der Realität auch statt[509]. Große

507 Rödel: *Forschungsprioritäten* (503), p 36, den letzten Satz zitiert Rödel aus: Paul Mattick: »Dynamics of the Mixed Economy«, in: *Science and Society*, vol. 28 (1964), p 292.

508 Mattick, w. o., p 290, zitiert nach Rödel (503), p 34.

508a Vgl. dazu neuerdings W. Pohrt: *Theorie des Gebrauchswerts*, Ffm. 1976.

509 Für die BRD vgl. z. B.: Jörg Huffschmid: *Die Politik des Kapitals. Konzentration und Wirtschaftspolitik in der Bundesrepublik*, Ffm. 1969.

Konzerne mit einem großen Planungshorizont, mit großen Reserven und mit marktbeherrschenden Stellungen stabilisieren die Krisenanfälligkeit des kapitalistischen Systems ganz wesentlich. Militärische Projekte nun haben naturgemäß eine große Dimension, und wenn diese Projekte mit langfristigen staatlichen Finanzierungsgarantien mit der privatkapitalistischen Industrie verkoppelt werden, dann hat dies eine größere stabilisierende Wirkung auf das kapitalistische System als manche noch so große und langfristige Konzentration auf dem Markt, zumal der Konzentrationsprozeß in der Industrie durch die militärischen Großprojekte zusätzlich forciert wird[510].
Auf der Basis der kapitalistischen Logik bringt ein großes Projekt auch noch aus weiteren Gründen eine Stabilität, denn ein großes Projekt erhält sich oft auch allein durch die Größe. Sind in ein Projekt durch den Staat erst einmal Steuermittel eingeflossen, so ist ein Abbruch dieses Projekts um so unwahrscheinlicher, je höher der bereits investierte Betrag ist. Die politische Führung des Staates verkraftet im Interesse der Stabilisierung ihrer eigenen Macht leichter eine weitere zeitlich gestreckte und somit optisch verkleinerte Zahlung auch für »offensichtlich falsche« Projekte als das Zugeständnis, riesige Summen von Steuergeldern ohne Ergebnis fehlinvestiert zu haben.
Ebenfalls aus Gründen der Sicherung der Massenloyalität kann der Staat nicht riskieren, durch den plötzlichen Entzug von Mitteln für ein angelaufenes Großprojekt auch nur vorübergehend eine Massenarbeitslosigkeit zu provozieren, und dieses Risiko wird um so größer, je größer das Projekt bereits ist. Da die Staatsaktivitäten, z. B. zur Sicherung der Arbeitsplätze und des Einkommens, sich der abstrakten Verlaufslogik des Kapitals angepaßt haben, ist es auch für den Staat gleichgültig, um welche konkreten Arbeitsplätze es sich handelt. Er wird so auf jeden Fall vorhandene Arbeitsplätze sichern, zumal es in diesem Fall in seiner Macht steht und auch zur Stabilität seiner Herrschaft beiträgt.

510 Vgl. z. B. Krauch (493), p 154 f oder Vilmar (492), p 76 f.

Um diese Eigendynamik der Größe für sich auszunutzen, müssen die interessierten Industrien zunächst einmal dafür sorgen, daß ein Großprojekt in der ersten Entwicklungsstufe möglichst »unauffällig« anläuft. Um dies zu erreichen, wird typisch folgende Strategie verwendet. Die Planungen für die erste Entwicklungsstufe werden betont optimistisch und günstig dargestellt. Die Notwendigkeit des Projekts wird dramatisiert (internationaler Vergleich, »Weltniveau«, Konkurrenzfähigkeit in der Zukunft usw.), und vor allem die Kostenkalkulation wird günstig gestaltet[511]. Die Komplexität und Einmaligkeit eines Großprojekts kommt dieser Strategie sehr entgegen, da in der ersten Entwicklungsphase die späteren Schwierigkeiten und Kosten typisch schlecht abzuschätzen sind. Die parlamentarischen Hürden zur Bewilligung der Mittel für die erste Phase können so aufgrund der günstigen Informationen leicht genommen werden, und ist die erste Entwicklungsphase »erfolgreich« abgeschlossen, hilft schon die Größe des investierten Betrags mit, das Projekt weiterhin zu fördern, bis es zu einer Größe angewachsen ist, die ein Zurück aus erwähnten Gründen sehr unwahrscheinlich macht, auch wenn alle anfänglichen Argumente für den Start des Projekts sich als falsch oder überholt erweisen. Den politisch Verantwortlichen, so scheint es, bleibt dann nichts anderes mehr übrig, als den gigantischen Fehlgriff mit allen verfügbaren Mitteln zu »rationalisieren«. Die erwähnte Grundlogik des Staates, Macht und Größe demonstrieren zu müssen, kommt oft diesem Rationalisierungsbestreben zur Hilfe, und auch hier hat dann Größe allein schon eine Begründungsfunktion.

Um hierzu nur ein aktuelles Beispiel aus der BRD bzw. Europa zu nennen, sei an das Projekt MRCA erinnert[512], das einer der

511 Auch gewerkschaftseigene Betriebe beherrschen diese Strategie, wie z. B. die »Neue Heimat« bei der Erstellung von Kongreßzentren und anderen Baugroßprojekten beweist.

512 MRCA = multi-role combat aircraft. Vgl. auch C. Grossner, H. Schierholz: *Projekt MRCA. Dokumentation und Kritik des größten Rüstungsvorhabens der deutschen Geschichte,* Köln 1974. Ein ähnliches Beispiel für die Verquickung von »Staats-Prestige und Technikerwahn«

für die Finanzierung verantwortlichen Politiker fasziniert »das größte technologische Projekt seit Christi Geburt« nannte[513]. Dieses Projekt hat in der ersten Phase »etwa 3,5 Milliarden Mark gekostet und wird mindestens weitere 3 Milliarden kosten«[514]. Wenn dann nach Abschluß der Entwicklungsarbeiten 800 Flugzeuge gebaut werden, kommt der Stückpreis für ein Flugsystem auf ca. 80 Millionen Mark. »Mit einer Gesamtsumme von wenigstens 26 Milliarden Mark, die dem Bundeshaushalt für die Finanzierung dringender Gemeinschaftsaufgaben verlorengingen, hat das MRCA-Projekt folglich jedes volkswirtschaftlich verkraftbare Maß endgültig überschritten.« Darüber hinaus sind schon im Laufe der Entwicklungszeit die anfänglichen Argumente aus militär-technischer und sicherheitspolitischer Sicht, derentwillen dieses Projekt gestartet wurde, immer schwächer und fragwürdiger geworden[515]. Militär-tech-

(Der Spiegel) ist der Fall des Überschallflugzeugs Concorde. Auch hier mußte die Größe des bereits angelaufenen Projekts immer wieder herhalten als Argument für die Weiterführung des von Anfang an als fragwürdig erkennbaren Unternehmens, und ausgerechnet der linke Labour-Politiker Anthony W. Benn unterstützte diese Argumentation entscheidend über die vertrackte Logik der Arbeitsplatzerhaltung. Daß dieses technisch zwar realisierte, aber nach allen »vernünftigen« Kriterien unverantwortliche Projekt dann doch eingestellt wurde, nachdem ca. 17 Milliarden Franc an Steuergeldern vergeudet wurden, liegt ausschließlich daran, daß es ein Zivilflugzeug ist und so für das fertige Produkt die Logik des Kapitals nicht ausgeschaltet werden konnte: mit dem fertigen Flugzeug Concorde ließen sich keine Profite mehr machen. Vgl. hierzu: *Der Spiegel*, 8. 11. 1976, p 236 ff und auch die Ausführungen im letzten Kapitel zum amerikanischen Äquivalent der Concorde.

513 So Helmut Schmidt, nacheinander Finanzminister und Bundeskanzler der BRD während der Projektierungsphase für MRCA.

514 Alle Zitate zum MRCA-Projekt stammen von Karl-Heinz Hansen, SPD-Abgeordneter im Bonner Verteidigungsausschuß und Hauptmann der Reserve, zitiert aus seinem Aufsatz: »Das größte Projekt seit Christi Geburt«, in: *Konkret*, Oktober 1974, p 9 f.

515 Vgl. Hansen, w. o., p 10.

nisch ist dieses Projekt durch den von den gleichen Firmen produzierten technischen Fortschritt schon überholt, der z. B. auf unbemannte Flugsysteme zielt. So »ist vorauszusehen, daß Messerschmitt am Tage des endgültigen Beschaffungsbeschlusses für MRCA dieses System für veraltet erklären und Propaganda für die neuen Superwaffen machen wird.« Aber das »größte technologische Projekt seit Christi Geburt« kann aus der erwähnten Verzahnung von partikularen Interessen und Stabilitäts- und Wachstumsmechanismen großtechnologischer Projekte nicht einfach nur deswegen abgeblasen werden, weil es nach »vernünftigen« Kriterien blödsinnig und unverantwortlich ist und keine Funktion für die zahlende Bevölkerung hat: Ende 1974 gab das politische System weitere Steuergelder frei für die zweite Entwicklungsphase und 1976 wurde die Serienproduktion bewilligt.

Zusammenfassend läßt sich für diesen Aspekt sagen: im kapitalistischen Produktionssystem mit staatlicher Intervention auf der Basis der kapitalistischen Logik hat allein die Größe großtechnologischer Projekte eine profitsichernde und stabilisierende Funktion. Oder umgekehrt: die Logik des Kapitals ist eine der Determinanten, die großtechnologische Projekte immer größer werden läßt. Ich möchte nun auf die Determinanten eingehen, die von der Logik des Wissenschaftssystems erzeugt werden und die ebenfalls die konkrete Gestalt heutiger großtechnologischer Projekte beeinflussen und die verantwortlich sind auch für ihren »typischen« Charakter.

Zunächst anknüpfend zur Größe. Es gibt eine Reihe von wissenschaftsimmanenten Gründen, warum im naturwüchsig fortschreitenden Prozeß der Entwicklung der Naturwissenschaft aus einer »little science« eine »big science« wird und aus technischen Geräten großtechnologische Projekte werden.

So gibt es z. B. sehr oft einen physikalisch-technischen Zusammenhang zwischen dem Wirkungsgrad und der Größe eines technischen Aggregats. Bei Energieumwandlungsprozessen z. B. von chemisch gespeicherter Energie (Kohle, Öl) zu mechanischer Bewegungsenergie über den Zwischenprozeß der Energieübermittlung durch Dampf ist der Wirkungsgrad um so höher, je größer die Temperaturdifferenz des Dampfes zwischen Anfang und Ende des Zwischenprozesses ist[516]. Höhere Temperaturdifferenzen aber erfordern einen höheren technischen Aufwand z. B. an Isolierung, Kühlung und Sicherheitsabschirmungen, so daß die räumlichen Dimensionen bei einer technischen Realisierung einer höheren Temperaturdifferenz zwangsläufig steigen. Kurz: aufgrund noch anderer ähnlicher physikalischer Gesetze haben Energieumwandlungssysteme einen um so höheren Wirkungsgrad, je größer das Aggregat ist. Aus diesem Grunde und ähnlichen anderen steigt der Wirkungsgrad auch bei Transportmaschinen mit zunehmender Größe. Daß also z. B. großtechnologische Projekte wie Kraftwerke, Schiffe und Flugzeuge immer größer werden, liegt u. a. auch an diesen Gesetzen über den Wirkungsgrad, daß bei bestimmten Aggregaten mit zunehmender Größe der »Verlust-Aufwand« langsamer ansteigt als der gewünschte »Funktions-Gewinn«.

Wichtiger als die Mechanismen des Wirkungsgrades ist hier folgender Sachverhalt, der im gewissen Sinne konträr zum eben beschriebenen Mechanismus steht und diesen auch in seiner Wirkung begrenzt: mit fortschreitender Verwissenschaftlichung eines Prozesses und mit fortschreitendem Prozeß der Produktion naturwissenschaftlicher Erkenntnisse wird der funktionale Zusammenhang zwischen »Aufwand« und »Gewinn« zunehmend progressiver: jeder weitere Schritt in die gleiche Richtung wird »aufwendiger« als der jeweils vorangehende[517]. In der Terminologie der Wirtschaftswissenschaften kann man auch sagen: die Grenzkostenfunktion des Wissenschaftsprozesses hat einen ansteigenden Verlauf. Unter »Kosten« sei hier verstanden der »Aufwand« an Arbeitszeit, Material, Geräten, einzusetzendem Wissen, Arbeitsteilung und Organisation.

516 Näheres hierzu findet man in jedem Schulphysikbuch unter dem Stichwort thermischer Wirkungsgrad des Carnotschen Kreisprozesses.

517 Vgl. hierzu z. B. Derek J. de Solla Price: *Little Science, Big Science. Von der Studierstube zur Großforschung*, Ffm. 1974, p 103 f und die völlig unzulängliche Erklärung dieser Progression durch ihn auf p 105.

Aufgrund dieses funktionalen Zusammenhangs zwischen Aufwand und Gewinn nehmen weitere Fort-Schritte der Wissenschaft in die gleiche eingeschlagene Richtung immer größere Dimensionen an, werden sie zu großtechnologischen Projekten, da der »Aufwand« die materiale Gestalt hat von Personal und Material, das über eine Organisation zur Einheit integriert werden muß. Dies gilt für beide Bereiche des Wissenschaftsprozesses, für die Vergegenständlichung des neuen Wissens in technischem Gerät und für die Produktion von neuem Wissen.
Welche einzelnen wissenschaftsimmanenten Mechanismen liegen nun hinter dieser für den Wissenschaftsprozeß typischen Grenzkostenfunktion? Zunächst spielt hier der kumulative Charakter der Naturwissenschaft eine wichtige Rolle. Einmal »richtig« produzierte naturwissenschaftliche Erkenntnisse behalten ihre »Gültigkeit«. Die Gültigkeit eines naturwissenschaftlichen Gesetzes bezieht sich ja auf die Art und den Bereich der für die partikulare Experimentiersituation angegebenen Parameter. Wird das Gesetz überprüft, müssen diese Parameter reproduziert werden[518]. Wird nun z. B. durch andere oder verbesserte Meßgeräte der Bereich oder die Abstufung der Parameter verändert, können die Bedingungen für ein neues Gesetz gegeben sein, das das alte Gesetz jedoch nicht »ungültig« macht, sondern bestenfalls als Sonderfall integrierend »aufhebt«[519]. Neue und verbesserte Meßgeräte und Kontrollmethoden produzieren vor allem neue Parameter für dann neue, zusätzliche Gesetze. Die Art der Gewinnung naturwissenschaftlicher Erkenntnisse impliziert also einen kumulativen Charakter dieser Wissenschaft, und mit zunehmendem »Fortschritt« wird die »gültige« Menge des Wissens immer größer, die darum auch nur noch arbeitsteilig beherrscht und weiterentwickelt werden kann.

518 Vgl. Abschnitt III B. c.

519 So haben trotz Einstein und einem Wechsel des Paradigmas die Newtonschen Gesetze der Mechanik auch heute noch ihre »Gültigkeit« im definierten »irdischen Bereich« der Parameter. Dies widerspricht auch nicht der Kuhnschen These vom nicht-kumulativen Charakter der Naturwissenschaft (351): Kuhn bezieht seine These ausdrücklich nicht

Da die Menge des neu produzierten Wissens andererseits abhängt von der vorhandenen Menge des Wissens, hat die Wachstumsfunktion des naturwissenschaftlichen Wissens unter günstigen Bedingungen einen exponentiellen Charakter. Wird nun die Aufgabe gestellt, ein bestimmtes Projekt nach dem jeweils neuesten Stand der naturwissenschaftlichen Erkenntnisse zu entwikkeln, dann wird schon aufgrund dieses Wachstumsgesetzes das Projekt in eine immer größer werdende Anzahl von Einzelproblemen und Subprojekten aufteilbar, die wissenschaftlich gelenkt bearbeitet werden können, um in langer Entwicklungsarbeit die »wissenschaftliche Lösung« für dieses Projekt zu finden. Wird also die Prämisse gesetzt, jeweils alles naturwissenschaftlich-technische Wissen und Können in einem Projekt zu realisieren, wird auch aus diesem Grunde der personelle, materielle und organisatorische Aufwand zunehmend größer.

Man könnte nun meinen, aufgrund dieser Zusammenhänge schon sei es »zwangsläufig«, daß naturwissenschaftlich-technische Projekte immer größer werden müßten. »Zwangsläufig« ist dieser Prozeß jedoch nur, wenn die genannte Prämisse akzeptiert wird. Es wird also zu fragen sein, wer ein Interesse daran hat, daß diese Prämisse gesetzt wird und durch welche Logik und aufhebbaren gesellschaftlichen Mechanismen die Setzung dieser Prämisse begünstigt wird. Ehe ich hierauf eingehe, möchte ich noch einen weiteren und wichtigen Grund für das Größenwachstum der wissenschaftsbestimmten Projekte erwähnen, oder genauer, für die steigende Tendenz der Grenzkostenfunktion der naturwissenschaftlich-technischen Projekte: den quasi-exponentiellen Anstieg der Schwierigkeiten und Probleme beim weiteren Voranschreiten auf den Dimensionen, die das Objektfeld naturwissenschaftlichen Denkens definieren und auf die sich deswegen das Interesse der Naturwissenschaftler und Techniker konzentriert. Diese »Dimensionen« sind formulierbar z. B. im CGS-System,

auf den technischen Anwendungsbereich, und außerdem gibt es für viele Bereiche nun schon eine lange Phase der »normalen« Wissenschaft, in der auch nach Kuhn die Kumulation typisch ist.

und ein Voranschreiten, ein Fortschritt im Bezugsfeld dieser Dimensionen bedeutet z. B. schneller, höher, tiefer, weiter, größer usw.[520].

Empirisch kann man davon ausgehen, daß das biologische System Mensch einen »Lebensraum« und ein »Vermögensfeld« definiert, das gemessen in diesen Dimensionen eine »natürliche« Begrenzung hat.

Die Art dieser Begrenzung könnte man sich in folgendem Bild veranschaulichen: man stelle sich einen Behälter oder »Kessel« vor, dessen Boden in der Mitte flach ist, der dann zum Rand hin erst langsam ansteigt, um dann immer steiler zu werden. Ein zweidimensionales der Schwerkraft unterworfenes Lebewesen, das von der Mitte aus diesen Kessel erkunden wollte, hätte erst eine Wegstrecke vor sich, wo die Anstrengungen proportional sind mit der zurückgelegten Entfernung von der Mitte, bis dann langsam die notwendigen Anstrengungen für einen weiteren »Fortschritt« überproportional werden, um schließlich, noch mehr zum Rand hin, sehr stark und immer steiler anzusteigen. Setzt man nun die räumliche Dimension dieses Kessels gleich mit den naturwissenschaftlich definierbaren Dimensionen, dann ergibt sich eine ähnliche »Kesselstruktur« für die so definierte »Welt« der Menschen. In der Mitte befindet sich ein nicht scharf begrenzbares Plateau, das der »natürliche Lebensraum« des biologischen Systems Mensch ist und der jahrtausendelang von den Menschen nicht verlassen werden konnte, höchstens in Gedanken und Träumen. Erst durch die wissenschaftliche Technik wurde diese »natürliche Grenze« auch real erweitert, und ein wesentlicher »Antrieb« allen naturwissenschaftlich-technischen Tuns besteht darin, diese Grenze ständig zu erweitern. Da aber die »Welt« für die Menschen eine »Kesselstruktur« hat, müssen diese Anstrengungen zunehmend gigantischer werden.

Dieses einfache Modell einer »Kesselstruktur der Welt« ist nun durch zahlreiche Gesetze der gleichen Physik, die auch die Di-

520 Vgl. die Ausführungen zu den wissenschaftsimmanenten Kriterien des technischen »Fortschritts« im Abschnitt IV D.

mensionen dieser Welt definiert, ableitbar. So gibt es schon für den Bereich der »Technologie« eine Fülle von gesetzmäßigen Zusammenhängen, die einen anfänglichen Proportionalbereich verlassen, sobald sich die Realisierung des Projekts auf einen Dimensionsbereich bezieht, der den »natürlichen« menschlichen Lebensraum verläßt. Als Beispiel sei hier das Feld der Strömungslehre genannt. Bei der Konstruktion von Flugzeugen z. B. nehmen die Probleme, verursacht durch Reibungskräfte, Hitzeentwicklung, Materialstabilität usw., bei »hohen« Geschwindigkeiten überproportional zu, und sie sind oft nur mit einer völlig neuen und natürlich aufwendigeren Technologie zu bewältigen, als sie für Flugzeuge im »unteren« Geschwindigkeitsbereich notwendig ist. Oder man denke an das überproportionale Anwachsen der technologischen Probleme, die gegeben sind, wenn der Mensch, ganz bildlich gesehen, seinen Lebensraum »Erde« verlassen will!

Noch deutlicher als im Bereich der Produktion von technischen Geräten zur physischen Grenzenerweiterung ist die »Kesselstruktur der Welt« durch die »großen Gesetze« der Physik erkennbar und zeigt sich dramatisch bei der Produktion neuen »Grundlagen-Wissens«. Das markanteste Beispiel ist hier die Kern- und Hochenergiephysik.

Um eine Masse auf eine höhere Geschwindigkeit zu beschleunigen, ist Energie erforderlich. Der Zusammenhang zwischen Geschwindigkeitserhöhung und Energiebedarf hat für einen sehr großen Geschwindigkeitsbereich unter Absehung der Reibungswiderstände einen quadratischen Wachstumscharakter: um die Geschwindigkeit einer bestimmten Masse z. B. zu verdoppeln, ist eine vierfach größere Energie erforderlich als zur Erreichung der Ausgangsgeschwindigkeit. Dieses Wachstumsgesetz impliziert für die technologische Realisierung von Bewegungsprojekten mit höheren Geschwindigkeiten schon ein überproportionales Anwachsen der Probleme, aber es setzt keine prinzipiellen Grenzen, und verglichen mit anderen Wachstumsgesetzen ist der quadratische Zusammenhang noch fast als »proportional« anzusehen. Der Energiebedarf für die Geschwindigkeitserhöhung von Körpern erhöht sich nämlich gigantisch, wenn die Geschwindigkeit sich der Lichtgeschwindigkeit nähert. Nach der Einsteinschen Relativitätstheorie kann diese Grenzgeschwindigkeit von Materie nicht erreicht werden, theoretisch nur mit einer unendlich großen Energie. Gegen diese Grenze nun rennen Kern- und Hochenergiephysiker verzweifelt an. Um immer wieder höhere Geschwindigkeiten von Materieteilchen zu erreichen, die Promillebruchteile dichter an der Lichtgeschwindigkeit sind, um durch Beschuß mit diesen Teilchen von Materie »tiefer« in die »Struktur der Materie« einzudringen, um immer wieder neue phantastischere »Welten« zu entdecken, werden durch das erwähnte Gesetz der Grenzgeschwindigkeit immer höhere Energien erforderlich, immer größere Maschinen und Anlagen. Obwohl es sich bei diesen Projekten nur um die Beschleunigung von wenigen atomaren Teilchen handelt, werden so großtechnologische Forschungsmaschinen erforderlich, die kilometergroße Abmessungen haben, zigtausende Tonnen von Stahl und Beton erfordern, einen Energiebedarf von Großstädten haben, einen tausendköpfigen Personalbestand allein für die Aufrechterhaltung des technischen und organisatorischen Apparats erfordern und Steuergelder in Milliardenhöhe verschlingen[521].

Auch in anderen Bereichen der Physik gibt es wegen des Vorhandenseins von »Grenzkonstanten« ein progressives Anwachsen der Probleme, wenn ein weiterer »Fortschritt« in der betreffenden Dimension erreicht werden soll. So z. B. auch für die Dimension der Temperatur. Nach unten gibt es eine endliche Grenze, die praktisch auch nicht erreicht werden kann. Um ihr näher zu kommen, werden auch hier immer größere Forschungsmaschinen erforderlich. Beim Fortschreiten auf der Dimension Temperatur nach oben setzen Materialbeständigkeiten kaum zu überwindende Grenzen. Die Forschungsmaschinen in der Plasmaphysik und im Bereich der Kernfusion werden bald mit den Teilchenbeschleunigern der Hochenergiephysik konkurrieren können.

521 Einen guten Überblick über dieses Thema gibt z. B. das Buch von Jungk: *Die große Maschine* (490). Jungk schildert hier die Entstehung des europäischen Kernforschungszentrums CERN.

Zusammenfassend kann man also sagen: wenn ein weiterer »Fortschritt« angestrebt wird in Richtung der Dimension, durch die die physikalische »Welt« sich definiert, resultieren diese Anstrengungen aus wissenschaftsimmanenten Gründen zu großtechnologischen Projekten, zur »big science«. So gibt es insgesamt mehrere Gründe, warum auch durch die Logik der Wissenschaft menschliche Projekte zu großtechnologischen Projekten eskalieren.

Betrachtet man nun die drei Subsysteme Staat, »Wirtschaft« und Wissenschaft zusammen, so kann man festhalten, daß das charakteristische Merkmal »Größe« typischer großtechnologischer Projekte von allen drei Systemen gleichsinnig determiniert wird, zusammengenommen also »überdeterminiert« ist.

Ehe ich die Betrachtung fortsetze, wie durch weitere Mechanismen des Wissenschaftssystems der typische Charakter heutiger großtechnologischer Projekte bestimmt wird, möchte ich zum Zusammenhang von Größe und Herrschaft einige Hinweise einfügen, die genauer schon an anderen Stellen behandelt wurden und hier nicht explizit zum Thema stehen. So ist daran zu erinnern, daß von der Ebene der Situation aus gesehen Großprojekte generell die Entfaltung von Herrschaft sehr begünstigen. Großprojekte erfordern eine sehr hohe intraproduktbezogene Arbeitsteilung und so notwendig eine umfangreiche Organisation zur Synthese, und da sie zielorientiert sind, bilden sich in dieser Organisation typisch zahlreiche verschachtelte hierarchische Systeme heraus. Nirgends läßt sich die »natürliche« Notwendigkeit einer hierarchischen Über- und Unterordnung so leicht demonstrieren wie an zielorientierten Großprojekten. Da die typischen großtechnologischen Projekte wissenschaftsintensiv sind, gleichzeitig aber auch allein schon wegen der räumlich materiellen Größe einen hohen Einsatz von körperlicher Arbeit erfordern, ist in typischen großtechnologischen Projekten die Trennung von Hand- und Kopfarbeit im Sinne einer »Polarisierung« noch stärker ausgeprägt als in normalen Projekten der marktorientierten materiellen Produktion. In typischen großtechnologischen Projekten hat ein großer Teil der Arbeiter überhaupt keine Vorstellung, worum es konkret bei seiner Arbeit geht. Nur eine nichtssagende Umschreibung einer abstrakt benannten Funktion ist in der Regel das einzige Wissen, das für den Bereich vorhanden ist, der über die unmittelbare Arbeitssituation hinausreicht: »Wir bauen hier an einem neuen Superbomber« oder »wir bauen hier einen großen Atomofen zur Erzeugung von Strom«. Mitbestimmung am Arbeitsplatz, in der Organisation und in der Zielsetzung des Projekts durch alle am Projekt Beteiligten und Betroffenen ist heute nirgends so illusorisch wie im Bereich typischer großtechnologischer Projekte. Ebenfalls ist die Verdinglichung nirgends so perfekt und total wie hier. Von der Ebene der Situation aus gesehen ist für den größten Teil der Beschäftigten der Gesamtzusammenhang ihres Tuns unübersichtlich und undurchschaubar. Sie sind in einem Wirkungsnetz eingespannt, dessen »Sinn«, »Antrieb« und »Wirkung« sie weder vom Ursprung her noch in der Verknüpfung mit der eigenen Tätigkeit für die Zukunft erfassen, beurteilen und beeinflussen können. Von der Ebene des Gesellschaftssystems her gesehen gilt ähnliches für die situationsbestimmenden Herrschaftssysteme von »Wirtschaft« und Wissenschaft. Durch den jeweils abgegrenzten Horizont ihrer partikularen und abstrakten Interessen sind sie nicht daran interessiert, ein Wissen zu produzieren über *die* Folgen des Projekts, die ein »allgemeines Interesse« verletzen. So ist trotz aller Planung der Gesamtprozeß eines großtechnologischen Projekts bezogen auf die »wesentlichen« Dimensionen des menschlichen Lebens naturwüchsig blind. Wenn man auf der Basis der heute gegebenen Verteilung des Wissens und der Verteilung der Chance zur Realisierung der eigenen Interessen einen »Herrschaftsverband« errichten will mit einer möglichst »unangreifbaren« Legitimation dieser Herrschaft oder ein verdinglichtes System, in dem sich am unkontrolliertesten partikulare Interessen zum Nachteil der Bevölkerung durchsetzen können, dann ist der sicherste Weg hierzu die Installierung eines typischen großtechnologischen Projekts. So ist es u. a. auch aus diesem Grunde wichtig, herauszufinden, ob die durch das Wissenschaftssystem erzeugten Determinanten, die ja

entscheidend zur Größenexpansion heutiger Projekte beitragen, einen »objektiv unangreifbaren« Charakter haben oder ob durch sie sich letztlich auch nur ein partikulares Interesse durchsetzt. Aufgrund des zuletzt behandelten »gesetzmäßigen« Zusammenhangs dieser Determinierung wird nämlich noch zwingender als mit der Begründung des akkumulativen Charakters der Naturwissenschaft, oder zusammen mit ihm, vor allem von Wissenschaftlern behauptet, dieser Weg der Wissenschaft sei unser Schicksal. Selbst »kritische« Naturwissenschaftler sind davon überzeugt, daß dies eine »zwangsläufige Folge wissenschaftlichen Fortschritts ist und auch nicht ›gebremst‹ werden kann, ohne gleichzeitig den Fortschritt und möglicherweise den Fortbestand der Wissenschaft überhaupt zu behindern«[522]. Dieser Weg stünde also nicht »zur Disposition eines gesellschaftlichen Subjekts«[522].
Zu fragen ist jedoch, wer hat ein Interesse an *diesem* »Fortschritt« der Wissenschaft, welchen Gewinn und welchen Nutzen bringen großtechnologische Projekte dieser Art der Masse der Bevölkerung, welchen »Sinn« und welche Folgen haben diese Projekte für die Menschen, die in der »Mitte des Kessels« leben, keine »Frontforschung« betreiben, aber all die Projekte bezahlen müssen? Wie sähe »Wissenschaft« aus, wenn sie wirklich einmal zur Disposition eines gesellschaftlichen Subjekts gestellt würde?
Ich möchte zunächst auf die Frage nach den Interessen eingehen. Das »konkreteste« Interesse an einem weiteren »Fortschritt« der Naturwissenschaft auf dem eingeschlagenen Weg haben zweifellos die Mitglieder der scientific community. Die Grundlogik der experimentellen Naturwissenschaft konzentriert das Interesse der Mitglieder der scientific community auf einen eng abgegrenzten Bereich, dessen Realität konstituiert ist durch naturwissenschaftlich definierte Dimensionen[523]. »Grenzüberschreitung« in neue unbekannte partikulare Welten entlang dieser Dimensionen gehört zum innersten »Antrieb« dieser Wissen-

522 So z. B. sogar Karsten Prüß in seiner wichtigen und kritischen Arbeit über: *Kernforschungspolitik in der Bundesrepublik Deutschland,* Ffm. 1974, p 283.
523 Vgl. die Abschnitte III B und IV D.

schaft. An der »Front« dieser neuen noch unerschlossenen »Welten« zu stehen, bedeutet für den Wissenschaftler die Chance zur Realisierung seiner kühnsten Träume. Es ist die Stelle, an der er am meisten »gefordert« wird, an der er seine gelernten Fähigkeiten, sein Wissen und seine Phantasie voll einsetzen kann, an der es nie langweilig wird, weil ständig neue Probleme erzeugt werden, die darauf warten, gelöst zu werden. Im Kampf an der Front können die höchsten »Ehren« errungen werden: ein Gebiet kann zum erstenmal von ihm betreten und mit seinem Namen zum ewigen Ruhm verbunden werden, die Fachwelt wird anerkennend von seinem Gebiet aus weiter vordringen, und die Laien werden ehrfurchtsvoll staunen, wozu »menschlicher Geist« alles fähig ist. An diesen Frontstellen läßt sich der »Atem Gottes« spüren, kann der Mensch teilhaben an der Allmacht und Weisheit des »Schöpfers«. Wenn es so etwas gibt wie einen »faustischen Trieb« des Menschen, dann ist heute dieser Trieb einseitig perfekt kanalisiert in den Dimensionen der naturwissenschaftlichen Logik.
Diese Formulierungen sind natürlich verkürzende Formeln für die Beschreibung des Phänomens an der Oberfläche[524]. Dahinterliegende gesellschaftliche Mechanismen habe ich an anderen Stellen ausführlich dargestellt. Zusammenfassend ist jedoch für den augenblicklichen Zusammenhang wichtig festzuhalten: durch die naturwüchsig sich entfaltende Logik der Wissenschaft hat sich ein gesellschaftliches Subsystem Wissenschaft herausgebildet, das über spezifische Mechanismen in den Mitgliedern dieses Subsystems eine typische Interessendisposition erzeugt. Das so naturwüchsig erzeugte Interesse der scientific community konzentriert sich notwendig auf Front- und Pionierforschung und somit aus erwähnten Gründen auf großtechnologische Projekte und große Forschungsmaschinen. Mit zunehmendem Fortschritt der Wissenschaft konzentriert sich darum das Interesse der naturwissenschaftlich Tätigen »zwangsläufig« auch zunehmend auf

524 Vgl. diesbezüglich die Bemerkungen zu Wagner in Abschnitt IV D.

den »Rand« unserer Welt. Die durch Wissenschaft und wissenschaftliche Technik erschlossene »Welt« liegt aus diesem Grunde immer weiter entfernt vom »Sinnenbereich« der Menschen, vom »Zentralbereich« seiner konkreten Probleme der Ernährung, Behausung und sozialen Organisation. Aus diesem Grunde haben sich »tausende von Wissenschaftlern ... ohne Zögern den verlockenden Staatsbudgets angehängt und bringen neues Wissen und immer neue Technik hervor, die dem Machtkampf der Großmächte und dem Wettbewerb der Wirtschaft dienen und davon geprägt sind. Gesellschaftliche Probleme werden dagegen vernachlässigt. Die Grundlagen unseres sozialen Lebens sind weit weniger erforscht als der Staub des Mondes. Die Exkremente der Raumfahrer werden genauer analysiert als der Angstschweiß kleiner Schulkinder«[525].

So wird auch das zweite typische Merkmal heutiger großtechnologischer Projekte durch Determinanten des Wissenschaftssystems geprägt: der gebrauchswertlose Charakter der Projekte und insbesondere auch der militärische.

In militärischen Projekten ergeben sich ideale Bedingungen zur Realisierung der Interessen von Naturwissenschaftlern: Rüstungsprojekte sind typische Frontprojekte in den Dimensionen einer physikalisch definierten Welt. Die Entwicklung z. B. immer schnellerer, größerer, weiter reichender und höher fliegender Systeme steht hier zur Debatte. In der Rüstungsindustrie entfallen weitgehend die Bedingungen, die im zivilen Sektor noch Anlaß sind für Spannungen zwischen »Kaufmann« und »Ingenieur«: ein Zwang zum Kompromiß, der dem Handlungssystem des Wissenschaftlers zuwider ist[526], ist hier untypisch. Ein militärisches Projekt muß in allen Funktionsmöglichkeiten optimal sein. »Die hochkomplexen Waffensysteme weisen eine vollkommen andere Kostenqualitätsrelation auf. Höchste technische Leistung wird verlangt und zugleich ein hohes Maß an technischer Zuver-

525 Helmut Krauch: *Prioritäten für die Forschungspolitik* (494), p 6.
526 Vgl. zum Handlungssystem von Wissenschaftlern: Bahrdt (547), p 178 f.

lässigkeit. So muß ein modernes Bombenflugzeug bei hohem Beschleunigungsvermögen und großer technischer Zuverlässigkeit hohe Geschwindigkeiten erreichen und auch noch eine große Reichweite haben. Bei der Entwicklung eines zivilen Flugzeuges wird man mit der Geschwindigkeit oder dem Beschleunigungsvermögen heruntergehen, um unter geringeren Kosten bei gleicher technischer Zuverlässigkeit die gleiche Menge an Gewicht transportieren zu können«[527]. In der Rüstungsindustrie muß jedes einzelne Bauteil auf dem letzten Stand der wissenschaftlichen Technik sein oder eigens für das infragestehende Projekt neu entwickelt werden, da das vorhandene meist nicht gut genug ist, es muß weit zuverlässiger sein als Bauteile für den zivilen Verbrauch, z. B. einen höheren Temperaturbereich vertragen, höhere Beschleunigungswerte aushalten usw.[528]. Die Bedingung, daß in einem Projekt alles Wissen und Können in seiner jeweils perfektesten Form realisiert wird, was vor allem im Interesse der scientific community liegt und entscheidend die zunehmende »Größe« des Projekts determiniert, wird also nirgends idealer erfüllt als im Rüstungssektor.

Hinzu kommt der langfristige Planungshorizont für ein großtechnologisches Rüstungsprojekt, der den Wissenschaftlern und Technikern Spielraum läßt für die vollständige und der »Sache angemessene« Bearbeitung eines Problems und der sie also nicht abhängig macht von kurzfristigen »fremden« Umdisponierungen durch Markt und Politik. Auch in diesem Punkt kommt die Rüstungsindustrie dem Handlungssystem von Wissenschaftlern sehr entgegen[526].

Oder betrachtet man die Determinanten der Job Motivation[529], so ergeben sich in der Rüstungsindustrie für die scientific community ebenfalls sehr günstige Werte, weil die wichtigsten Be-

527 Krauch: *Die organisierte Forschung* (493), p 157, vgl. hierzu auch das »multi-role« Projekt MRCA.

528 In der Halbleiterindustrie z. B. werden militärische und zivile Bauteile streng nach ähnlichen Qualitätskriterien unterschieden und so eingeteilt fast wie erste und zweite Wahl.

529 Vgl. Patchen (349) und Abschnitt IV C. d.

dingungen für eine hohe Job Motivation hier fast ideal erfüllt werden: hohe Einsatzmöglichkeit des Wissens und Könnens, ständig neue Forderungen durch Pionierprojekte (Difficulty of Task), keine Beschränkung in den erforderlichen Ressourcen zur Durchführung der Arbeit, klare Verhaltensstandards durch langfristigen Planungshorizont usw.
Aufgrund der strukturell günstigen Bedingungen für naturwissenschaftlich-technisches Arbeiten in der Rüstungsindustrie ist es nicht erstaunlich, daß auch aus diesem Grunde sich der größte Teil der naturwissenschaftlich-technischen Intelligenz in rüstungstechnologischen Großprojekten konzentriert und dann auf dieser Produktionsbasis naturwissenschaftlich-technologisches Wissen immer mehr Destruktivwissen wird. »... In Amerika und Kanada (ist) der naturwissenschaftlich-technische Anteil an der Forschung dort auf 90 % angestiegen, wo das Verteidigungsministerium oder die Raumfahrtbehörden die Kontrakte ausgeben, während der naturwissenschaftlich-technische Anteil unter 60 % fällt, sobald keine militärischen oder militärisch orientierten Motive für die Forschungsförderung ausschlaggebend sind. Entsprechend wächst dann der medizinische und sozialwissenschaftliche Anteil. Im Falle einer Rüstungsbeschränkung könnte eine solche Verschiebung zu einem Überschuß an Naturwissenschaftlern und Technikern führen. Auf jeden Fall ist mit einer Umstrukturierung innerhalb der Wissenschaften zu rechnen, wenn die politischen Spannungen in der Welt nachlassen und es zu einer Rüstungsverminderung kommen sollte«[530].
Vorläufig besteht jedoch keine Befürchtung, daß der »technische Fortschritt« durch eine Entspannnug gebremst werden könnte. Das garantieren die sich unterstützenden naturwüchsigen Prozesse von Staat, Kapital und der Wissenschaft selbst. Solange »Geld«, als Symbol der ökonomischen Produktivkraft, sich allein nach der naturwüchsigen Logik des Kapitals »bewegen« darf, wird es dorthin fließen, wo für seine abstrakte Form die höchsten »interests« und Akkumulierungschancen liegen, und

530 Krauch (493), p 160–161. Vgl. hierzu auch Gorz (457), p 97!

nicht dorthin, wo es zur Deckung konkreter menschlicher Bedürfnisse gebraucht würde. Übereinstimmungen sind typisch zufällig oder »Abfallprodukt«.

Ähnliches läßt sich für die »Produktivkraft Wissenschaft« sagen. Solange sich aus der Logik der Wissenschaft naturwüchsig eine »innere Wissenschaftsstruktur« entwickeln darf, die noch heute selbst von Kritikern der Wissenschafts-»anwendung« als »natürlich«, unverzichtbar, einem gesellschaftlichen Subjekt nicht zur Disposition stehend, betrachtet wird, solange also die Interessen der scientific community durch die Logik der Wissenschaft bestimmt werden, wird sich aus innerwissenschaftlicher Logik die naturwissenschaftlich-technische Intelligenz dort konzentrieren und hinwenden, wo die höchsten Realisierungschancen für ihr abstraktes Interesse gegeben sind und die höchsten Akkumulierungschancen für ein den »Lebensbereich« überschreitendes Wissen, und diese Chancen sind, wiederum auch aus innerwissenschaftlichen Gründen, in Rüstung, Kriegsmaschinerie und »sinnlosen«, gebrauchswertlosen technologischen Großprojekten am höchsten. Zwar ist unbestreitbar, daß die Logik des Kapitals auch die »Produktivkraft Wissenschaft« in der »Anwendungsweise« und »Anwendungsart« prägt und determiniert. Nur ist es falsch, dies als einen einseitig bestimmten Prozeß zu sehen. Es ist nicht notwendig, Wissenschaft in den Dienst des Kapitals zu »pressen« und z. B. zum Bau von großtechnologischen Rüstungsprojekten zu zwingen, denn die Logik der Wissenschaft ist in vielen wesentlichen Bestimmungen der des Kapitals ähnlich. Wie die sich hierdurch ergebende strukturelle Affinität zwischen der Logik des Kapitals und der Logik der Wissenschaft allgemein zu einem optimalen »Zusammenspiel« von Kapital und Wissenschaft in der materiellen Produktion führt, wurde in vorangehenden Abschnitten ausführlich dargestellt. In diesem Abschnitt konzentrierte sich die Betrachtung auf den Sonderfall großtechnologischer Projekte, und auch hier zeigte sich erneut die strukturelle Affinität zwischen Wissenschaft und Kapital, durch die insgesamt der spezifische Charakter heutiger großtechnologischer Projekte geprägt wird.

Auf dem Hintergrund der Darstellung dieses Abschnitts läßt sich wiederholend und ergänzend für die »Ähnlichkeit« der Logik der Wissenschaft mit der Logik des Kapitals anführen: Auch die Logik der Wissenschaft ist eine »abstrakte« Logik, d. h. die immanente naturwüchsige Dynamik des Prozesses ist ebenfalls gleichgültig gegenüber »Lebensinteressen« des Menschen. Ihre Entwicklungslogik ist gleichfalls »unendlich«, »imperial«, alle »vernünftigen Grenzen« des Menschen überschreitend. Die in den Charaktermasken individual sich manifestierenden Interessen von Kapitalist und Naturwissenschaftler sind so in gleicher Weise unter günstigen Voraussetzungen inhuman: wenn die Realisierungschancen für ihre abstrakten Interessen hoch genug sind, gehen beide über Leichen. Wenn darum Brecht Galilei sagen läßt: »Wenn Wissenschaftler, eingeschüchtert durch selbstsüchtige Machthaber, sich damit begnügen, Wissen um des Wissens willen aufzuhäufen, kann die Wissenschaft zum Krüppel gemacht werden, und eure neuen Maschinen mögen nur neue Drangsal bedeuten. Ihr mögt mit der Zeit alles entdecken, was es zu entdecken gibt, und euer Fortschritt wird doch nur ein Fortschreiten von der Menschheit weg sein. Die Kluft zwischen euch und ihr kann eines Tages so groß werden, daß euer Jubelschrei über irgendeine neue Errungenschaft von einem universalen Entsetzensschrei beantwortet werden könnte.«[531], so beschreibt er treffend die Konsequenz der inhumanen Logik der Wissenschaft, nur ist es völlig überflüssig, diese Konsequenz »selbstsüchtigen politischen Machthabern« zuzuschreiben. Eingeschüchterte jubeln nicht. Es muß also noch etwas anderes vorhanden sein, das angeblich Gepreßte noch jubeln läßt. So scheint selbst Brecht noch davor zurückzuschrecken, explizit zu formulieren, was er längst erkannt hat: daß auch die Logik der Wissenschaft »aus sich heraus« zu dieser Konsequenz treibt. Die phantastischen »Fortschritte« von heute jedenfalls sind nicht von »eingeschüchterten« Wissenschaftlern und Technikern geschaffen worden, sie wären von »Eingeschüchterten« gar nicht zu produzieren!

531 Bertolt Brecht: *Leben des Galilei,* Berlin 1962, p 152.

Durch die Affinität der beiden »abstrakten« Systeme ergab sich im Bereich der normalen materiellen Produktion eine »Kooperation«, die auf die Entfaltung der Logik beider Systeme einen verstärkenden Effekt hatte, weil bestimmte Entwicklungstendenzen sich gegenseitig unterstützten. Dieser »Kooperationseffekt« ist nun bei der Produktion staatlich abgesicherter großtechnologischer Projekte in einem Wirtschaftssystem mit einer mixed economy noch ausgeprägter.

Für die Entfaltung der Logik des Kapitals und für das Handlungssystem des Wissenschaftlers und Ingenieurs ist gleichermaßen der Markt ein »Störfaktor«, der nach Möglichkeit ausgeschaltet werden muß[532]. Dieser Störfaktor war auch früher und ist z. T. heute noch im Bereich der marktorientierten Konsumgüterproduktion die einzige Quelle von möglichen Widersprüchen zwischen den Interessen des Ingenieurs an einer »Maschinerie an sich« und den Interessen des Kapitals, das aus marktstrategischen Gründen oft gezwungen war und ist, Kostenkompromisse einzugehen und kurzfristige Umstellungen vorzunehmen. Mit der tendenziellen Beseitigung des Störfaktors Markt im Oligopolsystem der mixed economy wird somit die einzige oder zumindest wesentlichste Quelle des möglichen Widerspruchs zwischen Wissenschaft[533] und Kapital auch tendenziell eliminiert. Ein wichtiger »Kooperationseffekt« zwischen der Logik des Kapitals und der Logik der Wissenschaft zeigt sich in der für neue »interessante« Projekte raumschaffenden »Beseitigung« der erstellten Projekte nach der Realisierung der Interessen. Die auf unbegrenzte Expansion zielende Logik des Kapitals hat ja, wie erwähnt, permanente interests-Realisierungspro-

532 Vgl. die Ausführungen weiter oben und vgl. z. B. Galbraith: »... nicht eine Ideologie, sondern der Ingenieur (ist) der wahre Feind des freien Marktes ...« Vgl. Galbraith: *Die moderne Industriegesellschaft* (249), p 39, vgl. auch p 27 ff.

533 Es sei erneut daran erinnert, daß ich mit »Wissenschaft«, wenn nicht ausdrücklich zusätzlich benannt, abkürzend immer Natur- und Technikwissenschaft meine.

bleme[534]. Markt- und Kriegsimperialismus[535] und ständig neue Methoden der »Produktvernichtung« sind die Folge. In Friedenszeiten ergeben sich für den Konsumbereich zur Erweiterung endlicher Märkte wie erwähnt: Kurzlebigkeit der Produkte z. B. durch »eingebauten Verschleiß« und die Erzeugung neuer »Bedürfnisse«, was in »Wohlstandsgesellschaften« in der Regel die Ersetzung eines vorhandenen Gebrauchsgegenstandes durch ein technisch »neues« und »verbessertes« Produkt für den gleichen Funktionssektor bedeutet, also Verbrauch und Vernichtung vorhandener Produkte durch technischen Fortschritt.

Vernichtung der Produkte durch technischen Fortschritt entspricht nun auch voll der Logik des Systems, das diesen Fortschritt konkret produziert. Schon auf relativ niedriger Entwicklungsstufe ist der Logik der wissenschaftlichen Technik immanent, daß »das Bessere der Feind des Guten ist«[536]. Das Interesse von Wissenschaft und Technik an einem Produkt läßt augenblicklich nach, wenn dieses Produkt »fertig« ist, und es konzentriert sich dann wieder voll auf das neue Produkt, das das eben fertig gewordene ersetzen soll, gleichgültig ob der Benutzer des Produkts daran ein Interesse hat. So bemühen sich »die Ingenieure, Forschungsabteilungen und Laboratorien ... verbissen, das ›Veralten‹ der gängigen Techniken zu beschleunigen. Die Lebenserwartung der Maschinen, Verfahren und Formulierungen wird ständig geringer«[537].

Vernichtung der Produkte durch technischen Fortschritt ist also schon im marktorientierten Konsumbereich ein fester Bestandteil, und je »entwickelter« eine Industriegesellschaft ist, desto mehr wird diese Vernichtung durch das Wissenschaftssystem induziert.

534 Vgl. hierzu z. B. Paul M. Sweezy: *Theorie der kapitalistischen Entwicklung*, Köln 1959, p 159ff.

535 Vgl. Sweezy w. o. und z. B. die »Marx ergänzenden Theorien« von Rosa Luxemburg: *Die Akkumulation des Kapitals. Ein Beitrag zur ökonomischen Erklärung des Imperialismus*, Berlin 1922.

536 Freyer, vgl. hierzu den Abschnitt II B.

537 Vgl. A. Touraine: *Postindustrielle Gesellschaft* (204), p 64–65.

Der natürliche Verbrauch von Rüstungsprodukten wäre der Krieg. Als günstig zur Erprobung und »Konsumierung« von militärischem Gerät erweisen sich heute »kleine Kriege« möglichst fernab vom eigenen Land. Begrenzte »Experimentierfelder« für neue Waffensysteme, wie z. B. in Vietnam und im Nahen Osten, sind für den Rüstungstechnologen in Ost und West gleichermaßen willkommen. Aber zum ausreichenden Konsum von Waffensystemen reichen, vor allem für die »friedlichen« Länder wie z. B. die Bundesrepublik, die »kleinen Kriege« nicht aus. Die den Interessen der scientific community widersprechende Lösung der Vernichtung durch materialbedingte Kurzlebigkeit oder eingebauten Verschleiß verbietet sich für Rüstungsprojekte von selbst. Es bleibt also vor allem der »Konsum« durch technischen Fortschritt.

Die Notwendigkeit der Vernichtung der Kriegsgeräte durch technischen Fortschritt kommt nun bei Projekten dieser Größenordnung der Logik der Wissenschaft so entgegen, daß, von der Ebene der systemerzeugten Interessen her betrachtet, bei vielen Rüstungsprojekten kaum auszumachen ist, wer nun die »treibende Kraft« ist für die Erzeugung immer neuer Produkte, ob es die Profitinteressen des Kapitals, der »Größenwahnsinn der Militärs« oder die auf unbegrenzten und »maßlosen« Fortschritt zielenden Interessen der scientific community sind. So wird, um nur ein Beispiel zu nennen, das perfekteste und »größte technologische Projekt seit Christi Geburt«, das keinen Kompromiß kennende Projekt MRCA, mit hoher Wahrscheinlichkeit, kurz nachdem es realisiert worden ist, allein durch einen schon heute erkennbaren technischen Fortschritt »vernichtet« werden[538].

Mit dieser wissenschaftsimmanent erzeugten hohen Umschlagrate durch den technischen Fortschritt hängt auch zusammen, daß die heutigen Waffensysteme einen »unnötig hohen Aggressionsgrad« haben[539]. Die Funktion des Ausschaltens und Tötens des Gegners wird durch moderne technische Waffen schon lange

538 Vgl. die Ausführungen weiter oben und Hansen (514), p 10.
539 Vgl. Krauch (493), p 162 f.

erfüllt. Der technische Fortschritt kann diese Funktion also nur noch perfekter und totaler machen und quasi übererfüllen, da auch das Töten nur eine »endliche Dimension« hat. »Overkill« und totale, oft irreversible Vernichtung auch des Lebensraums des Gegners, als Beispiele des eskalierenden Aggressionspotentials heutiger großtechnischer Waffensysteme, entspringen so eher der Logik des technischen Fortschritts als der Logik z. B. noch so machtbesessener Militärs.

Für das Determinantensystem, das den typischen Charakter heutiger großtechnologischer Projekte bestimmt, kann man zusammenfassend feststellen: Durch die strukturelle Affinität der Logik des Kapitals und der Logik der Wissenschaft sind diese Projekte in ihrer Stabilität und weiteren Ausdehnung bereits überdeterminiert. Eine expansive, großmachtorientierte »Staatslogik« stabilisiert diese Entwicklung noch zusätzlich, so daß »dieser militärisch-industriell-wissenschaftliche Komplex ... eine unkontrollierte Größenordnung angenommen (hat), die sich gut mit dem Begriff der Superstruktur beschreiben läßt«[540] und so eine »bewußte« und »vernünftige« Steuerung großtechnologischer Projekte auf fast unüberwindbare Schwierigkeiten stößt.

2. Gründe für die faktische Dominanz der scientific community bei der Determinierung großtechnologischer Projekte: zum Mechanismus der Verkopplung von Informationen und Interessen

Wenn man nun herausfinden will, wie, auf dem Hintergrund der jeweiligen Grundlogik der Subsysteme Staat, Wirtschaft und Wissenschaft, konkret der Determinierungsprozeß für ein großtechnologisches Projekt abläuft, müssen zusätzlich die spezifischen inneren Strukturen dieser Subsysteme und die Struktur der Prozesse zwischen diesen Subsystemen untersucht werden, wie z. B. Informationsprozesse, Machtbildungsprozesse, Verzahnung der Subsysteme durch personelle Verflechtungen usw. Es ist also

540 Krauch, w. o., p 152.

neben der Untersuchung der Grundlogik der Systeme eine genauere soziologische, politökonomische und sozialpsychologische Analyse notwendig, die auch hier in den Einzelheiten nur arbeitsteilig zu bewältigen ist und für die es auch schon eine ganze Reihe von Untersuchungen gibt[541]. Notwendig wäre vor allem jedoch eine neue Arbeitsweise und Arbeitsmöglichkeit für Sozialwissenschaftler: eine »rollenüberschreitende« »begleitende« Analyse.

Für eine »begleitende Analyse« des Entstehungsprozesses eines konkreten großtechnologischen Projekts[542], die rückkoppelnd einen permanenten Einfluß auf den Entstehungsprozeß selbst hätte, wäre eine partielle Aufhebung der starren Arbeitsteilung notwendig: Ingenieure und Wissenschaftler z. B., die aktiv in dem zu untersuchenden staatlich finanzierten großtechnologischen Projekt beteiligt sind, müßten sich für eine bestimmte Zeit »herausziehen« können zu einer sozialwissenschaftlichen und politischen Reflexion ihrer Tätigkeit, z. B. als Mitarbeiter des sozialwissenschaftlichen Instituts, das die begleitende Projektanalyse durchführt. Andererseits müßten für eine bestimmte Zeit auch z. B. Politiker, die formal die finanzielle Verantwortung

541 Vgl. die angeführte Literatur zur Wissenschaftspolitik.

542 Verbal zumindest wird die Notwendigkeit einer solchen Analyse neuerdings sogar vom Bundesministerium für Forschung und Technologie (BMFT) der BRD hervorgebracht: ». . . künftig (sollen) verstärkt naturwissenschaftlich-technische Projekte durch sozialwissenschaftliche Untersuchungen begleitet und besser als bisher am gesellschaftlichen Bedarf orientiert werden . . . Die bisherigen Förderungsmaßnahmen und die besondere Bedeutung dieser Wissenschaftsbereiche für unsere Gesellschaft haben das BMFT dazu bewogen, diese Aktivitäten und die geplanten Weiterentwicklungen in einem neuen Förderungsbereich ›Sozialforschung‹ zusammenzufassen.« So der Parlamentarische Staatssekretär im BMFT Volker Hauff. Vgl. BMFT-Mitteilungen 1/75, p 10. Es wird sich zeigen, inwieweit diese Förderung nur eine Alibifunktion hat, denn wie die Dinge liegen, ist es sehr unwahrscheinlich, daß dem gesamten »Förderungsbereich Sozialforschung« auch nur annähernd so viele Mittel zur Verfügung gestellt werden, wie allein irgendeinem einzigen Spezialzweig der Naturwissenschaft.

für das großtechnologische Projekt tragen und auch unterschiedlich ausgebildete Sozialwissenschaftler dieses Instituts aktiv an verschiedenen Stellen in diesem großtechnologischen Projekt mitarbeiten. Durch diesen rollenüberschreitenden Informationskontakt erst wäre eine gründliche Analyse und eine »bewußte« Steuerung des Prozesses möglich.
Mit diesen für heute noch utopischen Forderungen für eine Produktionsweise sozialwissenschaftlicher Erkenntnisse[543] möchte ich nun zu dem Punkt kommen, den ich hier abschließend zum Komplex der Determinanten großtechnologischer Projekte betrachten möchte und der zugleich auch die Begründung für die eben gestellte Forderung ist: zum Mechanismus der Verkopplung von Informationen und Interessen. Dieser Mechanismus ist von allgemeinerer Bedeutung für die Steuerungsfähigkeit bzw. »Eigendynamik« gesellschaftlicher Großaggregate, er ist m. E. jedoch heute besonders ausgeprägt wirksam im Entstehungsprozeß großtechnologischer Projekte.
Um das gemeinte Problem zu umreißen, möchte ich beginnen mit einem sich hartnäckig haltenden Modell über ein anzustrebendes Idealverhältnis von Wissenschaft und Politik. Dieses Modell geht aus von der praktizierbaren Möglichkeit einer prinzipiellen Trennung von Sein und Sollen, von Information und Interesse. Nach diesem Modell soll das Subsystem Wissenschaft »wertfreie« Informationen produzieren, auf deren Grundlage das politische System nach politischen Kriterien, d. h. nach »wertbestimmten« Interessen, Entscheidungen treffen kann. Wissenschaft »hat dem Individuum die Information zu liefern, die es für seine Entscheidungen braucht, hat ihm aber nicht diese Entscheidungen abzunehmen«[544].

543 Das einzige, was man in dieser Richtung bis jetzt beobachten kann, ist, daß hin und wieder Naturwissenschaftler aus ihrer bornierten Rolle »ausbrechen« und wertvolle Insiderinformationen in die sozialwissenschaftliche Diskussion einbringen. Dies macht z. B. Arbeiten wie die von Karsten Prüß (522) so wichtig.
544 Fordert z. B. ungebrochen noch 1971 Roland Eckert in: *Wissenschaft und Demokratie*, Tübingen 1971, p 28–29.

Das Problem der »demokratischen« Determinierung großtechnologischer Projekte würde nach diesem Modell dann so gelöst, daß man dafür sorgt, daß beide Bereiche sauber auseinandergehalten werden, damit man sichergehen kann, daß der Prozeß nur den durch das politische System legitimierten Interessen folgt. Abgesehen von der grundsätzlichen Problematik, die mit dieser »undialektischen« Gegenüberstellung von Informationen und Interessen gegeben ist[545], ist dieses Modell vollkommen unbrauchbar für den Determinierungsprozeß großtechnologischer Projekte, sowohl für die Erfassung des realen Vorgangs als auch für die anzustrebende »demokratische Lösung«.

Der wichtigste Punkt ist: Die Struktur des Entscheidungsprozesses für die Entwicklung großtechnologischer Projekte wird entscheidend verkannt, oder genauer: es wird nicht gesehen, daß es sich hier um einen langwierigen und vielverzweigten Entscheidungs*prozeß* handelt, der die Fakten produziert, und nicht um einen oder auch mehrere Entscheidungs*akte*, wie sie im dezisionistischen Modell konstitutiv vorausgesetzt werden[546]. Bahrdt hat hierauf z. B. nachdrücklich hingewiesen: »Es stimmt ja einfach nicht, daß sich die Funktionen des konsultierenden Politikers und des beratenden Sachverständigen strikt trennen lassen und jemals getrennt gewesen wären. Dies scheint nur dann so zu sein, wenn wir eine ganz spezielle, stark formalisierende, im Grunde wohl juristische oder bürokratische Betrachtungsweise anwenden. Die Entscheidung ist dann nur noch das formelle Geben eines Befehls oder das Leisten einer Unterschrift durch eine Person, die nach einem ganz bestimmten Verfahren nachher verantwortlich oder haftbar gemacht werden kann«[547]. »Nicht

545 Ein großer Teil der Arbeiten und Diskussionsbeiträge von Jürgen Habermas hat ja vor allem dieses Problem zum Thema. Vgl. für eine Einführung z. B. Habermas: »Verwissenschaftlichte Politik und öffentliche Meinung«, in: *Technik* (147), p 120ff.

546 Vgl. zur Unterscheidung zwischen dezisionistischem, technokratischem und pragmatischem Modell: Habermas, w. o., p 122–127.

547 Hans Paul Bahrdt: »Die wissenschaftspolitische Entscheidung«, in:

nur deutsche Wissenschaftler..., die an politisch wichtigen Staatsaufträgen arbeiten, sagen gern: ›Wir formulieren nur die Alternativen, die es gibt. Die Politiker sind es, die entscheiden.‹ Das ist geradezu ein Stereotyp, mit dem sie immer wieder ihre eigene Rolle in der Politik zu umschreiben suchen, wenn man sie danach fragt. Aber in dieser Formel steckt doch eine selbstgewählte, unechte Naivität, in die sie deshalb flüchten, weil ihnen der wahre Sachverhalt mit Recht ein wenig unheimlich ist. Es dürfte ihnen nicht schwerfallen, sich klarzumachen, daß die Entscheidung nicht ein einmaliger, punktueller Akt einer Person (oder eines abstimmenden Gremiums) ist, sondern, insofern es sich um einen komplexen Sachverhalt handelt, ein langer Prozeß ist, im Verlaufe dessen sich fortlaufend immer wieder etwas entscheidet und auch viele ausdrückliche Teilentscheidungsakte vollzogen werden. Viele solcher faktischen Teilentscheidungen haben selbstverständlich schon stattgefunden, als die Wissenschaftler an der Ausarbeitung der Alternativen arbeiteten«[548]. Dennoch wird in den vorhandenen institutionellen Formen der politischen Wissenschaftssteuerung, z. B. in Westdeutschland, implizit die Praktikabilität des dezisionistischen Modells unterstellt.

Auch in den meisten »Verbesserungsvorschlägen« für eine »institutionelle Lösung« der Wissenschaftsplanung wird diese Praktikabilität letztlich angenommen. Die Lösungsvorschläge für eine demokratisch »organisierte Forschung« (Krauch) konzentrieren sich auf die »Kontaktstelle« zwischen Vertretern der scientific community und Vertretern des politischen Systems. Die Vorschläge beziehen sich dann auf eine institutionelle Verbesserung dieser Kontaktstelle, daß sie sich z. B. von einer nur sporadisch tagenden Hearingsform zu einer »Dauerkommunikationsstelle« entwickeln müßte, daß verschiedene »gesellschaftliche Gruppen« ihre Experten in diese Kontaktstelle einbringen können sollten und daß z. B. die Kommunikations- und Lernbedingungen sowie

Beiträge zum Verhältnis von Wissenschaft und Politik, herausgeg. von H. Krauch, Heidelberg 1966, p 163.

548 Bahrdt, w. o., p 164.

Publikationsmöglichkeiten dieser Kontaktstellen verbessert werden müßten. »Notwendig ist ein Prozeß der gegenseitigen Beeinflussung, sowohl derjenigen, die das technisch Mögliche entfalten, als auch derjenigen, die praktische Folgen beurteilen können. Der Entwicklung eines solchen Netzwerks des Suchens und Bewertens stehen (zwar) von Anfang an erhebliche Schwierigkeiten entgegen, die sich keineswegs nur auf die Verständigung erstrekken«[549], aber »aus dem Hin und Her von Wissen beider Seiten und der ständigen Konfrontation dessen, was technisch möglich ist mit dem, was in der Praxis gewollt wird und getan werden kann, entwickelt sich ein Lernprozeß, in dessen Verlauf die Problemstellung selbst modifiziert wird und die Lösungsmöglichkeiten immer stärker in Erscheinung treten. Auf diese Weise können Handlungsmöglichkeiten gegeneinander abgewogen, bewertet und ausgewählt werden«[550].

Nun ist es wohl richtig, daß für ein ad-hoc-Programm auf der Basis der gegenwärtigen Verhältnisse diese institutionelle Lösung der politischen Wissenschafts- und Großprojektsteuerung »pragmatisch« ist, d. h., daß sie wenigstens kleine Erfolge vorweisen kann oder könnte. Aber der Grundmechanismus einer blinden Wissenschaftsentwicklung kann durch diese institutionelle Lösung nicht durchbrochen werden, denn trotz aller Verbesserungen der Kommunikation in der Kontaktstelle und der damit verbundenen möglichen Wandlung der Vorstellungen beider Seiten, wird weiterhin letztlich unterstellt, daß »im Netzwerk des Suchens und Bewertens« die durch das Wissenschaftssystem eingebrachten Informationen erstens weitgehend von Interessen getrennt werden können und zweitens objektiv »das technisch Mögliche entfalten«, also »vollständig« sind. Auf der Basis der heutigen Produktionsweise von naturwissenschaftlichen Erkenntnissen ist aber beides zunehmend immer weniger gegeben.

549 Helmut Krauch: *Die organisierte Forschung* (493), p 217.

550 Krauch, w. o., p 267. Sehr viel weiter gehen z. B. die meisten »konkreteren« Formulierungen von Habermas zum »pragmatischen Modell« auch nicht.

Naturwissenschaftlich-technisches Wissen wird heute zunehmend in vorhandenen großtechnologischen Projekten produziert[551]. Die Mitglieder der scientific community, die in diesen Projekten arbeiten und das theoretische und technologische Wissen produzieren, auf dessen Grundlage entschieden werden soll, sind aus Gründen, die ich ausführlich dargestellt habe, nicht daran interessiert, irgendein politisch vorgegebenes Problem aus dem »Lebensbereich« der Menschen »optimal« für diese Menschen zu lösen, sondern sie sind daran interessiert, den »Fortschritt« in ihrer Wissenschaft voranzutreiben, und sie werden darum das politisch gestellte Problem reduzieren und umformulieren auf ihren Interessenhorizont und nur Informationen liefern und liefern können, wie ein Problem innerhalb »ihres« Projekts lösbar ist. Wenn dieses Projekt, das die Informationen produziert, zusätzlich ein Wirtschaftsunternehmen ist, das sein bereits investiertes Interesse profitabel realisieren möchte, ist die Verquikkung von Informationen und Interessen doppelt gegeben.
Eine staatliche Planungsstelle aber, auch als institutionalisierte Dauerkommunikation, ist auf dieses Wissen angewiesen, denn es ergeben sich keine oder nur unzureichende Ausweichmöglichkeiten, Informationen einzuholen, die nicht an Interessen dieser Art gebunden sind.
Das Ausgeliefertsein staatlicher Planungsstellen an interessengebundene Informationen wird durch folgenden Sachverhalt noch verstärkt. Das für den Entscheidungsprozeß in einer »Kontaktstelle« notwendige Wissen zur Entwicklung eines staatlich finanzierten großtechnologischen Projekts für eine bestimmte Funktion, z. B. im Bereich Energieversorgung, Verkehrsplanung usw., ist konkretes und zusammenhängendes Know-how über zur Zeit oder in naher Zukunft »technisch Mögliches« in einem angebbaren Kostenrahmen. Dieses Wissen nun ist noch viel weniger als »allgemeines« theoretisches naturwissenschaftlich-technisches Wissen ohne erheblichen organisatorischen, finanziellen, personellen und zeitlichen Aufwand zu produzieren. Es wird somit

551 Vgl. die vorangehenden Ausführungen weiter oben.

geliefert von Instituten, Forschungsunternehmungen und Firmen, die bereits durch Vorentscheidungsprozesse auf der Basis partikularer Interessen angelaufen sind bzw. sich in einem hohen Entwicklungsstadium befinden und die ausschließlich ein Interesse daran haben, genau diese Projekte weiterzuführen.
Von diesen Interessen »unabhängige« Experten, die also außerhalb der schon vorhandenen Projekte stehen, die nur »sachliche« Informationen zu den vorhandenen oder zu alternativen Projekten bereitstellen könnten, sind wegen der fehlenden Produktionsbasis des technologischen Wissens mit ihrem Wissen hoffnungslos unterlegen. Sie sind, gemessen an den interessengebundenen Experten der vorhandenen Projekte gar keine »Experten« mehr, weil sie so umfangreiches, detailliertes, entscheidungsrelevantes, genügend »abgesichertes« und »kostenkalkuliertes« Wissen gar nicht vorlegen können, was zur Folge hat, daß es für großtechnologische Projekte praktisch keine »neutralen«, nur »sachlich« informierende Experten gibt.
Die in den »Kontaktstellen« arbeitenden Politiker sind sich z. T. dieser Tatsache durchaus bewußt: »Wir stellen in zunehmendem Maße fest, wie schwierig es ist, bei der Organisation des Beratungswesens unabhängige Ratgeber zu bekommen. Wo der Sachverstand vorhanden ist, ist in der Regel bei Großprojekten auch das Interesse versammelt. Da führt kein Weg dran vorbei. Unser Problem ist, ob man Ratgeber findet, die im Rahmen eines solchen Diskussionsprozesses wirklich vorankommen könnten«[552].
Wichtig für die Abhängigkeit ist auch, daß die beweisfahigen »Negativinformationen« über ein großtechnologisches Projekt, also gesichertes Wissen, das gegen das Projekt spricht, z. B. Informationen über Allgemeininteressen schädigende Auswirkungen, ebenfalls nur aufwendig zu produzieren sind und letztlich nur im Projekt selbst erzeugt werden können. Außerhalb des Projekts erzeugte oder allgemein zugängliche Negativinforma-

552 So z. B. der Parlamentarische Staatssekretär im Bundesministerium für Forschung und Technologie Hauff in einer Diskussion zum Thema: »Wer schützt uns vor den Auswüchsen der Technologie?«, in: *bild der wissenschaft*, 9/1973, p 1044.

tionen über das Projekt stehen so notwendig in einem inferioren Verhältnis zu den handfesten Positivinformationen der Projektinteressenten.
Dieses Defizit an organisierbaren und durchsetzungsfähigen Negativinformationen verleitet dann Gegner eines bestimmten großtechnologischen Projekts zu bloß »moralischen« oder gefühlsbetonten Argumenten und zu kurzatmigen Aktionen, z. B. bei »Umweltschützern«, was von der Gegenseite dann wiederum nur als Beweis der »Unangemessenheit« des Widerstandes ausgegeben werden kann und ausgegeben wird.
Die innerhalb des Projekts erzeugten Negativinformationen sind dagegen nicht ausreichend und auch nur schwer von außen zugänglich. Sie sind deswegen nicht ausreichend, weil die erzeugten Informationen sich nur auf das Interessenspektrum beziehen, das innerhalb des Projekts vertreten ist, in reinen Forschungsprojekten ist so noch nicht einmal das wirtschaftliche Rentabilitätsinteresse vorhanden, und »allgemeine« Interessen sind in großtechnologischen Projekten typisch sowieso nicht vertreten. Es ist ja allgemein auch nicht zu erwarten, daß ein System, das auf Expansion drängt, von sich aus Anstrengungen unternimmt, um Informationen zu produzieren, die die weitere Expansion oder Existenzberechtigung des Projekts in Zweifel ziehen.
Die wenigen Negativinformationen, die im Projekt anfallen, entstehen zufällig oder sind Abfallprodukt, und sie sind bestenfalls nur durch gezieltes, d. h. oft auch nur wieder durch Insiderwissen, abrufbar.
Das vom Wissenschaftssystem für großtechnologische Projekte dargebotene, angeblich interessenfreie Sachwissen ist also nicht nur notwendig an Interessen gebunden, sondern gleichzeitig auf der gegenwärtigen Produktionsbasis notwendig unvollständig. Durch die so verfügbaren Informationen ist weder entscheidbar, was bei einer Problemstellung technisch wirklich möglich wäre, noch ist oft entscheidbar, ob ein angelaufenes Projekt abgebrochen werden müßte, obwohl es technisch möglich ist.
Selbst wenn es also gelingen sollte, die Vielfalt der vorhandenen Informationen so auf »wesentliche« Informationen zu reduzie-

ren, daß sie von einem Ausschuß »verarbeitet« werden könnten[553], bleibt das grundsätzliche Problem bestehen, denn wichtige »wesentliche« Informationen über Nachteile des vorgeschlagenen Projekts und über mögliche Alternativen sind erst gar nicht in ausreichendem Maße produziert worden[554]. Was sich also heute als »technisch möglich« unter günstigsten Bedingungen darstellen kann, ist nichts weiter als das vergegenständlichte Produkt partikularer Interessen der Vergangenheit. Was wirklich auf dem erreichten Potential der Produktivkraftentfaltung heute und in Zukunft »technisch möglich« wäre, läßt sich also auf der Basis der vorhandenen Produktionsweise für naturwissenschaftlich-technisches Wissen auch nicht durch die Schaffung zusätzlicher Institutionen herausfinden. Eine »institutionelle Lösung« ohne eine grundsätzliche Änderung vorhandener Institutionen bietet sich also nicht an[555].

Dies gilt auch für folgende oft vorgeschlagene »institutionelle Lösung«. Damit Wissen nicht zum Herrschaftswissen einer Gruppe werden kann, wird vorgeschlagen, »daß alle gesellschaftlichen Gruppen Experten benötigen, die an dem Fortschritt der Wissenschaft permanent teilhaben. Diese Experten müssen so beschlagen sein, daß sie Sachaussagen als solche kontrollieren können«[556].

Gegen diesen Vorschlag ergeben sich erhebliche praktische Einwände. Experten kosten Geld. Wenn sie relevantes Wissen für großtechnologische Projekte liefern sollen, kosten sie sogar sehr viel Geld. Damit z. B. Gewerkschaftsexperten »sachbezogen« mitentscheiden könnten, ob Millionen- und Milliardenbeträge an Steuergeldern z. B. für Schwerionenforschung in ihrem Interesse richtig angelegt sind, müßte die Gewerkschaft Schwerionenforschung betreiben, was, will dieses Wissen konkurrenzfähig sein

553 Vgl. hierzu Krauch (493), p 234.

554 Vgl. das Beispiel zur Energieversorgung weiter unten.

555 Vgl. hierzu auch den Schluß des Abschnitts IV D.

556 So z. B. Eckert: *Wissenschaft und Demokratie* (544), p 39, vgl. z. B. auch R. Jungk: *Vom blinden zum wissenden Fortschritt*, Essen 1969, p 26.

und unabhängig vom bereits vorhandenen, ebenfalls hohe Millionenbeträge kostet. Das gleiche würde für viele andere Bereiche gelten. Selbst wenn man annimmt, daß die Wissensproduktion, die notwendig ist zur Kontrolle, sehr viel weniger kostet als die Wissensproduktion, die kontrolliert werden soll, ergeben sich noch hohe Summen, die allein *eine* »Interessengruppe« aufbringen müßte. Wenn nun »alle gesellschaftlichen Gruppen« ihre Produktionsstätten für naturwissenschaftlich-technologisches Wissen hätten, würde der »technische Fortschritt« noch riesigere Summen verschlingen als heute ohnehin schon, und getragen werden müßten diese Kosten natürlich, über Steuern, Mitgliedsbeiträge und Preise, von der Masse der Bevölkerung. Der erste Einwand gegen diesen Kontrollvorschlag durch Expertenvervielfachung ist also: es wird völlig übersehen, daß die Produktion entscheidungsrelevanten technologischen Wissens neben den Personalkosten heute hohe Material- und Organisationskosten verursacht. Volkswirtschaftlich wäre dieses Kontrollverfahren also zumindest sehr unvernünftig.

Aber nimmt man einmal an, die Produktion des erforderlichen Wissens wäre nicht extrem teuer, so würden sich diese Experten dennoch nur die »gesellschaftlichen Gruppen« leisten können, die im herrschenden System der Verteilung von Macht und Geld »organisationsfähig« sind, also als marktfähige »Leistungssubjekte« ihre partikularen Interessen auch wirkungsvoll zum Ausdruck bringen können[557]. Die Interessen z. B. der Kinder, von alten oder kranken Menschen, von »Normalverbrauchern«, von Naturschützern usw. lassen sich nicht auf dieser Basis als »gesellschaftlich relevante Gruppen« organisieren. Somit würde durch Expertenvervielfachung das »allgemeine Interesse«, das sich auf den zentralen Lebensbereich der meisten Menschen bezieht, wie das Interesse an gesunder Nahrung, Wohnung, Gesundheit, Freizeit usw., nicht wirkungsvoll vertreten. Diese institutionelle Lö-

557 Vgl. hierzu Claus Offe: »Politische Herrschaft und Klassenstrukturen. Zur Analyse spätkapitalistischer Gesellschaftssysteme«, in: G. Kress und D. Senghaas (ed): *Politikwissenschaft*, Hamburg 1972, p 145 f.

sung würde also im Effekt nur das bestehende Herrschaftssystem reproduzieren und dem weiterhin asymmetrischen System eine neue Variante der Legitimation verschaffen, da ja dann vorgeblich »alle« gesellschaftlichen Gruppen an der Determinierung großtechnologischer Projekte beteiligt wären. Insgesamt basiert dieser Vorschlag zur Wissenschaftssteuerung, der glaubt, durch eine formale institutionelle Ergänzung auf der unangetasteten Basis vorhandener Institutionen die anstehenden Probleme lösen zu können, auf der typisch bürgerlichen Ideologie, die vorgibt, allein der Marktmechanismus erzeuge Vernunft: wenn nur dafür gesorgt wird, daß mächtige partikulare Interessen sich gegenseitig Konkurrenz machen können, stellt sich durch die invisible hand Vernunft schon ein.

Aber abgesehen davon, ob eine institutionelle Lösung in diesem Sinne praktikabel ist und eine grundsätzliche Veränderung ermöglicht, trägt das heutige Mißverhältnis zwischen der Größe der Kontrollinstanzen und der Größe der zu kontrollierenden Bereiche auch dazu bei, daß sich die Interessen der Wissenschaft und Technologie produzierenden Großsysteme relativ ungehemmt durchsetzen können.

Nimmt man einmal an, das politische System wollte z. B. über Parteien und Parlament bei der Planung von großtechnologischen Projekten, z. B. im Bereich Militär oder Energie, *gegen* die herrschende Logik von Kapital, Wissenschaft und Staat ein »allgemeines« Interesse durchsetzen und vielleicht einen Alternativvorschlag unterbreiten, dann steht das hierzu vorhandene parlamentarische Instrumentarium allein schon personell in einem hoffnungslosen Mißverhältnis zur »Gegenseite«, die beeinflußt oder kontrolliert werden soll[558], denn die Konstruktion der parlamentarischen Kontrolle von staatlich finanzierten Großprojekten durch »Ausschüsse« geht, wie erwähnt, von der Praktikabilität des dezisionistischen Modells aus. Man glaubt, daß man den determinierenden Entscheidungsprozeß für großtechnologische Projekte reduzieren kann auf wenige Entscheidungsakte und auf

558 Vgl. hierzu z. B. Hirsch (504), p 279 ff.

wenige »wesentliche« Informationen und daß man deswegen mit einem externen, sporadisch tagenden »Ausschuß« mit wenigen Leuten, die nur »allgemein« qualifiziert sind, wirksam Kontrolle ausüben könne. Ironisch, aber zutreffend, brachte dieses Mißverhältnis ein Mitglied eines solchen Ausschusses wie folgt zum Ausdruck: »Der Verteidigungsausschuß heißt deshalb Verteidigungsausschuß, weil hier 25 Abgeordnete die parlamentarische Kontrollfunktion mit unzureichenden Mitteln gegen 5000 hochgerüstete, hochgezüchtete und hochintelligente Techno- und Bürokraten des Verteidigungsministeriums verteidigen. Im Sinne von MBFR[559] sollte daher das Verteidigungsministerium auf 25 Offiziere und Beamte reduziert oder der Verteidigungsausschuß auf 5000 Abgeordnete aufgestockt werden«[560].

Die Chancen für eine »vernünftige« Politik für großtechnologische Projekte, durchgesetzt gegen die herrschenden Interessen, sind also allein durch diese Konstruktion der parlamentarischen Kontrolle sehr gering[561].

Es gibt aber weitere Gründe und Mechanismen, warum große und differenzierte Organisationen mit eigener Interessenstruktur und eigener Verfügungsmacht über spezifische Ressourcen sich von »außen« durch geldgebende, politische Instanzen zunehmend weniger gegen die eigenen Interessen steuern lassen. Diese Gründe spielen schon bei rein bürokratischen Organisationen eine Rolle und sind z. B. auch verantwortlich dafür, »daß eine entscheidende normative Prämisse des bürgerlich-demokratischen Repräsentativsystems, nämlich die direkte oder indirekte Lenkbarkeit der staatlichen Administration durch die gewählte

559 MBFR = Mutual and Balanced Forces Reduction.

560 So das SPD-MdB »Georg Schlaga während der Ausschußberatungen über den Etat 1972 für das Ministerium seines Parteigenossen Helmut Schmidt«. Zitiert nach *Frankfurter Rundschau* vom 3. 2. 1972.

561 Im Bundestag werden überdies wissenschaftspolitische oder inhaltliche Diskussionen über großtechnologische Projekte so gut wie gar nicht geführt. Vgl. z. B. Prüß (522), p 303 und insgesamt für diesen Aspekt die Arbeit von Hirsch: *Wissenschaftlich-technischer Fortschritt und politisches System* (504).

Volksvertretung, der Realität nicht entspricht«[562]. Organisationssysteme großtechnologischer Projekte haben noch günstigere Voraussetzungen, sich gegen interessenfremden äußeren Einfluß abzuschirmen. Da wäre z. B. die Abschirmung durch eine Sondersprache zu nennen. Der nichteidetische und akkumulative Charakter der Wissenschaft ist eine gute Voraussetzung, eine eigene System-Sprache zu entwickeln, die von der Umwelt nicht mehr verstehbar ist, wodurch dieser Umwelt eine wesentliche Basis entzogen wird, die notwendig wäre für einen kontrollierenden Einblick in die inneren Prozesse dieses Systems. Sondersprachen als Instrumente der Herrschaft sind »... nichts Neues. Es war schon immer so, daß die Herrschenden ihre Herrschaft nur dann auf die Dauer effektiv ausüben konnten, wenn sie nicht nur über Waffen und Produktionsmittel verfügten und Ämter monopolisierten, sondern außerdem auch Bescheid wußten, worüber sie Entscheidungen trafen, möglichst besser als diejenigen, über deren Schicksal sie entschieden«[563].

Die Abschirmung gegen äußere Kontrolle durch die Sondersprache der scientific community ist nun um vieles totaler und unüberwindbarer als z. B. die Abschirmung durch Bürokratensprachen. In der Regel wird darum das Außenverhältnis des Wissenschaftssystems zur Gesellschaft, zur »Öffentlichkeit«, von Vertretern dieses Systems auch gar nicht mehr als Informationsverhältnis gesehen, sondern nur noch als Vertrauensverhältnis. Eine Krise im Außenverhältnis ist in diesem Verständnis dann auch keine Informationskrise, sondern eine Vertrauenskrise. Ganz folgerichtig sieht so z. B. ein Repräsentant der nuclear physics community den öffentlichen Widerspruch gegen Atomkraftwerke nicht als einen möglichen informativen Einwand, als ein ernstzunehmendes »Argument« von Vertretern außerwissenschaftlicher Interessen, sondern nur als »Ausdruck« eines erschütterten und wiederherzustellenden Vertrauensverhältnisses: »Die Krise der öffentlichen Akzeptanz der Kernenergie ist ... in

562 Hirsch (504), p 242.

563 H. P. Bahrdt: »Experten-Kauderwelsch«, in: Bahrdt: *Wissenschaftssoziologie – ad hoc*, Düsseldorf 1971, p 138.

erster Linie eine Vertrauenskrise im Verhältnis zwischen den wenigen Sachkennern und der großen Masse der Laien«[564]. In dieser Konstellation, die typisch ist für heutige großtechnologische Projekte, in der auf der einen Seite die »wenigen Sachkenner« des Projekts selbst stehen und auf der anderen Seite die »breite Öffentlichkeit«, die weder in der Lage noch daran interessiert ist, »die Zusammenhänge zu verstehen«[565] und zu der, aus der Sicht der scientific community, auch die parlamentarischen Kontrollinstanzen zählen, in dieser Konstellation hat schon durch das begründbare Selbstverständnis der scientific community die nach außen gegebene »Information« nicht die zugedachte Aufgabe, eine »Diskussion« zu ermöglichen, sondern einzig die Aufgabe zu beruhigen, das Vertrauensverhältnis wieder herzustellen[566]. »Wo jedoch an Vertrauen appelliert und Information verweigert wird, liegen gewöhnlich Gruppeninteressen vor, sehr oft Machtinteressen, manchmal Herrschaftsinteressen. Das ist nahezu ein Gesetz der politischen Soziologie«[567].

Dies berührt insgesamt das Problem der Abschirmung sozialer Systeme von Außeneinflüssen durch Erhöhung der inneren Komplexität. Die Komplexität großtechnologischer Projekte ist noch größer als die vergleichbarer »nichttechnischer« Organisationen, und sie wird von der Logik der Wissenschaft aus angegebenen Gründen permanent erhöht, was die Chance der äußeren Kontrolle durch Systeme weit geringerer Komplexität wie Ausschüsse immer weiter verringert[568].

564 So der Präsident des Deutschen Atomforums, Professor Dr. Dr. H. Mandel, auf einem Vortrag zur Reaktortagung in Berlin am 4. 4. 1974, zitiert nach: *Kernenergie und Umwelt. Informationsdienst der Zeitschrift »atomwirtschaft–atomtechnik«* vom Juni 1974, p I.

565 So ausdrücklich z. B. Mandel, w. o., p I.

566 Dies wird z. B. von Mandel auch offen eingeräumt, vgl. w. o.

567 Bahrdt (563), p 138.

568 Vgl. hierzu die Ausführungen zur Funktion der Größe weiter oben und z. B. auch Galbraith (249), p 79f zur Abschirmung der »Technostruktur« vor äußeren Einflüssen. »Auch die Kompliziertheit moderner Technologie und Planung schützt die Technostruktur gegen äußere Einflußnahmen auf ihre Entscheidungen.« Vgl. p 82.

Eine Abschirmung gegen äußeren Einfluß, vor allem gegen öffentliche Kontrolle, ist bei großtechnologischen Projekten weiterhin noch zusätzlich dadurch gegeben, daß sie fast typisch der Geheimhaltung unterliegen, sei es bei Kriegsprojekten aus Gründen der militärischen Sicherheit oder bei »Friedensprojekten« aus Konkurrenzgründen zwischen den Einzelkapitalien. Öffentlichen Kontrollausschüssen sind so »wesentliche« Informationen unzugänglich, selbst wenn sie vorhanden sind.

Es gibt sicher noch weitere Gründe, warum die Entwicklungsdynamik großtechnologischer Projekte abgeschirmt ist gegen »äußeren« Einfluß, gegen »allgemeine« Interessen. Ich lege hier keinen Wert auf Vollständigkeit, ich wollte aber darstellen, daß es eine erschreckend große Anzahl von Mechanismen gibt, die in gleicher Richtung wirken und auch hier das Ergebnis überdeterminieren.

Zum Schluß möchte ich noch einen Sachverhalt erwähnen, der hier ebenfalls von Bedeutung ist und der u. a. die Abschirmung gegen systemwidrigen »inneren« Einfluß besorgt: die hierarchische Strukturierung der scientific communities.

In den fachspezifischen scientific communities bilden sich hierarchische Strukturen heraus, die sich entwickeln aus »normalen« Prozessen der Machtbildung und aus der spezifischen Logik der Wissenschaft. Ein wesentliches Kriterium für die hierarchische Zuordnung eines Mitglieds der scientific community ist die wissenschaftliche Reputation. Eine hohe Reputation ist nur zu erlangen durch eine Anpassung an die expansive und grenzenlose Logik der Wissenschaft: je mehr Wissen produziert wurde und je größer der Anteil an Frontforschung hieran ist, desto höher ist die Reputation und somit die Chance, in der Hierarchie aufzusteigen, gleichgültig, worauf sich dieses Wissen konkret bezieht, und gleichgültig, zu wessen Nutzen dieses Wissen produziert wurde. Darüber hinaus wächst die Chance, für eine gleiche Leistung einen höheren Reputationszuwachs zu erhalten, mit dem Anstieg in der Hierarchie[569], so daß, bei gleichzeitigem Vor-

569 Vgl. hierzu z. B. Rödel (503), p 43 f, oder Prüß (522), p 295.

handensein von »Fähigkeiten« für »normale« Prozesse der Machtbildung, wie z. B. »Organisationstalent«, Inhaber von Führungspositionen in einer scientific community sich relativ langfristig und stabil etablieren können.

Die Herausbildung von Führungspositionen und einer hierarchischen Struktur innerhalb der spezifischen scientific community hat drei wichtige Funktionen. Einmal wird der Forschungs- und Entwicklungsbereich einer Disziplin auf einen Schwerpunkt hin konzentriert. Die Konzentration erfolgt zwar auf die Interessen der Wissenschaftsführer hin, aber diese Konzentration liegt gleichzeitig auch im »Interesse der Wissenschaft«, denn durch einen konzentrierten Einsatz der Mittel ist ein »Fortschritt« im Sinne der Logik der Wissenschaft eher zu erreichen.

Zum zweiten wird hierdurch eine mögliche innere Opposition, ein Versuch einzelner Wissenschaftler, andere Wissenschaftsziele zu setzen, die vielleicht auch von »allgemeinerem« Interesse sind, erfolgreich unterdrückt. Denn wer Einfluß haben will auf die Bestimmung der Wissenschaftsziele, muß in der Hierarchie aufgestiegen sein, was nur durch ein entsprechend großes Reputationskonto möglich ist, das wiederum nur zu erlangen ist durch erfolgreich absolvierte Anpassung an die bestehende Interessenstruktur der scientific community. Hierbei sollte jedoch folgendes beachtet werden. Bei der Beurteilung des Spielraums, den Wissenschaftler haben, um »eigene« Zielsetzungen durchzusetzen, muß man unterscheiden, ob es sich um »eigene« Fachinteressen handelt, die nur im *augenblicklichen* Arbeitsfeld nicht realisiert werden können, oder ob es um »allgemeine« Interessen geht, die prinzipiell im etablierten Wissenschaftssystem schwer zu realisieren sind. Die pauschale, immer wieder aufs neue hervorgebrachte Behauptung, die naturwissenschaftlich-technische Intelligenz sei, wie die übrigen Lohnarbeiter, generell von einer eigeninteressierten Bestimmung ihrer Arbeit ausgeschlossen[570], ist nicht haltbar.

570 Diese undifferenzierte Formel wird z. B. auch in der Arbeit von Michael v. Engelhardt u. Rainer-W. Hoffmann: *Wissenschaftlich-technische Intelligenz im Forschungsbetrieb. Eine empirische Untersuchung*

Die der Wissenschaftslogik folgenden »eigenen« Interessen können gut in hierarchisch organisierten scientific communities realisiert werden. Zuverlässig abgeblockt werden nur »allgemeine« Interessen.

Drittens wird durch die »Führerstruktur« der scientific community eine günstige Umweltkontaktierung ermöglicht zu ähnlich strukturierten Systemen im Bereich der Wirtschaft und des Staates. Da wesentliche Entscheidungen über den Einsatz von Kapitalien durch einen von der Öffentlichkeit ausgeschlossenen »Informationsaustausch« zwischen »Führungseliten« fallen, kann eine hierarchisch strukturierte Wissenschaft auch in diese »Machtzentren« ihre »machtvollen« Führer entsenden und bei wissenschaftsbestimmten Projekten so eine »adäquate« Vertretung ihrer Interessen sichern.

Insgesamt wird jedenfalls auch durch die hierarchische Struktur und durch die Herausbildung von »Dominant Dukes«[571] in den scientific communities der Einfluß des Subsystems Wissenschaft auf die Determinierung von großtechnologischen Projekten wesentlich begünstigt, wie dies z. B. auch in der zusammenfassenden Darstellung von Prüß zu diesem Punkt deutlich zum Ausdruck kommt: »Die wissenschaftliche Elite rekrutiert sich vor allem aus Direktoren der traditionell ausgeprägt hierarchisch strukturierten naturwissenschaftlichen Institute an Universitäten und Forschungszentren. Sie besitzt institutionalisierte Verfügungsgewalt

zu Arbeit, Beruf und Bewußtsein, Ffm. 1974, kritiklos wiederholt. Vgl. z. B. p 445.

571 Vgl. Krysmanski: *Soziales System und Wissenschaft* (370), p 103. Diese »Dominant Dukes« der Wissenschaft »legen ein privilegiertes Verhalten an den Tag, das, wie D. J. Price schon vor Jahren beschrieb, bis in Einzelheiten dem von Managern entspricht. Als ›affluent scientific commuters‹ (Price) treffen sie sich regelmäßig in informellen Machtzentren wie Forschungsinstituten, ›Sommerkursen‹ usw., um Informationen, Kenntnisse und Ergebnisse wie Waren zu tauschen; sie haben ein multipolares Steuerungszentrum der Großforschung aufgebaut, das in seiner Funktion dem internationalen Netz der ›board rooms‹ entspricht«. W. o., p 103.

über die lebendigen und vergegenständlichten wissenschaftlichen Produktivkräfte ... und stellt das Koppelglied dar zwischen der scientific community und ihren äußeren Koalitionspartnern Staat und Wirtschaft. Die wissenschaftliche Elite repräsentiert die Wissenschaft nach außen und nach innen. Sie vermittelt Staat und Wirtschaft die als Grundlage von wissenschaftspolitischen und Kapitalverwertungs-Strategien benötigten Informationen über wissenschaftliche Gegebenheiten und Entwicklungstendenzen. Sie vertritt und begründet die Wünsche und Interessen der Wissenschaft nach außen, wobei sie mehr oder weniger taktisch auf die Interessen ihrer Geldgeber einzugehen sucht. Nach innen kontrolliert und lenkt die Elite die Tätigkeit der scientific community. Sie bestimmt über die Inhalte von Forschungsprozessen und über die Entfaltungsmöglichkeiten der in abhängigen Stellen wissenschaftlich Arbeitenden. Sie vermittelt die Wünsche und Interessen von Staat und Wirtschaft in das Wissenschaftssystem hinein. Damit ist die wissenschaftliche Elite das entscheidende Vermittlungsorgan bei der Organisierung und Durchführung solcher arbeitsteiliger vergesellschafteter Produktionsprozesse, die die Tätigkeit von scientific communities einschließen«[572].

Faßt man nun zusammen, aus welchen Gründen die scientific community eine faktische Dominanz bei der Determinierung großtechnologischer Projekte hat, so ergeben sich folgende Punkte. Die ein großtechnologisches Projekt festlegenden Entscheidungen sind nicht auf wenige Entscheidungsakte zu reduzieren. Wird dennoch die Praktikabilität des dezisionistischen Modells unterstellt, so vollzieht sich zwangsläufig ein großer Teil des Entscheidungsprozesses im Projekt selbst, und da es einen best one way nicht gibt, richtet sich dieser Entscheidungsprozeß im Projekt nach Interessen, die im Projekt vertreten sind. Die in einem großtechnologischen Projekt vertretenen Interessen von Wissenschaft und Kapital wiederum sind typisch keine »allgemeinen« Interessen. Für großtechnologische Projekte entscheidungsrelevante Informationen sind nur »aufwendig« zu produ-

572 Prüß (522), p 293-294.

zieren. Sie werden darum vorwiegend in den großtechnologischen Projekten selbst erzeugt. Somit sind die in eine »Kontaktstelle« vom Wissenschaftssystem eingebrachten Informationen aufgrund der herrschenden Produktionsweise dieses Wissens notwendigerweise an partikulare Interessen gebunden. Sie sind außerdem unvollständig, da ausreichende entscheidungsrelevante Negativinformationen über das Projekt vom Projekt selbst nicht erzeugt werden und außerhalb des Projekts kaum produziert werden können. Eine institutionell noch so verbesserte »Kontaktstelle« kann darum diesen Mangel nicht beheben. Zusätzliche und ergänzende »interessenfreie« bzw. an »allgemeine« Interessen gebundene Informationen über das Projekt und über Alternativen sind praktisch nicht vorhanden, da auch sie eine großtechnologische Produktionsbasis erforderten und einen zeitlichen Vorlauf, wollten sie ernsthaft mit den vorhandenen Informationen über »technisch Mögliches« konkurrieren können. Was sich heute also dem Anschein nach objektiv als »technisch möglich« darstellt, ist nur das Resultat organisationsfähiger partikularer Interessen der Vergangenheit, die nun aufgrund ihres Vorsprungs in konkretem technologischem Know-how durch die notwendig »realistische« Orientierung des Staates im Kapitalismus weiterhin gefördert werden und so auch für die Zukunft festlegen, was »technisch möglich« ist[573]. Die vom Wissenschaftssystem bestimmten großtechnologischen Projekte schützen sich weiterhin gegen einen äußeren Einfluß durch eine permanente Erhöhung der inneren Komplexität, was aufgrund der Logik des Wissenschaftsprozesses sehr leicht möglich ist. Kontrollsysteme sehr viel niedrigerer Komplexität, wie Ausschüsse, sind so tendenziell vollkommen wirkungslos. Die Abschirmung gegen äußeren Einfluß durch eine Sondersprache des Systems ist durch die scientific community ebenfalls perfekt zu realisieren. Vom begründbaren Selbstverständnis der scientific community her gesehen sind »Informationen« für Außenstehende nur ein Mittel, um das traditionelle Vertrauensverhältnis zu stabilisieren. Die Möglichkeit

573 Vgl. hierzu das Beispiel weiter unten zur Energieerzeugung.

eines Kommunikationsprozesses über »technisch Mögliches« und »technisch Sinnvolles« in der Öffentlichkeit wird so von der scientific community schon lange als Illusion betrachtet. Was technisch möglich und sinnvoll ist, kann notwendig nur sie wissen und wird entsprechend ihren Interessen durchgesetzt. Eine Abschirmung gegen inneren systemwidrigen Einfluß gewährleisten zuverlässig die hierarchischen Strukturen der scientific communities. Im Machtgefüge politischer, militärischer und wirtschaftlicher Eliten sind die Dominant Dukes »machtvolle« Repräsentanten des Wissenschaftssystems, die die abstrakten Interessen der Logik der Wissenschaft wirkungsvoll durchsetzen.

Aufgrund dieser vielen sich zuarbeitenden Mechanismen ist die Chance, daß bei der Determinierung eines großtechnologischen Projekts das Interesse des Wissenschaftssystems sich durchsetzt, ungewöhnlich hoch. Diese Mechanismen sind sinnvoll und vollständig nicht aus der Logik des Kapitals allein ableitbar. Sie können darum auch ihre Wirkung zeigen in Systemen, in denen auf der Makroebene die Logik des Kapitals aufgehoben ist.

Betrachtet man zusammenfassend die Ausführungen dieses ganzen Abschnitts, so läßt sich sagen: Die weitaus meisten großtechnologischen Projekte sind ohne Zustimmung durch die sie finanzierende Bevölkerung entstanden, sie determinieren aber einen großen Teil ihrer Zukunft und ihrer Lebenschancen gegen ihre Interessen. Die Herrschaft über die Masse der entpolitisierten und unmündigen Bevölkerung wird also durch großtechnologische Projekte nachhaltig versteinert. Im komplexen Determinantenfeld für großtechnologische Projekte spielt die Logik der naturwissenschaftlichen Technik eine entscheidende Rolle. Einmal paßt sie sich aufgrund der strukturellen Affinität zur Logik des Kapitals blind und widerstandslos der herrschenden ökonomischen Realität an. Darüber hinaus hat sie bei der Determinierung großtechnologischer Projekte aufgrund vieler sich zuarbeitender Mechanismen einen hohen aktiven Anteil an der konkreten Gestalt dieser Projekte, was einmal zu einer faktischen Dominanz der scientific community bei der Determinierung dieser Projekte führt und allgemein gesehen in diesem Bereich eine Herrschaft der scientific community auf der Ebene des Gesellschaftssystems begründet.

Wieweit nun die dargestellten Zusammenhänge und die behauptete Dominanz der scientific community sich auch in einem konkreten Projekt zeigt, wäre in vielen Einzelanalysen konkreter großtechnologischer Projekte zu untersuchen. Sicher gibt es Beispiele, die der geschilderten Entwicklungslogik nicht entsprechen, aber sehr vieles spricht m. E. dafür, daß sie heute die Ausnahmen wären.

Ich möchte nun ein Beispiel skizzieren, das der geschilderten Logik voll entspricht. Um zu zeigen, daß bei einem bestimmten großtechnologischen Projekt keine »allgemeinen« Interessen berücksichtigt werden, gleichzeitig aber in diesem Projekt die Interessen der scientific community bestimmend vertreten sind, könnte man in den Bereichen Rüstung, Weltraum und Grundlagenforschung sicher beliebig viele »passende« Beispiele finden. Ich möchte hier jedoch das Beispiel der »friedlichen Nutzung der Kernenergie« herausgreifen, weil einmal in diesem Beispiel es an der Oberfläche so aussieht, als ob hier vorwiegend ein »allgemeines« Interesse wie der »Energiehunger unserer modernen Zivilisation«[564] befriedigt werde und weil ich zum andern das Beispiel der nuclear physics community schon in anderen Zusammenhängen erwähnt habe und so auf bereits Dargestelltes Bezug nehmen kann.

Es ist klar, daß durch diese erneute Heraushebung der Kern- und Hochenergiephysik das Problem einer Abhängigkeit und Bedrohung durch das Wissenschaftssystem nur sehr unvollständig illustriert wird. So wäre es z. B. notwendig und vielleicht sogar noch wichtiger, die Beherrschung und Bedrohung unseres Lebenssystems am Beispiel der Chemie darzustellen. Die Verflechtungen zwischen der scientific community der Chemiker und dem Herrschaftssystem der Chemie-Konzerne sind so ausgeprägt wie sonst nirgends. Auch ist die Zahl der Produkte dieser Industrie, durch die eine Gefährdung allen Lebens gegeben ist, weil ihre Folgen gar nicht oder nur sehr unzureichend erforscht wurden, ungeheuer groß. Dies betrifft sowohl den Bereich unzähliger Konsumartikel, die nachhaltig unseren way of life prägen, wie den ungezügelten Ausstoß der Pharmaindustrie oder die in der Öffentlichkeit so gut wie unbekannten Waffensysteme auf chemisch-bakteriologischer Basis. Aber die Konzentration auf einen Teilbereich der Physik hat den Vorteil, daß wenigstens an einem Beispiel die Zusammenhänge etwas genauer dargestellt werden können.

Ich habe schon mehrfach erwähnt, warum die Kernphysik als Prototyp der modernen Naturwissenschaft angesehen werden kann: sie ist eine »maßlos« expandierende Disziplin, die den Kontakt zur »Lebenswelt« der Menschen längst unterbrochen hat, und sie erzeugt als Frontforschung par excellence extrem hohe Werte des Interesses, der »Besessenheit«, bei den Mitgliedern der nuclear physics community. Der Bau der Atombombe war die »Opportunity«, diesem Interesse in großem Maßstab nachzugehen. Der entscheidende Antrieb zum großtechnologischen Projekt Atombombe kam deswegen auch aus den Reihen der nuclear physics community[574]. Der nach dem Krieg erst einsetzende Bombenschock und die damit zusammenhängende Kritik der Öffentlichkeit an der Kernphysik erlaubten zwar immer noch die »Weiterentwicklung« der Bombe, aber insgesamt mußte sich die nuclear physics community doch auch auf »friedliche« Projekte umstellen, damit ein expandierendes Arbeitsfeld, finanziert durch Steuergelder, für sie auch langfristig in Friedenszeiten gesichert war. »Der Kernforschung wie der Kerntechnik erschloß sich hier ein Gebiet, auf dem sie sich selber als Retter der Menschheit begreifen und darstellen konnten, nachdem sie seit Hiroshima im wesentlichen als deren Bedrohung erschienen waren. Mit alldurchdringender Propaganda und unbemerkter Regie gelang es ihr, der Weltmeinung zu suggerieren, daß nur die Kernenergie in der Lage sei, das Problem eines Schwundes der Energievorräte zu lösen, das erst durch sie selber zu einem Weltproblem dramatisiert worden war«[575].

574 Vgl. hierzu den Abschnitt IV D.

575 Friedrich Wagner: *Wissenschaft* (360), p 283-284. »Über den Zu-

Günstig für die nuclear physics community war, daß die friedliche Kernforschung sich gut kombinieren ließ mit der militärischen und so die »Staatslogik« der Supermächte und Möchtegern-Supermächte allein schon aus militärischen Gründen diese »friedliche Forschung« förderte. Die großen Hoffnungen, die an eine friedliche Nutzung der Kernenergie geknüpft wurden, haben sich nicht erfüllt, denn mittlerweile sind über viele Jahre hohe Milliardenbeträge an Steuergeldern in die Kernforschung geflossen, und noch immer zeichnen sich nur vage »wirtschaftliche« Lösungen zur Energieerzeugung ab[576]. Aktualisiert wurde das Energiethema durch die jüngste sprunghafte Ölpreiserhöhung, und es sieht so aus, als ob zumindest in der BRD die nu-

sammenhang dieser suggestiven Energienot-Propaganda mit dem Selbstentlastungsbedürfnis der Kernforscher treffend die Äußerung eines der führenden Kerntechniker, A. W. Weinberg, Today's Revolution 299: ›There is an understandable drive on the part of men of good will to build up the positive aspects of nuclear energy simply because the negative aspects are so distressing ... Nuclear energy is viewed as a solution to one of mankind's profoundest shortages – a shortage of energy – although it seems as though the discovery of the remedy has made the world really discover the shortage!‹« (Vgl. Wagner, p 489.)

576 »Ein hoher Beamter der AEC (amerikanische Atomenergiekommission) sagte über die Wirtschaftlichkeit und Energiestatistiken von Kernkraftwerken: ›Die Zahlen in der Literatur schwanken mindestens um einen Faktor 10. Aus drei Gründen werde ich nicht versuchen, Ihnen genauere Zahlen anzugeben: 1. Sie existieren nicht, auch innerhalb der AEC nicht. 2. Wenn sie existieren würden, könnten sie aus Sicherheitsgründen nicht veröffentlicht werden. 3. Wenn sie existieren und freigegeben würden, würde ich trotzdem nichts davon glauben.‹« Zitiert nach *konkret* 1/75, p 26. Eine Gesamtkostenrechnung für alle Folgelasten im gesellschaftlich-ökologischen Bereich ist, wie für viele Produkte des Industriesystems, auch hier noch gar nicht unternommen worden. Aber selbst für einen engen betriebswirtschaftlichen Rahmen der Kostenrechnung sind noch Fragen offen, weil z. B. weder die Betriebsdauer von Kernkraftwerken noch die Kosten für eine langfristige Entsorgung wirklich bekannt sind.

clear physics community diese Situation für sich hervorragend nutzen kann[577]. Die Kernenergie wird erneut als einziger Ausweg angepriesen, immer fortschrittlichere Reaktortypen sollen deswegen entwickelt werden in immer größeren Dimensionen[578].

Es wäre nun naiv, anzunehmen, es ginge bei diesen Projekten um die optimale Versorgung der Bevölkerung mit notwendiger Energie für Licht, Wärme oder Maschinen. Auf der Basis der kapitalistischen Produktionslogik wird »Energie« ebenfalls zur »abstrakten Flußgröße«[579], die durch Kapital »erzeugbar« ist, die wie andere Waren Profite bringt und darum auch der Logik der »unendlichen« Expansion unterworfen wird. Energieerzeugung wird so zu einem der Indikatoren der Wachstumsfetischisten, die an ihm den »Wohlstand« und die »Größe« einer Nation messen. So geht es zunächst einmal ganz im Sinne der Logik des Kapitals und der Logik der wissenschaftlichen Technik nur um die ständig expandierende Bereitstellung von »offenen Potenzen für freibleibende Zwecke«[580], um die bloße Energieerzeugung »an sich«, gleichgültig, wofür sie gebraucht wird, und gleichgültig, ob sie auch »konkret« benötigt wird. Genau wie in anderen Bereichen muß auch hier »Absatzförderung« betrieben werden, und auch hier ist Verschwendung ein unverzichtbares Ventil für endliche Märkte[581]. Da also Energie den Charakter einer Ware angenommen hat, die zudem noch in großtechnologischer Form

577 Im Bundesministerium für Forschung und Technologie (BMFT) wurde besonders nach der »Ölkrise« betont, daß die Kernforschung einen Schwerpunkt in der Energiepolitik bilden wird. Vgl. z. B. BMFT-Mitteilungen 12/74, p 122.

578 So ist schon von Kernkraftwerkskomplexen von 50 bis 100 Gigawatt die Rede in zig-Quadratkilometergröße, die sinnigerweise »Energieparks« genannt werden. Vgl. z. B. BMFT-Mitteilungen 5/6/74, p 60.

579 Vgl. Abschnitt IV E.

580 Vgl. II B und III B. f.

581 Die Energieversorgung ist in kapitalistischen Ländern darum auch in der Regel privatkapitalistisch organisiert, sogar Stromerzeuger sind meistens Aktiengesellschaften.

erzeugt wird, wirkt auch im Energieplanungsbereich der Staat nicht antikapitalistisch, sondern sorgt mit Steuergeldern dafür, daß dieser Expansionsprozeß nicht ins Stocken gerät. Eine staatliche »Energieplanung« in kapitalistischen Ländern wird also im Schwerpunkt die bloße abstrakte Energieerzeugung fördern und nicht den konkreten Gebrauchswert der Energie, und sie wird nicht erkennen, daß ein großer Teil des »Energieproblems« allein durch die Logik des Kapitals erzeugt wird.

In dieser Konstellation agiert nun die nuclear physics community sehr erfolgreich, indem sie die abstrakten Interessen der Wirtschaft und des Staates mit den eigenen abstrakten Interessen optimal verbindet. Es scheint sich nun auszuzahlen, daß die nuclear physics community gleich nach dem Krieg in der Außendarstellung ihrer Tätigkeit auf Energieerzeugung umgeschaltet hat, um nun auf diesem Wege Steuergelder für ihre Interessen langfristig zu binden.

Natürlich ist die nuclear physics community nicht an dem profanen Problem einer gebrauchswertorientierten Energieerzeugung interessiert, genausowenig wie sie seinerzeit an dem Problem interessiert war, möglichst rationell möglichst viele Japaner zu töten. Das Interesse der nuclear physics community konzentriert sich auf Frontforschung, auf die Produktion von »Erkenntnissen«[582], die losgelöst sind von allen »irdischen« Problemen und »profanem Zweckdenken«[583]. Nur kostet diese vom profanen Zweckdenken freie Frontforschung wegen der »Kesselstruktur« der Welt leider immer riesigere Summen, und die nuclear physics community muß Wege suchen, ihre Interessen als allgemeine In-

582 »Als Interesse der nuclear physics community ist in diesem Sinne der Wunsch anzusehen, über möglichst fortgeschrittene Ausstattung für anspruchsvolle Frontforschung in möglichst großem Umfang verfügen zu können. Fortgeschrittene wissenschaftliche Produktionsmittel verschaffen eine gute Ausgangsposition für die innerwissenschaftliche Konkurrenz, da sie eine weitgehend sichere Gewähr bieten, (u. U. spektakuläre) Erst-Experimente und Erstentdeckungen machen zu können.« Prüß (522), p 313-314.

583 Vgl. z. B. Jungk: *Die große Maschine* (490), p 254 f!

teressen darzustellen oder zumindest als die Interessen der Wirtschaft und des Staates.

Dabei zeigt sie sich in ihrer Argumentation anpassungsfähig und vielseitig. Die »Zweckargumentation« z. B. wurde gleich in beiden Möglichkeiten ausgenutzt. In Richtung der Wirtschaft und des wirtschaftssteuernden Staates wurde argumentiert, die zweckfreie Forschung sei die zweckmäßigste, da »die beste Art, das ›Nützliche‹ zu erreichen, sei, ihm nicht nachzulaufen«[584]. Da einmal Frontforschung eine »überschießende Problemgenerativität«[585] hat, also ständig mehr Probleme erzeugt als sie löst und dabei Lösungen findet, die sie gar nicht gesucht hat, und da zum anderen die Expansionslogik des kapitalistischen Wirtschaftssystems auf die Entdeckung vollkommen neuer Technologien angewiesen ist[586], fiel dieses Argument auf »fruchtbaren« Boden.

Andererseits wurde in Richtung des Staates als »Kulturträger« auch argumentiert, daß es zur Kultur des wissenschaftlichen Zeitalters gehöre, zweckfreie Teilchenbeschleuniger-Kathedralen zu errichten. »Diese Haltung hat besonders großartig[587] der englische Nobelpreisträger Cecil Powell zum Ausdruck gebracht, als er sagte: ›Der Mensch lebt nicht vom Brot allein, und der Nutzen, den wir von der Wissenschaft beziehen, darf nicht nur an ihren technischen Folgen gemessen werden. Unsere Vorväter haben reichlich zu allen Künsten beigetragen ... Sie haben das Parthenon gebaut und die Kathedralen ... All diese Schöpfungen brachten ihnen wirtschaftlich kaum etwas ein. Aber wer würde diese Anstrengungen bedauern? In unserer Zeit findet der menschliche Schöpfergeist in den Naturwissenschaften eine der Hauptmöglichkeiten, sich zu verwirklichen. Darum sollten wir die begabtesten jungen Menschen ermutigen, sich gerade den schwierigsten, aber bedeutsamsten und die größten Anstrengun-

584 Vgl. w. o., p 253.
585 Vgl. Prüß (522), p 286.
586 Vgl. hierzu Schumpeters Innovationstheorie.
587 So Robert Jungk noch fasziniert in seinem Buch: *Die große Maschine* (490), p 253.

gen fordernden Forschungen zu widmen. Dazu gehört gegenwärtig die Physik der Elementarteilchen‹«[588].

Zur Zeit aber ist vor allem die »Energieerzeugung« wieder eine tragfähige Argumentationsbrücke, um eine Interessenidentität zwischen den partikularen Erkenntnisinteressen der nuclear physics community und den vorgeblichen Bedürfnissen der zahlenden Bevölkerung zu konstruieren.

Im Wettstreit mit anderen neuen Energieerzeugungssystemen zahlt sich zunächst einmal aus, daß durch jahrzehntelange Forschung und Entwicklung mit Milliarden von Arbeitsstunden an milliardenschweren Forschungsmaschinen ein »technologischer Vorsprung« erreicht worden ist, der nun seinerseits Argument dafür ist, diesen Vorsprung weiter auszubauen. So waren und sind im Haushalt des Bundesministeriums für Forschung und Technologie für die Weiterentwicklung im Bereich der Kernphysik und Kerntechnik regelmäßig Milliardenbeträge vorgesehen, während erstmals seit 1975 ein verschwindend kleiner Prozentsatz z. B. auch für die Erforschung zur Nutzung der Sonnenenergie bereitgestellt wird[589]. Diese Förderungspraxis des Staates folgt genau der beschriebenen Logik, nach der sich als »technisch möglich« und förderungswürdig nur das darstellt, das einmal schon einen in der Regel durch partikulare Interessen in der Vergangenheit determinierten Vorsprung hat und zum anderen gegenwärtig durch machtvolle partikulare Interessen vertreten wird. Wäre bis jetzt in die Erforschung der Kernenergie nur so viel an Arbeitszeit, an Ideen und Geld investiert worden wie in die Erforschung zur Nutzung z. B. der Sonnenenergie, würde heute niemand für eine technisch realisierbare Nutzung der Kernenergie auch nur ein ernstzunehmendes Argument vorbringen können. Andererseits kann man ohne Zögern behaupten: wäre auch nur ein Bruchteil der Anstrengungen, die für die Er-

588 W. o., p 253-254. Daß der aus heutiger touristischer Perspektive scheinbar zweckfreie Tempelbau immer auch »Herrschaftsbau« war, der die Bevölkerung fernhielt und ablenkte von der Realisierung eigener Interessen, wird hier von Jungk auch nicht gesehen.

589 Vgl. BMFT-Mitteilungen.

forschung der Kernenergie unternommen wurden, z. B. auf die Erforschung der Nutzbarmachung der Sonnenenergie aufgewendet worden, könnten heute perfekt funktionierende dezentralisierte Sonnenenergienutzungssysteme bestehen, die einen hohen Gebrauchswert hätten, die extrem umweltfreundlich wären und zudem noch kostengünstig für den Endverbraucher.
Hieran konnte die kapitalistische Wirtschaft kein Interesse haben, da sich andere, für sie weit profitablere Möglichkeiten der »Energieversorgung« boten. Die scientific community aber konnte in diesem Feld ebenfalls keine Interessen realisieren, denn hier ist keine großtechnologische Frontforschung möglich, kein Kathedralenbau, sondern nur anwendungsorientierte »Kleintechnologie« erforderlich, eigentlich nur die sinnvolle Zusammensetzung, Ausnutzung und Weiterentwicklung schon vorhandener technologischer Kenntnisse, vergleichsweise also nur »Hausfrauenarbeit«, die nicht das Interesse eines »Mannes der Wissenschaft« wecken kann, für die man nicht die »begabtesten jungen Menschen« mobilisieren konnte, damit sie hier die Großtaten des »menschlichen Schöpfergeistes« verwirklichten.
Auch an einem anderen Sachverhalt wird deutlich, wie wenig der angeblich einzige Ausweg für eine Energieversorgung mit dem »Gebrauchswert« Energie zusammenhängt. Selbst von den Verfechtern der Kernenergie wird eingeräumt, daß die Projekte zur Gewinnung der Energie durch Kernspaltung nur als »Übergangslösung« bis zum Ende dieses Jahrhunderts anzusehen sind, da allein die Probleme der Lagerung der anfallenden radioaktiven Abfallprodukte auf die Dauer zu groß wären. Hiernach würden also die riesigen wissenschaftlichen und finanziellen Anstrengungen nur darum unternommen, um für einen relativ kurzen Zeitraum einen relativ kleinen Anteil des Primärenergiebedarfs zu decken, z. B. für 1985 in der BRD zwischen 15 und 20 Prozent[590].
Nun werden zur Zeit ungefähr 40 % der gesamten Primärenergie in der BRD in Haushalten als Wärme verbraucht. Dies allein

590 Vgl. hierzu die Energiepläne der Bundesregierung von 1974.

schon ist eine »groteske Situation«[591]. Erst wird kostspielig und aufwendig mit modernster Wissenschaft und Technologie z. B. die »edelste« Energieform Elektrizität produziert und transportiert, um dann wieder bloß zum größten Teil in Wärme verwandelt zu werden, die auch noch hauptsächlich vergeudet wird, anstatt gleich am »Ort« »wissenschaftliche« Anstrengungen zu unternehmen, Wärmeprozesse besser zu beherrschen. So wäre es z. B. mit heutiger Technologie, mit schon vorhandenen Baustoffen und Kenntnissen leicht zu erreichen, allein durch bessere Wärmeisolierung der Häuser und durch sinnvollere Heizsysteme[592], so viel an Energie einzusparen, wie 1985 mit Kernenergie erzeugt werden soll! Der Gebrauchswertanteil, der durch die »Übergangslösung« Kernenergie erzeugt wird, wäre also umweltfreundlich, ohne jedes Risiko und um ein Vielfaches »volkswirtschaftlicher« mit einfacherer »Kleintechnologie« ebenfalls zu erzeugen. Der durch die nuclear physics community produzierte »technische Fortschritt« ist also in diesem Fall weder unverzichtbar, noch löst er ein Problem oder befriedigt ein allgemeines Bedürfnis, sondern er erzeugt nur neue, größere Probleme.

So viel »Unvernunft«[593] wird nun ganz offensichtlich nicht nur

591 Vgl. Thomas v. Randow: »Der Preis unserer Unvernunft«, in: *Die Zeit*, Nr. 51, 13. 12. 1974.

592 Auch hier gibt es, wie bei der Erforschung zur Nutzung der Sonnenenergie, durch das BMFT geförderte Alibiforschungsprogramme, die aber verglichen mit der Kernenergie überhaupt nicht ins Gewicht fallen. Einen leicht verständlichen Überblick über das Energieproblem und die Alternativen zur Kernenergie gibt z. B. Georg Breuer: *Die Herausforderung. Energie für die Zukunft – Gefahren und Möglichkeiten*, München 1975.

593 Die »Unvernunft« wird noch unverhältnismäßig größer, wenn man bei der Beurteilung des Gebrauchswerts Kernenergie die Risikobetrachtung mit einbezieht, die ich hier jedoch nicht aufnehmen will. Vgl. Abschnitt IV D. Das Unverantwortlichste an diesem Unternehmen ist ja, daß man den fragwürdigen Gewinn für eine Generation, weiterhin Energie verschwenden zu dürfen, auf Kosten der Ungeborenen macht. Man geht nicht nur das wie immer kalkulierte Risiko ein,

von der Logik des Kapitals erzeugt. Die treibende Kraft ist hier eindeutig die nuclear physics community, die fest etabliert ist, die ihre einflußreichen Interessenvertreter in all den Gremien hat, die über Energiepolitik entscheiden, die eine geschickte Informationspolitik und »Öffentlichkeitsarbeit« betreibt und so zielstrebig ihre partikularen Interessen durchsetzt. Dabei kommt ihr zugute, daß sie sich, nicht zuletzt wegen der Komplexität ihrer Produkte, von gesellschaftlichen Einflüssen abschirmen konnte und so autonom nach ihren partikularen Interessen die Forschungsziele bestimmen kann und daß sie durch eine ausgeprägte hierarchische Struktur auch »machtvolle« Führer präsentieren kann[594]. Diese Führer fungieren in staatlichen Entscheidungsprozessen über die Verteilung von Forschungsmitteln als einzige kompetente Sachberater, da allein sie über die notwendige Produktionsbasis für entscheidungsrelevantes Wissen in diesem Bereich verfügen. So wird für »Außenstehende« notwendig die Illusion erzeugt, diese Informationen seien »objektiv«, vollständig und interessenfrei und legten nur das »technisch Mögliche« dar.

Aufgrund einer empirischen Analyse über die Kernforschungspolitik in der Bundesrepublik Deutschland schreibt zu diesem Punkt z. B. Karsten Prüß: »Das Parlament, dem nach bürgerlicher Ideologie die Rolle eines Sachwalters kollektiver Bedürfnisse zukommen soll, ist auf die Wissenschaftspolitik aus verschiedenen Gründen ohne merklichen Einfluß. Die die wissen-

die Erbsubstanz allen Lebens zu gefährden, sondern erwartet selbstverständlich, daß eine große Zahl von Generationen nach uns sich um die lebensbedrohenden Müllruinen dieser Übergangstechnologie kümmert.

594 Vgl. Prüß (522), z. B. p 293: »Die der nuclear physics community innerhalb der BRD-Atomkoalition weitgehend zugestandene wissenschaftliche Selbststeuerung wurde von einer kleinen Elite – im wesentlichen von den im AK II/1 vertretenen Wissenschaftlern (Prüß verweist hier auf die Namen der Wissenschaftler) – wahrgenommen.« Vgl. überhaupt für eine ausführliche und insider-kenntnisreiche empirische Darstellung dieses Themas die Arbeit von Prüß!

schaftlich-technischen Aspekte von Innovationsvorhaben, wie z. B. der Kernenergienutzung, repräsentierenden wissenschaftlichen Eliten fungieren nicht nur, wie es ihre offizielle Rollenzuweisung vorsieht, als sachneutrale Experten und Berater, die lediglich Entscheidungsgrundlagen bereitstellen. Sie sind vielmehr als unmittelbar durch die innovationspolitischen Entscheidungen in ihren Handlungs- und Entfaltungsmöglichkeiten Betroffene gleichzeitig höchst partikularistische Interessenvertreter, die sich in ihren Außenbeziehungen von ihren Interessen an fortgeschrittensten wissenschaftlichen Produktionsmitteln und optimalen Wachstumschancen der von ihnen vertretenen disziplinären scientific communities leiten lassen. Damit ist aber auch der zur Festlegung und Ausgestaltung einer Innovationspolitik erforderliche Transformationsprozeß der Strategien der beteiligten ›Subsysteme‹ Wirtschaft, Staatsverwaltung und Wissenschaft keine Abfolge reiner ›Sachentscheidungen‹, sondern enthält Elemente machtvermittelter Interessendurchsetzung. ›Entscheidungsvorbereitung‹ und ›Entscheidungsfällung‹, ›Beratung‹ und ›Interessenvertretung‹ sind praktisch kaum zu trennen«[595].

Selbst Politiker, die diese Interessengebundenheit der Informationen »im Prinzip« erkannt haben, wie z. B. der Parlamentarische Staatssekretär Volker Hauff[596], sind im Fall der Kernenergie notwendig der Informationspolitik der nuclear physics community erlegen. So fungiert gerade Hauff z. B. wie ein Pressesprecher der nuclear physics community, der unermüdlich behauptet, ohne es selbst wissen zu können, es gäbe »keine echte Alternative zur Kernenergie« und ihre Risiken seien »praktisch ohne Bedeutung«[597].

Insgesamt kann die nuclear physics community in der Bundesrepublik sehr mit sich zufrieden sein. Ein historisch zwar nicht zufälliges, aber höchst einseitig nur an den abstrakten Erkenntnisinteressen der nuclear physics community orientiertes Projekt konnte als unabwendbares und alternativloses Projekt zur Er-

595 Prüß (522), p 303.

596 Vgl. die Ausführungen weiter oben und (552).

597 Vgl. z. B. BMFT-Mitteilungen 3/74, p 30.

zeugung von Energie verkauft werden, obwohl die Initiatoren dieses Projekts an der Erzeugung von Energie als Gebrauchswert gar nicht interessiert sind und obwohl bis heute völlig ungewiß ist, ob je »volkswirtschaftlich« eine Energieerzeugung in dieser Weise möglich sein wird. Entscheidungsrelevante Negativinformationen über dieses Projekt werden von der nuclear physics community nicht produziert und sind von außen, u. a. wegen der fehlenden Produktionsbasis, kaum zu produzieren. Wegen der hohen Produktionskosten und der notwendig längeren Vorbereitungszeit für konkurrenzfähige Alternativvorschläge und wegen des beträchtlichen Vorsprungs der Kerntechnologie, auch wegen der mittlerweile involvierten Interessen des Kapitals, das Kernkraftwerke zur Ware entwickelt hat, stellt sich den Politikern die Situation tatsächlich so dar, als ob dies die einzige Alternative ist, das »Energieproblem« unabhängig auf »nationaler Ebene« zu lösen.

Wenn dann die unmittelbar Betroffenen dieses technischen Fortschritts endlich mit Nachdruck protestieren, wie z. B. in Wyhl und Brokdorf, pervertiert die politische Zentralmacht vom Beschützer der Bürger zum Unterdrücker: Sie kann ihre Segnungen diesen Bürgern nur mit dem Polizeiapparat und der ganz überwiegend nur das Privatkapital schützenden formalrechtsstaatlichen Gerichtsbarkeit aufzwingen. Das parlamentarische System, das die Interessen der Bürger wahrnehmen sollte, versagt hier aus dargestellten Gründen vollkommen, zumal hinzukommt, daß fast restlos alle Politiker in den Zentralmächten und in den Gewerkschaften so hoffnungslos fixiert sind auf Wirtschaftswachstum, Arbeitsplätze und Exportbilanzen. Die Pervertierung und das Unvermögen der »Volksvertretung« in diesem Punkt wird von der Industrie und den Führern der nuclear physics community klar erkannt, und beide sind sehr daran interessiert, daß die »Entscheidung« in Sachen Atomkraftwerke »das Privileg und die Pflicht der Parlamente bleiben« soll[598].

598 So z. B. der Geschäftsführer des Deutschen Atomforums Thomas Roser, zitiert nach (591).

Zuverlässig abgesichert gegen äußeren Einfluß und zuverlässig getarnt als »Energieerzeuger« kann so die nuclear physics community ihren eigentlichen Interessen nachgehen und zweckfreie Frontforschung in »erdenfernen Welten« betreiben. Die erreichte Tarnung oder das »Vertrauensverhältnis« zwischen staatlichen Geldgebern und der nuclear physics community ist so gut, daß in nennenswerten Einzelfällen die Wissenschaftler noch nicht einmal den Versuch machen müssen, ihre hohen Geldforderungen »praktisch« zu begründen. So wurden z. B. über 200 Millionen DM Steuergelder allein für die Aufbauphase der westdeutschen Schwerionenforschung gewährt, ohne daß auch nur vage Erfolgsaussichten für eine nutzbringende Anwendung von der nuclear physics community angegeben oder von ihr abverlangt wurden[599]. Es geht bei diesem Projekt, das auch weiterhin pro Jahr mindestens 50 Millionen DM kosten wird[600], ausschließlich um rein theoretische Probleme, die für niemanden einen »Sinn« oder einen »Zweck« haben außer für die wenigen beteiligten Mitglieder der scientific community[601]. Prüß bemerkt zu diesem Fall: »Man kann sagen, daß die Gewährung öffentlicher Mittel zum Aufbau von GSI einen großen Erfolg einer Interessenpolitik der nuclear physics community der BRD, insbesondere der sie repräsentierenden Elite, darstellt«[602].

Allein am Beispiel der »Kernenergie« läßt sich also zeigen – und für eine lückenlosere Darstellung dieses Sachverhalts an diesem Beispiel liegt schon jetzt genügend Material vor –, daß durch aktiven und wesentlichen Anteil des Wissenschaftssystems großtechnologische Projekte in die Welt gesetzt werden, die weder durch die Mitwirkung der zahlenden Bevölkerung entstanden sind, noch in deren Interesse liegen, die Ressourcen und Potenzen binden, die für wichtige Aufgaben fehlen, die zugunsten parti-

599 Vgl. Prüß (522), p 308.

600 Mittel aus dem BMFT für die GSI (= Gesellschaft für Schwerionenforschung) 1974: 49,6 Millionen DM. Vgl. BMFT-Mitteilungen 5/6/74, p 48.

601 Vgl. Prüß (522), p 367!

602 Prüß w. o., p 308.

kularer Interessen weite Bereiche der näheren Zukunft irreversibel programmieren und die Abhängigkeit und Unmündigkeit der Bevölkerung, die Asymmetrien der Lebenschancen, stabilisieren und weiter ausbauen. Gleichzeitig wird trotz immer umfangreicherer Planung die blinde Verlaufslogik des Gesamtsystems immer gefährlicher. Die Verdinglichung der Gesellschaft durch den Warenfetischismus wird hier übertrumpft durch den Fetisch vom technisch-wissenschaftlichen Fortschritt. Der Zusammenhang von »Technik und Herrschaft« ist also für großtechnologische Projekte besonders ausgeprägt. Auch kann für den Bereich großtechnologischer Projekte sinnvoll von einer Herrschaft der scientific community auf gesellschaftlicher Ebene gesprochen werden.

Insgesamt gesehen, ergeben sich auch durch die Darstellung dieses Abschnitts genügend Anhaltspunkte, die dafür sprechen, daß »wesentliche« Asymmetrien in heutigen Industriegesellschaften nicht nur von der Logik des Kapitals erzeugt werden, sondern auch von der Logik der Wissenschaft, und es gibt Grund genug, die Logik der wissenschaftlichen Technik als historisch gesellschaftlich bestimmte Logik und als historisch und gesellschaftlich neu bestimmbare Logik zu erkennen. Sowenig die Logik des Kapitals naturgegebenes Schicksal der Menschen ist, sowenig ist die naturwüchsig sich entfaltende Logik der Wissenschaft und wissenschaftlichen Technik unabwendbares Schicksal, das nicht zur Disposition eines gesellschaftlichen Subjekts stünde.

V Zum Topos einer »anderen Technik«

Die Art der Kritik an der vorhandenen Technik legt den Rahmen fest, in dem man sich eine »veränderte Technik« vorstellen kann oder wünscht. Zielt die Kritik z. B. auf eine falsche »Anwendung«, dann wird die veränderte Technik nur in einer anderen Anwendungsbeziehung stehen, aber »an sich« die gleiche bleiben. Geht die Kritik aber tiefer und zielt auf den Charakter der Technik selbst, dann wäre durch eine andere Anwendung allein der Anlaß der Kritik noch nicht beseitigt. In diesem Fall impliziert die Kritik auch eine »andere« oder »neue« Technik. Wie diese »andere Technik« näher bestimmt wird, wird sich ebenfalls aus der Art der Kritik ergeben.

Andererseits nun ist die Art der Kritik an der bestehenden Technik abhängig vom »Horizont« des Kritikers, von seiner Phantasie, Erfahrung und Kenntnis über das von Menschen Mögliche, Erhoffte, Denkbare, Wünschbare und Vermeidbare.

Ich möchte die Überlegungen zum Topos einer »anderen Technik« beginnen mit einigen Thesen zu diesem Thema von Ernst Bloch, der in den Dimensionen des philosophisch Denkbaren auf materialistischer Basis einen ganz ungewöhnlich »weiten Horizont« hat und wohl einzigartige Kenntnisse über die Geschichte der menschlichen Hoffnungen besitzt. Was Bloch also zu einer »anderen Technik« zu sagen hat, wird heute vermutlich der größte Bezugsrahmen sein für dieses Thema, gegen den sich andere Perspektiven um so »realistischer« werden absetzen können, je enger ihr Realitätsbegriff ist.

Blochs Kritik an der vorhandenen »bürgerlichen Technik« ergibt sich aus dem zentralen Thema seiner Philosophie, aus der realen Hoffnung auf eine versöhnte Welt, die dem Menschen »Heimat« werden könnte. Die vorhandene Technik trägt nun wenig dazu bei, die Erde dem Menschen zur »Heimat« zu machen. Sie ist typisch eine »Ausbeutertechnik«, die sowohl zu den Menschen als auch zur Natur in einem abstrakten, letztlich feindlichen Verhältnis steht. »Die bürgerliche Technik war insgesamt ein Überlister-Typ[603], und die sogenannte Ausbeutung der Naturkräfte war genausowenig wie die der Menschen primär aufs konkrete Material des Ausgebeuteten bezogen oder daran interessiert, in ihm einheimisch zu sein«[604]. »So steht gerade die bürgerliche Technik in einem reinen Waren-Bezug, einem von Haus entfremdeten, zu den Naturkräften, mit denen sie von außen operiert« /778/.

Die Überlister-Technik entfernt sich immer mehr vom Lebensbereich der Menschen und von der Natur, je weiter sie sich auf der Basis ihrer abstrakten Logik »fort«-entwickelt, sie hat heute längst jeden »organischen« Bezug verloren und hiermit gleichzeitig auch die Chance und Möglichkeit einer »freiwilligen«, »eigeninteressierten« und »befreundeten« Mithilfe durch die Menschen und durch die Natur. »Der Technik fehlt, auf ihrem immer weiter vorgeschobenen, aber auch immer einsameren Posten, der Anschluß an die alte gewachsene Welt, von der sich der Kapitalismus abgestoßen hat, und ebenso der Anschluß an ein der Technik selber Günstiges in der Natur, zu dem der abstrakte Kapitalismus nie den möglichen Zugang finden kann. Die bürgerliche Maschinenwelt steht in der Mitte zwischen dem Verlorenen und dem noch nicht Gewonnenen; sie wird zwar in Hinsicht ihres progressiven Charakters, ihrer bisher weitestgehenden Entfesselung der Produktivkräfte, in einer nicht mehr kapitalistischen Gesellschaft noch lange am Werk zu bleiben haben, doch sie bleibt bei alldem mit der eigentümlichen Bleichheit und Sekretionslosigkeit gezeichnet, worin die ganze kapitalistische Welt liegt« /809/.

»Vergewaltigung und Unvermitteltheit bleiben daher in der bürgerlichen Gesellschaft technisch verschwägert; jede Erfindung ist dadurch bestimmt und begrenzt ... Unsere bisherige Technik steht in der Natur wie eine Besatzungsarmee in Feindesland, und

603 Bloch greift hier den Begriff von Hegel auf, der die technische Unterwerfung der Natur zutreffend als Überlistung beschreibt.

604 Ernst Bloch: *Das Prinzip Hoffnung*, Ffm. 1959, p 783-784. Die folgenden Zahlen zwischen den Schrägstrichen beziehen sich auf die Seitenzahl dieser zweibändigen Ausgabe.

vom Landesinnern weiß sie nichts, die Materie der Sache ist ihr transzendent« /814/. »Die Entorganisierung, als Übergang der Technik in immer menschenfernere Naturgebiete, hat die Abstraktheit der Technik dazu noch verstärkt. Mit ihr, auf immer prekärere Weise, ihre Heimatlosigkeit« /815/[605].

Wenn die Menschen sich die Erde zur »Heimat« machen wollen, ist es unbedingt erforderlich, auch ein »befreundeteres« Verhältnis zur Natur zu finden, was u. a. einschließt die Veränderung und Aufgabe der bloßen Überlister-Technik. Für Bloch ist das vorhandene Überlister- und Ausbeuterverhältnis der Menschen zur Natur kein unabwendbares, gar von der Natur selbst vorgegebenes Schicksal der Menschen, sondern ein historisch wandelbares Verhältnis, das mit der Realisierung eines bewußten historischen Subjekts sich grundlegend ändern kann und muß. »An Stelle des Technikers als bloßen Überlisters oder Ausbeuters steht konkret das gesellschaftlich mit sich selbst vermittelte Subjekt, das sich mit dem Problem des Natursubjekts wachsend vermittelt. Wie der Marxismus im arbeitenden Menschen das sich real erzeugende Subjekt der Geschichte entdeckt hat, wie er es sozialistisch erst vollends entdecken, sich verwirklichen läßt, so ist es wahrscheinlich, daß Marxismus in der Technik auch zum

605 Es wäre hier notwendig, auf den kulturspezifischen Ursprung dieses Naturverhältnisses einzugehen. Der radikale Anthropozentrismus, die Herausstellung einer Einzigartigkeit des Menschen, sein totaler Herrschaftsanspruch über die Natur, die Betrachtung der außermenschlichen Natur nur als Material für die Erfüllung der menschlichen Heilsgeschichte, dies alles kommt erst mit der jüdisch-christlichen Tradition in die europäische Kultur. Vgl. hierzu Carl Amery: *Das Ende der Vorsehung. Die gnadenlosen Folgen des Christentums*, Reinbek 1974. Vgl. z. B. auch Blumenberg: *Genesis* (122), p 212 f. Heute hat sich diese »unreflektierte Prämisse der jüdisch-christlichen Tradition« (Amery) zur industriekulturellen Selbstverständlichkeit verfestigt. Vor allem auch im Hinblick auf mögliche und notwendige Alternativen zu »unserer« Ausbeutertechnik wäre für eine gründlichere Behandlung ein Vergleich mit Kulturen notwendig, die diesen Hintergrund nicht haben, wie vor allem z. B. China. Die Arbeiten von Needham (219) z. B. müßten hier aufmerksam gelesen werden!

unbekannten, in sich selbst noch nicht manifestierten Subjekt der Naturvorgänge vordringt: die Menschen mit ihm, es mit den Menschen, sich mit sich vermittelnd« /787/.
Bloch sieht also die Möglichkeit und Notwendigkeit eines Übergangs zu einer »Allianztechnik«, zu einer konkret vermittelten Mitproduktivität eines möglichen »Natursubjekts«.
Es ist nun außerordentlich schwierig für ein »realitätsorientiertes«, d. h. an heutiger Realität orientiertes Gehirn, die Blochsche Hoffnung der Vermittlung mit einem »Natursubjekt« nicht mißzuverstehen und sie nicht mit vorhandenen Vorbildern des idealistischen identitätsphilosophischen Denkens ohne Rest gleichzusetzen und so als überwunden und »erledigt« zu betrachten. Bloch hat, bezogen auf seinen »Horizont« des Denkens und seiner Kenntnis und Erfahrung, genügend Anlaß anzunehmen, daß die fragwürdige »doch auch der Frage würdige« Vorstellung über einen Objektzusammenhang, der »halb-mythisch einmal als ›natura naturans‹ oder auch hypothetisch als ›Subjekt der Natur‹ bezeichnet wurde ... gewiß noch nicht erledigt ist« /777/. »Natura naturans läßt sich auf die Füße stellen, der physikalische Nihilismus durchaus nicht« /783/. Bloch unterstellt nicht die bereits vorhandene Existenz eines wie immer interpretierten »Natursubjekts«, sondern die reale *Möglichkeit* und Notwendigkeit eines vermittelten, »befreundeten« und »mittätigen« Verhältnisses der Natur zu den Menschen und der Menschen zur Natur. Dieses Verhältnis ist ein konkretes Noch-nicht, das erst formulierbare und anschauliche Gestalt gewinnen könnte nach einem veränderten Verhältnis der Menschen zueinander. »... Erst wenn das Subjekt der Geschichte: der arbeitende Mensch, sich als Hersteller der Geschichte erfaßt, folglich das Schicksal in der Geschichte aufgehoben hat, könnte er auch dem Produktionsherd in der Naturwelt nähertreten« /813/. »Die endgültig manifestierte Natur liegt nicht anders wie die endgültig manifestierte Geschichte im Horizont der Zukunft, und nur auf diesen Horizont laufen auch die künftig wohlerwartbaren Vermittlungskategorien konkreter Technik. Je mehr gerade statt der äußerlichen eine Allianztechnik möglich werden sollte, eine

mit der Mitproduktivität der Natur vermittelte, desto sicherer werden die Bildekräfte einer gefrorenen Natur erneut freigesetzt. Natur ist kein Vorbei, sondern der noch gar nicht geräumte Bauplatz, das noch gar nicht adäquat vorhandene Bauzeug für das noch gar nicht adäquat vorhandene menschliche Haus. Die Fähigkeit des problemhaften Natursubjekts, dieses Haus mitzubilden, ist eben das objektiv-utopische Korrelat der human-utopischen Phantasie, als einer konkreten« /807/. »Eine Verhakung ohnegleichen ist damit intendiert, ein wirklicher Einbau der Menschen (sobald sie mit sich sozial vermittelt worden sind) in die Natur (sobald die Technik mit der Natur vermittelt worden ist). Verwandlung und Selbstverwandlung der Dinge zu Gütern, natura naturans und supernaturans statt natura dominata: Das also meinen die Grundrisse einer besseren Welt, was konkrete Technik angeht« /817/.

Ich habe den Blochschen Gedanken zu einer »anderen Technik« hier relativ ausführlich zu Wort kommen lassen, weil sich, wie ich gleich darstellen werde, zum Teil überraschende Parallelen ergeben zu Vorstellungen und Thesen über eine andere Technik, die aus einem vollkommen anderen Erfahrungs- und Erkenntniszusammenhang entwickelt worden sind.

Zuvor möchte ich jedoch kurz eingehen auf die Kritik von Jürgen Habermas zum Konzept einer anderen Technik.

Die Möglichkeit und Notwendigkeit einer anderen Technik kann auch weniger »umfassend« begründet werden als bei Bloch. Wenn eine kritische Analyse zum Ergebnis kommt, daß Technik und Herrschaft zusammenhängen und diese Herrschaft als nicht notwendige und aufhebbare kritisiert wird, dann wird auch auf dieser Basis das Konzept einer anderen Technik mitgedacht oder zumindest als möglich unterstellt. Dies ist der Hauptgrund, warum ich hier zum Schluß auf dieses Thema eingehe und eingehen muß, und dies ist auch naturgemäß ein Angelpunkt der Kritik z. B. an Herbert Marcuse. »Wenn das Phänomen, an dem Marcuse seine Gesellschaftsanalyse festmacht, eben die eigentümliche Verschmelzung von Technik und Herrschaft, Rationalität und Unterdrückung, nicht anders gedeutet werden könnte als dadurch, daß im materialen Apriori von Wissenschaft und Technik ein durch Klasseninteresse und geschichtliche Situation bestimmter Weltenentwurf, ein ›Projekt‹, wie Marcuse im Anschluß an den phänomenologischen Sartre sagt, steckt – dann wäre eine Emanzipation nicht zu denken ohne eine Revolutionierung von Wissenschaft und Technik selber«[606]. Und Habermas fährt dann unmittelbar fort: »Marcuse ist an einigen Stellen in Versuchung, dieser Idee einer Neuen Wissenschaft im Zusammenhang mit der aus jüdischer und protestantischer Mystik vertrauten Verheißung einer ›Resurrektion der gefallenen Natur‹ zu folgen: ein Topos, der bekanntlich über den schwäbischen Pietismus in Schellings (und Baaders) Philosophie eingedrungen ist, bei Marx in den Pariser Manuskripten wiederkehrt, heute den Zentralgedanken der Blochschen Philosophie bestimmt und, in reflektierter Form, auch die geheimeren Hoffnungen Benjamins, Horkheimers und Adornos lenkt«[607].

Damit ist für Habermas dieser Punkt bei Marcuse eigentlich schon »erledigt«: es ist nur ein Rest spekulativer Mystik[608]. Habermas begründet aber die Unmöglichkeit einer anderen Technik auch noch durch Argumente. Die moderne Wissenschaft und Technik könnte »als ein historisch einmaliges Projekt nur aufgefaßt werden ..., wenn mindestens e i n alternativer Entwurf denkbar wäre«[609]. Da Habermas aber die Technik eng mit dem Organismus des Menschen verbunden sieht, ist notwendig und folgerichtig ein alternativer Entwurf der Technik für ihn nicht denkbar. Habermas folgt hier der philosophischen Anthropologie Gehlens: »Arnold Gehlen hat, wie mir scheint zwingend, darauf hingewiesen, daß zwischen der uns bekannten Technik

606 Jürgen Habermas: *Technik und Wissenschaft als »Ideologie«* (147), p 54.

607 Vgl. z. B. auch die diesbezügliche Kritik an Marcuse von Offe: »Technik und Eindimensionalität« (63), p 76 f.

608 Für die Kritik bezogen auf Bloch vgl. Habermas: »Ein marxistischer Schelling – Zu Ernst Blochs spekulativem Materialismus«, in: *Theorie und Praxis* (260), besonders p 344 f.

609 Habermas: *Technik* (147), p 55.

und der Struktur zweckrationalen Handelns ein immanenter Zusammenhang besteht«[610]. Die Technik ist so für Habermas ein »Projekt der Menschengattung *insgesamt*«, es ist »*unsere* Technik«[611]. Und »so wenig die Idee einer Neuen Technik trägt, so wenig läßt sich die einer Neuen Wissenschaft konsequent denken, wenn anders Wissenschaft in unserem Zusammenhang die moderne, auf die Einstellung möglicher technischer Verfügbarkeit verpflichtete Wissenschaft heißen soll: auch für ihre Funktion, wie für den wissenschaftlich-technischen Fortschritt überhaupt, gibt es kein Substitut, das ›humaner‹ wäre« (147, p 58).

Die Argumentation von Habermas ist aber m. E. wenig tragfähig, da sie von einem antiquierten Technikbegriff ausgeht und so eigentlich die zur Debatte stehende Problematik verfehlt. Das, was Habermas unter »Technik« versteht, ist bestenfalls vorindustrielle Technik. Wenn es schon sehr problematisch ist, die vorindustrielle Technik nach dem Interpretationsmuster einer Organbezogenheit zu deuten[612], so ist für die wissenschaftliche Technik ja gerade typisch, daß sie den mensch- und naturzentrierten Bezug radikal verloren bzw. bewußt aufgegeben hat[613]. Auch Bloch z. B. hebt diesen Sachverhalt deutlich hervor: »... die Technik, die im jetzigen Jahrhundert sich entwickelt hat, weist immer geringere Ähnlichkeit mit menschlichen Gliedern und Maßen auf, und die Dampfmaschine gibt nur einen letzten Gruß, selber nur den Anschein eines Grußes an die alte organoide Reihe. Die Retorte ist kein Mischkrug mehr oder Backtrog, worin vorhanden gegebene Stoffe zu wenig davon entfernten Gebilden kombiniert und umgebildet werden; und die Großmaschine stößt die letzte Organähnlichkeit ab«[614]. Und für Bloch ist ja gerade auch dieser Tatbestand Anlaß, eine Neue Technik für möglich und notwendig zu halten, die diesen »Organbezug«

610 W. o., p 55-56. Vgl. auch die weiteren Ausführungen dort sowie Abschnitt A in Kapitel II.

611 Vgl. w. o., p 57.

612 Vgl. Abschnitt III B. a.

613 Vgl. z. B. den Abschnitt über die Großtechnologie.

614 Bloch (604), p 772.

auf einem neuen Niveau wieder herstellt und die so vielleicht erst zu »unserer Technik« werden könnte.
Hiermit hängt zusammen, daß der transzendentale Rahmen der heutigen Technik typisch auch nicht mehr der Funktionskreis instrumentalen Handelns ist[615]. Vom handlungstheoretischen Ansatz her ist vor allem der verselbständigte Systemcharakter des wissenschaftlich-technischen Prozesses nicht angemessen zu begreifen und somit auch nicht die typische Problematik dieses verdinglichten Prozesses[616]. Habermas nimmt so die Diskussion über eine »andere Technik« ernsthaft erst gar nicht auf. Die möglichen Anregungen zu dieser Diskussion z. B. von Bloch und Marcuse werden durch eine mögliche Interpretation »am unteren Ende« so verkürzt, daß es sich dann in der Tat nicht mehr lohnt, ernsthaft darauf einzugehen. Bloch und Marcuse lassen sich so leicht für diesen Aspekt auf identitätsphilosophische Neo-Mystiker reduzieren, die von einer Natur träumen, »die die Augen aufschlägt« und zu der der Mensch nur noch in einem Verhältnis der »Hege und Pflege« steht[617]. Dabei wäre eine »wohlwollendere« und zugleich anregendere Interpretation, vor allem von Bloch, ebenfalls möglich. »Marxismus der Technik, wenn er einmal durchdacht sein wird, ist keine Philanthropie für mißhandelte Metalle, wohl aber das Ende der naiven Übertragung des Ausbeuter- und Tierbändigerstandpunktes auf die Natur«[618]. Diese Frage aber, ob Technik notwendig einen »ausbeutenden« Charakter haben muß, der im Kapitalismus und wohl nicht nur hier

615 Vgl. zur offenen Zweckstruktur der modernen Technik Abschnitt III B. f. und zur Zerstörung des Funktionskreises instrumentalen Handelns den Abschnitt IV C. d.

616 Durch einen handlungstheoretischen Ansatz *allein* sind ja generell verselbständigte Prozesse nur unzureichend bis gar nicht zu analysieren. So war schon Max Weber mit seinem handlungstheoretischen Ansatz nicht in der Lage, das von ihm selbst beschriebene »Gehäuse der Hörigkeit« der technisch perfekten Bürokratie auch theoretisch zu erfassen. Zur Kritik am handlungstheoretischen Ansatz von Habermas vgl. z. B. Ritsert und Rolshausen (236).

617 Vgl. Habermas: *Technik* (147), p 55 u. 57.

618 Bloch (604), p 813.

auch zur Ausbeutung der Menschen beiträgt, und ob deswegen eine andere Technik ohne diesen Charakter denkbar ist, wird von Habermas gar nicht aufgegriffen. Auf der anderen Seite verbaut sein handlungstheoretischer Technikbegriff auch einen eigenen Zugang zum Problem der Herrschaft und Verdinglichung durch Technik und Wissenschaft.

Der Ansatz von Habermas ist so in mehrfacher Weise für das Technik-Problem ungeeignet. Wird Technik von vornherein nur handlungstheoretisch definiert, wird ausgeschlossen, daß Technik auch einen verselbständigten Prozeß bilden kann. Werden aber empirisch Verselbständigungsphänomene beobachtet, kann man sie durch diesen Ansatz nicht in Zusammenhang mit Technik bringen. Eine »andere Technik« kann so auch nach dieser Überlegung für Habermas folgerichtig nicht zum Problem werden. Auch kann durch diesen Ansatz letztlich nicht geklärt werden, warum Technik und Wissenschaft zur »Ideologie« werden können, denn einer Ideologie, als *notwendig* falschem Bewußtsein, liegt ja immer auch eine »falsche« materielle Basis, ein aufhebbarer gesellschaftlicher Kontext zugrunde. Soll die Ideologie, die durch Technik und Wissenschaft entstehen kann, wirksam aufgehoben werden, muß auch diese Basis, die ja hier auch von Technik und Wissenschaft gebildet wird, verändert werden. Wenn also Technik und Wissenschaft zur Ideologie werden können, impliziert dies genau besehen auch die Möglichkeit und Notwendigkeit einer »anderen« Technik und Wissenschaft.

Nun könnte man einwenden, daß die bis hierher gemachten Ausführungen über die Möglichkeit und Notwendigkeit einer anderen Technik insgesamt »spekulativ philosophisch« sind, die mit »realen« Problemen nichts zu tun haben und die außerhalb der Sozial- und Naturphilosophie sowieso niemanden interessieren. Habermas' Abwehr, wie auch immer begründet, sich in dieses Thema ernsthaft einzulassen, wäre dann z. B. nur ein Beweis für seine nichtspekulative Realitätsorientierung. Ich möchte darum nun auf Gedanken und Versuche eingehen, die außerhalb der Philosophie und Sozialwissenschaft zu diesem Thema in jüngster Zeit hervorgebracht worden sind. So gibt es hier, neben der

Masse derer, die sich systemkonform entsprechend der Logik der Wissenschaft verhalten, vor allem Naturwissenschaftler, die sensibel und beunruhigt den technischen »Fortschritt« verfolgen und sich ernsthaft Gedanken – und nicht nur Gedanken – machen über eine »andere Technik«. Viele wissen nichts voneinander, obwohl sie ähnliche Wege verfolgen, und da sie meistens von ihrer »normalen« Umgebung auch wenig Unterstützung finden, stehen sie noch auf relativ verlorenem Posten. Robert Jungk, der schon seit vielen Jahren unermüdlich versucht, überall auf der Welt an der Quelle das »Neue« im Wissenschaftsprozeß aufzuspüren, um schon vom Laborstadium aus Entwicklungstendenzen zu erkennen und zu deuten, hat so auf seiner Suche als internationaler »conference hopper«, wie er sich selbst nennt, und als Interviewer und aufmerksamer Zuhörer zahlloser Wissenschaftler auch diese noch sehr vereinzelten, aber doch auch vielfältigen Versuche zur Erprobung einer »anderen Technik« aufgespürt. In seinem Buch *Der Jahrtausendmensch* gibt Jungk einen zusammenfassenden Bericht über diese Versuche und Gedanken, wobei er engagiert Partei ergreift für diese neuen Bestrebungen und somit selber Abschied nimmt von der »großen Maschine«.

»Daß es schon jetzt zahlreiche Bemühungen gibt, eine andere Technik zu schaffen, mit der man leben kann, statt unter ihrer Herrschaft oder im Widerstand gegen sie zu leiden, habe ich auf meiner Suche immer wieder festgestellt. Ich möchte alle diese Bemühungen in vier große Tendenzen gliedern: Die erste Richtung – sie ist bisher am weitesten gediehen – will die Technik starken Kontrollen unterwerfen; die zweite will die Technik so weit wie möglich zurückdrängen, verkleinern und auf ein Mindestmaß beschränken; die dritte – sie ist die phantasievollste – geht dahin, Wesen und Funktionsweise der Technik grundsätzlich zu verwandeln, sie lebensähnlicher zu machen und durch eine Art ›gelenkte Evolution‹ zu zivilisieren; die vierte Tendenz: Umsteuerung der Technik auf andere menschen- und umweltfreundlichere Ziele hin. Wie bei jeder Einteilung gibt es auch hier Überschneidungen, Zwischenformen, gegenseitige Ergänzungen. Die Technikkontrolleure, die Technikasketen, die Technikverwandler und die Techniksteurer werden mit- und nebeneinander den Versuch machen, zwischen den Menschen und seinen Instrumenten ein neues, friedlicheres Verhältnis zu stiften, damit er die Krisen des Jahrtausends überleben kann«[619].

Mit der ersten Richtung, der kontrollierten Technik, wird versucht, die alte Technik durch die alte Technik selbst zu verbessern. Dieser Weg ist am phantasielosesten und tangiert herrschende Verhältnisse am wenigsten. Es wird nicht versucht, z. B. die Technik so einzurichten, daß unerwünschte Folgen erst gar nicht produziert werden, sondern es wird versucht, durch eine aufgesetzte, zusätzliche Technik diese Folgen kostspielig wieder zu beseitigen. Dieses Verfahren paßt nun bestens ins System einer kapitalistischen Gesellschaft: Probleme werden nicht grundsätzlich gelöst, sondern nur durch einen zusätzlichen Apparat kompensiert.

Die Industrie ist an dieser Form der Problemlösung darum auch besonders interessiert. Es hat sich ein regelrechter Boom für technische Geräte zum »Umweltschutz« entwickelt[620]. Auch in diese Geräte ist »große Schlauheit eingebaut« (Bloch), um die vorher auf falsche Bahn gelenkten Naturkräfte wieder zu fesseln und zu kontrollieren, hohes technologisches Know-how ist erforderlich und in der Regel auch ein großer apparativer Aufwand. Die großen Firmen verdienen so »zusätzlich auch noch an der Beseitigung der von ihnen verursachten Schäden«[621].

Diese Form der Problemlösung für offensichtliche Bedrohungen durch den technischen Fortschritt findet nicht nur bei der Industrie und der etablierten Naturwissenschaft und Technik naheliegend die meiste Sympathie, sondern auch bei Sozialwissenschaftlern, die nichts mehr fürchten als eine grundsätzliche Änderung vorhandener Institutionen und Verfahrensweisen und die immer noch ein naives Vertrauen zu den Selbstheilungs-

619 Robert Jungk: *Der Jahrtausendmensch. Berichte aus den Werkstätten der neuen Gesellschaft*, München 1973, p 35–36.

620 Vgl. z. B.: *U das technische umweltmagazin*, das im Vogel-Verlag Würzburg erscheint.

621 Jungk (619), p 38.

kräften der Wissenschaft haben. »Die Bedrohung durch die Technik kann nur mit ihr selbst gesteuert werden«[622], das ist das Kredo dieser undurchdachten Position, die nicht wahrhaben will, daß durch die bloße Addition partikular rationaler Techniken, die durch die gleiche Technik erzeugten Probleme nicht nur nicht langfristig beseitigt werden, sondern sogar noch zunehmen. Wenn nach dieser Strategie weiterverfahren würde, müßten nach Schätzungen der »Umweltbehörde der Vereinten Nationen ... bis 1985 etwa ein Fünftel aller industriellen Erzeugung der Milderung oder Beseitigung unerwünschter Nebenwirkungen der Technik dienen«[623], und es ist angesichts solcher Zahlen wohl nicht übertrieben zu sagen: Von »der Ausweitung der je partikularen Techniken allein Möglichkeiten zur Abwendung der drohenden Katastrophe zu erwarten, käme der Hoffnung gleich, epidemisch auftretende Feuersbrünste seien dadurch einzudämmen, daß Schulen für Brandstifter eingerichtet werden«[624].
Innerhalb der Strategie der »kontrollierten Technik« wird darum ein zweiter Weg zunehmend mehr gefordert und zum Teil auch schon praktisch erprobt: der Übergang von der nachträglichen Beseitigung der Schäden zu einem präventiven Vorgehen. »Aus solchen Überlegungen heraus wurde erstmals in den USA, dann aber auch in zahlreichen anderen hochindustrialisierten Ländern ein Konzept geboren, das in den siebziger und achtziger Jahren so intensiv diskutiert werden dürfte wie heute Mitbestimmung, Bürgerinitiativen und antiautoritäre Erziehung. Es trägt den Namen ›technology assessment‹ (technische Gesamtbewertung) und kann in mancher Hinsicht mit den Kontrollen und Prüfungen verglichen werden, die jeder Einführung eines neuen Arzneimittels vorausgehen müssen«[625].

622 Vgl. z. B. Willms: *Kritik und Politik* (282), p 146.
623 Vgl. Jungk (619), p 37.
624 Bulthaup: *Zur gesellschaftlichen Funktion der Naturwissenschaft* (120), p 23.
625 Jungk (619), p 38–39. Für eine Übersicht über vorhandene Technology Assessment (TA) Programme und für Literaturhinweise hierzu vgl. w. o., p 323–327.

Durch diese Strategie der präventiven Kontrolle ist in den USA sogar schon ein – wenn auch hauptsächlich erst durch eine engagierte private Initiative[626] – als sensationell zu bezeichnender Erfolg zu verzeichnen: der Stopp des Baus des zivilen Überschallflugzeuges SST[627]. Durch eine mühselige Kleinarbeit vieler kritischer Wissenschaftler und Journalisten konnte in diesem Fall auch dem Parlament entscheidungsrelevant nachgewiesen werden, daß es sich beim SST um ein »typisches« großtechnologisches Projekt handelt[628], »daß sich hier einmal mehr das Machtdenken der Herrschenden mit dem fatalen Hang der Fachleute verband, das ›technisch Süße‹ ohne Rücksicht auf mögliche Schäden für die Menschheit zu kosten«[629].

Jungk wertet die Verhinderung des SST-Projekts wohl mit Recht als einen historischen Wendepunkt »in der Geschichte der wissenschaftlich-technischen Revolution. Erstmals weigerte sich der Mensch, etwas, das er hervorbringen kann, tatsächlich herzustellen« (p 51). Erstmals auch wurde bei diesem großtechnologischen Projekt der Sinn und Zweck, der Gewinn und der Schaden ausführlich in der Öffentlichkeit diskutiert. »Kein anderes der amerikanischen Großprojekte, weder die Entwicklung der Atomrüstung noch die der Fernraketen, weder die Entscheidung, schließlich Kernwaffen einzusetzen und immer stärkere zu testen, noch der Beschluß, auf dem Mond zu landen – der, wie sich herausstellte, im Kreis von höchstens zwölf Menschen zustande kam –, waren vorher ausführlich in der Öffentlichkeit diskutiert worden. Der ›Fall SST‹ hingegen wurde ein neuartiges Vorbild demokratischer Fortschrittskritik«[630].

626 So z. B. durch den Kernphysiker William A. Shurcliff, der das Versagen der Kernphysiker hier nicht wiederholt sehen wollte. Vgl. Jungk (619), p 43 f.

627 SST = Super Sonic Transport, vgl. hierzu ausführlicher den Bericht von Jungk (619), p 41–51.

628 Vgl. Abschnitt G. a. in Kapitel IV.

629 Jungk (619), p 44. Vgl. auch (512)!

630 W. o., p 48. Wenn in einem Land eine »kritische Öffentlichkeit« ausfällt und auch ökonomische Rentabilitätskriterien bei einem Prestigeprojekt – vgl. (512)! – überspielt werden können, dann ist noch

So ermutigend dieser Erfolg ist und so notwendig es ist, TA-Institutionen weiter auszubauen, sowenig darf man übersehen, daß hierdurch allein eine zuverlässige und ausreichende Lösung nicht zu erreichen sein wird. Technology Assessment ist nicht kreativ, sondern zunächst einmal nur bremsend[631]. Der Entstehungsprozeß technologischer Projekte bleibt unangetastet. Es werden nur nachträglich schon fertige oder halbfertige Projekte wieder unterdrückt. Sollte einmal TA gut ausgebaut sein und die Unterdrückung, orientiert an allgemeinen Interessen, einigermaßen erfolgreich sein, also wiederholt bereits angelaufene Projekte aufgrund von TA nicht weiter durch den Staat gefördert werden, dann wäre es denkbar, daß auch durch diese Strategie die Technologie erzeugenden Systeme gezwungen würden, schon von vornherein vorwiegend Projekte zu entwickeln, die weniger kraß allgemeine Interessen verletzen.

Es gibt jedoch einigen Anlaß, diese Hoffnung skeptisch zu beurteilen. Ohne zusätzliche Veränderungen könnte TA auch bewirken, daß Wissenschaft sich noch weniger mit Zivilprojekten einläßt und nahezu vollständig zur Rüstungsindustrie abwandert, da dort TA-Überlegungen naturbedingt wohl noch lange keine Rolle spielen werden. Schwerwiegender für eine skeptische Beurteilung des Erfolgs von TA sind aber die prinzipiellen Schwierigkeiten einer äußeren institutionellen Kontrolle großtechnologischer Projekte[632]. Diese Schwierigkeiten nehmen zu, wenn es sich um Projekte handelt, deren negative Auswirkungen nur schwer beweisfähig zu machen sind, also in Fällen, in denen Negativinformationen nur ungenügend erzeugt worden sind und außerhalb des Projekts schwer erzeugbar sind und wo die Auswirkungen sich erst über einen längeren Zeitraum und aus vielen Faktoren akkumulieren[633].

eine größere Chance gegeben, daß sich der »technische Fortschritt« z. B. in Form einer Tupolew 144 bedenkenlos durchsetzen kann.

631 Weswegen von Gegnern dieser Kontrolle TA auch mit technology arrestment belegt wird.

632 Vgl. b. 2. im Abschnitt Großtechnologie.

633 Die in kurzer Zeit erfahrbare und für jedermann offensichtliche

Durch TA in der äußeren institutionellen Form allein wird also insgesamt eine ausreichend sichere Bannung der Gefährdung durch den »technischen Fortschritt« nicht zu erreichen sein, und durch TA allein wird auch nicht kreativ eine andere, neue Technik produziert werden können, die schon von Hause aus weniger bedrohlich wäre.

Anders sieht es in dieser Beziehung schon mit der zweiten von Jungk genannten Richtung einer veränderten Technik aus, denn im Programm einer »verkleinerten Technik« sollen aktiv und kreativ neue Wege gesucht oder auch verschüttete wieder freigelegt werden, um das Verhältnis Mensch – Technik – Natur wieder etwas weniger feindlich und bedrohlich zu gestalten. Bei Bemühungen in dieser Richtung wird bewußt davon ausgegangen, daß es nicht genügt, nur die »alte Technik zu zähmen«, sondern daß »eine neue, lebensfreundlichere Technik geschaffen werden« muß[634].

Innerhalb der Bestrebungen für eine verkleinerte Technik nennt Jungk zwei Schwerpunkte: die »intermediate Technology« und die »soft Technology«.

Erfahrungen mit einer intermediären Technik hat man vor allem in Zusammenhang mit der sogenannten Entwicklungshilfe gewonnen bzw. gewinnen müssen. Immer mehr stellt sich nämlich heraus, daß die exportierte westliche Hochtechnik und Großtechnologie den »unterentwickelten Ländern« nicht das erhoffte take-off erbringt, also nicht dazu beiträgt, die Not der Massen zu lindern und nicht die Entwicklung einer eigenständigen Produktionsbasis fördert. Die Anklagen gegen die »westliche Technik« sind entsprechend vernichtend: »... Monokulturen und Millionenslums hat uns die westliche Technik beschert. Sie behauptet, Reichtum zu bringen, aber sie schafft in Wirklichkeit

Belastung durch den »Überschallknall« beim SST-Projekt kam bei der Ablehnung dieses Projekts sicher wesentlich zu Hilfe, was u. a. auch ein Grund dafür ist, daß das weniger »durchschaubare«, aber wohl weit gefährlichere Projekt »Stromerzeugung durch Kernspaltung« noch nicht auf einem ähnlichen Weg verhindert werden konnte.

634 Vgl. Jungk (619), p 58.

Wüsten und menschliche Ruinen«[635]. Länder wie Indien sehen langsam ein, daß ihnen das westliche Vorbild der Industrialisierung nicht helfen kann. »Wir brauchen eine ganz andere Technik, als sie uns bisher angeboten wurde«, fordert z. B. ein indischer Wissenschaftler. Nicht die Großprojekte mit modernsten arbeitssparenden Maschinen seien wichtig, sondern die Mobilisierung der produktiven Fähigkeiten jedes einzelnen Menschen sowie die »Schaffung von befriedigenden Berufsmöglichkeiten für möglichst viele Menschen«[636]. Jungks Einschätzung hierzu: »Wir stehen erst am Beginn einer Entwicklung spezifisch asiatischer, afrikanischer und lateinamerikanischer Variationen der Technik. Gemeinsam ist ihnen, trotz der großen geographischen Distanz, daß sie lebens- und naturnäher sein wollen. Die Ursache dafür ist nicht schwer zu erkennen. Sie alle entstanden aus Protest gegen die mechanistische, unempfindsame, normierende, vorwiegend auf Schnelligkeit und Höchstleistung zielende okzidentale Technik. Es ist durchaus denkbar, daß noch vor der Jahrtausendwende gelbe, braune und schwarze Techniker als Entwicklungshelfer in die Hochburgen der Industrie auf unserer Hälfte der Erdkugel gerufen werden, damit sie ihren einstigen Lehrmeistern zeigen, wie man ohne Verschwendung und ohne Schaden für Mensch und Umwelt, ohne Hast und ohne Entfremdung das Lebensnotwendige erzeugen kann« (p 69 bis 70).

Aus dieser Situation heraus ist es naheliegend, daß heute der Blick vieler »Entwicklungsländer« immer mehr nach China geht, denn China versucht genau diesen Weg einer intermediären Technik zu gehen: dezentralisierte kleinere und mittlere Produktionsstätten, die nicht, oder zumindest nicht in der totalen Weise wie bei uns, abhängig sind von anderen Produktionsstätten, die für alle Beteiligten überschaubar bleiben, in denen es mehr darauf ankommt, die Produktivkraft der Menschen sinnvoll einzusetzen und zu entfalten, als nur eine für alle abstrakte Produk-

635 Vgl. w. o., p 69.
636 Vgl. w. o., p 64 f.

tion zu erhöhen, usw.[637]. Man kann heute immer wieder die nun nicht mehr erstaunliche Beobachtung machen, daß fast ausnahmslos alle, die engagiert auf dem Sektor der technischen »Entwicklungshilfe« tätig waren oder sind, auch bei unterschiedlichen politischen Standorten der Meinung sind, daß das Konzept der intermediären Technik der Chinesen zumindest für die »unterentwickelten« Länder sehr viel sinnvoller sei als unsere perfekte Hochtechnik und Großtechnologie[638]. Einer der bekanntesten Befürworter dieses Konzepts war der in England lebende Gründer der »Intermediate Technology Development Group« E. M. Schumacher. Schumacher, der viele Erfahrungen sammeln konnte mit technischer Hilfe in »Entwicklungsländern«, schreibt z. B. in seinem Buch »Small is Beautiful«: »Das System der *Massenproduktion*, das auf einer verfeinerten, höchst kapital-intensiven, vom Energie-Input abhängigen, menschliche Arbeitskraft sparenden Technologie beruht, setzt vorhandenen Reichtum voraus, denn es bedarf einer hohen Kapitalinvestition, um auch nur einen einzigen Arbeitsplatz zu schaffen[639].

637 Vgl. z. B. Peter Kuntze: *China, die konkrete Utopie*, Reinbek 1975, u. a. p 223 ff.

638 Vgl. z. B. Freimut Duve: »Was kostet das Industriesystem?«, Einführungen in Fragestellungen des Magazins: *Technologie und Politik*, das seit 1975 bei Rowohlt erscheint. So u. a. Heft 1, 1975, p 47, Duve: »Die arbeitsintensive, schwach industrialisierte Landwirtschaft Chinas hat sich als am geeignetsten zur Versorgung der Menschen erwiesen.«

639 Vgl. hierzu z. B. auch Ivan Illich: »Ansatz zu einer radikalen Kritik am Industriesystem«, in: *Technologie und Politik* (638), u. a. p 5: »... nur die zweckdienliche Begrenzung von Kapitaleinsatz in der Produktion erwirkt gemeinnützige gesellschaftliche Leistung. Im Laufe des letzten Jahrzehntes ist es klargeworden, daß der Einsatz von Kapitalwerten in Organisation und Technik nur innerhalb von Grenzen sozial leistungsfördernd wirkt ... Jenseits dieser Grenzen zwingt eine der Technik inhärente Dynamik den gesellschaftlichen Beziehungen eine ausbeuterische Struktur auf ... schließt die Eigenmacht der materiellen Produktionsmittel die Mehrheit von ihrer politischen Kontrolle aus. Werkzeug kann nur in beschränktem Maß sozial zweckdienlich sein ...«

Das System der *Produktion durch die Massen* mobilisiert die unschätzbar wertvollen Ressourcen, die allen Menschen gehören, ihre geistigen Kräfte und geschickten Hände, und verschafft ihnen erstklassige Werkzeuge. Die Technik der Massenproduktion ist inhärent gewalttätig, umweltfeindlich, selbstschädigend, weil sie Ressourcen verbraucht, die nicht zu erneuern sind, und den Menschen verdummt. Die Technik der Produktion durch die Massen, die sich des modernen Wissens- und Erfahrungsstandes optimal bedient, ist der Dezentralisation förderlich, vereinbar mit den Gesetzen der Ökologie[640], schonend in der Nutzung knapper Ressourcen und darauf ausgerichtet, dem Menschen zu dienen, statt ihn zum Sklaven von Maschinen zu machen. Ich habe ihr die Bezeichnung angepaßte Technik gegeben, was zeigen soll, daß sie der primitiven Technologie früherer Zeiten weit überlegen, zugleich jedoch ungleich einfacher, billiger und freier als die Supertechnologie der Reichen ist. Man könnte sie auch Selbsthilfe – oder Volkstechnologie nennen – eine Technik, an der alle teilhaben können und die nicht nur den bereits Reichen und Mächtigen vorbehalten ist ...«[641].

Unter einer »angepaßten« oder »intermediären« Technik könnte also zusammenfassend verstanden werden:

1. vermittelnd zwischen den vorhandenen Fähigkeiten und den eigenen und gesellschaftlichen Bedürfnissen;
2. vermittelnd zwischen dem »Eigenleben der Natur«, wie es sich z. B. in Form ökologischer Gesetze darstellt, und den produzierbaren Bedürfnissen der Menschen;
3. vermittelnd zwischen einer handwerklich orientierten Arbeit der vorindustriellen Epoche und einer wissenschaftlich industriellen;

640 Vgl. hierzu z. B. Hans Magnus Enzensberger: »Zur Kritik der politischen Ökologie«, in: *Kursbuch* 33, Berlin 1973, u. a. p 40: »Die besten Chancen für das ökologische Überleben der Menschen bietet ... sicherlich die chinesische Gesellschaft.«

641 E. M. Schumacher: *Small is Beautiful,* London 1973, zitiert nach Jungk (619), p 333–334.

4. »medial« im Sinne: auf die »Lebensmitte« der Menschen und der Erde zielend[642];

5. auf eine mittlere Größe zielend: groß genug, um die Vorteile einer kooperativen funktionsgeteilten Arbeit nutzen zu können, aber klein genug, um für alle Beteiligten »überschaubar« zu bleiben auch für die Folgen ihrer Tätigkeit, damit sowohl die Tendenz zur Verdinglichung als auch die »Notwendigkeit von Herrschaft« nicht systembedingt erzeugt werden;

6. auf eine mittlere bis geringe Abhängigkeit der Produktionsstätten von anderen Produktionsstätten und Systemen zielend, damit die durch eine mittlere Größe erzielten Vorteile nicht wieder durch eine äußere Systemverflechtung zurückgenommen werden.

Wenn eine »intermediäre Technik« ohne Zweifel für die »unterentwickelten« Länder der sinnvollere Weg ist zur Entfaltung einer befriedigenden Lebensbasis und auch die Chance, daß diese Länder eine solche Technik entwickeln, nicht ungünstig ist[643], stellt sich das Thema einer intermediären Technik in den »überentwickelten« Ländern sehr viel komplexer.

Zunächst einmal ist offensichtlich, daß eine intermediäre Technik nicht in unser System passen würde. Die immanenten Entwicklungstendenzen von Kapital und wissenschaftlicher Technik laufen in allen Punkten genau entgegengesetzt zu einer intermediären Beziehung. Die Chance, daß sich bei uns eine intermediäre Technik durchsetzen könnte, ist also gering. Sie würde überall auf die partikular überlegene Großtechnik stoßen, und demonstrative Einzelversuche wären in einer kapitalistischen

642 Vgl. hierzu die Ausführungen zur »Kesselstruktur« der Welt im Abschnitt Großtechnologie.

643 Für einen Literaturüberblick über eine alternative Technik in den Entwicklungsländern vgl. Jungk (619), p 332 ff. Die pauschale Behauptung, daß die Entwicklungsländer ohne »Technik« ihre Überlebensprobleme nicht werden meistern können, ist ohne genauere Bestimmung des Begriffs Technik wenig aussagekräftig. Meine Ausführungen hierzu am Schluß des Abschnitts D in Kapitel III wären nun also auch zu qualifizieren.

und großtechnologischen Umgebung kaum existenzfähig. Wichtig ist darum zunächst eine möglichst umfassende Analyse, die einmal die Folgen unserer augenblicklichen Hochtechnik genau erkennt und die zweitens herausstellt, daß diese Technik nicht alternativlos ist. Erst wenn sich im Bewußtsein vieler Menschen die Notwendigkeit und Möglichkeit einer machbaren Alternative auch für die Technik zeigt, wäre die Chance für die Realisierung einer »anderen Technik« auch in den hochindustrialisierten Ländern größer.

Die bis jetzt vorliegenden Ergebnisse der Analysen sind schon relativ eindeutig. Um hier nur ein Beispiel herauszugreifen, das ich dargestellt habe und das für den Vergleich zwischen intermediärer Technik und Hochtechnik besonders charakteristisch ist, möchte ich an die Funktion der »Größe« erinnern. Für die meisten Mitglieder eines großtechnologischen Projekts z. B. hat die Größe hauptsächlich negative Folgen: Unüberschaubarkeit, abhängige »entfremdete« Arbeit, Notwendigkeit einer Unterordnung unter eine hierarchische Leitung usw.[644]. Auf der Basis einer partikularen Rationalität und Ökonomie stellt sich Größe aber – abgesehen von der Begünstigung von Herrschaft – als effektiv und zwangsläufig dar[644]. Die Analyse kann hier aber zeigen, daß die Größe dieser Projekte in vielen Fällen nur rational ist, wenn eine Fülle von Kriterien, die an allgemeine Interessen gebunden sind, ausgeklammert werden. Allein für den begründbaren höheren Wirkungsgrad von größeren technischen Anlagen[645] lassen sich zahllose Beispiele anführen, daß dieser Wirkungsgrad zunehmend kleiner wird, je größer der Bezugsrahmen der Kostenbeurteilung ist.

Kurz: Größe, ein wesentliches Merkmal unserer Technik, stellt sich bei genauerer Analyse als interessengebunden heraus. Eine Technik, die sich weniger durch die partikularen Interessen von Kapital und Wissenschaft definieren würde, sondern mehr durch allgemeine Interessen, wäre notwendig weniger »groß«[646].

644 Vgl. z. B. den Abschnitt Großtechnologie.

645 Vgl. b. 1. im Abschnitt Großtechnologie.

646 Vgl. hierzu auch die Ausführungen weiter unten, z. B. den Dis-

Allein aufgrund der unvollständigen Analyse in den vorangegangenen Kapiteln kann man insgesamt für diesen Aspekt einer »verkleinerten Technik« sagen: sollte es den hochindustrialisierten Ländern gelingen, eine Technik zu entwickeln, deren Charakter definiert wird durch allgemeine Interessen, wird »intermediär« sicher ein notwendiges Charaktermerkmal dieser Technik sein! Vor allem aus einer soziologischen Perspektive ergeben sich viele Argumente für dieses Merkmal einer notwendigen und möglichen anderen Technik[647].

Der zweite Schwerpunkt innerhalb der Richtung einer verkleinerten Technik, die Bemühung um eine »soft Technology«, hängt eng mit dem Programm einer intermediären Technik zusammen, und in vielen Punkten ist es kaum sinnvoll, beide voneinander abzugrenzen. Die Überlegungen zu einer »sanften Technik« konzentrieren sich aber insgesamt noch mehr auf die bereits industrialisierten Länder und zum Teil auch direkt auf bestimmte alternative Kleintechnologien.

Als einer der Verfechter für eine soft Technology gilt Robin Clarke, der eine hochdotierte Position in der »Science Division« der UNESCO in Paris besetzte, diese aber aufgab, weil er von hier aus nur geringe Veränderungschancen sah[648]. Clarke hat für sich das Stadium der Theorie längst verlassen. Er gründete in England eine Arbeitsgemeinschaft für »Biotechnic Research and Development« (BRAD) und versucht »in einem Flecken von Wales« mit Gleichgesinnten experimentell herauszufinden, wie und daß Menschen mit einer sanften Technik leben können. »BRAD versucht zu beweisen: Es ist auch komfortgewöhnten Menschen von heute möglich, so zu leben, daß die Umwelt durch ihre Existenz nicht ausgeraubt oder zerstört wird«[649]. Clarke versteht sein »grünes Laboratorium« nicht als Flucht, sondern als

kussionspunkt 2 sowie die Arbeiten von Illich, aufgeführt in Fußnote (750).

647 Vgl. auch die Diskussionspunkte am Schluß dieses Kapitels.

648 Vgl. Jungk (619), p 58 f.

649 Jungk, w. o., p 72, vgl. auch p 73 f.

Modell für eine mögliche Zukunft, das er den üblichen Zukunftsutopien, die vorwiegend »urbanistisch, im Politischen höchst zentralistisch, technokratisch, komplex und in zunehmendem Maß international und homogen« sind[650], bewußt entgegengesetzt. »Wir möchten darauf hinweisen, daß es eine Alternative gibt, die ebenfalls praktisch zu verwirklichen ist und nach unserer Ansicht den Vorzug verdient. Im wesentlichen beruht diese Möglichkeit auf der Kombination politischer Dezentralisierung mit einer neuartigen dezentralistischen Technologie. Sie führt zu einem Gesellschaftstypus, der nicht städtisch, sondern essentiell ländlich ist und dessen Umweltprobleme auf die einzig mögliche Weise gelöst werden: durch die Reintegration der Menschen in die natürlichen Systeme, auf die sie angewiesen sind. Ein wichtiger Input für dieses Modell besteht darin, daß die umweltfreundlichen Technologien, nach denen wir heute streben, möglicherweise nur in einem kleinen, dezentralisierten Maßstab durchzuführen sind ... Wir gehen davon aus, daß eine biotechnische Gemeinschaft es ihren Mitgliedern ermöglichen sollte, eine Lebensweise anzunehmen, die Erfüllung gewährt und ökologisch gesund ist; die sich mit der Natur im Einklang und engem Kontakt befindet, und die besser im Stande ist, Grundbedürfnisse zu stark reduzierten Kapitalkosten und mit einem Arbeitsaufwand zu erfüllen, der sich mit den Wertbegriffen der neuen Lebensform vereinen läßt«[651].

In diesem Zusammenhang wäre es sinnvoll, wenn »feministische Bewegungen« auch das Thema einer »anderen Technik« aufgriffen. Läßt man sich auf die stereotype Bedeutung von »männlich« und »weiblich« ein, dann könnte man sagen, die bisherige Technik ist typisch »männlich«: sie ist aggressiv und hart, herrsch-

650 Robin Clarke in der Zeitschrift *Futures*, London Juni 1972, zitiert nach Jungk (619), p 329.

651 Clarke, w. o., p 329–330, vgl. auch die 35 von Clarke genannten Alternativen zwischen einer »harten technischen Gesellschaft« und einer »sanften technischen Gesellschaft«, aufgeführt in Jungk w. o., p 77! Vgl. allgemein zu diesem Thema auch: Carl Amery: *Natur als Politik* (502).

süchtig, ausbeutend, kriegerisch, zerstörend, lebensfeindlich, sie überschreitet jedes menschliche Maß und konzentriert ihr Interesse außerhalb des »Hauses«. Gegen diese »männliche Technik« müßten von der männlichen Welt emanzipierte feministische Ingenieure und Wissenschaftler eine »weibliche«, sanfte Technik setzen, die all diese Eigenschaften nicht hat, die sich wieder um das »Haus« und den »Herd« (Bloch) kümmert, »maßvoll« ist und Leben erhält und fördert.

Die dritte von Jungk genannte Richtung, die sich mit der Notwendigkeit und Möglichkeit einer anderen Technik beschäftigt, konzentriert sich enger auf das situationale Verhältnis Mensch – Technik – Natur. Sie kritisiert an der gegenwärtigen Technik, daß sie unsensibel und unintelligent, eckig und unangepaßt, störend und zerstörend zwischen Mensch und Natur stünde. Dieser unbefriedigende Zustand soll durch eine an der Natur orientierte »Biotechnik« behoben werden. Wissenschaftler, die theoretisch und experimentell an einer »Biotechnik« arbeiten, sind z. B. phantasievolle Kybernetiker, deren Sensibilität gegenüber humanorientierten Problemen nicht abgestumpft werden konnte durch die Verlockungen »hochinteressanter« Rüstungsaufgaben, oder es sind Wissenschaftler, wie Biologen und Neurologen, die über die Integrationsdisziplin Kybernetik zusammenfanden und die allgemein interessiert sind an der Erforschung und Erprobung von Systemen, die einen *sensiblen* Kontakt zu ihrer Umwelt haben. Die Notwendigkeit einer Biotechnik begründet z. B. der englische Kybernetiker Gordon Pask so: »Merkwürdigerweise ist die Ordnung, die wir unserer Umwelt aufprägen, noch kein Abbild unseres eigenen Organismus[652]. So ist zwischen uns und unserer Umwelt eine tiefe Kluft entstanden. Bis vor kurzem war es möglich, diesen Riß zu ertragen, aber heute können wir uns nicht länger der Wahrheit verschließen, daß – zumindest im Idealfall – die von uns geschaffene zweite Natur eine Erweiterung des Menschen sein sollte. Die Maschinen, die wir eigentlich

652 Diese Feststellung von Pask steht somit in einem deutlichen Gegensatz zu der erwähnten Auffassung von Gehlen und Habermas.

brauchen, sollten aufgrund biologischer Entwürfe gebaut werden«[653].

Dieser Riß war für Bloch ein Grund dafür, daß die Kräfte der Natur immer weniger »unbewacht« genutzt werden können, trotz der aufgewendeten großen Schlauheit und List[654], und daß der Aufwand, die Natur mit dieser Technik »unfallfrei« in den Dienst zu zwingen, immer größer wird[655]. Mit einer Biotechnik aber könnten, »so spekuliert Pask, in einer Zeit, da die technischen Herstellungsvorgänge dem ›Körper‹ Umwelt so angepaßt sind, daß sie durch ihn und mit ihm in einem meist störungsfreien Verhältnis stehen, ... die materiellen Produktionsprozesse zu ... fast selbstverständlich ablaufenden, nicht besonders aufmerksam wahrgenommenen Vorgängen werden«[656]. Jungk berichtet von vielen, wenn auch noch sehr einfachen Versuchen, Elemente einer evolutionären Technik zu entwickeln, z. B. vom Versuch, künstliche Biotechnikzellen zu bauen, die sich selbst mit »Nahrung« aus ihrer Umgebung versorgen, die sich selbständig regenerieren und vermehren[657]. »Solche Annäherungen zwischen belebter und unbelebter Welt sind vielleicht Vorläufer eines neuen Verhältnisses zwischen Mensch und Natur. Aus der Herrschafts-Unterwerfungs-Beziehung, in der bald die eine, bald die andere Seite die Oberhand gewinnt, könnte ein Bündnis werden«[658]. So ist der Gedanke einer »Allianztechnik« im Blochschen Sinne auch bei Theoretikern und Praktikern zu finden, die eine »Biotechnik« für möglich und notwendig halten[659].

653 Gordon Pask, 1962 in der amerikanischen Fachzeitschrift Electronics, zitiert nach (619), p 80.
654 Vgl. Bloch: *Prinzip Hoffnung* (604), p 805 f.
655 Vgl. zum »Unfall« in der Groß- und Hochtechnik Bloch (604), p 811 f und Jungk (619), p 74 f!
656 Jungk w. o., p 82.
657 Vgl. ausführlicher über Versuche und Vorstellungen zu einer »Biotechnik« oder »evolutionären Technik« Jungk w. o., p 80 ff und p 330 f.
658 Jungk w. o., p 83.
659 Vgl. hierzu z. B. auch die Folgerungen, Vorstellungen und Hoffnungen des bedeutenden »Technik-Historikers« Lewis Mumford:

Insgesamt kann man feststellen, daß aus recht unterschiedlichen Erfahrungszusammenhängen und von unterschiedlichen theoretischen Positionen aus die Notwendigkeit und Möglichkeit einer »anderen Technik« gesehen wird. Gemeinsam ist hier die zugrundeliegende Erkenntnis, daß die früher für selbstverständlich gehaltene und auch heute noch vorherrschende Auffassung falsch ist, daß das Problem von Wissenschaft und Technik nur ein Anwendungsproblem ist, daß die Gründe für eine Fehlleitung von Wissenschaft und Technik »ausschließlich ›draußen‹ bei ›den anderen‹ ... (zu suchen sind), die als Versucher und Verführer der ›reinen Wissenschaft‹ und der ›guten Technik‹ aufgetreten seien«[660]. Vielmehr wird hier zunehmend eingesehen, daß »rücksichtsloses lebensfeindliches Herrschaftsdenken schon in der Art und Weise zu entdecken (ist), wie Forschung und Entwicklung mit der Welt als ihrem ›Objekt‹ verfahren, sie analysieren, durchleuchten, sezieren und manipulieren«. Kritischen Forschern und Ingenieuren wird zunehmend bewußt: »wer gegen Tyrannei und Unterdrückung« kämpft, muß sich fragen, »wie weit ein Forscher schon allein durch den Stil seines Denkens und Handelns an den Zerstörungstendenzen der Zeit mitschuldig« wird[661]. Und »daß die Vorstellungen von einer ›alternativen Technik‹ allmählich ernst genommen werden, geht (auch) daraus hervor, daß die von der UNESCO herausgegebene Zeitschrift Impact, Oktober–Dezember 1973, die auf Englisch und Französisch in Paris erscheint, dem Thema eine Sondernummer widmete, an der Robin Clarke (England), Peter Harper (England), Monsur Hoda (Indien), Josefina M. Abraham (Mexiko), Philippe Arrêteau (Frankreich) und Robert Jungk (Österreich) mitarbeiteten«[662]. Es spricht also einiges dafür, daß Philosophen und »die angeblich wirklichkeitsfremden Intellektuellen die Realität

»*Mythos der Maschine, Kultur, Technik und Macht*, Wien 1974! Vgl. z. B. p 784 ff und p 794 f.

660 Vgl. Jungk (619), p 319 und auch meine Kritik zur Formel der »Maschinerie an sich« weiter unten.

661 Vgl. Jungk w. o., p 59–60.

662 Vgl. w. o., p 328.

besser beurteilt hatten als die ›Praktiker‹, weil ihr Begriffsrahmen weiter gespannt war«[663], und die Feststellung Blochs: »die Tage des bloßen Ausbeuters, des Überlisters, des bloßen Wahrnehmers von Chancen sind auch technisch gezählt«[664], ist heute wohl zutreffender denn je.

Wenn sich nun verstärkt die Erkenntnis durchsetzen sollte, *daß* eine »andere Technik« oder auch »neue Wissenschaft« notwendig ist, wird die Frage nach dem Wie und dem Charakter der neuen Wissenschaft und Technik dringender. Bei unzureichender Analyse ist die Wahrscheinlichkeit gegeben, daß von der »alten« Technik und Wissenschaft auch unverzichtbare Elemente aufgegeben werden. Bei einer auf unzureichender Kenntnis beruhenden vollständigen Negierung der vorhandenen Technik hätten es vor allem die phantasielosen Statthalter »unserer Technik« leicht, jede Kritik abzuweisen und lächerlich zu machen. So ist z. B. für Steinbuch die Sachlage völlig klar: »Durch einen totalen Kahlschlag der Technik wären Herrschaftsverhältnisse nicht beseitigt, sie wären nur ersetzt durch viel plumpere: Auch im Urwald leben die Menschen nicht herrschaftsfrei ...«[665]. Die Alternative ist aber ganz sicher nicht ein totaler Kahlschlag der Technik[666] und ein Zurück zum Urwald, sondern die Entwicklung einer »anderen Technik«, die eine Synthese sein wird aus Elementen und Prinzipien der »alten« Technik und aus neuen, noch zu entwickelnden Elementen, und in der vor allem *bestimmte* Charaktermerkmale der alten Technik bewußt verändert werden[667].

663 Jungk w. o., p 34.

664 Bloch (604), p 783.

665 Karl Steinbuch: *Kurskorrektur* (181), p 113. Daß Steinbuch ausgerechnet auch Habermas Kahlschlagsambitionen unterstellt (vgl. w. o.), zeugt von der oberflächlichen Einarbeitung Steinbuchs in diesen Problemkreis.

666 Keinem bekanntgewordenen Kritiker an der Technik kann man diese Kahlschlagsthese übrigens ernsthaft unterstellen, auch Marcuse nicht, nur läßt sich mit ihr viel leichter argumentieren, weil man auf differenziertere Argumente erst gar nicht eingehen muß.

667 Vgl. z. B. auch die Arbeiten der »New Science Group« an der

In diesem Zusammenhang ist es aber wichtig, daß die Begriffe Technik und Wissenschaft in der für heute realitätserzeugenden *umfassenden* Bedeutung gesehen werden, als »System«, das eine eigene Geschichte hat, das sich durch eine Vielzahl von Mechanismen konstituiert und weiterentwickelt, das eine spezifische Interessendisposition erzeugt und seinerseits von bestimmten Interessen getragen wird, das in spezifischer Weise verknüpft ist mit anderen Systemen der Gesellschaft usw. Ich habe in den vorangehenden Kapiteln aus verschiedenen Blickwinkeln und in Zusammenhang mit verschiedenen Theorieansätzen und Problemen versucht, dieses »soziale System« Technik und Wissenschaft herauszuarbeiten. Die Propagierung einer »anderen Technik« wird sich so notwendig auf diesen Systemzusammenhang beziehen müssen. Die *isolierte* Kritik einzelner Prinzipien oder Charaktermerkmale der vorhandenen Technik und Wissenschaft wird darum in der Regel wenig ergiebig sein und kann auch zu falschen Schlußfolgerungen führen. Ehe ich also in einer groben Skizze einige Punkte nennen werde, die sich als mögliche Folgerungen aus meiner Darstellung für das Konzept einer »anderen Technik« aus einer soziologischen Perspektive ergeben, möchte ich noch auf einige andere Ansätze eingehen, die sich ebenfalls mit diesem Thema befassen, die aber m. E. noch kritikwürdig bzw. ergänzungsbedürftig sind.

Wenn Naturwissenschaft oder heutige Technik kritisiert werden, wird sehr häufig besonders ein Merkmal dieser Wissenschaft und Technik kritisiert: der mathematische oder nichteidetische Charakter. Man findet diese Kritik von Hegel bis Bloch, und die Argumente klingen zunächst auch überzeugend. Die »abstrakte«, »quantitative« Mathematik zwingt dem Naturprozeß ein ihm äußerliches Gesetz auf. Dadurch versperrt der Mensch sich den »wahren« Zugang zur Natur, sein Wissen und sein Verhältnis

Universität von Michigan: »Indem wir von neuer Wissenschaft sprechen, suchten wir nach etwas, das man doch noch Wissenschaft nennen könnte. Sie würde mit der alten Wissenschaft gewisse grundlegende Züge gemeinsam haben und andere ... nicht mit ihr teilen.« Vgl. Jungk (619), p 322.

zur Natur bleiben ebenfalls »abstrakt«. Als Alternative wird gefordert ein unmittelbarer, »qualitativer« Zugang zum Wesen der Natur. Eine neue, »qualitative« Naturwissenschaft dürfte also das Merkmal mathematisch nicht mehr besitzen. Diese spezifische »prinzipielle« und nicht systembezogene Kritik des mathematischen Charakters der Naturwissenschaft und Technik findet man vorwiegend bei philosophischen Theoretikern, die selbst keinen »Zugang« zur Mathematik haben oder hatten, die zu diesem Produkt des menschlichen Gehirns nur ein »abstraktes« äußerliches Verhältnis gewinnen konnten. Dies mag einen Teil ihrer ablehnenden Haltung gegenüber der Mathematik erklären. Insgesamt aber liegt dieser Haltung wohl die mystisch-romantische Sehnsucht zugrunde, ohne *jede* immer nur verfälschende äußere »Form« einen unmittelbaren und direkten Kontakt zum »Inhalt«, zum Wesen der außerhalb des Subjekts existierenden Welt zu bekommen. Diese Hoffnung ist aber nach »realistischer« Beurteilung unseres Erkenntnisapparats prinzipiell unerfüllbar[668].

Ich will hier aber auf die philosophische Diskussion dieses Punktes nicht weiter eingehen, sondern eine neuerdings hervorgebrachte nicht-philosophische Variante dieser Kritik aufgreifen: Richard Vahrenkamps Kritik an der spekulativ-unpraktischen bürgerlichen Wissenschaft und sein Konzept einer der Handar-

668 Vgl. hierzu z. B. Alfred Schmidt: *Der Begriff der Natur in der Lehre von Marx* (156), p 135 ff. Aus einer prinzipiellen Kritik an der identitätsphilosophischen Hoffnung von einer »völligen Versöhnung von Subjekt und Objekt« (vgl. w. o., p 137) kann man jedoch, wie ausgeführt, nicht ableiten, daß ein »anderes« Verhältnis des Menschen zur Natur als heute üblich, eine »andere« Wissenschaft und Technik unmöglich ist. Die Folgerung von Schmidt in diesem Zusammenhang: »Die mit dem Bürgertum entstandene große Technik bleibt in ihren Hauptmomenten relativ gleichgültig auch gegenüber einer nicht mehr bürgerlichen Form ihrer sozialen Organisation« (w. o., p 137), ist also zumindest voreilig. Zwischen der identitätsphilosophischen Hoffnung und der heutigen »großen Technik« gibt es zum Glück noch weitere Alternativen.

beit assimilierbaren Theorie. Vahrenkamp hält die gesamte bürgerliche Wissenschaft, voran die Newtonsche Mechanik, für eine »versponnene Form bürgerlicher Ideologie«, für bloße »unpraktische« Spekulation oder »kontemplative Belehrung« über die Natur[669]. Diese nicht am realen Produktionsprozeß orientierte bürgerliche Wissenschaft, die den unsinnigen Versuch mache, »Naturgesetze auf abstrakte Axiome zu reduzieren«[670], diene so der bürgerlichen Klasse nur als Herrschaftsinstrument, indem sie z. B. den herrschaftsstabilisierenden Dualismus zwischen Kopf- und Handarbeit erzeuge, da es zur Methode der »Logik von Wissenschaft als bürgerlicher Ideologie« gehöre, dem »Alltagsverstand unüberwindbare Schranken« zu setzen[671].

Damit die Arbeiter wieder selbst Herren über den Produktionsprozeß werden können, müßte überlegt werden, »inwieweit eine der praktischen Erfahrung der Handarbeit assimilierbare Theorie möglich ist, beziehungsweise wie sich eine solche Theorie aus der Handarbeit und nicht aus abstrakten Axiomen entwickeln kann«[672]. Vahrenkamp sieht hierfür Chancen. Er verweist z. B. darauf, daß die Chinesen schon Erfolge vorweisen könnten, wie durch Handarbeit das »idealistische und metaphysische« der bürgerlichen Mathematik überwunden werden kann[673]. Für das Niveau unserer Produktionsverfahren soll nicht mehr die Feile,

669 Vgl. Richard Vahrenkamp: »Entwicklungsmöglichkeiten der Technologie als Produktionsverhältnis« (198), u. a. p 212, 213 u. 222. Vgl. auch Abschnitt B. b. und c. in Kapitel III.

670 Vgl. Vahrenkamp w. o., p 223.

671 Vgl. w. o., p 217.

672 W. o., p 222.

673 Vahrenkamp zitiert ein Beispiel aus der Peking Rundschau Nr. 32/1970, wie chinesische Arbeiter die Differentialrechnung ihrer Praxis assimilierten: »Zum Beispiel, wenn ein Maschinenschlosser ein Metallstück zu einem runden Gegenstand feilt, bildet jede einzelne Bewegung eine kurze Gerade, und endlich laufen alle Geraden in einer Kurve zusammen. Dieser Prozeß ... präsentiert sehr lebendig das Konzept von Differential- und Integralrechnung ... Mit einer bloßen Feile wird der Mythos durchstochen. Die höhere Mathematik kehrt in die Hände von ... Werktätigen zurück.« Vgl. w. o., p 225.

sondern der Computer das Werkzeug sein, mit dem der Mythos der bürgerlichen Wissenschaft durchstoßen werden soll. »Im Computer mag sich eine objektive Grundlage dafür finden, die bürgerliche Wissenschaft zu überwinden und eine der Erfahrung der Handarbeit assimilierbare Theorie zu entwickeln. Denn der Computer bietet ein objektives Gerüst für den Ablauf formaler Operationen, das anderen Gesetzen gehorcht als denen der ›reinen Theorie‹. Dieses objektive Gerüst trägt den Stempel der Empirie«[670]. Der Computer sei u. a. deswegen der »Empirie« und somit der Erfahrungsbasis der Handarbeiter näher, weil er quantitative Bestimmungen nur approximativ zuließe, innerhalb von Fehlergrenzen, was dem erfahrungsgemäßen Umgang mit Naturprozessen entspräche, oder weil er eine nur numerische Mathematik verlange und »lediglich einen endlichen Zahlenvorrat« habe. All dies könnte nach Vahrenkamp die Basis sein für eine »empirische Mathematik« und für eine sich hierauf aufbauende neue Physik[674]. Gelänge es, eine solche der Handarbeit assimilierbare Theorie zu entwickeln – und vieles spräche dafür, daß eine solche Theorie faktisch in Teilbereichen heute schon vorhanden sei[675], dann könnte durch die bürgerliche Wissenschaft nicht mehr »eine gesonderte Schicht von technischer Intelligenz der einfachen Handarbeit« gegenübergestellt werden, dann würde sich auch auf breiter Basis herausstellen, daß »Produktionsprozesse durch praktische Erfahrung zu beherrschen« sind[676].

In diesem Ansatz von Vahrenkamp zum Problem einer anderen Technik und Wissenschaft werden nun, so plausibel er beim ersten Hinsehen erscheint, eine ganze Reihe von falschen Annahmen gemacht und falsche Schlußfolgerungen gezogen.

Die erste falsche Annahme ist, daß die mathematisch-experimentelle Naturwissenschaft vom Prototyp der Newtonschen Mechanik nur oder auch nur vorwiegend »Mythologie« oder »Ideo-

674 Vgl. Vahrenkamp (198), p 223 f.

675 Vgl. w. o., z. B. p 226 f.

676 Vgl. w. o., p 222 und p 227.

logie« ist[677]. Warum gerade diese Mythologie zur »ersten Produktivkraft« werden konnte, bleibt darum bei Vahrenkamp eigentlich ein Rätsel. Das Kapital soll dieses Wunder vollbracht haben. »Ihre Unterordnung unters Kapital hat die Wissenschaft weiterentwickelt von einer versponnenen Form bürgerlicher Ideologie zur angewandten Forschung...«[672] Also müßte sich die bürgerliche Wissenschaft doch schon lange grundlegend zur praktischen Seite hin gewandelt haben, lange bevor es eine Computer-Technik gab. Worin besteht dann aber, bezogen auf die Assimilierbarkeit, Anwendbarkeit und Abstraktheit, der Unterschied zwischen der alten »Mythologie« und der »angewandten Forschung«, z. B. zwischen Newtonscher Mechanik und theoretischer Elektrotechnik, auf deren Grundlage elektronische Rechenmaschinen z. B. überhaupt erst entwickelt werden konnten? Sollte die so als praktisch ausgewiesene theoretische Elektrotechnik, die überhaupt keinen Bezug mehr zur »Hand« hat, der Handarbeit assimilierbarer sein als die Newtonsche Mechanik?

Auch bei seiner Polemik gegen die Differentialrechnung verfängt sich Vahrenkamp in Widersprüche. Es gibt genügend Beispiele dafür, daß Mathematikergehirne über Generationen »mathematische Erkenntnisse« produzieren, die ohne jeden Bezug zu einer möglichen »praktischen« Anwendung stehen. Vahrenkamp nun polemisiert ausgerechnet gegen das ungemein praktische und millionenfach angewendete Infinitesimalkalkül[678], das auch bei Computersimulationen z. B. vielfältig benutzt wird. Vahrenkamp bemängelt am Infinitesimalkalkül der Newtonschen Mechanik, daß es keinen »mathematisch klaren Begriff der stetigen Funktion« hatte, da die hierfür erforderlichen »sogenannten reellen Zahlen« erst viel später klar definiert worden seien[679].

677 Ich habe das Falsche dieser Annahme schon kritisiert, vgl. Abschnitt B. c. in Kapitel III.

678 Vgl. Abschnitt B. b. in Kapitel III und z. B. Bernal (95), p 453: »In einem sehr realen Sinne war (die Infinitesimalrechnung) ebenso ein Instrument der neuen Wissenschaft wie das Teleskop.«

679 Vgl. Vahrenkamp (198), p 214.

Auf der einen Seite fordert Vahrenkamp eine »empirische Mathematik«, die nicht einem unpraktischen und unrealistischen Exaktheitsideal unterworfen wird, gleichzeitig aber wirft er dem Newtonschen Infinitesimalkalkül vor, daß es keine exakte mathematische Grundlegung hatte. Dabei sind die reellen Zahlen keineswegs erst seit Cantor und Dedekind als zulässig existent zu betrachten. Gerade der Begriff der reellen Zahlen hat wegen seiner praktischen Bedeutung schon eine lange Geschichte. »Vom mathematischen Standpunkt aus muß man die Ursprünge der Theorie der reellen Zahlen zurückgehen lassen bis auf die in der babylonischen Wissenschaft fortschreitende Bildung eines Zählsystems, in dem es prinzipiell möglich ist, Werte, die einer beliebigen reellen Zahl beliebig nahe sind, anzugeben. Die Verfügung über ein solches System und das Vertrauen in die Rechentechnik, das sich daraus ergeben mußte, führte tatsächlich unweigerlich zu einem »naiven« reellen Zahlenbegriff, der kaum von dem verschieden ist, den man heute (gebunden an das Dezimalsystem) im Elementarunterricht oder bei Physikern oder Ingenieuren findet«[680].

Diese Seite des Vahrenkampschen Ansatzes steckt also voller Widersprüche und unrichtiger Voraussetzungen. Ähnliches gilt auch für seine Annahme über die bessere Assimilierbarkeit der Computer-Mathematik. Die mathematische Kopfarbeit, die notwendig ist, um Natur- und Produktionsprozesse auf Computerbasis zu beherrschen, ist in keiner Weise der Handarbeit assimilierbarer als andere mathematische Kopfarbeit, zumal jene oft die Kenntnis der »exakten« Methoden voraussetzt.

Vahrenkamp geht also von der richtigen Erkenntnis aus, daß die mathematische Naturwissenschaft beiträgt zum Dualismus zwischen Kopf- und Handarbeit und daß dieser wiederum Herrschaftsverhältnisse erzeugt und stabilisiert. Auch ist richtig, daß in vielen Fällen formale theoretische Qualifikationen keinen Praxisbezug mehr haben und nur noch zur Herrschaftslegitimation dienen. Nur kann man aus diesem Sachverhalt nicht den

680 So z. B. die französische Mathematikergruppe Nicolas Bourbaki: *Elemente der Mathematikgeschichte*, Göttingen 1971, p 172.

Schluß ziehen, daß die theoretische Kopfarbeit überflüssig ist und der Handarbeit »assimiliert« werden müßte. Damit Vahrenkamp sich diese Lösung plausibel machen kann, muß er beweisen, daß die bürgerliche Kopfarbeit in Form der mathematischen Naturwissenschaft »unpraktisch« ist und der materiellen Produktion ohnehin nicht dient, bei der Aufgabe dieser Kopfarbeit also eigentlich gar kein Verlust entsteht. Die bei dieser Beweisführung auftretenden Widersprüche und Unrichtigkeiten sind offensichtlich. Der Mensch definiert sich doch nicht allein als »Handarbeiter«. Warum sollte er auf die Fähigkeit seines Gehirns verzichten, das den sinnlichen Horizont seiner »Hände« transzendieren kann. Diese Fähigkeit trug doch wesentlich zur Menschwerdung bei, und der nichteidetische Charakter der Naturwissenschaft ist wohl ein unverzichtbares Produkt dieser Menschwerdung. So kann es auch nicht darum gehen, die »theoretische« Kopfarbeit aufzuheben oder der Handarbeit anzugleichen oder auch nur darum, den prinzipiellen Unterschied zwischen Kopf- und Handarbeit aufzuheben oder einzuebnen zuungunsten einer der beiden Seiten. Notwendig wäre es, den feindlichen Gegensatz zwischen diesen beiden menschlichen Fähigkeiten aufzuheben, die von der Handarbeit *isolierte* Kopfarbeit und die lebenslängliche Aufteilung dieser beiden Fähigkeiten auf *verschiedene* Menschen.

Ich habe den Ansatz von Vahrenkamp aufgegriffen, weil hieran deutlich wird, daß eine isolierte Kritik an bestimmten Prinzipien der modernen Wissenschaft und Technik nicht besonders fruchtbar ist. Diese isolierte Kritik übersieht das eigentliche Determinantennetz der zur Diskussion stehenden Probleme und verspricht durch eine falsche Analyse zu leichtfertig die Aufhebung der Probleme durch die Aufhebung weniger Prinzipien, wie hier z. B. durch die Ablösung der abstrakten, nicht der Handarbeit assimilierten mathematischen Theorie. Zwar ist es richtig, daß der nichteidetische Charakter der Naturwissenschaft wesentlich dazu beiträgt, den Herrschaftscharakter der Wissenschaft zu befestigen[681], nur muß diese Analyse im Kontext der vielfältigen

681 Vgl. Abschnitt B im Kapitel III.

gesellschaftlichen Mechanismen erfolgen, damit bei Alternativvorschlägen nicht auch unverzichtbare Elemente aufgegeben werden oder durch unzureichende Analyse bei den Betroffenen, in diesem Fall bei den Kopfarbeitern der Mathematik und Naturwissenschaft, nicht nur ein besserwissendes Lächeln erzeugt wird. In der Richtung einer der »Handarbeit assimilierten Theorie« wird also eine andere Wissenschaft und Technik nicht zu suchen sein[682].

Eine in vielen Punkten formal ähnliche Kritik kann auch gegen Sohn-Rethel vorgebracht werden, und zwar gegen seine Grundkonzeption, daß der Kapitalismus eine Basis erzeuge, auf der die Trennung von Kopf- und Handarbeit aufhebbar wäre, sowie gegen sein Konzept einer »neuen Technologie«. Auch Sohn-Rethel kritisiert an der gegenwärtigen Wissenschaft und Technik vor allem den handarbeitsfernen »Intellektualismus«, der zum »Fetischismus der Technik«[683] geführt habe, der die Handarbeit von ihrer notwendigen Kopfarbeit trenne und beide zum feindlichen Gegensatz mache, was insgesamt die Herrschaft des Kapitals sehr begünstige. Nach Sohn-Rethel ist die vorhandene Wissenschaft vor allem deswegen praxisfern und isoliert von den Handarbeitern in der materiellen Produktion, weil sie nicht hier ihren Ursprung hat, sondern der Sphäre der Aneignung außerhalb des materiellen Produktionsbereiches entstammt[684].

Damit die Arbeiter die Herrschaft über den materiellen Produktionsprozeß erlangen können, ist eine Aufhebung der isolierten Kopfarbeit unbedingt erforderlich, und Sohn-Rethel sieht für diese Aufhebung sogar eine objektive Basis, eine objektive formprinzipielle Möglichkeit tendenziell heranwachsen. Er sieht im Produktionsprozeß selbst ein Formprinzip entstehen, das diese

682 Höchstens in Anfangskursen bei Handarbeitern könnte eine der »Handarbeit assimilierte Theorie« als didaktisches Prinzip ihren Sinn haben.

683 Vgl. Alfred Sohn-Rethel: »Technische Intelligenz zwischen Kapitalismus und Sozialismus«, in: (198), p 35.

684 Vgl. Abschnitt B. d. in Kapitel III.

»tendenzielle Formangleichung der manuellen an die intellektuelle Arbeit«[685] objektiv herbeiführt. Dieses Formprinzip soll das der »Zeitökonomie« der Arbeit sein, wie es durch den Taylorismus in die kapitalistische Betriebswirtschaft Eingang gefunden hat[686]. Durch das Maß dieser Zeitökonomie, die »eine methodische Quantifizierung der menschlichen Arbeiten nach reinen Zeitmaßen durchführt, die Arbeit also im wörtlichen Sinne in all ihren Formen kommensurabel gemacht«[687] hat, können erstmals die körperliche Arbeit, die Maschinenarbeit und die intellektuelle Arbeit unter einer gemeinsamen Form betrachtet werden. »Sie gehören zusammen kraft der Einheit eines und desselben Zeitmaßes als gemeinsamem Formprinzip für Denken und Arbeit, Logik und Ökonomie«[688]. Diese Einheit kann nicht nur gedacht werden, sie ist real, weil durch das einheitliche Zeitmaß, wie z. B. prototypisch in der Fließarbeit, alle Produktionselemente »miteinander prozessual verkettet werden«[689]. Durch dieses einheitliche Formprinzip als »effektives Realprinzip«[689] verliert der Begriff des gesellschaftlichen Gesamtarbeiters tendenziell »seinen bloß metaphorischen Charakter«[690], und durch die Weiterentwicklung der Technologie auf der Basis dieses verknüpfenden Formprinzips zur globalen »Verbundmaschinerie« ergibt sich die Möglichkeit einer »strukturell vollvergesellschafteten Arbeit«[691].

Das Bedeutsame sei, daß hier die *produktive* Arbeit zum gesellschaftlichen Formprinzip würde und die alte Synthese der Gesellschaft durch die abstrakte Arbeit der Warenökonomie ablöste. Um deutlich zu machen, daß das neue Formprinzip auf die konkrete Arbeit bezogen ist, stellt Sohn-Rethel die Merk-

685 Vgl. Sohn-Rethel: »Technische Intelligenz«, w. o., p 21.

686 Vgl. Sohn-Rethel: *Geistige und körperliche Arbeit* (152), p 180 f, 200 f.

687 Sohn-Rethel: »Technische Intelligenz« (683), p 24.

688 W. o., p 30.

689 W. o., p 28.

690 Vgl. Sohn-Rethel: *Geistige und körperliche Arbeit* (152), p 206.

691 Vgl. Sohn-Rethel (683), p 29 und 28, oder w. o., p 192 und 203.

male der beiden Syntheseprinzipien gegenüber: »Die warenökonomische Arbeitskommensuration ist 1. auf die Produktion als Verwertungsprozeß des Kapitals bezogen, 2. findet bloß indirekt statt, 3. als rein funktionaler, blindwirkender, bewußtloser Vorgang, 4. nur übers Ganze des gesellschaftlichen Aneignungszusammenhangs hinweg und 5. als Kommensuration der ›toten‹ Arbeit ... Dagegen nimmt die Taylorsche Kommensuration der Arbeit 1. ihren Ausgang vom Arbeitsprozeß, 2. besteht sie in direkter Messung, 3. ist sie also bewußte Tat, 4. geht sie aus von den einzelnen Teilen des Arbeitsprozesses und baut sich von hier auf zur Anwendung auf größere Komplexe, und 5. ist sie die Kommensuration der ›lebendigen‹ Arbeit, der Arbeit in actu, in ihrer produktiven Leistung«[692].

Auf dieser Grundlage der Synthesis der Vergesellschaftung durch Arbeit ist für Sohn-Rethel eine neue Gesellschaft erst möglich und durch die reale Tendenz dieser Synthesis auch die reale Chance für eine neue Gesellschaft gegeben. »Wo die Synthesis der Vergesellschaftung auf Tätigkeiten beruht, welche von der Produktionsarbeit verschieden und getrennt sind, nämlich in der Aneignung ... von Arbeitsprodukten durch Nichtarbeitende bestehen, dort herrscht Ausbeutung und Klassenherrschaft und die Scheidung von Kopf- und Handarbeit; wo hingegen die Synthesis der Vergesellschaftung als Funktion des Arbeitsprozesses selbst statthat, dort ist die Grundlage für eine klassenlose Gesellschaft und für Einheit von Kopf- und Handarbeit gegeben, die Grundlage also für eine kommunistische Gesellschaft«[693].

Die neue Synthesis der Gesellschaft habe Ende des 19. Jahrhunderts erst begonnen[694], weswegen Marx diesen Sachverhalt noch nicht erkennen konnte, und im Augenblick sei das Nebeneinander der beiden Ordnungsprinzipien »das Kennzeichen des Spätkapitalismus«[695], wobei in fortschrittlichen Produktionszweigen

692 Sohn-Rethel: »Technische Intelligenz« (683), p 25.

693 Sohn-Rethel (152), p 186.

694 Vgl. w. o., p 27.

695 Vgl. w. o., p 180, vgl. auch Sohn-Rethel: *Die ökonomische Doppelnatur des Spätkapitalismus,* Darmstadt und Neuwied 1972.

die Marktökonomie die gesellschaftliche Reproduktion nicht mehr beherrsche[696].

Das neue reale Formprinzip des gesellschaftlichen Seins ist selbstverständlich unverträglich mit einer Wissenschaft, die aus einem Aneignungszusammenhang stammt. »Folglich würden wir daraus schließen, daß es eine Logik geben müßte, die von der der klassischen Naturwissenschaften verschieden ist und den Bedingungen der Möglichkeit gesellschaftlicher Produktionsplanung genügt«[697]. Und damit würde sich auch »das Wesen der modernen Naturwissenschaft und Technologie gegenüber dem heutigen Zustand verändern...«[698]. Aber Sohn-Rethel muß bekennen: »Welches diese Logik ist, übersteigt meine Kenntnis...«[697]. Er hat zwar Vermutungen. So hält er es für möglich, daß die Logik von Russell und Whitehead die neue Logik dieser neuen Wissenschaft sein könnte[699], aber eigentlich bleibt alles noch offen. Es ist ein Problem für die Zukunft.

Dies ist natürlich eine sehr verkürzte Darstellung des Konzepts einer anderen Technik und Wissenschaft bei Sohn-Rethel. Aber ich hoffe, daß ich wenigstens die logische Struktur seiner Argumentation für diesen Punkt nicht verfälscht habe, wenn ich auch die einzelnen Schritte nicht ausführlich genug in seinem Sinne hier begründen konnte.

Der Ansatz von Sohn-Rethel beansprucht, eine grundsätzliche Erkenntnis auf marxistischer Grundlage zu sein, und da seine Kritik an der Naturwissenschaft und Technik m. E. in vielen Punkten zutreffend ist, ist es doppelt enttäuschend, daß seine hier angebotene Perspektive der Problemlösung für eine auf Praxis hin orientierte Analyse so unbrauchbar bis falsch ist. Da auch Sohn-Rethel, wie Vahrenkamp, den Charakter der zu kritisierenden Wissenschaft unvollständig erfaßt, führt auch seine Analyse zu Widersprüchen und falschen Schlüssen. Durch die

696 Vgl. Sohn-Rethel (152), p 181.
697 W. o., p 208.
698 W. o., p 210.
699 Vgl. w. o., p 208 f.

überzogene Ausdeutung der Tatsache, daß die Wissenschaft nicht aus der Sphäre der materiellen Produktion stammt, bleibt auch für Sohn-Rethel es letztlich ein Rätsel, warum diese Wissenschaft dennoch so »produktiv« ist[700], denn daß die »alte Wissenschaft« nun schon lange auch in der Produktion eine bedeutsame produktive Rolle spielt, ist auch von Sohn-Rethel nicht zu übersehen. Ebenfalls ist unverständlich, warum von der Wissenschaft mit der »neuen Logik« im Produktionsbereich noch nichts Konkretes auszumachen ist, da doch das produktionsbezogene Formgesetz sich schon seit 1880 ausbreitet und im Bereich der fortgeschrittenen Technologie bereits dominieren soll. Aber Sohn-Rethel kann natürlich nicht in diesem Bereich Beispiele für die »neue Technologie« und Wissenschaft nennen, da er dann in große Schwierigkeiten käme, sie prinzipiell von der alten zu scheiden.

Zu ähnlichen Schwierigkeiten muß jede Konzeption führen, die eine neue Wissenschaft und Technik nur in einer totalen Negation zur vorhandenen entwirft, gleichzeitig aber auf die »Produktivkraft« der vorhandenen nicht verzichten will.

Überhaupt kann man feststellen, daß die Analyse von Sohn-Rethel dort unergiebig wird, wo er philosophische Totalkategorien verwendet und wo er, hiermit zusammenhängend, glaubt, ein totaler Umschlag in der Realität sei durch einen »Prinzipienwechsel« herbeizuführen. Sohn-Rethel versucht zwar nachzuweisen, daß es sich um »Realprinzipien« handelt, aber die einheitliche Determinierung der Welt durch ein Prinzip geschieht »real« nur im Kopf eines Philosophen.

Im einzelnen möchte ich zur Kritik am Sohn-Rethelschen Konzept einer Synthesis der Vergesellschaftung durch Arbeit folgende Punkte hervorheben:

1. Die Taylorsche Kommensuration der Arbeit ist in keiner Weise stärker auf die »konkrete« Arbeit bezogen als die warenökonomische. Sie »befaßt« sich mit der konkreten Dimension der

700 Vgl. auch den Schluß des Abschnitts B. d. in Kapitel III.

Arbeit nur, insoweit sie die abstrakte Verwertung der Arbeit maximieren kann. Durch das Formprinzip der Zeitökonomie erhöht sich nicht – auch nicht potentiell – der konkrete Charakter der Arbeit. Im Gegenteil, man kann sagen, daß durch das abstrakte Formprinzip der Zeitökonomie noch die letzten Reste der konkreten Arbeit zerstört werden. So wird z. B. durch die Übertragung der Taylorschen Zeitökonomie auf die Kopfarbeit die Arbeitssituation der technischen Intelligenz der der Handarbeiter zwar »angeglichen«, aber gleichzeitig das Konkrete dieser Arbeitssituation ebenfalls zerstört[701]. Die Zerstücklung der Arbeit in kleine, standardisierte, wiederholbare und meßbare Abschnitte ist ein Vorgang der Vernichtung der konkreten Arbeit. Das Formprinzip der Zeitökonomie wirkt bezogen auf die Arbeit in *gleicher* Richtung wie das Formprinzip der Warenökonomie; es ist die wissenschaftlich perfektionierte Form der Warenökonomie in der Arbeitssituation.

2. Einen Produktionszusammenhang, der seine prozessuale Integration vorwiegend über die Zeitökonomie erfährt, als »vergesellschaftet« zu bezeichnen, verfehlt die emanzipatorische Bedeutung des Begriffs der Vergesellschaftung[702]. Wenn heute »Inseln der Vergesellschaftung« der Arbeit im Produktionsbereich zu entdecken sind, dann ist in ihnen typisch die einheitliche Zeitökonomie als Strukturprinzip zurückgenommen[703]. Arbeitssituationen, die nach der Zeitökonomie strukturiert sind, sind die denkbar schlechteste Basis zur Aufhebung der Trennung von Kopf- und Handarbeit!

3. Auch auf der Systemebene der Gesellschaft ist der von Sohn-Rethel angezielte Begriff der Vergesellschaftung widersprüchlich und analytisch ungenau. Gerade wenn man der Kritik Sohn-Rethels an den Herrschaftsverhältnissen im Kapitalismus folgt,

701 Vgl. Abschnitt F in Kapitel IV.

702 Vgl. Schluß desselben Abschnitts.

703 Vgl. hierzu die Ausführungen über die relativ autonomen Arbeitssituationen.

wäre eine Synthesis der Vergesellschaftung durch Arbeit ein nicht erstrebenswertes Ziel[704].

Allgemein könnte man zunächst fragen, warum sollte eine neue Gesellschaft, in der mit Hilfe der Technik und Wissenschaft die Arbeitszeit tendenziell verringert werden kann zugunsten einer arbeitsfreien Zeit, ausgerechnet die Arbeit die Basis der gesellschaftlichen Synthesis sein? Nur weil Arbeit die Negation des Kapitals ist? Das wäre zumindest eine phantasielose Basis für eine neue Gesellschaft.

Schwerwiegender ist jedoch, daß gerade die von Sohn-Rethel konzeptualisierte Synthesis der Gesellschaft durch Arbeit bei genauerer Analyse nicht zu den Implikationen führt, die Sohn-Rethel sich erhofft.

Sohn-Rethels Gesellschaftsutopie zielt auf einen total integrierten Produktionsprozeß, auf eine alles umfassende »Verbundmaschinerie« mit einem »Gesamtarbeiter von globalem, gesellschaftlichem Status«[705], also auf eine Gesellschaft als eine einzige Fabrik. Gleichzeitig schwärmt Sohn-Rethel aber vom »chinesischen Modell«[706], ohne den Widerspruch zu bemerken. Durch wirtschaftliche und technische Großsysteme, die durch eine einheitliche Zeitökonomie geplant und strukturiert sind, werden Herrschaftsprozesse strukturell außerordentlich begünstigt[707]. Vor allem geben sie die Grundlage, auch »objektiv« den Dualismus von Kopf- und Handarbeit zu rechtfertigen, wie es z. B. objektivistisch in der Formel »von der Notwendigkeit der Leitungsfunktionen« zum Ausdruck kommt[708]. Diese Notwendigkeit ergibt sich jedoch erst nach der Vorentscheidung für eine »effektive«, »einheitlich« strukturierte, zentrallenkbare Gesellschaft als »Arbeitsmaschine«, die unter dem Gesetz der Zeitökonomie steht, d. h. maximaler Ausstoß bei minimalem Arbeitseinsatz.

704 Zur Kritik dieses Konzepts vgl. z. B. auch Habermas: *Erkenntnis und Interesse* (445), p 58 f.

705 Vgl. Sohn-Rethel (683), z. B. p 29 und p 37.

706 Vgl. w. o., p 37.

707 Vgl. z. B. den Abschnitt über Großtechnologie.

708 Vgl. auch die Fußnote (791)!

»Sieht eine sozialistische Gesellschaft die Entwicklung der technologischen Produktivkräfte als oberes Ziel ihrer Tätigkeit an, so wird sie diese (Vorentscheidung) wählen. Dabei besteht die große Gefahr, daß auf diese Weise die Produktivkräfte auf Kosten der Arbeiter fetischisiert werden«[709]. Dies ist nicht mehr nur eine Gefahr, sondern der Produktionsfetischismus ist eine der wesentlichen Grundlagen auch für nachkapitalistische Herrschaftsverhältnisse, zumal »politisch ... ein solcher Fetisch (auch) von der technischen Intelligenz errichtet« wird[710].

Will man aber wie Sohn-Rethel eine Zurückdrängung der auch durch Wissenschaft und Technik begründeten Auftrennung zwischen Kopf- und Handarbeit, will man »maximale praktische Verfügung der Produzenten über den maschinellen Produktionsprozeß«[709], dann kann man nicht gleichzeitig eine gesamtgesellschaftliche »Verbundmaschinerie«, strukturiert nach dem einheitlichen Prinzip der Zeitökonomie, wollen[711].

Sohn-Rethel sieht diesen Widerspruch u. a. deswegen nicht, weil auch er implizit einen best one way im technologischen Bereich unterstellt. »Technologie« sieht Sohn-Rethel in einer sozialistischen Gesellschaft als »unabhängige Variable«, die nur durch eine politische »Entscheidung« über das, was produziert werden soll, richtig programmiert werden muß[712]. Alles andere wäre dann nach diesem Konzept nur noch technologische Verwaltungsarbeit[713].

709 Vahrenkamp (198), p 228.

710 Vgl. w. o., p 228 und die Kritik Vahrenkamps hierzu p 227 ff!

711 Vahrenkamp weist mit Recht darauf hin, daß das aus der Logik der Zeitökonomie folgende Prinzip »maximaler Ausstoß bei minimalem Arbeitseinsatz ... sich historisch und systematisch aus dem Kapitalbegriff ableiten« läßt. Vgl. w. o., p 228. Vgl. zur »Zeitökonomie« auch Kofler: *Technologische Rationalität im Spätkapitalismus* (64), p 90 f! Eine »Verbundmaschinerie« wäre die rationale Version einer totalitären Gesellschaft. Vgl. hierzu Marcuse: *Der eindimensionale Mensch* (61), p 173.

712 Vgl. Sohn-Rethel (152), p 206.

713 Zur Kritik neo-saint-simonistischer Ansätze und einer funktiona-

Durch die vielen Widersprüche und die sehr ungenauen Analysen, die diesem Konzept der Synthesis der Gesellschaft zugrunde liegen, wird auch verständlich, warum diese neue »Realstruktur« von so geringer Wirkung ist für die Fundierung einer neuen Gesellschaft. Bei Sohn-Rethel ist alles offen. Seine Theorie möchte er verstanden wissen als Theorie »nach der Revolution«[714], und eine Gesellschaft, in der sich das Formprinzip der Taylorschen Zeitökonomie durchsetzt, hält er in gleichem Maße vorbereitet für den Sozialismus und für den Faschismus[715]. Ein solches Formprinzip wäre also bestenfalls gleichgültig gegenüber beliebigen Gesellschaftsformen. Wenn ein Formprinzip so nahe die Möglichkeit auch für den Faschismus zuläßt, ist diese instabile Grundlage mit Sicherheit *kein* Baugrund für eine sozialistische Gesellschaft! Ehe konkretere Strukturen einer sozialistischen Gesellschaft sichtbar werden können, müßte das Formprinzip der Zeitökonomie überwunden sein.
Ein Ausgangspunkt der Analyse von Sohn-Rethel war die Kritik an Marxisten, daß diese gegenüber der Naturwissenschaft eine »positivistische« Haltung einnähmen, also die Naturwissenschaft aus dem »geschichtsmaterialistischen Gesichtsfeld« ausblendeten[716]. Sohn-Rethel versucht dies nachzuholen. Aber er betreibt seine geschichtsmaterialistische Analyse nur punktuell für einen weit zurückliegenden, nur noch ungenau ausmachbaren Zeitabschnitt. Er betreibt keine konkrete Analyse der Wissenschaft für die Zeit, in der Wissenschaft und wissenschaftliche Technik für die Gesellschaft erst bedeutsam werden. Seine punktuelle Analyse reduziert den Charakter der Wissenschaft auf ein Prinzip. Dieses Prinzip ist gleichzeitig der Inhalt der Kritik an der Wissenschaft und wissenschaftlichen Technik: sie sei nicht produktionsorientiert. Durch einen Prinzipienumschlag wird diese Produktionsorientierung wieder hergestellt, und dann ist

len Autorität vgl. z. B. Wolfgang Schluchter: *Aspekte bürokratischer Herrschaft*, München 1972, u. a. p 145 ff und (340), p 357–369.

714 Vgl. Sohn-Rethel (152), p 225.

715 Vgl. Sohn-Rethel (683), p 26.

716 Vgl. Sohn-Rethel (152), p 15 f und Abschnitt B. d. in Kapitel III.

auch für Sohn-Rethel eine »positive« Haltung zur Naturwissenschaft wieder möglich. So gesehen, entfernt sich Sohn-Rethel gar nicht so weit von der Position der von ihm kritisierten Marxisten. Auch er fetischisiert die materielle Produktion.

So werden auch von Sohn-Rethel eine Reihe von Prämissen der kapitalistischen Produktionsweise übernommen, die *insgesamt* im Marxismus auf ihre Folgen hin zu wenig reflektiert werden. Zu ihnen zählt vor allem das Pathos einer weltverändernden Arbeit[717]. Dieses säkularisierte Erbe einer jüdisch-christlichen Tradition, einer protestantischen Ethik der heilsversprechenden Arbeitswut mit den katastrophalen Folgen für die Natur und den Menschen, dieser »inkonsequente Materialismus«[718] kann sich selbst noch in Gegenentwürfen zur kapitalistischen Gesellschaft unbehelligt einnisten.

Das menschliche Projekt Wissenschaft und Technik hat gegenüber anderen normorientierten institutionellen Projekten aufgrund der Ausgangsbasis »Natur« einen höheren Grad an »Objektivität«[719]. Dieser höhere Grad der Objektivität zusammen mit der Fetischisierung der materiellen Produktion und der »Produktivität« der Wissenschaft und Technik läßt diese auch für die meisten Marxisten zu einem »an sich« interessenneutralen Mittel gerinnen. Darum taucht der Topos einer anderen Technik, wenn überhaupt, in marxistisch orientierten Analysen nur in der Formel von einer »Maschinerie an sich« auf[720]. Eine Maschinerie, von den Fesseln des Kapitals befreit, würde erst richtig die volle Produktivkraft entfalten, und diese »ahnungsvoll wahrgenommene Differenz zwischen dem ›an sich‹ der Maschinerie und ihrer kapitalistischen Anwendung«[721] würde selbst der technischen Intelligenz mit der Zeit die Augen öffnen, wozu eine »unge-

717 Vgl. z. B. Amery: *Das Ende der Vorsehung* (605), u. a. p 207 f. Vgl. auch den Punkt 7 weiter unten.

718 Vgl. Amery: *Natur als Politik* (502)!

719 Vgl. Abschnitt C. d. in Kapitel IV.

720 Vgl. z. B. A. Casanova: »Die Bewußtseinsentwicklung der lohnabhängigen Intelligenz«, in: *Marxismus Digest* 1/71.

721 Autorenkollektiv der FU: *Klassenlage* (98), p 233.

hemmte« Entfaltung der Technologie fähig wäre, wenn sie nur gemäß ihren Interessen sich entwickeln könnte[722]. Daß gerade eine nach den bornierten Interessen der scientific community bestimmte Maschinerie »an sich« eine lebensbedrohende Gefahr und ein Potential der Versklavung ist, wird aufgrund des Produktionsbias und der ungenauen Analyse der sozialen Prozesse des Projekts Wissenschaft und Technik nicht gesehen.

Auch Marcuse verhält sich in diesem Punkt ambivalent. Bei ihm gibt es eine ähnliche »Lücke« der konkreten Analyse wie bei Sohn-Rethel, nicht zuletzt auch wegen der verwendeten philosophischen Totalkategorien[723]. Marcuse kritisiert an der Naturwissenschaft und Technologie einen »prinzipiellen« Punkt und nicht den sozialen Prozeß, der dieses Prinzipielle sich entwickeln läßt zu den bedrohenden Dimensionen konkreter Technologie. So wird das, was heute konkrete Technologie ist, auch von Marcuse nicht in der historisch-soziologisch-sozialpsychologischen Determination aufgeschlossen, sondern es werden nur die kritisierbaren Phänomene dieser konkreten Technologie einem in der Entstehung historisch weit zurückliegenden Prinzip angelastet. Zu kritisieren wäre aber nicht dieses Prinzip, da es »vernunftorientiert« eingesetzt durchaus auch als Errungenschaft des Menschen zu betrachten ist[724].

Diese Einsicht verlagert sich bei Marcuse ebenfalls auf eine Maschinerie »an sich« oder auf ein fertiges technologisches Produkt als »Instrument«, das man »richtig anwenden« könne. So wird von ihm z. B. angeführt, eine elektronische Rechenmaschine könne »einem kapitalistischen wie einem sozialistischen Regime dienen«[725]. Aber genau dies ist unzutreffend, da es eine elektroni-

722 Vgl. w. o., p 232.

723 Vgl. Schluß des Abschnitts D in Kapitel II.

724 Vgl. die Bemerkungen zur Kritik am mathematischen Charakter der Naturwissenschaft weiter oben.

725 Vgl. Marcuse: *Der eindimensionale Mensch* (61), p 168 und Abschnitt D in Kapitel II. Habermas verweist darauf, daß Marcuse durch solche Formulierungen »die politische Unschuld der Produktivkräfte«

sche Rechenmaschine, oder ein beliebig anderes technologisches Produkt, »an sich« gar nicht gibt! Wenn diese Formel gebraucht wird, wird implizit immer nur an wenige Prinzipien gedacht, an »abstrakte« Funktionsprinzipien wie »Rechnen« oder »Energieerzeugen«, die über die konkrete Gestalt und gesellschaftliche Funktion eines Rechners oder eines Energieerzeugers überhaupt nichts aussagen. In einer historisch-soziologischen Analyse sind solche die Realität verkürzenden Abstraktionen völlig unbrauchbar.

Dieser verkürzenden Abstraktion bedient sich selbst noch Hans-Dieter Bahr, obwohl er zutreffend die vorherrschende Auffassung der Neutralität und »Beliebigkeit« der Technik kritisiert. Ein Atomkraftwerk liefere »zwar konkret nur der herrschenden Produktionsweise Energie, auch wenn die emanzipierte Gesellschaft gewiß keine ›andere‹ Materialität der Elektronen für ihre Zwecke benötigen wird«[726].

Eine wie immer bestimmte »Materialität der Elektronen« determiniert die Form und die Existenz eines konkreten Atomkraftwerks so wenig wie die einer Rechenmaschine. Dennoch reduziert sich auch für Bahr in diesem Beispiel das »technisch Reale« eines Atomkraftwerks auf ein physikalisches Prinzip, und da er sich dieses nicht »anders« vorstellen kann, wird es auch in einer sozialistischen Gesellschaft keine »anderen« Energieerzeuger geben, nur die Energie würde dann anders genutzt.

Nun wäre Bahr nach einer auch von ihm geforderten genaueren Analyse der »historischen Konstruktion« Atomkraftwerk sicher sofort bereit, dieses Beispiel fallen zu lassen. Auch er würde dann einen vorhandenen Atommeiler für nicht wesentlich »emanzipatorischer« halten als eine »nuklear bestückte Interkontinental-Rakete«[727]. An diesem Beispiel wird m. E. jedoch deutlich, daß selbst ein entschiedener Kritiker der Neutralitäts- und Beliebigkeitsthese wie Bahr gegen seine eigene Erkenntnis

wieder herstelle. Vgl. Habermas: *Technik* (147), p 58 f, vgl. z. B. auch H.-D. Bahr: *Politische Technologie* (230), p 79.

726 Bahr: *Politische Technologie* (230), p 80.

727 Vgl. Bahr w. o.

leicht auf die philosophisch verkürzende Denkschablone hereinfällt, die ein großtechnologisches Projekt auf ein Prinzip oder auf eine abstrakte Funktion reduziert und so die Neutralität dieses Projekts auf einer begrifflichen Ebene wieder herstellt. Die in das Projekt eindringende soziologische Analyse wird dadurch ausgeklammert und die Realität des Projekts reduziert auf einen abstrakten Begriff.

Ob eine heute konkret vorhandene elektronische Rechenmaschine z. B. auch in einer sozialistischen Gesellschaft verwendbar wäre oder von ihr gebaut würde, wäre nur zu entscheiden nach einer konkreten Bestimmung des Begriffs dieser Maschine, also nach einer gründlichen Analyse des gesamten Entstehungsprozesses der Maschine, nach der Bestimmung der involvierten Interessen, der Art und Weise, wie dieses Produkt gebaut wird, ob z. B. mit einer hohen oder niedrigen Aufspaltung zwischen Kopf- und Handarbeit usw., und nach der Analyse der durch die Konstruktion bedingten Anwendungsmöglichkeiten dieser konkreten Maschine.

Im Fall der »Rechenmaschine« würde eine solche Analyse, wie für die meisten anderen großtechnologischen Produkte, die heute im vorwiegenden Interesse von Kapital und Wissenschaft erzeugt werden, wahrscheinlich zu dem Ergebnis kommen, daß diese Produkte in einer sozialistischen Gesellschaft entweder überhaupt nicht gebaut würden oder vollkommen anders aussehen müßten[728]. »Um den Einbau der Arbeitskraft rückgängig zu machen und der lebendigen Arbeit die Produktion und ihre Maschinerie ihren Zwecken nach instrumentell an die Hand zu geben, reichte es nicht aus, nur das Management zu vertreiben

728 Wenn ein Großcomputer z. B., so wie er heute typisch konstruiert ist, in einen Produktionsbetrieb installiert wird, erhöht er die Zentralisierung der Informationen, anstatt sie breiter zu streuen; macht er die Entscheidungen abhängiger von wenigen Spezialisten, anstatt die Entscheidungen transparenter für mehr Beteiligte zu machen usw. Wenn man ihn »emanzipatorisch« für möglichst viele einsetzen wollte, müßte man ihn wohl vollständig umbauen oder am besten gleich einen anderen konstruieren.

oder nur die Maschinen ›anders‹ aufzustellen: abgesehen davon, daß die Umstrukturierung nur über die Zerschlagung der kapitalistischen Produktionsverhältnisse möglich wäre, müßte, wo die abstrakte Bedingung der Emanzipation in ihr noch nicht besteht, zum Teil eine völlig andere Maschinerie erst konstruiert werden, die zugleich den Zweck der Produktion erfüllt und die Bedingung freier assoziativer Arbeit enthält...«[729]
Aus dargelegten Gründen ist aber die Notwendigkeit und Möglichkeit einer »anderen Maschinerie« für eine sozialistische Gesellschaft in der vorherrschenden marxistischen Diskussion noch nicht einmal zum theoretischen Problem geworden. Es gibt neben den genannten Ansätzen fast nur vorsichtige Andeutungen eines Zweifels am Dogma von der Technik als neutralem anwendungsbestimmtem Instrument. Zu nennen wären hier z. B. einige Marxisten in Italien, die durch praktische Erfahrung in modernen Großbetrieben gemerkt haben, daß Technik und Herrschaft doch enger verknüpft sind als nur durch eine falsche Anwendung, durch den falschen Boß. »Von einer positiven Bewertung der Wissenschaft und der wissenschaftlichen Mentalität und Methode und der Technik als unerläßlichem Element, um die ›materielle Basis‹ des Sozialismus zu schaffen, ist man dazu übergegangen, die Objektivität von Wissenschaft und die Eindeutigkeit der technischen Entwicklung und der Produktionsorganisation zu akzeptieren, als ob im Grunde das einzige negative Element der kapitalistischen Produktionsweise der ›Boß‹ wäre und als ob, wenn einmal der Boß physisch beseitigt und durch einen guten Funktionär aus dem Planungsbüro ersetzt wäre, es keine klassenantagonistischen Widersprüche in der Fabrik mehr geben würde und die Arbeitsorganisation, die Arbeitsteilung und die technischen Entscheidungen unverändert bleiben könnten oder müßten«[730]. Einschränkend wird aber so-

729 Bahr (230), p 81.

730 Sergio Bologna u. Francesco Ciafaloni: *Techniker als Produzenten und als Produkt*, Berlin 1972, p 21; vgl. z. B. auch Raniero Panzieri: »Über die kapitalistische Anwendung der Maschinerie im Spätkapitalismus«, in: *Spätkapitalismus und Klassenkampf. Eine Auswahl*

gleich eingeräumt: »Wir wollen damit nicht behaupten, daß es ›sozialistische‹ technische Lösungen alternativ zu den ›kapitalistischen‹ gebe oder daß um die Ecke eine ›nuova scienza‹, eine zur gegenwärtigen alternative Wissenschaft existiere: Technik und Wissenschaft haben eine eigene Strenge und strukturelle Gliederung und können nicht fortlaufend oder in einzelnen Teilen geändert werden. Aber sie sind nicht eindeutig, wie es die menschliche soziale Organisation, die sie hervorbringt, ebenfalls nicht ist; nur die Fesseln, die berücksichtigt werden müssen (›die Natur‹) sind eindeutig«[731]. Damit ist die vorsichtige Kritik im ersten Teil weitgehend wieder zurückgenommen. Um den Ansatz der im ersten Teil hervorgebrachten Kritik durchzuhalten, müßte genau das, was sich von außen als angebliche »Fessel der Natur« darstellt und was von der scientific community auch so dargestellt wird, analytisch aufgeschlossen werden. Es würde sich dann in vielen Fällen herausstellen, daß diese Fesseln praktisch zu vernachlässigen sind und ganz andere Fesseln determinierend wirken.

Daß der Topos einer anderen Technik in der vorherrschenden marxistischen Diskussion praktisch ausgeblendet wird, hat, wie dargestellt, viele Gründe und vermutlich schwerwiegende Folgen für die Formen des praktizierten Sozialismus in Europa. Ich habe dieses Thema – abgesehen von einigen Hinweisen und Vermutungen – bewußt ausgeklammert, da hierfür eine gesonderte Analyse notwendig ist. Aber der hemmende und in eine falsche Richtung führende Einfluß der auf dem Boden des Kapitalismus erzeugten großen »trojanischen Maschine« für den Aufbau eines am Menschen orientierten Sozialismus wird ganz sicher sehr unterschätzt. Allein aufgrund meiner Analyse über den Zusammenhang von Technik und Herrschaft ist es sehr wahrscheinlich, daß z. B. Jungk mit seiner Vermutung recht hat: »So sind Entartungserscheinungen im Sozialismus, wie sie von linken Kritikern der sozialistischen Staaten festgestellt wurden, vermutlich

aus den »Quaderni Rossi«, Ffm. 1972, p 17!; oder auch z. B. Angelo Dina: *Techniker, Macht und Klassenkampf*, Berlin 1972, p 5 ff.

731 Bologna, w. o., p 21.

zu einem nicht geringen Teil Nebenwirkungen der zentralistischen, repressiven, das Produkt über den Produzenten stellenden ›alten Technik‹. Die Revolution veränderte zwar die Besitzverhältnisse bei den Produktionsmitteln, nicht aber ihre noch vom Geist des aufstrebenden Kapitalismus geprägte Machart, die auf Leistung und Gewinn, auf Ausbeutung und Anpassung der sie Bedienenden hin angelegt war. Die ›trojanische Maschine‹ – ganz besonders die Rüstungsmaschine – trägt ihr Gutteil Schuld an dem Nichtzustandekommen eines humanen Sozialismus. Der Versuch, eine den Idealen der Brüderlichkeit und Gleichheit entsprechende ›Technik für das Volk‹ zu entwickeln und zu bauen, wurde im Ostblock bisher nicht gewagt«[732].

Ich möchte nun zum Abschluß einige Punkte nennen, wie im Rahmen meiner Analyse von einer »anderen Technik« gesprochen werden könnte. Diese Aufzählung ist weder eine zusammenfassende Folgerung aus meiner Darstellung für eine »Strategie« zur Reduzierung von Herrschaft und Verdinglichung noch eine systematische und vollständige Programmatik für ein mögliches Konzept einer anderen Technik und Wissenschaft. Beides muß weiteren, gründlicheren Darstellungen vorbehalten bleiben. Dennoch soll eine durch eine Analyse begründete Perspektive für diese beiden Themenbereiche angedeutet werden. Darstellen werde ich diese Überlegungen anhand der beiden »Schlüsselbegriffe« Interesse und Arbeitsteilung.

Technik und Wissenschaft, wie sie heute relevant werden, definieren sich nicht nach einem Prinzip, einem Apriori, einer Handlungsstruktur, einem Organbezug, einem objektiven Naturbezug, oder was immer man als überschaubare Einzeldeterminante anführen mag. Technik und Wissenschaft sind ein gesellschaftliches Projekt, ein Subsystem der Gesellschaft, mit eigener Geschichte, eigenen Institutionen und Regeln, eigenen Sozialisierungsprozessen und einer eigenen Entwicklungslogik. Technik und Wissenschaft sind das Resultat eines komplexen und

732 Jungk: *Jahrtausendmensch* (619), p 76; vgl. z. B. auch Duve: *Was kostet das Industriesystem?* (638), p 52 und den Diskussionspunkt 7 weiter unten sowie Jungk, w. o., p 330 f.

umfangreichen Vergegenständlichungsprozesses von Menschen. Wie auch andere vergegenständlichte Prozesse ähnlichen Ausmaßes hat auch dieser Prozeß Verselbständigungstendenzen und verdinglichte[733]. Die erste Vorbedingung für die angemessene Analyse von Technik und Wissenschaft ist also, den verdinglichten Systemcharakter dieses Projekts in Rechnung zu stellen.

Die Analyse von Wissenschaft und Technik wird so notwendig zur Gesellschaftsanalyse und zu einem Komplex, der auf vielen Ebenen, von vielen Bezugspunkten aus und mit unterschiedlichen Methoden unterschiedlicher sozialwissenschaftlicher Disziplinen nur erfaßbar wird.

Wird nun durch eine Analyse festgestellt, daß ein Projekt durch eine gesellschaftliche Totalität determiniert wird, dann schlägt in der Regel die Verdinglichung noch auf die Analyse selbst zurück: Konservative Analytiker erliegen dem Schein der »Objektivität« des Prozesses[734] oder akzeptieren willig diese Objektivität als unveränderbar, da die Interessen ihrer Klasse durch diese Objektivität begünstigt werden[735]. Analytiker, die das Interesse der Benachteiligten zu ihrem eigenen machen, sehen, bedingt durch die Totalität der Verknüpfung der Prozesse und durch die Art ihrer philosophischen oder makroorientierten Analyse, keinen Anfang der möglichen Veränderung der kritisierten Verhältnisse auf der Basis der gegebenen Verhältnisse. Für sie müßte alles sofort vollkommen anders sein, und wurde die Analyse reduziert auf ein alles determinierendes Prinzip, bleibt nur die Hoffnung, daß alles ganz anders wird, wenn dieses Prinzip sich ändert[736].

Um diese doppelte Ohnmacht der Analyse – von konservativen und kritischen Theoretikern – gegenüber der Realität zu brechen, ist es notwendig, die gesellschaftliche Realität sowohl in ihrer historisch objektiven Totalität zu erfassen als auch in ihren

733 Vgl. Abschnitt C in Kapitel IV.

734 Vgl. Abschnitt A und B in Kapitel II (Gehlen und Freyer).

735 Vgl. Abschnitt C in Kapitel II (Schelsky).

736 Vgl. Abschnitt D in Kapitel II (Marcuse) und z. B. die Ausführungen zu Sohn-Rethel in diesem Kapitel.

vielzähligen einzelnen Mechanismen, die durch diese Totalität erzeugt werden und die gleichzeitig auch den Gesamtprozeß weitertragen und ihn oft auch schrittweise und unmerklich verändern, wenn sie sich ändern. Eine auf Praxis bezogene Analyse muß also notwendig sich auch auf Einzelprozesse einlassen und die Hoffnung auf Veränderung des Ganzen auch und gerade auf die bewußte Veränderung der Einzelprozesse setzen. In diesem Sinne möchte ich nun auf wenige *einzelne* Punkte des Determinantenfelds der vorhandenen und möglichen neuen Technik und Wissenschaft eingehen, auf aus dem Gesamtzusammenhang vorübergehend herausgetrennte Momente.

Ein wesentliches Ergebnis der Ausführungen in den vorangehenden Kapiteln ist, daß das System von Wissenschaft und Technik in vielfältiger Weise von Interessen durchsetzt ist und mit Interessen in Beziehung steht. Das System Wissenschaft und Technik erzeugt in den es reproduzierenden Menschen eine bestimmte Interessen- und Motivationsdisposition[737], und durch diese wiederum wird das System seinerseits geprägt und »weiterentwickelt«[738]. Aus bestimmten Gründen separieren sich diese Interessen von »allgemeinen« Interessen, stehen mit ihnen zum Teil im Widerspruch und »kooperieren« mit den Interessen des Kapitals[739].

Wenn man also will, daß Wissenschaft und Technik sich zum Potential der Befreiung entwickeln, das mithilft, Menschen herauszuführen aus der selbstverschuldeten Unmündigkeit und Abhängigkeit, wenn man will, daß das »Wesen« des menschlichen Projekts Wissenschaft und Technik darin besteht, die Mühseligkeit der menschlichen Existenz zu erleichtern, wenn es zur Produktivkraft der Entfaltung menschlicher Lebenschancen werden soll, wenn mit einem Wort Wissenschaft und Technik zu dem werden sollen, was sie heute charakteristisch *nicht* sind, wird eine der wesentlichsten Voraussetzungen sein, daß die Mitglieder der

737 Vgl. die Abschnitte C. d. und D. in Kapitel IV.

738 Vgl. Abschnitt b. 2 in Großtechnologie.

739 Vgl. Abschnitt B. und D. in Kapitel III.

scientific community lernen, in den Kategorien des politischen Interesses zu denken.

Die Etappen dieses Lernprozesses könnten sein:

1. Die Erkenntnis, daß die konkrete Gestalt der technisch-wissenschaftlichen Wirklichkeit mehr durch Interessen determiniert wird als durch eine wie immer bestimmte Objektivität der Natur.

2. Die Erkenntnis, daß aus bestimmten strukturellen Bedingungen die bloße Verfolgung der »eigenen« partikularen Interessen den Interessen des Kapitals dient und allgemeine Interessen verletzt.

3. Diese beiden Erkenntnisse könnten die Basis sein, daß das ursprüngliche »normale« Interesse eines Wissenschaftlers sich wandelt, daß sein Interesse nachläßt, nur noch ein wissenschaftsimmanent bestimmtes partikulares Interesse zu verfolgen. Durch einen neuen Erkenntnishorizont und durch die Einübung des Denkens in den Dimensionen des politischen Interesses würde sich notwendig das gegenwärtig vorherrschende »eigene« Interesse der scientific community aufheben oder radikal wandeln. Es könnte sich so eine mögliche und notwendige andere Interessenbasis für Wissenschaft bei den Wissenschaftlern selbst entwikkeln, was eine wesentliche Vorbedingung wäre, eine andere Technik von der Basis aus zu erzeugen.

Diesen Lernprozeß in Gang zu setzen, wird sehr schwierig sein, da er von übermächtigen Gegeninteressen, z. B. des Kapitals, verhindert wird. Die Hoffnungen, die darauf basieren, daß durch das Wissenschaftssystem selbst dieser Lernprozeß in Gang kommt, weil es z. B. »an sich« einen Widerspruch zwischen Kapital und Wissenschaft gebe, gehen von einer unzureichenden Analyse aus. Durch die strukturelle Affinität zwischen der Logik des Kapitals und der Logik der Wissenschaft gibt es diesen Widerspruch »an sich« gerade nicht.

Auch wird man nicht auf irgendwelche »Transfers« hoffen können, daß z. B. das von Hause aus »kritische« Verhalten der Wissenschaftler und Techniker, ihr Realitätssinn und die logische Strenge ihres Denkens sich auch auf den Bereich der Gesellschaft übertragen würden[740]. Haben schon viele marxistische Theoretiker große Schwierigkeiten, den objektivistischen Schein der Naturwissenschaft zu durchschauen, so sind Naturwissenschaftler auf sich gestellt notwendig diesem Schein hoffnungslos erlegen[741]. Sie wähnen sich in ihrem Tun typisch über den »Interessenkämpfen« stehend und können die Dimension des Interesses nur privatistisch interpretieren. So wird, wenn überhaupt von Wissenschaftlern und Technikern die Partikularität ihres Fachinteresses als Mangel empfunden wird, in erster Linie an eine »private« Erweiterung der Interessen gedacht, um mit ein bißchen Goethe und ein bißchen Bonaparte ein Gleichgewicht der schönen Seele zu erlangen[742]. Die Rettungsvorschläge für eine fehlgeleitete Technik und Wissenschaft, die von Naturwissenschaftlern und Technikern selbst gemacht werden, sind darum typisch der Ruf nach einer neuen oder alten Innerlichkeit und Besinnung. Es wird, wie von konservativen Technikkritikern und Philosophen[743], eine unpolitische, über die äußeren Interessen erhabene Besinnung auf innere Werte der Person gefordert[744]. Um den realen Prozeß der Verdinglichung und Herrschaft durch Technik und Wissenschaft von den Technikern und Wissenschaftlern aus zu verändern, sind jedoch in erster Linie weder neue »innere Werte« notwendig, die privatistisch gepflegt und verbal weitergereicht werden, noch ein »hippokratischer Eid

740 Vgl. hierzu u. a. Oskar Negt: *Soziologische Phantasie und exemplarisches Lernen*, Ffm. 1968, p 96 f. Ein nur naturwissenschaftlich trainiertes Gehirn ist in hohem Grade »verträglich« mit den »verrücktesten« Vorstellungen im Bereich Gesellschaft, Politik oder Religion.

741 Vgl. den Abschnitt D. in Kapitel IV.

742 Vgl. den Schluß desselben Abschnitts.

743 Vgl. Kapitel II.

744 Vgl. für Viele: Hans Sachsse: *Technik und Verantwortung. Probleme der Ethik im technischen Zeitalter*, Freiburg 1972, u. a. p 73: »Das bedeutet, daß es erforderlich ist, die technischen Werte, die Außenwerte zu relativieren und innere Werte, Werte der Person aufzusuchen, die von den äußeren Gegebenheiten unabhängig sind.«

für Ingenieure«[745], sondern vor allem erst einmal eine angemessene Erkenntnis über politisch-gesellschaftliche Zusammenhänge des eigenen Tuns, ein politisches Bewußtsein der scientific community.

Eine Andeutung eines bewußten politischen Verhaltens zeigt sich neuerdings bei Teilen der technischen Intelligenz darin, daß sie wenigstens ihre bedrohten partikularen Interessen politisch organisatorisch stärker vertreten. So wichtig es generell ist, daß Menschen lernen, ihre Interessen zu organisieren und zu verteidigen, so wenig hat aber dieser standespolitische Versuch, alte Privilegien gegen allgemeine Interessen organisatorisch zu verteidigen, mit dem notwendigen politischen Bewußtsein der technisch-wissenschaftlichen Intelligenz zu tun.

All dies läuft darauf hinaus, daß der Sozialisierungsprozeß für Naturwissenschaftler und Techniker radikal geändert werden muß, da im gegenwärtigen fachidiotischen Sozialisierungsprozeß ein politisches Bewußtsein nicht entstehen kann, und dies wiederum bedeutet, daß die praktizierte Arbeitsteilung auch zwischen den Wissenschaften grundlegend geändert werden muß.

Es ist nun kein Zufall, daß eine Kritik an der gegenwärtigen Wissenschaft und Technik zur Kritik an der herrschenden Arbeitsteilung führt, denn wenn es überhaupt so etwas gibt wie einen »Drehpunkt der Alternative zwischen der kapitalistischen Technokratie und dem sozialistischen Primat der Gesellschaft über die Technologie«[746], dann ist dies sicher die Alternative zwischen der praktizierten verknöcherten Arbeitsteilung und einer neuen, diese Verknöcherung aufhebenden Form.

Nun ist die herrschende Form der Arbeitsteilung so wenig isoliert zu verändern wie andere systemdefinierende Charakteristika unserer Gesellschaft. Da aber Arbeitsteilung ein system-

745 Vgl. z. B. Jungk (619), p 319. Was sollte ein solcher Eid für eine Funktion haben, wenn die Zusammenhänge des Tuns nicht erkannt werden?

746 Sohn-Rethel (683), p 29; Sohn-Rethel hält die durch die Zeitökonomie definierte Maßeinheit für diesen Drehpunkt.

und situationsbestimmendes[747] Merkmal ist, wäre über eine gezielte Kritik und Veränderung der Arbeitsteilung ein gesellschaftsverändernder »Einstieg« möglich, der nicht gleich die gelungene Veränderung des Gesamtsystems voraussetzte.

Notwendig wäre zunächst, daß die herrschende Form der Arbeitsteilung als historisch entstandene und veränderbare Form erst einmal erkannt wird, daß gesehen wird, daß diese Form durch bestimmte Interessen geprägt wurde und heute vorwiegend partikularen Interessen zum Vorteil gereicht und daß es praktikable Alternativen gibt.

Durch das herrschende System der Produktionsweise in den überentwickelten Industrieländern des »Westens« hat sich jedoch die gegenwärtige Form der Arbeitsteilung als so alternativlos in die Gehirne eingebrannt wie die dazugehörige Wissenschaft und Technologie. Mit ihrer Aufgabe oder wesentlichen Veränderung wird eine Aufgabe des »Fortschritts« überhaupt gleichgesetzt. Als Alternative sehen die Apologeten dieser Arbeitsteilung nur einen Rückfall in archaisch-romantischen Anarchismus. »Ablehnung von Spezialistentum und Rückwendung zu überschaubaren kooperativen Einheiten, in denen jeder alle Funktionen übernehmen und alle kontrollieren kann und soll – dieser archaisch-romantische Bestandteil menschheitsgeschichtlicher Erinnerung spielt im anarchistischen Denken eine große Rolle. Er wäre nur dann rational, wenn man das mit seiner Realisierung verbundene radikale Schrumpfen sozialer Leistungsfähigkeit, also den Rückgang materieller Bedürfnisbefriedigung, in Kauf nehmen oder gar anstreben wollte«[748].

Um eine Kritik an der herrschenden Arbeitsteilung von vornherein abzuwenden, wird typisch, wie hier bei Hondrich, einmal die Alternative phantasielos überdreht, um ihre Unmöglichkeit plausibel zu machen, und zum anderen wird ungeprüft nur ein positiver Zusammenhang zwischen Arbeitsteilung und »sozialer Leistungsfähigkeit« angenommen. Diese und andere »selbstver-

747 Vgl. Abschnitt E. b. in Kapitel IV.

748 Karl Otto Hondrich: *Theorie der Herrschaft* (30), p 208-209.

ständliche« Annahmen über Arbeitsteilung müssen jedoch gründlich überprüft werden.

Im Zusammenhang mit dem von mir diskutierten Themenkomplex von Technik und Herrschaft und der Frage nach der Notwendigkeit und Möglichkeit einer anderen Technik ergeben sich für die sozial bestimmbare Variable Arbeitsteilung folgende Diskussionspunkte:

1. Es kann nicht darum gehen, die Arbeitsteilung vollständig aufzuheben, daß also jeder »alle Funktionen übernehmen kann«. Der Prozeß der Menschwerdung ist ohne Arbeitsteilung nicht denkbar, denn durch eine entwickelte und koordinierte Arbeitsteilung erst konnte sich der Mensch gegenüber anderen Tieren, die prinzipielle Schranken einer rudimentären Form der Arbeitsteilung nicht überspringen können, als überlegen erweisen. Durch Arbeitsteilung in sozialen Gruppen ist ein »Leistungsgewinn« zu erreichen, der größer ist als die Summe der Einzelleistungen[749], und durch Arbeitsteilung können bestimmte Projekte vom Menschen überhaupt erst bewältigt werden, so daß insgesamt außer Frage steht, daß durch Arbeitsteilung die »soziale Leistungsfähigkeit« der Menschen gesteigert wurde. Nur gibt es auch für die Arbeitsteilung eine »sozial kritische Grenze«[750], bei deren Überschreitung die anfänglichen Vorteile der Arbeitsteilung für die Beteiligten wieder abnehmen, bis schließlich, bei einer weiteren Steigerung, die Nachteile überwiegen.

Durch die grenzenlose Logik des Kapitals und der Wissenschaft ist heute auch diese Grenze überschritten worden. Bei einer Kritik der herrschenden Arbeitsteilung geht es also nicht um die Aufhebung der Arbeitsteilung, sondern um das Erkennen der sozial kritischen Grenze, um das Zurückschrauben einer zu weit

749 Vgl. z. B. Peter R. Hofstätter: *Gruppendynamik*, Hamburg 1957, p 27 f und Abschnitt C. b. und c. in Kapitel III.

750 Ivan Illich z. B. versucht für verschiedene Bereiche (z. B. Energie, Geschwindigkeit, Kapitaleinsatz) diese »sozial kritischen Grenzen« zu bestimmen. Vgl. z. B. Illich: *Die sogenannte Energiekrise*, Reinbek 1973, Illich (639) oder Illich: *Selbstbegrenzung. Eine politische Kritik der Technik*, Reinbek 1975.

getriebenen Arbeitsteilung, damit diese wichtige »sozio-kulturelle Erfindung« wieder ihre Nützlichkeit für alle Beteiligten erweisen kann.

2. Daß die Grenze der sozialen Nützlichkeit durch die gegenwärtige Form der Arbeitsteilung überschritten wurde, ist erkennbar, wenn man die einzelnen Auswirkungen genauer analysiert.

Durch Arbeitsteilung wurde die »soziale Leistungsfähigkeit« z. B. dadurch gesteigert, daß mit gleichem Arbeitseinsatz die materiellen Bedürfnisse der Menschen besser und vielfältiger befriedigt werden konnten, und darum sieht Hondrich auch die Forderung nach einer Zurücknahme der Arbeitsteilung notwendig gekoppelt mit der Inkaufnahme eines Rückgangs materieller Bedürfnisbefriedigung[748]. Die erste Dimension also, in der die »soziale Nützlichkeit« der herrschenden Arbeitsteilung untersucht werden müßte, ist naheliegend die der *ökonomischen* Sinnfälligkeit.

Eindeutig »ökonomisch« ist bis heute die Arbeitsteilung für das Kapital: durch eine konsequente Verfeinerung der Arbeitsteilung läßt sich unter sonst gleichen Bedingungen die fremdbestimmte abstrakte »Produktivität« im Bereich der materiellen Produktion erhöhen[751]. Weniger eindeutig ist die Produktivitätssteigerung, wenn man den Vorgang von der Gebrauchswertseite aus betrachtet. Konnte man für eine bestimmte Phase noch sagen, daß die auch durch Arbeitsteilung erreichte höhere Produktivität der kapitalistischen Produktionsweise auch einen größeren »Reichtum« an Gebrauchswerten zunächst und vor allem für die herrschende Klasse erzeugte, so ist der z. B. von Hondrich hervorgehobene Zusammenhang zwischen Arbeitsteilung und Befriedigung materieller Bedürfnisse zunehmend fragwürdiger geworden, seit die arbeitenden Massen nicht nur partiell teilhaben dürfen am so erzeugten Reichtum, sondern systemnotwendig die durch arbeitsteilige Massenproduktion erzeugten Produkte auch verbrauchen *müssen*[752], seit systemnotwendig

751 Vgl. Abschnitt C. b. und c. in Kapitel III.

752 Vgl. Kapitel I und Abschnitt C. a. und b. in Kapitel IV.

materielle Bedürfnisse erzeugt und Produkte vernichtet werden[753].

Die Bilanz wird noch ungünstiger, wenn man typische Produkte der am weitesten vorangetriebenen Arbeitsteilung herausgreift wie die großtechnologischen Projekte, denn sie haben nur einen geringen bis gar keinen Gebrauchswert für die Masse der Bevölkerung[754].

Überhaupt haben die am höchsten spezialisierten Formen der Groß- und Hochtechnik ihre gebrauchswertorientierte soziale Nützlichkeit in einem angemessen weiten Bezugsrahmen noch nicht nachweisen können. Vorliegendes Material spricht eher gegen diese Nützlichkeit. »Der technische Fortschritt (West), die ›technisch-wissenschaftliche Revolution‹ (Ost) der letzten zwanzig Jahre haben ihre reale auf den Menschen bezogene Kosten-Nutzen-Rechnung noch nicht vorgelegt. Sie anzustreben ist höchste Eile«[755].

Erweitert man den Beurteilungsbezugsrahmen für die »Produktivität« der durch Kapital und Wissenschaft erzeugten Arbeitsteilung auf einen globalen Maßstab in Raum und Zeit und zieht auch ökologische Gesichtspunkte heran, dann wird der postulierte Zusammenhang zwischen Bedürfnisbefriedigung und »westlicher« Arbeitsteilung völlig unhaltbar, wie die angeführten Beispiele der »Entwicklungsländer« zeigen. Es ist sehr wahrscheinlich, daß gründliche Analysen in dieser Richtung zu dem Schluß kommen werden, daß eine »materielle Bedürfnisbefriedigung« im Weltmaßstab – wenn Produktivität der einen nicht mehr Ausbeutung der anderen bedeutet – nur zu erreichen sein wird, wenn das »westliche« Niveau der Arbeitsteilung deutlich zurückgenommen wird, und zwar auf allen Ebenen, sowohl die Arbeitsteilung zwischen den Ländern und Regionen als auch die gesellschaftliche Arbeitsteilung und die Arbeitsteilung in Betrieb und Arbeitssituation. Die nach der zurückgenommenen, wieder

753 Vgl. Abschnitt b. 1 in Großtechnologie.

754 Vgl. Abschnitt a. in Großtechnologie.

755 Duve: *Was kostet das Industriesystem?* (638), p 54.

gebrauchswertproduktiveren Arbeitsteilung notwendig werdende »andere Technik« wird dann ebenfalls weniger arbeitsteilig sein und hierdurch vor allem ihre Gigantomanie aufgeben[756].

Überhaupt wird korrespondierend zur sozial nützlichen Grenze der Arbeitsteilung eine sozial nützliche Grenze der »Größe« einer Produktionsstätte erkannt werden und erkannt werden müssen. Aber »die Einsicht, daß jedem industriellen Produktionsprozeß von Gütern oder Dienstleistungen Grenzen sozialer Nützlichkeit innewohnen, ist noch nicht in das politische Denken eingedrungen«[757]. Weil Zusammenschluß, Integration, Vergrößerung und Zentralisierung lange Zeit Fortschritt waren, werden diese Prozesse heute schon »an sich« positiv beurteilt, ohne daß erneut überprüft werden muß, für wen dies heute noch Fortschritt ist und für wen ein Nachteil. Durch diese selbstverständlich gewordene Verknüpfung kann, wie im Fall der Arbeitsteilung, ohne eigentlich argumentieren zu müssen, jede Kritik an diesen »fortschrittlichen Prozessen« mühelos nur als Sehnsucht nach rückwärts, als »reaktionär« eingestuft werden[758].

3. Als nächstes Kriterium für die Beurteilung der sozialen Nützlichkeit der gegenwärtigen Arbeitsteilung müßte der Grad der »Befriedigung« angesehen werden, der *in* dieser Arbeit gefunden werden kann.

Ein Resultat der hochspezialisierten Produktionsweise auf hohem technologischem Niveau ist, daß die Möglichkeit der Befriedigung dieses Bedürfnisses sich polarisiert. Die hohe Befriedi-

756 Vgl. die Ausführungen zur intermediären Technik weiter oben.

757 Illich: *Kritik am Industriesystem* (639), p 7.

758 Vgl. für diese »Argumentation« z. B. Georg Wolff: »Illichs Konzept wäre nichts anderes als närrisch (und ein wenig wahr), wenn es nicht noch einen Hinweis auf den Zeitgeist enthielte – nämlich den, daß er und alle Ultra-Linken eigentlich Reaktionäre sind und daß das immer deutlicher wird. Hat nicht auch Rudi Dutschke (in seinem ›Versuch, Lenin auf die Füße zu stellen‹) die Regionalisierung der kommunistischen Weltrevolution gefordert – sprich: ihre ›Apartheid‹?« Vgl. *Der Spiegel*, Nr. 11/1975, p 132-133.

gungsmöglichkeit der einen impliziert Stumpfsinn bei den anderen[759]. Wenn eine Gesellschaft daran interessiert sein sollte, für möglichst viele eine befriedigende Arbeitsmöglichkeit zu schaffen, wird sie ebenfalls den heutigen Grad der Arbeitsteilung deutlich zurückschrauben müssen. Vor allem wird dann die lebenslängliche Fixierung an einen Beruf oder eine Tätigkeit aufgegeben werden müssen. »Warum nicht morgens jagen, nachmittags fischen, oder (in weniger ländlichen Beispielen) morgens Steuern einziehen und nachmittags einigen Steuerzahlern die Autos reparieren, morgens Fernsehapparate montieren und nachmittags ein Polytechnikum besuchen?«[760] Bedingt durch den Produktionsfetischismus wird diese Marxsche Hoffnung von Marxisten kaum noch erwähnt oder theoretisch aufgegriffen, und von Marxkritikern wird realitätsorientiert festgestellt, daß dieser »Vollbegriff der Arbeit« nicht der »Realdialektik« entspreche und somit falsifiziert sei[761]. Dahrendorf ist jedoch uneingeschränkt zuzustimmen, wenn er gerade diesen Punkt hervorhebt als ein wesentliches Kriterium, das die gegenwärtige Expansionsgesellschaft von einer wünschenswerten und notwendigen »Meliorationsgesellschaft« trennt. »Das Zentralthema der Meliorationsgesellschaft liegt in dem Versuch, die Starre der Arbeitsteilung aufzubrechen ... Bei dem Versuch, die Versteine-

759 Vgl. den Abschnitt Polarisierung. Daß hier kein unüberwindbares Naturgesetz vorliegt, erfahren Entwicklungshelfer manchmal erst von ihren unterentwickelten Schülern: »Und vor allem haben sie uns beigebracht, daß Arbeit ein Vergnügen sein kann, wenn sie dich herausfordert. Deine eigene Kraft, deine eigene Phantasie, deinen eigenen Grips. Dazu eignet sich die Kleintechnik besser als die große, die perfekte Technik. Bei der haben vielleicht nur die Entwerfer und Konstrukteure der ersten Typen noch Freude an der Sache. Aber diejenigen, die das in Serie bauen und schuften müssen, plagen und langweilen sich nur.« Vgl. Jungk (619), p 64.

760 Ralf Dahrendorf in seinen Reith-Lectures: »The New Liberty«, zitiert nach *Die Zeit*, Nr. 3, 10. 1. 1975, p 3.

761 So z. B. Helmut Klages: *Technischer Humanismus* (485), vgl. z. B. p 107, 160 f, 168 f.

rungen bestehender Produktionsverhältnisse aufzulösen, wird die Meliorationsgesellschaft sich von dem Ziel leiten lassen müssen, integrale menschliche Tätigkeiten gegen alle partiellen Ansprüche wiederzugewinnen«[760].

Die durch diese neue Zielsetzung notwendig werdende Technik wird sich wiederum sehr von der heutigen unterscheiden müssen. Die Werkzeuge und Maschinen werden in weit höherem Maße von den Menschen, die mit ihnen arbeiten, selbst entwickelt, gebaut oder zumindest in ihrer Funktion durchschaut werden müssen, also die »produktionssteigernde« Arbeitsteilung zwischen Kopf und Hand ganz entscheidend zurückgenommen werden müssen, wenn die Vergegenständlichung durch Technik in der materiellen Produktion wieder zu einer »integralen menschlichen Tätigkeit« werden soll, die auf den Menschen und die Entwicklung seiner Fähigkeiten bezogen ist und nicht nur auf die abstrakte Produktion von Waren[762]. Eine hochkomplexe Technik, perfektionierte Maschinen, große nicht überschaubare Aggregate und Maschinensysteme sind selbst bei einem sehr viel höheren

762 Vgl. hierzu die Schilderung des englischen Technologieministers A. W. Benn nach einem Besuch in China über das Verhältnis junger Chinesen zu ihrer Technik: »Hier ist eine Gesellschaft, die versucht, wissenschaftliches und akademisches Können direkter als bei uns für sich auszunutzen. ... Was das bedeutet, wurde mir am deutlichsten, als ich die Fabrik einer Landkommune bei Peking besuchte. Man zeigte mir dort in einer Scheune eine Werkzeugmaschine, die von vier noch nicht zwanzigjährigen Burschen zusammengebaut worden war. Bis vor wenigen Monaten hatten sie sich nur mit der Herstellung von Pferdegeschirren beschäftigt. Ich erinnerte mich an meine früheren ministeriellen Besichtigungen und zeigte höfliche Aufmerksamkeit für die Maschine. Aber die jungen Männer interessierte die Maschine an sich gar nicht. Das Talent und das Selbstvertrauen, das diese Jungen entwickelt hatten – das wollte man mir vorführen. Denn so etwas wäre vor der Kulturrevolution nicht möglich gewesen. So lächelte ich ihnen zu, und sie lächelten zurück, und wir sahen nun – nicht nur sie, sondern auch ich –, daß die Maschine nur ein Werkzeug für ihre Entwicklung war, das sie gut gebrauchen konnten. Darin zeigte sich mir eine Haltung, die wir erst zu lernen beginnen.« Vgl. Jungk (619), p 66-67.

durchschnittlichen Ausbildungsstand als heute hierzu nicht geeignet. Nicht ständig neue technisch-wissenschaftliche Pionierleistungen werden notwendig sein, sondern die Verbreiterung einer vergleichsweise primitiven Technik auf Massenbasis. Bei diesem Versuch wäre auch die Chance gegeben, daß Technik sich wieder mehr der Struktur zweckrationalen Handelns nähern würde und sich wieder mehr auf Probleme des »Lebensbereichs« der Menschen bezöge.

4. Ein weiteres Kriterium wäre die strukturelle Chance für einen Demokratisierungsprozeß. Dieser Punkt wäre im Zusammenhang mit einer Herrschaftsanalyse von besonderer Wichtigkeit. Soziale Strukturen, Prozesse und Konfigurationen könnte man danach unterscheiden, wie groß in ihnen die Chance ist, daß möglichst viele am realitätserzeugenden Prozeß »selbstbestimmend« teilhaben können. Gehört zur Zielsetzung einer Gesellschaft, die gesellschaftlichen Prozesse zunehmend zu demokratisieren – was formal zumindest eine wichtige Zielsetzung in den meisten Industrieländern heute ist –, so müßte diese Gesellschaft Strukturen zurückdrängen, die einen Demokratisierungsprozeß erschweren, und sie müßte entsprechend andere fördern.

Die soziale Konfiguration, die am wenigsten eine Demokratisierung aus funktionalimmanenten Gründen zuläßt, ist der organisierte »Kampf« gegen einen gleichstarken oder stärkeren »Feind«. Diese Konfiguration erfordert eine zentrale Entscheidungsinstanz, die schnell entscheiden kann, da die anstehenden Probleme wegen der Gegenoperationen des »Feindes« typisch unter Zeitdruck stehen. Aus der Grundlogik dieser Konfiguration des »alten Spiels«[763], in der die Effizienz des Kampfes Überlebensbedingung ist, sind auch viele weitere Merkmale ableitbar, die typisch einer demokratischen Strukturierung entgegenlaufen: Hierarchisierung; Informationsfluß nur von unten nach oben, von oben nach unten Befehl und Gehorsam; bedingungslose Unterordnung unter ein Ziel, Zurückstellung eigener Interessen; Geheimhaltung der Informationen; keine Diskussion, sondern prompte Ausführung der Anordnungen usw.

763 Vgl. Abschnitt A in Kapitel IV.

Je mehr eine Gesellschaft sich nach einer Kampfkonfiguration strukturiert und je mehr Kampfkonfigurationen als Subsysteme in ihr existieren, desto weniger werden demokratische Strukturelemente eine Chance haben.

Der Krieg ist das eine Extrem. In ihm werden liberal-demokratische Gesellschaften »freiwillig« wieder zu Diktaturen, und die heutige militärische Konfrontation erzeugt in allen beteiligten Lagern notwendig ein hohes antidemokratisches Potential.

Neben der »Staatslogik« hat vor allem der Konkurrenzkapitalismus die Kampfkonfiguration zum vorherrschenden Strukturmerkmal moderner Industriegesellschaften gemacht, das tief in die Poren gesellschaftlicher Beziehungen eingedrungen ist. Wenn auch Regressionen zu archaischen Formen wie im Dritten Reich, in dem die Kampfkonfiguration wieder zum eigentlichen Lebensprinzip gemacht wurde, heute von der Oberfläche und als vorherrschendes Glaubensbekenntnis verschwunden sind, so ist dennoch dieses Strukturprinzip auch heute für die meisten unbefragte Selbstverständlichkeit[764].

Wenn nun eine Gesellschaft Demokratisierung sich zum Ziel gesetzt hat, muß sie die künstlich aufrechterhaltenen Kampfkonfigurationen, die schon lange ihre ursprüngliche Notwendigkeit verloren haben[763], auf allen Ebenen zurückdrängen und umformen.

Die herrschenden Klassen werden aus gleichen Überlegungen diesem Vorhaben entgegentreten, denn dadurch würde eine wesentliche Grundlage ihrer Herrschaft aufgehoben werden. Sie werden darum, wo immer es möglich ist, den »Feind pflegen« und soziale Prozesse als Kampfkonfigurationen ausgeben und organisieren, um dann Herrschaft als Strukturnotwendigkeit auch objektiv nachweisen zu können[765].

Einer der wichtigsten weiteren Schritte zur Demokratisierung und Humanisierung der Gesellschaft wird darum sein, den ar-

764 Die sich als allgemein und voraussetzungslos gebende Systemtheorie Luhmanns z. B. ist zum großen Teil der unkritische Reflex auf hochkomplexe und hochtechnisierte Kampfkonfigurationen.

765 Vgl. Kapitel I.

chaischen Bann der Kampfkonfiguration vom Bereich der materiellen Produktion zu nehmen. Nach der Erfüllung dieser Voraussetzung würden sich auch für Wissenschaft und Technik völlig neue Strukturierungsmöglichkeiten ergeben.
Durch die hochspezialisierte Technik und durch das hochgradig arbeitsteilige System der Großforschung und Großtechnologie wird eine soziale Struktur erzeugt, die aus vielfältigen Gründen Herrschaft begünstigt, stabilisiert, legitimiert und erforderlich macht, also eine demokratische Bestimmung erschwert oder verhindert. Wenn nun behauptet wird, dies sei eine »unabwendbare Folge des arbeitsteilig vorangetriebenen und befestigten Fortschritts im Wissen; Wissenschaft und Technik können – wie immer man es drehen und wenden mag – nicht mehr ›durch die Köpfe der Menschen hindurch mit der Lebenspraxis vermittelt‹ werden, wie Habermas es für eine mündige Gesellschaft fordert«[766], so wird typisch unterschlagen, auch die hiermit zusammenhängenden Interessen und Vorentscheidungen zu nennen. Wer behauptet, Wissenschaft und Technik seien aus wie immer bestimmten »objektiven« Gründen nicht einer demokratischen Strukturierung fähig, hat sich letztlich nur dafür ausgesprochen, daß er die Kampfkonfiguration für ein naturnotwendiges Schicksal der Menschen hält und daß er etablierten partikularen Interessen den Vorrang einräumt gegenüber allgemeinen Interessen; er opfert die Idee einer mündigen Gesellschaft zugunsten bestehender Herrschaftsverhältnisse, ohne die Redlichkeit zu besitzen, dies auch einzugestehen. »Wer auf die Unentbehrlichkeit ›der Wissenschaft‹ und damit auf ihre Macht in unserer Gesellschaft rechnet, betrügt sich selbst, das haben uns die totalitären Regime gezeigt. Das gilt jedenfalls, solange wir unter der ›Wissenschaft‹ die frei korporierte Forschung und Lehre der abendländischen Tradition verstehen«[767].

766 Roland Eckert: *Wissenschaft und Demokratie* (544), p 28, vgl. auch den Abschnitt über Schelsky.
767 Hartmut von Hentig: *Magier oder Magister? Über die Einheit der Wissenschaft im Verständigungsprozeß*, Stuttgart 1972, p 11.

Ob das menschliche Projekt Wissenschaft und Technik ein demokratisch bestimmtes Projekt werden kann, steht prinzipiell zur Disposition eines gesellschaftlichen Subjekts, und wenn »objektive« Strukturen dagegen sprechen, wären genau diese Strukturen zu verändern. Und wer an der Idee einer mündigen Gesellschaft festhält, wird durch noch so clevere Beweisführungen sich nicht daran vorbeidrücken können, daß die eben erwähnte, von Habermas formulierte Bedingung zu erfüllen wäre: »Als mündig könnte sich eine verwissenschaftlichte Gesellschaft nur in dem Maße konstituieren, in dem Wissenschaft und Technik durch die Köpfe der Menschen hindurch mit der Lebenspraxis vermittelt würden«[768].

Typische Versuche, sich der Konsequenz dieser notwendigen Bedingung für eine mündige Gesellschaft zu entziehen, zeigen sich in der Formel von einer »institutionellen Lösung« oder in der bürgerlichen Ideologie, die vorgibt, Vernunft sei allein über den Marktmechanismus zu erzeugen[769]. »Nicht unmittelbar in den Köpfen der Menschen, sondern nur in institutionalisierten und spezialisierten Kontrollinstanzen« sei »die Vermittlung von Wissenschaft und Lebenspraxis durchsichtig und vielleicht auch einsichtig« zu machen[770]. Oder Hondrich z. B. meint »theoretisch gezeigt« zu haben, daß »die Befreiung von Herrschaftsdruck nur in entgegengesetzter Richtung, durch fortwährende Steigerung der Spezialisierung, die tendenziell alle Gesellschaftsmitglieder funktional unabkömmlich und gleichwertig« mache, erreicht werden könne[771].

Ich habe nun in den vorangehenden Kapiteln von verschiedenen Seiten aus hierzu ausführlich Stellung genommen. Es gibt auch eine kürzer darzustellende Überlegung, die m. E. diese Position in sich widersprüchlich macht.

768 Jürgen Habermas: *Technik und Wissenschaft als »Ideologie«* (147), p 144.

769 Vgl. b. 2 in Großtechnologie.

770 Vgl. für Viele Eckert (544), p 28.

771 Vgl. Hondrich (30), p 209.

Wenn man davon ausgeht, die hier von mir kritisierten Autoren halten es ebenfalls für möglich und notwendig, soziale Prozesse so zu organisieren, daß sie nicht einer blinden Verlaufslogik folgen, daß die Prozesse also nicht sich über die Köpfe *aller* Beteiligten hinweg durchsetzen, dann müssen die bestimmenden Determinanten wenigstens im integrierenden Bewußtsein *eines* Kopfes zusammengefaßt überschaubar sein. Wenn die »wesentlichen« oder bestimmenden Zusammenhänge des Prozesses aber durch einen Kopf gehen können, dann können sie prinzipiell auch durch alle beteiligten Köpfe gehen!
Es gibt kein Bewußtsein außerhalb von Menschen, und Institutionen, Parteien oder Klassen können kein »höheres« Bewußtsein »haben« als ein einzelner Kopf in diesen Aggregationen. Dieser Sachverhalt wird durcheinandergeworfen mit der Kennzeichnung des Vermögens, ein Bewußtsein zu produzieren. Jede organisierte arbeitsteilige soziale Aggregation hat selbstverständlich ein höheres Potential, ein differenziertes und umfassendes Bewußtsein zu entwickeln, das einer komplexen Realität angemessen ist, als ein isolierter Einzelkopf. Nur wird dieses größere Vermögen erst zu einem *realen* umfassenderen Bewußtsein, wenn das Resultat des arbeitsteiligen Prozesses auch wenigstens in *einem* Kopf zusammengefaßt wird.
In sozialen Systemen, die nach partikularen Herrschaftsinteressen organisiert sind, wird dieser Vermittlungsprozeß, der die höhere Leistungsfähigkeit des Systems integrierend erst realisiert, typisch abgebrochen, nachdem das Resultat durch die Köpfe der Herrschenden gegangen ist. Da sowohl diese Herrschaftsinteressen als auch zahlreiche verfestigte soziale Mechanismen und strukturelle Gegebenheiten wie z. B. die Kampfkonfiguration eine Fortsetzung dieses Vermittlungsprozesses auf alle Mitglieder des Systems abblocken und erschweren, wird auch von Sozialwissenschaftlern unterstellt, die Fortsetzung sei prinzipiell unmöglich. Wird der Zusammenhang jedoch als interessenbestimmt erkannt und will eine Gesellschaft ihr formales Bekenntnis zur Demokratisierung ihrer gesellschaftlichen Verhältnisse auch beim Wort nehmen, wäre einer der wichtigsten

Programmpunkte für eine Demokratisierung des Bereichs Wissenschaft und Technik, genau diesen Vermittlungsprozeß als fortsetzbar zu erkennen und die Fortsetzung anzustreben.

Hieraus ergeben sich eine Reihe weiterer Folgerungen:

a) Die Expansion und Weiterentwicklung einer Wissenschaft und Technologie müßte abhängig gemacht werden vom Grad der erreichten Vermittlung mit allen Betroffenen und von ihrer Zustimmung. Gelingt es den Mitgliedern einer scientific community nicht, ohne den Mechanismus Vertrauen den sozialen Sinn ihres Tuns auch außerhalb der eigenen Fachgrenzen zu vermitteln und dort Zustimmung zu finden, ist die sozial sinnvolle Expansions- und Spezialisierungsgrenze erreicht. Eine weitere Förderung dieser Disziplin durch öffentliche Mittel wäre nicht mehr im allgemeinen Interesse. Der Personenkreis, dem der »Sinn« der öffentlich geförderten Spezialdisziplin einsehbar sein muß, wäre schrittweise zu erweitern. Naheliegend ist, zu diesem Personenkreis zunächst Wissenschaftler der Nachbardisziplinen zu zählen, um dann, im Laufe der Zeit, ihn auszuweiten auf alle vom Projekt Betroffenen, um schließlich zu einer wissenschaftskritikfähigen »proletarischen Öffentlichkeit«[772] zu kommen. Der Bereich, der durch ein solches Vermittlungskriterium zuerst in seiner Expansion beschränkt werden müßte, wäre der Bereich großtechnologischer Projekte, weil hier die öffentlich getragenen Kosten und Folgen am größten sind.

b) Auch für die innere Struktur der Wissenschaft, für die konkrete Bestimmung von Forschung und Lehre an den Universitäten und Instituten bedeutete das Kriterium der Vermittlung und Kommunizierbarkeit der Erkenntnisse einen radikalen Wandel. »Die immer notwendiger werdende Restrukturierung der Wissenschaft in sich – um sie besser lernbar, gegenseitig verfügbar und allgemeiner (d. h. auch jenseits der Fachkompetenz) kritisierbar zu machen – kann und muß nach Mustern vorgenommen werden, die den allgemeinen Wahrnehmungs-, Denk- und

772 Vgl. zu diesem Begriff: Oskar Negt/Alexander Kluge: *Öffentlichkeit und Erfahrung. Zur Organisationsanalyse von bürgerlicher und proletarischer Öffentlichkeit*, Ffm. 1972.

Handlungsformen unserer Zivilisation entnommen sind und die ich abkürzend ›Anschauung‹ nennen will. Die Systeme der Wissenschaften (welche Systeme von vereinbarten Zeichen sind) sollen dabei als Erweiterung und Differenzierung dieser ›Anschauung‹ erscheinen und nicht umgekehrt die ›Anschauung‹ als deren Erkenntnisstütze. Wissenschaftsdidaktik macht Wissenschaften nicht nur ihren Adepten zugänglich, sondern die Disziplinen werden für sich und einander überschaubar, indem sie von der gemeinsamen außerwissenschaftlichen Erfahrung, den gemeinsamen Aufgaben und der gemeinsamen Sprache ausgehen«[773].

c) Strukturen und Mechanismen, die den Vermittlungsprozeß erschweren oder unmöglich machen, müssen tendenziell zurückgedrängt werden. Hierzu gehören wiederum vor allem übermäßige Arbeitsteilung und Spezialisierung sowie korrespondierend Größendimensionen, die das sozial kritische Maß der Überschaubarkeit, Vermittlungs- und sozialen Kontrollfähigkeit überschreiten.

d) Für die an einem Forschungs- und Produktionsprozeß Beteiligten schließt die Forderung nach der tendenziell umfassenden Vermittlung der wesentlichen Informationen dieses Prozesses die Entwicklung einer entsprechenden Motivations- und Interessenstruktur ein.

Eine zweckindifferente partikulare Motivierung der Mitglieder eines Systems begünstigt die vom Willen der Beteiligten abgelöste Herrenverfügung über das System. Dies ist z. B. von Luhmann klar herausgestellt worden: »Die Elastizität des Systems wird dadurch erreicht, daß die Motivation der Mitglieder auf einen chronischen Mangel, insbesondere auf Geldbedarf, gestützt

773 von Hentig (767), p 33-34, vgl. überhaupt die Anregungen von von Hentig zu diesem Themenkomplex! Vgl. aber auch den Abschnitt über den nichteidetischen Charakter der Wissenschaft (III B. b)! Auch »Anschauung« wird also in diesem Zusammenhang in einer neuen »erweiterten« Form zu bestimmen sein, die »Errungenschaften« der Wissenschaft nicht negiert, aber gleichzeitig ihre Grenzen erkennen läßt.

wird, der so generalisiert ist, daß seine Befriedigung mit einer Vielzahl unterschiedlicher Systemzustände vereinbar ist. Deren Änderung hat dann keine Rückwirkung auf die Motivationsstruktur des Systems. Ein System, das seine Mitglieder zweckindifferent motivieren kann, gewinnt dadurch intern eine hohe Differenzierungsfähigkeit, da bei der Arbeitsteilung auf die Motivationskraft der Aufgaben wenig Rücksicht genommen werden muß, und extern eine hohe Anpassungsfähigkeit, die es ihm ermöglicht, etwaigen Änderungen in der Nichtmitgliederumwelt, dem Markt, der Politik, den kulturellen Interessen oder der technischen Entwicklung zügig zu folgen, sich rasch und ohne Substanzverluste umzustellen. Insgesamt scheint somit die Trennung von Motiv und Zweck eine Grundbedingung zu sein für die Bildung von hochkomplexen Systemen mit beträchtlicher interner Variabilität«[774].

Wenn man nicht wie Luhmann daran interessiert ist, Produktionsstätten so zu organisieren, daß sie einem Herrn oder einer herrschenden Klasse als zügig anpassungsfähige Instrumente in einer Kampfkonfiguration dienen können zur Verfolgung partikularer Interessen, wenn konstitutiv »Rücksicht« genommen werden soll auf die Mitglieder des Systems als »integrale menschliche« Wesen, die die Früchte ihrer Arbeit selbst verwalten und nutzen sollen, dann ist gestützt auch durch die Erkenntnisse Luhmanns eine möglichst breite Motivierung notwendig. Für einen Produktionsbetrieb bedeutet dies konkret, daß sich das Interesse aller auch auf das von ihnen produzierte Produkt richten muß, daß die Motivation zur Mitarbeit abhängig sein muß von der sorgfältigen Bewertung des gemeinsam erzeugten Produkts! Ein »Produktstreik« müßte die Folge sein bei einer diesbezüglichen Kontroverse zwischen Leitung und Belegschaft[775].

774 Niklas Luhmann: *Zweckbegriff und Systemrationalität* (291), p 141. Vgl. hierzu auch die Ausführungen zum sich alternativlos gebenden Organisationsmodell des selbsttätigen, von außen steuerbaren Arbeitsprozesses z. B. in Abschnitt B. e und C. b in Kapitel III.

775 Vgl. hierzu Günther Anders: *Endzeit und Zeitende* (315), u. a. p 141: »Niemals sind uns Industrie-Arbeiter bekannt geworden, die

Den Anfang müßten hier diejenigen Arbeiter machen, die schon jetzt die größten Kenntnisse über die Produkte haben, also z. B. Ingenieure und Techniker[776]. Darüber hinaus müßte aber möglichst bald Gewerkschaftspolitik insgesamt sich auch auf die Möglichkeit des »Produktstreiks« einstellen, damit auch hierdurch endlich die Sackgasse der systemstabilisierenden Lohnforderungs- und abstrakten Arbeitsplatzsicherungspolitik verlassen würde[777].

e) Die für eine wirkliche Demokratisierung notwendige vollständige Vermittlung der prozeßbestimmenden Informationen erfordert insgesamt, daß ein sehr wichtiges Thema wieder aufgenommen wird, für das schon Joseph Dietzgen auf eine mehr privatphilosophische Weise Lösungsmöglichkeiten gesucht hat: Wie sieht das Wissen aus, das in einem arbeitsteiligen Prozeß, z. B. in Wissenschaft und Technik, *alle* wissen müssen, damit die Trennung von Kopf- und Handarbeit als Herrschaftsgrundlage wirksam aufgehoben ist[778]? Wie ein solches Wissen aussieht, wird nach der Einsicht, daß ein solches Wissen notwendig ist, schrittweise erst durch einen diskursiven Prozeß immer wieder neu zu bestimmen sein. Sicher ist m. E. nur, daß das Problem der Not-

in eine Kontroverse über die Natur der Produkte, für deren Erzeugung sie angestellt und entlohnt werden, ausgebrochen wären; die dagegen protestiert hätten, derartige Produkte zu erzeugen, oder die deshalb gar gestreikt hätten.«

776 Der Vorschlag von Jungk, eine »gewerkschaftsähnliche« Streikkasse zu bilden für gut bezahlte Ingenieure und Techniker, damit diese eine Existenzsicherung haben, wenn sie sich weigern, »menschenfeindliche Technik« und Produkte zu erzeugen, ist darum sehr wichtig und könnte gleichzeitig den Rahmen definieren, in dem »spezifische Kämpfe« der technischen Intelligenz (Hortleder (374), p 21) sinnvoll möglich wären. Vgl. R. Jungk: »Ethik und technische Berufe (Arbeitsverweigerung gegenüber menschenfeindlicher technischer Produktion?)«, in: *Technologie und Politik*, Heft 1, 1975, p 97 f (638).

777 Vgl. Abschnitt E. a. in Kapitel IV.

778 Vgl. Joseph Dietzgen: *Das Wesen der menschlichen Kopfarbeit und andere Schriften*, Darmstadt und Neuwied 1973 (zuerst veröffentlicht: 1869).

wendigkeit eines »gemeinsamen wesentlichen Wissens« nicht reduzierbar ist auf das Problem eines Konsenses über Normen und Werte. In komplexen Systemen, die zur Verdinglichung neigen, hat ein diskursiv gefundener Konsens über Normen nur dann einen funktionalen Sinn, wenn gleichzeitig eine ausreichende Basis von gemeinsam für richtig befundenen Erkenntnissen über »gesetzmäßige« Zusammenhänge vorhanden ist über Bereiche, in denen diese Normen gelten sollen. Auch aus diesem Grunde ist der Habermassche Dualismus von Arbeit und Interaktion noch kein brauchbarer Ansatz, um die »fundamentalen« Voraussetzungen für eine mündige Gesellschaft begrifflich zu erfassen.

5. Mit den eben nur angedeuteten Kriterien für strukturelle Chancen der Demokratisierung hängt das Problem der Verhinderung einer Verdinglichung eng zusammen. Auch für diesen Punkt kann aus ähnlichen Überlegungen eindeutig festgestellt werden: Wenn eine Gesellschaft »allgemein« daran interessiert ist, die gesellschaftsprägenden Prozesse »bewußt« zu gestalten, damit diese sich nicht blind über die Köpfe aller Betroffenen hinweg durchsetzen, muß sie, gemessen am heutigen Stand, ebenfalls sowohl die Arbeitsteilung als auch die Größe der Projekte und der installierten Systeme deutlich zurückschrauben, um auf ein Maß zu kommen, das Menschen eine größere Chance einräumt, der Verdinglichung wieder Herr zu werden.

6. Speziell für die Steuerung des Wissenschaftsprozesses und für die Entwicklung großtechnologischer Projekte wurde festgestellt, daß durch eine »externe institutionelle Lösung« auf der Basis der gegenwärtig praktizierten Arbeitsteilung eine Orientierung an allgemeine Interessen nicht oder nur sehr ungenügend zu erreichen ist. Dies wird auch nicht wesentlich dadurch zu verändern sein, wenn man verstärkt einen neuen Wissenschaftlertyp heranbildet, den man im Gegensatz zum Spezialisten als Generalisten bezeichnen könnte[779]. Schon Comte vermutete eine Lösung in dieser Richtung, »um die schädlichsten Wirkungen einer übertrie-

779 Vgl. z. B. Jungk (619), p 94.

benen Spezialisierung zu vermeiden«[780]. Er hatte vorgeschlagen, einerseits ungestört die »Vervollkommnung der Arbeitsteilung« voranzutreiben, um »dem fruchtbaren Einfluß der Arbeitsteilung in der Forschung selbst« keinen Schaden zuzufügen, um dann durch eine »neue Klasse speziell trainierter Wissenschaftler, die sich statt dem Spezialstudium eines bestimmten Zweiges der Naturwissenschaft vielmehr dem Studium der verschiedenen positiven Wissenschaften in ihrem gegenwärtigen Zustand widmen«, den »Haufen von Einzelheiten« wieder zu integrieren.

Was dabei bis heute herausgekommen ist, sind im wesentlichen nur »stramme Wissenschafts-Wissenschaftler« (Habermas), die das Problem einer Neuorientierung der Wissenschaft gar nicht zum Thema machen und auch nicht machen können, da sie nur zu integrieren versuchen, was andere entwickeln[781].

Wie dargestellt, ist es sehr unwahrscheinlich, daß aus der Logik des Wissenschaftsprozesses selbst heraus eine Wandlung zu erwarten ist. Aus diesem Grunde kann z. B. auch die These von Böhme und seinen Mitarbeitern über die »Finalisierung der Wissenschaft« nur eine untergeordnete Bedeutung haben. Böhme und seine Mitarbeiter stellen die These auf, daß eine Wissenschaft im Stadium der »theoretischen Reife« aus innerlogischen Gründen offener wird für externe Zwecksetzungen. Sie »vermuten, daß die Selbstreflexion der Wissenschaft, die unter dem Druck (der) Probleme eingesetzt hat, einen grundlegenden Wandel im Verhältnis von Wissenschaft und sozialer Umwelt, eine Art Paradigmenwechsel der Wissenschaft selbst, zum Teil sichtbar macht, zum Teil vorantreiben wird«[782]. Sie kennzeichnen diesen Paradigmenwechsel als »Finalisierung der Wissenschaft«. »Sie ist ein Prozeß, in dem externe Zwecksetzungen gegenüber

780 A. Comte: *Cours de Philosophie Positive*, zitiert nach Elias (265), p 49-50.

781 Bei Jungk ist der Typ eines »Generalisten« jedoch umfassender gedacht.

782 Gernot Böhme, Wolfgang van der Daele, Wolfgang Krohn: »Die Finalisierung der Wissenschaft«, in: *Zeitschrift für Soziologie*, Heft 2, April 1973, p 129.

der Wissenschaft zum Entwicklungsleitfaden der Theorie werden«[782]. Und da nach ihrer Meinung ein großer Teil der Naturwissenschaft ein Reifestadium erreicht habe, sehen sie insgesamt die Chance gegeben, daß sich aus dieser wissenschaftsimmanenten Logik heraus der Wissenschaftsprozeß nach sozial relevanten Kriterien der Gesamtgesellschaft steuern ließe[783].

Zunächst ist gegen diese These wohl der Einwand von Prüß zutreffend, der auf die »überschießende Problemgenerativität« auch der reifen Wissenschaften verweist. »Gerade die Entwicklung in ›reifen‹ Disziplinen wie der Kernphysik scheint uns den Schluß nahezulegen, daß die wissenschaftlichen Fortschritt vorantreibende Kraft einer nach wissenschaftsimmanenten Kriterien vorgenommenen Problemerzeugung ungebrochen ist«[784]. Nur das »Wachstum der für den jeweiligen Phänomenbereich zuständigen wissenschaftlichen Disziplinen und also das Tempo der Erzeugung und Lösung von Forschungsproblemen (unterliegen) einer externen Regulation ... Wir sehen einstweilen keine empirischen Hinweise darauf, daß externe Zwecksetzungen bei der Wissenschaftsförderung einen qualitativen Einfluß auf die Kriterien haben, nach denen innerhalb einer ›reifen‹ wissenschaftlichen Disziplin darüber befunden wird, was ein wichtiges Forschungsproblem ist, was eine wissenschaftlich einwandfreie Problemstellung und was eine akzeptable Problemlösung ist[785].

Darüber hinaus greift im Bereich Wissenschaft und Technik generell ein analytisches Modell über Abhängigkeiten zu kurz, das relativ unvermittelt »externe« und »interne« Determinanten gegenüberstellt. Ich habe darum mehrfach die verschiedenen Formen von »Roß und Reiter Modellen« kritisiert. Sie sind weder hinreichend für eine angemessene Analyse noch Modelle für ein wünschenswertes Verhältnis zwischen Wissenschaft und

783 Die These ist hier nur sehr verkürzt wiedergegeben. Sie erforderte eine gründlichere Auseinandersetzung, da die Autoren insgesamt zum Thema einer »anderen Technik« wichtige Anregungen geben.

784 K. Prüß: *Kernforschungspolitik* (522), p 285.

785 Prüß, w. o., p 287.

Gesellschaft[786]. Das Verhältnis von Wissenschaft und »sozialer Umwelt« ist weit komplexer, als diese Modelle es zulassen. So war z. B. durch die strukturelle Affinität zwischen der Logik des Kapitals und der Logik der Wissenschaft gerade dadurch eine reibungslose Einpassung der Wissenschaft und Technik in die kapitalistische Umwelt und in ihre »externen« Zielsetzungen möglich, weil Wissenschaft und Technik sich »ungehemmt« nach einer »internen« Logik entfalten konnten. Ein wie immer bestimmter Lösungsversuch einer »externen Steuerung« wird die heute zu beobachtenden Folgeprobleme des Wissenschaftsprozesses nicht zuverlässig bannen können, er wird voraussichtlich nur neue Herrschaftsformen hervorbringen. Eine radikale Änderung der Arbeitsteilung von Wissenschaftlern und Technikern, z. B. durch eine rollenüberschreitende Arbeitsform[786], und eine damit verbundene Steuerung des Wissenschaftsprozesses von der »Basis« aus werden den »institutionellen Lösungsvorschlägen« entgegenzusetzen sein, die im Prinzip alles beim alten belassen wollen, um den für Herrschaftssysteme und Kampfkonfigurationen so »fruchtbaren Einfluß der Arbeitsteilung in der Forschung« und Technik nicht anzutasten.

Überhaupt werden – wie in Punkt 4 – auch in diesem Zusammenhang basisdemokratische Prinzipien, die nicht zufällig in vorgeblich schon demokratischen Systemen tabuiert werden, neu diskutiert werden müssen[787], um nach Wegen zu suchen, wie in zentralmachtorientierte Repräsentativsysteme schrittweise basisdemokratische Elemente eingebaut werden können[788].

Eine Technik, die auf basisdemokratischer Grundlage entstehen könnte, würde sicher weniger »fortschrittlich« und perfekt sein und nicht ständig mit »Spitzenleistungen« aufwarten können, dafür aber der Lebenswelt der Menschen »angemessener« sein.

786 Vgl. Abschnitt b. 2 in Großtechnologie.

787 Vgl. hierzu z. B. das Nachwort von Hellmut G. Haasis zur Aktualität der Schriften von Dietzgen in (778), z. B. p 204 u. p 206: über den Zusammenhang zwischen »warenkonformem Denken« und der »Parteiform des Repräsentativsystems«.

788 Vgl. z. B. auch Eric Ertl: *Alle Macht den Räten?*, Ffm. 1968.

7. Die notwendige Kritik an der »westlichen« Arbeitsteilung, dem »Erbübel der kapitalistischen Zivilisation«[789], wäre auch ein Ansatzpunkt für eine systematische marxistisch orientierte Kritik an Gesellschaften, die die Logik des Kapitals nur teilweise außer Wirkung gesetzt haben und sich voreilig schon sozialistisch nennen. Da in diesen Ländern die durch den Kapitalismus erzeugte Fetischisierung der materiellen Produktion beibehalten wurde[790], können sie ebenfalls nicht auf die »effektivitätssteigernde« Weiterentwicklung der Arbeitsteilung verzichten. Und seit Chruschtschow auf dem 20. Parteitag der KPdSU auch ex cathedra verkündete, daß der Kapitalismus ausgerechnet in der materiellen Produktion überholt werden müsse, ist auch in den sich sozialistisch nennenden Ländern Europas die durch die Logik des Kapitals erzeugte Hetzjagd nach technischen Rekorden und Spitzenleistungen, nach »Weltniveau«, Produktionssteigerung, hoher Ausnutzung der lebendigen Arbeit, ständiger Perfektionierung der Zeitökonomie und einer Einspannung der Bevölkerung in einen totalen Arbeitsprozeß auf der Tagesordnung[791]. Die hierdurch erzeugte Maschinerie[792], verbunden eben-

789 Wolfgang Harich: »Der ›Club of Rome‹ wird ernst genommen. Ein Gespräch über die Einschätzung der Wachstumsfrage in der Sowjetunion und der DDR«, in: *Technologie und Politik* 2, vgl. (638), p 130. Harich zählt zu den wenigen entschieden ökologisch orientierten Wachstumskritikern im »sozialistischen Lager«. Vgl. auch das ausführlichere Gespräch mit Duve: Wolfgang Harich: *Kommunismus ohne Wachstum? Babeuf und der »Club of Rome«*, Hamburg 1975.
790 Vgl. Enzensberger (640), p 26: »Zu problematisieren ist zunächst die Idee des materiellen Fortschritts, die in der marxistischen Tradition eine entscheidende Rolle spielt. Sie erscheint jedenfalls insofern als überständig, als sie an den technologischen Optimismus des neunzehnten Jahrhunderts anknüpft.«
791 Wie selbstverständlich werden für viele marxistisch orientierte Autoren strukturelle Implikationen des Produktionsfetischismus, wie Zentralisierung, Konzentration, Herrschaft, Ausbeutung der Arbeitskraft durch ständige Rationalisierung, Hetzjagd nach überbietenden Leistungen usw., die sie in einem kapitalistischen Land beredt und zu-

falls mit zahllosen verschachtelten Kampfkonfigurationen, erzeugt insgesamt eine gesellschaftliche Struktur, die die Chance, traditionelle Herrschaftsformen zu überwinden und eine mündige Gesellschaft entstehen zu lassen, stark vermindert[793]. »Die wesentlichen Züge des traditionell-marxistischen Denkens, die so auffallend mit der gegebenen Produktionsform übereinstimmen, daß sie schon längst ebenso gründlich wie der Kapitalismus selbst zu untersuchen gewesen wären, lassen sich nicht länger unmaterialistisch auf Abweichler irgendeiner Richtung, auf persönliche Verirrungen, auf die objektive Unreife der Entwicklung usw. abschieben. Vielmehr muß die geschichtsmaterialistische Methode auf den traditionellen (oder offiziellen) Marxismus selbst ange-

treffend kritisieren, plötzlich zu fortschrittlichen Sachverhalten, wenn nur »sozialistisch« davor gesetzt wird. So schreibt z. B. Frank Deppe ohne die Andeutung einer Kritik über die »sozialistische Leitungstätigkeit« in der DDR: »Zentrale Leitung wird um so notwendiger, je mehr die folgenden Aufgaben in den Mittelpunkt treten: 1. Volkswirtschaftliche Strukturveränderungen zur Meisterung der wissenschaftlich-technischen Revolution; 2. Konzentration der Kräfte und Mittel zur Erreichung von Pionier- und Spitzenleistungen ...; 3. die sozialistische Wirtschaftsintegration im Rahmen des RGW; 4. die Wissenschaftsorganisation; 5. die Systemautomatisierung und die komplexe sozialistische Rationalisierung; ...« Und von allem wird ohne Analyse einfach unterstellt, es liege im »gesamtgesellschaftlichen Interesse«. Vgl. F. Deppe: »Probleme der betrieblichen Organisation der Produktion in BRD und DDR«, in: *BRD–DDR. Vergleich der Gesellschaftssysteme*, Köln 1971, p 116.

792 Es ist darum auch nicht erstaunlich, daß komplette Produktionsmaschinerien zwischen kapitalistischen und »sozialistischen« Ländern ausgetauscht werden können, denn z. B. hat Fiat »in die UdSSR, nach Togliattigrad, nicht nur seine Technologie, sondern auch seine Arbeitsorganisation exportiert.« Vgl. Haasis (787), p 202, vgl. z. B. auch Duve (638), p 52 f.

793 Ob China sich wenigstens im Bereich der materiellen Produktion schon heute sozialistisch nennen kann, wird man erst wissen können, wenn die Informationsbasis sich über das Stadium der schwärmerischen »Reiseberichte« hinaus erweitert hat.

wandt werden, wenn dessen tiefe Verstrickung in die bürgerliche Gesellschaft aufgedeckt werden soll«[794].

8. Ein weiterer wichtiger Punkt, der im Zusammenhang Arbeitsteilung und andere Technik untersucht und ausgearbeitet werden müßte, wäre die Relation zwischen Technik und »Psyche« des Menschen. Die vorhandene Technik der überentwickelten Industrieländer hat auch hier das menschlich zuträgliche Verhältnis längst überschritten und einen tiefen Graben zwischen »psychischem Apparat« und technischem Apparat gerissen, was z. B. zum Ausdruck kommt in den unterschiedlichen Griffweiten der Vermögen von Verursachen und Verantworten, von Machen und Fühlen[795], was weitreichende Folgen hat für die Gesellschaft, in der die Prozesse »unverantwortlicher« und zerstörender werden und was Folgen hat für die »Psyche« selbst, die durch dieses Mißverhältnis noch zusätzlich abstumpft. »Die Versuche, den Graben zwischen dem Menschen und seinen technischen Schöpfungen zu überwinden, gehören zu den wichtigsten Bemühungen unseres Zeitalters, weil die Rückwirkungen einer starren, gefühllosen, groben und gefährlichen Technik diejenigen, die mit ihr umgehen, zu starren, gefühllosen, groben und gefährlichen Wesen gemacht haben«[796].

Die Bemühungen, diesen Graben zu verkleinern, werden von zwei Seiten aus unternommen werden müssen. Einmal wird ein neuer »Menschentyp«[797] notwendig sein, der den Horizont seiner Interessen ständig erweitert, der sich nicht einspannen läßt für partikulare Interessen, die allgemeine Interessen verletzen, der über vielfältige Informationen und Fähigkeiten verfügt und der seine Sensibilität für die Leiden und verletzten Interessen anderer nicht abstumpfen läßt. Nur, die Bemühungen in dieser Richtung haben ihre natürlichen Grenzen[795]! Damit der Mensch an der Divergenz seiner Vermögen nicht zugrunde geht, ist es nicht nur erforderlich, die »psychische« Seite seines Vermögens

794 Haasis (787), p 196.
795 Vgl. den Abschnitt Schizotopie in Kapitel IV.
796 Jungk (619), p 88.
797 Vgl. w. o., p 94.

zu vergrößern, sondern ebenfalls unerläßlich, die technische Seite seines Vermögens zu verkleinern: er muß die »Dimensionen« des von ihm »Gemachten« verringern. »Wir sind dem, was wir selber gemacht haben, nicht gewachsen: der zunehmenden Zahl der Menschen, der Geschwindigkeit des Verkehrs, der Dichte der Nachrichten, der Menge und Art unserer Produktion. Und nicht immer muß dabei der Mensch die Einrichtungen einholen, sondern auch die Einrichtungen können zurückgenommen werden bis zu dem Punkt, an dem sie den Menschen wieder bekömmlich sind«[798].

Soweit man sehen kann, würde also auch dieser Diskussionspunkt zum Ergebnis haben, daß die Menschen aus Einsicht über die »sozialkritischen Grenzen« ihres Vermögens »Machen und Herstellen« wieder zurückfinden müssen zu einer weniger arbeitsteiligen, weniger spezialisierten und perfektionierten überschaubaren Klein- und Mitteltechnologie.

Dies impliziert auch, daß eine Gesellschaft, die daran interessiert ist, die von ihr vergegenständlichten Prozesse der »Psyche« des Menschen wieder anzupassen, die Prozesse, verglichen mit den heutigen Standards der technologischen Rationalität und der Zeitökonomie, »suboptimal« wird gestalten müssen[799]. Daß diese für den Menschen und seine soziale wie natürliche Umwelt »optimale« Grenze überschritten wurde, ist wesentlich auch Resultat der abstrakten Perfektionstendenz wissenschaftlicher Technik. Es kann darum kein sinnvolles Ziel einer »humanen Gesellschaft« sein, alle Prozesse und Lebensbereiche einer permanenten »Verwissenschaftlichung« auszusetzen, zumal nicht, solange Wissenschaft sich so definiert wie heute.

798 Vgl. von Hentig (767), p 215. Das Problem der zunehmenden Zahl psychisch Kranker, des »psychischen Mülls«, den die Industriegesellschaft neben ihren anderen Müllbergen erzeugt, wird nur in dieser Richtung zu lösen sein und nicht durch technisch noch so perfekte neuro-psychiatrische Kliniken.

799 Vgl. Vahrenkamp (198), p 230! Hiermit hängt unmittelbar zusammen, daß auch für eine »befriedigende« Arbeit »suboptimale« Prozesse günstiger sind. Vgl. Punkt 3.

9. Betrachtet man nur diese wenigen noch unvollständigen Diskussionspunkte zusammenhängend, so ergibt schon dies eine Grundlage, von der aus man auch sinnvoll von »anderen Gesetzen« einer wissenschaftlichen Technik sprechen kann, vor allem, wenn man berücksichtigt, daß naturwissenschaftlich-technologisches Wissen, so wie es für die Realisierung heutiger technologischer Projekte erforderlich ist, nur wenig bis gar nichts mit den »Gesetzen« zu tun hat, die man in Physikbüchern findet. Betrachtet man das zusammenhängende Wissen, das erforderlich ist, um ein bestimmtes technisches Gerät, z. B. einen Panzer, zu bauen, ein Wissen, das kostspielig mit hohem Aufwand erst produziert werden muß und nicht »ableitbar« ist aus allgemeineren Gesetzen z. B. der Mechanik, betrachtet man dieses Wissen als das für die heutige Technik typische »Gesetzeswissen«, dann wird man sagen können, daß eine andere Gesellschaft auch ein anderes naturwissenschaftlich-technisches Wissen benötigen und produzieren wird und daß große Teile des heutigen technischwissenschaftlichen »Know-how« nutzlos wären[800], weil dieses Wissen eben keinen »allgemeinen« oder »neutralen« Charakter hat und eine Transferierbarkeit auf Probleme von allgemeinem Interesse kaum bis gar nicht möglich ist[801].
Dies gilt nicht nur für die militärische Technologie oder allgemein für die gebrauchswertlose Großtechnologie, sondern auch für zusammenhängendes »rein« theoretisches Wissen, das auf großtechnologischer Basis hergestellt werden muß.
So wird eine Gesellschaft, deren Forschungsvorhaben nicht nach partikularen Interessen ausgewählt werden, weniger daran interessiert sein, wie ein bestimmter Stoff sich bei annähernder Lichtgeschwindigkeit verhält oder in der Nähe des absoluten

800 Vgl. z. B. Gorz (457), p 97 f.

801 Schon so »verwandte« Projekte wie der Bau eines militärischen und eines zivilen Flugzeugs bieten keine Transferierungsmöglichkeiten des Know-how, da die Umwandlung teurer ist als die Neuentwicklung eines zivilen Flugzeugs. Vgl. Krauch (493), p 156 oder Kuczynski: »Vom angeblichen Nutzen der Militärtechnik für die Ziviltechnik«, in: (113), p 25 f.

Nullpunkts der Temperatur, sondern z. B. mehr daran, wie dieser Stoff sich bei Zimmertemperatur in Speisen von Menschen verhält. Die produzierten Gesetzeszusammenhänge über die gleichen »Stoffe« der Natur werden also recht unterschiedliche Gestalt haben, wie überhaupt die Gesetze »anders« aussehen werden, wenn man die Rahmenbedingungen ändert und das dazugehörige Maßsystem. Die Rahmenbedingungen werden sich ändern, wenn das Interesse der Wissenschaft sich wieder auf die »Mitte des Lebensbereiches« konzentriert[802], und entsprechend wird das »Maßsystem« sich verändern, wenn »wesentliche Dimensionen« nicht mehr Geschwindigkeit, Größe, Leistungssteigerung und Effizienz sind, sondern z. B. Lebensentfaltung, Gesundheit, Schönheit, Ruhe und Muße[803].

Könnte man zwei Enzyklopädien über das gesamte naturwissenschaftlich-technologische Wissen vergleichen, eine, produziert durch die heutigen »westlichen« Industriegesellschaften, und daneben eine andere, produziert durch eine mündige, humane sozialistische Gesellschaft, dann wäre der Unterschied der »Gesetze« in der »Summe« deutlich zu erkennen. Vieles wäre sicher in beiden sehr ähnlich, doch der größte Teil würde beträchtlich divergieren. So würde manches Stichwort, das in einer Enzyklopädie sehr genau und umfangreich ausgeführt ist, in der anderen nur knapp oder überhaupt nicht dargestellt sein; und vom Inhalt dieser naturwissenschaftlich-technologischen Enzyklopädien könnte man mühelos auf die sozialen »Verhältnisse« der Gesellschaft schließen, die diese Enzyklopädien jeweils hervorgebracht haben.

Die Unterschiede würden sich nicht nur auf die Form und den Inhalt des naturwissenschaftlich-technologischen Wissens beziehen, sondern auch auf den Entstehungszusammenhang dieses Wissens, d. h. auch auf die Methodologie.

Hierüber fundierte Aussagen zu machen, erforderte eine gründliche Erörterung und ein Zusammentragen von heute noch ver-

802 Vgl. Abschnitt b. 1 in Großtechnologie.

803 Vgl. die Abschnitte D. und E. a. in Kapitel IV und z. B. Jungk (619), p 90 u. 92 oder Vahrenkamp (198), p 231.

streuten und bruchstückhaften Vorstellungen und Erkenntnissen. Dennoch möchte ich hier einen Punkt erwähnen.

Ein wichtiges methodologisches Prinzip und Kriterium zur Erzeugung der intersubjektiven »Wahrheit« von Gesetzeszusammenhängen ist für die experimentelle Naturwissenschaft die beliebige Wiederholbarkeit eines gesetzeserzeugenden Experiments. Notwendige Voraussetzungen hierzu waren Eindeutigkeit und Abgrenzbarkeit der experimentellen Situation[804]. Das Prinzip der Wiederholbarkeit als Ausweis der Allgemeinheit eines naturwissenschaftlichen Gesetzes ist aber durch den grenzenlosen Expansionsprozeß der naturwissenschaftlichen Technologie selbst in Frage gestellt und als »überholungsbedürftiges« Prinzip kenntlich geworden.

Mit zunehmender Größe eines technologischen Projekts lassen sich die Bedingungen der Abgrenzbarkeit und Eindeutigkeit des »Experiments« faktisch immer schwieriger realisieren. Ob ein solches Experiment »allgemeine Gültigkeit« beanspruchen kann, läßt sich dann nach den Regeln der naturwissenschaftlichen Methodologie nicht mehr eindeutig feststellen. In vielen Fällen verbietet sich die Wiederholung eines Experiments oder gar das Experiment selbst, da schon der erste Versuch irreversible Veränderungen erzeugte und für den zweiten Versuch die gleichen Bedingungen gar nicht mehr herstellbar wären. Die Forschungsmethode von Versuch und Irrtum stößt also dort auf Grenzen, wo jeder Versuch notwendig zum Irrtum wird, da er die Lebensfähigkeit des Gesamtsystems gefährdet.

Am Prinzip der Wiederholbarkeit wird deutlich, daß die in ihrer Entwicklungslogik grenzenlose Naturwissenschaft auch in ihrer Methodologie ein grenzenloses Experimentierfeld voraussetzt, das für den Entwicklungsstand der heutigen Technologie faktisch nicht gegeben ist. »Ein Naturbegriff, der einer sehr wenig entfalteten Technologie angemessen ist, wird widerlegt durch die Wirkung der Naturwissenschaft selbst ... Natur ist etwas, was ... nicht nur kontrolliert und beherrscht, sondern auch zerstört

804 Vgl. Abschnitt B. c. in Kapitel III.

werden kann«[805]. Der für die entwickelte Technologie inadäquate Naturbegriff der Naturwissenschaft macht auch das Wahrheitskriterium der Wiederholbarkeit inadäquat. »Wie kann die Wiederholbarkeit des experimentellen Nachweises konstitutiv für die Wahrheit naturwissenschaftlicher Sätze sein, wenn die tatsächliche Wiederholung den Satz unwahr macht? In dieser Dialektik spiegelt sich die theoretische Unterentwicklung der Naturwissenschaft: ihre Unfähigkeit, die Wirkungen wissenschaftlicher Erkenntnisse in den Begriff dieser Erkenntnisse aufzunehmen, also etwa die Dauer ihrer Gültigkeit, den Grad ihrer Wiederholbarkeit zu denken. Die Kennzeichnung der ›Wiederholbarkeit‹ enthält eine Voraussetzung, die mit dieser Unfähigkeit der Theorie gesetzt ist: sie entwirft die Natur als ein unendliches Reservoir, für das jede beliebige Menge von nachprüfenden Erkenntnissen eine Veränderung von zu vernachlässigendem Ausmaß darstellt«[806].

Eine Wissenschaft, die so wenig die durch sie selbst veränderten Bedingungen ihrer Gültigkeit überprüft und neu reflektiert, hat vollends den ehemals noch begründbaren Anspruch verloren, »Vertrauen« als das angemessene Verhalten der »Laien« zu fordern[807]. Einem neu zu bestimmenden Wahrheitskriterium, das einer Großtechnologie produzierenden Naturwissenschaft angemessen wäre, sind protestierende Laien weit näher als die gegen sie zur Beruhigung eingesetzten bornierten Experten.

805 Böhme et al. (782), p 142. Bei dem ersten Experiment »Zündung der Atombombe« 1945 bot Fermi Wetten an, »ob der bevorstehende Atomblitz nur den Himmel über New Mexico oder – in einer ungebremsten Kettenreaktion – die Atmosphäre über der ganzen Erde in Brand setzen werde. Aber nicht nur Fermi, sondern auch andere Atomphysiker befürchteten damals einen möglichen Brand des Planeten«. Vgl. *Der Spiegel* vom 5. 1. 1976, p 91.

806 Böhme et al., w. o., vgl. dort auch p 141-144!

807 Vgl. Abschnitt b. 2 in Großtechnologie.

Literaturverzeichnis

Weitere Literaturangaben sind in den Fußnoten zu finden.

Adorno, Theodor W. (ed): *Spätkapitalismus oder Industriegesellschaft? Verhandlungen des 16. Deutschen Soziologentages,* Stuttgart 1969

Althusser, Louis und Etienne Balibar: *Das Kapital lesen,* Reinbek 1972

Altvater, Elmar und Freerk Huisken (ed): *Materialien zur politischen Ökonomie des Ausbildungssektors,* Erlangen 1971

Amery, Carl: *Das Ende der Vorsehung. Die gnadenlosen Folgen des Christentums,* Reinbek 1974

Amery, Carl: *Natur als Politik. Die ökologische Chance des Menschen,* Reinbek 1976

Anders, Günther: *Die Antiquiertheit des Menschen. Über die Seele im Zeitalter der zweiten industriellen Revolution,* München 1956

Anders, Günther: *Endzeit und Zeitende,* München 1972

Autorenkollektiv am Institut für Soziologie der FU Berlin (N. Beckenbach, H. J. Braczyk, S. Herkommer, T. Malsch, R. Seltz, H. Stück): *Klassenlage und Bewußtseinsformen technisch-wissenschaftlicher Lohnarbeiter. Zur Diskussion über die »Technische Intelligenz«,* Ffm. 1973

Autorenkollektiv (G. Brandt, L. Haas, E. Mayer, W. Schumm): *Berufliche Sozialisation und gesellschaftliches Bewußtsein jugendlicher Erwerbstätiger,* Ffm. 1973

Axmacher, Dirk: *Erwachsenenbildung im Kapitalismus. Ein Beitrag zur politischen Ökonomie des Ausbildungssektors in der BRD,* Ffm. 1974

Bahr, Hans-Dieter: *Kritik der »Politischen Technologie«,* Ffm. 1970

Bahr, Hans-Dieter: »Die Klassenstruktur der Maschinerie. Anmerkungen zur Wertform«, in: R. Vahrenkamp (ed): *Technologie und Kapital,* Ffm. 1973

Bahrdt, Hans-Paul: *Industriebürokratie,* Stuttgart 1958

Bahrdt, Hans-Paul: »Die wissenschaftspolitische Entscheidung«, in: H. Krauch (ed): *Beiträge zum Verhältnis von Wissenschaft und Politik,* Heidelberg 1966

Bahrdt, Hans-Paul: *Wissenschaftssoziologie – ad hoc,* Düsseldorf 1971

Beckenbach, Niels, Sebastian Herkommer, Ulf Kadritzke: »Zur Klassenlage der technisch und wissenschaftlich qualifizierten Lohnarbei-

ter«, in: Klaus Meschkat, Oskar Negt (ed): *Gesellschaftsstrukturen*, Ffm. 1973
Beckenbach, Niels und Rüdiger Seltz: »Strukturenveränderungen der Arbeiterklasse und Technische Intelligenz«, in: *Blätter für deutsche und internationale Politik*, 12, 1973
Bendix, Reinhard: *Herrschaft und Industriearbeit*, Ffm. 1960
Benthem, Walter van: *Das Ethos der technischen Arbeit und der Technik*, Essen 1966
Bergmann, Joachim: »Technologische Rationalität und spätkapitalistische Ökonomie«, in: *Antworten auf Herbert Marcuse*, ed. von J. Habermas, Ffm. 1968
Bernal, John Desmond: *Wissenschaft. Science in History*, Reinbek 1970, 4 Bände
Bettelheim, Charles: *China nach der Kulturrevolution. Industrielle Organisation, dezentralisierte Planung und Wertgesetz*, München 1974
Bloch, Ernst: *Das Prinzip Hoffnung*, Ffm. 1959
Blumenberg, Hans: *Die Legitimität der Neuzeit*, Ffm. 1966
Blumenberg, Hans: *Die Genesis der kopernikanischen Welt*, Ffm. 1975
Böhme, G., W. v. d. Daele, W. Krohn: »Alternativen in der Wissenschaft«, in: *Zeitschrift für Soziologie*, Heft 4, Oktober 1972
Böhme, G., W. v. d. Daele, W. Krohn: »Die Finalisierung der Wissenschaft«, in: *Zeitschrift für Soziologie*, Heft 2, April 1973
Bologna, S./F. Ciafaloni/P. Bolzani: *Techniker als Produzenten und als Produkt*, Berlin 1972
Braun, R., F. Fischer u. a. (ed): *Industrielle Revolution*, Köln 1972
Braun, Siegfried: *Zur Soziologie der Angestellten*, Ffm. 1964
Brecht, Bertolt: *Leben des Galilei*, Ffm. 1962
Breuer, Georg: *Die Herausforderung. Energie für die Zukunft – Gefahren und Möglichkeiten*, München, Gütersloh, Wien 1975
Bulthaup, Peter: *Zur gesellschaftlichen Funktion der Naturwissenschaft*, Ffm 1973

Claessens, Dieter: *Rolle und Macht*, München 1968
Claessens, Dieter: *Instinkt Psyche Geltung. Bestimmungsfaktoren menschlichen Verhaltens. Eine soziologische Anthropologie*, Köln und Opladen 1968
Claessens, Dieter: *Nova Natura. Anthropologische Grundlagen modernen Denkens*, Düsseldorf, Köln 1970

Claessens, Dieter und Karin Claessens: *Kapitalismus als Kultur*, Düsseldorf, Köln 1973 (Neuaufl.: Ffm. 1979)
Casanova, Antoine: »Die Bewußtseinsentwicklung der lohnabhängigen Intelligenz«, in: *Marxismus Digest* 1/71: Wissenschaftlich-technische Intelligenz und Angestellte im Spätkapitalismus

Dahrendorf, Ralf: *Industrie- und Betriebssoziologie*, Berlin 1965
Dahrendorf, Ralf: *Über den Ursprung der Ungleichheit unter den Menschen*, Tübingen 1966
Deppe, Frank: *Das Bewußtsein der Arbeiter. Studien zur politischen Soziologie des Arbeiterbewußtseins*, Köln 1971
Deppe, Frank, Hellmuth Lange und Lothar Peter (ed): *Die neue Arbeiterklasse. Technische Intelligenz und Gewerkschaften im organisierten Kapitalismus*, Ffm. 1970
Dessauer, Friedrich: *Streit um die Technik*, Ffm. 1956
Dickinson, H. W.: »Watt«, in: *Die berühmten Erfinder, Physiker und Ingenieure*, Köln o. J.
Diederich, Werner (ed): *Theorien der Wissenschaftsgeschichte*, Ffm. 1974
Dietzgen, Joseph: *Das Wesen der menschlichen Kopfarbeit und andere Schriften*, Darmstadt und Neuwied 1973
Dina, Angelo: *Techniker, Macht und Klassenkampf*, Berlin 1972
Duve, Freimut: »Was kostet das Industriesystem?«, in: *Technologie und Politik*, Heft 1, Reinbek 1975

Eckert, Roland: *Wissenschaft und Demokratie*, Tübingen 1971
Elias, Norbert: *Was ist Soziologie*, München 1970
Engelhardt, Michael und Rainer-W. Hoffmann: *Wissenschaftlich-technische Intelligenz im Forschungsbetrieb*, Ffm. 1974
Enzensberger, Hans Magnus: »Zur Kritik der politischen Ökologie«, in: *Kursbuch* 33, Berlin 1973
Etzioni, Amitai: *A Comparative Analysis of Complex Organizations*, New York 1961

Ferber, Christian von: *Arbeitsfreude, Wirklichkeit und Ideologie. Ein Beitrag zur Soziologie der Industriellen Gesellschaft*, Stuttgart 1959
Fornallaz, Pierre (ed): *Technik für oder gegen den Menschen*, Basel, Stuttgart 1975
Freyer, Hans: *Über das Dominantwerden technischer Kategorien in der Lebenswelt der industriellen Gesellschaft*, Mainz 1960

Freyer, Hans: *Die Technik als Lebensmacht, Denkform und Wissenschaft*, Mainz 1970

Galbraith, John K.: *Die moderne Industriegesellschaft*, München/Zürich 1968

Gaul, Ewald: *Atomenergie oder Ein Weg aus der Krise?*, Reinbek 1974

Gehlen, Arnold: *Die Seele im technischen Zeitalter. Sozialpsychologische Probleme in der industriellen Gesellschaft*, Hamburg 1957

Goldthorpe, John H.; D. Lockwood u. a.: *Der »wohlhabende« Arbeiter in England*, zwei Bände, München 1970

Gorz, André: *Zur Strategie der Arbeiterbewegung im Neokapitalismus*, Ffm. 1969

Gorz, André: »Technische Intelligenz und kapitalistische Arbeitsteilung«, in: R. Vahrenkamp (ed): *Technologie und Kapital*, Ffm. 1973

Grätz, Frank: *Berufe und Gehälter – heute und morgen*, München 1972

Grossner, Claus/Schierholz, Henning: *Projekt MRCA. Dokumentation und Kritik des größten Rüstungsvorhabens der deutschen Geschichte*, Köln 1974

Gruhl, Herbert: *Ein Planet wird geplündert*, Ffm. 1975

Güntheroth, Gudrun (ed): *Die technisch-wissenschaftliche Intelligenz*, Reinbek 1972

Habermas, Jürgen: *Theorie und Praxis*, Neuwied/Berlin 1963

Habermas, Jürgen: *Technik und Wissenschaft als »Ideologie«*, Ffm. 1968

Habermas, Jürgen: *Erkenntnis und Interesse*, Ffm. 1968

Habermas, Jürgen: *Legitimationsprobleme im Spätkapitalismus*, Ffm. 1973

Habermas, Jürgen: *Zur Rekonstruktion des Historischen Materialismus*, Ffm. 1976

Habermas/Luhmann: *Theorie der Gesellschaft oder Sozialtechnologie*, Ffm. 1971

Hagemann-White, Carol/Wolff, Reinhart: *Lebensumstände und Erziehung. Grundfragen der Sozialisationsforschung*, Ffm. 1975

Harich, Wolfgang: *Kommunismus ohne Wachstum? Babeuf und der ›Club of Rome‹*, Reinbek 1975

Hartfiel, Günter: *Wirtschaftliche und soziale Rationalität. Untersuchungen zum Menschenbild in Ökonomie und Soziologie*, Stuttgart 1968

Hartmann, Heinz: *Funktionale Autorität*, Stuttgart 1964

Haug, Wolfgang Fritz: »Das Ganze und das ganz Andere. Zur Kritik der reinen revolutionären Transzendenz«, in: *Antworten auf Herbert Marcuse*, ed. von J. Habermas, Ffm. 1968

Heer, Friedrich: »Die Technik als Ausdruck des schöpferischen Geistes«, in: *Technik und Gesellschaft. Vorträge des Deutschen Ingenieurtages 1967*, Freiburg, Basel, Wien 1968

Heidegger, Martin: *Die Technik und die Kehre*, Pfullingen 1962

Hentig, Hartmut von: *Magier oder Magister? Über die Einheit der Wissenschaft im Verständigungsprozeß*, Stuttgart 1972

Herkommer, Sebastian: »Weder professionalisierte Intelligenz noch neue Arbeiterklasse. Diskussion einer Studie zum Gesellschaftsbild des Ingenieurs«, in: F. Deppe u. a. (ed): *Soziale Stellung und Bewußtsein der Intelligenz*, Köln 1973

Herkommer, Sebastian: »Gesellschaftsbild und politisches Bewußtsein«, in: *Das Argument* Nr. 50, 1969

Herkommer, Sebastian: »Vom Elend der Industriesoziologie«, in: *Sozialistische Politik* 16, 1972

Herzberg, F. et al.: *The Motivation to Work*, New York 1959

Herzberg, F.: *Work and the Nature of Man*, New York 1966

Hillmann, Günter: *Die Befreiung der Arbeit*, Reinbek 1970

Hirsch, Joachim: *Wissenschaftlich-technischer Fortschritt und politisches System. Organisation und Grundlagen administrativer Wissenschaftsförderung in der BRD*, Ffm. 1971

Hirsch, J. und S. Leibfried: *Materialien zur Wissenschafts- und Bildungspolitik*, Ffm. 1971

Holzkamp, Klaus: *Sinnliche Erkenntnis – Historischer Ursprung und gesellschaftliche Funktion der Wahrnehmung*, Ffm. 1973

Holzkamp-Osterkamp, Ute: *Grundlagen der psychologischen Motivationsforschung* 1, Ffm. 1975

Hondrich, Karl Otto: *Theorie der Herrschaft*, Ffm. 1973

Hortleder, Gerd: *Das Gesellschaftsbild des Ingenieurs. Zum politischen Verhalten der Technischen Intelligenz in Deutschland*, Ffm. 1970

Hortleder, Gerd: *Ingenieure in der Industriegesellschaft. Zur Soziologie der Technik und der naturwissenschaftlich-technischen Intelligenz im öffentlichen Dienst und in der Industrie*, Ffm. 1973

Hoyer, Helmut/Knuth, Matthias: »Die teilautonome Gruppe. Strategie des Kapitals oder Chance für die Arbeiter«, in: *Kursbuch* 43: Arbeitsorganisation – Ende des Taylorismus?, Berlin 1976

Huffschmid, Jörg: *Die Politik des Kapitals. Konzentration und Wirtschaftspolitik in der Bundesrepublik*, Ffm. 1969

Hund, W. D.: *Geistige Arbeit und Gesellschaftsformation*, Ffm. 1973

Illich, Ivan: *Die sogenannte Energiekrise oder Die Lähmung der Gesellschaft*, Reinbek 1974

Illich, Ivan: *Selbstbegrenzung. Eine politische Kritik der Technik*, Reinbek 1975

Illich, Ivan: »Ansatz zu einer radikalen Kritik am Industriesystem«, in: *Technologie und Politik*, Heft 1, Reinbek 1975

Irle, Martin: *Soziale Systeme*, Göttingen 1963

Israel, Joachim: *Der Begriff Entfremdung. Makrosoziologische Untersuchungen von Marx bis zur Soziologie der Gegenwart*, Reinbek 1972

Jaeggi, Urs: *Macht und Herrschaft in der Bundesrepublik*, Ffm. 1969

Jaeggi, Urs: *Kapital und Arbeit in der Bundesrepublik*, Ffm. 1973

Jänicke, Martin: *Herrschaft und Krise*, Opladen 1973

Jung, Heinz: »Zu den klassentheoretischen Grundlagen einer sozialistischen Analyse der Klassen- und Sozialstruktur der BRD«, in: *Klassen- und Sozialstruktur der BRD 1950–1970*, Teil I: Klassenstruktur und Klassentheorie, herausg. vom IMSF, Ffm. 1973

Jungk, Robert: *Die große Maschine*, Bern und München 1966

Jungk, Robert: *Vom blinden zum wissenden Fortschritt*, Essen 1969

Jungk, Robert: *Der Jahrtausendmensch. Berichte aus den Werkstätten der neuen Gesellschaft*, München 1973

Katz, Daniel und Robert L. Kahn: *The Social Psychology of Organizations*, New York, London 1966

Kelsen, Hans: *Vergeltung und Kausalität. Eine soziologische Untersuchung*, Den Haag 1941

Kern, Horst und Michael Schumann: *Industriearbeit und Arbeiterbewußtsein. Eine empirische Untersuchung über den Einfluß der aktuellen technischen Entwicklung auf die industrielle Arbeit und das Arbeiterbewußtsein*, Ffm. 1970, zwei Bände

Kievenheim, Christoph/Leisewitz, André (ed): *Soziale Stellung und Bewußtsein der Intelligenz*, Köln 1973

Kirsch, Guy: *Machtverteilung im Unternehmen*, Köln 1967
Klages, Helmut: *Technischer Humanismus. Philosophie und Soziologie der Arbeit bei Karl Marx*, Stuttgart 1964
Klaus, Georg: *Moderne Logik*, Berlin (DDR) 1964
Knebel, Hans-Joachim: *Handlungsorientierung im Industriebetrieb. Eine Untersuchung über das Verhältnis von Technik und Betriebsideologie*, Tübingen 1963
Koch, Claus und Dieter Senghaas (ed): *Texte zur Technokratiediskussion*, Ffm. 1970
Kofler, Leo: *Technologische Rationalität im Spätkapitalismus*, Ffm. 1971
Krauch, Helmut: *Die organisierte Forschung*, Neuwied u. Berlin 1970
Krauch, Helmut: *Prioritäten für die Forschungspolitik*, München 1970
Kritik der Politischen Ökonomie heute. 100 Jahre »Kapital«, hrsg. von W. Euchner und A. Schmidt, Ffm. 1967
Krysmanski, H. J.: *Soziales System und Wissenschaft*, Düsseldorf 1972
Kuczynski, J.: *Wissenschaft Heute und Morgen*, Köln 1973
Kuhn, Thomas S.: *Die Struktur wissenschaftlicher Revolutionen*, Ffm. 1973
Kuntze, Peter: *China die konkrete Utopie*, Reinbek 1975
Kusin, A. A.: *Karl Marx und Probleme der Technik*, Leipzig 1970

Lempert, Wolfgang: *Leistungsprinzip und Emanzipation*, Ffm. 1971
Lenk, Hans (ed): *Technokratie als Ideologie*, Stuttgart usw. 1973
Lenk, Kurt: *Ideologie*, Neuwied/Berlin 1967
Lepenies, Wolf: *Das Ende der Naturgeschichte. Wandel kultureller Selbstverständlichkeiten in den Wissenschaften des 18. und 19. Jahrhunderts*, München, Wien 1976
Lévy-Leblond, Jean-Marc: *Das Elend der Physik. Über die Produktionsweise der Naturwissenschaften*, Berlin 1975
Littek, Wolfgang: *Industriearbeit und Gesellschaftsstruktur. Zur Kritik der Industrie- und Betriebssoziologie*, Ffm. 1973
Luhmann, Niklas: »Soziologie als Theorie sozialer Systeme«, in: *Kölner Ztschr. f. Soz. u. SoPsy.*, Heft 4, 1967
Luhmann, Niklas: *Zweckbegriff und Systemrationalität. Über die Funktion von Zwecken in sozialen Systemen*, Tübingen 1968
Luhmann, Niklas: *Legitimation durch Verfahren*, Berlin/Neuwied 1970
Lukács, Georg: *Geschichte und Klassenbewußtsein*, Berlin 1923 (Ausgabe Neuwied/Berlin 1970)

Mallet, Serge: *Die neue Arbeiterklasse*, Neuwied u. Berlin 1972
Mandel, Ernest: *Der Spätkapitalismus*, Ffm. 1972
March and Simon: *Organizations*, New York 1958
Marcuse, Herbert: »Industrialisierung und Kapitalismus im Werk Max Webers«, in: *Max Weber und die Soziologie heute, Verhandlungen des 15. Deutschen Soziologentages*, Tübingen 1965
Marcuse, Herbert: *Der eindimensionale Mensch*, Neuwied/Berlin 1967
Marx, Karl: *Das Kapital, MEW* 23-25
Marx, Karl: *Zur Kritik der politischen Ökonomie*, Berlin (DDR) 1971
Marx, Karl: *Grundrisse der Kritik der politischen Ökonomie*, Ffm. o. J. (Fotomechanischer Nachdruck der Moskauer Ausgabe von 1939)
Marx, Karl: *Kritik des Gothaer Programms*, Berlin (DDR) 1972
Marx/Engels: *Briefe über das Kapital*, Berlin (DDR) 1954
Mattick, Paul: *Marx und Keynes. Die Grenzen des »gemischten Wirtschaftssystems«*, Ffm., Köln 1971
Mattick, Paul/Sohn-Rethel, Alfred/Haasis, Hellmut G.: *Beiträge zur Kritik des Geldes*, Ffm. 1976
Mauke, Michael: *Die Klassentheorie von Marx und Engels*, Ffm. 1973
Maurer, Reinhart: *Revolution und »Kehre«. Studien zum Problem gesellschaftlicher Naturbeherrschung*, Ffm. 1975
Mayntz, Renate: *Soziale Organisation des Industriebetriebes*, Stuttgart 1958
Mayntz, Renate: *Soziologie der Organisation*, Reinbek 1963
Mendner, Jürgen H.: *Technologische Entwicklung und Arbeitsprozeß*, Ffm. 1975
Merton, Robert K.: *Social Theory and Social Structure*, Glencoe, Illinois, 1957
Miliband, Ralph: *Der Staat in der kapitalistischen Gesellschaft. Eine Analyse des westlichen Machtsystems*, Ffm. 1972
Mumford, Lewis: *Mythos der Maschine, Kultur, Technik und Macht*, Wien 1974

Neander, Joachim: *Mathematik und Ideologie. Zur politischen Ökonomie des Mathematikunterrichts*, Starnberg 1974
Needham, Joseph: *Science and Civilisation in China*, Cambridge (England) 1954 (mehrere Bände)
Negt, Oskar: *Soziologische Phantasie und exemplarisches Lernen. Zur Theorie der Arbeiterbildung*, Ffm. 1968
Negt, Oskar/Kluge Alexander: *Öffentlichkeit und Erfahrung. Zur Or-*

ganisationsanalyse von bürgerlicher und proletarischer Öffentlichkeit, Ffm. 1972
Nicolaus, Martin: *Konkurrenz und Mehrwert. Zur Klassentheorie bei Marx,* Berlin 1970

Offe, Claus: »Technik und Eindimensionalität. Eine Version der Technokratiethese?«, in: *Antworten auf Herbert Marcuse,* ed. von J. Habermas, Ffm. 1968
Offe, Claus: *Leistungsprinzip und industrielle Arbeit. Mechanismen der Statusverteilung in Arbeitsorganisationen der industriellen »Leistungsgesellschaft«,* Ffm. 1970
Offe, Claus: *Strukturprobleme des kapitalistischen Staates,* Ffm. 1972
Offe, Claus: »Politische Herrschaft und Klassenstrukturen. Zur Analyse spätkapitalistischer Gesellschaftssysteme«, in: G. Kress u. D. Senghaas (ed): *Politikwissenschaft,* Hamburg 1972
Ossowski, Stanislaw: *Klassenstruktur im sozialen Bewußtsein,* Neuwied und Berlin 1962
Osterland, Martin; W. Deppe u. a.: *Materialien zur Lebens- und Arbeitssituation der Industriearbeiter in der BRD,* Ffm. 1973

Panzieri, Raniero: »Über die kapitalistische Anwendung der Maschinerie im Spätkapitalismus«, in: *Spätkapitalismus und Klassenkampf,* Ffm. 1972
Patchen, Martin: *Participation, Achievement, and Involvement on the Job,* Englewood Cliffs, New Jersey 1970
Pohrt, Wolfgang: *Theorie des Gebrauchswerts,* Ffm. 1976
Polytechnik in der Bundesrepublik Deutschland? Beiträge zur Kritik der »Arbeitslehre«, Ffm. 1972
Popitz, Heinrich: *Prozesse der Machtbildung,* Tübingen 1968
Popitz, H., H. P. Bahrdt u. a.: *Technik und Industriearbeit,* Tübingen 1964
Popitz, Bahrdt u. a.: *Das Gesellschaftsbild des Arbeiters,* Tübingen 1957
Popper, Karl: *Conjectures and Refutations. The Growth of Scientific Knowledge,* London 1965
Popper, Karl: *Logik der Forschung,* Tübingen 1966
Pross, Helge und Karl W. Boetticher: *Manager des Kapitalismus,* Ffm. 1971

Prüß, Karsten: *Kernforschungspolitik in der Bundesrepublik Deutschland*, Ffm. 1974

Reichelt, Helmut: *Zur logischen Struktur des Kapitalbegriffs bei Karl Marx*, Ffm. 1973

Rilling, Rainer: *Kriegsforschung und Vernichtungswissenschaft in der BRD*, Köln 1970

Rilling, Rainer: *Theorie und Soziologie der Wissenschaft. Zur Entwicklung in BRD und DDR*, Ffm. 1975

Ritsert, Jürgen u. C. Rolshausen: *Der Konservativismus der kritischen Theorie*, Ffm. 1971

Robinson, Joan: *Economic Philosophy*, London 1962

Rödel, Ulrich: *Forschungsprioritäten und technologische Entwicklung. Studie über Determinanten der Forschung und Schwerpunkte der Technologiepolitik in den USA*, Ffm. 1972

Rolshausen, Claus: *Wissenschaft und gesellschaftliche Reproduktion*, Ffm. 1975

Ropohl, Günther: »Zur Technokratiediskussion in der Bundesrepublik Deutschland«, in: Hans Lenk (ed): *Technokratie als Ideologie*, Stuttgart usw. 1973

Sachsse, Hans: *Technik und Verantwortung. Probleme der Ethik im technischen Zeitalter*, Freiburg 1972

Schelsky, Helmut: *Der Mensch in der wissenschaftlichen Zivilisation*, Köln/Opladen 1961

Schluchter, Wolfgang: *Aspekte bürokratischer Herrschaft*, München 1972

Schmidt, Alfred: *Der Begriff der Natur in der Lehre von Marx*, Ffm. 1962

Schumm-Garling, Ursula: *Herrschaft in der industriellen Arbeitsorganisation*, Ffm. 1972

Smith, C. G. and A. S. Tannenbaum: »Organizational Control: A Comparative Analysis«, in: *Human Relation*, Bd. 16 (1963)

Sohn-Rethel, Alfred: *Geistige und körperliche Arbeit. Zur Theorie der gesellschaftlichen Synthesis*, Ffm. 1972

Sohn-Rethel, Alfred: *Die ökonomische Doppelnatur des Spätkapitalismus*, Darmstadt und Neuwied 1972

Solla Price, Derek J. de: *Little Science, Big Science. Von der Studierstube zur Großforschung*, Ffm. 1974

Soziale Auswirkungen des technischen Fortschritts. Untersuchungen des Ifo-Instituts für Wirtschaftsforschung, Berlin–München 1962
Stachowiak, H.: *Denken und Erkennen im kybernetischen Modell*, Wien–New York 1965
Steffen, Joachim: *Strukturelle Revolution. Von der Wertlosigkeit der Sachen*, Reinbek 1974
Steinbuch, Karl: *Kurskorrektur*, Stuttgart 1973
Steinbuch, Karl: *Mensch Technik Zukunft*, Reinbek 1973
Steiner, Helmut: *Soziale Strukturveränderungen im modernen Kapitalismus. Zur Klassenlage der Angestellten in Westdeutschland*, Berlin (DDR) 1967
Strohm, Holger: *Friedlich in die Katastrophe. Eine Dokumentation über Kernkraftwerke*, Hamburg 1973
Sweezy, Paul M.: *Theorie der kapitalistischen Entwicklung*, Köln 1959

Thomas, Konrad: *Die betriebliche Situation der Arbeit*, Stuttgart 1964
Thomas, Konrad: *Analyse der Arbeit. Möglichkeiten einer interdisziplinären Erforschung industrialisierter Arbeitsvollzüge*, Stuttgart 1969
Tjaden-Steinhauer, Margarete und Karl Hermann Tjaden: *Klassenverhältnisse im Spätkapitalismus. Beitrag zur Analyse der Sozialstruktur unter besonderer Berücksichtigung der BRD*, Stuttgart 1973
Timm, A.: *Kleine Geschichte der Technologie*, Stuttgart 1964
Tomberg, Friedrich: *Bürgerliche Wissenschaft. Begriff, Geschichte, Kritik*, Ffm. 1973
Touraine, Alain: *Die postindustrielle Gesellschaft*. Ffm. 1972
Tuchel, Klaus: *Herausforderung der Technik*, Bremen 1967
Tuchel, Klaus: »Technik und Herrschaft – Zwang und Freiheit der technischen Entwicklung«, in: *Mensch und Technik*, Berlin 1971

Vahrenkamp, Richard: »Entwicklungsmöglichkeiten der Technologie als Produktionsverhältnis«, in: R. Vahrenkamp (ed): *Technologie und Kapital*, Ffm. 1973
Vilmar, Fritz: *Rüstung und Abrüstung im Spätkapitalismus*, Ffm. 1969
Vilmar, Fritz: *Menschenwürde im Betrieb*, Reinbek 1973

Wagner, Friedrich: *Die Wissenschaft und die gefährdete Welt. Eine Wissenschaftssoziologie der Atomphysik*, München 1964
Wagner, Friedrich: *Weg und Abweg der Naturwissenschaft*, München 1970

Weber, Max: *Wirtschaft und Gesellschaft*, Tübingen 1956
Weber, Max: *Die protestantische Ethik*, München, Hamburg 1965
Weingart, Peter (ed): *Wissenschaftssoziologie 1. Wissenschaftliche Entwicklung als sozialer Prozeß*, Ffm. 1972
Weingart, Peter (ed): *Wissenschaftssoziologie 2. Determinanten wissenschaftlicher Entwicklung*, Ffm. 1974
Weingart, Peter: *Wissensproduktion und soziale Struktur*, Ffm. 1976
Weizsäcker, C. F. v.: *Die Geschichte der Natur*, Göttingen 1958
Willms, Bernard: *Kritik und Politik. Jürgen Habermas oder das politische Defizit der »Kritischen Theorie«*, Ffm. 1973
Wolkow, G. N.: *Soziologie der Wissenschaft. Studien zur Erforschung von Wissenschaft und Technik*, Berlin (DDR) 1970

Zilsel, Edgar: *Die sozialen Ursprünge der neuzeitlichen Wissenschaft*, Ffm. 1976

Auswahl aus der deutschsprachigen Literatur zum behandelten Themenkomplex, die nach Abschluß des Manuskripts erschienen ist:

Amery, Carl/P. C. Mayer-Tasch/Klaus M. Meyer-Abich: *Energiepolitik ohne Basis*, Ffm. 1978
»Arbeit – Technik – Erfahrung«, Heft 15/16 der Zeitschrift *Mehrwert*, Berlin 1978

Bahro, Rudolf: *Die Alternative. Zur Kritik des real existierenden Sozialismus*, Köln 1977
Binswanger/Geissberger/Ginsburg (ed): *Der NAWU-Report: Wege aus der Wohlstandsfalle*, Ffm. 1978
Böhme, Gernot/W. v. d. Daele/W. Krohn: *Experimentelle Philosophie. Ursprünge autonomer Wissenschaftsentwicklung*, Ffm. 1977
Bossel, Hartmut: *Bürgerinitiativen entwerfen die Zukunft. Neue Leitbilder, Neue Werte, 30 Szenarien*, Ffm. 1978
Bravermann, Harry: *Die Arbeit im modernen Produktionsprozeß*, Ffm. 1977

Buhr, M. und G. Kröber (ed): *Mensch – Wissenschaft – Technik*, Köln 1977 (Dies ist eine zusammenfassende sowjetische Darstellung der »wissenschaftlich-technischen Revolution«, O. U.)

Commoner, Barry: *Energieeinsatz und Wirtschaftskrise. Die Grundlagen für den radikalen Wandel*, Reinbek 1977

Dickson, David: *Alternative Technologie. Strategien der technischen Veränderung*, München 1978

Die tägliche Revolution. Möglichkeiten des alternativen Lebens in unserem Alltag, Ffm. 1978

Feyerabend, Paul: *Wider den Methodenzwang. Skizze einer anarchistischen Erkenntnistheorie*, Ffm. 1976

Foucault, Michel: *Mikrophysik der Macht*, Berlin 1976

Gorz, André: *Ökologie und Politik*, Reinbek 1977

Greiff, Bodo von: *Gesellschaftsform und Erkenntnisform. Zum Zusammenhang von wissenschaftlicher Erfahrung und gesellschaftlicher Entwicklung*, Ffm. 1976

Hallerbach, Jörg (ed): *Die eigentliche Kernspaltung. Gewerkschaften und Bürgerinitiativen im Streit um die Atomkraft*, Darmstadt und Neuwied 1978

Hallerbach, Jörg (ed): *Die atomare Gesellschaft. Grundlagen für den Dialog um die Kernfrage*, Darmstadt und Neuwied 1978

Heller, Agnes: *Philosophie des linken Radikalismus*, Hamburg 1978

Huber, Joseph: *Technokratie oder Menschlichkeit. Zur Theorie einer humanen und demokratischen Systementwicklung*, Achberg 1978

Hülsmann, Heinz: *Verantwortung von Wissenschaft – von Manhattan zu Wyhl*, Meisenheim 1977

Hülsmann, Heinz und Robert Tschiedel (ed): *Kernenergie und wissenschaftliche Verantwortung*, Kronberg 1977

Illich, Ivan: *Fortschrittsmythen*, Reinbek 1978

Jungk, Robert: *Der Atom-Staat. Vom Fortschritt in die Unmenschlichkeit*, München 1977

Koch, Egmont R. und Fritz Vahrenholt: *Seveso ist überall. Die tödlichen Risiken der Chemie*, Köln 1978

Konrád, György und Iván Szelényi: *Die Intelligenz auf dem Weg zur Klassenmacht*, Ffm. 1978
Kursbuch 52: Utopien I. Zweifel an der Zukunft, Berlin 1978
Kursbuch 53: Utopien II. Lust an der Zukunft, Berlin 1978

Lange, Hellmuth: *Technik im Kapitalismus*, Köln 1977
Leuenberger, Theodor und Rudolf Schilling: *Die Ohnmacht des Bürgers. Plädoyer für eine nachmoderne Gesellschaft*, Ffm. 1977
Lovins, Amory B.: *Sanfte Energie. Das Programm für die energie- und industriepolitische Umrüstung unserer Gesellschaft*, Reinbek 1978

Mez, Lutz und Manfred Wilke (ed): *Der Atomfilz. Gewerkschaften und Atomkraft*, Berlin 1977
Müller, Rudolf Wolfgang: *Geld und Geist. Zur Entstehungsgeschichte von Identitätsbewußtsein und Rationalität seit der Antike*, Ffm. 1977

Needham, Joseph: *Wissenschaftlicher Universalismus. Über die Bedeutung und Besonderheit chinesischer Wissenschaft*, Ffm. 1977
Nelson, Benjamin: *Der Ursprung der Moderne. Vergleichende Studien zum Zivilisationsprozeß*, Ffm. 1977

Schumacher, E. F.: *Die Rückkehr zum menschlichen Maß. Alternativen für Wirtschaft und Technik. »Small is Beautiful«*, Reinbek 1977
Starnberger Studien 1: Die gesellschaftliche Orientierung des wissenschaftlichen Fortschritts, Ffm. 1978

Technologie und Politik. Das Magazin zur Wachstumskrise u. a. Heft 11, 1978 über sanfte Technik
Traube, Klaus: *Müssen wir umschalten? Von den politischen Grenzen der Technik*, Reinbek 1978

Weizenbaum, Joseph: *Die Macht der Computer und die Ohnmacht der Vernunft*, Ffm. 1977

Personenregister

suhrkamp taschenbücher wissenschaft
Wissenschaftsforschung

Ashby: Einführung in die Kybernetik. stw 34

Bachelard: Die Bildung des wissenschaftlichen Geistes. stw 668

– Die Philosophie des Nein. stw 325

Becker: Grundlagen der Mathematik in geschichtlicher Entwicklung. stw 114

Blumenberg: Die Genesis der kopernikanischen Welt. 3 Bde. stw 352

– Die Legitimität der Neuzeit. stw 24/79/174

– Säkularisierung und Selbstbehauptung. (1. u. 2. Teil von »Legitimität«) stw 79

– Der Prozeß der theoretischen Neugierde. (3. Teil von »Legitimität«) stw 24

– Aspekte der Epochenschwelle (4. Teil von »Legitimität«) stw 174

Böhme, G.: Alternativen der Wissenschaft. stw 334

Böhme/v. Engelhardt (Hg.): Entfremdete Wissenschaft. stw 278

Canguilhem: Wissenschaftsgeschichte. stw 286

Cicourel: Methode und Messung in der Soziologie. stw 99

Dubiel: Wissenschaftsorganisation. stw 258

Feyerabend: Wider den Methodenzwang. stw 597

Fleck: Entstehung und Entwicklung einer wissenschaftlichen Tatsache. stw 312

– Erfahrung und Tatsache. stw 404

Foucault: Archäologie des Wissens. stw 356

– Die Ordnung der Dinge. stw 96

– Sexualität und Wahrheit. Bd. 1. stw 716

– Überwachen und Strafen. stw 184

– Wahnsinn und Gesellschaft. stw 39

Foucault (Hg.): Der Fall Rivière. stw 128

Galilei: Sidereus Nuncius. stw 337

Gould: Der falsch vermessene Mensch. stw 583

Hausen/Nowotny (Hg.): Wie männlich ist die Wissenschaft? stw 590

Holton: Thematische Analysen der Wissenschaft. stw 293

Jokisch (Hg.): Techniksoziologie. stw 379

Kocka (Hg.): Interdisziplinarität. stw 671

Koyré: Von der geschlossenen Welt zum unendlichen Universum. stw 320

Kuhn: Die Entstehung des Neuen. stw 236

– Die Struktur wissenschaftlicher Revolutionen. stw 25

Mehrtens/Richter (Hg.): Naturwissenschaft, Technik und NS-Ideologie. stw 303

Meja/Stehr (Hg.): Der Streit um die Wissenssoziologie. 2 Bde. stw 361

Merton: Auf den Schultern von Riesen. stw 426

202/1/8.87

202/2/8.87

suhrkamp taschenbücher wissenschaft
Philosophie

Adorno: Ästhetische Theorie. stw 2
– Drei Studien zu Hegel. stw 110
– Einleitung in die Musiksoziologie. stw 142
– Kierkegaard. stw 74
– Die musikalischen Monographien. stw 640
– Negative Dialektik. stw 113
– Noten zur Literatur. stw 355
– Philosophie der neuen Musik. stw 239
– Philosophische Terminologie. Bd. 1/2. stw 23/50
– Prismen. stw 178
– Soziologische Schriften I. stw 306
Materialien zur ästhetischen Theorie Th. W. Adornos. Hg. von Lindner/Lüdke. stw 122
Adorno-Konferenz 1983. Hg. von v. Friedeburg/Habermas. stw 460
Analytische Handlungstheorie, *siehe Beckermann und Meggle*
Apel: Der Denkweg des Charles S. Peirce. stw 141
– Transformation der Philosophie. Bd. 1/2. stw 164/165
Apel (Hg.): Sprachpragmatik und Philosophie. stw 375
Avineri: Hegels Theorie des modernen Staates. stw 146
Barth: Wahrheit und Ideologie. stw 68
Bateson: Geist und Natur. stw 691
– Ökologie des Geistes. stw 571
Batscha/Saage (Hg.): Friedensutopien. Kant–Fichte–Schlegel–Görres. stw 267
Beckermann (Hg.): Analytische Handlungstheorie. Bd. 2. stw 489
– *siehe auch Meggle*
Benjamin: Der Begriff der Kunstkritik. stw 4
– Charles Baudelaire. stw 47
– Ursprung des deutschen Trauerspiels. stw 225
Materialien zu Benjamins Thesen ›Über den Begriff der Geschichte‹. Hg. v. Bulthaup. stw 121
– *siehe auch Schweppenhäuser*
– *siehe auch Tiedemann*
Berkeley: Schriften über die Grundlagen der Mathematik. stw 496
Bloch: Werkausgabe in 17 Bdn. stw 550-566
– Bd. 1 Spuren. stw 550
– Bd. 2 Thomas Münzer. stw 551
– Bd. 3 Geist der Utopie. Zweite Fassung. stw 552
– Bd. 4 Erbschaft dieser Zeit. stw 553
– Bd. 5 Das Prinzip Hoffnung. 3 Bde. stw 554
– Bd. 6 Naturrecht und menschliche Würde. stw 555
– Bd. 7 Das Materialismusproblem. stw 556
– Bd. 8 Subjekt–Objekt. stw 557
– Bd. 9 Literarische Aufsätze. stw 558
– Bd. 10 Philosophische Aufsätze. stw 559
– Bd. 11 Politische Messungen. stw 560
– Bd. 12 Zwischenwelten in der Philosophiegeschichte. stw 561

201/1/8.87

– Bd. 13 Tübinger Einleitung in die Philosophie. stw 562
– Bd. 14 Atheismus im Christentum. stw 563
– Bd. 15 Experimentum Mundi. stw 564
– Bd. 16 Geist der Utopie. Erste Fassung. stw 565
– Bd. 17 Tendenz–Latenz–Utopie. stw 566
– Leipziger Vorlesungen zur Geschichte der Philosophie. stw 567-570
– Bd. 1 Antike Philosophie. stw 567
– Bd. 2 Philosophie des Mittelalters und der Renaissance. stw 568
– Bd. 3 Neuzeitliche Philosophie 1. stw 569
– Bd. 4 Neuzeitliche Philosophie 2. stw 570

Blumenberg: Die Genesis der kopernikanischen Welt. 3 Bde. stw 352
– Das Lachen der Thrakerin. stw 652
– Die Legitimität der Neuzeit. stw 24/79/174
– Säkularisierung und Selbstbehauptung. (1. u. 2. Teil von »Legitimität«) stw 79
– Der Prozeß der theoretischen Neugierde. (3. Teil von »Legitimität«) stw 24
– Aspekte der Epochenschwelle (4. Teil von »Legitimität«) stw 174
– Die Lesbarkeit der Welt. stw 592
– Schiffbruch mit Zuschauer. stw 289

Böhler/Kuhlmann (Hg.): Kommunikation und Reflexion. stw 408

Böhler/Nordenstam/Skirbekk (Hg.): Die pragmatische Wende. stw 631

Böhme: Philosophieren mit Kant. stw 642

Böhme/Böhme: Das Andere der Vernunft. stw 542

Bubner: Geschichtsprozesse und Handlungsnormen. stw 463
– Handlung, Sprache und Vernunft. stw 382

Bungard/Lenk (Hg.): Technikbewertung. Philosophische und psychologische Perspektiven. stw 684
– *siehe auch Lenk*

Castoriadis: Durchs Labyrinth. stw 435

Condorcet: Entwurf einer historischen Darstellung der Fortschritte des menschlichen Geistes. stw 175

Danto: Analytische Geschichtsphilosophie. stw 328

Derrida: Grammatologie. stw 417
– Die Schrift und die Differenz. stw 177

Descombes: Das Selbe und das Andere. stw 346

Dilthey: Der Aufbau der geschichtlichen Welt in den Geisteswissenschaften. stw 354

Materialien zur Philosophie Wilhelm Diltheys. Hg. von Rodi/Lessing. stw 439

Duerr: Ni Dieu – ni mètre. stw 541

Euchner: Naturrecht und Politik bei John Locke. stw 280

Fahrenbach: Die Philosophie Ernst Blochs im zeitgenössischen Kontext. stw 675

201/2/8.87

201/3/8.87

– Bd. 11 Berliner Schriften. stw 611
– Bd. 12 Philosophie der Geschichte. stw 612
– Bd. 13 Ästhetik 1. stw 613
– Bd. 14 Ästhetik 2. stw 614
– Bd. 15 Ästhetik 3. stw 615
– Bd. 16 Philosophie der Religion 1. stw 616
– Bd. 17 Philosophie der Religion 2. stw 617
– Bd. 18 Geschichte der Philosophie 1. stw 618
– Bd. 19 Geschichte der Philosophie 2. stw 619
– Bd. 20 Geschichte der Philosophie 3. stw 620
– Registerband. stw 621

Materialien zu Hegels ›Phänomenologie des Geistes‹. stw 9

Materialien zu Hegels Rechtsphilosophie. Bd. 1/2. stw 88/89
– *siehe auch Avineri*
– *siehe auch Jakobson/Gadamer/Holenstein*
– *siehe auch Jamme/Schneider*
– *siehe auch Kojève*
– *siehe auch Lukács*
– *siehe auch Taylor*

Herder: Auch eine Philosophie der Geschichte. stw 623

Hobbes: Leviathan. stw 462

Höffe: Ethik und Politik. stw 266
– Sittlich-politische Diskurse. stw 380
– Strategien der Humanität. stw 540

d'Holbach: System der Natur. stw 259

Holenstein: Menschliches Selbstverständnis. stw 534

Honneth/Jaeggi (Hg.): Theorien des Historischen Materialismus 1. stw 182
– Arbeit, Handlung, Normativität. Historischer Materialismus 2. stw 321

Honneth/Joas (Hg.): Kommunikatives Handeln. Beiträge zu Jürgen Habermas »Theorie des kommunikativen Handelns«. stw 625

Jakobson/Gadamer/Holenstein: Das Erbe Hegels II. stw 440

Jamme/Schneider (Hg.): Mythologie der Vernunft. stw 413

Joas (Hg.): Das Problem der Intersubjektivität. stw 573

Kant: Werke in zwölf Bänden.
– Bd. 1 Vorkritische Schriften 1. stw 186
– Bd. 2 Vorkritische Schriften 2. stw 187
– Bd. 3/4 Kritik der reinen Vernunft 1/2. stw 55
– Bd. 5 Schriften zur Metaphysik und Logik 1. stw 188
– Bd. 6 Schriften zur Metaphysik und Logik 2. stw 189
– Bd. 7 Kritik der praktischen Vernunft. stw 56
– Bd. 8 Metaphysik der Sitten. stw 190
– Bd. 9 Schriften zur Naturphilosophie. stw 191
– Bd. 10 Kritik der Urteilskraft. stw 57
– Bd. 11 Schriften zur Anthropologie 1. stw 192
– Bd. 12 Schriften zur Anthropologie 2/Register. stw 193

Materialien zu Kants Rechtsphilosophie. stw 171

Materialien zu Kants »Kritik der reinen Vernunft«. stw 58

Kant zu ehren. stw 61
– *siehe auch Batscha/Saage*
– *siehe auch Böhme*

201/4/8.87

Kenny: Wittgenstein. stw 69
Kojève: Hegel. stw 97
Kosík: Die Dialektik des Konkreten. stw 632
Kuhlmann (Hg.): Moralität und Sittlichkeit. stw 595
Lange: Geschichte des Materialismus. 2 Bde. stw 70
Lenk: Zur Sozialphilosophie der Technik. stw 414
– Zwischen Wissenschaftstheorie und Sozialwissenschaft. stw 637
Locke: Zwei Abhandlungen. stw 213
Lorenzen: Grundbegriffe technischer und politischer Kultur. stw 494
– Konstruktive Wissenschaftstheorie. stw 93
– Methodisches Denken. stw 73
Lukács: Der junge Hegel. 2 Bde. stw 33
Mandeville: Die Bienenfabel. stw 300
Marquard: Schwierigkeiten mit der Geschichtsphilosophie. stw 394
Mead: Geist, Identität und Gesellschaft. stw 28
– *siehe auch Joas*
Meggle (Hg.): Analytische Handlungstheorie. Bd. 1. stw 488
– *siehe auch Beckermann*
Merleau-Ponty: Die Abenteuer der Dialektik. stw 105
Millar: Vom Ursprung des Unterschieds in den Rangordnungen und Ständen der Gesellschaft. stw 483
Neurath: Wissenschaftliche Weltauffassung, Sozialismus und Logischer Empirismus. stw 281
Oelmüller: Die unbefriedigte Aufklärung. stw 263
Pannenberg: Wissenschaftstheorie und Theologie. stw 676
Parmenides: Vom Wesen des Seienden. stw 624
Peirce: Phänomen und Logik der Zeichen. stw 425
– *siehe auch Apel*
Piaget: Einführung in die genetische Erkenntnistheorie. stw 6
– Weisheit und Illusionen der Philosophie. stw 539
– *siehe auch Furth*
Plessner: Die verspätete Nation. stw 66
Polanyi, M.: Implizites Wissen. stw 543
Pothast: Die Unzulänglichkeit der Freiheitsbeweise. stw 688
Pothast (Hg.): Freies Handeln und Determinismus. stw 257
Quine: Grundzüge der Logik. stw 65
Rawls: Eine Theorie der Gerechtigkeit. stw 271
Ricœur: Die Interpretation. stw 76
Ritter: Metaphysik und Politik. stw 199
Rorty: Der Spiegel der Natur: Eine Kritik der Philosophie. stw 686
Sandkühler (Hg.): Natur und geschichtlicher Prozeß. stw 397
Schadewaldt: Die Anfänge der Geschichtsschreibung bei den Griechen. stw 389
– Die Anfänge der Philosophie bei den Griechen. stw 218
Scheidt: Die Rezeption der Psychoanalyse in der deutschsprachigen Philosophie vor 1940. stw 589

201/5/8.87

Schelling: Ausgewählte Schriften. stw 521-526
- Bd. 1 Schriften 1794-1800. stw 521
- Bd. 2 Schriften 1801-1803. stw 522
- Bd. 3 Schriften 1804-1806. stw 523
- Bd. 4 Schriften 1807-1834. stw 524
- Bd. 5 Schriften 1842-1852. Erster Teilband. stw 525
- Bd. 6 Schriften 1842-1852. Zweiter Teilband. stw 526
- Über das Wesen der menschlichen Freiheit. stw 138
- *siehe auch Frank*
- *siehe auch Frank/Kurz*
- *siehe auch Sandkühler*

Schleiermacher: Hermeneutik und Kritik. stw 211

Schlick: Allgemeine Erkenntnislehre. stw 269
- Fragen der Ethik. stw 477
- Philosophische Logik. stw 598
- Die Probleme der Philosophie in ihrem Zusammenhang. stw 580

Schmidt, S. J. (Hg.): Wissen ohne Erkenntnis. stw 636

Schnädelbach: Philosophie in Deutschland 1831-1933. stw 401
- Vernunft und Geschichte. stw 683

Schnädelbach (Hg.): Rationalität. stw 449

Scholem: Die jüdische Mystik. stw 330
- Von der mystischen Gestalt der Gottheit. stw 209
- Zur Kabbala und ihrer Symbolik. stw 13

Schopenhauer: Sämtliche Werke. stw 661-665
- Bd. 1 Die Welt als Wille und Vorstellung 1. stw 661
- Bd. 2 Die Welt als Wille und Vorstellung 2. stw 662
- Bd. 3 Kleinere Schriften. stw 663
- Bd. 4 Parerga und Paralipomena 1. stw 664
- Bd. 5 Parerga und Paralipomena 2. stw 665

Materialien zu Schopenhauers ›Die Welt als Wille und Vorstellung‹. Hg. von Spierling. stw 444

Schwemmer: Ethische Untersuchungen. stw 599
- Handlung und Struktur. stw 669
- Philosophie der Praxis. stw 331

Schweppenhäuser (Hg.): Benjamin über Kafka. stw 341

Serres: Der Parasit. stw 677

Sextus Empiricus: Grundriß der pyrrhonischen Skepsis. stw 499

Simmel: Das individuelle Gesetz. stw 660

Singer: Verallgemeinerung in der Ethik. stw 647

Skirbekk (Hg.): Wahrheitstheorien. stw 210

Sorel: Über die Gewalt. stw 360

Strauss, L.: Naturrecht und Geschichte. stw 216

Taylor: Hegel. stw 416

Theunissen: Sein und Schein. stw 314

Theunissen (Hg.): Materialien zur Philosophie Kierkegaards. stw 241

Tiedemann: Dialektik im Stillstand. stw 445

201/6/8.87

Toulmin: Kritik der kollektiven Vernunft. stw 437
– Voraussicht und Verstehen. stw 358
Tugendhat: Selbstbewußtsein und Selbstbestimmung. stw 221
– Vorlesungen zur Einführung in die sprachanalytische Philosophie. stw 45
Turgot: Über die Fortschritte des menschlichen Geistes. stw 657
Wahl (Hg.): Einführung in den Strukturalismus. stw 10
Waldenfels: In den Netzen der Lebenswelt. stw 545
– Phänomenologie in Frankreich. stw 644
– Der Spielraum des Verhaltens. stw 311
Waldenfels/Brockman/Pazanin (Hg.): Phänomenologie und Marxismus 1-4. stw 195/196/232/273
Wellmer: Ethik und Dialog. stw 578
– Zur Dialektik von Moderne und Postmoderne. stw 532
Whitehead: Prozeß und Realität. stw 690
Whitehead/Russell: Principia Mathematica. stw 593
Winch: Die Idee der Sozialwissenschaft und ihr Verhältnis zur Phil. stw 95
Wittgenstein: Werkausgabe. stw 501-508
– Bd. 1 Tractatus/Tagebücher/Philosophische Untersuchungen. stw 501
– Bd. 2 Philosophische Bemerkungen. stw 502
– Bd. 3 Wittgenstein und der Wiener Kreis. stw 503
– Bd. 4 Philosophische Grammatik. stw 504
– Bd. 5 Das Blaue Buch/Das Braune Buch. stw 505
– Bd. 6 Bemerkungen über die Grundlagen der Mathematik. stw 506
– Bd. 7 Bemerkungen über die Philosophie der Psychologie. stw 507
– Bd. 8 Über Gewißheit. stw 508
– *siehe auch Kenny*
Zimmer: Philosophie und Religion Indiens. stw 26

201/7/8.87

211/1/8.87

Rodinson: Islam und Kapitalismus. stw 584

Scholem: Die jüdische Mystik. stw 330

– Von der mystischen Gestalt der Gottheit. stw 209

– Zur Kabbala und ihrer Symbolik. stw 13

Seyfarth/Sprondel (Hg.): Religion und gesellschaftliche Entwicklung. stw 38

Thompson: Über Wachstum und Form. stw 410

Tibi: Der Islam und das Problem der kulturellen Bewältigung sozialen Wandels. stw 531

– Vom Gottesreich zum Nationalstaat. stw 650

Uexküll: Theoretische Biologie. stw 20

Welker (Hg.): Theologie und funktionale Systemtheorie. stw 495

Wesel: Der Mythos vom Matriarchat. stw 333

Zimmer: Philosophie und Religion Indiens. stw 26

211/2/8.87